Der Autor und Herausgeber

Prof. Dr. Herbert Grundmann, geb. 1902 in Meerane, war seit 1939 Ordinarius für mittelalterliche Geschichte in Königsberg, seit 1944 in Münster und von 1959 bis zu seinem Tode 1970 Präsident der Monumenta Germaniae Historica und Honorarprofessor der Universität München. Er war Mitglied der Bayerischen Akademie der Wissenschaften und ihrer Historischen Kommission sowie korrespondierendes Mitglied mehrerer in- und ausländischer Akademien, Herausgeber des ›Archivs für Kulturgeschichte‹ und des ›Deutschen Archivs für Erforschung des Mittelalters‹ sowie Autor der ›Propyläen-Weltgeschichte‹ (›Das Hohe Mittelalter – die deutsche Kaiserzeit‹, 1940, Band 2; ›Über die Welt des Mittelalters‹, 1965, Band 11). Er veröffentlichte zahlreiche Werke und Einzelarbeiten zur Geschichte des Mittelalters, vornehmlich zur Geistesgeschichte, den politischen und geschichtstheologischen Ideen und den religiösen Bewegungen, u. a.: ›Studien über Joachim von Fiore‹ (1927, 2. Aufl. 1966), ›Religiöse Bewegungen im Mittelalter‹ (1935, 3. Aufl. 1970), ›Ketzergeschichte des Mittelalters‹ (1965, 2. Aufl. 1967), ›Geschichtsschreibung im Mittelalter‹ (1965, 2. Aufl. 1969), ›Das Mittelalterproblem‹ (1967). Demnächst erscheint eine Sammlung seiner Einzeluntersuchungen.

Gebhardt
Handbuch der deutschen Geschichte

Neunte, neu bearbeitete Auflage,
herausgegeben von
Herbert Grundmann

Band 5

Herbert Grundmann:
Wahlkönigtum, Territorialpolitik und Ostbewegung
im 13. und 14. Jahrhundert
1198–1378

Deutscher
Taschenbuch
Verlag

Band 5 der Taschenbuchausgabe enthält den ungekürzten Text des HANDBUCHS DER DEUTSCHEN GESCHICHTE, Band 1: Frühzeit und Mittelalter, Teil V.
Unsere Zählung Kapitel 1–63 entspricht den §§ 128–190 im Band 1 des Originalwerkes.

1. Auflage April 1973
9. Auflage Oktober 1988: 56. bis 59. Tausend
Deutscher Taschenbuch Verlag GmbH & Co. KG,
München
© 1970 Ernst Klett Verlag, Stuttgart
Umschlaggestaltung: Celestino Piatti
Gesamtherstellung: C.H. Beck'sche Buchdruckerei,
Nördlingen
Printed in Germany · ISBN 3-423-04205-2

Inhalt

Abkürzungsverzeichnis 9

A. Vom staufisch-welfischen Thronstreit zum Inter-
regnum 13
  Kapitel 1 : Die Wende des Mittelalters 14
  Kapitel 2 : Die Doppelwahl von 1198 17
  Kapitel 3 : Das Eingreifen Innocenz' III. in den
      deutschen Thronstreit 20
  Kapitel 4 : König Philipps Aufstieg und Ermordung 24
  Kapitel 5 : Machthöhe und Sturz Ottos IV. . . . 27
  Kapitel 6 : Das Eingreifen Friedrichs II. Entschei-
      dungsschlacht bei Bouvines 31
  Kapitel 7 : Aufstieg Friedrichs II. bis zur Königs-
      wahl seines Sohnes Heinrich 35
  Kapitel 8 : Deutschland nach dem Thronstreit unter
      fürstlicher Regentschaft 38
  Kapitel 9 : Friedrich II. im Königreich Sizilien. Ver-
      zögerung des Kreuzzugs. Eingreifen in
      der Lombardei 43
  Kapitel 10 : Kreuzzug Friedrichs II. Erster Konflikt
      mit Gregor IX. und dem Lombarden-
      bund 45
  Kapitel 11 : Deutschland unter König Heinrich (VII.) 50
  Kapitel 12 : Empörung König Heinrichs. Letzter Auf-
      enthalt Friedrichs II. in Deutschland . . 54
  Kapitel 13 : Friedrich II. im Kampf mit dem Lombar-
      denbund und Gregor IX. 59
  Kapitel 14 : Der Endkampf Friedrichs II. mit Inno-
      cenz IV. 63
  Kapitel 15 : Friedrich II. und das Geistesleben seiner
      Zeit 69
  Kapitel 16 : Die Tatarengefahr. Entscheidungen an
      der europäischen Ostgrenze 75
  Kapitel 17 : Deutschland während des Endkampfes
      Friedrichs II. 79
  Kapitel 18 : Das Königtum Wilhelms von Holland
      und der Rheinische Bund 82
  Kapitel 19 : Das »Interregnum« und die europäischen
      Mächte 85

Kapitel 20: Die Doppelwahl von 1257 und ihre Folgen 90

B. Vom ersten Habsburger zum ersten Luxemburger (1273–1313) 95
Kapitel 21: Wahl, Herkunft und Anfänge Rudolfs von Habsburg 96
Kapitel 22: Kampf mit Ottokar von Böhmen. Gewinn Österreichs für die Habsburger . . 101
Kapitel 23: Rudolfs Kaiserpläne, das Papsttum und Italien 105
Kapitel 24: Die Politik Rudolfs I. an der Westgrenze des Reiches 111
Kapitel 25: Innere Politik, Thronfolgepläne und Ende Rudolfs I. 113
Kapitel 26: Anfänge der Schweizer Eidgenossenschaft 118
Kapitel 27: Wahl und Anfänge König Adolfs von Nassau 121
Kapitel 28: Außenpolitik, Hausmachtpolitik und Sturz König Adolfs 125
Kapitel 29: Anfänge Albrechts I. Bündnis mit Frankreich. Unterwerfung der rheinischen Kurfürsten 130
Kapitel 30: Albrecht I. und Bonifaz VIII. 133
Kapitel 31: Kampf um Ungarn, Böhmen, Thüringen. Ermordung Albrechts I. 137
Kapitel 32: Die Kandidatur Karls von Valois und die Wahl Heinrichs VII. 141
Kapitel 33: Anfänge Heinrichs VII. Erwerb Böhmens für die Luxemburger 145
Kapitel 34: Heinrich VII. und die Kurie. Romzug und Kaiserkrönung 147
Kapitel 35: Der Konflikt mit Robert von Neapel und das Ende Heinrichs VII. 153
Kapitel 36: Der Streit um das Kaisertum in Publizistik und Politik 156

C. Der Kampf um das Reichsrecht unter Ludwig dem Bayern 162
Kapitel 37: Die Doppelwahl von 1314 und der Thronstreit 163

Kapitel 38: Das Eingreifen Papst Johannes' XXII. gegen Ludwig d. B. 167
Kapitel 39: Die Appellationen Ludwigs d. B. . . . 171
Kapitel 40: Ludwigs Stellung im Reich. Verständigung mit den Habsburgern 175
Kapitel 41: Ludwigs Italienzug und Kaiserkrönung 178
Kapitel 42: Die Lage in Deutschland nach Ludwigs Romzug 183
Kapitel 43: Italienpolitik Johanns von Böhmen. Abdankungsplan Ludwigs d. B. 185
Kapitel 44: Verhandlungen mit Benedikt XII. Bündnis mit England 189
Kapitel 45: Die Ständetage von 1338
   a. Speyerer Bischofstag und Frankfurter Ständetag 193
   b. Der Rhenser Kurfürstentag 196
   c. Reichstage in Frankfurt und Koblenz 199
Kapitel 46: Ludwigs Abkehr vom Bündnis mit England. Verhandlungen mit Clemens VI. . 202
Kapitel 47: Hausmachtpolitik Ludwigs d. B. . . . 204
Kapitel 48: Karl IV. als Gegenkönig. Ende Ludwigs des Bayern 207
Kapitel 49: Reichstheorie unter Ludwig d. B. Die deutsche Mystik 213

D. Die Zeit Kaiser Karls IV. (1347–1378) 220
Kapitel 50: Aufstieg Karls IV. Der Gegenkönig Günther von Schwarzburg und der falsche Woldemar 220
Kapitel 51: Erster Romzug und Kaiserkrönung Karls IV. 223
Kapitel 52: Die Goldene Bulle von 1356 227
Kapitel 53: Gesetzgebung und Verwaltung der Luxemburgerländer. Kanzlei Karls IV. . . 231
Kapitel 54: Territoriale Erwerbungen und Wirtschaftspolitik Karls IV. 233
Kapitel 55: Ostpolitik Karls IV. Polen und Ungarn 239
Kapitel 56: Karls IV. Verhältnis zu Frankreich, dem Arelat und Italien 243
Kapitel 57: Die Königswahl Wenzels 248
Kapitel 58: Ausbruch des Schismas. Ende Karls IV. 251
Kapitel 59: Das deutsche Geistesleben unter Karl IV. 254

E. Die deutsche Ostbewegung im Spätmittelalter, der
   Ordensstaat und die Hanse 260
   Kapitel 60: Allgemeine Züge der deutschen Ostbe-
              wegung 261
   Kapitel 61: Verlauf der deutschen Ostsiedlung im
              Überblick 266
   Kapitel 62: Der Staat des Deutschen Ordens in Preu-
              ßen und Livland 275
              a. Gründung des Ordensstaates . . . 276
              b. Blüte und Ende des Ordensstaates . 284
   Kapitel 63: Die deutsche Hanse 291
              a. Entstehung und Aufstieg der Hanse 291
              b. Blüte und Verfall der Hanse 297

Stammtafel der Staufer und Welfen 306
Hilfsmittel, Quellensammlungen und allgemeine Darstel-
   lungen zur Geschichte des deutschen Mittelalters . . 308
Übersicht der Taschenbuchausgabe des GEBHARDT . . . 315
Namen- und Sachregister 316

Abkürzungsverzeichnis

Abh. Ak.	Abhandlung(en) der Akademie der Wissenschaften . . ., phil.-hist. Klasse (wenn nicht anders angegeben)
ADB	Allgemeine Deutsche Biographie (56 Bde. München 1875–1912)
AHR	The American Historical Review (New York 1895 ff.)
AKG	Archiv für Kulturgeschichte (1903 ff.)
Anal. Boll.	Analecta Bollandiana (Zeitschr. der Acta Sanctorum, 1882 ff.)
AnnHVNiederrh.	Annalen des Historischen Vereins für den Niederrhein (Köln 1855 ff.)
AÖG	Archiv für österreichische Geschichte (Wien 1848 ff.)
AUF	Archiv für Urkundenforschung (18 Bde. 1908–1939), fortgesetzt im Archiv für Diplomatik (1955 ff. = Arch. f. Dipl.)
B.	Bischof; Bt. = Bistum
BECh	Bibliothèque de l'Ecole des Chartes (Paris 1839 ff.)
BFW	J. Fr. Böhmer, Regesta Imperii, 5. Aufl., neu bearbeitet von J. Ficker u. E. Winkelmann (4 Bde. 1881–1901)
BIStIAM	Bulletino dell'Istituto Storico Italiano per il medio avo e archivio Muratoriano
Bll.	Blätter
Const.	Constitutiones (Abteilung der MGH)
DA	Deutsches Archiv für Geschichte des Mittelalters (1937 ff., seit Bd. 8: für Erforschung des Mittelalters; Zeitschrift der MGH, Fortsetzung des NA)
DALVF	Deutsches Archiv für Landes- und Volksforschung (8 Bde. 1937 bis 1944)
DD	Diplomata (Hauptabteilung der MGH); DD H. I. = Urkunde Heinrichs I. usw.
Diss.	Dissertation; Diss. Ms. = ungedruckte Dissertation in Maschinenschrift
DLZ	Deutsche Literaturzeitung (1880 ff.)
Dt., dt.	deutsch; Dtld. = Deutschland
Dt. O.	Deutscher Orden
DVLG	Deutsche Vierteljahrsschrift für Literaturwissenschaft und Geistesgeschichte (1923 ff.)
DW[9]	Dahlmann-Waitz, Quellenkunde der deutschen Geschichte, 9. Aufl., hg. v. H. Haering (1931, Registerband 1932)
DW[10]	dasselbe, 10. Aufl., hg. v. H. Heimpel u. H. Geuss (seit 1965 im Erscheinen)
DZG	Deutsche Zeitschrift für Geschichtswissenschaft (14 Bde. 1890 bis 1898), fortgesetzt in HV
Eb.	Erzbischof; Ebt. = Erzbistum
EHR	The English Historical Review (London 1886 ff.)
ELJb.	Elsaß-Lothringisches Jahrbuch (21 Bde. 1922–1943)
Epp.	Epistolae (Hauptabteilung der MGH)
FBPG	Forschungen zur brandenburgischen und preußischen Geschichte (55 Bde. 1888–1944)
FDG	Forschungen zur deutschen Geschichte (26 Bde. 1862–1886)
FRA	Fontes rerum Austriacarum
GBll.	Geschichtsblätter

9

Abkürzungsverzeichnis

GdV	Geschichtschreiber der deutschen Vorzeit
Gf.	Graf; Gfsch. = Grafschaft
GGA	Göttingische Gelehrte Anzeigen (1739 ff.)
GV	Geschichtsverein
GWU	Geschichte in Wissenschaft und Unterricht, Zeitschrift des Verbandes der Geschichtslehrer Deutschlands (1950 ff.)
Hdb.	Handbuch
Hdwb.	Handwörterbuch
hg. v.	herausgegeben von; (Hg.) = Herausgeber
Hg.	Herzog; Hgt. = Herzogtum
HJb	Historisches Jahrbuch der Görresgesellschaft (1880 ff.)
HM	Hochmeister
HV	Historische Vierteljahrschrift (Fortsetzung der DZG, 31 Bde. 1898–1938). – In anderen Zeitschriften-Titeln HV = Historischer Verein
HZ	Historische Zeitschrift (1859 ff.)
Jb.	Jahrbuch; Jbb. = Jahrbücher
JE, JK, JL	Ph. Jaffé, Regesta pontificum Romanorum, 2. Aufl. bearb. von P. Ewald, F. Kaltenbrunner, S. Löwenfeld (2 Bde. 1885/88)
K.	Kaiser
Kf.	Kurfürst; Kft. = Kurfürstentum
Kg.	König; Kgr. = Königreich
KiG	Kirchengeschichte
KiR	Kirchenrecht
LG	Landesgeschichte
Lgf.	Landgraf
LL	Leges (Hauptabteilung der MGH)
LThK	Lexikon für Theologie und Kirche, hg. v. M. Buchberger (10 Bde. 1930 bis 1938); 2. Aufl. hg. v. J. Höfer u. K. Rahner (11 Bde. 1957–1967)
MA	Mittelalter; mal. = mittelalterlich
MG, MGH	Monumenta Germaniae Historica (s. im Anhang unter Quellensammlungen)
Mgf.	Markgraf; Mgfsch. = Marktgrafschaft
Migne, PL	Abbé J. P. Migne, Patrologiae cursus latinus (221 Bde. 1844–64)
MIÖG	Mitteilungen des Instituts für österreichische Geschichtsforschung (Wien 1880 ff.); Bd. 39–55 (1923–1944): MÖIG = Mitteilungen des österreich. Inst. f. Geschichtsforschung
N	Neu, News
NA	Neues Archiv der Gesellschaft für ältere deutsche Geschichtskunde (50 Bde. 1876–1935; Zeitschrift der MGH, fortgesetzt im DA)
NDB	Neue Deutsche Biographie (1953 ff.)
Ndr.	Neudruck, Nachdruck
NF	Neue Folge
NS, n. s.	Nova series
NZ	Neuzeit
PBB	Beiträge zur Gesch. der deutschen Sprache und Literatur, begründet von H. Paul und W. Braune (1874 ff.)
Pfgf.	Pfalzgraf
PRE	Realenzyklopädie für protestantische Theologie und Kirche, begr) v. J. J. Herzog, 3 Aufl. hg. v. A. Hauck (24 Bde. 1896 bis 1913.

QFItA	Quellen und Forschungen aus italienischen Archiven und Bibliotheken (1897 ff., Zeitschrift des Preußischen bzw. Deutschen Historischen Instituts in Rom)
RG	Rechtsgeschichte
RGG	Die Religion in Geschichte und Gegenwart, 3. Aufl. hg. v. K. Galling (6 Bde. 1957–1962)
RGK	Römisch-German. Kommission
RH	Revue historique (Paris 1876 ff.)
RHE	Revue d'histoire ecclésiastique (Louvain 1900 ff.)
Rhein.Vjbll.	Rheinische Vierteljahrsblätter, Mitteilungen des Instituts für geschichtl. Landeskunde der Rheinlande an der Universität Bonn (1931 ff.)
RI	Regesta Imperii, begründet von J. Fr. Böhmer
RNI	Regestum super negotio Romani imperii
RQH	Revue des questions historiques (134 Bde. Paris 1866–1939)
RQs	Römische Quartalschrift für christliche Altertumskunde und für Kirchengeschichte (1887 ff.)
RT	Reichstag
RTA	Dt. Reichstagsakten
Sa(chsen) u. Anh.	Sachsen und Anhalt, Jahrbuch der landesgeschichtlichen Forschungsstelle für die Provinz Sachsen und Anhalt (17 Bde. 1925 bis 1943)
SB	Sitzungsberichte der Akad. d. Wiss. . . . , phil.-hist. Klasse
SS	Scriptores (Hauptabteilung der MGH)
SSCI	Settimane di Studio del Centro Italiano di Studi sull'Alto Medioevo (Spoleto 1954 ff.)
Tb.	Taschenbuch
UB	Urkundenbuch
V	Verein
Vfg.	Verfassung
VG	Verfassungsgeschichte
Vjh.	Vierteljahrshefte
VSWG	Vierteljahrsschrift für Sozial- und Wirtschaftsgeschichte (1903ff.)
VuG	Vergangenheit und Gegenwart, Zeitschrift für den Geschichtsunterricht und für staatsbürgerliche Erziehung (34 Bde. Leipzig 1911–1944)
WaG	Die Welt als Geschichte, Zeitschrift für universalgeschichtliche Forschung (23 Bde. 1935–1963)
WB	Wörterbuch
WG	Wirtschaftsgeschichte
ZA	Zeitalter
ZdA	Zeitschrift für deutsches Altertum und deutsche Literatur (1841 ff.)
ZGORh	Zeitschrift für die Geschichte des Oberrheins (1850 ff., NF seit 1886)
ZKiG	Zeitschrift für Kirchengeschichte (1876 ff.)
ZRG	Zeitschrift für Rechtsgeschichte (13 Bde. 1861–1878)
ZRG GA	Zeitschrift der Savigny-Stiftung für Rechtsgeschichte, Germanistische Abteilung (1880 ff.)
ZRG KA	dasselbe, Kanonistische Abteilung; bei Sonderzählung ihrer Bände entspricht Bd. 1 (1911) dem Jahrgang 32 der gesamten Zeitschrift

Abkürzungsverzeichnis

ZRG RA   dasselbe, Romanistische Abteilung
Zs.   Zeitschrift

Quellen- und Literaturverweise innerhalb des Handbuchs wurden auf die neue Einteilung in Taschenbücher umgestellt. So entspricht z. B. Bd. 5, Kap. 4 dem § 194 im Band 1 der Originalausgabe.
Bei Verweisen innerhalb eines Bandes wurde auf die Angabe des Bandes verzichtet und nur das Kapitel angegeben.

A. Vom staufisch-welfischen Thronstreit zum Interregnum

Quellen: Die Geschichtsschreibung Deutschlands (s. Bd. 4, S. 87) erlahmte seit dem Thronstreit und blieb auch unter Friedrich II. und im Interregnum dürftig. Das erste Geschichtswerk in deutscher Prosa, die ›Sächsische Weltchronik‹ Eikes von Repgow (verf. 1230 – 1248, MG Dt. Chron. 2; DW⁹ 6397), weit verbreitet und oft fortgesetzt, blieb zunächst doch vereinzelt, während deutsche Reimchroniken beliebt wurden. Die Bettelorden schienen die Annalistik neu zu beleben (der Franziskaner Albert von Stade bis 1265, SS 16; die Dominikaner in Kolmar und Basel bis 1277/98, SS 17); wirksamer aber, oft fortgesetzt und nachgeahmt wurden ihre schematischen Geschichtskompendien, bes. die Papst-Kaiser-Chronik des Dominikaners Martin von Troppau (gen. Martinus Polonus, 1278; SS 24) und die ›Flores temporum‹ des Martinus Minorita (bis 1292; ebd.). – Für die Gesch. Friedrichs II. viel ergiebiger sind die italien. Chronisten, bes. der kaiserfreundliche Notar Richard von S. Germano (s. Kap. 6, Lit.), der Rhetoriklehrer Rolandin von Padua (bis 1262; SS 19), der Notar Albert Milioli aus Reggio (bis 1285/90; SS 31), die Franziskaner Thomas Tuscus aus Pavia (bis 1278; SS 22) und vor allem Fra Salimbene aus Parma in seiner lebensprühenden Chronik (bis 1287; SS 32, GdV 94).

Die anschwellende Urkunden- u. Aktenüberlieferung für 1198–1272 verzeichnet J. Fr. Böhmer, Reg. Imp. 5, neu bearb. von J. Ficker u. E. Winkelmann (4 Bde. 1881–1901) = BFW; dazu Nachträge: P. Zinsmaier, ZGORh 102 (1954) u. F. Bartolini in: Atti del Convegno Internaz. di Studi Federiciani (1952). Die Reichsakten in MG Const. 2 (ed. L. Weiland 1896), Ergänzungen DW⁹ 6444, bes. Böhmer, Acta imperii selecta (1870); E. Winkelmann, Acta imp. inedita (2 Bde. 1880/85); ders., MIÖG 14 (1893); W. Holtzmann, QFItA 18 (1926). Für die Reichsgesch. 1216–1268 wichtige Papstbriefe in MG Epistolae saec. XIII (ed. C. Rodenberg, 3 Bde. 1883/94). Die päpstl. Originalregister sind seit Innocenz III. ziemlich vollständig erhalten und werden von der École franç. d'Athène et de Rome veröffentlicht (s. u. zu den einzelnen Päpsten); dadurch zu ergänzen A. Potthast, Regesta Pontificum Rom. 1198–1314 (2 Bde. 1874/75, erneuerungsbedürftig). Wichtig werden seit dem 13. Jh. die Regestenwerke u. Urkundenbücher für die geistl. u. weltl. Territorien Dtlds., DW⁹ 1311 ff.

Literatur: J. Loserth, Gesch. d. späteren MA von 1197–1492 (1903); The Cambridge Medieval Hist. 6: Victory of the Papacy (1929, Ndr. 1964, mit reichhaltiger Bibliogr.); C. W. Previté-Orton, A Hist. of Europe 1198–1378 (³1951). – Bis 1250 reichen die im Bd. 3 S. 11, u. Bd. 4 S. 13 genannten Darstellungen von Fed. Schneider, K. Hampe (HochMA), Hampe-Baethgen (Dt. Kaisergesch.), H. Günter, E. Maschke, H. Grundmann, J. Haller (Das altdt. Kaisertum; Von d. Karolingern zu d. Staufern), bis 1270 W. Kienast, Dtld. u. Frankreich in d. Kaiserzeit (1943); bis 1273 E. Jordan, L'Allemagne et l'Italie aux XII⁰ et XIII⁰ siècles (Hist. Gén. publ. G. Glotz, Hist. du MA IV, 1, 1937), und Ch. Petit-Dutaillis u. P. Guinard, L'Essor des États d'Occident (ebd. IV, 2, 1937); bis 1285 L. Halphen, L'Essor de l'Europe (Peuples et Civilisations 6, ³1948); bis 1343 L. Salvatorelli, L'Italia comunale (Storia d'Italia 4, 1940), bis gegen 1500 J. Bühler, Dt. Gesch. 2 (1935). – Die mit oder nach dem Interregnum einsetzenden Darstellungen von B. Schmeidler, H. Günter, J. Haller, H. Heimpel, F. Baethgen u. a. werden vor Kap. 21 genannt. – Kirchengesch.: A. Hauck, KiG Dtlds. 4 (bis 1250, ⁵1925) u. 5, 1 (bis 1374, 1911, Ndr. ⁶1952); B. Moeller, Spätmittelalter (Die Kirche in ihrer Gesch., Bd. 2 Lfg. H, 1966); A. Fliche, Chr. Thouzellier u. Y. Azais, La Chrétienté romaine 1198–1274 (Hist. de l'Église 10, 1950); G. Schnürer, Kirche u. Kultur im MA 2 (²1929; bis 13. Jh.) u. 3 (³1936; 14.–16. Jh.); J. Haller, Das Papsttum 3 u. 4 (³1952, Tb. 1965). – M. Seidlmayer, Weltbild u. Kultur Dtlds. im MA (Hdb. d. dt. Gesch., hg. v. L. Just I 6, 1953); Hdb. d. Kulturgesch., hg. v. H. Kindermann: Dt. Kultur im ZA d. Rittertums (von H. Naumann, 1938), vom ZA d. Mystik bis zur Gegenreformation (von H. Gumbel, 1936); H. Pirenne, G. Cohen u. H. Focillon, La Civilisation occidentale au moyen âge du XIᵉ au milieu du XVᵉ siècle (1933); G. de Lagarde, La naissance de l'esprit laïque au déclin du MA 1: Bilan du XIIIᵉ siècle (²1948). Zur Charakteristik des späteren MA: E. Keyser, Das Wesen d. späten MA, DVLG 9 (1931); B. Schmeidler, Die Bedeutung d. späteren MA für die dt. u. europ. Gesch., HV 29 (1935); H. Heimpel, Das dt. SpätMA, Charakter einer Zeit, HZ 158 (1938, mit anderen Aufsätzen auch in: H. Heimpel, Dt. MA, 1941); ders., Das Wesen des dt. SpätMA, AKG 35 (1953, auch in: Der Mensch in seiner Gegenwart, 1954); F. Graus, Das SpätMA als Krisenzeit, Ein Literaturbericht als Zwischenbilanz, Mediaevalia Bohemica 1, Supplementum (Prag 1969).

Kapitel 1
Die Wende des Mittelalters

Die herkömmliche Periodisierung läßt meistens das »Hochmittelalter«, die »deutsche Kaiserzeit«, erst 1250 mit dem Tod des letzten Staufenkaisers enden, das »Spätmittelalter« mit dem »Interregnum« beginnen. In vieler Beziehung liegt jedoch bereits in den Jahren nach dem Tod Kaiser Heinrichs VI. der entscheidende Wendepunkt, ein epochaler Einschnitt nicht nur für die Geschichte Deutschlands und des Reiches, sondern ganz Europas samt dem byzantinischen Osten, auch für das Papsttum und die Kirche.

Von der Höhe der Kaisermacht stürzt Deutschland plötzlich in die 20jährigen Wirren des *staufisch-welfischen Thronstreits*. Statt zum Erbreich, wie Heinrich VI. geplant hatte (s. Bd. 4, Kap. 48), wird es durch das Aufkommen der Kurfürsten endgültig zum Wahlreich, während sich gleichzeitig in Frankreich und England die Erblichkeit der Krone durchsetzt. Als Nutznießer des Thronstreits werden die Reichsfürsten nahezu selbständige Landesherren. Die ritterlichen Reichsministerialen, unter den Saliern und ersten Staufern tatkräftige Helfer des Königtums, müssen großenteils in den Fürstendienst treten oder zum Raubrittertum verkümmern. Die jungen deutschen Städte blühen sozial und wirtschaftlich auf, kommen aber bei ihrem Streben nach Autonomie und beim Zusammenschluß zu Städtebünden mit der Fürstenmacht in Konflikt und finden wenig Rückhalt am Königtum. Die Königsrechte in der deutschen Kirche, seit dem Investiturstreit erschüttert, gehen im Thronstreit vollends verloren. Dem Papsttum, das sich kaum noch des staufischen Drucks auf den Kirchenstaat hätte erwehren können, wird unter Innocenz III. der Weg frei zur Beherrschung Mittelitaliens, zum schiedsrichterlichen Eingreifen in die Reichs- und »Welt«-Politik und zur hierarchischen *Neuordnung der Kirche*. Es findet dafür wirksame Helfer in den *neuen Orden* der Franziskaner und Dominikaner, die mit Predigt und Seelsorge vornehmlich auf die neuen sozialen Schichten der Städte wirken, die bedrohliche *Ketzergefahr* eindämmen und mit ihrer straff zentralistisch geleiteten, alle Länder überspannenden Organisation der universalen Papstkirche ein neues Gerüst geben. Sie stellen die bedeutendsten Gelehrten der *scholastischen Theologie*, die sich seit 1200 an der Pariser Universität konzentriert und mit Hilfe der durch die Araber (bes. Averroes, † 1198) vermittelten Philosophie des Aristoteles die Glaubenslehre rational begründen und sichern, auch gegen den profan-philosophischen »Averroismus«. Dieselben Bettelorden bringen in den ihnen eng verbundenen Kreisen religiöser Frauen eine neue *Mystik* zur Entfaltung, die sich nun erst auch in deutschen Schriften äußert, ebenso wie sich die Geschichtsschreibung, Rechtsaufzeichnung und Urkundenprosa der Volkssprachen zu bedienen beginnt, da sich neben dem Klerus eine breitere ritterliche und bürgerliche Leserschaft heranbildet. Zugleich tritt von Frankreich aus die gotische Baukunst und Plastik ihren Siegeszug an und prägt das Bild der Dome, Städte und Burgen des Spätmittelalters.

All das beginnt bereits am Anfang des 13. Jh. Auch außerhalb Deutschlands ändert sich die politische Lage um 1200 grundlegend. Das *oströmisch-byzantinische Reich* wird durch den nach Konstantinopel abgelenkten Kreuzzug von 1204 und die Errichtung eines »lateinischen Kaisertums« nach Kleinasien abgedrängt und kann nach dessen Ende 1261 nur eine schwache Herrschaft in Byzanz wiederherstellen (die 1453 den Türken erliegt). Im *Westen* bricht das englisch-französische Anjou-Reich der Plantagenets, das dem deutsch-italienischen Stauferreich die Waage hielt, bald nach dem Tod König Heinrichs II. zusammen; seine Söhne Richard Löwenherz (1189–1199), der dem Kaiser, und Johann Ohneland (1199–1216), der dem Papst lehnspflichtig wird, verlieren trotz ihres Bündnisses mit dem Welfenkaiser Otto IV. den englischen Festlandbesitz größtenteils an Philipp II. von Frankreich (1180–1223), den Verbündeten der Staufer. Seit der *Schlacht bei Bouvines* 1214 (Kap. 6) setzt sich in Frankreich die nationale Monarchie gegen die Kronvasallen durch; in England muß das besiegte Königtum den aufsässigen Ständen in der Magna Charta von 1215 Zugeständnisse machen, die den Keim zur parlamentarischen Beschränkung der Monarchie legen; in Deutschland läßt das strittige Königtum die fürstlichen Territorialstaaten hochkommen; in Italien wächst zwischen autonomen Stadtstaaten und dem zentralisierten Königreich Neapel-Sizilien der Kirchenstaat, und das Papsttum versucht seit Innocenz III. das Kaisertum aus Italien auszuschalten. – Im *Nordosten* ist seit der Gründung Lübecks (1158) dem Ostseehandel deutscher Kaufleute Bahn gebrochen. Riga wird 1201 als deutsche Stadt gegründet, andere Ostseestädte folgen bald nach. Während des deutschen Thronstreits geht zwar das Land rechts der Unterelbe mit Lübeck an Dänemark verloren, befreit sich aber aus eigener Kraft in der Schlacht bei Bornhöved 1227. Ein Jahr zuvor war dem Hochmeister des Deutschherrenordens das heidnische Preußenland zur Bekehrung und Beherrschung überwiesen worden. Der bis nach Liv- und Estland ausgreifende Ordensstaat bestimmt seitdem neben der Hanse das Schicksal Nordosteuropas, während die slavischen Fürsten Mecklenburgs und Pommerns, Schlesiens und Polens, Böhmens und Mährens, auch Ungarns und Siebenbürgens deutsche Bauern, Bürger, Bergleute in ihr Land rufen und den deutschen Siedlungs- und Kulturraum weit ostwärts wachsen lassen.

Überall setzen diese Neubildungen und Wandlungen noch vor dem *Ende des Stauferreiches* ein, dessen letzter Kaiser währenddessen von Süditalien aus um die Wiederherstellung des römisch-deutschen Imperiums ringt, aber an der erstarkten Papstmacht scheitert. Die Herrschaft Friedrichs II. ist für Deutschland nur insofern von großer Bedeutung, als er es um seiner italienischen Politik willen weitgehend sich selbst überließ, ohne es staatlich und kulturell zu formen wie sein sizilisches Erbreich. Daher ging auch Deutschland schon seit dem Tod Heinrichs VI. seine eigenen Wege aus der hochmittelalterlichen Kaiserzeit ins Spätmittelalter.

Den Umschwung der polit. Gesch. seit 1198 betont F. RÖRIG, Mittelalterl. Kaisertum u. die Wende d. europ. Gesch., in: Das Reich u. Europa (²1943); vgl. Y. RENOUARD, 1212–1216, Comment les traits durables de l'Europe occidentale moderne se sont définis au début du XIIIᵉ siècle, Annales de l'Univ. de Paris 28 (1958). Zur Periodisierung des MA: A. DOVE, Der Streit um das MA, HZ 116 (1916); H. HEIMPEL, Über die Epochen d. mal. Gesch., Die Sammlung 2 (1947); auch in: dess., Der Mensch in seiner Gegenwart (1954). W. NÄF, Die Epochen d. neueren Gesch. 1 (1954), sieht die »bedeutendste Zeitenwende« zum modernen Staat hin im Umkreis des 13.Jh., ähnlich W. KIENAST, Die Anfänge d. europ. Staatensystems im späteren MA, HZ 153 (1936); vgl. O. HALECKI, The Limits and Divisions of European History (1950); E. HASSINGER, Das Werden d. neuzeitl. Europa 1300–1600 (1959), S. XI ff.

Kapitel 2
Die Doppelwahl von 1198

Als Heinrich VI. starb, war sein Bruder Philipp von seinem schwäbischen Herzogtum aus unterwegs, um aus Foligno (bei Assisi) den bereits zum deutschen König gewählten Kaisersohn Friedrich zur Aachener Krönung zu holen. Er mußte aber kurz vor dem Ziel umkehren, um dem in Mittelitalien ausbrechenden reichsfeindlichen Aufruhr zu entgehen. So wurde der dreijährige Friedrich nicht nach Deutschland, sondern zu seiner Mutter nach Sizilien gebracht. Sie ließ ihn zu Pfingsten 1198 in Palermo krönen und vom Papst mit seinem sizilischen Erbreich belehnen unter Verzicht auf manche staatskirchlichen Vorrechte und auf seinen deutschen Königstitel. Als die Kaiserin Konstanze selbst schon ein Jahr nach ihrem Gemahl starb (28. XI. 1198), bestellte sie Innocenz III. zum Regenten des Königreichs Sizilien und zum Vormund ihres Sohnes, um ihm sein normannisches Erbe zu sichern[1].

Philipp von Schwaben wollte gleichwohl seinem Neffen auch die deutsche Krone erhalten und für ihn nur die Regentschaft im Reich übernehmen. Auch die Reichsfürsten, die noch auf dem Kreuzzug waren und ihren Vormarsch von Akkon gegen Jerusalem beim Tod des Kaisers abbrachen, wiederholten in Beirut ihren Treueid für Friedrich und richteten nach Deutschland an den Kölner Erzbischof die Mahnung, jede Spaltung zu verhüten. Doch gerade Erzbischof *Adolf von Köln*[2] aus dem Bergischen Grafenhaus, der schon dem Erbreichsplan Heinrichs VI. am hartnäckigsten widerstrebt hatte (s. Bd. 4, Kap. 48), glaubte jetzt die Entscheidung über den deutschen Thron an sich reißen und mit englischer Hilfe die Reichspolitik ins kölnische Fahrwasser steuern zu können. England war dafür leicht zu gewinnen; Richard Löwenherz mußte nach seinen Erfahrungen mit Heinrich VI. stauferfeindlich sein, um so mehr als sein kapetingischer Gegenspieler seit 1187 mit den Staufern verbündet war. Schon früher hatte König Richard enge Beziehungen zu Köln geknüpft. Seinen Untertanen, die schon sein Lösegeld an den Kaiser hatten aufbringen müssen, bürdete er abermals schwere Steuerlasten auf, damit der Kölner Erzbischof mit englischen Pfunden die Wahl eines nicht-staufischen Königs betreiben konnte. Schwierig war es nur, den geeigneten Mann dafür zu finden. Der alte Herzog Bernhard von Sachsen, an den man sich Ende 1197 wandte, gab sich nicht dazu her. Auch dem Herzog Berthold V. von Zähringen wurde das Geschäft, zu dem man bei den Verhandlungen in Köln die Königswahl erniedrigte, schließlich zu teuer und ungewiß. Andre Fürsten waren noch in Syrien, mit dem Mainzer Erz-bischof Konrad von Wittelsbach auch der Rheinpfalzgraf Heinrich von Braunschweig, der älteste Welfensproß. Erst nach langem Suchen verfiel man auf dessen jüngeren Bruder *Otto*, der am englischen Hofe aufgewachsen, von seinem Oheim Richard Löwenherz zum Grafen von Poitou erhoben worden war[3]. Obgleich er nicht zu den Reichsfürsten gehörte und in Deutschland, das er kaum kannte, nur ein Drittel des Braun-schweiger Welfenerbes besaß, auch für Köln schwerlich der erwünschteste Kandidat war, wurde er von Erzbischof Adolf und seinem niederrheinisch-westfälischen Anhang am 9. VI. 1198 zum König gewählt, am 12. VII. in Aachen ge-krönt.

Inzwischen gab es aber bereits wieder einen staufischen König. Angesichts der kölnisch-englischen Umtriebe konnte der Schwabenherzog Philipp nicht hoffen, die Krone für seinen Neffen Friedrich zu behaupten. Der süddeutsche Stauferanhang drängte ihn, sich selbst wählen zu lassen, voran die Reichs-ministerialen, die im Dienst für den Kaiser zu Ansehen und Einfluß gelangt und noch am stärksten von der Reichs-gesinnung der Barbarossazeit durchdrungen waren. Von ihnen angespornt, des staufischen Südwestens sicher, ließ sich Philipp schon im März 1198 auf Versammlungen ostdeutscher Fürsten in Thüringen (Ichtershausen 6. III., Mühlhausen 8. III.) zum König wählen. Zweifellos hatte er den größten Teil des Reiches, auch die meisten Bischöfe, auf seiner Seite. Aber bloße Stimmenmehrheit hatte noch keine deutsche Königswahl ent-schieden. Die Wähler Ottos IV. erklärten Philipps Wahl an so ungewohntem Ort, in Abwesenheit der rheinischen Erz-bischöfe und des Rheinpfalzgrafen, für ungültig. Sie kamen ihm auch mit Ottos Krönung in Aachen zuvor. Philipp hatte wohl in der Hoffnung auf eine Verständigung gezögert und ließ sich erst zwei Monate später (8. September) zwar mit der echten Krone, aber formwidrig in Mainz von dem zufällig anwesenden burgundischen Erzbischof von Tarantaise krönen. Welche Wahl und Krönung gültig, wer von Rechts wegen König sei, war nach den herkömmlichen Normen nicht zu entscheiden. Es kam auf eine Machtprobe an. Aber Vorstöße Ottos IV. nach dem staufischen Südwesten und gegen Goslar blieben ebenso erfolglos wie Philipps Kriegszüge gegen Köln und Braunschweig. Die Anerkennung durch die schwankenden, auf ihren Vorteil bedachten Fürsten ließ sich weniger erkämpfen als erkaufen. Doch auch die finanziellen Kräfte hielten sich die Waage. Flossen für den Welfen die englischen Geldquellen – wenn er auch schwerlich 150000 Silbermark auf 50 Rossen mitbrachte, wie der Chronist Arnold von Lübeck (VII, 15) fabelt –, so verfügte der Staufer über den Reichsschatz auf dem pfälzischen Trifels, den Heinrich VI. mit dem englischen Lösegeld und mit dem Reichtum Siziliens gefüllt hatte. Gegen die welfisch-englische Koalition erneuerte überdies Philipp das staufische Bündnis mit Frankreich, dem er Hilfe gegen England und Flandern versprach (29. VI. 1198, Const. 2 n. 1). So wurde der *deutsche Thronstreit* mit dem damals ausbrechenden *englischfranzösischen Krieg* verkoppelt und von dessen Wechselfällen abhängig[4]. Als sich der Kapetinger Anfang 1199 zu einem Waffenstillstand genötigt sah, konnte ihm sogar die Unterstützung Ottos IV. zugemutet werden. Doch bald wendete sich das Blatt. Richard Löwenherz erlag am 6. IV. 1199 einer Verwundung; sein Bruder Johann Ohneland[5] mußte sich nach einem Jahr neuer Kämpfe am 22. V. 1200 zu einem Friedensschluß verstehen, der ihm die weitere Unterstützung des Welfen untersagte. Jedes weitere Mißgeschick des englischen Königs, dem Philipp II. bald darauf den Prozeß machte, seine französischen Lehen absprach und die Normandie entriß, war ein neuer Schlag auch für Otto IV. Er selbst schrieb Ende 1199 an den Papst: »Post mortem avunculi nostri regis Richardi unicum nobis estis solacium et adiutorium« (RNI n. 19). Nur vom päpstlichen Eingreifen konnte er noch Rettung erhoffen.

Die wichtigsten Quellen über die Doppelwahl bei M. Krammer, Quellen z. Gesch. d. dt. Königswahl u. d. Kurfürstenkollegs 1 (²1925), S. 38 ff., u. bei B. Schimmelpfennig, Die dt. Königswahl im 13 Jh. (Hist. Texte, MA, Heft 9, 1969); dazu H. Mitteis, Die dt. Königswahl (²1944), S. 113 ff. – Grundlegend, doch in vielem überholt, E. Winkelmann, Jbb. d. dt. Gesch.: Kg. Philipp v. Schwaben 1197-1208 (1873). Über die Kanzlei beider Könige: A. J. Walter, Die dt. Reichskanzlei während des

Endkampfes zw. Staufern u. Welfen (1938), doch vgl. H.-W. KLEWITZ, GGA 1938, S. 354 ff.; K. JORDAN, DA 3, S. 251 f.; P. ZINSMAIER, ZGORh 91, NF 52 (1939), S. 201 ff.; W. HEUPEL, Zs. f. bayer. Landesgesch. 12 (1940), S. 179 ff. S. auch S. HAIDER, Schriftl. Wahlversprechungen röm.-dt. Kge. im 13. Jh., MIÖG 76 (1968).

[1] Über die Kindheit Friedrichs II. u. die Regentschaft seiner Mutter u. des Papstes s. K. HAMPE, MIÖG 22 (1901), HV 4 (1901) u. QFItA 20 (1929); F. BAETHGEN, Die Regentschaft P. Innocenz' III. im Kgr. Sizilien (1914); bes. E. KANTOROWICZ, K. Friedrich II. (1927), mit Quellennachweis u. Lit. im Erg.bd. (1931, beide Ndr. 1963). – R. RIES, Regesten d. Kaiserin Constanze, QFItA 18 (1926).

[2] C. WOLFSCHLÄGER, Eb. Adolf I. v. Köln als Fürst u. Politiker, 1193–1205 (1905); R. KNIPPING, Regesten d. Erzbischöfe v. Köln, Bd. 2 (1901, Ndr. 1964).

[3] Nach WINKELMANN, Jbb. Philipps,

S. 503 f. u. A. SCHREIBER, HV 26 (1931), S. 277, ist Otto erst 1182 in der Normandie geboren, nach A. L. POOLE, DA 2 (1938), S. 131, wahrscheinlich 1175/76 in Dtld. und mit seinem Vater in die Verbannung gegangen; so auch F. TRAUTZ, Die Kge. v. England u. das Reich (1961), S. 92 f.

[4] W. KIENAST, Die dt. Fürsten im Dienste d. Westmächte, Bd. 1 (1924); ders., Dtld. u. Frankreich in d. Kaiserzeit (1943), S. 149 ff.; F. TRAUTZ (s. Anm. 3), S. 93 ff.

[5] S. PAINTER, The Reign of King John (1949); J. T. APPELBY, Johann »Ohneland« (dt. 1967).

Kapitel 3
Das Eingreifen Innocenz' III. in den deutschen Thronstreit

Der Papst hatte bei der deutschen Doppelwahl die Hand nicht im Spiel. Auch als sich die Wähler und die auswärtigen Verbündeten beider Könige an ihn wandten, hielt er mit seiner Stellungnahme zurück. Ihm ging es zuvörderst darum, den plötzlichen Zusammenbruch der Staufermacht in Italien auszunutzen. Schon der alte Cölestin III. ließ sich gleich nach dem Tod Heinrichs VI. von der gegen die »Tyrannei der Deutschen« aufgestachelten Bevölkerung des Herzogtums Spoleto und der Mark Ancona Untertaneneide schwören, ohne sich auf Verhandlungen mit Markward von Annweiler einzulassen, den die Kaiserin Konstanze aus Sizilien verbannte. Mit den Konzessionen, zu denen ihn Heinrich VI. ermächtigt hatte (Bd. 4, Kap. 48), begnügte sich die Kurie nicht, da sich ihr viel weitere Aussichten eröffneten. Als Cölestin am 8. I. 1198 starb, wurde noch am gleichen Tage – nach einer Reihe greisenhafter Päpste – der jüngste, 37jährige Kardinal Lothar von Segni als *Innocenz* III. gewählt. Er war noch nicht politisch hervorgetreten; die moraltheologische Rhetorik seiner Frühschriften ließ kaum ahnen, wie wirksam sich die theologische und juristische Bildung, die er in Paris und Bologna erworben hatte, mit einem hochgespannten Selbst- und Amtsbewußtsein, geschmeidiger Energie und wachem Sinn für die religiösen Kräfte und politischen Möglichkeiten seiner Zeit verband, um die stürzende Kaisermacht durch die universale Papstgewalt abzulösen. Was sein Vorgänger in Mittelitalien begann, führte er weiter ausgreifend fort. Alle Ansprüche, die sich aus den unscharf begrenzten, nie voll erfüllten Versprechungen fränkisch-deutscher Kaiser an die römische Kirche ableiten ließen, glaubte Innocenz nun einfordern zu können, um den Kirchenstaat in einem Umfang »wiederherzustellen«, den er nie gehabt hatte[1]. Diese »Rekuperationen« griffen über Umbrien-Spoleto und die Mark Ancona, aus der Markward von Annweiler nach hartnäckigem Widerstand weichen mußte, bis an die adriatische Küste, so daß der nahezu verdoppelte Kirchenstaat das päpstliche Lehnsreich Sizilien vom nördlichen Reichsitalien trennte. Hier fanden allerdings die nationalen Töne, mit denen sich Innocenz als Befreier Italiens von der deutschen Fremdherrschaft darstellte, wenig Gehör. Die Romagna, vor allem Bologna, auch der Erzbischof von Ravenna behaupteten ihre Selbständigkeit. Auch die zu einem Bund vereinten toskanischen Städte wollten nicht die kaiserliche Herrschaft mit der päpstlichen vertauschen. Sie verpflichteten sich nur, ohne päpstliche Zustimmung künftig keinen Kaiser oder Herren anzuerkennen. Die Lombardenstädte blieben in rivalisierende Bünde geschieden.

Um ungestört seine Ziele in Italien verfolgen zu können, mischte sich Innocenz zunächst in den deutschen Thronstreit nicht ein. Otto IV., für den sich Richard Löwenherz an der Kurie verwandte wie der Kapetinger für den Staufer, hatte gleich bei seiner Wahl geschworen, Besitz und Rechte des Papstes und der Kirche unangetastet zu wahren und das längst angefochtene Spolienrecht auf Bischofsnachlässe preiszugeben; seine Wähler hatten um päpstliche »Konfirmation« der Wahl und um die Kaiserkrönung gebeten, auch die Anerkennung der »Rekuperationen« in Aussicht gestellt. Aber Innocenz forderte mehr und stellte Bedingungen, über die anscheinend zuerst auch mit Philipp, dann aber mit Otto lange geheim verhandelt wurde. Der starke Stauferanhang, darunter 28 Reichsbischöfe, protestierte am 28. V. 1199 in Speyer energisch dagegen, daß der Papst seine Hand nach den Rechten des Reiches ausstrecke, und kündigte Philipps baldigen Romzug an (RNI 14). Doch ihren Gesandten wurde an der Kurie abweisend geantwortet, der Papst werde prüfen und entscheiden, wen er zum Kaiser zu krönen habe. Auch Otto IV. zögerte lange, auf die päpstlichen Forderungen einzugehen, die seine Gesandten im Mai 1199 von der Kurie heimbrachten. Erst als nach dem Tod seines Oheims die englischen Gelder versiegten, als der vom Kreuzzug heimgekehrte Mainzer Erzbischof Konrad von Wittelsbach den Thronzwist durch Verzicht beider Anwärter wohl zugunsten Friedrichs von Sizilien zu schlichten versuchte und die staufische Sache an Boden gewann, blieb dem Welfen keine andre Wahl, als sich den päpstlichen Bedingungen zu fügen. Dann erst gab Innocenz um die Jahreswende 1200/01 seine Entscheidung für ihn im Konsistorium bekannt, scheinbar unparteiisch das Für und Wider jeder Kandidatur juristisch, moralisch, politisch abwägend, die Abmachung mit Otto IV. aber verschweigend (»Deliberatio super facto imperii de tribus electis«, RNI 29). Sein Recht zur Wahlentscheidung begründete er damit, daß das Imperium »principaliter et finaliter«, nach Ursprung und Bestimmung, den Papst angehe (pertinere); denn er habe es bei der Kaiserkrönung Karls d. Gr. von den Griechen auf das fränkisch-deutsche Reich übertragen zum Schutz der römischen Kirche; von ihm haben also die Fürsten ihr Recht, den deutschen König als künftigen Kaiser zu wählen, den der Papst zu krönen und deshalb auf seine Eignung zu prüfen hat. Um die Tatsache zu entkräften, daß hinter dem Staufer die große Mehrheit stand, machte Innocenz sich die Auffassung der Welfenwähler zu eigen, es komme auf *die* Fürsten an, denen »principaliter« oder »specialiter« die Wahl zustehe; doch nennt er sie nicht außer den Kölner Erzbischof. Diese Theorien der »Translatio imperii« und der Begründung des Kurrechts durch den Papst, der ausschlaggebenden, unentbehrlichen Hauptwähler und des päpstlichen Prüfungs- und Entscheidungsrechts bei strittiger Königswahl sind durch die Dekretalen Innocenz' III. ins kanonische Recht eingegangen und haben jahrhundertelang Geltung beansprucht. In einer Fülle von Schreiben an die Reichsfürsten und Ministerialen, den deutschen Klerus und Adel hat sie der Papst wortgewandt verfochten. Am 1. III. 1201 schrieb er an Otto IV.: »te in regem recipimus«. Der Kardinallegat Guido von Praeneste, der diese Entscheidung in Deutschland durchsetzen sollte, hat sie am 3. VII. 1201 – über drei Jahre nach Ottos Wahl – in Köln feierlich verkündet und den Stauferanhang gebannt. Vorher aber

(am 8. Juni) mußte Otto IV. in Neuß den längst vereinbarten
Eid leisten und verbriefen, mit dem er sich zur Anerkennung
der bereits vollzogenen, zur Beihilfe bei den noch fälligen
»Rekuperationen« der römischen Kirche in Mittelitalien verpflichtete, zur Hilfe bei der Behauptung des Königreichs Sizilien für den Papst, zur Befolgung von Rat und Urteil des Papstes in seinem Verhalten zu den Römern und zu den Städtebünden Toskanas und der Lombardei – kurz zum Verzicht auf
jede eigenmächtige Italienpolitik. Überdies versprach er, nach
päpstlichem Rat und Gebot mit Frankreich Frieden zu schließen
und alle diese Zusagen bei seiner Kaiserkrönung erneut zu beschwören. Von diesen durchweg territorialen und politischen
Bedingungen hatte Innocenz III. seine Entscheidung im Thronstreit abhängig gemacht. Otto IV. ging nach langem Zögern
notgedrungen darauf ein. Kein Reichsfürst war Zeuge seines
Eides.

Hauptquelle für Innocenz III. sind seine großenteils im Original erhaltenen Brief-
Register, s. F. KEMPF, Die Register Innoc. III. (Miscellanea Hist. Pontif. 9, Rom
1945), dazu ders., QFItA 36 (1956) gegen F. BOCK, Archival. Zs. 50/51 (1955). Man-
gelhafter Druck der Register nach BALUZE (1682) bei MIGNE, PL 214–217; kritische
Ausgabe durch das Österr. Kulturinst. in Rom, geleitet von L. SANTIFALLER, begann
1964: Die Register Innocenz' III., 1. Pontifikatsjahr 1198/99; über Vorarbeiten dazu
s. Einleitung zu Bd. 1 (1964), Indices in Bd. 2 (1967); vgl. DA 21, S. 612 ff. – Das von
1199 bis 1209 geführte Sonderregister über die Reichsfrage (RNI = Regestum super
negotio Romani imperii) enthält den wichtigsten Schriftwechsel zwischen dem Papst
u. den beiden Königen u. ihren Wählern; kommentierte Ausgabe von F. KEMPF
(Misc. Hist. Pont. 12, 1947), dazu H. GRUNDMANN, ZRG KA 37 (1951), S. 416 ff.;
phototyp. Nachdr. d. vatikan. Originals des RNI von W. M. PEITZ, Codices e Vati-
canis selecti 16 (1927), danach Ausgabe ohne Kommentar von W. HOLTZMANN
(1947/48); Übersetzung in Auswahl von G. TANGL, GdV 95 (1923). – Die zeitgenöss.
Gesta Innoc. III (bis 1208) bei MIGNE 214, dort auch die moralthel. Frühwerke;
besser: Lotharii cardinalis De miseria humane conditionis, ed. M. MACCARRONE
(1955); dazu M. FLORIN, Innoc. III. als Schriftsteller u. als Papst, ZKiG 45 (1926).
Zur vorpäpstl. Zeit Lothars v. Segni: M. MACCARRONE, Innocenzo III prima del
pontificato, Arch. d. Deput. Rom. di storia patria 66 (1953). Die Gesamtdarstellung
von F. HURTER, Gesch. P. Innocenz' III. u. seiner Zeitgenossen (4 Bde. 1834/42) ist
veraltet, aber nicht voll ersetzt durch A. LUCHAIRE, Innoc. III (1904/08), J. CLAYTON,
Pope Innocent III and his Times (1941), S. SIBILIA, Innocenzo III (Rom 1951).
Knappe Skizze von J. HALLER in: Meister der Politik, Bd. 1 (1923), eingehender ders.,
Das Papsttum, Bd. 3 (²1952), S. 296 ff., und bes. H. TILLMANN, P. Innocenz III. (1954)
mit Vorarbeiten in QFItA 23 (1931/32), MÖIG 45 (1931), HJb 51 (1931), DA 9
(1951). – Sonderprobleme: R. H. TENBROCK, Eherecht u. Ehepolitik bei Innoc. III.
(Diss. Münster 1933); O. KUHLE, Die Neubesetzung d. dt. Bistümer unter P. Innoc. III. (Diss. Berlin 1935); E. v. STRUVE, Innoc.' III. polit. Korrespondenz u. die
relig. Weltherrschaftsidee d. Kurie (Diss. Berlin 1936); G. MARTINI, Traslazione del-
l'Impero e donazione di Costantino nel pensiero e nella politica d'Innoc. III, Arch.
Soc. Rom. di storia patria 56 (1934); ders., Il pontificato d'Innoc. III (1952); M. MAC-

CARRONE, Chiesa e stato nella dottrina di p. Innoc. III, Lateranum NS 6 (1941); ders., Nuovi studi su Innoc. III, Riv. di storia della chiesa in Italia 9 (1955); vieles ist überholt durch F. KEMPF, Papsttum u. Kaisertum bei Innocenz III., Die geistigen u. rechtl. Grundlagen seiner Thronstreitpolitik (Misc. Hist. Pont. 19, 1954).

[1] Über die päpstl. »Rekuperationen« grundlegend J. FICKER, Forschungen zur Reichs- u. Rechtsgesch. Italiens 2 (1869), S. 369 ff.; H. SEEGER, Die Reorganisation d. Kirchenstaates unter Innoc. III. (Diss. Kiel 1937); s. u. Kap. 4, Anm. 4.

[2] Vom Neußer Eid Ottos IV. (RNI 77) ist eine kürzere Fassung (ohne Verpflichtung zum Frieden mit Frankreich und zur Wiederholung des Eids bei der Kaiserkrönung) als undatiertes Original im vatikan. Archiv. erhalten, die man früher (so auch Const. 2 n. 16) auf 1198 datierte, dann als mißglückte Ausfertigung des Neußer Eids von 1201 erklären wollte (so H. KRABBO, NA 27, 1901)

oder gar als absichtliche Verfälschung durch Otto IV. (so J. HALLER, Innocenz III. und Otto IV., in: Papsttum u. Kaisertum, Festschr. P. Kehr 1926). Diese Hypothesen sind hinfällig; der kürzere Text wurde von Ottos erster Gesandtschaft an der Kurie nach deren Diktat im Mai 1199 aufgesetzt als päpstl. Bedingungen für Ottos Anerkennung; sie wurden von ihm erst im Mai 1200 akzeptiert (RNI 20), in Neuß 1201 noch erweitert und beschworen; s. F. KEMPF, Die zwei Versprechen Ottos IV. an die röm. Kirche, in: Festschr. E. Stengel (1952); H. GRUNDMANN, ZRG KA 37 (1951), S. 426 ff.

Kapitel 4
König Philipps Aufstieg und Ermordung

Die päpstliche Entscheidung für Otto IV. gab seiner Sache nur für kurze Zeit neuen Auftrieb. Selbst von den Reichsbischöfen ließen sich wenige für ihn gewinnen, darunter freilich Philipps Kanzler Konrad von Querfurt, Bischof von Würzburg, der aber bald ermordet wurde[1]. In Mainz mußte der von König Philipp investierte Lupold, vorher Bischof von Worms, dem welfisch gesinnten Siegfried II. von Eppenstein weichen. Sonst aber blieb der Episkopat, voran Erzbischof Ludolf von Magdeburg[2], trotz des Banns und alles päpstlichen Drucks großenteils staufertreu. Von den Laienfürsten ließ sich der bestechliche Landgraf Hermann von Thüringen wieder auf Ottos Seite ziehen, ebenso Ottokar I. von Böhmen, dem dafür die Königswürde, die ihm Philipp verliehen hatte, vom Papst bestätigt wurde. Auch Holstein mit Lübeck ging dem Staufer und dem Reich überhaupt verloren, da Otto IV. den Übergriff des Dänenkönigs bis zur Elbe anerkannte, sich sogar verwandtschaftlich mit ihm verband. Ein Feldzug Philipps gegen den abtrünnigen Thüringer, dem der Böhme half, schlug fehl.

Trotzdem gab er seine Sache nicht verloren. Seine Anhänger, 30 Reichsfürsten, zur Hälfte Geistliche, protestierten Anfang 1202 zu Halle nachdrücklich gegen die Einmischung des Legaten in die deutsche Thronfrage. Ihre Gesandtschaft zum Papst wurde mit dem ganzen Rüstzeug kurialer Argumente abgewiesen[3].

Trotzdem ließ sich Innocenz bald wieder auf geheime Verhandlungen mit dem gebannten Staufer ein, der eine Verständigung suchte und beträchtliche Zugeständnisse anbot (Const. 2 n. 8/9). Schon im Herbst 1203 mußte der Papst das Gerücht dementieren, er wolle Philipp anerkennen und krönen (RNI 90). Otto IV. war um so weniger durchzusetzen, als sein Verbündeter Johann Ohneland im Sommer 1202 allen päpstlichen Friedensmahnungen zum Trotz von Philipp II. von Frankreich aus der Normandie, Anjou und Poitou vertrieben wurde. Der Zusammenbruch der englischen Festlandsmacht wirkte lähmend auf das welfische Königtum zurück, in dessen Lager ein reißender Abfall begann. Ottos eigener Bruder Heinrich ging im Frühjahr 1204 zum Staufer über. Ihm folgte zugleich mit dem Herzog von Brabant und den meisten niederrheinisch-westfälischen Grafen auch Erzbischof Adolf von Köln selbst. Denn der von ihm kreierte Welfenkönig gab der Kölner Bürgerschaft Rückhalt gegen ihren Erzbischof; auch fürchtete dieser eine Schmälerung seines westfälischen Herzogtums, wenn die Welfenmacht erstarkte, auf deren Kosten es gewonnen war; vielleicht wurde ihm sogar das von ihm herausgeforderte Eingreifen des Papstes in die Thronfolge bedenklich für sein Wahl- und Krönungsrecht. Schon Ende 1202 konnte ihn Innocenz nur noch mühsam bei der Stange halten. Im November 1204 ging er, reichlich mit Geld und Privilegien belohnt, zu Philipp über, der sich von ihm noch einmal in Aachen krönen ließ (6. I. 1205). Vom Papst gebannt und abgesetzt, mußte Adolf von Altena nach zähem Widerstand dem neuen Erzbischof Bruno von Sayn weichen, Ottos früherem Gesandten an der Kurie. Noch blieb die Stadt Köln welfisch, mußte sich aber nach zwei Jahren dem Staufer unterwerfen, der inzwischen auch den Thüringer Landgrafen und den böhmischen König mit Waffengewalt auf seine Seite gezwungen hatte. Am 27. VII. 1206 besiegte er den Welfen selbst bei Wassenberg westlich Köln, dessen neuer Erzbischof in Gefangenschaft geriet. Otto IV. wurde verwundet; nach einer ergebnislosen Begegnung mit Philipp zog er sich in sein braunschweigisches Erbland zurück, das ihm allein noch sicher war, so eifrig auch der Papst allenthalben für ihn warb.

Damals waren aber bereits wieder *Verhandlungen Philipps mit der Kurie* im Gange. Er hatte 1204 den Bischof Lupold von Worms mit Truppen nach Italien geschickt. Nach anfangs erfolgreichem Vordringen in die rekuperierten Gebiete und einem verlustreichen Kampf mit päpstlichen Truppen war er im nächsten Jahr heimgerufen worden, vielleicht weil sich bereits Verständigungsaussichten zeigten. Der Patriarch Wolfger von Aquileja erschien als päpstlicher Vermittler bei Philipp; dessen Gesandte gingen nach Rom. Die Verhandlungen mußten schon weit gediehen sein, als im Mai 1207 zwei Kardinallegaten nach Deutschland kamen, um Frieden zu stiften. Sie versuchten, Otto zum Thronverzicht zu bewegen, damit die Bahn für die päpstliche Anerkennung Philipps frei würde, den sie vom Bann lösten. Im September erwirkten sie einen einjährigen Waffenstillstand und nahmen Bevollmächtigte beider Könige mit nach Rom, wo die Verhandlungen zum Abschluß gebracht werden sollten. Ihr Inhalt war streng geheim; kein Aktenstück verrät ihn. Der schwäbische Chronist Burchard von Ursperg will von glaubwürdigen Leuten gehört haben, daß eine Tochter Philipps einen Neffen des Papstes heiraten sollte, dem dann Tuszien, Spoleto und die Mark Ancona als Reichslehen übertragen würden. Ob Innocenz wirklich diese »Rekuperationen« ganz oder teilweise auszuliefern gedachte, sei es auch für seinen Neffen, bleibt fraglich; der Eheplan war schon früher aufgetaucht und ist sicher bezeugt[4]. Otto IV. sollte wohl gleichfalls eine der vier Töchter Philipps heiraten und für den Thronverzicht vielleicht mit dem Herzogtum Schwaben abgefunden werden. Zu dem Zugeständnis freier Bischofswahlen, zum Spolienverzicht und zur Koppelung der Reichsacht mit dem Kirchenbann hatte sich Philipp schon früher bereit gezeigt; ob er darüber jetzt noch hinausging, ist unbekannt. Jedenfalls wurde eine Einigung erzielt, Philipps Anerkennung als König und künftiger Kaiser war in Rom beschlossen, Ottos Rücktritt vereinbart. Doch das alles wurde hinfällig. Denn auf der Rückreise erfuhren die Unterhändler, daß König Philipp am 21. VI. 1208 in Bamberg ermordet worden war. Der bayrische Pfalzgraf Otto von Wittelsbach, früher mit Philipps Tochter verlobt, die nun wohl für den Papstneffen bestimmt wurde, fühlte sich in seiner Ehre gekränkt und schlug den König mit dem Schwert nieder, gerade als dessen Sieg und der

Friede endlich gesichert schienen. Der »junge süeze man«, wie ihn Walther von der Vogelweide besang, kaum über 30 Jahre alt, strahlend blond und ritterlich edel nach dem Herzen der Zeit, hatte keine großen Taten vollbracht, aber eine gute Sache redlich verfochten, weder so würdelos unterwürfig noch so hochfahrend machtwillig wie sein skrupelloser Rivale. Sein gewaltsamer Tod, den der Papst aufatmend ein Gottesurteil nannte, war ein schweres Verhängnis nicht nur für Deutschland, auch für Innocenz selbst[5].

[1] A. Wendehorst, Bistum Würzburg, Bd. 1 (Germania sacra, NF 1, 1962), S. 183 ff. mit Lit.

[2] Über Eb. Ludolf v. Magdeburg s. Diss. von F. Kohlmann (Halle 1885) u. W. F. Vogel (Leipzig 1885).

[3] Die Antwort Innocenz' III. auf den Haller Protest der Stauferpartei (RNI 61) ist die Bulle »Venerabilem« (ib. 62), die in die Dekretalen Gregors IX. (c. 34 X De elect. I, 6) aufgenommen und daher für die kanonistische Stellungnahme zum dt. Königswahlrecht maßgeblich wurde.

[4] H. Tillmann, Das Schicksal d. päpstl. Rekuperationen nach dem Friedensabkommen zw. Philipp v. Schwaben und der röm. Kirche, HJb 45 (1931); J. Haller, Papsttum 3 (²1952), S. 544.

[5] Die Deutung d. Bamberger Dom-Neubaus als »Sühnemal« für die Ermordung Philipps, der im Weltgericht am Fürstentor u. im Bamberger Reiter dargestellt sei, bei H. Fiedler, Dome u. Politik (1937) bleibt ungewiß, s. H. Kunze, Sachsen u. Anh. 13 (1937).

Kapitel 5
Machthöhe und Sturz Ottos IV.

Nur dem Friedenswillen und der politischen Einsicht des Stauferanhangs, nicht eigener Kraft oder der wiedereinsetzenden päpstlichen Propaganda verdankte es Otto IV., daß er nach Philipps Tod allgemein anerkannt wurde. Vergebens versuchte der französische König eine Kandidatur Herzog Heinrichs von Brabant dagegen auszuspielen[1]. Den staufisch gesinnten Bischöfen und Reichsministerialen ging es weniger um die Person des Königs als um die Sache des Reichs und um den Frieden. Der Magdeburger Erzbischof Albrecht von Kefernburg[2] gewann den Welfen, der künftig auf seinen Rat zu hören versprach, für eine Verständigung. Indem sich Otto IV. am 11. XI. 1208 in Frankfurt noch einmal und nun einmütig zum König wählen ließ, gab er zu, daß seine erste Kölner Wahl, wenn nicht ungültig, so doch ungenügend war. Der unterlegene Gegenkönig wurde damit zum rechtmäßigen Nachfolger des

Staufers, dessen Tochter er heiratete und dessen Ratgeber in seinen Dienst traten.

Trotzdem schien sich an Ottos unterwürfig-nachgiebigem Verhalten zum Papst nichts zu ändern. Nach Philipps Tod schrieb er ihm: »Was wir bisher waren, was wir sind oder sein werden im Reich, verdanken wir nächst Gott ganz Euch und der römischen Kirche«, nannte sich König von Gottes und des Papstes Gnaden und bat dringend um weitere Einwirkung auf die Reichsfürsten (RNI 160). Auch als sich das als unnötig erwies, wurde sein Ton nicht selbstbewußter. Widerspruchslos scheint er sich der von zwei Legaten überbrachten Forderung gefügt zu haben, als Voraussetzung für die Kaiserkrönung seine früheren Zusagen noch zu vermehren durch Zugeständnisse, zu denen zuletzt auch Philipp bereit gewesen war. Am 22. III. 1209 verbriefte er in Speyer, wieder ohne fürstliche Zeugen, daß er die »Rekuperationen« des Papstes anerkenne, Sizilien ihm behaupten helfen wolle, auf Spolien und Regalien verzichte, freie Bischofswahlen zulasse, die Appellation an die Kurie in kirchlichen Rechtshändeln nicht beschränke und bei der Ketzerbekämpfung helfen wolle (RNI 189; Const. 2 n. 31). Mit biblischen Worten nannte ihn Innocenz »den Mann nach meinem Herzen« (RNI 179), ja »meinen lieben Sohn, an dem ich Wohlgefallen habe« (SS 22, 352). Trotzdem mußte er bald mißtrauisch werden. Denn um dieselbe Zeit ließ Otto bereits durch den Patriarchen Wolfger von Aquileja als Reichslegaten für Italien wie in der Lombardei und Tuszien auch in den »rekuperierten« Gebieten Spoleto, Romagna, Ancona die Reichsrechte einfordern. Und als Otto selbst im August 1209 mit einem beträchtlichen Heer über den Brenner kam und dem Papst in Viterbo begegnete, verflogen die Illusionen rasch. An den Neußer Eid erinnert, den er bei der Kaiserkrönung wiederholen sollte, sagte er zu Innocenz, der das selbst dem französischen König berichtete) Böhmer, Acta 2 n. 920), er möge die Urkunde im Kasten behalten. Erst nach der Krönung wollte er sich auf Verhandlungen über die Territorialfragen einlassen, als sei darüber noch nichts entschieden. Dennoch vollzog der Papst trotz mancher Warnungen auch aus dem Kardinalkolleg am 4. X. 1209 die *Kaiserkrönung*, wobei der Krönungseid durch die Verpflichtung ergänzt wurde, Besitz und Rechte der Kirche zu wahren[3]. Blutige Zusammenstöße zwischen Römern und Deutschen gefährdeten die Feier und nötigten den Kaiser zum Abzug. Seinen Vorschlag einer neuen Begegnung lehnte Innocenz ab, bis eine territoriale Verständigung vorbereitet wäre (RNI 193/4; damit endet das RNI). Dazu kam es nicht. Otto zog nordwärts, die meisten Fürsten kehrten mit ihren Truppen heim; der Papst mochte aufatmen.

Plötzlich aber kehrte der Kaiser um zum *Angriff auf das Königreich Sizilien.* In Pisa erreichten ihn Hilferufe apulischer Barone gegen ihren staufischen König, der soeben einen Adelsaufstand auf Sizilien niedergeschlagen hatte. Auch die Deutschen, die sich dort seit den Tagen Markwards von Annweiler († 1202) zäh und tapfer gegen das päpstliche Regiment und seine Helfer gewehrt hatten, setzten ihre Hoffnung auf den Welfenkaiser. Obgleich er mehrmals die Unantastbarkeit des Papstlehens Sizilien beschworen hatte, widerstand er nicht der Versuchung, in die Bahnen Heinrichs VI. einzulenken und dessen Sohn, der noch immer Anspruch auf das Herzogtum Schwaben und das staufische Hausgut erhob und als einziger Rivale dem Welfen auch im Reich gefährlich werden konnte, aus seinem sizilischen Erbreich zu verdrängen. Die päpstliche Banndrohung schreckte ihn nicht; er hatte selbst erfahren müssen, wie unwirksam diese Waffe gegen die politische Übermacht (damals des Staufers) war, die er nun im Süden vollends zu erringen hoffte. Nachdem er über Spoleto und die Mark Ancona wieder von Reichs wegen verfügt und in den Städten Norditaliens Truppen gesammelt hatte, zog er im Herbst 1210 nach Süden, brach den vom Papst bestärkten Widerstand um Aversa und erreichte über Neapel, Salerno, Bari, Tarent nach einem Jahr die Südspitze Kalabriens[4]; dort wartete er auf die pisanische Flotte zum Angriff auf die Insel, deren König in Palermo schon ein Schiff zur Flucht nach Afrika bereit hielt.

Beim Überschreiten der sizilischen Grenze hatte Innocenz den schon vorher verhängten *Bann*[5] am 18. XI. 1210 feierlich verkündet. Da selbst seine Bereitschaft zur Preisgabe päpstlicher »Rekuperationen«, um Sizilien zu retten, kein Gehör fand, wurde der Bann am Gründonnerstag 1211 erneuert, alle dem Kaiser geleisteten Eide wurden gelöst. Den deutschen Bischöfen schrieb der Papst: »Das Schwert, das wir selbst geschmiedet, schlägt uns schwere Wunden.« Mit dem Bibelwort: »Es reut uns, den Menschen geschaffen zu haben«, gab er offen zu, wie schwer er sich in seinem Günstling getäuscht hatte. Heftige Vorwürfe gegen dessen Undank und Meineid mußten alles entkräften, was Innocenz früher für das Thronrecht des Welfen geltend gemacht hatte. Andrerseits wurde plötzlich alles hinfällig, was er vorher gegen das »genus persecutorum« der Staufer gesagt hatte. Denn so schwer der Entschluß für den Papst sein mußte, der Sizilien unbedingt vom Reich getrennt halten wollte: Niemand anders ließ sich mit Aussicht auf Erfolg gegen den Welfenkaiser ausspielen als der von ihm bedrohte König Friedrich von Sizilien, der schon einmal als Kind auch zum deutschen König gewählt worden war. Für ihn verwandte sich auch der französische König an der Kurie, der vor der Krönung des Welfen unablässig gewarnt, die Aussichtslosigkeit einer anderen Kandidatur aber schon früher erprobt hatte. Als Innocenz ihn bat, die Reichsfürsten gegen den gebannten Kaiser aufzuwiegeln, konnte Philipp II. August antworten, das habe er bereits nach Kräften besorgt.

»Nach dem Rat König Philipps von Frankreich«, sagt dessen Biograph, und nach dem Willen des Papstes vollzogen im September 1211 einige Fürsten in Nürnberg die *Wahl Friedrichs II. zum Kaiser*[6]. Neben Ottokar I. von Böhmen und dem Landgrafen Hermann von Thüringen, die schon oft die Partei gewechselt hatten, wirkte Erzbischof Siegfried von Mainz mit, schon aus Rivalität gegen Köln, dessen Erzbischof Dietrich er als päpstlicher Legat absetzte, um Adolf von Altena (abgesetzt 1205) zu restituieren. Mit der unmittelbaren Wirkung der Wahl konnte der Papst zufrieden sein. Die alarmierende Nachricht veranlaßte Otto IV., den Angriff auf Sizilien abzubrechen und heimzukehren. In Deutschland schien der gebannte Kaiser der Lage noch Herr zu werden. Manche schon wankende Fürsten wandten sich ihm wieder zu, andere glaubte er zwingen zu können. Als der junge Staufer selbst im Herbst 1212 auf deutschem Boden erschien, während Ottos staufische Gemahlin plötzlich starb, verließen ihn die schwäbischen Reichsministerialen, die Bayern folgten, und seitdem griff der Abfall unaufhaltsam um sich. Beliebt war der Welfe in seiner schroffen, hochfahrenden Art nie gewesen; »superbus et stultus, sed fortis«, nennt ihn der Ursperger Chronist. Bei aller kriegerischen Tapferkeit, die auch seine Feinde anerkannten, fehlte ihm die ritterliche Haltung und Gesinnung nach dem Ideal seiner Zeitgenossen, die »milte«, die »mâze«, die »stête«. Seit er sich auf dem Thron sicher fühlte, häuften sich die Klagen, er mißachtete Recht und Herkommen im Reich. Der Papst traf die wundeste Stelle mit seiner Warnung an die Reichsfürsten, Otto wolle sie wie normannische Barone behandeln und englische Herrschaftsformen, wie sie ihm von Jugend auf vertraut waren, ins Reich einführen (Böhmer, Acta 2 n. 921). Das Maß war voll, als Ottos abtrünniger Kanzler, Bischof Konrad von Speyer[7], des Kaisers Pläne verriet, eine allgemeine Kopfsteuer und andere neue Abgaben zu erheben, wie es schon Heinrich V. nach englischem Vorbild versucht hatte, oder gar sich am Kirchengut zu vergreifen. Der Bann allein hätte den Welfen schwerlich gestürzt so wenig wie den Staufer Philipp, dessen Tod erst Ottos Aufstieg ermöglicht hatte. Als ihm jedoch wieder ein Staufer als verheißungsvoller Erbe des großen Namens entgegentrat, endete sein unverdientes Glück, das ihn nur zu rücksichtsloser Machtpolitik verführt hatte.

E. WINKELMANN, Jbb. d. dt. Gesch.: K. Otto IV. v. Braunschweig 1208–1218 (1878, Ndr. 1968). Kanzlei: A. J. WALTER, s. Kap. 2. – J. HALLER, Innocenz III. u. Otto IV., in: Papsttum u. Kaisertum (Festschr. f. P. Kehr 1926).

[1] Über Hg. Heinrich I. v. Brabant (1190–1235): G. SMETS, Henri I, Duc de Brabant (1908); W. REESE, Die Niederlande u. d. Reich 1 (1941), S. 217 ff.; W. KIENAST, Dtld. u. Frankr. in d. Kaiserzeit (1943), S. 157 ff., der auch HZ 163, 233 bemerkt, daß damit Frankreich erstmals den dt. Thron in seinem Interesse zu besetzen versuchte.

[2] H. M. SCHALLER in NDB 1 (1953), S. 165 f. mit Lit.

[3] Zum Krönungseid Ottos IV.: P.E. SCHRAMM, AUF 11 (1930), S. 338 ff.

[4] Über den Ausbruch d. Konflikts mit dem Papst u. den Angriff auf das Kgr. Sizilien s. K. HAMPE, HV 4 (1901), S. 182 ff. u. 7 (1904), S. 473 ff. – W. HOLTZMANN, Otto IV. in Cosenza?, QFItA 42/43 (1962/63).

[5] A. HAIDACHER, Über den Zeitpunkt der Exkommunikation Ottos IV., Röm.

Hist. Mitteil. 3 (1958/60); ders., ebd. 11 (1969) gegen H. TILLMANN, Datierungsfragen z. Gesch. d. Kampfes zw. P. Innoc. III. u. K. Otto IV., HJb 84 (1964).

[6] Die allzu spekulativen Erwägungen, die M. KRAMMER, Der Reichsgedanke d. stauf. Kaiserhauses (1908), u. in vielem abweichend H. BLOCH, Die stauf. Kaiserwahlen u. die Entstehung d. Kurfürstentums (1911), an die Nürnberger Wahl Friedrichs II. »in imperatorem« (Const. 2 n. 43) und ähnliche Wendungen knüpften, haben sich großenteils als unhaltbar erwiesen; Lit. dazu DW[9] 7033; K. BURDACH, HZ 154 (1936), S. 513 ff.; H. MITTEIS, Die dt. Königswahl (²1944), S. 145 ff.

[7] F. SCHOENSTEDT, Konrad v. Scharfenberg, in: Westmärk. Abh. z. Landes- u. Volksforsch. 4 (1940).

Kapitel 6
Das Eingreifen Friedrichs II.
Entscheidungsschlacht bei Bouvines

König Friedrich von Sizilien war elternlos aufgewachsen am intrigenreichen Hof von Palermo[1] und früh gereift zu stets wacher Spannkraft des Geistes und Willens. Mit 14 Jahren war er mündig erklärt und nach dem Willen des Papstes, dessen

Regentschaft in Sizilien damit endete, verheiratet worden mit einer Tochter König Peters I. von Aragon, gleichfalls eines päpstlichen Lehnsmannes, die mindestens 10 Jahre älter und bereits verwitwet war. Diese Königin Konstanze, die ihm soeben einen Sohn geboren hatte, wollte ihn nicht nach Deutschland ziehen lassen; auch die sizilischen Großen rieten ab. Friedrich aber entschloß sich, dem Welfen, der ihn im eigenen Erbreich bedrohte, die Krone zu nehmen, die ihm schon als Kind zugesagt war. Mit wenigen Begleitern und geringen Mitteln brach er im März 1212 auf, nachdem er auf Geheiß des Papstes seinen einjährigen Sohn Heinrich zum sizilischen König hatte krönen und Konstanze die Regentschaft übernehmen lassen. In Rom begegnete er zum ersten und einzigen Mal seinem päpstlichen Lehnsherrn und früheren Vormund, leistete ihm Lehnshuldigung für Sizilien und verpflichtete sich für das Reich zu denselben Zugeständnissen wie früher sein Oheim Philipp und der Welfe Otto. Das römische Volk akklamierte ihm als künftigem Kaiser. Von einem päpstlichen Legaten begleitet, erreichte er zu Schiff Genua, schlug sich unter abenteuerlichen Gefahren zwischen den verfeindeten Städten der Lombardei durch und überschritt die Alpen auf schwierigen Umwegen, da ihm der Brenner versperrt war. Im September 1212 erschien er in Konstanz; man erzählte, nur drei Stunden sei er dort Otto IV. zuvorgekommen, »sonst hätte er Deutschland nie betreten«. Als aber das »Kind von Apulien« erst einmal auf deutschem Boden Fuß faßte, strömte ihm bald der Stauferanhang in Schwaben und am Oberrhein zu. Wo der Glanz seines Namens und der Zauber seiner Jugend nicht wirkten, half französisches Geld nach. Denn bei einer Begegnung mit dem französischen Thronfolger Ludwig an der Reichsgrenze bei Toul (in Vaucouleurs) wurde am 19. XI. 1212 das *staufisch-kapetingische Bündnis* gegen England und Otto IV. erneuert (Const. 2 n. 44), und Friedrich bekam 20000 Silbermark, um die käuflichen Reichsfürsten dem Kaiser abspenstig zu machen. Im Dezember 1212 ließ er sich in Frankfurt nochmals wählen, in Mainz krönen; dem König von Frankreich zuliebe, dessen Gesandte wie der päpstliche Legat zugegen waren, schworen seine Wähler, auch im Falle seines Todes nie wieder Otto IV. als König zu dulden.

Otto IV. zog sich erst nach Köln, dann nach Sachsen zurück und bekämpfte erfolglos den abtrünnigen Magdeburger Erzbischof und den Thüringer Landgrafen. Seinen Hauptfeind aber und den Urheber seiner Nöte sah er nicht in dem als »Pfaffenkaiser« verhöhnten Staufer, sondern im Kapetinger-könig, der jenen lanciert hatte. Der Krieg gegen Frankreich im Bunde mit England war seine letzte Hoffnung, um sich die Krone zu retten und zugleich seinem Oheim, der ihm wieder mit Geld half. Denn auch *Johann Ohneland* war seit 1209 *gebannt*, über sein Land das Interdikt verhängt, weil er den vom Papst zum Erzbischof von Canterbury geweihten Kardinal Stefan Langton nicht nach England ließ, seine Königsrechte in der Kirche nicht schmälern lassen wollte und Kirchengut beschlagnahmte[2]. Da er nicht nachgab, schritt Innocenz III. zum Äußersten und beauftragte Anfang 1213 den französischen König mit der Vollstreckung des Urteils – ein Freibrief zur Eroberung Englands für den Kapetinger, dessen Sohn schon die Verpflichtung verbriefte, die er als künftiger König von England seinem Vater zu erfüllen hätte. Vom französischen Angriff bedroht, von seinen Baronen und den meisten Bischöfen im Stich gelassen, versuchte König Johann in letzter Stunde das Unheil zu wenden, indem er sich im Mai 1213 dem Papst unterwarf und von ihm sein ganzes Königreich samt Irland zu Lehen nahm. Darauf wurde dem Kapetinger vom Papst bei Strafe des Banns der Angriff gegen England untersagt. Um seiner dennoch drohenden Landung zuvorzukommen, rüstete König Johann zur Wiedereroberung seines verlorenen Festlandbesitzes.

Dabei sollte nun endlich das *englisch-welfische Bündnis* wirksam werden, verstärkt durch die Fürsten im Rheinmündungsgebiet, das stets die Brücke einer deutsch-englischen Verbindung bildete[3]. In planvollem Doppelangriff sollte der Kapetinger in die Zange genommen werden. Johann Ohneland stieß von Poitou her gegen das kapetingische Kronland der Isle-de-France vor, wurde aber vom französischen Thronfolger an der Loire zurückgeschlagen. Inzwischen rückte Otto IV. mit schwachen eigenen Streitkräften, aber gemeinsam mit den Herzögen von Brabant und Limburg, den Grafen von Flandern-Hennegau, Boulogne und Holland und einem englischen Hilfskorps bei Valenciennes über die Reichsgrenze. Am 27. VII. 1214 traf er bei *Bouvines* (östl. von Lille) auf den französischen König, der mit seinem kleineren Heer, in dem auch städtische Kontingente mitfochten, auf ungünstigem Gelände in schwere Bedrängnis geriet. Doch nach langem, harten Kampf errang er einen entscheidenden Sieg. Der Kaiser mußte fliehen; er verbarg sich lange untätig in Köln. Die Grafen von Flandern und Boulogne gerieten in jahrelange Gefangenschaft. Johann Ohneland mußte froh sein, dank päpstlicher Vermittlung in einem Waffenstillstand wenigstens einen schmalen Rest seiner französischen Lehen, die Gascogne und Guyenne mit Bordeaux zu retten[4].

Bei Bouvines entschied sich mit dem englisch-französischen Krieg zugleich der deutsche Thronstreit. Die französische Monarchie bestand ihre Feuerprobe, wurde der vorher übermächtigen Kronvasallen Herr, drängte vor allem das englisch-anjovinische Königtum der Plantagenets vom Festland zurück und gewann einen beträchtlichen Vorsprung an staatlicher Konzentration; 15 Jahre später fiel auch der durch den heillosen Albigenserkreuzzug zermürbte Süden zwischen Garonne und Rhone dem Kapetinger zu. In England dagegen mußte das Königtum, von Frankreich geschlagen und dem Papst lehnspflichtig geworden, in seiner Schwäche den eigenen Ständen, den Baronen, Prälaten und Londoner Bürgern, in der Magna Charta von 1215 weitgehende Rechte und Freiheiten verbriefen. In Deutschland war die Rolle des besiegten Welfenkaisers, dem England nicht mehr helfen konnte, ausgespielt, während dem bei Bouvines gar nicht beteiligten Staufer sein kapetingischer Verbündeter den erbeuteten Reichsadler zusandte, dessen Schwingen gebrochen waren. Ein Chronist verzeichnete den Eindruck der Schlacht auf die Zeitgenossen: »Seitdem wurde der Name der Deutschen von den Welschen mißachtet.« (SS 23, 186)

Eine Vita Friedrichs II. von seinem Anhänger B. Meinardino v. Imola ist verloren, vgl. F. GÜTERBOCK, NA 30 (1905) u. F. BAETHGEN, NA 38 (1913). Die zeitgenöss. italien. Chroniken sind reich an Einzelzügen, aber parteiisch oder zwiespältig in der Beurteilung, besonders Salimbene. Für die Anfänge d. sizil. Regierung Friedrichs II. ist am wertvollsten die Chronik des Notars Richard v. S. Germano 1208–1226, ed. GARUFI, Rer. Ital. script. 7, 2 (1938), weniger ausführlich die jüngere Fassung für 1189–1243 (SS 19). – Hauptquelle sind die Briefe, Urkunden, Manifeste usw. aus Friedrichs Kanzlei, ed. A. HUILLARD-BRÉHOLLES, Historia diplomatica Friderici II. (12 Bde. 1852/61), nur das Wichtigste davon in Const. 2; Brief- u. Formelsammlungen kaiserl. Notare (zu Petrus v. Vinea s. u. Kap. 14, Anm. 6), von K. HAMPE erschlossen (Verzeichnis seiner Arbeiten darüber QFItA 20, 1928/29, S. 40), bedürfen noch der krit. Ausgabe; s. H. M. SCHALLER, Eine kuriale Briefsammlung d. 13. Jh. mit unbekannten Briefen Fr. II., DA 18 (1962). Über Bruchstücke von Originalregistern d. sizil. Kanzlei s. E. STHAMER, AUF 5 (1914) u. SB Berlin 1920, 1925, 1930; ders., Das Amtsbuch d. sizil. Rechnungshofes (1942); W. HAGEMANN in: Atti di Studi Fed. (1952, s. u.), S. 315 ff. – Ältere Darstellungen von F. W. SCHIRRMACHER (1859/65), E. WINKELMANN (Jbb. 1889/97, Ndr. 1964), F. J. BIEHRINGER (1912) u. a. sind überholt durch das panegyrisch übersteigerte, aber gründlich gelehrte Werk von E. KANTOROWICZ,

K. Friedrich der Zweite (1927, Erg.bd. 1931, beide Ndr. 1963); dazu die Auseinandersetzung mit A. BRACKMANN über »Mythenschau«, HZ 140/1 (1929/30). Kürzere Würdigungen Friedrichs II. von A. DOVE, Ausgew. Schriften (1889), von K. HAMPE, HZ 83 (1899), im Jb. d. Freien Hochstifts 1908 und in Colemanns Kl. Biographien (1935) sowie HAMPE, Das HochMA (⁴1953) u. HAMPE-BAETHGEN, Kaisergesch. (¹⁰1949); von F. KAMPERS, K. Friedr. II., der Wegbereiter d. Renaissance (Monographien z. Weltgesch. 34, 1929); von F. BAETHGEN in: Die Großen Deutschen, Bd. 1 (²1956); von H. M. SCHALLER, K. Fr. II., Verwandler der Welt (Persönlichkeit u. Gesch. 34, 1964). Lehrreich auch für den Gang der Ereignisse ist O. VEHSE, Die amtliche Propaganda in d. Staatskunst K. Friedr. II. (1929), dazu die Textauswahl von H. M. SCHALLER, Polit. Propaganda K. Fr. II. u. seiner Gegner (Hist. Texte, MA 1, 1965); ders., Die Kanzlei K. Fr. II., Arch. f. Dipl. 3 u. 4 (1957/58); ders., Die stauf. Hofkapelle im Kgr. Sizilien, DA 11 (1954/55). Über F.s Staatsidee: W. v. D. STEINEN, Das Kaisertum Fr. II. nach d. Anschauungen seiner Staatsbriefe (1922); A. DE STEFANO, L'idea imperiale di Federico II (²1952); G. PEPE, Lo Stato ghibellino di Fed. II (Bari 1938). – Zahlreiche Spezialuntersuchungen in: Atti del Convegno Internaz. di Studi Federiciani (Palermo 1952); Lit.-Bericht für 1952–56: R. M. KLOOS, Traditio 12 (1956); viele Aufsätze seit 1930 (z. T. im Folgenden genannt) gesammelt in: Stupor mundi, Zur Gesch. Fr. II. v. Hohenstaufen, hg. v. G. WOLF (Wege d. Forsch. 101, 1966).

¹ Drastische Berichte über Friedrichs Kindheit fand K. HAMPE, MIÖG 22 (1901) u. HZ 83 (1899).

² C. R. CHENEY, England and the Roman Curia under Innocent III, Journ. of Eccles. Hist. 18 (1967).

³ Vgl. auch zum Folgenden F. TRAUTZ, Die Könige v. England u. das Reich (1961), S. 96 ff.; J. H. GOSSES – R. R. POST, Handboek tot de staatkundige gesch. der Nederlanden (⁵1959), S. 87 ff.

⁴ Schlacht bei Bouvines: A. CARTELLIERI, Philipp II. August, Bd. 4 (1922), S. 441 ff.; ders., Die Schlacht bei Bouvines im Rahmen d. europ. Gesch. (1914); W. KIENAST, Dtld. u. Frankr. in d. Kaiserzeit (1943), S. 166 ff.; F. LOT, L'art militaire et les armées au MA, Bd. 1 (1946), S. 223 ff.; angekündigt: Le dimanche de Bouvines (Trente Journées qui ont fait la France, Bd. 5); in polit. Sicht: A. HADENGUE, Bouvines, victoire créatrice (1935), dazu A. CARTELLIERI, HZ 153 (1936), S. 183.

Kapitel 7
Aufstieg Friedrichs II. bis zur Königswahl seines Sohnes Heinrich

Nach der Entscheidung von Bouvines schlossen sich auch die meisten niederrheinischen Fürsten dem Staufer an. Die Rheinpfalz hatte Ottos Bruder Heinrich schon vorher, um sie seinem Hause zu sichern, seinem staufisch gesinnten Sohn überlassen; als dieser 1214 starb, heiratete seine Schwester den jüngeren Sohn Herzog Ludwigs von Bayern, Otto von Wittelsbach, dem Friedrich II. die Rheinpfalz übertrug; seitdem blieb sie immer in der Hand der Wittelsbacher. Um auch im sächsischen Nordosten den Welfen in Schach zu halten, verbündete sich

Friedrich II. Ende 1214 mit König Waldemar II. von Dänemark und verzichtete dabei mit Zustimmung der in Metz versammelten Reichsfürsten auf die Rückgabe der von den Dänen besetzten Gebiete jenseits der Elbe und Elde, die schon Otto IV. preisgegeben hatte (Const. 2 n. 53). Unterworfen wurde der Welfe auch bei einem Vorstoß Friedrichs nach Sachsen nicht. Da ihn aber auch die Askanier in Brandenburg und Anhalt verließen, nur Herzog Albrecht von Sachsen noch zu ihm hielt, war er fast beschränkt auf seinen Braunschweiger Besitz. Kaum noch beachtet, ist er am 19. V. 1218 auf der Harzburg gestorben. Sein älterer Bruder Heinrich überlebte ihn bis 1227 und hinterließ das ganze Welfenerbe dem einzigen Sohn seines jüngsten Bruders, Otto »dem Kind«.

Schon am 12. VII. 1213 hatte Friedrich in Eger dem Papst dieselben Zugeständnisse verbrieft wie Otto IV. 1209 in Speyer, nunmehr aber mit Zustimmung vieler fürstlicher Zeugen: Verzicht auf die »rekuperierten« Gebiete Mittelitaliens, auf Spolien und Regalien, auf Mitwirkung bei Bischofs- und Abtswahlen, unbehinderte Appellation an die Kurie und Hilfe bei der Ketzerbekämpfung (»Egerer Goldbulle«, Const. 2 n. 46 ff.). Einem König nach dem andern hatte Innocenz diese Konzessionen abgenötigt; jetzt wurden sie reichsrechtlich gültig, die »Rekuperationen« legalisiert, das Wormser Konkordat hinfällig. Auf dem 4. *Laterankonzil* im November 1215, auf dem Innocenz III. gleichsam Heerschau hielt über die von ihm gelenkte und gestraffte Kirche, wurde zwischen Glaubensentscheidungen, Ketzergesetzen, kirchlichen Reformmaßnahmen und Kreuzzugsbeschlüssen auch die Wahl Friedrichs II. bestätigt – 30 Jahre später sollte ihn wiederum ein Konzil absetzen. Daß er seine Teilnahme an dem neuen Kreuzzug, den Innocenz seit langem betrieb und durch das Konzil in Gang setzen wollte, schon vorher gelobt hatte, als er sich Aachens bemächtigte und dort noch einmal vollgültig krönen ließ (23. VII. 1215), kam der Kurie allerdings überraschend wie ein Warnzeichen eigenmächtiger Politik in den Bahnen seiner Vorfahren. Innocenz glaubte vorbeugen zu müssen, daß ihm der Staufer, den er gegen den Welfen ausspielte, nicht noch gefährlicher würde. Am 1. VII. 1216 ließ er sich versprechen, daß Friedrich gleich nach seiner Kaiserkrönung das Königreich Sizilien seinem dort bereits gekrönten Sohn Heinrich überlassen werde; bis zu dessen Mündigkeit sollte ein dem Papst genehmer Verweser alle Lehnspflichten gegen die Kurie er füllen (Const. 2 n. 58). Es war der letzte vergebliche Versuch Innocenz' III., die Kaisermacht von Süditalien fernzuhalten. Zwei Wochen später ist er in Viterbo gestorben. Ohne je den Kirchenstaat zu verlassen, hatte er die hierarchische Papstmacht aufs höchste gesteigert, der universalen Kirche neue Kraft und Ordnung gegeben. Sein Eingreifen in die Staatshändel aber erweckte auch überall Widerstand und Mißtrauen, und mit seiner Politik hatte er wenig Glück. Daß er sich in Friedrich II. noch verhängnisvoller getäuscht hatte als in Otto IV., bekamen seine Nachfolger bald zu spüren.

Kaum war Innocenz tot, ließ Friedrich seinen fünfjährigen Sohn Heinrich nach Deutschland bringen. Er übertrug ihm erst das Herzogtum Schwaben, beim Aussterben der Zähringer 1218 das Rektorat in Burgund, und im April 1220 ließ er ihn in Frankfurt zum deutschen König wählen. Sein letztes Versprechen an Innocenz III., als Kaiser auf Sizilien zu verzichten, wurde dadurch wertlos, da sein Sohn künftig doch beide Kronen tragen würde. Der neue *Papst Honorius III.* (1216–1227)[1], bei aller reifen Erfahrung als langjähriger Kämmerer der Kurie doch ohne die politische Spannkraft seines Vorgängers, hatte sich zwar jenes Versprechen unter Bürgschaft der Reichsfürsten wiederholen lassen (Const. 2 n. 65/6) und erhob heftige Vorwürfe wegen Heinrichs Wahl zum deutschen König. Friedrich entschuldigte sich mit der Behauptung, die Fürsten hätten ohne sein Wissen spontan gewählt – obgleich er die Zustimmung wenigstens der Kirchenfürsten teuer genug erkauft hatte mit Zugeständnissen an ihr Streben nach eigener Landesherrschaft[2]. Um jedoch den Kreuzzug nicht zu gefährden, gab Honorius nach und ließ sich bei Friedrichs *Kaiserkrönung* (22. XI. 1220) nur zusichern, daß das Königreich Sizilien niemals staatsrechtlich zum Imperium gehören sollte[3]. Kaiserliche Gesetze am Krönungstag (Const. 2 n. 85) mit Geltungsanspruch für die ganze Christenheit, nach Friedrichs Weisung an die Bologneser Juristen (und nach Barbarossas Vorbild) in das Rechtsbuch Justinians als »Authentica« eingefügt, entsprachen durchaus päpstlichen Wünschen, ja Entwürfen: Zusammenwirken bei der Ketzerbekämpfung, Verbindung der Reichsacht mit dem Kirchenbann, Befreiung des Klerus und des Kirchenguts von weltlicher Gerichtsbarkeit und Besteuerung, Ungültigkeit auch städtischer Beschlüsse gegen die Kirchenfreiheit, dazu Beseitigung des Standrechts, Regelung von Nachlaß- und Testamentsfragen, Fürsorge für die Landbevölkerung usw. Der junge

Kaiser schien mit der Papstkirche und ihrem Recht in vollem Einklang stehen und bleiben zu wollen, nahm auch manche Männer der Kurie in seine Kanzlei[4].

Zielbewußt hatte Friedrich II. damit erreicht, daß er auf dem Umweg über Deutschland als Kaiser ohne Rivalen in sein sizilisches Erbreich heimkehren konnte, dem er seitdem seine ganze Staatskunst zuwandte. Nur einmal noch ist er 15 Jahre später nach Deutschland gekommen, als sich dort sein Sohn gegen ihn auflehnte (Kap. 12). Sonst blieb Deutschland unter fürstlicher Regentschaft weitgehend sich selbst überlassen, während der letzte Staufenkaiser seinen Kampf um Italien führte.

[1] P. Pressutti, Regesta Honorii papae III. (2 Bde. 1888/95); Auszüge in MG Epp. saec. XIII, Bd. 1 (1883). W. Knebel, K. Fr. II. und P. Honorius III. (Diss. Münster 1905); A. Keutner, Papsttum u. Krieg unter d. Pontifikat Hon. III. (1935); Haller, Papsttum 4 (²1952), S. 1 ff.

[2] Lit. über die »Confoederatio cum principibus ecclesiasticis« s. u. Kap. 11, Anm. 6; zuletzt bes. H. Koller, MIÖG 66 (1959), S. 30 ff., und P. Zinsmaier, ZRG GA 80 (1963), S. 85 ff.

[3] H. v. Kap-Herr, Die »unio regni ad imperium«, Dt. Zs. f. Gesch.wiss. 1 (1889). Tatsächlich hat Friedrich II. sein Erbreich Sizilien nie als Teil des Imperiums betrachtet.

[4] G. De Vergottini, Studi sulla legislazione imperiale di Federico II in Italia: Le leggi del 1220 (1952), dazu F. Baethgen, DA 12, S. 262 f.; H. M. Schaller, Arch. f. Dipl. 3 (1957), S. 223 ff.

Kapitel 8
Deutschland nach dem Thronstreit unter fürstlicher Regentschaft

Die zwei Jahrzehnte des Thronzwists, in denen »die Sterlinge mit den Turnosen stritten« und das Königsgut zur Werbung von Anhängern verschleudert wurde[1], sind gleichwohl die *Blütezeit ritterlich-höfischer Dichtung*. Beim Tod Heinrichs VI. sahen manche Dietrich von Bern auf schwarzem Roß unheildrohend über die Mosel reiten[2]. In den nächsten Jahren wurden die Dietrichs- und Nibelungensagen neu gedichtet, ohne Hinweis auf die Zeitnöte[3]. Die Reichsfürsten, die sich ihre Parteinahme teuer bezahlen ließen, waren die Mäzene der Dichter deutscher Artusepik und Minnelyrik, die zumeist der auch politisch einflußreichen ritterlichen Ministerialität angehörten[4]. Mit dem Lohn für mehrfachen Parteiwechsel konnte Landgraf Hermann von Thüringen die Kosten seines glanzvollen Eisenacher Musenhofs bestreiten und die Wartburg erbauen. Neue Dombauten wurden in Bamberg und Naumburg, in Magdeburg, Worms und Meißen begonnen, nicht mehr streng romanisch, noch nicht gotisch, von der nächsten Generation mit Meisterwerken edelster Plastik geschmückt[5]. Französische Vorbilder wurden dabei wie in der Dichtung zu Eigenem verwandelt und zur Vollendung gesteigert. Das staufische Kaisertum war daran kaum noch aus der Ferne beteiligt, sofern nicht die hochgemute Reichsgesinnung der Barbarossazeit anspornend nachwirkte.

Am deutlichsten spricht die Zeitstimmung aus den Sprüchen *Walthers von der Vogelweide*[6], der sich erst für König Philipp begeisterte, dann zu Otto IV. hielt, noch als er gebannt war, schließlich sich Friedrich II. zuwandte, von dem er das langersehnte Lehen erhielt. Er ist in diesen Wirren zum politischen Dichter gereift, aber auch bitter geworden. Immer schärfer wurde sein Urteil über den Papst: er ist zu jung, er hat »zwên Allamân undr eine krône brâht, daz diz rîche sulen stoeren unde wasten«; der Hirte ist zum Wolf geworden, ja zu einem neuen Judas; »die pfaffen wellent leien reht verkêren« und bringen deutsches Silber in ihren welschen Schrein. Walthers Wirkung bezeugt der Friauler Domherr Thomasin von Zerklaere in seinem ›Welschen Gast‹: »Er hât tûsent man betoeret, daz sie habent überhoeret Gotes und des bâbstes gebot.« Die redliche Regentschaft Engelberts von Köln ließ den Dichter noch einmal aufatmen, seine Ermordung trieb ihn zu neuer Klage; mit Kreuzzugliedern und Weltendeerwartungen klingt sein Leben 1228 aus.

Bei der Rückkehr nach Italien hatte Friedrich II. zum *Reichsverweser* und Vormund seines Sohnes den tüchtigen *Kölner Erzbischof Engelbert von Berg*[7] bestellt. Was die Thronpolitik seines Vetters und Vorgängers Adolf von Altena verschuldet hatte, versuchte er gutzumachen, zunächst das zerrüttete Kölner Erzstift samt dem Herzogtum Westfalen zu reorganisieren, dann auch im Reich Recht und Frieden wiederherzustellen. Walther rühmt ihn als »fürsten meister, getriuwer küneges pflegaere«, der »dem rîche wol gedienet« habe; der Zisterzienser Caesarius von Heisterbach, der ihn in einer Vita zum Heiligen verklärte, sprach gar von der Wiederkehr des augusteischen Zeitalters. Der Erzbischof gewann das Vertrauen des jungen Königs Heinrich, den er am 8. V. 1222 im Beisein vieler Fürsten in Aachen krönte. Mit dem Willen des Kaisers stand Engelberts

Politik freilich nicht immer im Einklang. Während er sich in der alten Richtung Kölner Interessen um die Vermählung König Heinrichs mit einer englischen Königstochter bemühte, verbündete sich Friedrich II. beim Wiederausbruch des englisch-französischen Krieges 1224 wieder mit dem Kapetinger und verlangte dasselbe vom Reichsverweser, der sich dazu nicht verstand. Auch zu *Dänemark* verhielt er sich anders als der Kaiser: Als im Mai 1223 König Waldemar II. von seinem Lehnsmann Heinrich von Schwerin gefangengenommen wurde, trat Engelbert für seine Befreiung ein, zumal die Dänen nach Rom appellierten und der Papst die Auslieferung des Königs forderte, der eine Kreuzfahrt gelobt hatte. Der Kaiser aber wollte ihn zur Rückgabe des früher an Dänemark abgetretenen Reichsgebiets nötigen und beauftragte seinen Freund Hermann von Salza, den Hochmeister des Deutschen Ordens, zu Verhandlungen mit dem gefangenen Dänenkönig, der die Rückgabe Nordalbingiens, die Anerkennung der deutschen Lehnshoheit und die Teilnahme am Kreuzzug zusagen mußte (Const. 2 n. 98, 101). Ein dänischer Versuch, diesen Vertrag durch eine Waffenentscheidung abzuwenden, scheiterte 1225 bei Mölln. Graf Heinrich von Schwerin aber ließ seinen Gefangenen eigenmächtig gegen hohes Lösegeld frei; von dem Versprechen, das rechtselbische Land dem Reich zurückzugeben, wurde er als Kreuzfahrer vom Papst entbunden und suchte es alsbald zurückzugewinnen. Inzwischen hatte Lübeck die dänische Herrschaft abgeschüttelt und sich 1226 von Friedrich II. seine Reichsfreiheit verbriefen lassen; doch mußte sie erst noch erkämpft werden. Am 22. VII. 1227 wurde Waldemar II. bei *Bornhöved* (südl. von Kiel) von den Lübeckern und Hamburgern, den Grafen von Schwerin und Schauenburg-Holstein, dem Bremer Erzbischof und Herzog Albrecht von Sachsen entscheidend besiegt[8]. Erst diese Schlacht, an der die Reichsgewalt nicht beteiligt war, hat das deutsche Neuland an der Ostsee von Holstein bis Pommern für das Reich zurückgewonnen, die dänische Gefahr für den deutschen Ostseehandel gebrochen, auch den Seeweg ins künftige Ordensland Preußen gesichert, für das kurz vorher (März 1226) ein Privileg Friedrichs II. die Rechtsgrundlage geschaffen hatte (s. Kap. 62a).

Damals war Engelbert von Köln, dem die Verhandlungen über den gefangenen Dänenkönig entglitten waren, bereits tot. Bei aller Fürsorge für das Reich hatte er seine kölnischen und kirchlichen Interessen nie aus dem Auge gelassen. Gerade seine energische Territorialpolitik wurde ihm zum Verhängnis. Als sein einziger Bruder Graf Adolf IV. von Berg 1218 als Kreuzfahrer vor Damiette starb und nur eine Tochter hinterließ, nahm Engelbert das große, ans Kölner Erzstift grenzende Bergische Erbe allein in Anspruch. Verfeindete er sich dadurch mit der Limburger Verwandtschaft seiner Nichte, so brachte er andrerseits seinen Vettersohn Friedrich von Isenburg gegen sich auf, als er ihm die Vogtei des Frauenstifts Essen entzog, das unter diesem Vogt schwer zu leiden hatte. Zu Friedrich hielten aber seine Brüder aus dem Altenaer Zweig des bergischen Grafenhauses, darunter die Bischöfe von Münster und Osnabrück. Auch andere westfälische Grafen, die Arnsberger, Tecklenburger, Lipper, widerstrebten der wachsenden Herzogsgewalt des Erzbischofs. Nach vergeblichen Ausgleichsverhandlungen in Soest wurde *Engelbert*, erst 40jährig, am 7. XI. 1225 am Gevelsberg zwischen Hagen und Schwelm von dem Isenburger überfallen und *erschlagen*[9]. In Bann und Acht ging der Mörder mit seinen als Mitwisser verdächtigten, ihrer Bistümer entsetzten Brüdern vergebens nach Rom; er wurde ein Jahr später in Köln gerädert, der Ermordete als Märtyrer heiligengleich verehrt.

Sein Tod war nicht nur für das Kölner Erzstift ein schwerer Schlag, das seitdem von der nun mit Limburg vereinten Grafschaft Berg umklammert statt gestützt wurde, sondern auch für das Reich verhängnisvoll fast wie die Ermordung des Staufers Philipp. Der junge König Heinrich hielt, als die Untat bekannt wurde, gerade in Nürnberg Hochzeit mit der Tochter Herzog Leopolds VI. von Österreich, anders als Engelbert gewollt hatte. Auch andere Fürsten, Bayern und Böhmen, sahen dadurch eigene Heiratspläne durchkreuzt; sie erhoben sogar die Waffen gegen den Babenberger, der auch die Regentschaft im Reich erstrebte. Zwar wurde bald ein Ausgleich gefunden: Herzog *Ludwig I. von Bayern* wurde *Reichsgubernator*. Er vertrug sich jedoch schlecht mit dem zur Selbständigkeit drängenden König Heinrich und blieb auch mit dem Kaiser nicht einträchtig. Als er diesen in seinem Konflikt mit dem Papst im Stich ließ, wurde auch er ermordet (Kap. 11). Damit brachen nach wenigen Friedensjahren neue Wirren über Deutschland herein und ließen es jahrzehntelang kaum mehr zur Ruhe kommen.

[1] Über Sterling-Funde im welf. Machtbereich s. P. BERGHAUS, Die Perioden des Sterlings in Westfalen, dem Rheinland u. in d. Niederlanden, Hamb. Beitr. z. Numismatik 1 (1947). – Burchard v. Ursperg (Chron. S. 92) sagt übertreibend schon über Kg. Philipp, er habe aus Geldmangel das von s. Vater zusammengebrachte Königsgut an Adlige und Ministerialen vergeben und nichts behalten »preter inane nomen dominii terre et civitates seu villas, in quibus fora habentur, et pauca castella terre«, und über Friedrich II. (S. 109): »predia imperii et paterna large distribuit et obligavit«; vgl. C. FREY, Das Schicksal d. kgl. Gutes in Dtld. unter d. letzten Staufern (1881), dazu L. WEILAND, GGA 1881, u. bes. H. NIESE, Die Verwaltung d. Reichsgutes im 13. Jh. (1905).

[2] Chron. reg. Colon., ed. G. WAITZ (1880), S. 159; dazu K. HAUCK, Heldendichtung u. Heldensage als Gesch.-bewußtsein, in: Alteuropa u. d. moderne Gesellschaft (Festschr. f. O. Brunner 1963).

[3] F. NEUMANN, Das Nibelungenlied in seiner Zeit (1967). – Alle Suche nach »Reichsgedanken« (oder nach Ketzerei) in den Dichtungen dieser Zeit, auch in Wolframs ›Parzival‹ oder Gottfrieds ›Tristan‹, hat wenig oder nichts Haltbares erbracht, abgesehen von Walther v. d. Vogelweide (s. u. Anm. 6). Verschollen ist die im ›Willehalm‹ Rudolfs v. Ems v. 2209 ff. erwähnte Dichtung eines sonst unbekannten Absolon, »wie der edel stoufaere, der kaiser Friedrich verdarp und lebende hohes lop erwarp«.

[4] M. LINTZEL, Die Mäzene der dt. Lit. im 12. u. 13. Jh., Thür.-sächs. Zs. f. Gesch. u. Kunst 22 (1933), auch in ders. Ausgew. Schr. 2 (1961); W. FECHTER, Das Publikum der mhdt. Dichtung (1935).

[5] Zur Baukunst u. Plastik um 1200 s. Bd. 4, Kap. 1, Anm. 8, und Kap. 15, Anm. 11–13.

[6] Gedichte Walthers v. d. Vogelweide, hg. v. K. LACHMANN u. C. v. KRAUS ([11]1950), hg. v. H. PAUL, A. LEITZMANN u. H. KUHN (Altdt. Textbibl. 1, [9]1959), mit Prosa-Übersetzung v. H. BÖHM (1944); dazu C. v. KRAUS, Walther-Untersuchungen (1955, Ndr. 1966); H. BÖHM, Walther v. d. V. (1942); F. MAURER, Die polit. Lieder Walthers v. d. V. ([2]1964). Um die Deutung der polit. Sprüche bemühte sich bes. K. BURDACH, W. v. d. V. (nur Bd. 1, 1900), zuletzt HZ 145 (1932) u. 154 (1936), DVLG 13 (1935).

[7] J. FICKER, Engelbert d. Heilige (1853); H. FOERSTER, E. v. Berg d. Heilige (1925). Die legendenhafte Vita Engelberts von Caesarius v. Heisterbach ed. F. ZSCHAECK, Publ. d. Ges. f. rhein. Gesch. kde. 43, 3 (1937), ed. A. PONCELET, Acta Sanct. Nov. 7 (1910); dt. von K. LANGOSCH, GdV 100 (1955). W. HOLTZMANN, Drei unbekannte Briefe z. Gesch. Engelberts d. Hl., AnnHVNiederrh. 149/50 (1951).

[8] F. RÖRIG, Die Schlacht bei Bornhöved 1227, Zs. d. V. f. Lüb. Gesch. 24 (1927), auch in: RÖRIG, Vom Werden u. Wesen d. Hanse (1940). Über die Bestätigung der Reichsfreiheit Lübecks durch Friedrich II. im Verhältnis zum Barbarossa-Privileg von 1180 s. H. BLOCH, Zs. d. V. f. Lüb. Gesch. 16 u. 17 (1914/15).

[9] H. TH. HOEDERATH, Der Fall des Hauses Isenburg, ZRG KA 71 (1954); TH. RENSING, Westfalen 33 (1955).

Kapitel 9
Friedrich II. im Königreich Sizilien
Verzögerung des Kreuzzugs
Eingreifen in der Lombardei

Während Friedrich II. in Deutschland auf die Ausübung wichtiger Königsrechte zugunsten der bischöflichen Territorienbildung verzichtete, damit sein Sohn zum König gewählt wurde und er selbst in sein Erbreich heimkehren konnte (Kap. 7), erklärte er dort noch im gleichen Jahr 1220 durch die »*Assisen* (Hoftagsbeschlüsse) *von Capua*« alle seit 1189, dem Ende der normannischen Dynastie, erteilten Privilegien für hinfällig, wenn sie nicht vorgelegt und erneuert würden[1]. Alles entfremdete Krongut, alle von den Baronen und Städten usurpierten Rechte und Einkünfte wurden zurückgefordert und kamen unter die Verwaltung seiner Beamten, für deren Ausbildung er 1224 die *Universität Neapel* nach dem Vorbild Bolognas gründete; nur an ihr durften seine Untertanen studieren. Der Lehnsadel wurde wieder vom König abhängig gemacht und trat in seinen Dienst; alle eigenmächtig erbauten Burgen wurden zerstört oder enteignet. Der Reichtum des Landes, durch straffe Steuern und Zölle erfaßt, vermehrt durch staatlichen Handel auf eigener Flotte unter Ausschaltung der bisher privilegierten Genuesen und Pisaner, ermöglichte den Bau zahlreicher Kastelle, die Unterhaltung stehender Truppen, vor allem der erst von Friedrich II. vollends bezwungenen Sarazenen Siziliens, die er ungetauft, für alles verwendbar, im apulischen Lucera ansiedelte. In den Bahnen seines Großvaters Roger II. schritt Friedrich fort zum Aufbau eines zentralisierten Beamtenstaates, in dem nur der Wille des Herrschers galt.

Jahrelang wandte der Kaiser seine den Zeitgenossen erstaunliche, ja unheimliche Herrscherkraft und Staatskunst nur seinem Erbreich zu, obgleich er schon 1215 und nochmals bei der Kaiserkrönung die *Kreuzfahrt gelobt* und sie auf päpstliches Drängen für 1221 zugesagt hatte. Denn ein neuer Kreuzzug war längst im Gang. Die Begeisterung dafür war trotz aller früheren Fehlschläge noch nicht erlahmt. Sogar Kinder wurden 1212 zu Tausenden am Niederrhein wie in Frankreich vom Kreuzzugsfieber erfaßt; sie kamen unterwegs elend um[2]. Diesen Drang zum Glaubenskampf wollte Innocenz III. ordnen und lenken. Auf dem Laterankonzil 1215 ließ er den Kreuzzug und seine Finanzierung im ganzen Abendland organisieren. Den

Aufbruch erlebte er nicht mehr. Unter seinem betagten Nachfolger drohte sich das Unternehmen führerlos zu zersplittern, bis der päpstliche Legat Pelagius die nach Syrien und Portugal aufgebrochenen Kräfte sammelte zum Stoß gegen die islamische Hauptmacht in Ägypten[3]. Nach langer, verlustreicher Belagerung wurde im November 1219 die stark befestigte Hafenstadt *Damiette* im Nildelta erstürmt. Der Sultan Al-Kâmil wäre wohl zur Auslieferung Jerusalems an die Christen bereit gewesen, hätten sie ihn nicht in Kairo selbst angreifen wollen. Dazu bedurfte es allerdings stärkerer Kräfte, und so warteten die Kreuzfahrer auf das versprochene Eingreifen des Kaisers. Er schickte Schiffe und Truppen, kam aber nicht selbst. Trotzdem wurde der Vormarsch gewagt. Er geriet in die Überschwemmung des Nils, dessen Dämme durchstochen wurden. Das ganze Kreuzheer war gefangen »wie der Fisch im Netz«. Erst als dem Sultan Damiette ausgeliefert und für acht Jahre Waffenruhe zugesagt wurde, konnte es ruhmlos abziehen. Die gewaltigste Anstrengung der ganzen Christenheit war schmählich und nutzlos vertan – wenn der Kaiser nicht half.

Honorius III. gab ihm die Schuld an der Katastrophe. Er hatte auch über zunehmende Bedrückung und Besteuerung der Kirche Siziliens zu klagen und Übergriffe der Beamten Friedrichs auf die von Innocenz rekuperierten Gebiete abzuwehren. Trotzdem ließ er es nicht zum Bruch kommen, zumal da er vor den aufsässigen Römern nach Tivoli weichen mußte. Immer wieder verlängerte er den vom Kaiser beschworenen Termin seiner Kreuzfahrt, zweimal bei persönlicher Begegnung (April 1222 Veroli, März 1223 Ferentino). Schließlich verpflichtete sich Friedrich im Juli 1225 in S. Germano feierlich bei Strafe des Banns, spätestens im August 1227 aufzubrechen (Const. 2 n. 102/3). Gleich darauf vermählte er sich, seit 1222 verwitwet, mit Isabella, der 14jährigen Erbtochter Johanns von Brienne[4] (die schon 1228 bei der Geburt Konrads IV. starb); ihr Vater, der 1210 die Erbin des Königreichs Jerusalem geheiratet hatte, war entrüstet, daß Friedrich II. dessen Krone alsbald für sich beanspruchte und damit die politische Absicht seines Kreuzzuges erkennen ließ.

Zuvor wollte er jedoch die seit drei Jahrzehnten unwirksame *Reichsgewalt in Oberitalien* wiederherstellen. Auf Ostern 1226 berief er die Herren und Städte der Lombardei und die Reichsfürsten nach Cremona, zur Vorbereitung des Kreuzzugs und »pro honore et reformatione imperii«. Schon die Wahl des

Ortes ließ Cremonas Rivalen, Mailand voran, das Schlimmste fürchten. Sie schlossen sich erneut auf 25 Jahre zu einer Liga zusammen[5], wie es einst Barbarossa im Konstanzer Frieden hatte zugestehen müssen. Verona sperrte sogar den mit König Heinrich anrückenden Reichsfürsten den Weg nach Italien; sie mußten umkehren, der Reichstag scheiterte. Darauf wurden die verbündeten Städte als Störer des Kreuzzugs gebannt, als Friedbrecher geächtet. Um sie zu bekämpfen, fehlten dem Kaiser die Truppen. Einlenkend ersuchte er den Papst um einen Schiedsspruch, gab ihm auch in den Streitfragen der sizilischen Kirche nach. Honorius III. vermittelte eine Verständigung, wenigstens eine Vertagung des Konflikts, um den Kreuzzug nicht zu gefährden, für den die vom Kaiser begnadigten Städte 400 Ritter stellen mußten (Const. 2 n. 109 ff.).

[1] Text der Assisen von Capua in der 1. Chronik Richards v. S. Germano, Scr. rer. It. 7, 2 (1938), S. 88 ff.; dazu P. Scheffer-Boichorst, SB Berlin 1900; ders., Zur Gesch. d. 12. u. 13. Jh. (1897), S. 244 ff.; Kantorowicz S. 107 ff. u. Ergbd. S. 45 ff. – Zum Aufbau d. zentralen Hof-, Justiz- u. Finanzverwaltung Friedrichs II. im Kgr. Sizilien: W. Heupel, Der sizil. Großhof unter K. Friedr. II. (1940); ders., Von der stauf. Finanzverwaltung in Kalabrien, HJb 60 (1940); E. Maschke, Die Wirtschaftspolitik K. Friedrichs II. im Kgr. Sizilien, VSWG 53 (1966); N. Kamp, Kirche und Monarchie im staufischen Königreich Sizilien. I. Prosopographische Grundlagen, Bistümer und Bischöfe im Königreich 1194–1266. Münstersche MA 10, 1 (1973).

[2] G. Miccoli, La crociata dei fanciulli del 1212, Studi medievali 3. ser. 2 (1961); H. E. Mayer, Bibliogr. z. Gesch. d. Kreuzzüge (1960), Nr. 2160 ff.

[3] Über den Damiette-Kreuzzug ebd. Nr. 2171 ff., bes. J. P. Donovan, Pelagius and the Fifth Crusade (Philadelphia 1950).

[4] L. Böhm, Joh. von Brienne, Kg. von Jerusalem, K. von Konstantinopel (Diss. Heidelberg 1938).

[5] L. Simeoni, Note sulla formazione della seconda lega Lombarda, Mem. dell' Istit. di Bologna 1932: dazu Haller, Papsttum 4 (²1952), S. 379 f.

Kapitel 10
Kreuzzug Friedrichs II.
Erster Konflikt mit Gregor IX. und dem Lombardenbund

Im August 1227 sammelte sich ein über Erwarten zahlreiches Kreuzheer in Brindisi, angeblich 60000 Ritter und Knechte, großenteils Deutsche, wenn auch wenige Reichsfürsten. Trotz schwerer Seuchen im Heer ging die Flotte in See. Doch der Kaiser kehrte nach zwei Tagen um, da Landgraf Ludwig IV. von Thüringen, der ihn begleitete, starb und er selbst erkrankte. In den Bädern von Pozzuoli suchte er Heilung. Honorius III., dem er sich bei Strafe des Banns zur Einhaltung dieses letzten, schon oft vertagten Termins verpflichtet hatte, war am 18. III. 1227 gestorben. Sein Nachfolger *Gregor IX.*[1], bluts- und geistesverwandt mit Innocenz III., war weniger nachsichtig und längst mißtrauisch gegen den früher auch von ihm geförderten Staufer. Dessen Krankheit ließ er nicht als Entschuldigung gelten; das Angebot einer Rechtfertigung und Genugtuung durch Kirchenbuße nahm er nicht an, sondern erklärte sofort und wiederholt vor aller Welt den *Kaiser für gebannt* (MG Epp. saec. XIII, Bd. 1 n. 368 ff.). Seine maßlos heftigen Anklagen verraten, daß er das Kreuzzugsversäumnis nur zum Anlaß nahm, um den nicht mehr zu verkennenden Machtwillen Friedrichs noch rechtzeitig in die Schranken zu weisen oder zu brechen. Auf Verhandlungen mit ihm ließ er sich nicht ein, sondern verschärfte nach einem halben Jahr den Bann durch das Interdikt über jeden Aufenthaltsort des Kaisers – zugleich eine Gehorsamsprobe für den sizilischen Klerus. Und während der Papst zum Einmarsch ins Königreich Sizilien rüstete, auch die Lombardenstädte dafür aufbot und den Klerus besteuerte, betrieb er in Deutschland Friedrichs Absetzung und eine Neuwahl. Die vom Kaiser aufgestachelten Römer nötigten ihn allerdings, nach Perugia auszuweichen, und Friedrich bevollmächtigte seine Legaten, Spoleto und die Mark Ancona zu besetzen.

Trotz dieser Kriegsrüstung von beiden Seiten hielt der gebannte Kaiser, dessen Manifeste die päpstlichen Anklagen mit eingehender Darlegung der Vorgänge beantworteten (Const. 2 n. 116), an seinem Kreuzzugsplan fest, obgleich der Papst ihn nun verbot und verdammte. Ende Juni 1228 brach er auf. Am 17. III. 1229 konnte er in Jerusalem einziehen. Ohne Kampf, nur durch kluges Verhandeln mit dem ägyptischen Sultan, der Jerusalem seinem Rivalen in Damaskus weggenommen hatte, erreichte es Friedrich trotz aller päpstlichen Gegenwirkungen, daß die heiligen Stätten Nazareth, Bethlehem und Jerusalem (außer dem Felsendom und der Aqsa-Moschee auf dem Tempelberg) den Christen zunächst auf 10 Jahre überlassen wurden. In der Grabeskirche setzte Friedrich am 18. III. 1229 sich selbst die Krone des Königreichs Jerusalem auf[2], ohne Gottesdienst und Geistlichkeit; nach dem Rat des Hochmeisters Hermann von Salza vermied der gebannte Kaiser eine kirchliche Königsweihe, achtete auch das tags darauf über die Stadt verhängte Interdikt. Um so selbstherrlicher nahm er die Krone Jerusalems, das Erbe seiner gestorbenen Gemahlin Isabella und ihres Sohnes Konrad (IV.). Bald darauf kehrte er heim. Am 10. VI. 1229 landete er wieder in Brindisi.

Dort war inzwischen der Krieg entbrannt. Friedrichs Statthalter war in die Mark Ancona eingedrungen[3], ein päpstliches Heer weit ins Königreich vorgerückt, wo sich Aufstände gegen die Stauferherrschaft erhoben, geschürt von den franziskanischen Helfern des Papstes, bis sie des Landes verwiesen wurden. Der Kaiser warf nach seiner Rückkehr diese Widerstände rasch und schonungslos nieder und vertrieb die feindlichen Truppen, machte aber an der Grenze des Kirchenstaates halt. Er wollte den Papst nicht bekämpfen, sondern zur Verständigung nötigen und vom Bann gelöst sein. Gregor IX. konnte sich trotz allen Sträubens und Mißtrauens dem kaiserlichen Friedenswillen nicht entziehen. Ende November 1229 schickte er einen Legaten zu Verhandlungen, die erst nach 8 Monaten zum Abschluß kamen. Das größte Verdienst erwarb sich dabei der Hochmeister Hermann von Salza. Die religiös-politischen Ziele seines Ordens erforderten die Eintracht von Papst und Kaiser, er selbst genoß bei beiden Vertrauen und Ansehen. Ohne dem Bann zu verfallen, hatte er Friedrich auf dem Kreuzzug begleitet und beraten. Jetzt half er ihm, den Papst zu versöhnen; er allein war bei ihrer Begegnung in Anagni nach dem Friedensschluß zugegen. Er veranlaßte den Kaiser wohl auch im Frühjahr 1230, als die Verhandlungen stockten, deutsche Kirchen- und Laienfürsten zuzuziehen, die sich an der Kurie für Friedrich verwendeten und verbürgten. Nach ihrem Vorschlag wurde endlich im Juli 1230 in Ceprano der *Vertrag* geschlossen und im benachbarten *San Germano* auf sizilischem Boden beschworen, der den Kaiser verpflichtete, um vom Bann gelöst zu werden, auf alle Ansprüche im Kirchenstaat wieder zu verzichten und ihn zu räumen, in Sizilien freie Bischofswahlen sowie Steuer- und Gerichtsfreiheit des Klerus zu gewähren, seine Widersacher zu begnadigen, einige Grenzburgen als Pfand zu setzen und die vermittelnden Reichsfürsten dafür bürgen zu lassen, daß er diesen Frieden nicht bräche, sonst verfiele er wieder dem Bann[4]. Der Kaiser, obgleich nicht besiegt, unterwarf sich damit dem Papst; aber sein Ansehen wuchs dabei, seine Stellung festigte sich. Sein Kreuzzugserfolg, bisher gehässig verunglimpft, wurde nun anerkannt. Die Lombardenstädte in den Vertrag einzubeziehen, war dem Papst nicht gelungen; er mußte sie beschwichtigen, daß er sich ihrer Sache auch künftig annehmen werde. In Sizilien aber, wo Friedrich kirchenrechtliche Zugeständnisse machte, konnte er doch gleich darauf mit den *Konstitutionen von Melfi* (1231), dem ersten staatlichen Gesetzbuch des Abendlandes[5], die zentralisierte Herrschaftsordnung so fest verankern, und wirksam steigern, daß die Opfer für den Frieden mit dem Papst reichlich aufgewogen wurden. In den nächsten Jahren stand er auf der Höhe seiner Macht, in seinen Manifesten und in Bildwerken als Heilsherrscher verklärt[6].

Schon im November 1231 sollte auch die politische *Neuordnung Norditaliens* auf einem Reichstag in Ravenna ins Werk gesetzt werden. Da sich die Städte des Lombardenbundes weigerten, dort zu erscheinen, und ein stattliches Bundesheer rüsteten, wurden sie am 14. I. 1232 abermals geächtet. Wenn Gregor IX. sie nicht offen ermutigte, wie ihm Friedrich später vorwarf, so versuchte er doch zu ihren Gunsten zu vermitteln. Der Kaiser aber verstand ihn mit überlegener Diplomatie auf seine Seite zu ziehen. Er trug ihm selbst wie seinem Vorgänger das Schiedsgericht in der lombardischen Streitfrage an und betonte nachdrücklich die Interessengemeinschaft zwischen Papsttum und Kaisertum. Waren doch die Lombardenstädte, vor allem das volkreiche Mailand, die gefährlichsten Herde der Ketzerei, gegen die Gregor IX. die Inquisition organisierte. Ihr stellte der Kaiser den weltlichen Arm zur Verfügung; das schon bei seiner Kaiserkrönung erlassene Gesetz gegen die Ketzer als Staatsfeinde und Majestätsverbrecher wurde auf dem Reichstag in Ravenna verschärft: sie wurden nicht nur geächtet, sondern zum Feuertod verurteilt[7]. Außerdem bekam der Papst in Rom selbst immer stärker die Gefahren des städtischen Autonomiestrebens zu spüren, das der Kaiser in der Lombardei bekämpfte. Die Römer vertrieben nicht nur immer wieder ihren päpstlichen Stadtherrn[8], sie versuchten auch, die benachbarten Städte des Kirchenstaates sich zu unterwerfen. Mit Tusculum und Tivoli war es ihnen früher gelungen; jetzt war Viterbo davon bedroht. Half hier der Kaiser dem Papst, indem seine Truppen Viterbo verteidigten und ein römisches Heer schlugen, so erwartete er dafür päpstliche Unterstützung gegen die Lombardenstädte, wo auch die Ketzerei von Staat und Kirche gemeinsam zu bekämpfen war. Wieder förderte Hermann von Salza die Annäherung, und mit der prunkenden Rhetorik der päpstlichen wie der kaiserlichen Kanzlei wurde die Eintracht der beiden höchsten Gewalten überschwenglicher denn je verkündet. Der lombardischen Liga wurde vom Papst zwar zunächst (5. VI. 1233) nur eine Buße von 500 Rittern für den Kampf im Heiligen Land auferlegt ungeachtet der kaiserlichen Forderungen nach Auflösung des Bundes, Verzicht auf usurpierte Hoheitsrechte und Einkünfte, Unterwerfung unter das kaiserliche Gericht. Doch nach einer Begegnung mit dem Kaiser in Rieti zu Pfingsten 1234 schien Gregor IX. seine Schiedsrichterrolle ernst nehmen zu wollen. Er forderte die Städte wiederholt auf, sich gleich dem Kaiser seinem Urteil zu unterstellen und den Zuzug deutscher Fürsten und Truppen nach Italien nicht zu hindern. Die Liga aber stellte sich ihm nicht, nahm seine Mahnungen wohl gar nicht ernst. Sie verbündete sich mit König Heinrich, der sich gegen seinen Vater empörte und ihn nötigte, nach Deutschland zu gehen.

[1] Über Gregor IX., vorher Kardinal Ugolino (Hugo) v. Ostia, s. die zeitgenöss. Vita bei MURATORI, Scr. rer. It. 3, 1 (1723), dazu J. MARX, Die Vita Greg. IX. (1889); Register ed. L. AUVRAY (4 Bde. 1896–1955); das für die Reichsgesch. Wichtige in Epp. saec. XIII, Bd. 1, S. 261 ff.; vgl. Reg. Imp. 5, S. 1170 ff. – S. SIBILIA, Gregorio IX (1961); J. HALLER, Papsttum [2]4, S. 47 ff.; F. X. SEPPELT, Gesch. d. Päpste 3 (1956), S. 411 ff., Lit. S. 614 f.; R. HONIG, Rapporti tra Fed. IIe Greg. IX rispetto alla spedizione in Palestina (Bologna 1896).

[2] Daß man von einer »Selbstkrönung« Friedrichs in Jerusalem besser nicht sprechen sollte, zeigt H. E. MAYER, Das Pontifikale von Tyrus u. die Krönung d. lat. Könige von Jerusalem, Dumbarton Oaks Papers 21 (1967), S. 208 ff. Einwände gegen die Verklärung der »Selbstkrönung« durch KANTOROWICZ, K. Fr. II., S. 203 ff. u. Ergbd. S. 78 f., erhob schon A. BRACKMANN, HZ 140, S. 536 ff., u. 141, S. 459 ff., jetzt in: Stupor mundi (s. Lit. zu Kap. 6); s. auch HALLER, Papsttum [2]4, S. 65 ff. u. 388 f.

[3] W. HAGEMANN, Hg. Rainald v. Spoleto u. die Marken 1228/29, in: Adel u. Kirche (Festschr. f. G. Tellenbach 1968).

[4] Die Aktenstücke zum Frieden von S. Germano, hg. v. K. HAMPE, MG Epp. sel. 4 (1926).

[5] Die Konstitutionen von Melfi mit dem amtl. Titel ›Liber Augustalis‹ bei HUILLARD-BRÉHOLLES, Hist. dipl. Fr. II. Bd. 4, 1 ff.; neue Ausgabe fehlt noch; vgl. E. KANTOROWICZ, S. 203 ff. u. Ergbd. S. 78 ff.; E. STHAMER in: Papsttum u. Kaisertum (Festschr. f. P. Kehr 1926), S. 508 ff.; G. COCHIARA, Fed. II legislatore (1927); O. VEHSE, Die amtl. Propaganda (s. Lit. zu Kap. 6), S. 58 mit Lit.

[6] H. M. SCHALLER, Das Relief an d. Kanzel der Kathedrale von Bitonto, ein Denkmal der Kaiseridee Fr. II., AKG 45 (1963), auch in: Stupor mundi (1966).

[7] H. KÖHLER, Die Ketzerpolitik d. dt. Kaiser u. Kge. 1152–1254 (1913); O. VEHSE, S. 40; E. KANTOROWICZ, S. 240 ff. u. Ergbd. S. 109 ff.; F. GIUNTA, La politica antiereticale di Fed. II, in: Atti . . . di Studi Fed. (1952, s. Lit. zu Kap. 6); A. BORST, Die Katharer (1953), S. 128 ff.

[8] W. GROSS, Die Revolutionen in d. Stadt Rom 1219–1254 (1934).

Deutschland hatte sich von Gregor IX. nicht gegen den gebannten Kaiser aufwiegeln lassen. Gegen das Verbot König Heinrichs wagte der Kardinallegat Otto von St. Nikolaus (der später zum vertrauten Anhänger Friedrichs II. wurde) das Reichsgebiet kaum zu betreten. Von Valenciennes aus bemühte er sich vergeblich, für die Rolle des Gegenkönigs den jungen Otto von Braunschweig zu gewinnen, der sein welfisches Erbe nicht aufs Spiel setzen wollte. Nur der Reichsverweser selbst, Herzog Ludwig von Bayern, kam in Verdacht, mit dem Papst gegen die Staufer zu paktieren. Ob das der Grund oder schon die Folge seines Zerwürfnisses mit König Heinrich war, ist ungewiß. Im Juli 1229 kam es zwischen ihnen an der Donau zum Krieg; der Herzog mußte sich unterwerfen und Treue schwören. Zwei Jahre später wurde er auf der Donaubrücke bei Kelheim erdolcht; viele glaubten, der Kaiser selbst habe den Mörder gedungen[1].

Der fürstlichen Regentschaft ledig, begann der 18jährige König eigene Politik zu treiben. Lebensfroh, kunstsinnig, vielleicht selbst Dichter[2], war er im Kreise schwäbischer und pfälzischer *Reichsministerialen* aufgewachsen und sah in diesen Trägern staufischer Reichsgesinnung bessere Berater und Helfer des Königtums als in den eigennützigen Fürsten[3]. Auch das aufstrebende *Bürgertum* schien er fördern und nutzen zu wollen und begünstigte es gegen die bischöflichen Stadtherren, zumal wenn diese zum Papst hielten wie in Straßburg[4]. Eine zielbewußte, stetige Ministerialen- und Städtepolitik des Königs ist freilich nicht erkennbar. Seine Maßnahmen waren unter wechselnden Einflüssen zu schwankend und widerspruchsvoll, um jene neuen Stände geschlossen für das Königtum zu gewinnen und gegen die Fürsten auszuspielen. Ob in Deutschland damals die Reichsgewalt im Bunde mit steuerkräftigen Städten und einem staatswilligen Ritteradel noch das fürstliche Territorialmachtstreben hätte zurückdrängen können, ist kaum zu ermessen. Zwar ließ sich der wirtschaftlich-soziale und kulturelle Aufstieg der Städte auch durch alle Maßnahmen gegen ihre politische Betätigung und Selbständigkeit nicht aufhalten. Die Fürsten aber hatten bereits eigenmächtig so viele staatliche Vorrechte gewonnen, die sich die Kirchenfürsten 1220 auch verbriefen ließen, daß sie ihnen

kampflos nicht wieder zu nehmen waren. Auf Kampf mit den
Reichsfürsten wollte es aber Friedrich II. nicht ankommen
lassen; das hätte seine Politik in Italien gefährdet, wo ihm überdies die bereits früher errungene Städtefreiheit in der Lombardei und Toskana im Wege stand. Die Reichsfürsten dagegen
halfen ihm als Vermittler und Bürgen seines Friedens mit dem
Papst in S. Germano. Als sie heimkehrten, wiesen sie auf zwei
Wormser Hoftagen den jungen König in die Schranken. Am
23. I. 1231 wurde durch Fürstenspruch entschieden, daß in
keiner Stadt die Bürger Einungen, Eidgenossenschaften und
Bündnisse schließen dürften und auch der König ohne Zustimmung ihrer Stadtherren das nicht gestatten dürfe, wie er oft
getan hatte (Const. 2 n. 299). Am 1. V. 1231 mußte er das große
Statutum in favorem principum ausstellen (ib. 304; RI 4195), das
den Verzicht des Königtums auf die Ausübung seiner Hoheitsrechte über Gericht, Geleit, Münze und Zoll, Burgen- und
Städtebau im Gebiet fürstlicher »Landesherren« verbrieft und
den Städten verwehrt, der fürstlichen Territorienbildung entgegenzuwirken durch Markt- und Straßenzwang und durch
Aufnahme adliger und kirchlicher Eigenleute oder außerhalb der Stadt wohnender »Pfahlbürger« in die bürgerliche
Rechtsgemeinschaft. Ausdrücklich mußte der König die Wahrung der Fürstenrechte durch die Städte zusichern, während
den Fürsten zugleich die Gültigkeit ihrer Münzprägung garan-
tiert und das Recht zur Befestigung ihrer eigenen Städte verliehen
wurde (ib. 301 und 306). Der gleichzeitige Reichsspruch, daß
die »Landesherren« ihrerseits neue Ordnungen und Gesetze nur
im Einvernehmen mit ihren Landständen (meliores et maiores
terrae) erlassen dürften (ib. 305), diente ebenfalls, wo er wirksam wurde, der staatlichen Konsolidierung der Territorien[5].

Was die Fürsten dem jungen König abnötigten, ließen sie
sich vom Kaiser bestätigen. Viele gingen Ende 1231 auf den
Reichstag nach Ravenna, dem König Heinrich fernblieb. Dort
wurde allen deutschen Städten vom Kaiser verboten, eigenmächtig Stadträte und Bürgermeister einzusetzen, Innungen,
Bruderschaften und Zünfte zu bilden, kurz, sich Selbst-
verwaltungsorgane zu schaffen (ib. 156). Die Wormser Bürger,
deren Bund mit Speyer, Mainz, Bingen, Frankfurt, Gelnhausen,
Friedberg – der erste Städtebund nördlich der Alpen – schon
1226 aufgelöst wurde, mußten sogar das von ihnen erbaute
Rathaus niederreißen. Im Mai 1232 mußte König Heinrich
widerstrebend mit vielen Fürsten nach Cividale in Friaul zum

Kaiser kommen, der dort das »Statutum in favorem principum« mit geringen Einschränkungen zugunsten des Königtums bestätigte (ib. 171). Dieses *Fürstengesetz* wie sein Vorgänger von 1220 (s. Kap. 7) bedeutet keinen Wendepunkt, aber einen Markstein der deutschen Geschichte, indem es die tatsächlich gewordenen Machtverhältnisse weniger veränderte als legalisierte[6]. Es hat die fürstliche Landesherrschaft im Territorialstaat nicht erst geschaffen, aber es erkennt sie an und verzichtet darauf, ihr von Reichs wegen entgegenzuwirken und sie rückgängig zu machen. Damit fiel die Entscheidung für die Kaiser- und Fürstenpolitik gegen die Königs- und Städtepolitik, für den staatlichen Ausbau der Territorien statt der Reichsgewalt in Deutschland – während Friedrich II. kurz zuvor in seinem Erbreich durch die Konstitutionen von Melfi die monarchische Staatsgewalt stabilisiert hatte[7]. In Deutschland gab er die politischen Ziele seines Sohnes, dem es ohnehin an klarer Konsequenz und Energie fehlte, den Fürsten preis. Heinrich mußte in Cividale seinem Vater vor den Fürsten schwören, daß er künftig seine Weisungen genau befolgen, nichts gegen ihn unternehmen und die Fürsten begünstigen werde; andernfalls sollten diese von ihrer Treupflicht entbunden, dem Kaiser zur Hilfe gegen seinen Sohn verpflichtet sein. Nicht genug mit dieser fürstlichen Aufsicht bei Gefahr der Absetzung, mußte Heinrich den Papst selbst bitten, ihn sofort auf kaiserlichen Antrag zu bannen, wenn er seinem Vater ungehorsam würde. Das Einvernehmen Friedrichs II. mit Papst und Fürsten gegen seinen Sohn sollte die Ruhe im Reiche sichern, die er für die Unterwerfung der Lombardei brauchte.

Über Heinrich (VII.) – diese herkömmliche Bezeichnung soll seine Stellung in der Herrscherreihe als gekrönter, aber nie selbständig regierender König kennzeichnen – ältere Lit. DW[9] 6742, bes. E. FRANZEL, Kg. Heinrich VII. von Hohenstaufen, Studien zur Gesch. des »Staates« in Dtld. (Prag 1929), der die Bedeutung des jungen Königs wohl überschätzt, seine Politik allzu zielbewußt-revolutionär auffaßt, aber die gegensätzlichen Kräfte und Tendenzen seiner Zeit trotz mancher Überspitzung verdeutlicht; zustimmend E. ROSENSTOCK, Über »Reich«, »Staat« u. »Stadt« in Dtld. 1230–35, MÖIG 44 (1930). Davon abhängig sind die unzulänglichen Darstellungsversuche von H. STOLTE, Dtld. wider Sizilien, die Empörung Heinr. VII. v. Hohenstaufen (1937), u. W. HOTZ, König und Verschwörer, Männer u. Mächte um Heinr. VII. v. Hohenstaufen (1940); vgl. E. MASCHKE, Das Geschlecht d. Staufer (1943), S. 91 ff. – Über Urkunden Heinrichs s. P. ZINSMAIER, ZGORh NF 56 (1943) u. 61 (1952).

[1] E. WINKELMANN, Die angebl. Ermordung d. Hg. Ludwig v. B. durch K. Fr. II., MIÖG 17 (1896) mit ält. Lit.;

M. SPINDLER in: Hdb. d. bayer. Gesch. 2 (1969), S. 36.
[2] HALLERS Zuschreibung von 3 Ge-

dichten »Kaiser Heinrichs« (Minnesangs Frühling, hg. v. C. v. KRAUS, 1944, S. 42 ff. u. 379 ff.) an Kg. Heinrich (VII.) fand wenig Zustimmung (s. Bd. 4, Kap. 45, Anm. 1); doch erscheinen an dessen Hof die Dichter Rudolf v. Ems und Ulrich v. Türheim, auch mehrere schwäbische Lyriker, zumeist Ministerialen; s. H. NAUMANN, Die Hohenstaufen als Lyriker und ihre Dichterkreise, Dichtung u. Volkstum 36 (1935), S. 27 ff.

[3] Die enge Verbindung Kg. Heinrichs (VII.) mit bedeutenden Reichsministerialen betont schon K. W. NITZSCH, Staufische Studien, HZ 3 (1860, auch in: Dt. Studien, 1879, S. 1 ff.), mit übertreibender Verallgemeinerung E. FRANZEL, einschränkend D. v. GLADISS, Beitr. zur Gesch. d. stauf. Reichsministerialität (1934), und K. BOSL, Die Reichsministerialität d. Salier u. Staufer (1950/51).

[4] F. KNÖPP, Die Stellung Friedrichs II. u. seiner beiden Söhne zu den dt. Städten (1928), dazu K. FRÖHLICH, ZRG GA 50 (1930), S. 457 ff.; W. HEROLD, Königtum u. Städtewesen in Dtld. unter d. letzten Staufern (Diss. Ms. Leipzig 1925); E. RÜTIMEYER, Stadtherr u. Stadtbürgerschaft in d. rhein. Bischofsstädten, VSWG Beih. 13 (1928); K. WELLER, Die stauf. Städtegründungen in Schwaben, Württ. Vjh. 36 (1930); H. FEIN, Die stauf. Städtegründungen im Elsaß (Diss. Frankf. 1939). »Städtefreundlich« ist die Politik aller Staufer in der Gründung und Förderung von Reichsstädten auf Haus- u. Königsgut oder königlichen Kirchenvogteien; ungleich ist nur ihre Haltung zum bürgerlichen Autonomiestreben in den älteren, meist reicheren Bischofsstädten.

[5] Vgl. W. NÄF, Frühformen d. »modernen Staates« im SpätMA, HZ 171 (1951), S. 225 ff.

[6] Sah man früher in Friedrichs Fürstengesetzen eine Preisgabe wesentlicher Hoheitsrechte an die dadurch begründete fürstliche Landesherrschaft, so wird ihre Tragweite nach dem Vorgang von H. NIESE, Die Verwaltung des Reichsgutes im 13. Jh. (1905), S. 53 ff. geringer veranschlagt von P. KIRN, Die Verdienste d. stauf. Kaiser um d. dt. Reich, HZ 164 (1941), S. 269 ff., auch in: Stupor mundi (s. Lit. zu Kap. 6), vollends von E. SCHRADER, Ursprünge u. Wirkungen der Reichsgesetze Friedrichs II., ZRG GA 68 (1951), Neufassung in: Stupor mundi (1966), in Auseinandersetzung mit E. KLINGELHÖFER, Die Reichsgesetze von 1220, 1231/32 u. 1235 (1955). Doch wird dabei die polit. Bedeutung des Verzichts auf Ausübung kgl. Hoheitsrechte in den Territorien der Landesherren und auf Förderung der Städte gegenüber den Fürsten wohl unterschätzt, vgl. E. ROSENSTOCK, MÖIG 44 (1930), S. 401 ff. Die Meinung von H. MITTEIS, Lehnrecht u. Staatsgewalt (1933), S. 390 ff., auch ZRG GA 62 (1942), S. 51, und Der Staat des hohen MA ([5]1956), S. 410, Friedrich II. habe zielbewußt die fürstl. Territorien konsolidiert, um »sie später in Verwaltungsbezirke des Reiches zu verwandeln«, wird schwerlich zu erweisen sein; vgl. E. SESTAN, in: Atti ... di Studi Federiciani (1952, s. Lit. zu Kap. 6), S. 473 ff., dt. in: Stupor mundi; H. KOLLER, Zur Diskussion über d. Reichsgesetze Fr. II., MIÖG 66 (1959); P. ZINSMAIER, Zur Diplomatik der Reichsgesetze Fr. II., ZRG GA 80 (1963); W. GOEZ, Fürstenprivilegien Friedrichs II., in: Hdwb. zur dt. Rechtsgesch. (Lfg. 6, 1969), Sp. 1358 ff.

[7] S. o. Kap. 10 mit Anm. 5.

Nach der Heimkehr vom Kaiserhof schien sich der junge König seinem Vater und den Fürsten fügen, auf eigenmächtige Politik verzichten zu wollen, ohne doch untätig zu werden. Auf zahlreichen Hoftagen sorgte er für Rechtsprechung und Landfrieden. Doch sein Verhalten zu den Städten wurde unsicher schwankend. Mit manchen süddeutschen Fürsten geriet er durch seine Erwerbspolitik in neue Konflikte gegen des Kaisers Wunsch. Vollends schwierig wurde seine Lage durch die *Ketzerverfolgungen*, die Deutschland in heftige Erregung brachten. Seit 1231 ließ Gregor IX. die Ketzer planmäßig aufspüren durch Inquisitoren als Kläger und Richter in einer Person. In Deutschland waren aber weder die Katharer und Waldenser so verbreitet und gefährlich wie in Südfrankreich und Norditalien, noch hatten die Bettelorden schon fest genug Fuß gefaßt[1], um als Inquisitoren dagegen zu wirken. Die religiöse Bewegung war hier kaum weniger stark, besonders unter den Frauen, aber vielgestaltiger und ungeschiedener, das Inquisitionsverfahren daher bedenklicher und leichter zu mißbrauchen. Wurde doch sogar der rein politische Kampf des Bremer Erzbischofs gegen die friesisch-sächsischen *Stedinger* an der Unterweser und Jade, die ihre Bauernfreiheit gegen seine Landesherrschaft verteidigten, als »Ketzerkreuzzug« geführt. Obgleich Hermann von Salza auch hier zu vermitteln suchte und Gregor IX. nur zögernd die Kreuzpredigt gegen die verketzerten Stedinger erlaubte, wurden sie am 27. V. 1234 in einer mörderischen Schlacht bei Altenesch nach tapferer Gegenwehr von einem Kreuzheer vernichtend geschlagen[2]. Zum päpstlichen Inquisitor in Deutschland wurde der frühere Kreuzzugsprediger *Konrad von Marburg*[3] bestellt, der schon als Beichtvater der frommen Landgräfin Elisabeth seit ihrer Flucht von der Wartburg bis zu ihrem Tode (1231) mehr fanatischen Eifer als Verständnis für die religiöse Bewegung gezeigt hatte. Er stürzte sich blindlings in die neue Aufgabe, Ketzer zu finden und verbrennen zu lassen. Als er sich auch an Adligen vergriff, die dem Königshof nahestanden, schritt der König ein, nachdem sich schon die Erzbischöfe von Köln und Mainz vergeblich an der Kurie über den Inquisitor beschwert hatten. Auf einem Frankfurter Hoftag im Februar 1234 wurde »unrechte Ketzerverfolgung« statt gerechtem Gericht in einem Landfrieden untersagt (Const. 2 n. 319). Konrad von Marburg war mit seinem franziskanischen Begleiter schon vorher von empörten Rittern erschlagen worden.

Diese Vorgänge brachten sowohl den Papst wie den Kaiser gegen König Heinrich auf. Als Friedrich II., um eine Verständigung mit der Kurie gegen den Lombardenbund und die Römer bemüht, im Sommer 1234 mit seinem jüngeren Lieblingssohn Konrad den Papst in Rieti traf, gab dieser an den Trierer Erzbischof die Bannweisung gegen König Heinrich, mit dem der Kaiser jeden Verkehr abzubrechen drohte, wenn er auf seine Briefe und Boten nicht hörte. Das trieb ihn zum Äußersten. In einem Manifest an die Fürsten (2. IX. 1234, Const. 2 n. 322) rechtfertigte er sein Verhalten und bat sie um Rat und Vermittlung. Ehe jedoch die zum Kaiser gesandten Kirchenfürsten zurückkehrten, ließ sich der König durch die Nachricht, sein Vater wolle selbst nach Deutschland kommen, im September 1234 in Boppard zu offener *Empörung* hinreißen. Um ihm den Weg zu sperren, schloß er mit Friedrichs lombardischen Feinden ein Bündnis (ib. 325/8). Auch Frankreich hoffte er auf seine Seite zu ziehen, da Friedrich II. eine neue Ehe mit der Schwester des englischen Königs plante. In Deutschland hielten einige Bischöfe und Reichsäbte zu Heinrich, dazu viele Reichsministerialen. Die Städte, von denen er Beistand und Geiseln forderte, hielten sich zumeist abwartend zurück. Unter den Laienfürsten konnte er höchstens auf seinen Schwager Friedrich den Streitbaren von Österreich rechnen, der sich aus eigenen Gründen mit dem Kaiser überwarf, ihm aber nicht den Weg aus Friaul durch die Steiermark verlegte.

Friedrich II. kam im Frühling 1235 ohne Heer nach Deutschland, nur mit dem fremdartigen Gepränge seines Hofstaates, mit Sarazenen und Äthiopiern als Wächtern seiner Schätze, mit Kamelen, Leoparden, Affen. Diese eindrucksvolle Darstellung seiner weitreichenden Macht genügte, um den vermessenen Aufstand ohnmächtig zusammenbrechen zu lassen. Statt mit seinem rasch schwindenden Anhang, der sich im Kleinkrieg verzettelte, Widerstand zu wagen, bot Heinrich unter Vermittlung Hermanns von Salza seine *Unterwerfung* an. In Wimpfen fiel er seinem Vater zu Füßen, ohne Gnade zu finden. Im Juli 1235 saß der Kaiser in Worms mit den Fürsten über ihn zu Gericht. Seine Helfer wurden bald begnadigt, er selbst aber entthront und nach Apulien gebracht, wo er jahrelang die Gefängnisse wechselte, bis er 1242 seinem verfehlten Leben wahrscheinlich selbst ein Ende machte.

In Worms, wo er seinen Sohn absetzte, schloß Friedrich II. zugleich seine dritte Ehe mit Isabella, der Schwester Heinrichs III. von England, ohne daß dank päpstlicher Fürsprache sein Bündnis mit Frankreich darüber zerbrach. Die überlegene Kaisermacht schien die alten Gegensätze zu überwinden, wie in Westeuropa so auch in Deutschland. Der Welfe Otto von Lüneburg, Enkel Heinrichs des Löwen, kam zum Kaiser nach Mainz, wurde zum Reichsfürsten erhoben und mit dem bisher strittigen Welfenerbe als neuem *Herzogtum Braunschweig-Lüneburg* belehnt (Const. 2 n. 197/9)[4]. Auf demselben Mainzer Hoftag wurde aus kaiserlicher Machtvollkommenheit ein *Reichslandfriede* verkündet (ib. 196) – zum ersten Male auch in deutscher Sprache[5], der kurz vorher der anhaltische Schöffe Eike von Repgow durch den ›Sachsenspiegel‹, die Aufzeichnung des in Nordostdeutschland geltenden Rechts, Bahn gebrochen hatte im Rechtsschrifttum wie auch in der Geschichtsschreibung durch seine ›Sächsische Weltchronik‹. Der Mainzer Landfriede vereinheitlichte zwar nicht die geltenden Rechtsbräuche, beseitigte auch nicht das adlige Fehderecht durch ein umfassendes staatliches Gesetzbuch gleich den sizilischen Konstitutionen von Melfi, die höchstens in Einzelheiten als Vorbild dienten. Auch die Fürstenprivilegien waren nicht rückgängig zu machen, wenn auch nur weniges davon wie das Pfahlbürgerverbot für die Städte im Mainzer Landfrieden wiederholt wurde. Was aber der Reichsgewalt an Hoheitsrechten über Gericht, Münze, Zoll, Geleit noch zustand, wurde gegen Entfremdung und Mißbrauch bei strengen Strafen gewahrt. Neu war die Einsetzung eines *Reichshofrichters*, wohl nach dem Vorbild des sizilischen Großhofjustiziars[6]. Mindestens ein Jahr im Amt, sollte er als Vertreter des Kaisers täglich zu Gericht sitzen, für jedermann zugänglich, mit einem Laiennotar zur Seite, der die Urteile als Grundlage der Rechtsbildung zu sammeln hätte. Freilich wurde das Amt wenig wirksam, da es nur mit einem Freien besetzt werden durfte, daher in die Hand des Adels kam, überdies das Gericht über Fürsten dem Kaiser vorbehalten blieb. Überhaupt bot der Landfrieden wohl Handhaben zur Straffung der Reichsgewalt, doch es kam darauf an, wer sich ihrer bediente; versucht wurde es später immer wieder durch Erneuerung dieses Landfriedens.

Friedrich II. selbst schien damals auf deutschem Boden fester Fuß fassen zu wollen nicht nur durch die Mehrung des Stauferbesitzes in Schwaben, sondern durch den Erwerb *Österreichs*. Dessen Herzog *Friedrich der Streitbare*[7] hatte sich während der Empörung seines Schwagers Heinrich, ohne dabei einzugreifen, mit seinen Nachbarn Bayern, Böhmen, Ungarn verfeindet und dem Kaiser entfremdet. Da er der Ladung an den Hof dreimal nicht folgte, wurde er im Juni 1236 geächtet und seiner Reichslehen entsetzt (Const. 2 n. 201/2). Seine fürstlichen Gegner sollten das Urteil vollstrecken und fielen über Österreich und die Steiermark her, wo ihnen viel Unzufriedenheit mit dem herrischen Babenberger zu Hilfe kam. Der Kaiser wollte die erledigten Herzogtümer nicht wieder ausgeben, sondern unter Reichsverwaltung nehmen. Er kam selbst, den schon begonnenen Lombardenkrieg unterbrechend, Anfang 1237 nach Wien, das er zur Reichsstadt mit neuem Stadtrecht erhob. Dort ließ er seinen neunjährigen Sohn *Konrad* zum *König wählen*[8], der jedoch erst nach seines Vaters Tod gekrönt werden und regieren sollte, einstweilen dem Mainzer Erzbischof als Reichsprokurator unterstellt wurde.

So überlegen sich die Macht Friedrichs II. bei seinem Eingreifen in Deutschland und bei der Sicherung der Nachfolge zeigte, konnte er doch Österreich nicht als Reichsland behaupten, da er bald ganz vom Kampf um Italien in Anspruch genommen wurde. Der abgesetzte und verdrängte, aber nicht unterworfene Babenberger kam wieder zu Kräften und verständigte sich mit seinen Nachbarn. Ende 1239 wurde er auch vom Kaiser wieder als Herzog anerkannt, der ihn im Kampf mit dem Papsttum nicht zum Gegner haben wollte; 1244 wurde ihm sogar die Erhebung Österreichs zum Erbkönigreich in Aussicht gestellt (Const. 2 n. 261), das Friedrich selbst durch eine Ehe mit der Nichte des kinderlosen Babenbergers zu gewinnen hoffte; deren Weigerung ließ den Plan scheitern[9]. Erst als der Herzog am 15. VI. 1246 mit 35 Jahren im Krieg gegen Ungarn fiel, konnte Friedrich II. zugreifen und Österreich mit der Steiermark als Reichsländer seiner Beamtenverwaltung unter fürstlichen Generalkapitänen unterstellen wie Italien. Doch im Endkampf mit der Kurie, die ihm auch dort entgegenwirkte, ließ sich eine dauerhafte Ordnung und Stärkung der Reichsmacht in den südöstlichen Verbindungsgliedern zwischen Italien und Deutschland nicht mehr schaffen; erst die Habsburger erreichten dort das Ziel, das Friedrich II. auf verschiedenen Wegen erstrebt hatte.

[1] Die Bettelorden kamen seit ca. 1220 nach Dtld., wo sie anfangs selbst als Ketzer verdächtigt wurden, s. DW[9] 3357/60 und J. Greven, Engelbert d. Hl. u. die Bettelorden, Bonner Zs. f. Theol. u. Seelsorge 2 (1925). Sie trafen hier auf eine verwandte Frömmigkeitsbewegung zumal unter den Frauen, die sie nur teilweise aufnehmen oder als »Beginen« betreuen konnten, s. H. Grundmann, Relig. Bewegungen im MA (1935, [2]1970); A. Mens, Oorsprong en betekenis van de Nederlandse Begijnen- en Begardenbeweging (Louvain 1947); E. W. McDonnell, The Beguines and Beghards in medieval culture (New Brunswick 1954).

[2] H. A. Schumacher, Die Stedinger (1865), auch G. Dehio, Gesch. d. Erzbist. Bremen 2 (1877); C. Woebcken, Die Schlacht bei Altenesch u. ihre Vorgesch., Oldenburger Jb. 37 (1933); Chr. Krollmann, Der Deutsche Orden u. d. Stedinger, Altpreuß. Forsch. 14 (1937).

[3] Konrad v. Marburg scheint weder Dominikaner oder Franziskaner noch Weltgeistlicher, sondern Arnsteiner Prämonstratenser gewesen zu sein, s. K. H. May, Hess. Jb. f. Ldsgesch. 1 (1951); J. B. Valvekens, Analecta Praemonstr. 31 (1955); s. auch Hauck [5]4, S. 914 ff., dazu (allzu apologetisch) L. Förg, Die Ketzerverfolgung in Dtld. unter Gregor IX. (1932). Psychologisch überspitzt, aber beachtenswert ist E. Busse-Wilson, Das Leben d. hl. Elisabeth (1931), dazu H. Grundmann, HZ 147 (1933), S. 393 ff., während die ältere Elisabeth-Literatur (DW[9] 6821, Quellen ib. 6368) meistens den Zusammenhang mit der gleichzeitigen relig. Bewegung zu wenig beachtet, s. H. Hermelink, Die hl. Elisabeth im Licht der Frömmigkeit ihrer Zeit (1932); W. Maurer, Zum Verständnis der hl. Elisabeth v. Thür., ZKiG 65 (1953/54).

[4] K. Brandi, Die Urkunde Fr. II. vom August 1235 für Otto v. Lüneburg, in: Festschr. P. Zimmermann (1914); L. Hüttebräuker, Das Erbe Heinrichs d. Löwen. Die territoriale Grundlage des Hgt. Braunschweig-Lüneburg von 1235 (1927) mit ält. Lit.

[5] Den dt. Text des Mainzer Landfriedens rekonstruierte K. Zeumer, Quellensammlung ([2]1913) n. 58, auch Const. 3 n. 279 und bei F. Wilhelm, Corpus d. altdt. Originalurk. 1 (1932). Das viel erörterte Verhältnis des (publizierten) dt. Textes zum (authentischen) lateinischen klärte H. Steinacker, MÖIG 46 (1932) und bes. H. Mitteis, ZRG GA 62 (1942), auch in: Mitteis, Die Rechtsidee in d. Gesch. (1957), mit eingehender Interpretation des Mainzer Landfriedens; dazu E. Schrader, ZRG GA 68 (1951) und E. Klingelhöfer (s. Kap. 11, Anm. 6); P. Zinsmaier, ZRG GA 80 (1963), S. 113 ff.; H. Angermeier, Königtum u. Landfriede im dt. SpätMA (1966), S. 29 ff.: Der Reichslandfriede von 1235. – Zum Sachsenspiegel DW[9] 6973, krit. Ausgabe von K. A. Eckhardt, MG Font. iur. Germ. ant. NS 1 (2 Bde. 1955/56), ebd. Bd. 2 die lat. Urform: Auctor vetus de beneficiis (2 Bde. 1964/66); zur Sächs. Weltchronik (MG Dt. Chron. 2, 1877) s. DW[9] 6397, bes. H. v. Voltelini, SB Ak. Wien 201 (1924). – W. Möllenberg, Eike v. Repgow u. seine Zeit (1934); H. Thieme in: Die Großen Deutschen 1 ([2]1956); E. Wolf, Große Rechtsdenker ([4]1963); K. A. Eckhardt, Eike v. Repchow u. Hoyer v. Valkenstein (Germanenrechte NF 4, 1966).

[6] Reichshofrichter: A. Schulte in: Festschr. G. v. Hertling (1913).

[7] Lit. üb. Hg. Friedrich II. den Streitbaren (1230–1246) bei H. Fichtenau, Die Kanzlei der letzten Babenberger, MIÖG 56 (1948).

[8] Wahldekret Const. 2 n. 329, dazu K. G. Hugelmann, Die Wahl Konrads IV. (1914); H. Mitteis, Die dt. Königswahl ([2]1944), S. 176 ff. Vielleicht ließ K. Friedrich II. damals das Österr. Landrecht in Anlehnung an den Mainzer Landfrieden dt. aufzeichnen, s. H. Steinacker, MÖIG 39 (1923), S. 176 ff.; doch s. K. H. Ganahl, Versuch einer Gesch. d. österr. Landrechtes im 13. Jh., MIÖG Ergbd. 13 (1935), S. 231 ff. Er-

hebung Wiens zur Reichsstadt u. Ver-
leihung eines (nicht des ersten) Stadt-
rechts: E. WALLNER in: Festschr. der
Nationalbibl. Wien (1926); dazu: R.

GEYER, Die mal. Stadtrechte Wiens,
MIÖG 58 (1950).

⁹ O. REDLICH, Die Pläne einer Erhebung Österreichs zum Königreich,
Zs. d. HV f. Steiermark 26 (1931).

Kapitel 13
Friedrich II. im Kampf mit dem Lombardenbund und
Gregor IX.

Auf dem Mainzer Hoftag im August 1235, zu dem auch die
reichstreuen Lombardenstädte geladen waren, ließ Friedrich II.
die *Heerfahrt gegen die lombardischen Rebellen* beschwören, die sich
mit dem aufständischen, gebannten Kaisersohn verbündet und
einem päpstlichen Schiedsspruch nicht unterstellt hatten. Jetzt
glaubte der Kaiser freie Hand zu ihrer gewaltsamen Unterwerfung zu haben, falls der Papst nicht noch rechtzeitig einen
Ausgleich »zu Nutz und Ehre des Reiches« zustande brächte.
Gregor IX. verlangte dagegen die kaiserliche Vollmacht für
Hermann von Salza zu bedingungsloser Annahme einer päpstlichen Entscheidung. Während er die Lombardenstädte zur
Erneuerung ihres Bundes ermutigte, suchte er den Kaiser auf
einen neuen Kreuzzug abzudrängen und erhob zugleich wieder
Beschwerden gegen dessen Kirchenpolitik in Sizilien. Friedrich
aber stellte sich selbst als Förderer des Kreuzzugs und der Ketzerbekämpfung dar, wenn er die lombardischen Empörer bestrafe.
Er forderte die Könige Europas auf, die Unterwerfung der
Staatsfeinde und die Abwehr päpstlicher Einmischung als ihre
eigene Sache zu betrachten und Gesandte zu einem Reichstag
nach Piacenza zu schicken, wo Recht und Friede für Reich und
Kirche wiederhergestellt werden solle. Vor seinem Aufbruch
nach Italien nahm er an der Heiligenerhebung der ihm verwandten Landgräfin Elisabeth in Marburg teil (1. V. 1236), um
seine Kirchengläubigkeit vor aller Welt zu zeigen.

Für einen großzügig geplanten Einmarsch in die Lombardei
über zwei Alpenpässe waren freilich die in Deutschland aufzu-
bringenden Truppen zu schwach, da der Konflikt mit Österreich viele Kräfte band. Von Verona aus, das dem Kaiser durch
den rücksichtslos gewalttätigen Ezzelino da Romano[1] gewonnen war, wurde die östliche Po-Ebene unterworfen. Dadurch
sah sich Venedig bedroht; Mantua blieb unbezwungen;

Piacenza wurde abtrünnig, ehe der geplante Reichstag dort stattfinden konnte. Noch war trotz mancher Erfolge und Verhandlungen keine Entscheidung gefallen, als Friedrich den Feldzug unterbrach und nach Wien ging (Kap. 12). Im Sommer 1237 ließ er sich in Firenzuola unweit Piacenza auf einen letzten päpstlichen Ausgleichsversuch ein, bei dem die Städte zunächst nachgiebig schienen. Aber Piacenza brachte unter Venedigs Einfluß die Verhandlungen zum Scheitern. Der Krieg brach wieder aus. Mantua mußte sich unterwerfen, und am 27. XI. 1237 wurden die *Mailänder* mit ihren Verbündeten bei *Cortenuova* (zw. Mailand und Brescia) so schwer *geschlagen*, daß sie zu Friedensverhandlungen unter großen Zugeständnissen bereit waren[2]. Der Kaiser aber forderte bedingungslose Unterwerfung. Er wollte mit den besiegten »Rebellen« nicht mehr paktieren. Das trieb sie zu äußerstem Widerstand, obgleich nach einem kaiserlichen Siegeszug bis Turin nur sechs Städte noch trotzten: Mailand, Alessandria, Brescia, Piacenza, Bologna, Faenza. Um »die Reste der Empörer zu vernichten«, appellierte der Kaiser an die Solidarität aller Könige. Wirklich erhielt er Zuzug nicht nur aus Deutschland, Burgund, Italien, sondern auch aus England, Frankreich, Spanien, Ungarn, ja vom griechischen Kaiser und vom ägyptischen Sultan. Nach einem glanzvollen Hoftag in Verona wurde Ende Juli 1238 mit stattlichem Heer die Belagerung Brescias begonnen. Doch im Oktober mußte sie erfolglos abgebrochen werden. Die weltweite Kaisermacht scheiterte an den Mauern einer kleinen Stadt.

Der Mißerfolg ermutigte alle Widersacher des Kaisers. Vor allem in Rom erfolgte ein Umschwung. Friedrich hatte dort viel Anhang geworben, sogar im Kardinalskollegium. Er hatte der »Hauptstadt des Imperiums« die Wiederkehr alter Größe verheißen; der erbeutete Mailänder Fahnenwagen, den er den Römern als Triumphzeichen schenkte, war zum Zorn des Papstes auf dem Kapitol aufgestellt worden. Jetzt aber konnte Gregor IX. in die Stadt zurückkehren und feindliche Adelsburgen brechen. Während seine Legaten den lombardischen Widerstand schürten, stiftete er ein Bündnis zwischen den Handelsrivalen Genua und Venedig, die ihm zur See gegen Sizilien helfen sollten. Dem Kaiser hielt er lange Beschwerden vor über Verletzungen des Friedens von San Germano (Kap. 10). Als vollends Friedrich seinen natürlichen Sohn Enzio (Heinz) mit der Erbin Sardiniens vermählte und als

König dieses Papstlehens titulierte, nahm das Gregor als Anlaß zum offenen Bruch. Am Palmsonntag (20. III.) 1239 verhängte er zum zweitenmal *über den Kaiser den Bann*, aus dem er sich nie mehr zu lösen vermochte. Am gleichen Tag starb in Salerno, wo er Heilung suchte, der Hochmeister Hermann von Salza, der immer redlich um Verständigung zwischen Kaiser und Papst bemüht gewesen war. Auch den vermittlungsbereiten Franziskanergeneral Elias von Cortona ließ der Papst bald darauf von seinem Orden absetzen, der ganz zur päpstlichen Kampftruppe wurde. Die Geister schieden sich; der *Endkampf des Papsttums gegen die Staufer* begann, der erst mit ihrer Vernichtung endete.

In dröhnenden Manifesten mit schwülstiger Rhetorik einander überbietend, suchte der Papst den Bannfluch wirksam zu begründen, der Kaiser vor aller Welt sein Herrschaftsrecht in Reichsitalien gegen den päpstlichen Helfer der »Rebellen« zu verfechten[3]. Seine Machtüberlegenheit ließ sich trotz mancher Rückschläge schwerlich brechen, wenn er nicht mit anderen Waffen ins Unrecht zu setzen und zu Fall zu bringen war. Mit maßloser Heftigkeit hat ihn deshalb Gregor IX. der schlimmsten Verbrechen bezichtigt, als Kirchenfeind und Freigeist verketzert, ja als apokalyptisches Untier und Vorläufer des Antichrist geschmäht. Er legte ihm das im Orient schon früher bezeugte Wort von den »drei Betrügern« Moses, Christus, Mohammed in den Mund und den Spott über die Narren, die an die jungfräuliche Geburt des Gottessohnes glauben. Friedrich II. hat sich dagegen entrüstet verwahrt und immer wieder seine Rechtgläubigkeit beteuert, die religiösen Aufgaben seines Kaisertums als Vogt und Schützer der Kirche betont, seine Ketzergesetze erneuert und alles vermieden, was als grundsätzliche Kirchen- und Papstfeindschaft wirken konnte[4]. Er richtete den Kampf ganz gegen die Person Gregors IX., der seines Amtes unwürdig sei, die gottgewollte Eintracht zwischen Reich und Kirche störe, den vom Kaiser erstrebten Frieden nicht wolle. Die Könige und Fürsten Europas, denen er sich als Vorkämpfer monarchischer Rechte, nicht als Weltkaiser mit universalem Herrschaftsanspruch darstellte, rief er zu gemeinsamer Abwehr des für alle Staatsordnung und Autorität gefährlichen Bundes zwischen Papst und Rebellen auf, mit dem Erfolg, daß sie sich zumeist wenigstens neutral zurückhielten. Auch unter den Kardinälen, die nicht alle Gregors unversöhnlich schroffe Politik billigten, hoffte der Kaiser Verbündete gegen die päpstliche Autokratie zu finden[5]. Vor einem von den Kardinälen berufenen allgemeinen Konzil[6] wollte er sich rechtfertigen gegen den ungerechten Bann, gegen den er an den künftigen Papst appellierte. Als aber Gregor IX. seinerseits auf Ostern 1241 ein Konzil nach Rom berief, um den Kaiser absetzen zu lassen, fing dessen Flotte auf hoher See bei der Insel Montecristo (südöstlich von Elba) die Genueser Schiffe ab, auf denen französische, spanische, lombardische Prälaten anreisten. Über hundert von ihnen, darunter zwei Kardinallegaten, drei Erzbischöfe, viele Bischöfe und Äbte kamen in apulische Kerker. Das Königreich Sizilien wurde gegen alle päpstliche Einwirkung abgeriegelt, aus seinem Klerus wurden alle Kaiserfeinde beseitigt und durch Parteigänger ersetzt. Die Franziskaner wurden ausgewiesen, Montecassino besetzt, die päpstliche Enklave Benevent beseitigt.

Inzwischen waren kaiserliche Truppen in die von Innocenz III. »rekuperierten« Gebiete eingerückt, die Friedrichs Erbreich von Reichsitalien trennten. Er widerrief die Abtretung des Herzogtums Spoleto und der Mark Ancona an den Kirchenstaat (Const. 2 n. 218/21) und errichtete mit durchgreifender Tatkraft auch hier und bis nach Tuszien und der Lombardei ein straff zentralisiertes Beamtenregiment wie in Sizilien[7], geleitet vom Kaisersohn Enzio als Generallegaten und einigen rasch wechselnden, vorwiegend sizilischen Generalvikaren mit ihren Unterbeamten und mit kaiserlichen Podestàs in den ihrer Autonomie beraubten Städten. Mit rücksichtsloser Härte wurden Steuern und Truppen aufgebracht, alle Widerstände im Keim erstickt, fast ganz Italien zu einem einheitlichen Staat im Kriegszustand organisiert. Der Rest des Kirchenstaates drohte erdrückt zu werden. Viterbo war bereits in der Hand des Kaisers; in Rom selbst und im Kardinalskolleg wuchs sein Anhang.

In dieser aufs äußerste gespannten Lage, während das Abendland zugleich vom Mongolensturm bedroht war (Kap. 16), ist Gregor IX. am 22. VIII. 1241 gestorben, unbeugsam kampfwillig bis ins hohe Alter[8]. Die Kaisermacht hatte er durch seine Herausforderung nicht gebrochen, eher gestärkt, den Widerstandswillen aber zu leidenschaftlicher Erbitterung gesteigert. Alles kam auf den Nachfolger an, der diese Erbschaft antrat.

[1] Über Ezzelino da Romano, den J. BURCKHARDT im 1. Kap. der ›Kultur d. Renaissance‹ als Prototyp des bedenkenlos verbrecherischen Condottiere und Tyrannen charakterisiert, s. F: STIEVE, E. v. R. (1909); ders., HV 13 (1910) u. 16 (1913); L. SIMEONI in: Rendiconti d. Accad. d. scienze Bologna 4, 1 (1938). Der Tyrann Ezzelino wurde dramatisiert (nach Senecas Vorbild) von dem Notar u. Chronisten Albertino Mussato in Padua, wo das Spiel alljährl. aufgeführt wurde, s. Albertini Mussati Tragoedia Ecerinis, mit Übers. v. R. ENGELSING (1967).

[2] K. HADANK, Die Schlacht bei Cortenuova (Diss. Berlin 1905); R. CESSI, Dopo Cortenova, Arch. Stor. Pugliese 13 (1960).

[3] Die Bullen Gregors IX. gegen Fr. II.: MG Epp. saec. XIII, 1 n. 741/2, 750; die kaiserl. Manifeste Const. 2 n. 215, 224, 233/4; dazu F. GRAEFE, Die Publizistik in d. letzten Epoche K. FR. II. (1909); O. VEHSE, Die amtl. Propaganda in d. Staatskunst Fr. II. (1929); E. KAN-

TOROWICZ, K. Fr. II., S. 541 ff., s. auch H. M. SCHALLER, DA 11 (1954/55), S. 140 ff. u. dessen Quellensammlung: Polit. Propaganda K. Fr. II. u. seiner Gegner (1965).

[4] W. SEEGRÜN, Kirche, Papst u. Kaiser nach d. Anschauungen K. Fr. II., HZ 207 (1968).

[5] K. FEHLING, K. Fr. II. u. die röm. Cardinäle 1227–39 (1901); B. SÜTTERLIN, Die Politik K. Fr. II. u. die röm. Kardinäle 1239–50 (1929).

[6] W. ULLMANN, Some Reflections on the Opposition of Fred. II to the Papacy, Arch. Stor. Pugliese 13 (1960).

[7] Das kaiserl. Beamtenregiment in Italien behandelt grundlegend J. FICKER, Forsch. z. Reichs- u. Rechtsgesch. Italiens 2 (1869), S. 492 ff.; dazu KANTOROWICZ, Ergbd. S. 195 ff., und M. OHLIG, Studien zum Beamtentum Fr. II. in Reichsitalien 1237–50 (Diss. Frankfurt 1936) mit Beamtenlisten.

[8] H. M. SCHALLER, Das letzte Rundschreiben Gregors IX. gegen Fr. II., in: Festschr. P. E. Schramm, Bd. 1 (1964).

Kapitel 14
Der Endkampf Friedrichs II. mit Innocenz IV.

Der Tod Gregors IX. hat den von ihm entfesselten Kampf nicht beendet, aber unterbrochen. Denn der Kaiser nutzte die Verwirrung der führerlosen Kirche nicht aus, sondern hielt still, bis ein neuer Papst gewählt wäre, von dem er Bannlösung und Friedensschluß erhoffte. Die Kardinäle aber waren uneinig. Um sie zur Entscheidung zu nötigen, ließ sie der unter Gregor IX. zum Senator von Rom erhobene Matteo Rosso Orsini rücksichtslos in den verfallenen antiken Prachtbau des sogenannten Septizonium auf dem Palatin einschließen. Unter schlimmsten Drangsalen wurde dort am 25. X. 1241 der greise, kranke Cölestin IV. gewählt, der aber schon nach zwei Wochen starb. Jenes »Konklave«, das erste der Papstgeschichte[1], war so qualvoll und unwürdig gewesen, daß sich die Kardinäle seiner Wiederholung durch die Flucht entzogen. Es dauerte anderthalb Jahre, während der Kaiser unablässig drängte, auch die beiden bei Elba gefangenen Kardinäle freigab, bis in Anagni am 25. VI. 1243 eine neue Wahl zustande kam, aus der der kanonistisch gelehrte Genuese Sinibald Fiesco hervorging. Er nannte sich vielsagend *Innocenz IV*.[2]. Der Kaiser glaubte an ihm einen verständigungswilligen Freund zu haben. In langwierigen Verhandlungen schien es wirklich zu einer Einigung zu kommen[3]. Am Gründonnerstag 1244 ließ Friedrich II., indem er die Strafgewalt der Kirche und seine Bußpflicht anerkannte, die Bedingungen beschwören, unter denen er vom Bann gelöst werden sollte; nur über die Lombardenfrage war man sich noch nicht einig geworden. Auch wollte Innocenz IV. die Absolution erst nach der Räumung des Kirchenstaats vollziehen, während Friedrich bereits verkündete, der Papst habe ihn in öffentlicher Predigt als »ergebenen Sohn der Kirche und rechtgläubigen Fürsten« bezeichnet. Trotz seines Verzichts auf Annexionen hoffte er wohl, die besetzten Länder weiterhin als Vogt der Kirche oder als zinsbares Papstlehen verwalten zu dürfen. Vor allem aber zeigte er sich nach wie vor zur Unterwerfung der lombardischen Rebellen entschlossen, die sich noch immer weigerten, einen päpstlichen Schiedsspruch über ihre Reichspflichten im voraus anzunehmen. An dieser Frage, um die der Krieg entbrannt war, scheiterte der bereits beschlossene Friede. Innocenz IV. war geschmeidiger und weniger fanatisch, aber nicht nachgiebiger als Gregor IX.; auch er wollte keinen Sonderfrieden unter Preisgabe des Lombardenbunds schließen wie einst Alexander III. mit Friedrich I. (s. Bd. 4, Kap. 41). Mißtrauisch wurde zwar weiterverhandelt. Während aber kaiserliche Truppen Rom umzingelten, bereitete der Papst heimlich seine Flucht vor. Ende Juni 1244 fuhr er mit fünf Kardinälen – die meisten anderen folgten bald – auf genuesischen Schiffen in seine Vaterstadt, die ihn jubelnd empfing. Von dort zog er nach *Lyon*, das am Rande des burgundischen Reichsgebiets für den Kaiser kaum angreifbar war, notfalls ein Ausweichen nach Frankreich leicht machte. Dort versammelte der Papst im Juni 1245 ein *Konzil*[4], auf dem Deutschland und die Ostländer kaum vertreten waren, England schwach, nur die romanischen Länder stärker. Der Kaiser, zur Verantwortung geladen, ließ durch den sizilischen Großhofrichter Thaddäus von Suessa seine Sache vor dem Konzil beredt verfechten und bot die Rückgabe des Kirchenstaates an, Genugtuung für alle Vergehen, Bekämpfung der Tataren und einen Kreuzzug zur Befreiung Jerusalems, das kurz vorher den Christen wieder verlorengegangen war. Ohne darauf einzugehen, erhob der Papst Anklage gegen den Kaiser als eidbrüchigen, der Ketzerei verdächtigen Kirchenverfolger, Friedensstörer und Tyrannen. Von der Lombardenfrage, dem eigentlichen Kriegsgrund, war dabei gar nicht die Rede. Ein Aufschub des Urteils, den Thaddäus wohl mit französischer und englischer Hilfe erwirkte, reichte nicht aus. Ehe eine kaiserliche Gesandtschaft eintraf, verkündete der Papst am 17. VII. 1245 vor dem Konzil die *Absetzung Friedrichs*[4a] und forderte zur Neuwahl auf (Const. 2 n. 400). Für die Kirche war es das Ende des staufischen Kaisertums; erschreckte Teilnehmer am Konzil sprachen vom Ende der Christenheit.

Friedrich II. nahm das Urteil, gegen das sein Vertreter in Lyon an den künftigen Papst und ein wahrhaft allgemeines Konzil appellierte, mit den Worten auf: Allzu geduldig sei er bisher Amboß gewesen, jetzt müsse er Hammer sein (Const. 2 n. 262/3). Er streckte zwar auch weiterhin noch manche Friedensfühler aus, beteuerte seine Rechtgläubigkeit und unterzog sich einer Glaubensprüfung. Aber sein gesteigerter Kampfwille richtete sich nicht mehr nur gegen den Papst. Seine Propaganda machte sich die weit verbreitete Forderung nach Reinigung und Reform der Kirche zu apostolischer Armut und Demut zu eigen. Alle abendländischen Herrscher mahnte er zu gemeinsamem Widerstand gegen den entarteten, staatsgefährlichen, macht- und geldsüchtigen Klerus. Ludwig IX. von Frankreich war zwar nicht zu einer Demonstration gegen den Konzilsbeschluß zu bewegen, bemühte sich aber um seiner Kreuzzugspläne willen um Vermittlung, und trotz der Absetzung blieb Friedrich II. für ihn und andere europäische Könige der Kaiser. Manche Widerstände regten sich in ihren Ländern gegen die wachsende Besteuerung des Klerus zur Finanzierung des Kampfes, der allzu offensichtlich um die Beherrschung Italiens ging.

Da Friedrich II. mit Waffengewalt kaum zu bezwingen war, versuchte man ihn mehrmals auf andere Weise zu beseitigen. Im Frühjahr 1246 wurde ein Anschlag gegen sein Leben in letzter Stunde entdeckt, in den hohe kaiserliche Beamte verstrickt waren, angestiftet von einem Schwager des Papstes, Orlando Rossi aus Parma, Podestà in Florenz. Der Kaiser wurde schon totgesagt, um in Deutschland den thüringischen Landgrafen Heinrich Raspe zur Annahme der Krone zu bestimmen und in Süditalien einen Aufstand zu entfachen, während der Kardinallegat Rainer von Viterbo päpstliche Truppen über die sizilische Grenze führte[5]. Sie wurden geschlagen, der Aufstand im Blut erstickt; soweit die Verschwörer nicht nach Rom entkamen, wurden sie zu Tode gemartert oder grausig verstümmelt als Warnung durchs Land geschleppt. Zwei Jahre später ließ sich der Leibarzt des Kaisers bestechen, ihn zu vergiften; auch dieses Attentat mißlang. Kein Wunder, daß man damit – wohl zu Unrecht – auch den gleichzeitigen Sturz des vertrautesten kaiserlichen Ratgebers *Petrus von Vinea*[6] in Verbindung brachte. Bürgerlicher Herkunft, war er dank seiner juristisch-rhetorischen Bildung in höchste Staatsämter aufgestiegen als Großhofrichter und Leiter der Kanzlei. Seine Briefkunst macht die Staatsbriefe Friedrichs II. zu Mustern des »hohen Stils« noch für Jahrhunderte. Nicht politischer Verrat, sondern der Mißbrauch seines Amtes zu maßloser Bereicherung stürzte ihn ins Verderben. Geblendet gab er sich im Kerker von San Miniato selbst den Tod. Wenig später wurde Friedrichs Lieblingssohn Enzio, der mit Ezzelino die Lombardei im Zaum hielt, von den Bolognesen gefangen und kam bis zu seinem Ende (1272) nicht mehr frei.

Konnten alle diese Schläge den Kampfwillen und die Machtüberlegenheit des Kaisers nicht brechen, so ermutigten sie doch seine Feinde, besonders in den Städten, wo der innere Parteienstreit sich mit dem Gegensatz zwischen päpstlich gesinnten »Guelfen« und kaisertreuen »Ghibellinen« verquickte[7]. Bei jedem Umschwung im Stadtregiment wechselte die Parteinahme, und päpstliche Legaten wirkten eifrig zugunsten der Guelfen. So gingen dem Kaiser, der Rom vergeblich umwarb, Mailand erfolglos belagerte, manche Städte wie Lucca, Como, Modena, zeitweise auch Ravenna verloren, während er andre wie Florenz und Viterbo, schließlich sogar Piacenza wieder für sich gewann. Es war ein Kampf ohne feste Fronten auf überall gefährdetem Boden, bei dem der Gegner, für den Kaiser unangreifbar, von außen her alle Machtmittel und Verbindungen der kirchlichen Organisation gegen ihn mobil machen konnte. Um ihn zur Entscheidung zu stellen, rüstete Friedrich im Frühjahr 1247 zum Zug gegen Lyon. Der Weg war geebnet durch verwandtschaftliche Verbindungen mit den Grafen von Savoyen, die dem Kaiser reichen Besitz in Piemont verdankten als Grundlage für den späteren Aufstieg ihres Hauses[8]. Als aber Friedrich mit seinem Heer schon in Turin stand, nötigte ihn der Abfall Parmas zur Umkehr. Die vertriebenen Guelfen, an der Spitze des Papstes Schwager Orlando Rossi, bemächtigten sich der Stadt, und der kriegskundige Kardinallegat Gregor von Montelongo[9] eilte ihr zu Hilfe. Friedrichs Rückweg war bedroht. Er wandte sich gegen Parma, zu seiner Vernichtung entschlossen. Doch nach langer Belagerung wurde seine Lagerstadt »Vittoria«, die an Parmas Stelle treten sollte, bei einem überraschenden Ausfall am 18. II. 1248 überrumpelt, während er selbst auf der Jagd war, sein Heer zersprengt, die Kriegskasse erbeutet. Um so schonungsloser führte er nach diesem schweren Rückschlag den Krieg fort, ohne doch eine offene Kampfentscheidung erzwingen zu können. Ein Angriff päpstlicher Truppen auf sein Erbreich wurde abgewehrt, die Romagna großenteils wiedergewonnen, ein neuer Zug gegen Lyon vorbereitet.

In dieser unentschiedenen Lage ist Friedrich II. am 13. XII. 1250 mit 56 Jahren im apulischen Castel Fiorentino einem Fieber erlegen[10]. Auf dem Sterbebett ließ er sich von einem Priester absolvieren und in die Zisterzienserkutte kleiden. Den von Löwen getragenen Porphyrsarkophag hatte er im Dom zu Palermo für sich bereitgestellt, der Grabstätte seiner Eltern und seiner normannischen Vorfahren. Das deutsche Königtum war ihm nur der Weg zum Kaisertum, das ihm Herrschaftsrechte in Italien gab. Doch indem er hier aus alten Reichsrechten neue Staatsgewalt schmieden wollte, verstrickte er sich in den Kampf mit den lombardisch-toskanischen Städten und dem Papsttum, die beide ihre Freiheit und politische Autonomie gegen die kaiserliche Staatsallgewalt verteidigten. Er hat den kirchlichen wie den bürgerlichen Freiheitswillen unterschätzt und nicht brechen können. Starb er auch unbesiegt, so war der Kampf doch aussichtslos, wenn ihn kein Nachfolger mit gleicher Kraft fortführen konnte.

Mit ähnlicher Sorge wie einst sein Vater Heinrich VI. (s. Bd. 4, Kap. 48) verfügte Friedrich II. in seinem Testament (Const. 2 n. 274)[11] die Rückgabe aller Besitzungen und Rechte der römischen Kirche, wenn sie ihrerseits auf Reichsrechte verzichte, auch den Wiederaufbau zerstörter Kirchen, die Freilassung aller Gefangenen außer Hochverrätern; zudem stiftete er 100000 Goldunzen zum Rückgewinn des inzwischen wieder verlorenen Heiligen Landes. Ganz eigenmächtig glaubte er aber in diesem Testament seine Nachfolge auch im Imperium, als sei es erblich wie seine Königreiche Sizilien und Jerusalem, für einen seiner Söhne oder Enkel vorsorglich regeln zu können, so oft er auch mythisch-eschatologische Endkaiser-Prophetien auf sich selbst bezogen und für seine Propaganda verwendet hatte. Strebte er nach einem Erbkaisertum für sein Geschlecht, so hat er die politisch-ideellen Widerstände dagegen in Deutschland wie in Italien und vor allem an der Kurie noch schlimmer verkannt als sein Vater. Um so verhängnisvoller war alsbald nach seinem Tod, ja schon vorher der Rückschlag für das Reich, das er von seiner ererbten Machtgrundlage Sizilien-Apulien aus trotz höchster Anspannung seiner ungewöhnlichen Geistes- und Willenskraft nicht wirklich beherrschen und dauerhaft hatte ordnen können.

[1] K. WENCK, Das erste Konklave der Papstgesch., QFItA 18 (1926); K. HAMPE, Ein ungedruckter Bericht über d. Konklave 1244 (SB Heidelberg 1913); O. JOELSON, Die Papstwahlen d. 13. Jh. (1928); auch F. HEINTKE, Humbert von Romans (1933), S. 33 ff. – P. BREZZI, Roma e l'impero medioevale (Storia di Roma 10, 1947), S. 441 ff.: La dittatura di Matteo Rosso Orsini.

[2] Register Innocenz' IV., hg. v. E. BERGER (4 Bde. 1884 – 1921), dazu K. HAMPE, MIÖG 24 (1903); MG Epp. saec. XIII, Bd. 2–3. Die wertvolle Vita, von seinem franziskan. Beichtiger verfaßt, ed. F. PAGNOTTI, Arch. d. Soc. Rom. di storia patria 21 (1898), dazu P. VOGEL, Nic. v. Calvi u. seine Lebensbeschreibung des P. Innoc. IV. (Diss. Münster 1939). Über die Dekretalensammlung des Papstes s. P. J. KESSLER, ZRG KA 62–64 (1942/44). Ältere Lit. bei G. v. PUTTKAMER, P. Innoc. IV. (1930); J. HALLER, Papsttum 4 ([2]1952, Tb. 1965).

[3] Akten der Friedensverhandlungen mit Innoc. IV.: Const. 2 n. 239–259; dazu C. RODENBERG, in: Festgabe G. Meyer v. Knonau (1913); A. FOLZ, K. Fr. II. und P. Innoc. IV., ihr Kampf 1244/45 (1905).

[4] Zum I. Lyoner Konzil 1245, das als 13. ökumen. Konzil gezählt wird: H. HOLSTEIN in: G. Dumerge, Hist. des conciles œcumén., Bd. 7: Lyon I et Lyon II (1966); ST. KUTTNER, Die Konstitutionen d. 1. allg. Konzils von Lyon 1245, Studia et doc. hist. et iur. 6 (1940);

ders., L'édition Rom. des conciles gén. et les actes du 1er concile de Lyon, Misc. hist. pont. univ. Gregor. III, 5 (1940); A. FLICHE, Le procès de Fréd. II au concile de Lyon, in: Atti ... di Studi Fed. (1952, s. Lit. zu Kap. 6); vgl. auch HEIMPEL, DA 13 (1957), S. 145 ff. – Über die Flugschriften zum Lyoner Konzil (bei WINKELMANN, Acta 1, 568 und 2, 709ff.), die der Kard. Rainer von Viterbo als gehässigster Kaiserfeind veranlaßt hat, s. K. HAMPE, HV 11 (1908); E. v. WESTENHOLZ, Kard. Rainer v. Viterbo (1912), dazu F. BAETHGEN, MIÖG 37, S. 306 ff. = Mediaevalia 2 (1960), S. 529 ff.; P. HERDE, Ein Pamphlet der päpstl. Kurie gegen K. Fr. II. von 1245/46, DA 23 (1967).

[4a] F. KEMPF, La desposizione di Fed. II alla luce della dottrina canonistica, Arch. Soc. Rom. 90 (1968).

[5] K. HAMPE, P. Innoc. IV. u. die sizil. Verschwörung 1246 (SB Heidelberg 1923).

[6] A. HUILLARD-BRÉHOLLES, Vie et correspondence de Pierre de la Vigne (1864, Ndr. 1966). Neuere Darstellung fehlt; über die einflußreiche Briefsammlung, deren MG-Edition vorbereitet wird, s. Lit. zu Kap. 6 und G. LADNER, MÖIG, Ergbd. 12 (1932); E. KANTOROWICZ, K. Fr. II., Ergbd. S. 126 ff., 244ff. und MÖIG 51 (1937); H. M. SCHALLER, DA 12 (1956) u. 15 (1959). Über die Schuldfrage bei seinem Sturz: F. BAETHGEN, Dante und Petrus de Vinea (SB München 1955 H. 3).

[7] Über die Parteinamen Guelfen und

Ghibellinen s. R. Davidsohn, Forsch. z. Gesch. von Florenz 4 (1908), S. 29 ff.; K. Stenzel, Waiblingen in d. dt. Gesch. (²1936), S. 42 ff.

[8] S. Hellmann, Die Gfn. von Savoyen bis z. Ende der stauf. Periode (1900); C. W. Previté-Orton, The Early Hist. of the House of Savoy (1912); L. Just, Das Haus Savoyen u. d. Aufstieg Italiens (1940).

[9] H. Frankfurth, Greg. da Montelongo (1898); G. Marchetti-Longhi, La legazione in Lombardia di G. da M. 1238–1251. Arch. d. Soc. Rom. di storia patria 36–38 (1913/15).

[10] R. M. Kloos, Ein Brief des Petrus de Prece zum Tode Fr. II., DA 13 (1957).

[11] Die Echtheit eines weiteren, in manchen Punkten abweichenden Testamentes ist mindestens zweifelhaft; wahrscheinlich ist es wenig später als Stilübung fingiert, s. E. Kantorowicz, Zu den Rechtsgrundlagen der Kaisersage 1: Ein angebl. Testament K. Fr. II., DA 13 (1957), auch in dessen Selected Studies (1965), gegen G. Wolf, Ein unveröffentl. Testament K. Fr. II., ZGORh 104 (1956); ders., Die Testamente K. Fr. II., Eine Erwiderung, ZRG GA 79 (1962), auch in: Stupor mundi (s. Lit. zu Kap. 6) mit den Texten u. Übersetzung.

Kapitel 15
Friedrich II. und das Geistesleben seiner Zeit

Das politische Ringen Friedrichs II. mit dem Papsttum um die Beherrschung Italiens hatte sich zu einem Kampf der Geister gesteigert, als ginge es um die Grundfragen von Glauben und Weltordnung. Staunend oder schaudernd wurde der Kaiser »stupor mundi et immutator mirabilis« genannt. Seine Feinde verketzerten ihn als unchristlichen »Epikuräer«, der nicht an Auferstehung und Weltgericht glaube, schmähten ihn als tyrannischen »Hammer der Welt« gleich Attila oder als leibhaften Antichrist und neuen Nero. Seine Bewunderer und die eigenen Manifeste verherrlichten ihn als heilbringenden Friedefürsten und Messiaskaiser. Nach seinem Tod verbreitete sich erst in Italien, später auch in Deutschland der Wahn, er könne nicht gestorben sein, sondern werde wiederkehren, das Reich erneuern, die Kirche züchtigen[1]. In neuerer Zeit sah man in ihm den »ersten modernen Menschen auf dem Thron« (J. Burckhardt), einen Rationalisten und Aufklärer (H. Reuter), den großen Freigeist, Atheisten und Kirchenfeind (Fr. Nietzsche), den »Wegbereiter der Renaissance« (Fr. Kampers), einen »Unzeitgemäßen«, der den Rahmen mittelalterlicher Weltanschauung sprengte[2]. Dabei wird oft übersehen, daß wesentliche Züge dieses Bildes von seinen Gegnern gezeichnet sind. Friedrich selbst wollte durchaus nicht als ungläubiger Kirchenfeind gelten. Er hat sich stets, auch mit biblischen Worten, als rechtgläubigen Sohn der Kirche dargestellt, alle Ketzerei scharf verurteilt, als sei sie zugleich staatsfeindlicher Majestätsfrevel. Immer wieder betonte er sein Streben nach Frieden und Eintracht mit dem Papsttum; mehr als einmal bewies er durch die Tat, daß er es nicht unterwerfen oder gar vernichten, sondern zu politischer Verständigung nötigen wollte. Nie stellte er, wie sein Großvater, einen Gegenpapst auf, auch als er von Innocenz IV. abgesetzt und ein Gegenkönig gewählt wurde. Nur an einen künftigen Papst und ein allgemeines Konzil appellierte er, nur die politische Entartung der Kurie und die Verweltlichung der Kirche bekämpften seine Manifeste. Die Anklagen Gregors IX., als spotte er über christliche Glaubenslehren, wies er entrüstet als Verleumdung zurück, und Innocenz IV. wiederholte sie nicht.

Gleichwohl muß der die Zeitgenossen erregende Eindruck des Unerhörten und Unheimlichen, den die päpstliche Propaganda zum Grauen steigerte, von seiner *Persönlichkeit und Geistesart* ausgegangen sein. Er steht zwar nicht isoliert in seiner geistigen Umwelt, nicht der »Neuzeit« näher; aber vieles beunruhigend Neue, was im 13. Jahrhundert auch anderwärts spürbar wird, vereint und verdichtet sich in seiner eminenten Begabung zu weithin sichtbarer Gestalt[3]. Aufgewachsen im Schnittpunkt lateinischer, byzantinischer und arabischer Kultur, vielsprachig gebildet und von früh an mit geistiger Wachheit auf sich gestellt, war er für alles Fremde hellhörig interessiert, ohne sich daran zu verlieren. In seinem viel verlästerten Verkehr mit gelehrten Mohammedanern und Juden wollte er weder ihren Glauben annehmen noch sie bekehren, sondern sich wie auch von den christlichen Gelehrten, die er an seinen Hof zog, fragend belehren lassen über Gott und die Welt, vor allem über die Natur der Dinge, über Mathematik und Optik, Astronomie und Kosmologie. Viele seiner Fragen sind überliefert; sie bekunden nicht skeptischen Zweifel am überlieferten Kirchenglauben und Weltbild, aber einen bohrenden *Wissensdrang*, der den Dingen forschend auf den Grund gehen will. »Vir inquisitor et sapientiae amator« nennt ihn sein Sohn Manfred. Für seine vorwiegend naturkundlichen Interessen konnte er wie das Abendland überhaupt damals am meisten von den Arabern lernen und von den durch sie vermittelten antiken Philosophen. Deshalb veranlaßte er zahlreiche Übersetzungen arabischer und antiker, auch jüdischer Schriften ins Latein, wetteifernd mit der älteren Übersetzerschule in Toledo. Der Zustrom dieser philosophischen

Überlieferung hat das abendländische Denken damals allent-halben befruchtet. Vor allem die neuentdeckten Aristoteles-Schriften, deren Lektüre noch 1210 an der Pariser Universität verboten wurde, dienten den scholastischen Theologen unter Führung der Dominikaner Albert d. Gr. und Thomas von Aquino zur rationalen Begründung der Glaubenslehre, während die Philosophen der Pariser Artistenfakultät (Siger von Brabant, Boethius von Dacien u. a.) als »lateinische Aver-roisten« eine Profanphilosophie darauf aufbauten, die bald mit der Theologie und der Kirche in Konflikt kam. Dagegen haben die Hofphilosophen Friedrichs II. aus ihren neuen Kenntnissen keine eigene philosophische Lehre entwickelt[4]; der berühm-teste von ihnen, ein in Spanien gebildeter Schotte Michael († 1235), glaubte dem Kaiser am besten mit Astrologie und Physiognomik zu dienen. Für Friedrich II. selbst ist es bezeich-nend, daß er zwischen allen Staatsgeschäften auf Grund gelehr-ter Studien und langjähriger Erfahrung und Beobachtung, die sich auch durch die Autorität des Aristoteles nicht beirren ließ, ein umfangreiches *Buch über die Falkenjagd* und Vogelzucht schrieb[5], die er leidenschaftlich liebte; in Wort und Bild bezeugt es eindrucksvoll seine Blick- und Geistesschärfe wie seine eindringliche Wißbegier. Bei aller Eigenart steht aber auch dieses Werk nicht vereinzelt in seiner Zeit; im Tierbuch und im Pflanzenbuch Alberts d. Gr. verbindet sich ähnlich Aristoteles-Kenntnis mit eigener Naturbeobachtung, und sei-nen Schülern blieb das naturwissenschaftliche Interesse eigen-tümlich[6].

Erst recht steht *Friedrich II. als Dichter* nicht außerhalb seiner Zeit. Wenn er als erster in seiner sizilischen Muttersprache geist- und formvolle Minnelieder nach provençalischem, vielleicht auch deutschem Vorbild dichtete und seine Söhne und Rat-geber, auch die bürgerlichen Juristen an seinem Hof ihm darin folgten, so konnte ihn Dante deshalb als Vater der italienischen Poesie rühmen; doch es war eine Spätblüte höfischer Lyrik, die anderwärts schon im Abklingen war[7].

Nicht weniger zeitbedingt, wenn auch noch lange als Muster nachwirkend, ist die prunkende *Rhetorik seiner Kanzlei*[8], in der Petrus von Vinea den Ton angab. Er und andere kaiserliche Räte hatten ihre mit der Kurie wetteifernde Briefkunst wie auch ihre Kenntnis des römischen Rechts in Bologna gelernt, nach dessen Vorbild Friedrich II. die Universität Neapel gründete. Ließ er sein Kaisertum von seinen Notaren und

Juristen als gottgewollte und naturnotwendige Staatsgewalt in der Nachfolge römischer Cäsaren verherrlichen, wie noch keiner vor ihm, sind seine Herrschaftszeichen und manche Bildwerke[9] Symbole einer erhabenen Kaiseridee, so erhob er doch keine universalen Herrschaftsansprüche gegenüber anderen Königen und Staaten[10], machte auch den Reichsfürsten beträchtliche Zugeständnisse und scheiterte bei dem Versuch, Reichsitalien und Österreich unter ein zentralistisches Beamtenregiment zu stellen wie sein Erbreich Sizilien; dort aber waren die Grundlagen seiner Staatsordnung bereits von seinen normannischen Vorfahren geschaffen. Bahnbrechend und epochemachend hat seine Staatskunst nicht gewirkt, zunächst eher abschreckend. Eine »ghibellinische Staatslehre« hat erst die Folgezeit entwickelt.

Am sichtbarsten stellt sich die Eigenart Friedrichs II. in seinen *Bauten* dar[11], nicht Kirchenbauten, sondern Kastellen, Jagd- und Lustschlössern vornehmlich in Apulien, wo er stets heimischer war als auf der Insel Sizilien. Deren prunkvolle Bauten aus normannischer Zeit haben kaum darauf eingewirkt, überhaupt kein erkennbares Vorbild. Mögen auch französische Bauleute mit Kenntnissen frühgotischer Technik für den Kaiser tätig gewesen sein, so ist die einfache, mathematisch klare Zweckmäßigkeit und die mit Schmuckformen sparsame, vornehme Schönheit seiner Bauten – am eindrucksvollsten erhalten im Castel del Monte bei Andria – offenbar ganz von seinem eigenen, erlesenen Geschmack bestimmt. Wie er in ihnen antike Plastiken aufzustellen liebte, ließ er nach ihrem Vorbild auch Bildwerke schaffen, die ihn selbst und seine Helfer darstellten, so auf einem Brückentor bei Capua, das einem antiken Triumphbogen glich (nur Fragmente sind erhalten)[12]. Ob von dieser *antikisierenden Plastik* direkte Wege zur Frührenaissance führen, ist unsicher. Die Kastellbauten Friedrichs haben höchstens in den Burgen des preußischen Ordenslandes Nachfolge gefunden. Sonst aber geht die abendländische Kunstgeschichte an den Schöpfungen Friedrichs II. vorbei, und er ist an ihren zukunftsträchtigen Leistungen nicht beteiligt, weder an dem von Frankreich ausgehenden gotischen Kirchenbau, dem in Italien mit der Grabkirche des hl. Franziskus in Assisi (kanonisiert 1228), in Deutschland mit der Grabkirche der hl. Elisabeth in Marburg seit 1235 und dem Kölner Domneubau seit 1248 Bahn gebrochen wurde, noch an der lebensvollen kirchlichen Plastik, die um die Jahrhundertmitte in

Chartres und Reims wie in Bamberg, Naumburg, Meißen, Straßburg gipfelt[13].

Vollends sind die *neuen religiösen Kräfte*, die der Folgezeit das Gepräge gaben, dem Staufenkaiser fremd geblieben und haben sich gegen ihn gewandt. Die Bettelorden, deren Armuts- und Reformforderung er propagandistisch aufgriff, wurden zur Kampftruppe der Kirche gegen ihn. Wie stark sie wirkten, zeigte in Italien die von Dominikanern geführte Bußbewegung des »großen Halleluja«, die 1233 wie ein frommer Friedensrausch durchs Land zog. In Deutschland hörten seit den 40er Jahren Tausende auf den großen Prediger Berthold von Regensburg (c. 1210–1272), der im Magdeburger Minoritenstudium gelernt hatte; auch sein Ordensbruder David von Augsburg († 1272) fand mit seinen mystischen Traktaten stärksten Widerhall. Im Kölner Ordensstudium der Dominikaner lernte bei Albert d. Gr., dem schwäbischen Grafensohn (c. 1193–1280), der junge Thomas von Aquino (1225/26–1274), dessen Familie mit Friedrich II. verschwägert war und in seinem Dienst stand; er aber entzog sich seinem Umkreis, verließ die Universität Neapel und trat 1244 in den kaiserfeindlichen Dominikanerorden. Was er wie sein Lehrer Albert für die Einschmelzung antiker Philosophie in das christliche Weltbild und in der Abwehr des »Averroismus« leistete, wurde weit fruchtbarer und wirksamer als die unverbindliche »Hofphilosophie« Friedrichs II. Jenen Theologen und Predigern kam in Deutschland eine eigenwüchsige religiöse Bewegung zumal unter den Frauen entgegen. Die Flucht der Landgräfin Elisabeth von der Wartburg war bezeichnend für die Abkehr von höfisch-ritterlicher Kultur zu frommer Demut und Armut. Ihr Beispiel rühmend, begann 1230 die adlige Mechthild von Magdeburg ihr Beginenleben, von Dominikanern in Halle und Franziskanern in Magdeburg betreut, schließlich von Zisterzienserinnen in Helfta aufgenommen. Während dort Mechthild von Hackeborn (1241–1299) und die Äbtissin Gertrud d. Gr. (1256–1292) ihre Visionen noch lateinisch aufzeichnen ließen, sprach Mechthild von Magdeburg im ›Fließenden Licht der Gottheit‹ auf deutsch mit dichterischer Kraft von ihren mystischen Erlebnissen und Gesichten. Dieser Zug zu Gottesminne und Brautmystik war so stark, daß ein Spätling höfischer Dichtung, Ulrich von Lichtenstein im Frauenbuch von 1257, bitter klagt, für ritterliche Ideale sei bei den Frauen kein Gehör mehr zu finden, und daß die Bettelorden trotz ihres Widerstrebens sich zahlreicher Gemeinschaften frommer Frauen annehmen mußten. Hier liegen die Keime zur »deutschen Mystik«[14]. Die ritterliche Kultur war in ein Zeitalter neuer Frömmigkeit umgeschlagen, noch ehe die Stauferzeit zu Ende ging.

[1] Über die Sage vom bergentrückten Kaiser, die zunächst auf Friedrich II. bezogen, erst um 1500 auf Barbarossa übertragen wurde, am stoffreichsten F. KAMPERS, Die dt. Kaiseridee in Prophetie u. Sage (1896); dazu K. HAMPE, Eine frühe Verknüpfung d. Weissagung vom Endkaiser mit Friedrich II. und Konrad IV. (SB Heidelberg 1917 H. 6); E. KANTOROWICZ, Zu den Rechtsgrundlagen d. Kaisersage, DA 13 (1957), auch in dessen Selected Studies (1965) und in: Stupor mundi (1966, s. Lit. zu Kap. 6); s. auch R. M. KLOOS, Nikolaus v. Bari, eine neue Quelle zur Entwicklung d. Kaiseridee unter Fr. II., DA 11 (1954/1955), auch in: Stupor mundi.

[2] K. HAMPE, K. Friedrich II. in der Auffassung der Nachwelt (1925).

[3] Den ersten Überblick über die geistige Umwelt des Kaisers gab H. NIESE, Zur Gesch. des geistigen Lebens am Hofe K. Fr. II., HZ 108 (1912, Ndr. Libelli 201, 1967). Ausführlicher neben KANTOROWICZs Darstellung die Bücher von A. DE STEFANO, Fed. II e le correnti spirituali del suo tempo (1922) u. La cultura alla corte di Fed. II imp. (²1950), sowie Aufsätze von CH. H. HASKINS in dessen Studies in the Hist. of Mediaeval Science (²1927), Studies in Mediaeval Culture (1929), The Renaissance of the 12th Century (1927).

[4] S. CARAMELLA, La filosofia di Fed. II, in: Atti . . . di Studi Fed. (s. Lit. zu Kap. 6), dt. in: Stupor mundi (s. ebd.); S. SCIMÉ, L'influsso di Fed. II negli orientamenti del pensiero filos. medievale, in: Atti (ebd.); F. GABRIELI, Fed. II e la cultura musulmana, Riv. Stor. Ital. 64 (1952), dt. in: Stupor mundi; M. GRABMANN, K. Fr. II. u. sein Verhältnis zur aristotel. u. arab. Philosophie, in: GRABMANN, Mal. Geistesleben 2 (1936), auch in: Stupor mundi; E. WIEDEMANN, Fragen aus d. Gebiet d. Naturwissenschaften, gestellt von Fr. II., AKG 11 (1914); K. HAMPE, K. Fr. II. als Fragesteller, in: Kultur- u. Universalgesch. (Festschr. f. W. Goetz 1927).

[5] Friderici Rom. imp. II. De arte venandi cum avibus, ed. C. A. WILLEMSEN (2 Bde. 1942; Bilder in Inselbuch 1943); engl. Übersetzung von C. A. WOOD u. F. M. FYFE (1943); s. C. A. WILLEMSEN im Inselschiff 22 (1941), im Kosmos 47 (1950/51) und in Atti . . . di Studi Fed. (1952).

[6] Albertus Magnus, De vegetabilibus, ed. C. JESSEN (1867), De animalibus, ed. H. STADLER (1916/20); vgl. H. BALSS, Alb. M. als Zoologe (1928); ders., A. M. als Biologe (1947); H. CHR. SCHEEBEN, Albertus Magnus (²1955); B. GEYER, in: Die Großen Deutschen 1 (²1956); H. OSTLENDER, in: Rheinische Lebensbilder 3 (1968); M. GRABMANN, Mittelalterl. Geistesleben 2 (1936), S. 324 ff.

[7] H. H. THORNTON, The poems ascribed to Fred. II and to king Enzio, Speculum 1/2 (1926/27). Übertragung von C. A. WILLEMSEN, K. Fr. II. u. sein Dichterkreis (1947). – H. NAUMANN, Die Hohenstaufen als Lyriker u. ihre Dichterkreise, Dichtung u. Volkstum 36 (1935), überschätzt wohl das dt. Vorbild für die sizil. Lyrik; s. A. MONTEVERDI, L'opera poetica di Fed. II, Studi medievali 17 (1951); ders. in Atti . . . di Studi Fed. (1952); G. CONTINI u. W. TH. ELWERT, ebd.; B. PANVINI, La scuola poetica siciliana (1955) mit Texten; s. auch A. NITSCHKE, Fr. II., ein Ritter des hohen MA, HZ 194 (1962), auch in: Stupor mundi.

[8] H. M. SCHALLER, Die Kanzlei K. Fr. II., ihr Personal u. ihr Sprachstil, Arch. f. Dipl. 3 u. 4 (1957/58). Nachwir-

kung d. Staatsbriefe: H. WIERUSZOWSKI, Vom Imperium zum nationalen Königtum (1933).

[9] J. DÉER, Der Kaiserornat Fr. II. (1952); P. E. SCHRAMM, K. Friedrichs II. Herrschaftszeichen, Abh. Ak. Göttingen 3. F. 36 (1955), dazu A. BOECKLER, DA 13 (1957).

[10] E. u. O. SCHÖNBAUER, Die Imperiumspolitik K. Fr. II. in rechtsgesch. Beleuchtung, in: Festschr. K. G. Hugelmann (1959), auch in: Stupor mundi.

[11] G. DEHIO, Die Kunst Unteritaliens in d. Zeit K. Fr. II., HZ 95 (1905); H. v. GEYMÜLLER, Fr. II. v. Hohenstaufen u. die Anfänge der Architektur d. Renaissance in Italien (1908); A. HASELOFF, Die Bauten der Hohenstaufen in Unteritalien (2 Bde. 1920 u. Ergbde. von E. STHAMER 1912/26); L. BRUHNS, Hohenstaufenschlösser (1941); R. WAG-

NER-RIEGER, Die ital. Baukunst zu Beginn der Gotik (2 Bde. 1956/57).

[12] C. A. WILLEMSEN, K. Friedrichs II. Triumphtor zu Capua (1953), dazu W. HOLTZMANN, QFItA 36 (1956), S. 205 ff.; E. LANGLOTZ, Das Porträt Fr. II. vom Brückentor in Capua, in: Beiträge f. G. Swarzenski (1952).

[13] S. Bd. 4, Kap. 49, Anm. 8; K. H. CLASEN, Die got. Baukunst (Hdb. d. Kunstwiss. 1930); H. JANTZEN, Dt. Bildhauer d. 13. Jh. (1925); ders., Dt. Plastik d. 13. Jh. (1944); ders., Kunst d. Gotik (1957); H. FOCILLON, Art d'Occident, Le Moyen-Age roman et gothique (1938); vgl. auch W. SCHLESINGER, Meißner Dom u. Naumburger Westchor (1952).

[14] Vgl. Kap. 49; über Berthold v. Regensburg, David v. Augsburg, Mechthild v. Magdeburg usw. orientiert STAMMLERS Verfasserlexikon (1933 ff.).

Kapitel 16
Die Tatarengefahr
Entscheidungen an der europäischen Ostgrenze

Während Kaiser und Papst alle Kräfte für den Kampf um Italien anspannten, sah sich Deutschland und ganz Osteuropa zum erstenmal seit den Ungarnzügen von einer äußeren Gefahr bedroht, gegen die das entzweite Abendland wehrlos war. Die Mongolen Innerasiens[1] hatte um 1200 ein siegreicher Stammesführer Temudschin als »Dschingis-Khan« unter seiner Herrschaft geeint. Seine gewaltige, straff organisierte Macht stieß unaufhaltsam ostwärts gegen China, westwärts nach Persien und Rußland vor; er glaubte sich zur Weltherrschaft berufen. Nach seinem Tod (1227) setzten seine Nachkommen die Eroberungen fort, die Herrschaft teilend, aber einem von ihnen als Groß-Khan untergeordnet. Temudschins Enkel *Batu*, dem der Westen zufiel, drang seit 1237 durch Rußland fast bis Nowgorod vor. Ende 1240 unterwarf er Kiew und Halicz; dann teilte er sein Heer zum gleichzeitigen *Angriff auf Ungarn und Polen*, weit aufgefächert mit raschen Vorstößen des nördlichen Flügels durch Litauen, Preußen, Masowien, des südlichen durch Siebenbürgen, die sich dann mit der Hauptmacht gegen Schlesien und Ungarn konzentrierten.

Das plötzliche Auftauchen unerhört stoßkräftiger Reiter-horden, denen Flüchtlinge unheilverkündend vorauseilten, setzte das ganze Abendland in Schrecken. Zu spät rief Gregor IX. zum Kreuzzug auf gegen die *Tataren*, wie man die Mongo-len nach einem ihrer Stämme nannte, und bezichtigte den Kaiser des Einvernehmens mit ihnen[2]. Friedrich II. mahnte in tönen-den Manifesten alle Fürsten Europas zur Einigkeit, gab seinem Sohn Konrad IV. strategische Ratschläge und machte den Papst verantwortlich dafür, daß er selbst nicht helfen konnte. Die bedrohten Länder blieben auf sich angewiesen. Bela IV. von Ungarn, gegen den sich Batus Hauptstoß richtete, wollte sogar den Kaiser als Lehnsherrn anerkennen, wenn er ihm half. Aber nur Herzog Friedrich von Österreich stieß mit großen Kriegs-plänen und geringen Kräften zu ihm; auch er ließ ihn bald eigennützig im Stich. In Polen wurden Widerstandsversuche bei Sendomir und Krakau überrannt. Breslau wurde zerstört. Erst westlich der Oder rüstete der tüchtige Piastenherzog Heinrich II. von Niederschlesien zur Abwehr. Vornehmlich mit den Deutschen, die er und sein Vater in ihrem Land ange-siedelt hatten (Kap. 61), und mit Flüchtlingen aus Polen stellte er sich am 9. IV. 1241 auf der *Wahlstatt bei Liegnitz* zur Schlacht, in der er fiel und sein Heer aufgerieben wurde[3]. Die Sieger aber schwenkten nach einem Vorstoß in die Lausitz südostwärts nach Ungarn ab, wo zwei Tage nach der Wahlstattschlacht auch Bela IV. von Batu vernichtend geschlagen worden war. In der Donau-Theiß-Ebene wollten sich die Mongolen wie einst die Hunnen, Awaren und Magyaren einnisten; doch wurde Batu schon im nächsten Jahr durch den Tod des Groß-Khans und den Streit um seine Nachfolge zurückgerufen. In den Wolgasteppen nördlich des Kaukasus hat er sich später mit seiner »Goldenen Horde« festgesetzt und Rußland für Jahrhun-derte der Tatarenherrschaft unterworfen. Deutschland und das Abendland waren mit dem Schrecken davongekommen. In die verheerten Ostländer wurden seitdem um so mehr deutsche Aufbaukräfte berufen. Nur verlor Schlesien sein politisches Übergewicht in Polen, da nach dem Tod Herzog Heinrichs II. seine von der Spree und Warthe bis zur Hohen Tatra reichende Herrschaft unter vier Söhne zersplittert wurde.

Genau ein Jahr nach der Wahlstattschlacht fiel auch im baltischen Nordosten beim *ersten Kampf zwischen Deutschen und*

Russen eine Entscheidung, die im Zusammenhang mit dem Mongolensturm nachhaltig wirksam wurde. Noch hatte der Deutsche Orden (s. Kap. 62a) die Unterwerfung der Preußen erst begonnen; in Livland hatte er die schwere Erbschaft des 1236 geschlagenen Schwertbrüderordens angetreten; in Estland stieß er auf die Rivalität der Dänen, die seit 1219 dort Fuß gefaßt hatten. Zwischen ihnen und den Ordensrittern vermittelte der päpstliche Legat Wilhelm von Modena 1238 einen Frieden und suchte sie von ihrem Streit auf neue Ziele abzulenken. Um zugleich der römischen Mission den Weg ins orthodoxe Rußland zu öffnen, riet er zum gemeinsamen Vorstoß nach Nowgorod, dem weit ins Hinterland ausgreifenden Haupthandelsplatz Nordrußlands. Da zu Wilhelms Legationsbereich auch Finnland gehörte, veranlaßte er wohl Gregor IX. dazu, auch die Schweden und Finnen zum Kreuzzug gegen die Nowgoroder Russen aufzurufen. Als Rußland 1240 von den Mongolen überrannt wurde, blieb Nowgorod zwar davon verschont, sah sich aber von einem schwedisch-finnischen Heer bedroht, und zugleich stießen die Ordensritter mit dem Dorpater Bischof und einem Aufgebot aus Estland über Pleskau vor. Die Nowgoroder riefen den Sohn des Großfürsten von Susdal namens Alexander zu Hilfe. Am 15. VII. 1240 schlug er die Schweden und Finnen an der Newamündung zurück und verdiente sich damit den Ehrennamen »Newski«. Nachdem er Pleskau zurückgewonnen und das Bistum Dorpat verheert hatte, vernichtete er das kleine Ordensheer und seine estnisch-livisch-lettischen Bauerntruppen am 5. IV. 1242 in der *Schlacht auf dem Eise des Peipussees*. Dem weiteren Vordringen deutscher, überhaupt abendländischer Kräfte, auch der römischen Mission war damit für immer an der Narwa Halt geboten. Alexander Newski nutzte zwar seinen Sieg nicht zum Gegenstoß nach Livland; er mußte seine Herrschaft in Susdal sichern durch Anerkennung einer mongolischen Oberhoheit, zu Abgaben verpflichtet, sonst kaum beschränkt in seiner Macht und unbehelligt in seinem orthodoxen Christentum. Um so entschiedener konnte er sich der westlichen Versuche erwehren, das von den Mongolen nicht erreichte Nordrußland ins Wirkungsfeld des Ordensstaates und der römischen Kirche einzubeziehen. Von der Ostsee abgedrängt, ging Rußland seitdem seine eigenen Wege, nachhaltig geprägt von jahrhundertelanger Mongolenherrschaft, dem Westen feindselig-mißtrauisch abgewandt[4].

Andrerseits weitete sich im Abendland seit dem Tataren-

schreck der Blick auf Asiens vorher unbekannten Osten.
Innocenz IV. schickte Franziskaner und Dominikaner als
Missionare zur Bekehrung der Mongolen bis nach China. Ihre
Missionserfolge waren nicht von langer Dauer, aber ihre lehr-
reichen Reiseberichte wurden beliebt und bereicherten das
Wissen von der weiten Welt[5].

[1] P. Grousset, L'empire des steppes (1948); G. Vernadsky, The Mongols and Russia ([2]1959); B. Spuler, Die Mongolenzeit (Hdb. d. Orientalistik VI 1, [2]1953); ders., Die Goldene Horde. Die Mongolen in Rußland 1223–1502([2]1965); ders., Gesch. d. Mongolen nach östl. u. europ. Zeugnissen d. 13. u. 14. Jh. (1968).

[2] G. Soranzo, Il papato, l'Europa cristiana e i Tartari (1930); P. Pelliot, Les Mongols et la Papauté, Revue de l'Orient chrét. 23, 24 u. 28 (1922–1932); L. Pisanu, L'attività politica d'Innoc. IV e i Francescani (Pontificium Athenaeum Antonianum, Fac. s. theol. Theses 118, 1957); W. de Vries, Innocenz IV. u. der christl. Osten, Ostkirchl. Studien 12 (1963).

[3] G. Strakosch-Grassmann, Der Einfall d. Mongolen in Mitteleuropa 1241/42 (1893); H. T. Cheshire, The Great Invasion Tartare of Europe, Slavonic Rev. 5 (1927); J. Becker, Zum Mongoleneinfall von 1241, Zs. d. V. f. Gesch. Schlesiens 66 (1932); W. Trillmich, Der Tartareneinfall d. J. 1241 und s. Bedeutung für den dt. Osten, Jomsburg 5 (1941); L. Petry, 1241, Schlesien u. der Mongolensturm (1938); H. Aubin, Die Schlacht auf d. Wahlstatt bei Liegnitz (1941); K. Bechstein, Der Mongolensturm 1241, Verg. u. Gegenw. 31 (1941); B. Homàn, Gesch. d. ungar. MA 2 (1943), S. 105 ff.

[4] P. Rohrbach, Die Schlacht auf dem Eise, Preuß. Jbb. 70 (1892); P. v. d. Osten-Sacken, Der erste Kampf d. Dt. Ordens gegen die Russen, Mitt. aus d. Gebiete d. Gesch. Liv-, Est- u. Kurlands 20 (1910); der hier noch bezweifelte Zusammenhang zwischen dem schwed.-

finnischen u. dem dt.-dänischen Vorgehen wird wahrscheinlich durch das Wirken des Kardinallegaten, s. G. A. Donner, Kard. Wilhelm v. Sabina, B. v. Modena (Helsingfors 1929) und A. M. Ammann, Kirchenpolit. Wandlungen im Ostbaltikum bis z. Tode Alexander Newskis (Orientalia christiana analecta 105, Rom 1936); ders., Abriß d. ostslaw. KiG (1950); A. v. Taube, Die Schlacht auf dem Eise d. Peipus. Jomsburg 6 (1942).

[5] A. Mulders, Missionsgesch. (dt. 1960), S. 162 ff.: Die Gesandtschaften d. Franziskaner u. Dominikaner zu d. mongol. Herrschern; J. Richard, Les missions chez les Mongols, in: G. Delacroix, Hist. univ. des Missions Cathol. 1 (1956), S. 173 ff.; Ch. Dawson, The Mongol Mission (1955); L. Lemmens, Die Heidenmission d. SpätMA, Franziskan. Stud. 5 (1919); B. Altaner, Die Dominikanermissionen d. 13. Jh. (1924), S. 116 ff.: Die Mission bei d. Tataren. Franziskanische Reiseberichte, hg. v. A. van den Wyngaert, Sinica Franciscana 1: Itinera et relationes Fr. Min. saec. XIII et XIV (Quaracchi 1929), dazu C. de Bridia, Hystoria Tartarorum (1247), ed. A. Önnefors (Kl. Texte 186, 1967); Übersetzungen: F. Risch, Joh. de Plano Carpini OFM (1930); H. Herbst, Der Bericht d. Franziskaners W. v. Rubruk über s. Reise in d. Innere Asiens 1253–1255 (1925); G. de Ruysbroek (Wilhelm v. Rubruk), Reise zu den Mongolen 1253–1255, übers. u. erl. v. F. Risch (1934), dazu Chr. Schollmeyer, Die missionar. Sendung des Fraters Wilh. v. Rubruk, Ostkirchl. Studien 4 (1955).

Kapitel 17
Deutschland während des Endkampfes Friedrichs II.

Die Bemühungen Gregors IX., die Reichsfürsten dem abermals
gebannten Kaiser abspenstig zu machen, waren zunächst fast so
erfolglos wie zehn Jahre früher. Sein übereifriger Agent, der
Passauer Archidiakon Albert Behaim[1], nutzte und schürte zwar
die Opposition des Bayernherzogs und des Böhmenkönigs
gegen die Österreichpolitik Friedrichs II. Sie verbündeten sich
mit dem früher bekämpften Babenberger (7. III. 1238) und
planten die *Wahl eines Gegenkönigs*. Doch keiner ihrer in- und
ausländischen Kandidaten ließ sich darauf ein. Auch andere
Reichsfürsten waren nicht für den Plan zu gewinnen. Sie protestierten sogar dagegen, daß der Papst den Kaiser absetzen
könne, und verwandten sich auf dessen Wunsch für ihn an der
Kurie (Frühjahr 1240, Const. 2 n. 225/32). Das blieb ohne
Erfolg. Doch die Mission Albert Behaims scheiterte, obgleich
er mit Bannflüchen um sich warf, sogar gegen den Mainzer
Erzbischof und Reichsgubernator. Am heftigsten widerstrebten
ihm die bayrischen Bischöfe. Auch die Reichsstädte blieben
kaisertreu; gerade 1242 bezeugt eine Steuerliste ihre beträchtliche Zahlkraft[2]. Als Friedrich von Österreich seinen Frieden
mit dem Kaiser machte, um seine Herzogtümer wiederzube-
kommen, als Böhmen und Ungarn in der Bedrängnis durch die
Mongolen auf Reichshilfe hofften, lenkte auch Herzog Otto
von Bayern ein, verlobte seine Tochter mit Konrad IV. und
wurde seitdem einer der treuesten Stauferanhänger.

Der Umschwung ging vom Kölner Erzbischof Konrad von
Hochstaden[3] aus. Da seine Widersacher, die Stadt Köln und
seine fürstlichen Nachbarn, von Konrad IV. begünstigt wurden, gewann er im September 1241 den Mainzer Erzbischof
Siegfried III. von Eppenstein[4] zu einem Bündnis, dem sich
bald auch Trier anschloß. Gemeinsam griffen sie das Reichsgut
in der Wetterau an[5], verkündeten nun erst den Bann über
Friedrich II. und gingen zum Papst nach Lyon. Blieben sie
auch nicht zum Konzil, das den Kaiser absetzte, so konnte
Innocenz IV. doch mit ihnen als Vollstreckern dieses Urteils
rechnen. Sie bekamen Vollmacht, ihren Klerus für den Kampf
gegen den Staufer zu besteuern, wogegen sich freilich manche
ihrer Suffragane auflehnten. Unter Mitwirkung eines päpstlichen
Legaten, von der Kurie finanziert, wählten die drei Erzbischöfe
mit wenigen Bischöfen, ohne jeden Laienfürsten, am 22. V.

1246 in Veitshöchheim bei Würzburg den Thüringer Landgrafen *Heinrich Raspe* zum König[6], den frommen, aber chr-
geizigen Schwager der hl. Elisabeth, den der Kaiser 1242 an
Stelle des abtrünnigen Mainzer Erzbischofs zum Reichsgubernator bestellt hatte. Als er nach Frankfurt zog, trat ihm
Konrad IV. entgegen, wurde aber geschlagen, da die schwäbischen Grafen zum Gegenkönig übergingen, der das Herzogtum
Schwaben den Staufern absprach. Doch nach vergeblicher
Belagerung Ulms ist der »Pfaffenkönig« schon neun Monate
nach seiner Wahl, ohne gekrönt zu sein, am 16. II. 1247 auf der
Wartburg gestorben. Darauf unterließ Friedrich II. den geplanten Zug nach Deutschland, obgleich es zum Hauptfeld der
päpstlichen Agitation gegen ihn wurde. Sie arbeitete bedenkenlos mit allen Mitteln[7]: Kreuzzugspredigt gegen den »schismati-
schen und häretischen« Kaiser und seinen Anhang, wirksame
Propaganda durch die Bettelorden und andere Mönche, Absetzung ungehorsamer Bischöfe und Kleriker unter Aufhebung
des freien Wahlrechts der Kapitel und Konvente, Belohnung
der Fügsamen durch Pfründenhäufung, Ehedispense für den
Laienadel im Interesse seiner Territorienbildung, Verlockung
durch Vorteile aller Art. Während der Episkopat unter diesem
Druck fast ganz dem Kaiser abspenstig gemacht wurde, blieben
die meisten Laienfürsten noch gleichgültig abwartend, nur auf
eigenen Gewinn bedacht, die Reichsstädte zumeist staufisch.
Es fehlte auch nicht an erregten Gegenstimmen. Sektierer in
Schwäbisch Hall erhofften von den Staufern die Reinigung der
simonistischen Kirche; ein Dominikaner Arnold schleuderte
apokalyptische Flugschriften gegen den »Antichrist« Innocenz
IV.[8] Dessen Autorität war damit nicht zu erschüttern, und er
hatte wirksame Vorteile zu bieten.

Trotzdem war in Deutschland nicht leicht ein neuer Gegen-
könig zu finden. Man dachte schon damals an Richard von
Cornwall, den Bruder des englischen Königs, oder an König
Hakon IV. von Norwegen. Von Reichsfürsten war nur Herzog
Heinrich II. von Brabant im Spiel. Er ließ aber lieber seinen
Neffen wählen, den 19jährigen Grafen *Wilhelm von Holland*,
einen ritterlich-tapferen Krieger ohne viel eigene Macht. An
seiner Wahl am 3. X. 1247 in Worringen (bei Köln, das die
Tore schloß) waren außer Brabant nur niederrheinisch-west-
fälische Kirchenfürsten beteiligt. Auf ihre Hilfe und päpstliches
Geld war der neue »Pfaffenkönig« zunächst angewiesen.
Aachen mußte erst ein halbes Jahr belagert werden, ehe Wil-

helm sich dort am 1. XI. 1248 krönen lassen konnte. Mühsam Schritt für Schritt faßte er rheinaufwärts Fuß, gewann Köln durch große Zugeständnisse an die Bürgerschaft, mußte aber vor Frankfurt umkehren. Zu einer Entscheidung war es noch nicht gekommen, als Friedrich II. starb. Sein Tod änderte die Lage in Deutschland nur dadurch, daß Konrad IV. sofort beschloß, den Kampf um sein Erbe in Italien aufzunehmen. Der zumal in den Städten noch immer beträchtliche Stauferanhang blieb sich selbst überlassen. Herzog Otto von Bayern, den sein Schwiegersohn Konrad IV. zu seinem Stellvertreter ernannte, starb 1253; sein ältester Sohn, Ludwig II. der Strenge, konnte dem erst nach Konrads Aufbruch geborenen Konradin nicht einmal sein schwäbisches Herzogtum erhalten, das zur Beute aufstrebender Territorialgewalten wurde.

[1] Das fragmentarisch erhaltene Brief- u. Memorialbuch des Passauer Domdekans Albert Behaim (die älteste Papier-Handschr. Dtlds.) ist für diese Zeit die wichtigste Quelle; hg. v. C. Höfler, Bibl. d. Lit. Vereins Stuttgart 16 (1847), MGH-Ausgabe bereitet P. Herde vor; vgl. Hauck [5]4, S. 829 ff.; G. Leidinger, SB München 1915, H. 9, S. 56 ff. und P. Uiblein, AÖG 121 (1956), S. 93 ff. über histor. Aufzeichnungen Alberts; J. Oswald, NDB 2 (1955), S. 1.

[2] Das von J. Schwalm, NA 23 (1897) entdeckte Steuerverzeichnis westdt.-staufischer Reichsstädte in Const. 3, S. 1 ff., dazu B. Hilliger, HV 28 (1934), abweichend G. Kirchner, ZRG GA 70 (1953).

[3] Über Eb. Konrad v. Hochstaden (1238–1261), den ein Kölner Bischofskatalog »vir furiosus et bellicosus« nennt, s. H. Cardauns, K. v. H. (1880); E. Wisplinghoff in: Rheinische Lebensbilder 2 (1966); M. Kettering in: Der Kölner Dom (Festschr. 1948); ders., Die Territorialpolitik d. Kölner Eb. K. v. H., Jb. d. Kölner GV 25 (1951).

[4] Über Eb. Siegfried v. Eppenstein (1230–49), dessen Mainzer Grabstein neben ihm in halber Größe die beiden von ihm erhobenen Gegenkönige darstellt, s. G. W. Sante, in: Nassauische Lebensbilder 1 (1940).

[5] K. H. May, Die Eroberung d. Reichsstadt Wiesbaden 1242, Nass. Ann. 78 (1967).

[6] R. Malsch, Heinrich Raspe (1911); E. Caemmerer, Zur Charakteristik H. R.s, Bll. f. dt. Ldsgesch. 89 (1952); O. Dobenecker, Regesta Thuringiae 3 (1925); über seinen Kanzler Burkhart Gf. v. Ziegenhain, später Eb. v. Salzburg, s. E.-G. Franz, Bll. f. dt. Ldsgesch. 96 (1960).

[7] Zu den Maßnahmen Innocenz' IV. in Dtld. s. M. Stimming, K. Fr. II. und der Abfall d. dt. Fürsten, HZ 120 (1919); P. Aldinger, Die Neubesetzung d. dt. Bistümer unter P. Innoc. IV. (1901); A. Diegel, Der päpstl. Einfluß auf d. Bischofswahlen in Dtld. während d. 13. Jh. (Diss. Berlin 1932); H. Kroppmann, Ehedispensübung u. Stauferkampf unter Innoc. IV. (1937), dazu F. Baethgen, ZRG KA 28 (1939), S. 511 ff. Vgl. jetzt K. Ganzer, Papsttum u. Bistumsbesetzungen in d. Zeit von Gregor IX. bis Bonifaz VIII. (1968).

[8] D. Völter, Die Sekte von Schwäb. Hall, ZKiG 4 (1880); G. Bossert, Württ. Vjh. 5 (1882). Fr. Arnoldi O.Pr. Epistola de correctione ecclesiae, ed. E. Winkelmann (1865); Hauck, KiG Dtlds. [5]4, S. 856 ff.

Kapitel 18
Das Königtum Wilhelms von Holland und der
Rheinische Bund

Bald nach dem Abzug seines staufischen Gegners konnte
Wilhelm von Holland, der zu Ostern 1251 beim Papst in Lyon
war, die norddeutschen Fürsten und Städte auf seine Seite
ziehen. Er heiratete eine Tochter Herzog Ottos von Braunschweig, und die mit diesem verschwägerten Askanier in
Sachsen und Brandenburg vollzogen am 25. III. 1252 in
Braunschweig eine Nachwahl Wilhelms, wie es Lübeck, Goslar
und andere sächsische Städte zur Bedingung für seine Anerkennung machten gemäß der Königswahllehre des Sachsenspiegels,
der sie damit Geltung verschafften[1]. Die durch den neuen
Laienanhang wachsende Selbständigkeit des Königs brachte
ihn allerdings mit seinen rheinisch-kirchlichen Wählern in
Konflikt, mit Mainz wegen der thüringischen Erbschaft Heinrich Raspes, mit Köln wegen des Streits um Flandern. Der
Kölner Erzbischof Konrad von Hochstaden wurde sogar eines
Attentats auf König Wilhelm bezichtigt, und im Frühjahr 1255
verhandelte er mit dem jungen Ottokar von Böhmen über
dessen Königswahl, wenn sich Wilhelm von Holland zum
Rücktritt bewegen oder absetzen ließe[2]. Doch scheiterten diese
Pläne, weil der Papst an Wilhelm festhielt und ihm die Kaiser-
krönung in Aussicht stellte.

Inzwischen hatte sich Wilhelms Stellung im Reich wesentlich
gefestigt, da auch die stauffertreuen Reichsstädte ihn nach dem
Tod Konrads IV. als rechtmäßigen König anerkannten. Von
ihnen ging damals die hoffnungsvollste Initiative zu einer staatlichen Neuordnung aus. Ungeachtet früherer Verbote von
Städtebünden wurden jetzt allenthalben vom Oberrhein bis
nach Westfalen neue Einungen geschlossen zur Selbsthilfe
gegen Fried- und Rechtlosigkeit und gegen die Übergriffe der
Territorialherren. Die stärkste Wirkung hatte ein »ewiges
Bündnis« zwischen Mainz und Worms (Febr. 1254), dem bald
Oppenheim und Bingen beitraten. Es wurde der Keim zu
einem großen *Rheinischen Bund*, der sich am 13. VII. 1254 auf
10 Jahre zusammenschloß, nicht nur um städtische Interessen
vor allem gegen die Zollwillkür der Herren zu verfechten,
sondern um den allgemeinen Landfrieden zu wahren, den
Reichsfrieden Friedrichs II. in kaiserloser Zeit aufrechtzuer-
halten. Während sich der Bund rasch rheinauf und -ab bis Basel

und Köln erweiterte, mit einem westfälischen Städtebund vereinte und nach zwei Jahren schon über 70 Städte zwischen Aachen, Lübeck, Regensburg, Zürich umfaßte, sahen sich auch geistliche und weltliche Fürsten zum Anschluß genötigt, um nicht als Friedensfeinde zu gelten, sogar die rheinischen Erzbischöfe und der Pfalzgraf, mehrere Bischöfe, viele Grafen und Herren. Sie verpflichteten sich zur Aufhebung rechtloser Zölle, bekamen dafür von den Städten den Verzicht auf Pfahlbürger zugestanden und organisierten mit ihnen die Selbsthilfe gegen Friedbrecher. Seit der Gottesfriedensbewegung und nach ihrem Vorbild war es der erste große Versuch, durch spontane Einung Ordnung und Frieden zu schaffen, Besitz und Verkehr zu sichern, allen Ständen ihr Recht gegen Gewalttat zu wahren. Auf diesem Wege konnte auch die Reichsgewalt wieder festen Boden gewinnen. Auf einem Wormser Reichstag im Februar 1255 erkannte König Wilhelm den Bund von Reichs wegen an (Const. 2 n. 371). Nur bedang er sich aus, daß gegen Friedbrecher nicht ohne Wissen und Willen des Königs oder des von ihm wieder eingesetzten Reichshofrichters vorzugehen sei, und er selbst wurde zum Schiedsrichter bei Uneinigkeit zwischen den Herren und Städten des Bundes. So bekam er ein Instrument zur Rechtswahrung in die Hand, das der Auflösung des Reiches in Territorialgewalten entgegenwirken konnte. Die Möglichkeit einer Reichsreform von unten her, alle Stände umfassend, bahnte sich an, und der junge König ergriff zielbewußt die Führung.

Während er in die Reichspolitik hineinwuchs und schon an den Romzug denken konnte, blieb er jedoch immer in die Territorialpolitik seiner Grafschaft und des Rheinmündungsgebiets verstrickt, die freilich vom Reichsinteresse schwer zu trennen war. Vor allem beim *Erbstreit um Flandern-Hennegau* stand zugleich dessen Reichszugehörigkeit und Wilhelms eigener Lehnsbesitz in Seeland auf dem Spiel. Um das Erbe der Gräfin Margarete von Flandern, der Tochter des 1205 verschollenen Kaisers Balduin von Konstantinopel, stritten seit 1244 ihre Söhne[3]; Johann von Avesnes aus der ersten, vom Papst für illegitim erklärten Ehe wurde durch einen Schiedsspruch des französischen Königs 1246 aufs Hennegau beschränkt, von seinem Schwager Wilhelm von Holland aber 1252 auch mit Reichsflandern belehnt. Dagegen suchte Margarete zugunsten ihrer Söhne aus zweiter Ehe mit Wilhelm von Dampierre Anlehnung an Frankreich; sie schenkte 1253 die

Grafschaft Hennegau dem Bruder des französischen Königs, Karl von Anjou, seit 1246 Graf der Provence. Mit ihm ver̄bündete sich Erzbischof Konrad von Köln, während ihm König Wilhelm im Hennegau entgegentrat, aber nach unentschiedenem Kampf einen Waffenstillstand schließen mußte (26. VII. 1254). Ehe er den Kampf wiederaufnahm, wandte er sich *gegen die Friesen*, die sich der holländischen Grafengewalt nie fügen wollten[4]. Doch auf einem Winterfeldzug trug das Eis nicht; zu Pferde kämpfend, brach der König in den Sumpf ein und wurde unerkannt erschlagen (28. I. 1256 bei Alkmaar), noch nicht 28 Jahre alt. Sein Tod war für das Reich auch deshalb verhängnisvoll, weil der französische Einfluß seitdem ungehemmt bis zur Rheinmündung, zeitweise bis nach Friesland vordrang. Nur den verkleinerten Hennegau behielt Johann von Avesnes, während Karl von Anjou, nach einem neuen Schiedsspruch seines Bruders Ludwig IX. mit hoher Entschädigung abgefunden, sich bald größeren Zielen in Süditalien zuwandte.

Dort war Wilhelms staufischer Rivale *Konrad IV.* schon zwei Jahre vor ihm gestorben. Ende 1252 hatte er auf venetianischen Schiffen Apulien erreicht und die Regierung Siziliens von seinem Halbbruder Manfred übernommen. Vergeblich bat er Innocenz IV. um Anerkennung und Belehnung. Trotz des Banns setzte er sich erfolgreich gegen die stauferfeindlichen Städte und Barone Süditaliens durch und rüstete schon zum bewaffneten Eingreifen in Norditalien, als er nach kurzer Krankheit am 21. V. 1254 mit 26 Jahren in Lavello starb[5]. Für seinen erst zweijährigen gleichnamigen Sohn, den die Italiener verkleinernd »Corradino« nannten, übernahm Manfred die Regentschaft.

O. Hintze, Das Königtum Wilhelms v. Holland (1885); W. Reese, Die Niederlande u. das Reich 1 (1941), S. 268 ff.; K. E. Demandt, Der Endkampf des stauf. Kaiserhauses im Rhein-Main-Gebiet, Hess. Jb. f. Ldsgesch. 7 (1957); A. Gerlich, Rheinische Kurfürsten u. dt. Königtum im Interregnum, Geschichtl. Ldskunde Mainz 3 (1967). – Zum Rheinischen Bund ältere Lit. (bes. J. Weizsäcker 1879) bei E. Bielfeldt, Der Rhein. Bund von 1254, ein erster Versuch einer Reichsreform (1937); L. v. Winterfeld, Westfalen in d. großen Rhein. Bund, Westfäl. Zs. 93 (1937); E. Ziehen, Rhein u. Reich im »Zeitalter des Rhein. Bundes«, ZGORh 92 NF 53 (1940).

[1] Zur rechtl. Bedeutung der Nachwahl von 1252 (s. den Bericht des dabei anwesenden Legaten, Const. 2 n. 459) und des von K. Zeumer, NA 30 (1905), S. 405 ff. entdeckten ›Braunschweiger Weistums‹ über die Königswahl, die dem einmütig Gewählten kaiserliche Gewalt gebe, s. H. Mitteis, Die dt. Königswahl (²1944), S. 186, wie Zeumer gegen die Deutung als antipäpstl. Kundgebung

bei H. Bloch, Stauf. Kaiserwahlen (1911), S. 228 ff. und bei W. Neumann, Die dt. Königswahlen u. der päpstl. Machtanspruch während d. Interregnums (1921).

[2] Über den Plan, Wilhelm v. Holland, der über ein Jahr lang von Kämpfen um Seeland u. Reichsflandern in Anspruch genommen wurde, nach dem Tod Konrads IV. durch Ottokar v. Böhmen zu ersetzen, s. P. Scheffer-Boichorst, MIÖG 6 (1885), auch in: Zur Gesch. d. 12. u. 13. Jh. (1897), mit Kritik an Hintze, Wilh. v. H., S. 142 ff.; vgl. H. Grauert, GGA 1894, S. 617 ff.

[3] Zum langwierigen, folgenreichen Erbstreit um Flandern-Hennegau s. Ch. Duvivier, Les influences franç. et germ. en Belgique au 13ᵉ siècle: La querelle des d'Avesnes et des Dampierre (2 Bde. 1894); W. Reese, Die Niederlande u. d. Reich 1, S. 279 ff.; W. Kienast, Die dt. Fürsten im Dienste d. Westmächte II 1

(1931), S. 124 ff.; ders., Dtld. u. Frankr. in d. Kaiserzeit (1943), S. 194 ff.; H. v. Wervecke in: Algemene Geschiedenis der Nederlanden 2 (1950), S. 306 ff.; H. S. Lucas im Speculum 25 (1948), S. 81 ff.; über K. Balduin: R. L. Wolff, ebd. 27 (1952).

[4] Über den Freiheitswillen der Friesen gegenüber den Grafen von Holland (ähnlich dem der Stedinger gegen Bremen, s. o. Kap. 12) vgl. M. Klinkenborg, Ansicht der fries. Gesch. im MA, HZ 102 (1909); über ihr späteres Verhalten zum Reich s. F. Kern, Frankreich u. die Friesen, MIÖG 31 (1910), S. 76 ff.; F. Bock, Friesland u. d. Reich, Emdener Jb. 33 (1953).

[5] G. Zeller, Kg. Konrad IV. in Italien 1252/54 (Diss. Straßburg 1907). H. Hartmann, Die Urkunden Konrads IV., AUF 18 (1944), wichtig auch für Konrads Regierung in Dtld.

Kapitel 19
Das »Interregnum« und die europäischen Mächte

Zwischen dem letzten Staufenkaiser und dem ersten Habsburgerkönig liegt der Tiefpunkt einer langen Krise, nicht eine katastrophale Epochenwende. Die dafür übliche Bezeichnung »Interregnum« ist mißverständlich. Die »kaiserlose« Zeit, wie sie Schiller nannte, dauert seit dem Tod oder schon seit der Absetzung Friedrichs II.[1] bis 1312 und setzt sich nach der Episode Heinrichs VII. und dem von der Kirche nie anerkannten Kaisertum Ludwigs des Bayern bis 1355 fort. Das deutsche Königtum dagegen war nie lange vakant; es war seit 1246 zwiespältig (außer 1254/56) bis 1273 wie schon 1198–1218 und wieder 1314–1330. Wurden 1257 zwei »Ausländer« zu deutschen Königen gewählt, so war doch Richard von Cornwall ein Vetter Ottos IV. und Schwager Friedrichs II. (die beide auch von außen ins Reich kamen), Alfons von Kastilien ein Enkel Philipps von Schwaben. Daß der eine nur zeitweise, der andere nie nach Deutschland kam, war seit den letzten Staufern nichts Ungewohntes. Den Reichsfürsten war es längst recht, wenn ihr König, dessen Wahl sie 1257 endgültig den seit 1198 hervortretenden Kurfürsten allein überließen, möglichst fern blieb und sie in ihrer Territorialpolitik nicht störte. Als Sprungbrett zum Kaisertum, wie schon für Otto IV. und Friedrich II., blieb das ausgehöhlte deutsche Königtum ein noch immer begehrenswertes, käufliches Objekt in den weit ausgreifenden Plänen außerdeutscher Fürsten, die um die den Staufern entgleitenden Machtpositionen rivalisierten. Vornehmlich um Italiens willen wurde Deutschland um so stärker in das Kräftespiel der europäischen Politik verstrickt, je weniger es selbst nach außen wirkte.

Noch ehe Friedrich II. starb, hatte Innocenz IV. das päpstliche Lehnsreich Sizilien dem Grafen *Richard von Cornwall*, dem Bruder König Heinrichs III. von England, angeboten (geb. 1209), der als einer der reichsten Fürsten Europas galt. Er lehnte das Angebot ab, auch als es 1252 nach der Ankunft Konrads IV. in Italien wiederholt wurde. Auch Karl von Anjou ging damals noch nicht darauf ein. Schließlich ließ der englische König seinen neunjährigen Sohn Edmund mit Sizilien belehnen (März 1254) und versprach der Kurie Geld und Truppen zum Kampf gegen die Staufer. Er stieß jedoch auf Widerstand im eignen Land gegen das kostspielige Unternehmen, mit dem er zugleich Frankreich überflügeln wollte. Nach neun Jahren löste die Kurie, vom Staufer Manfred immer gefährlicher bedrängt, den nicht erfüllten Lehnsvertrag und rief statt dessen, da der französische König Ludwig IX. für seine Söhne verzichtete, dessen Bruder Karl von Anjou nach Sizilien. Inzwischen wurde Richard von Cornwall zum deutschen König gewählt, 1261 auch zum Senator der Römer: Über Deutschland statt über Sizilien strebten die Plantagenets nach Italien zum Kaisertum[2].

Andererseits mußte *Karl von Anjou* (geb. 1220) bei seiner Belehnung mit Sizilien 1265 dem Papst zwar versprechen, niemals nach der deutschen Krone und dem Kaisertum zu greifen. Doch ließ auch er sich schon 1263 zum Senator der Römer auf Lebenszeit wählen und von Clemens IV. zum Reichsvikar für Toskana ernennen. Zugleich rüstete er zum Angriff gegen Kaiser Michael VIII. Paläologus, der 1261 von Nikäa aus Konstantinopel zurückgewonnen und das »lateinische Kaisertum« vertrieben hatte; dessen Erbschaft wollte der Anjou antreten. Sein Bündnis mit König Stephan V. von Ungarn (1269) mit zweifacher Eheverbindung ihrer Kinder bereitete überdies die künftige Anjouherrschaft in Ungarn vor. Und 1272 empfahl er der Kurie seinen Neffen Philipp III. von Frankreich für den deutschen Thron. Über Süditalien, vom Mittelmeer aus, strebte der Anjouzweig der Kapetinger zur europäischen Vorherrschaft[3].

Die Anjoumacht wurde noch vor dem Tod Karls I. (1285) schwer erschüttert durch die nationale Erhebung der »Sizilischen Vesper« (30. III. 1282), die den König *Peter III. von Aragon* zum Herrn der Insel machte. Durch seine Ehe mit Manfreds Tochter Konstanze und durch sein Bündnis mit dem byzantinischen Kaiser Michael Paläologus wurde er in die Machtkämpfe um Süditalien hineingezogen. Ohne eigene Kaiserpläne zu verfolgen, wurden die Aragonesen in Sizilien neben den Anjous in Neapel die Erben der Staufer[4].

Weiter zielte der Ehrgeiz des anderen spanischen Königs *Alfons' X. von Kastilien* (geb. 1221). Sein Vater Ferdinand III. (1217–1252) war mit einer Tochter Philipps von Schwaben vermählt; er hatte Kastilien wieder mit Leon vereint und im Kampf gegen die Mauren weit nach Südspanien bis Córdoba und Sevilla ausgegriffen, zuletzt auch einen Kreuzzug nach Nordafrika geplant. Der hochfliegend-unstete Geist seines Sohnes, wegen seiner gelehrten Neigungen »el Sabio« (der Weise) genannt, träumte vom Kaisertum als Staufererbe. Schon 1255 beanspruchte er mit päpstlicher Unterstützung das Herzogtum Schwaben als mütterliches Erbteil. Im März 1256, bald nach dem Tod Wilhelms von Holland, ließ er sich von den ghibellinischen Pisanern »im Namen des ganzen Reiches« zum römischen König und Kaiser wählen (Const. 2 n. 392/5). Marseille, das wie Pisa schon vorher seine Handelsinteressen mit Alfons' Mittelmeer- und Kreuzzugsplänen verbunden hatte und sich der provençalischen Anjou-Herrschaft entziehen wollte, schloß sich der »Wahl« an, die Alfons nun erst mit französischer Unterstützung auch bei den Kurfürsten betrieb. Auch dabei ging er auf Italien aus, wo er immer wieder einzugreifen plante; er warb Truppen und Anhänger in der Lombardei, kam aber selbst nie dorthin, geschweige denn nach Deutschland. Sogar im eigenen Land konnte er der inneren Widerstände nicht Herr werden und mußte schon zwei Jahre vor seinem Tod (1284) seinem aufsässigen Sohn Sancho IV. weichen[5].

Mit solchen westeuropäischen Machtzielen konnte unter den Reichsfürsten nur der reiche *Böhmenkönig Ottokar II. Přemysl* (geb. ca. 1230) wetteifern. Auch er war durch seine Mutter ein Enkel Philipps von Schwaben. Der böhmische Stauferanhang empörte sich denn auch 1248 zugunsten des Thronfolgers Ottokar gegen seinen unentschlossen schwankenden Vater Wenzel I., als er sich ins päpstliche Lager ziehen ließ. Doch hielt sich Wenzel mit päpstlicher Hilfe, die auch Ottokar als Mitregent bald in Anspruch nahm. Denn nach dem Tod Friedrichs II. stand Österreich mit der Steiermark dem böhmischen Zugriff offen. Ende 1251 rückte Ottokar ein. Um seine Herrschaft zu legitimieren, heiratete er die weit ältere Babenbergerin Margarete, die Witwe König Heinrichs (VII.)[6]. Für diese Ehe brauchte er päpstlichen Dispens und erhielt ihn, nachdem er dem Papst treuen Beistand gelobt hatte sowie Anerkennung Wilhelms von Holland als deutscher König, »solange er in der Gnade und Ergebenheit der Kirche bleibt«. Schon 1254/55 schien ihm selbst die deutsche Krone zu winken (Kap. 18), doch diesen Plan des Kölner Erzbischofs durchkreuzte die Kurie, und Ottokar zielte zunächst in andere Richtung. Er unternahm zwei Kreuzfahrten ins Preußenland zur Unterstützung der Ordensritter, bedang sich sogar aus, daß ihm das zu erobernde Heidenland außerhalb Preußens in Litauen gehören und ein Erzbistum für Bischof Bruno von Olmütz dort errichtet werden sollte. Erreicht wurde dabei nichts, doch die Wege der künftigen Politik Böhmens bis zur Ostsee hin waren hier schon vorgezeichnet. Greifbare Ziele boten sich im Südosten. Die Steiermark, die Ottokar 1253 dem Ungarnkönig Bela IV. überlassen mußte, gewann er 1261 durch einen Sieg auf dem Marchfeld für sich, ebenso Kärnten und Krain nach dem Aussterben der Sponheimer 1269; Ungarn selbst, das ihn deshalb wieder bekriegte, sah sich bald von ihm bedroht; Gregor X. mußte seine Hand über dessen unmündigen König Ladislaus IV. halten und Ottokar warnen: der sei ein Schwiegersohn Karls von Anjou! Nicht die Přemysliden, sondern die Anjous gewannen nach dem Aussterben der Arpaden (1301) die ungarische Krone. Aber von der Adria bis zur Ostsee spannte sich der Machtwille des »goldenen Königs« Ottokar II., und schließlich griff auch er wie andere europäische Mächte nach der Reichskrone[7].

<hr />

[1] Das Stichjahr für die Rückforderung entfremdeten Reichsgutes durch Rudolf v. Habsburg ist 1245 (s. Kap. 21). Da setzt auch die einzige ausführliche Darstellung ein: J. KEMPF, Gesch. d. dt. Reiches während des großen Interregnums (1893), dazu H. GRAUERT, GGA 1894, S. 613 ff.

[2] Über die englische Politik in Italien u. Dtld.: F. TRAUTZ, Die Könige v. England u. d. Reich (1961), S. 109 ff.; A. WACHTEL, Die sizil. Thronkandidatur d. Prinzen Edmund v. England, DA 4 (1941); N. DENHOLM-YOUNG, Richard of Cornwall (1947); H. MARC-BONNET, R. de Cornouailles et la couronne de

Sicile, in: Mélanges d'hist. du MA à L. Halphen (1951); F. R. Lewis, The Election of R. of Cornw. as Senator of Rome, EHR 52 (1937). Über die röm. Senatorenwahlen dieser Zeit auch P. Schmitthenner, Die Ansprüche d. Adels u. Volkes der Stadt Rom auf Vergebung der Kaiserkrone während des Interregnums (1923); F. Bock, Le trattative per la senatoria di Roma e Carlo d'Angiò, Arch. d. Soc. Rom. di storia patria 78 (1955).

[3] Über Karl I. v. Anjou: E. Jordan, Les origines de la domination angevine en Italie (1909); G. M. Monti, Da Carlo I a Roberto di Angiò (1936); É. G. Léonard, Les Angevins de Naples (1954). I registri della cancellaria angioina ricostr. da R. Filangieri (bisher 21 Bde. 1950–1967). R. Trifone, La legislazione angioina (1921). Über Karls Balkanpolitik: E. Dade, Versuche zur Wiedererrichtung d. lat. Herrschaft in Konstantinopel im Rahmen d. abendländ. Politik 1261–1310 (Diss. Jena 1937); S. Borsari, La politica bizantina di Carlo I d'Angiò, Arch. stor. per le prov. napol. 74 (1955); L. Boehm, De Karlingis imperator Karolus, princeps et monarcha totius Europae. Zur Orientpolitik Karls I. v. Anjou, HJb 88 (1968) unter »weltgesch. Perspektiven«.

[4] Die Erhebung Siziliens gegen Karl v. Anjou, ihre universalhist. Zusammenhänge u. Wirkungen behandelt St. Runciman, The Sicilian Vespers. A Hist. of the Mediterranean World in the later 13th Cent. (1958, Tb. 1960, dt. 1959); dazu H. M. Schaller, DA 16, S. 277 ff., H. Wieruszowski, Speculum 34, S. 323 ff., A. Nitschke, HZ 188, S. 688, E. Werner, DLZ 80, S. 520 ff. Grundlegend war A. Amari, La Guerra del Vespro Siciliano (3 Bde. 9 1886), ferner O. Cartelieri, Peter v. Aragon u. die sizilian. Vesper (1904); F. Kern, MIÖG 30 (1909), S. 352 ff. u. 412 ff.; G. La Mantia, Studi sulla rivoluzione Siciliana del 1282, Arch. stor. per la Sicilia 6 (1939); H. Wieruszowski, La corte di Pietro d'Aragona e i precedenti dell'impresa siciliana, Arch. stor. Ital. 96 (1938);

dies., Polit. Verschwörungen u. Bündnisse Kg. Peters v. Aragon gegen Karl v. Anjou am Vorabend d. Sicilian. Vesper, QFItA 37 (1957, span. in Bolet. de la Acad. de Hist. 107, Madrid 1935); A. Nitschke, Karl v. Anjou u. Peter v. Aragon, in: Festschr. P. E. Schramm, Bd. 1 (1964); ders., QFItA 45 (1965); E. Dupré-Theseider, Alcuni aspetti della questione del »Vespro«, Annuario dell'Università degli Studi di Messina 1946/47 (1954); P. Herde, Die Legation d. Kard.-B. Gerhard v. Sabina während d. Krieges der Sizil. Vesper u. die Synode von Melfi, Riv. di storia della chiesa in Italia 21 (1967). – Über die langwierigen Auseinandersetzungen zwischen Aragon–Sizilien u. Anjou-Neapel s. H. E. Rohde, Der Kampf um Sizilien 1291 bis 1302 (1913) mit Ergänzungen durch H. Finke, HZ 134 (1926) u. RQs 39 (1931); s. u. Kap. 35, Anm. 3.

[5] Außer der älteren Lit. über Alfons v. Kastilien (DW9 7571) vgl. A. Ballasteros y Beretta, Alfonso X, Emperador (electo) de Alemania (Madrid 1918); ders., Alfonso X el Sabio (1963), dazu O. Engels, HZ 203, 385 ff.; J. A. Sanchez-Perez, Alf. X el Sabio (1935); A. Steiger, Alfons d. Weise u. die Kaiseridee, Schweizer Beitr. z. allg. Gesch. 7 (1949); P. E. Schramm, Das kastil. Königtum in d. Zeit Alfonsos d. Weisen, in: Festschr. E. Stengel (1952).

[6] W. Wostry, Margarethe v. Babenberg, in: Südostdt. Lebensbilder 1 (1926).

[7] Für Kg. Ottokar II. v. Böhmen grundlegend J. Emlers Regesta dipl. necnon epist. Bohemiae et Moraviae, Bd. 2: 1253–1310 (1882); J. Šebánek u. S. Duškova, Das Urkundenwesen Kg. Ottokars II. v. Böhmen, 1. Teil (1247 bis 1263), Arch. f. Dipl. 14 (1968). Seit O. Lorenz, Gesch. Kg. Ottokars II. u. seiner Zeit (1866) auf dt. nur Skizzen: A. Huber, ADB 24 (1887), K. Schünemann, in: Gestalter dt. Vergangenheit, hg. v. P. R. Rohden (1937); tschech. V. Novotny, Rozmach české mozi za Přemysla Otakara II (Prag 1937). Neuere (auch tschech.) Einzellit. bei K. Richter

im Hdb. d. Gesch. d. böhm Länder 1 (1967), S. 273 ff., vgl. K. TILLACK (s. Kap. 22, Anm. 3). Ottokars Ostseepolitik behandelt I. GOLL, Kg. Otto-

kars 2. Kreuzzug, MIÖG 23 (1902). S. auch J. BOLLAND, Die höfische Umgebung Kg. Ottokars II. v. B. (Diss. Ms. Tübingen 1945).

Kapitel 20
Die Doppelwahl von 1257 und ihre Folgen

Nach dem Tod Wilhelms von Holland hatte der Rheinische Bund, um die von den Städten angebahnte Einung und Befriedung des Reiches nicht durch Fürstenwillkür und Thronzwist gefährden zu lassen, selbstbewußt das verwaiste Reichsgut bis zur Neuwahl unter seinen Schutz genommen und seine Mitglieder verpflichtet, nur einem einmütig gewählten König die Tore zu öffnen und zu huldigen. Die Wähler aber waren nicht einig, und auswärtige Mächte wirkten stärker auf sie ein als der Rheinische Bund. Erzbischof Konrad von Köln ging nach Prag, vielleicht um wieder über Ottokars Kandidatur zu verhandeln, während die norddeutschen Fürsten – Sachsen, Brandenburg, Braunschweig – dessen Schwager, den Markgrafen Otto III. von Brandenburg, wählen wollten und dafür die Zustimmung des Rheinischen Bundes suchten[1]. Doch sie wurden vom Ausland überspielt und ließen sich vom Erzbischof Arnold von Trier unter französischem Einfluß für Alfons von Kastilien gewinnen, den Pisa und Marseille bereits »gewählt« hatten und den auch der Papst empfahl. Dagegen warnte der englische König die Kurie vor französischen Absichten in Deutschland. Für die Wahl seines Bruders Richard von Cornwall (die am eifrigsten Graf Johann von Avesnes betrieb, weil er von ihm Hilfe gegen Flandern erhoffte) wurde zunächst Erzbischof Konrad von Köln gewonnen, dann auch der Pfalzgraf Ludwig (Herzog von Oberbayern), der Vormund Konradins, dessen Wahl Alexander IV. ausdrücklich verbot. »Handsalben« und Heiratsaussichten waren auf beiden Seiten zugkräftig; vor allem Richard »schüttete Geld wie Wasser vor die Füße der Fürsten« (SS 16, 384). Als der Kölner Erzbischof (der auch den lange in Braunschweig gefangenen Mainzer vertrat) und der Pfalzgraf zur Wahl nach Frankfurt zogen, fanden sie die Stadt von Erzbischof Arnold von Trier und dem Sachsenherzog besetzt und wurden nicht eingelassen. Kurzentschlossen wählten sie am 13. I. 1257 vor den Toren *Richard von Cornwall zum König*. Gesandte Ottokars von Böhmen stimmten nachträglich zu, vielleicht ohne dazu ermächtigt zu sein. Die Kastilierpartei war überrumpelt; erst nach elf Wochen (1. IV. 1257) vollzog Arnold von Trier mit Vollmacht von Sachsen und Brandenburg in Frankfurt *Alfons Wahl*, der sich wiederum auch König Ottokar anschloß, als wollte er keinesfalls das im Sachsenspiegel bestrittene böhmische Wahlrecht versäumen. Obgleich zur Wahl auch noch andere Fürsten geladen waren, galten seit dieser Doppelwahl beiden Parteien nur noch die sieben Kurfürsten als Wähler; darin liegt ihre verfassungsrechtliche Bedeutung. Aber die Stimmen waren gleichmäßig verteilt, die böhmische doppelzüngig, die Rechtsfrage unentscheidbar, wenngleich beide Parteien spitzfindige Argumente zu ihren Gunsten für uraltes Reichsrecht ausgaben[2].

Richard gewann einen Vorsprung, indem er sofort mit großem Gefolge nach Deutschland kam und sich zu Himmelfahrt 1257 in Aachen vom Kölner Erzbischof krönen ließ[3]. Wie Aachen öffnete sich ihm auch Köln, die meisten Rheinstädte folgten, manche unter Vorbehalt der päpstlichen Anerkennung Richards. Der Rheinische Bund hatte die Zweiwahl nicht verhindern können, sondern wurde durch sie gesprengt; seine hoffnungsvolle Rolle war damit ausgespielt. Die meisten Städte im Bereich der werdenden Hanse bis nach Lübeck und Braunschweig hin sahen um des Englandhandels willen ihren Vorteil im Anschluß an Richard. Doch bei seinen vier Besuchen im Reich, wo er in anderthalb Jahrzehnten insgesamt knapp vier Jahre verbrachte und keine territoriale Machtgrundlage besaß oder sich schuf, kam er nie ins rechtsrheinische Deutschland. Immer riefen ihn die Konflikte seines Bruders Heinrich III. mit seinen Baronen wieder nach England zurück; 1264/65 saß er sogar über ein Jahr lang im Londoner Tower gefangen. Die meisten Reichsfürsten kümmerten sich um diesen König so wenig wie um den stets abwesenden Kastilier. Ottokar von Böhmen ließ sich allerdings 1262 von Richard, ohne zu ihm zu kommen und ohne fürstliche Zeugen, mit den »heimgefallenen Reichslehen« Österreich und Steiermark belehnen, damit ihm deren Besitz legalisiert sei, auch nachdem er sich von der Babenbergerin hatte scheiden lassen, um eine Nichte König Belas IV. von Ungarn zu heiraten. 1266 übertrug ihm Richard sogar den Schutz alles rechtsrheinischen

Reichsguts, wie er andere Vikare für das Elsaß und die Wetterau ernannte. Als aber der Mainzer Erzbischof mit anderen süddeutschen Fürsten 1262 und nochmals nach Manfreds Tod 1266 die Wahl Konradins zum deutschen König betrieb, durchkreuzte Ottokar diese Pläne, indem er sie der Kurie meldete und ihr Verbot erwirkte. Der deutsche Anhang des Kastiliers schmolz zwar nach dem Tod Arnolds von Trier (1259) zusammen. Aber die deutsche Thronfrage blieb unentschieden, so oft sich auch beide Könige um päpstliche Anerkennung bemühten.

Das Papsttum war an der Doppelwahl unbeteiligt, kein Legat zugegen. *Alexander IV.* (1254–1261)[4] war kein willensstarker Politiker wie sein Vorgänger Innocenz IV. Er begünstigte Alfons von Kastilien wegen seiner Kreuzzugspläne, wagte aber auch Richard von Cornwall nicht abzuweisen, da er noch auf englische Hilfe gegen die *wachsende Macht Manfreds* hoffte, der sich nach Konrads IV. Tod im Königreich Sizilien durchgesetzt hatte[5]. Im August 1258 ließ er sich in Palermo zum König krönen; Konradin wurde totgesagt. Seitdem unterstützte Manfred auch die Ghibellinen Nord- und Mittelitaliens. Eine schwere Niederlage der guelfischen Florentiner (4. IX. 1260 bei Montaperti) schreckte wohl Richard von Cornwall von dem bereits vorbereiteten Romzug ab. Für den Nachfolger Alexanders IV., den Franzosen *Urban IV.* (1261–1264)[6], trat die deutsche Thronfrage vollends hinter den Kampf um Italien zurück, für den er sich mit aller Energie um französische Hilfe bemühte. Es war der Erfolg seiner unablässigen Verhandlungen, daß sein Nachfolger *Clemens IV.* (1265–1268)[7], selbst ein Südfranzose, der als Jurist im Dienst des französischen Königs gestanden hatte, dessen Bruder Karl von Anjou am 28. VI. 1265 mit Sizilien belehnen konnte. Darauf zog aus Frankreich ein stattliches »Kreuzheer«, mit Kirchenzehnten besoldet, wie zum Glaubenskrieg gegen den »Ketzer« Manfred, der in Überschätzung seiner Kräfte mit heftigen Anklagen gegen die Papstkirche die Römer aufrief, ihm zum Kaisertum zu verhelfen. Als er dem Anjou entgegentrat, fiel er am 26. II. 1266 in der erbitterten Schlacht bei Benevent[8]. Sein Königreich war der rücksichtslosen Herrschaft Karls von Anjou preisgegeben. Die Ghibellinen Italiens richteten ihre Hoffnung auf den jungen *Konradin*, dessen Wahl zum deutschen König vom Papst nochmals streng verboten wurde. Um so rascher entschloß er sich zum Kampf um sein sizilisches Erbe. Im Herbst

1267 brach er auf, von seinem Oheim Ludwig von Bayern bis Verona begleitet; auch der zweite Gemahl seiner Mutter, Graf Meinhard von Görz-Tirol, erleichterte ihm den Weg über die Alpen. In Verona, Pavia, Pisa, Siena wurde er freudig aufgenommen. Sein kleines Heer wuchs unterwegs. Im Juli 1268 erreichte er Rom, das Clemens IV. und sein Vorgänger nie betraten; sie residierten in Perugia oder Viterbo. Die römischen Anjougegner hatten einen Abenteurer Heinrich von Kastilien, einen Bruder König Alfons', mit dem er längst entzweit war, zum Senator gewählt, der sich Konradin anschloß. Auch die Sarazenentruppe von Lucera erhob sich gegen den Anjou und erwartete den Staufer. Unterwegs aber bei *Tagliacozzo* stellte ihn Karl am 23. VIII. 1268 zur Schlacht[9]. Anfangs siegreich, wurde das Stauferheer durch den Einsatz einer Reiterreserve vernichtend geschlagen. Konradin entkam zwar nach Rom und wollte zu Schiff nach Sizilien, wo ein Aufstand gegen die Anjouherrschaft ausbrach. Doch bei der Abfahrt wurde er mit seinen Begleitern gefangen und an Karl von Anjou ausgeliefert, der ihn nicht als Kriegsgefangenen, sondern als Verbrecher behandelte. Nach einem Scheinprozeß wurde Konradin mit 12 Getreuen am 29. X. 1268 auf dem Markt von Neapel enthauptet[10]. Sein Ende – »davon noch allen diutschen vürsten eiset«, dichtete der zeitgenössische Meißner – war ein erschütternder Ausklang der Stauferzeit, aber keine politische Wende, eher ein warnendes Beispiel. Am Kampf der letzten Staufer um Italien war Deutschland nur noch aus der Ferne beteiligt und ging längst andere Wege.

Grundlegend A. BUSSON, Die Doppelwahl d. J. 1257 u. das röm. Königtum Alfons' X. v. Castilien (1866); weitere Lit. bei C. C. BAYLEY, The Formation of the German College of Electors in the Mid-Thirteenth Century (Toronto 1949) mit d. Vorarbeit: The Diplomatic Preliminaries of the Double Election of 1257, Speculum 12 (1937); H. S. LUCAS, John of Avesnes and Richard of Cornwall, ebd. 23 (1948), vgl. S. HAIDER, Schriftl. Wahlversprechungen röm.-dt. Kge. im 13.Jh., MIÖG 76 (1968), S. 122 ff. – Quellenauswahl bei B. SCHIMMELPFENNIG, Die dt. Königswahl im 13.Jh., H. 2 (1968).

[1] Über Otto III. v. Brandenburg, der die Mark 1258 mit seinem Bruder Johann I. teilte, s. DW[9] 6827 u. J. SCHULTZE, Die Mark Br. 1 (1961), S. 136 ff. Eine undeutlich bezeugte Kandidatur Gf. Hermanns v. Henneberg erörtert J. SIEBERT, Zs. f. dt. Philol. 57 (1932).

[2] Wahlanzeige Eb. Konrads v. Köln: Const. 2 n. 385; die Argumente für Alfons in einer Denkschrift von 1267: ib. 397. Die Ansprüche u. Begründungen beider Parteien sind einander gegenübergestellt in Urbans IV. Bulle ›Qui coelum‹ vom 1. VIII. 1263, Entwurf Const. 2 n. 405, Ausfertigung MG Epp. saec.

XIII, 3 n. 560. Von beiden Seiten und von der Kurie wurden dabei kanonistische Normen des kirchl. Wahlrechts auf die dt. Königswahl angewandt, ohne daß die Doppelwahl danach vom Papst entschieden und das Königswahlrecht nachhaltig davon beeinflußt wurde. Über die Entwicklung des 1257 zum Abschluß kommenden Kurfürstenkollegs s. DW[9] 7026 ff.; M. BUCHNER, Kaiser- u. Königmacher, Hauptwähler u. Kurfürsten, HJb 55 (1935); H. MITTEIS, Die dt. Königswahl (²1944); M. LINTZEL, Die Entstehung d. Kurfürstenkollegs, SB Ak. Leipzig 99, 1 (1952), auch in: Ausgew. Schr. 2 (1961); C. C. BAYLEY (s. o.).

[3] Richard bekam für die Krönung die echten, auf dem Trifels verwahrten Insignien, deponierte aber 1262 eine andere Krone in Aachen, die im Domschatz auf der Karls-Büste erhalten blieb, s. H. SCHIFFER, Die dt. Königskrönung u. die Insignien des Richard v. Cornwallis, Veröff. d. bfl. Diöz.-Arch. Aachen 2 (1936); A. HUYSKENS, Die Aachener Krone d. Goldenen Bulle, DA 2 (1938), bes. S. 429 ff.

[4] Register Alexanders IV. ed. C. BOUREL DE LA RONCIÈRE u. a. (2 Bde. 1902/31, unvollst.). F. TENCKHOFF, P. Alexander IV. (1907); S. SIBILIA, Alessandro IV (1961); J. HALLER, Papsttum ²4, S. 296 ff.; H. OTTO, P. Alex. IV. u. der dt. Thronstreit, MIÖG 19 (1898); P. TOUBERT, La déviation de la croisade: Alexandre contre Manfred, Le Moyen Age 69 (1963).

[5] A. KARST, Gesch. Manfreds vom Tode Fr. II. bis z. s. Krönung (1897);

O. CARTELLIERI, Kg. Manfred (1910); R. MORGHEN, Il tramonto della potenza sveva in Italia 1250–66 (1936); E. MASCHKE, Das Geschlecht d. Staufer (1943), S. 113 ff.; P. F. PALUMBO, Contributi alla storia dell'età di Manfredi (1959).

[6] Register Urbans IV. ed. J. GUIRAUD (4 Bde. 1901–1929). K. HAMPE, Urban IV. u. Manfred (1905); J. HALLER, Papsttum ²4, S. 296 ff.

[7] Register Clemens' IV. ed. E. JORDAN (6 Fasc. 1893–1945). A. MALGARINI, Sulla responsabilità di Clemente IV nella condanna di Corradino di Suevia (1902).

[8] W. HAGEMANN u. A. ZAZO, La battaglia di Benevento (1967).

[9] H. HERDE, Die Schlacht bei Tagliacozzo, Zs. f. bayer. Ldsgesch. 25 (1962) mit ält. Lit.

[10] K. HAMPE, Gesch. Konradins v. Hohenstaufen (1893, ²1940 mit Anhang v. H. KÄMPF); M. TANGL, K. v. H. (Vortrag 1895) in: TANGL, Das MA in Quellenkunde u. Diplomatik, Bd. 2 (1966); H. HIRSCH, Konradin, sein »Prozeß« u. sein Ende, in: Gesamtdt. Vergangenheit (Festschr. f. H. v. Srbik 1938); K. PFISTER, Konradin, Der Untergang d. Hohenstaufen (1941); s. auch R. M. KLOOS, Petrus de Prece und Konradin, QFItA 54 (1954); A. NITSCHKE, Der Prozeß gegen Konradin. ZRG 73 KA 42 (1956); anders H. M. SCHALLER, Zur Verurteilung Konradins, QFItA 37 (1957) u. DA 16, S. 276 f. gegen NITSCHKE, Konradin u. Clemens IV., QFItA 38 (1958).

B. Vom ersten Habsburger zum ersten Luxemburger (1273–1313)

Quellenkunde: O. Lorenz, Dtlds. Gesch.quellen seit d. Mitte d. 13. Jh. (2 Bde. ³1886/87); M. Jansen-L. Schmitz-Kallenberg u. Vildhaut (s. Bd. 1 S. 159) und A. Lhotsky, Quellenkunde zur mal. Gesch. Österreichs (MIÖG Ergbd. 19, 1963); unzulänglich K. Jakob-F. Weden, Quellenkunde d. dt. Gesch. im MA 3 (Slg. Göschen 1952).

Die Geschichtsschreibung (DW⁹ 7433 ff.) belebt sich zumal im Umkreis der Habsburgerherrschaft seit Rudolf I., bei dem die Chronisten des 14. Jh. (s. u. S. 162) meist einsetzen, oft im Anschluß an die ›Martinschroniken‹ (s. o. S. 13). Am frühesten wird der Aufschwung am Oberrhein spürbar: Kolmarer Dominikaner-Chronik, ›Gesta Rudolfi et Alberti‹ Gottfrieds v. Ensmingen, veranlaßt vom Straßburger Bürgerführer Ellenhard († 1304), der die Stadt- u. Reichsgeschichte aufzeichnen ließ (SS 17). Der Wiener Bürger Jans Enikel dichtete nach 1277 eine fabulöse Weltchronik und ein ›Fürstenbuch von Österreich‹, der steirische Dienstmann Ottokar (Otacher ouz der Geul, s. M. Loehr, MIÖG 51, 1937) bis 1309 eine lebensvolle Reimchronik. Über die nach dem Interregnum einsetzende Reichs-Publizistik s. Kap. 36.

Zur urkundl. Überlieferung (zunehmend auch in dt. Sprache) s. DW⁹ 7515 ff. und Böhmers Reg. Imp. VI, 1. Abt. (1273–81), bearb. v. O. Redlich (1898), 2. Abt. (1292–98), bearb. v. V. Samanek (1933/48); für die Zwischen- u. Folgezeit ist die Neubearbeitung von Böhmer (1844) im Gang. Reichsakten in Const. 3 (1273–98) u. 4 (bis 1313), hg. v. J. Schwalm (1904/11), dazu noch F. Kaltenbrunner, Aktenstücke zur Gesch. d. dt. Reiches unter den Kgg. Rudolf I. u. Albrecht I. (1889); E. Winkelmann, Acta imperii inedita 2 (1885); F. Kern, Acta Imperii, Angliae et Franciae 1267 bis 1313 (1911) und bes. aufschlußreich H. Finke, Acta Aragonensia (3 Bde. 1908/22), die vielseitige diplomat. Korrespondenz Kg. Jakobs II. v. Aragon 1291–1327; dazu K. Wenck, HZ 122 (1920).

Literatur: DW⁹ 7562 ff.; B. Schmeidler, Das spätere MA von d. Mitte d. 13. Jh. bis zu r Reformation, in: O. Kende, Hdb. f. d. Geschichtslehrer, Ed. 4 (1937, Ndr. 1962); F. Baethgen, Europa im SpätMA, Grundzüge seiner polit. Entwicklung (1951, Tb. 1969), aus: Neue Propyläen-Weltgesch., hg. v. W. Andreas, Bd. 2 (1940); H. Günter, Das dt. MA 2: Das Volk, SpätMA (1939); H. Heimpel, Dtld. im späteren MA, in: Hdb. d. dt. Gesch., hg. v. A. O. Meyer, Bd. 1 (²1957, Ndr. mit Register 1968); J. Haller, Von den Staufern zu den Habsburgern 1250–1519 (Slg. Göschen ²1960); O. Brunner, Kaiser u. Reich im ZA d. Habsburger u. Luxemburger 1257–1517, in: Dt. Gesch. im Überblick, hg. v. P. Rassow (²1962); E. Cristiani, L'Italia nell'ultima età sveva e durante il predominio angioino 1250–1328, in: Storia d'Italia, coord. da N. Valeri 1: Il Medio Evo (²1965); The Cambridge Medieval Hist. 7: Decline of Empire and Papacy, c. 1273–1378 (1932, Ndr. 1964); A. Coville et R. Fawtier, L'Europe occidentale 1270–1380 (Hist. gén. ed. G. Glotz 6, 2 Bde. 1940/41); H. Pirenne, A. Renaudet u. a., La fin du MA 1: La désagrégation du monde médiéval 1285–1453 (Peuples et Civilisations VII 1, 1931). – *Kirchengesch.*: Hauck V 1 (1911, Ndr. ⁶1951); B. Moeller, SpätMA, in: Die Kirche in ihrer Gesch., Bd. 2, Lfg. H (1966); Hdb. d. KiG, hg. v. H. Jedin, Bd. 3: Die mal. Kirche, 2. Teil (1970); F. X. Seppelt, Gesch. d. Päpste, Bd. 4: 1294–1534 (²1957); bis 1316 reicht J. Haller, Das Papsttum 5 (²1953). – F. Bock, Reichsidee u. Nationalstaaten vom Untergang d. alten Reiches bis ... 1341 (1943); H. Finke, Weltimperialismus u. nationale Regungen im späteren MA (1916); F. Baethgen, Zur Gesch. der Weltherrschaftsidee im späteren MA, in: Festschr. P. E. Schramm, Bd. 1 (1964); O. Herding, Das römisch-deutsche Reich in dt. und ital. Beurteilung von Rudolf v. Habsburg bis zu Heinrich VII. (1937);

F. Kern, Die Reichsgewalt d. dt. Könige nach d. Interregnum, HZ 106 (1911), Ndr. Libelli 65 (1959); E. v. Freeden, Die Reichsgewalt in Norddtld. von d. Mitte d. 13. bis z. Mitte d. 14. Jh. (Diss. Göttingen 1931); H. Steinbach, Die Reichsgewalt u. Niederdtld. in nachstauf. Zeit, 1247–1308 (1968). – E. Bock, Monarchie, Einung u. Territorium im späteren MA, HV 24 (1929); H. Angermaier, Königtum u. Landfriede im dt. SpätMA (1966). – W. Scheffler, Die Porträts d. dt. Kaiser u. Könige im späteren MA, Repert. f. Kunstwiss. 33 (1911). – Lit. zur Kultur- u. Geistesgesch. vor Kap. 1).

Kapitel 21
Wahl, Herkunft und Anfänge Rudolfs von Habsburg

Als Richard von Cornwall drei Jahre nach seinem letzten Aufenthalt in Deutschland am 2. IV. 1272 starb, verlangte Alfons von Kastilien vom Papst das Verbot einer Neuwahl. Dagegen betrieb Karl von Anjou an der Kurie die deutsche Thronkandidatur seines Neffen Philipp III. von Frankreich, der nur »ein paar Deutsche« zu gewinnen brauche – die Kurfürsten –, er habe die Mittel dazu und rechne auf die Hilfe der Kirche, weil er dann um so wirksamer den vom Papst gewünschten Kreuzzug führen könne (Const. 3 n. 618). Doch auch Ottokar von Böhmen schickte Gesandte nach Rom, die den Bescheid heimbrachten, seine Wahl zum deutschen König werde der Kurie nicht mißfallen.

Papst *Gregor X.*[1] begünstigte jedoch keinen dieser Bewerber. Er war nicht Franzose wie seine beiden Vorgänger und viele von ihnen kreierte Kardinäle, sondern Italiener. Die politischen Gegensätze im Kardinalskolleg, zu dem er nicht gehörte, hatten nach dem Tod Clemens' IV. fast drei Jahre lang keine Papstwahl zustande kommen lassen, bis man sich auf den Außenseiter Tedald Visconti aus Piacenza einigte, der gerade in Akkon die Gefährdung der Kreuzfahrerstaaten erlebte. Die Befreiung des Hl. Landes wurde sein Lebensziel, als er am 1. IX. 1271 zum Papst gewählt wurde. Für einen Kreuzzug, zu dessen Vorbereitung er ein Konzil nach Lyon berief[2], wollte er die abendländischen Mächte einigen und ein handlungsfähiges Kaisertum durch eine rechtmäßige deutsche Königswahl schaffen lassen, nicht aber die französisch-angiovinische Übermacht noch steigern, die in Italien schon dem Kirchenstaat gefährlich wurde und durch Angriffspläne gegen Byzanz auch die Hoffnung des Papstes auf eine Union mit der griechischen Kirche störte[3]. Alfons von Kastilien konnte der Anjou-Macht nicht die Waage halten und hatte in Deutschland kaum noch Anhang. Auch Ottokars Wahl war dort schwerlich durchzusetzen. Vollends ablehnend verhielt sich die Kurie gegen die überschwenglichen Hoffnungen italienischer Ghibellinen, der letzte Staufersproß Friedrich »der Freidige« (geb. 1257), ein Sohn der Kaisertochter Margarete und des Wettiners Albrecht von Meißen-Thüringen, werde als heilbringender Friedrich III. das Kaisertum wiederaufrichten[4]. Seine Wahl verbot Gregor X., ließ sonst aber die Kurfürsten unbeeinflußt und schickte keinen Legaten; er mahnte sie nur im August 1273 zur Wahl in bestimmter Frist, sonst werde er mit Rat der Kardinäle das verwaiste Kaisertum selbst besetzen (providere).

Der alte Mainzer Erzbischof Werner von Eppenstein (1259 bis 1284)[5] hatte sich schon mehrmals redlich um eine Neuwahl bemüht und die Gegensätze im Kurkolleg auszugleichen versucht. Am 11. IX. 1273 verständigte er sich in Boppard mit Köln, Trier und dem Pfalzgrafen über gemeinsames Vorgehen (Const. 3 n. 6) und schrieb den Wahltag nach Frankfurt aus, das sich wieder mit sechs anderen Städten zwischen Worms und Wetzlar verschworen hatte, nur einen einmütig gewählten König anzuerkennen (ib. 3). Eine Kandidatur des Grafen Siegfried von Anhalt, wohl den ostdeutschen Kurfürsten zuliebe erwogen, trat bald zurück hinter dem Beschluß, den Grafen *Rudolf von Habsburg* zu wählen, für den neben dem Mainzer Erzbischof vor allem der Nürnberger Burggraf Friedrich von Zollern eintrat, zwischen den Kurfürsten vermittelnd. Er holte den Habsburger nach Frankfurt, wo am 1. X. 1273 Pfalzgraf Ludwig für alle anwesenden Kurfürsten seine Wahl vollzog[6]. Nur Ottokar von Böhmen fehlte; in Kämpfe mit Ungarn verwickelt, ließ er durch den Bamberger Bischof Protest gegen Rudolfs Wahl einlegen, bei der statt des Böhmenkönigs, dessen Kurrecht schon der Sachsenspiegel bestritt, der Bruder des Pfalzgrafen, Herzog Heinrich von Niederbayern, mitwirkte[7]. Schon am 24. Oktober wurde Rudolf I. mit seiner Gemahlin Gertrud von Hohenberg in Aachen gekrönt. Das Reich hatte nach fast drei Jahrzehnten endlich wieder einen einträchtig gewählten Herrscher. Die Kurfürstenwahl schien sich zu bewähren.

Der Habsburger war nicht der »arme, kleine Graf«, wie ihn der freilich weit mächtigere, reichere Böhmenkönig geringschätzig nannte. Er gehörte zwar wie Wilhelm von Holland nicht zum Reichsfürstenstand, war aber der vermögendste, erfolgreichste Territorialherr im deutschen Südwesten. Seine

Vorfahren lassen sich bis ins 10. Jh. zurückverfolgen[8]. Ob sie aus dem Aargau oder dem Elsaß stammten, ist ungewiß; hier wie dort sind sie von früh an begütert, seit 1135 auch Landgrafen im Oberelsaß mit beträchtlichem Eigenbesitz beiderseits des Oberrheins, seit 1170 Grafen im Zürichgau. Rudolfs Vater Albrecht mußte den Familienbesitz mit einem jüngeren Bruder teilen[9]. Dafür brachte Rudolf beim Aussterben der Kiburger (1264), zu denen seine Mutter gehörte, deren Besitz großenteils an sich. Aus Erb- und Heiratsgut, Allodial- und Lehnsbesitz, Reichs- und Klostervogteien wuchs ein stattliches *Territorium* zusammen, das Rudolf selbst noch tatkräftig mehrte und vorzüglich verwaltete. Am 1. V. 1218 geboren, von Kaiser Friedrich II. aus der Taufe gehoben, war er gleich seinem Vater, der 1239 auf einer Kreuzfahrt starb, stets staufertreu geblieben trotz Bann und Interdikt. Er begleitete noch Konradin bis Verona. Gleichwohl nutzte er wie alle seinesgleichen den Schwund der Reichsgewalt zur Stärkung des eigenen Territoriums. Am härtesten bekam seine Tatkraft der Basler Bischof zu spüren, dessen eigene Territorienbildung den Habsburgerbesitz im Elsaß und in der Schweiz trennte. Mit ihm lag Rudolf seit Jahren in Fehde, als er zum König gewählt wurde. Man erzählte, bei dieser Nachricht habe der Bischof gerufen: »Jetzt, Herrgott, sitze fest, sonst nimmt dir dieser Rudolf noch deinen Platz!« Er hatte sich einen Namen gemacht als tapferer Krieger und tüchtiger Feldherr, als sparsam kluger Verwalter und erfahrener, zielsicherer Politiker, dem überdies sein herzhaft schlichtes Wesen überall Zutrauen gewann. Nicht übermächtig, um seinen Wählern gefährlich zu scheinen, hielten sie ihn doch für fähig zur Wiederherstellung von Recht und Frieden im Reich.

Wenn das Königtum in Deutschland wieder wirksam und herrschaftsfähig werden, nicht auf das eigene Territorium beschränkt bleiben sollte, mußten freilich erst seine zerrütteten Macht- und Existenzgrundlagen an Rechten und Einkünften wiederhergestellt werden. Gleich bei der Wahl scheint Rudolf geschworen zu haben, das *Reichsgut zu wahren* und ohne Zustimmung der Kurfürsten nichts davon zu veräußern. Sie selbst ließen sich allerdings ihre »Wahl- und Krönungskosten« reichlich vergüten und ihren Besitz garantieren. Pfalzgraf Ludwig und Herzog Albrecht von Sachsen wurden überdies Schwiegersöhne des Königs, der sechs Töchter hatte, ebenso später Markgraf Otto III. von Brandenburg und Herzog Otto von

Niederbayern sowie schließlich nach König Ottokars Tod dessen Sohn Wenzel, so daß alle Laienwähler in engste Verbindung mit dem Königshaus traten. Den Kurfürsten wurde sogar von Rudolf eine Art Mitregierung oder Aufsicht eingeräumt: nur mit Zustimmung ihrer »*Willebriefe*« verfügte er über Güter und Lehen des Reichs[10]. Diese Einschränkung seiner Handlungsfreiheit verstand er aber als Handhabe zur Wahrung der Reichsinteressen zu nutzen. Durch ein Reichsweistum von 1281 (wahrscheinlich auch schon früher) wurden rückwirkend alle Vergabungen von Reichsgut seit der Absetzung Friedrichs II. für ungültig erklärt, denen nicht die Kurfürstenmehrheit zugestimmt hatte (Const. 3 n. 284).

Mit der Rückforderung (*Revindikation*) der seit 1245 entfremdeten, verpfändeten oder usurpierten Güter und Rechte des Reichs und ihrer Feststellung durch königliche Kommissionen begann Rudolf gleich auf seinen ersten Hoftagen (Const. 3 n. 28–33, 72, 87). In Norddeutschland, das er selbst über Wetzlar und Erfurt hinaus nie betrat[11], wurden die Herzöge von Sachsen und Braunschweig und die Markgrafen von Brandenburg mit der Durchführung dieser Revindikationen und der Verwaltung des Reichsguts beauftragt (ib. 180 und 263). Für den König selbst war die Aufgabe wichtiger und aussichtsreicher im Südwesten, wo der Reichsbesitz aus staufischer Zeit zur Beute rücksichtslos um sich greifender Territorialgewalten geworden war. Im Elsaß und in Schwaben, in Franken und der Wetterau sollten *Reichslandvögte* als absetzbare Beamte das Reichsgut unter ihrer Verwaltung zusammenfassen[12]. Die Wiederherstellung des Herzogtums Schwaben für seinen jüngsten Sohn gelang dem König allerdings nicht; die Nutznießer seines Zerfalls, voran die Grafen von Württemberg, ließen sich nicht zurückdämmen[13], und auch die zahlreichen schwäbischen Reichsstädte wünschten keine herzogliche Zwischengewalt, nur königlichen Schutz gegen territorialherrliche Übergriffe. Auch sonst waren die eigenmächtigen Besitzveränderungen des letzten Menschenalters nicht leicht rückgängig zu machen. Politische Rücksichten hemmten die Revindikationen. Zwar wurde mancher Reichsbesitz besonders an Städten und Klostervogteien wieder eingebracht, manche Prozesse und auch Waffenkämpfe darum geführt. Durchgreifende und dauerhafte Erfolge wurden damit nicht erzielt, wie auch die Landvogteien nicht überall festen Bestand gewannen. Der König blieb zunächst vornehmlich auf Herberge und

Verpflegung in Bischofsstädten angewiesen und mußte in steigendem Maße die *Steuerkraft der Reichsstädte* in Anspruch nehmen, bis er auch dort auf Widerstand stieß. Sein stärkster Rückhalt blieb sein eigener Territorialbesitz, sein *Hausgut*, nicht das Reichsgut. Zum entscheidenden Erfolg seiner Regierung aber wurde der Gewinn neuer Hausmacht gerade mit Hilfe der Revindikationen.

Vorzüglich O. REDLICH, Rudolf v. Habsburg. Das Dt. Reich nach dem Untergang d. Kaisertums (1903). Knappe Darstellungen von K. HAMPE, Herrschergestalten d. dt. MA (1927 u. ö.); F. SCHOENSTEDT in: Die Großen Deutschen 5 (1937), 1 (²1956), bearb. v. H. HEIMPEL; K. SCHÜNEMANN in: Gestalter dt. Vergangenheit (1937); A. LHOTSKY, Gesch. Österreichs seit d. Mitte d. 13. Jh. (1967). – Zu BÖHMER-REDLICH, Reg. Imp. 6, 1 (1898) Ergänzungen in MIÖG 24, 26 u. 28; NA 27 ff. – Regesta Habsburgica 1 (bis 1281), hg. v. H. STEINACKER (1905); vgl. J. LUNTZ, Urk. u. Kanzlei d. Grafen v. Habsburg, MIÖG 37 (1917).

[1] Register Gregors X. ed. J. GUIRAUD u. E. CADIER (1892–1960); dazu P. GLORIEUX, Riv. di storia della chiesa in Italia 5 (1951); F. BOCK, ebd. 7 (1953). – L. GATTO, Il ponficato di Greg. X (1959); HALLER, Papsttum ²5, S. 24 ff. Über die Beziehungen Gregors X. zu Rudolf v. H. s. Kap. 23, Anm. 2.

[2] H. HOLSTEIN in: G. Dumerge, Hist. des conciles œcumén. 7: Lyon I et Lyon II (1966).

[3] B. ROBERG, Die Union zw. d. griech. u. d. lat. Kirche auf d. II. Konzil von Lyon (1964); D. J. GEANAKOPLOS, Emperor Michael Palaeologus and the West (Cambridge/Mass. 1959); M. LEHMANN, Das II. Konzil v. Lyon u. die Ostkirche (Ostkirchl. Studien 12, 1963).

[4] Über Friedrich d. Freidigen s. O. DOBENECKER, Ein Kaisertraum d. Hauses Wettin, in: Festschr. A. Tille (1930) mit ält. Lit.; über s. Mutter: ders., Margarete v. Hohenstaufen, die Stammutter d. Wettiner (Gymn.-Prog. Jena 1915); H. WAGENFÜHRER, Fr. d. Freid. (1936); s. u. Kap. 28, Anm. 4; päpstl. Verbot seiner Wahl u. Bemühungen Ottokars: H. BRESSLAU, MIÖG 15 (1894), S. 59 ff. Zwischen den ital. Ghibellinen und dem Meißner Wettinerhof vermittelte Mag. Heinrich v. Isernia, ein durch Karl v. Anjou geächteter Anhänger Konradins, dessen Briefsammlung eine wertvolle Quelle ist, s. J. NOVÁK, MIÖG 20 (1899), S. 252 ff. und K. HAMPE, Beiträge zur Gesch. d. letzten Staufer (1910); K. TILLACK (s. Kap. 22, Anm. 3), S. 79 ff.

[5] G. V. DER ROPP, Eb. Werner v. Mainz (1872).

[6] Zur »electio per unum« s. H. MITTEIS, Die dt. Königswahl (²1944), S. 204 ff.

[7] K. ZEUMER, Die böhm. u. die bayr. Kur im 13. Jh., HZ 94 (1905); M. BUCHNER, Die dt. Königswahlen u. das Hgt. Bayern (1913); B. SAUERBIER, Der sogen. bayr.-böhm. Kurstreit im 13. Jh. (Diss. Breslau 1929).

[8] A. LHOTSKY, Apis Colonna, Fabeln u. Theorien über die Abkunft d. Habsburger, MIÖG 55 (1944); ders., Gesch. Österreichs 1281–1358 (1967), S. 32 ff. stellt die gesamte Lit. zur Genealogie d. Habsburger zusammen; außer REDLICH, R. v. H., S. 5 ff. s. bes. A. SCHULTE, Gesch. d. Habsburger in d. ersten 3 Jhh. (1887, aus MIÖG 7/8); H. STEINACKER, Zur Herkunft u. ältest. Gesch. d. Habsb., ZGORh NF 19 (1904); TH. MAYER, Die H. am Oberrhein im MA, in: Festschr. H. v. Srbik (1938), auch in: TH. MAYER, Mittelalterl. Studien (1959); O. STOLZ, Geschichtl. Beschreibung d. ober- u. vorderösterr. Lande (1943); H. E. FEINE, Die Territorialbildung der H. im

dt. Südwesten, ZRG GA 67 (1950). Über Herrschaftsrechte u. Einkünfte d. frühen Habsburger s. Das Habsburgische Urbar, hg. v. R. MAAG (Quellen zur Schweizer Gesch. 14/15, 1894–1904), dazu U. STUTZ, ZRG GA 25 (1904) und P. THOMMEN, MIÖG 29 (1908); auch W. MEYER, Die Verwaltungsorganisation d. Reiches u. d. Hauses Habsburg-Österreich im Gebiete der Ostschweiz 1264–1460 (1933).

[9] BRUNO MEYER, Studien zum habsburg. Hausrecht, Zs. f. Schweiz. Gesch. 27/28 (1947/48).

[10] K. LAMPRECHT, Die Entstehung der Willebriefe u. die Revindikation des Reichsguts unter Rud. v. H., FDG 21 u. 23 (1881/83); J. FICKER, MIÖG 3 (1882). Fürstl. Konsens zu kgl. Entscheidungen war schon früher üblich, aber nicht geregelt und auf keinen bestimmten Kreis begrenzt.

[11] Anschauliche Karten der kgl. Reisewege bei TH. MAYER, Das dt. Königtum u. sein Wirkungsbereich, in: Das Reich u. Europa (1941), auch in: TH. MAYER, Mittelalterl. Studien (1959). Demnach liegt die Achse der Regierung Rudolfs am Oberrhein zw. Basel u. Mainz, bei Ludwig d. B. zwischen München u. Frankfurt, bei Karl IV. in d. Linie Prag–Nürnberg, verlängert nach Breslau u. Frankfurt. E. v. FREEDEN, Die Reichsgewalt in Norddtld. (s. o. S. 96), stellt die Beziehungen der Herrscher zu den norddt. Territorien zusammen.

[12] Über Reichsgut u. Landvogteien s. DW[9] 8403/04, bes. W. KÜSTER, Das Reichsgut in d. Jahren 1273–1313 (Diss. Leipzig 1883), der das ›Nürnberger Salbüchlein‹ druckt und erläutert, eine unter Kg. Rudolf begonnene Aufzeichnung d. Reichsgüter u. -Einkünfte in der Burggrafschaft Nürnberg.

[13] Vgl. DW[9] 7594 und K. WELLER, Die Grafsch. Württemberg u. das Reich bis z. Ende d. 14. Jh., Württ. Vjh. NF 38 (1932) und Zs. f. Württ. Ldsgesch. 4 (1940); K. S. BADER, Der dt. Südwesten u. s. territoriale Entwicklung (1950).

Kapitel 22
Kampf mit Ottokar von Böhmen
Gewinn Österreichs für die Habsburger

Die Rückforderung entfremdeten Reichsgutes war auch auf die Herzogtümer Österreich-Steiermark anwendbar, vielleicht vornehmlich darauf gezielt. Denn Ottokar II.[1] hatte sich mit den von ihm okkupierten Ländern zwar von Richard von Cornwall belehnen lassen, doch ohne Zustimmung der Reichsfürsten. Im Vertrauen auf seine Machtüberlegenheit verweigerte er dem neuen König Anerkennung und Lehnshuldigung auch für seine Erbländer, protestierte gegen Rudolfs Wahl und suchte ihn an der Kurie als ohnmächtigen, für das Imperium ungeeigneten Kleingrafen verächtlich zu machen (Const. 3 n. 16)[2]. Sein tüchtigster Helfer und Berater Bischof Bruno von Olmütz klagte in einer Denkschrift für Gregor X. die Selbstsucht der Kurfürsten an, die keinen Mächtigen zum König haben wollten, während nur Ottokar den Frieden wahren und den Kreuzzug führen könne[3]. Als Rudolf trotzdem auf dem

Lyoner Konzil als König anerkannt wurde, war Ottokar isoliert, ließ sich aber auch vom Papst nicht zur Verständigung bewegen. Im November 1274 wurde auf einem Nürnberger Reichstag der Spruch gegen ihn gefällt (Const. 3 n. 72), daß die nach 1245 besetzten Reichsländer auszuliefern, die Reichslehen bei Versäumnis der Huldigung binnen Jahr und Tag verfallen seien. Da er mehrfacher Ladung nicht folgte, wurde er geächtet (24. VI. 1275), nach einem Jahr der Krieg erklärt[4]. Auflehnung gegen sein straffes Regiment hatte sich schon vorher geregt; doch die Kirchenfürsten von Salzburg, Passau, Regensburg, die sich mit Rudolfs Unterstützung gegen ihn erhoben, konnte er noch 1275 zum Nachgeben zwingen. Im Sommer 1276 zog Rudolf selbst von Nürnberg aus, statt Böhmen anzugreifen, überraschend gegen Wien. Er bekam unterwegs starken Zuzug der inneren Gegner Ottokars, auch des mit ihm vorher verbündeten Herzogs Heinrich von Niederbayern. Zugleich konnte Rudolfs treuer Helfer Graf Meinhard von Tirol[5] fast kampflos Kärnten, Krain und die Steiermark besetzen, von den Landständen freudig aufgenommen. Da sich auch in Böhmen adlige Empörer gegen Ottokar erhoben und ein ungarisches Heer gegen ihn zog, sah er sich mattgesetzt und bat um Frieden. In Rudolfs Feldlager vor Wien leistete Ottokar, in seiner Königspracht vor dem Habsburger knieend, der im Lederwams auf dem Holzschemel saß, Lehnshuldigung für Böhmen und Mähren, Verzicht auf Österreich, die Steiermark, Kärnten, Krain und das Egerland. Ein Sohn Rudolfs wurde mit Ottokars Tochter verlobt und dessen Sohn Wenzel mit Rudolfs Tochter Guta (*Wiener Friede* 3. XII. 1276, Const. 3 n. 122).

Aber Ottokar war nicht besiegt und fügte sich nicht. Neue Streitfragen waren auch durch mehrere Verträge mit ihm nicht endgültig zu beheben (ib. 126ff.). Während er seinen böhmischen Widersachern die zugesagte Amnestie verweigerte, schürte er die Widerstände gegen Rudolfs energische Neuordnung in Österreich. Zugleich appellierte er nun an die slavische Solidarität der schlesisch-polnischen Piastenherzöge gegen die »unersättlichen« Deutschen[6], zog aber auch Herzog Heinrich von Niederbayern wieder auf seine Seite wie die ihm verschwägerten Markgrafen von Brandenburg. Die anderen Reichsfürsten standen wenigstens nicht mehr gegen ihn, da ihnen der habsburgische Machtgewinn im Südosten bedenklich wurde. Rudolf dagegen verbündete sich mit Ottokars altem Feind Ladislaus von Ungarn. Und als Ottokars Anhänger in

Österreich voreilig losschlugen, bot Rudolf ohne viel reichs-
fürstliche Hilfe ein kleines Reiterheer auf, das unterwegs an-
wuchs und sich rechtzeitig mit starken ungarischen Truppen
vereinte, während Ottokar mit seinen Verbündeten im Sommer
1278 gegen Wien zog. Nordöstlich der Stadt stellte ihn Rudolf
am 26. VIII. 1278 zur *Schlacht auf dem Marchfeld bei Dürnkrut*.
Sie wurde nach hartem Kampf, bei dem Rudolf selbst in Gefahr
geriet, durch den Einsatz seiner entgegen dem Ritterbrauch
zurückgehaltenen Reiterreserve gewonnen. Ottokar selbst
wurde auf der Flucht von österreichischen Gegnern unritterlich
umgebracht[7].

Auch nach Ottokars Ende hat Rudolf in der Ausnützung
seines Sieges Maß gehalten. Obgleich er das feindliche Heer
zerschlug und durch Mähren tief nach Böhmen einrückte, ließ
er es nicht auf neuen Kampf mit Markgraf Otto V. von Brandenburg ankommen, der seinen böhmischen Verwandten zu
Hilfe kam. Ihm wurde vielmehr die Vormundschaft über
Ottokars achtjährigen Sohn Wenzel zugestanden, der mit
Böhmen und Mähren belehnt, mit Rudolfs Tochter vermählt
wurde. Mähren nahm Rudolf zur Deckung der Kriegskosten
fünf Jahre lang unter seine Verwaltung, sonst blieb das
Přemyslidenerbe ungeschmälert. Nur die von Ottokar eigenmächtig okkupierten und 25 Jahre lang sehr energisch regierten
Herzogtümer waren als Reichslehen dem König verfügbar geworden. Er ging wohl von Anfang an darauf aus, sie seinen
Söhnen zuzuwenden. Auch wenn kein »Leihezwang«[8] gesetzlich verbot, sie unter Reichsverwaltung zu nehmen, hätten doch
die Organe dafür gefehlt, und der mißglückte Versuch Friedrichs II. mußte davor warnen. Zunächst blieb allerdings Rudolf
selbst über vier Jahre lang in Wien, sicherte den Landfrieden,
setzte Landrichter ein, verhandelte mit Adel und Klerus,
Ministerialen und Städten, um sie durch kluge Zugeständnisse
an ihre durch Ottokar unterdrückten Rechte für die neue Herrschaft zu gewinnen, aber auch steuerwillig zu machen. Seine
reife Erfahrung als Verwalter des eigenen Besitzes konnte er
hier auf das nächst Böhmen-Mähren größte, geschlossenste
Territorium anwenden[9]. Da 1279 auch der letzte Sponheimer
starb, der Erbrechte auf Kärnten und Krain hatte, ohne sie
auszuüben, fielen dem König auch diese Reichslehen heim, in
denen sein Helfer Meinhard II. von Tirol bereits energisch
eingegriffen hatte. Als Rudolf im Juni 1281 Wien verließ, blieb
sein ältester Sohn Albrecht als Statthalter dort. Die Habsburger-

herrschaft im Südosten hatte sich in wenigen Jahren so gefestigt, daß auch die Kurfürsten ihre Zustimmung zur Belehnung kaum noch verweigern konnten, obgleich der Kölner
lange widerstrebte und Gerüchte über eine Verschwörung der
rheinischen Kurfürsten gegen den König umgingen. Im Sommer 1282 gaben sie ihre Willebriefe; im Dezember wurden auf
einem Augsburger Reichstag die Königssöhne *Albrecht und
Rudolf* gemeinsam *mit Österreich, Steiermark, Kärnten, Krain
belehnt* und damit in den Reichsfürstenstand erhoben. Nach dem
Wunsch der Landstände übernahm jedoch der ältere Albrecht
allein die Herrschaft, der jüngere Rudolf sollte anders abgefunden werden; *Kärnten* bekam 1286 Graf *Meinhard II. von
Tirol*[5]. Die ganze Südostflanke des Reiches aber längs der ungarischen Grenze zwischen Donau und Adria hatte der erste
Habsburgerkönig auf den Spuren des letzten Staufenkaisers
fast ohne Reichshilfe für sein im Südwesten schon reich begü-
tertes Haus gewonnen und damit für dessen künftigen Aufstieg
zur Weltmacht das Fundament gelegt. Für das Reich konnte
die Hausmachtbildung nur dann verhängnisvoll werden, wenn
sie nicht zur Grundlage eines stetigen Königtums der Habsburger wurde, sondern durch den Wechsel der Dynastie die
Fürstenmacht stärkte statt der Reichsgewalt und gegen sie.
Rudolf I. aber wollte seinen Nachkommen nicht nur eine
starke Hausmacht, sondern auch die Nachfolge im Reich
sichern. Nur weil er dieses Ziel nicht erreichte, kam auch sein
größter Erfolg im Südosten zunächst nur seinem Haus und
nicht dem Reich zugute.

[1] Zu Ottokar II. s. o. Kap. 19, Anm.7;
über s. Herrschaft in Böhmen u. den
Babenberger-Ländern: K. RICHTER in:
Hdb. d. Gesch. der böhm. Länder 1
(1966), S. 272 ff.; A. LHOTSKY, Gesch.
Österreichs seit d. Mitte d. 13. Jh. (1967),
S. 13 ff.; F. SEIBT, Kg. Ottokars Glück
u. Ende, Dichtung u. Wirklichkeit, in:
Probleme böhm. Gesch. (Vorträge d.
Collegium Carolinum 1964); ders., Die
böhm. Nachbarschaft in der österreich.
Historiographie d. 13. u. 14. Jh., Zs. f.
Ostforsch. 14 (1965).
[2] O. REDLICH, Die Anfänge Kg. Ru-
dolfs I., MIÖG 10 (1889), S. 353 ff.
[3] A. STEIGER, B. Bruno v. Schaum-
burg, in: Nordmährenland 1 (1941); E.
FRIEDL, Bruno v. Schaumburg (Diss.

Prag 1943); K. TILLACK, Studien über
Bruno v. Schauenburg u. die Politik
Ottokars II. (Diss. Münster 1959); W.
WANN in NDB 2, S. 672. Bruno stammte
aus dem Holsteiner Grafenhaus der
Schauenburger, war Propst von Lübeck,
Hamburg, Magdeburg, ehe Innocenz IV.
ihn 1245 zum B. von Olmütz ernannte,
wo er die kolonisator. Erfahrungen sei-
nes Geschlechts für die deutsche Besied-
lung Mährens nutzte. Er starb 1281 ver-
söhnt mit dem siegreichen Habsburger.
Seine ›Relatio de statu ecclesiae in regno
Alemanniae‹ vom 16. XII. 1272 (Const.
3 n. 620; dazu J. GOLL, MIÖG 23, 1902,
S. 487 ff.) ist eines der von Gregor X.
angeforderten Reformgutachten für das
II. Lyoner Konzil. Zwei weitere sind er-

halten, das der Dominikaner von deren früherem General Humbert v. Romans (vgl. F. HEINTKE, Humbert v. R., 1933) und das der Franziskaner, die ›Collectio de scandalis ecclesiae‹ (ed. A. STROICK, Arch. Francisc. Hist. 23, 1930), aufschlußreiche Quellen über die Zustände im späteren 13. Jh.

[4] H. ZEISSBERG, Über das Rechtsverfahren Rudolfs v. H. gegen Ottokar v.B., AÖG 69 (1887); H. MITTEIS, Polit. Prozesse d. früheren MA (SB Heidelberg 1927), S. 110 ff.

[5] H. WIESFLECKER, Meinhard II., Tirol, Kärnten u. ihre Nachbarländer am Ende d. 13. Jh. (1955).

[6] B. ULANOWSKI, Zur Authentizitätsfrage d. Proklamation Ottokars II. an die poln. Fürsten 1278, Zs. d. V. f. Gesch. u. Altert. Schlesiens 21 (1887); L. HOFFMANN, Die Beziehungen d. Kg. Przemysl Ottokar II. zu Schlesien u. Polen (Gymn.-Progr. Czernowitz 1909), dazu MIÖG 31 (1910), S. 656.

[7] W. ERBEN, Kriegsgesch. d. MA (1929), S. 124 mit ält. Lit. – G. WILDENBAUER, Die Schlacht auf d. Marchfelde, Verg. u. Gegenw. 28 (1938) überspitzt die Erwägungen früherer Historiker, ob Ottokars Untergang nicht ein Verhängnis für das von ihm geförderte Deutschtum in Böhmen-Mähren war, das sich bei längerer Verbindung mit Österreich, zumal wenn Ottokar dt. König geworden wäre, vielleicht vollends hätte durchsetzen können; doch spricht die Wirkung der an die Přemysliden anknüpfenden Luxemburger-Herrschaft in Böhmen und im Reich eher gegen diese Annahme. Auch LHOTSKY, Gesch. Österreichs (1967), S. 28 betont aber die »wirklich weltgeschichtliche Tragweite« der Schlachtentscheidung von 1278 für ganz Mitteleuropa.

[8] W. GOEZ, Der Leihezwang (1962), bes. S. 145 ff.

[9] Über die Ausbildung der Landesherrschaft in Österreich, Steiermark usw. Lit.-Übersicht bei M. UHLIRZ, Hdb. d. Gesch. Österreich-Ungarns 1 (²1963), S. 301 ff.; maßgebend für die weitere Forschung war O. BRUNNER, Land u. Herrschaft (1939, ⁴1959).

Kapitel 23
Rudolfs Kaiserpläne, das Papsttum und Italien

Über Rudolf I. erzählte man nach seinem Tod, er habe nicht nach Italien in die »Höhle des Löwen« gehen wollen, weil die Spuren seiner Vorgänger ihn schreckten[1]. Tatsächlich hat er aber seit seiner Königswahl unablässig mit der Kurie über Romzug und Kaiserkrönung verhandelt, mehrmals den Termin schon vereinbart. Gleichwohl steckt ein wahrer Sinn in jener Fabel. Die Kaiserkrone erstrebte er nicht, um Herrschaftsrechte in Italien wiederherzustellen, sondern um seine Stellung in Deutschland zu festigen und vor allem die Nachfolge seinen Söhnen zu sichern. Dafür war er zu beträchtlichen Zugeständnissen nach außen bereit.

Bald nach seiner Wahl bat Rudolf den Papst und die Kardinäle um die Kaiserkrone und erklärte sich zur Erfüllung aller päpstlichen Wünsche und Weisungen bereit, auch zur Teilnahme am Kreuzzug (Const. 3 n. 21/4). Gregor X.[2] antwortete

wohlwollend (ib. 25), hielt aber mit seiner offiziellen Anerkennung zurück, obgleich Rudolf bereitwillig die Versprechungen
Ottos IV. und Friedrichs II. – den Verzicht auf selbständige
Italien- und Kirchenpolitik – mit Zustimmung der Kurfürsten
erneuerte, sich auch zur Verständigung mit Karl von Anjou
bereit zeigte (ib. 34/5 und 48/51), den der Papst durch die Aussicht auf ein Ehebündnis mit dem künftigen Kaiser zu beschwichtigen suchte. Den noch immer auf die Kaiserkrönung
drängenden Alfons von Kastilien konnte Gregor erst im
Sommer 1275 bei einer Begegnung in Beaucair zum Verzicht
auf den deutschen Thron bestimmen[3]. Vorher schon hatte er
am 26. IX. 1274 *Rudolf* öffentlich *als König anerkannt* mit den
Worten: »te regem Romanorum nominamus«, ohne förmliche
Approbation der Wahl (ib. 66). Zugleich forderte er ihn und die
Kurfürsten auf, sich zum *Romzug zu rüsten*. Die Krönung wurde
auf den 1. XI. 1275 anberaumt. Rudolf sollte Truppen, der
Papst einen Legaten vorausschicken; eine Begegnung beider
wurde vereinbart, auch Bündnisverhandlungen mit Karl von
Anjou kamen in Gang; alles schien in bestem Einklang.

Es erregte freilich Gregors Mißfallen, daß der König ihn um
Geld für die Romfahrt bitten mußte und um Aufschub bis
Himmelfahrt 1276. Ungeduldig mahnte der Papst immer wieder
zum Eingreifen in Italien, wo nur Rudolfs Gesandte mit weni-
gen Truppen erschienen und sein Hofkanzler Rudolf von
Hoheneck als Generalvikar von den Städten der Lombardei
und der Romagna den Treueid forderte. Als der Papst von
Lyon nach Italien zurückkehrte, traf ihn Rudolf mit vielen
Fürsten unterwegs in Lausanne, beschwor alle Versprechen
seiner Vorgänger für die römische Kirche und nahm mit seiner
Gemahlin und vielen Fürsten und Rittern das Kreuz (Const. 3
n. 89ff.). Für die Kosten des Romzuges bekam Rudolf vom
Papst eine stattliche Summe. Den Mailändern kündigte er
seine Ankunft für Ostern an und forderte sie zur Heeresfolge
auf, bestellte auch Rektoren für die Romagna und für Toskana,
wo noch immer Karl von Anjou als vom Papst eingesetzter
Reichsvikar wirkte[4].

So ernstlich der König zum Romzug gewillt schien und der
Papst dazu drängte, stellten sich doch auf beiden Seiten Hindernisse entgegen. Die deutschen Kirchenfürsten wollten nicht den
drückenden Kreuzzugszehnt, den das Lyoner Konzil aus-
schrieb, für die Romfahrt verwenden lassen und sich daran
beteiligen, so daß Rudolf nochmals um ein päpstliches Dar-

lehen bitten mußte. Auch stand ihm die Auseinandersetzung mit Ottokar bevor, dringlicher als der Romzug oder gar der Kreuzzug. Andererseits *starb Gregor X.* bald nach der Rückkehr aus Lyon am 10. I. 1276 in Arezzo, und der neue Papst *Innocenz V.*[5] drang auf eine Verständigung über die Romagna vor dem Romzug. Denn daß Rudolf dort einen Generalvikar und Rektoren ernannte und sich Treueide schwören ließ, hatte heftigen Widerspruch im Kardinalskolleg hervorgerufen, obgleich Gregors X. Legat dabei mit Rudolfs Gesandten zusammenwirkte. Jetzt wurden sie auf die Lombardei beschränkt, und Innocenz V. forderte den *Verzicht des Reichs auf die Romagna* auf Grund alter, nie erfüllter, doch von Rudolf bestätigter Kaiserprivilegien. Die Rekuperationspolitik Innocenz' III. lebte wieder auf, da sich die Erweiterung des Kirchenstaates zur Bedingung für Rudolfs Kaiserkrönung machen ließ. Nachgiebig in allen italienischen Fragen, ließ sich Rudolf auch darüber auf Verhandlungen ein. Der Tod Innocenz' V. (22. VI. 1276) unterbrach sie; auch seine beiden Nachfolger starben innerhalb eines Jahres. Erst nach halbjähriger Vakanz wurde am 25. XI. 1277 der Römer *Nikolaus III.* gewählt[6]. Mit selbständiger Energie nahm er die Verhandlungen mit Rudolf über die Kaiserkrönung wieder auf, die auch er von der Auslieferung der Romagna abhängig machte. Andererseits nötigte er Karl von Anjou, der die Papstwahl des Orsini zu hintertreiben versucht hatte[7], zum Verzicht auf das toskanische Reichsvikariat und das römische Senatorenamt, das künftig nur ein Römer jeweils ein Jahr lang führen sollte, zunächst ein Bruder des Papstes. Auch in Toskana griff nun ein Papstneffe (Latino Malabranca) als Kardinallegat friedestiftend ein; und als Rudolf I. dort wieder einen Reichsvikar bestellte, bekam dieses Amt bald ein päpstlicher Kaplan (Percival von Lavagna). Ließ also Rudolf *Toskana* bei Wahrung der Reichsrechte doch als *päpstliches Interessengebiet* gelten, so gab er die Romagna vollends preis, löste die ihm dort geleisteten Treueide und ließ den Verzicht durch die Willebriefe vieler Reichsfürsten bestätigen (Const. 3 n. 192 ff., 216 ff.). Der Papst bestellte auch für die Romagna einen seiner Neffen zum Statthalter[8]. Da sich Rudolf auch mit Karl von Anjou über einen päpstlichen Vertragsentwurf einigte, schien seiner Kaiserkrönung nichts mehr im Wege zu stehen.

Ein der Kurie nahestehender Zeitgenosse, der Dominikaner Tolomeo von Lucca, hat später behauptet, Nikolaus III. habe damals mit Rudolf I. über eine grundlegende Neuordnung des Reiches verhandelt: Deutschland sollte ein habsburgisches Erbreich werden, das burgundische Arelat (regnum Viennense) sollte ein Enkel Karls von Anjou als Schwiegersohn Rudolfs bekommen (wie es nachweislich geplant war), in Italien sollten außer dem päpstlichen Lehnsreich Neapel-Sizilien zwei Königreiche in der Lombardei und Toskana geschaffen werden, für wen, sei nur zu vermuten gewesen (wahrscheinlich für die Papstneffen). Ob dieser »*Reichsteilungsplan*« nur ein Gerücht war oder ernstlich erwogen wurde, ist strittig[9]. Weit war davon der tatsächliche Zustand in den außerdeutschen Reichsländern, mit dem Rudolf sich abfand, nicht mehr entfernt, und der Plan eines deutschen Erbreichs wurde ihm und dem Papst auch später noch zugetraut. Nikolaus III. aber, der zu einer durchgreifenden politischen Neuordnung wohl willig und fähig gewesen wäre, konnte auch die mit Rudolf schon vereinbarten Pläne nicht mehr verwirklichen, ehe er am 22. VIII. 1280 starb.

Schlimmer als vor fünf Jahren durchkreuzte der Tod des Papstes zum zweitenmal Rudolfs Kaiserpläne, wenn nicht sogar größere Projekte. Mit Karl von Anjou wurde zwar weiterverhandelt, sein Enkel heiratete Rudolfs Tochter, und nur der Aufstand Siziliens gegen die Anjouherrschaft (s. Kap. 19) verhinderte deren Übergreifen ins Arelat. Unter Karls Druck wurde aber am 22. II. 1281 der Franzose Simon von Brion, früher Kanzler des französischen Königs Ludwig IX., als *Martin IV.*[10] zum Papst gewählt, von dem es hieß, er wolle alle Welt französisch regieren, alle Deutschen am liebsten vertilgen. Er steuerte ganz im Fahrwasser Karls von Anjou, ernannte ihn wieder zum Senator von Rom, opferte seiner Balkanpolitik die Union mit den Griechen und ermutigte die Franzosen zu einem kläglich scheiternden »Kreuzzug« gegen Peter von Aragon, der Sizilien gewonnen hatte[11]. Die Kaiserkrönung konnte Rudolf von diesem Papst nicht erwarten; er hat mit ihm gar nicht darüber verhandelt. Erst als bald nach dem Tod Karls von Anjou (7. I. 1285) auch Martin IV. starb (28. III. 1285) und einen verständigungsbereiteren Nachfolger in dem Römer *Honorius IV.*[12] bekam, wandte sich Rudolf wieder mit seinem alten Anliegen an die Kurie. Nochmals wurde ein Krönungstermin auf Lichtmeß 1287 vereinbart, eine Geldhilfe erbeten und ein päpstlicher Legat (Johannes Boccamazzi, Kardinalbischof von Tusculum) – der erste seit Jahrzehnten – nach Deutschland geschickt, um den König zu beraten, den Klerus zu besteuern. Seine Geldforderungen erregten jedoch heftige Beschwerden und tiefes Mißtrauen gegen die kuriale Politik. War doch nicht nur für die Stauferbekämpfung der Kreuzzugszehnt mißbraucht worden; auch für die Kreuzzüge Ludwigs IX. von Frankreich, sogar für das französische Unternehmen gegen Aragon waren die westlichen Reichsbistümer besteuert worden, als seien sie eine französische Tributärzone. Die Erregung darüber kam zum Ausbruch, als der Legat im März 1287 die deutsche Kirche zu einem *Konzil in Würzburg* versammelte, wo zugleich der König einen *Reichstag* hielt, der einen Landfrieden beschloß[13]. Dem heftigen Protest Bischof Konrads von Toul gegen die päpstliche Förderung französischer Übergriffe aufs westliche Reichsgebiet sekundierte der Kölner Erzbischof Siegfried von Westerburg mit der Behauptung, in ganz Deutschland sei das Gerücht verbreitet, der Legat wolle den Kurfürsten ihr Wahlrecht nehmen, das deutsche Königtum erblich machen und vom Imperium trennen. Das Würzburger Konzil scheiterte am stürmischen Widerspruch der deutschen Kirche. Der Legat, nur durch den König vor Tätlichkeiten bewahrt, mußte abziehen; er wurde noch unterwegs in Cambrai überfallen und beraubt. Die Folge war, daß Rudolfs Romzug schon aus Geldmangel wiederum unterbleiben mußte, auch wenn Honorius IV. nicht am 2. IV. 1287 gestorben wäre. Sein Nachfolger *Nikolaus IV.*,[14] ein italienischer Franziskaner, erklärte zwar sein Bedauern, daß seit 15 Jahren so viele allzu kurzfristige Termine für Rudolfs Krönung schon versäumt wurden, schien sie aber selbst nur hinzuhalten, während er trotz Rudolfs Protest den aragonesischen »Kreuzzugs«-Zehnt auch für die Reichsdiözesen im Westen auf drei Jahre verlängerte. Rudolf gab bis zu seinem Tod die Hoffnung nicht auf, Kaiser zu werden und dadurch die Wahl eines seiner Söhne zum Nachfolger zu erleichtern. Beides mißlang ihm; umsonst hatte er dafür die Romagna preisgegeben.

---

[1] Die Fuchs-Fabel als Ablehnung der Italienpolitik wohl zuerst um 1314 bezeugt in der oberrhein. Fortsetzung der Sächs. Weltchronik (MG Dt. Chron. 2, 328; vgl. W. NEUMANN, Die sogen. 1. bayr. Forts. der Sächs. Weltchr., Diss. Greifswald 1925).

[2] A. ZISTERER, Gregor X. u. Rud. v. Habsb. (1891); H. OTTO, Die Beziehun-

gen Rudolfs v. H. zu P. Gregor X. (1894); s. Kap. 21, Anm. 1.

[3] B. ROBERG, Die Abdankung Alfons' X. von Kastilien als dt. König 1275, HJb 84 (1964).

[4] F. BAETHGEN, Ein Versuch Rudolfs v. H., die Reichsrechte in Toscana wahrzunehmen, HV 22 (1925); ders., ZRG GA 54 (1920), S. 221 ff., beides auch in

dess. Mediaevalia 1 (1960), S. 186 ff. u. 149 ff.

[5] M. H. LAURENT, Le b. Innocent V (Pierre de Tarantaise) et son temps (Studi e Testi 129, 1947); B. Innocentius papa V., Studia et documenta (Rom 1943).

[6] Registres de Nicolas III ed. J. GAY et S. VITTE (1898–1938); A. DEMSKI, P. Nik. III. (1903); R. STERNFELD, Kard. Johann Gaetan Orsini, P. Nik. III. (1905); HALLER, Papsttum [2]5, S. 46 ff.

[7] F. BAETHGEN, Ein Pamphlet Karls I. v. Anjou zur Wahl P. Nik.' III. (SB München 1960); über die anti-angiovin. Politik Nikolaus' III. s. F. BOCK, MIÖG 62 (1954), S. 307 ff., gegen F. SAVIO, La pretesa inimicizia de papa Niccolò III contro il ré Carlo I d'Angiò, Arch. stor. sicil. NS 27 (1902).

[8] Über andere Nepoten d. Orsini-Papstes s. R. MORGHEN, Il card. Matteo Rosso Orsini, Arch. d. Soc. Rom. di storia patria 46 (1922).

[9] A. BUSSON, Die Idee des dt. Erbreichs u. die ersten Habsburger, SB Wien 88 (1878); F. J. VÖLLER, Teilungsplan P. Nik. III., HJb 25 (1904), auch O. REDLICH, R. v. H., S. 406 ff. – C. RODENBERG, MIÖG 16 (1895) wollte ähnliche Pläne schon unter Urban IV. und Clemens IV. nachweisen, weil sie zwischen »rex Teutoniae« und »rex Romanorum« (mit Anspruch auf das Imperium) unterschieden; vgl. auch W. NEUMANN, Päpstl. Reichsreformpläne im 13. Jh., in: Festschr. H. Reincke-Bloch (1927); dagegen F. WILHELM, MIÖG Ergbd. 7 (1904). Vorschläge zur Aufgliederung des Imperiums in der Denkschrift Humberts v. Romans zum Lyoner Konzil 1274 (s. Kap. 22, Anm. 3) erwiesen sich als Zusätze des Dominikaners Bernard Gui um 1317, s. B. BIRKMANN, Die vermeintl. u. die wirkl. Reformschrift d. Dominikanergenerals H. v. R. (1916); F. HEINTKE, Humbert v. R.

(1933) meint, auch Tolomeo v. Lucca in seiner um 1317 geschr. KiG (XXIII, 34) spreche erst unter dem Einfluß von Bernard Gui von Verhandlungen Nikolaus' III. mit Rudolf I. »super novitatibus faciendis in imperio, ut totum imperium in quatuor dividatur partes«; ebenso F. BOCK, RQs 44 (1936), S. 119ff. und G. v. GAISBERG-SCHÖCKINGEN (s. u. Anm. 13). Doch deutet Tolomeo solche Pläne »de immutatione imperii« schon vor 1306 in seinen Annalen an (ed. B. SCHMEIDLER, MG SS n. s. 8, 1930, S. 189 f.); Alexander von Roes warnt 1281 vor der Zerteilung des Reiches (Memoriale c. 25, MG Staatsschriften 1, 1958, S. 126 f.; dazu H. HEIMPEL, AKG 25, 1935, S. 31 ff.). Da gleichzeitig immer über Rudolfs Kaiserkrönung verhandelt wurde, kam nicht die Abschaffung des Imperiums, sondern nur seine Neugliederung in vier Erbkönigreiche unter dem Kaisertum in Frage, die mit Rudolfs Politik vereinbar scheint. Zutreffend HALLER, Papsttum [2]5, S. 51 f., 332 f.; s. auch TH. WITT, Kg. Rudolf v. H. und P. Nikolaus III., »Erbreichsplan« u. »Vierstaatenprojekt« (Diss. Ms. Göttingen 1956).

[10] Wahl Martins IV.: R. STERNFELD, MIÖG 31 (1910); N. BACKEN, Kard. Simon v. Brion (1910); Register Martins IV., ed. F. OLIVIER-MARTIN (1901/1935).

[11] W. KIENAST, Der Kreuzzug Philipps d. Sch. v. Frkr. gegen Aragon, HV 28 (1934); J. R. STRAYER, The Crusade against Aragon, Speculum 28 (1953).

[12] P. PAWLICKI, P. Honorius IV. (Diss. Münster 1896); Les registres d'Hon. IV, ed. M. PROU (1888).

[13] G. v. GAISBERG-SCHÖCKINGEN, Das Konzil u. der Reichstag zu Würzburg i. J. 1287 (Diss. Marburg 1928).

[14] Register Nikolaus' IV., ed. E. LANGLOIS (1886/93).

Sollte Rudolfs Nachgiebigkeit gegen päpstliche Ansprüche in Italien seinen deutschen Zielen dienen und dafür seine Kräfte sparen, so hielt er auch dem wachsenden *französischen Druck auf die Westgrenze* des Reiches nur dort energisch stand, wo seine eigenen Interessen unmittelbar betroffen wurden. Er selbst empfahl 1276 die Reichsabtei Orval (östlich Sedan) und 1281 sogar das Bistum Toul dem Schutz des Kapetingers, weil sie »zu weit vom Herzen des Reiches entfernt« seien, um sie selbst zu schützen. Trotz mancher Proteste und Drohungen konnte er nicht hindern, daß zumal seit der Thronbesteigung *Philipps IV. des Schönen* (1285) französische Einflüsse, Ansprüche, Rechts- und Machtpositionen längs der Schelde, Maas, Saône, Rhone Schritt für Schritt Boden gewannen[1]. Von vielen kleineren Verlusten abgesehen, wurde Lyon dem Reich vollends entfremdet, da sein Erzbischof dem französischen König einen Treueid schwor; Avignon, bis 1290 noch reichsunmittelbar, kam in Anjoubesitz; das Bistum Viviers rechts der Rhone wurde französisches Lehen; das Kloster Beaulieu bei Verdun entzog Philipp IV. dem Grafen von Bar, obgleich Rudolf seine Reichszugehörigkeit feststellen ließ. Auch in Savoyen und der Pfalz- oder Freigrafschaft Burgund konnte der König von Frankreich schiedsrichterlich eingreifen.

Zeitweise seit 1277 schien allerdings Rudolf I. im *Arelat* eigene Pläne zu verfolgen. Sein zweiter Sohn Hartmann, den er damals auch für die deutsche Thronfolge in Aussicht nahm, sollte dort König werden und eine Tochter König Eduards I. von England heiraten, dessen Mutter wie auch die des französischen Königs als Schwägerinnen Karls von Anjou dessen alleinige Besitznahme der Provence anfochten. Eine englisch-deutsche Verbindung und ein habsburgisches Königtum im Arelat hätte Karls Feindschaft herausfordern müssen, dafür aber die alte Rivalität der den Habsburgern in ihren Stammlanden benachbarten Grafen von Savoyen in Schach gehalten, die dem englischen Königshaus seit langem eng verbunden waren. Dies mag Rudolfs Hauptgrund für jene Pläne gewesen sein, als er für den Kampf gegen Ottokar eine Rückendeckung brauchte[2]. Nach seinem Marchfeldsieg wurden sie bald hinfällig, noch ehe der junge Hartmann 1281 im Rhein ertrank. Denn um des Romzugs willen lenkte Rudolf zu der schon von

Gregor X. angebahnten Verständigung mit Karl von Anjou zurück, dem er nun erst (28. III. 1280) die Provence als Reichslehen übertrug und dessen Enkel mit Rudolfs Tochter das Arelat bekommen sollte (Const. 3 n. 235 ff.).

So blieb das Arelat dem französischen Druck ausgesetzt. Nur in der Nähe seines eigenen Territoriums griff Rudolf entschiedener ein. Die Grafen von *Savoyen*, die es schwer verschmerzten, daß Rudolf 1277 das strategisch wichtige Freiburg im Üchtland von seinem Vetter kaufte, für das sie gern das Dreifache gezahlt hätten, mußten ihm auch die von ihnen besetzten Reichsorte Peterlingen, Gümmingen, Murten und die Vogtei des Bistums Lausanne ausliefern, als 1281 der Königssohn Hartmann und zwei Jahre später Rudolf selbst gegen sie zu Felde zog. Auch der ihnen verwandte *Pfalzgraf Otto von Burgund*, ein Urenkel Barbarossas, Sohn einer Andechserin, aber ganz französisch gesinnt und mit den Kapetingern verschwägert, wurde durch einen Feldzug Rudolfs 1282 genötigt, auf den von ihm okkupierten Basler Bistumsbesitz (Pruntrut im Elsgau) zu verzichten; sein Bruder mußte die Lehnshoheit des Reichs über seine Grafschaft Mömpelgard anerkennen. Darauf verbündeten sich Savoyen und Pfalzburgund »gegen die Deutschen«, machten auch Bern dem Habsburger abspenstig. Rudolf aber nutzte die nationale Erregung gegen die »Welschen«, die schon auf dem Würzburger Konzil (1287) laut wurde, zum Kampf gegen Pfalzgraf Otto, der ihm die Lehnshuldigung verweigerte. Ein größeres Ritterheer als je strömte ihm zu, als er nach der Unterwerfung Berns im Sommer 1289 *gegen Besançon* zog[3]. Obgleich König Philipp IV. sich vorsichtig zurückhielt, schien es den Zeitgenossen ein deutsch-französischer Krieg, und aus Frankreich bekam der Pfalzgraf starken Zuzug. Trotzdem genügte ein kühner, überraschender Nachtangriff der gebirgskundigen Schwyzer in Rudolfs Heer, um den Pfalzgrafen zum Nachgeben und zur Lehnshuldigung zu nötigen. Dauerhaft war der Erfolg jedoch nicht; schon nach wenigen Jahren schloß sich die Freigrafschaft an Frankreich an, nur Besançon blieb noch freie Reichsstadt. Einen Konflikt mit Frankreich vermied Rudolf auch bei diesem Kampf um Pfalzburgund. Der alternde König heiratete sogar 1284, seit drei Jahren verwitwet, die junge Schwester des französischen Kronvasallen Herzog Robert von Burgund und gestand diesem Schwager König Philipps III. den Anspruch auf die längst strittige Grafschaft Vienne (Dauphiné) zu. Im Westen wie in Italien war er um friedliche Verständigung bemüht und zum Kompromiß über hinfällige Reichsrechte bereit, wo sie nicht mehr in seinem Machtbereich lagen.

[1] F. Kern, Die Anfänge d. französ. Ausdehnungspolitik bis z. J. 1308 (1911) behandelt eingehend die ideellen, juristischen u. politischen Ansprüche u. Erfolge Frankreichs auf Kosten d. Reichsgebiets von Flandern über Lothringen bis ins Arelat. Daß dabei Philipp IV. von Anfang an zielbewußt planmäßig vorging, bestreitet G. Lizerand, Philip le Bel et l'Empire au temps de Rodolphe de Habsbourg, RH 142 (1923).

[2] F. Kern, Die auswärtige Politik Rudolfs v. H., MIÖG 31 (1910) klärt in aufschlußreichem Überblick vor allem die England- und Arelatpläne Rudolfs (s. Const. 3 n. 158 ff.); dazu R. Köhler, Die

Heiratsverhandlungen zw. Eduard I. von England u. Rudolf v. H. (1969, Diss. Berlin 1947, s. DA 8, S. 626); F. Trautz, Die Kge. v. England u. das Reich (1961), S. 121 ff. – Zur Gesch. des Arelats s. P. Fournier, Le royaume d'Arles et de Vienne 1138–1378 (1891) und R. Grieser, Das Arelat in d. europ. Politik (1925). Über die deutsch-französ. Beziehungen unter Rudolf I. s. J. Heller, Dtld. u. Frankreich in ihren polit. Beziehungen vom Ende d. Interregnums bis zum Tode Rudolfs v. H. (1874).

[3] E. Reuter, Der Feldzug Rudolfs I. v. H. gegen Burgund 1289 (Diss. Halle 1901).

Kapitel 25
Innere Politik, Thronfolgepläne und Ende Rudolfs I.

Die nach außen glanzlose Reichspolitik unter »Beschränkung der extensiven Herrschaftsansprüche zugunsten der intensiven« (Kern, MIÖG 31, 69) hat unverkennbar viele Zeitgenossen enttäuscht. Die Begeisterung, mit der die Wahl des ersten Habsburgers begrüßt wurde, hielt nicht vor. Den Fürsten war eine auf Deutschland gerichtete Königsmacht längst ungewohnt und unerwünscht. Den Städten, so beliebt auch der leutselige, prunklose König bei den Bürgern war, wurden seine Geldforderungen und die Amtleute und Burgen, die er in ihre Mauern setzte, lästig. Höher als in spätstaufischer Zeit mußten sie regelmäßige Jahressteuern zahlen, dazu Sonderumlagen für Reichstage, für den Ottokarkrieg, für die Romfahrt[1]. Schon 1274 wurde den Bürgern mancher elsässischer und schwäbischer Städte »pro conservatione rei publicae« sogar eine direkte Vermögenssteuer ($3^1/_2$ Prozent) auferlegt und von den Landvögten eingetrieben – »den Armen erfreulich, den Reichen mißfallend« (SS 17, 244), weil diese Lasten sich nicht auf die Ärmeren abwälzen ließen wie die üblichen Pauschalsteuern der Städte. Als diese Forderung 1284 allgemeiner wiederholt

wurde, lehnten sich die Städte der Wetterau, im Elsaß und bis
nach Bern dagegen auf. Die Bewegung wurde bedrohlich, da
zugleich vielerorts der Betrug und Wahn umging, Kaiser
Friedrich II. sei wiedergekehrt. Einer erschien im Elsaß, einer
wurde in Utrecht gehängt, einer in Lübeck ertränkt, einer
wenig später in Eßlingen verbrannt. Den größten Erfolg hatte
Tile Kolup (hochdt. Dietrich Holzschuh), der 1284 in Köln als
Kaiser Friedrich auftrat, aber als armer Irrer verspottet und vertrieben wurde. In Neuß dagegen fand er gutgläubigen Anhang
und Zulauf von weither. Er hielt dort Hof, schuf sich eine
Kanzlei, empfing Gesandte sogar von italienischen Ghibellinen. Als die städtischen Unruhen um sich griffen, verlegte er
seinen Sitz nach Wetzlar, das sich mit Frankfurt und Friedberg
verbündet hatte. Die Gefahr war ernst genug, daß König
Rudolf und der Kölner Erzbischof mit Truppen gegen Wetzlar
zogen, bis der falsche Kaiser ausgeliefert und als Ketzer und
Zauberer verbrannt wurde (7. VII. 1285)[2]. Im Erfolg seines
Kaiserspiels, im Wunschtraum der Wiederkehr Friedrichs II.
verrät sich das Ungenügen an Rudolfs nüchtern-karger, auf das
Greifbare gerichteter Herrschaft mit ihrem drückenden Geld-
bedarf. Um ihn zu decken, hat er die Städte nach diesen Erfahrungen anders behandelt. Ende 1290 berief er ihre Vertreter
nach Nürnberg, ließ sie mitberaten über die Reichsfinanzen
und die erforderlichen Summen selbst aufbringen. Damit erreichte er mehr als zuvor; sein altes Einvernehmen mit den
Bürgern wurde auf neue Grundlagen des Zusammenwirkens
gestellt.

Auf Verständigung und Vereinbarung, Einung und Kompromiß war König Rudolf überhaupt bedacht, wo Gewalt sich
vermeiden ließ. *Reichstage* (in der Folgezeit oft »parlamentum«
genannt) wurden seitdem üblich[3]. Schon unter Rudolf nahmen
daran manchmal Städtevertreter teil, zumal wenn über den
Landfrieden beraten wurde, dem seine besondere Fürsorge galt[4].
Schon zwei Tage nach seiner Krönung wurde zugleich mit dem
Verbot neuer willkürlicher Zölle der Mainzer Reichslandfriede
von 1235 erneuert, der auch weiterhin als Grundlage für Rudolfs
Friedensbemühungen diente. Dabei blieb er freilich auf die
Mitwirkung der Territorialgewalten angewiesen. Von ihnen
ließ er deshalb landschaftlich und zeitlich begrenzte Landfriedenseinungen beschwören, zuerst 1276 für Österreich, 1278
für Thüringen, 1281 für Franken und die Rheinlande, Bayern
und Schwaben. Sie wurden zusammengefaßt im allgemeinen

Landfrieden des Würzburger Reichstags 1287, dessen Besserung und Festigung jedoch den Fürsten in ihrem Land mit Rat ihrer Landherren anheimgestellt wurde[5]. Unermüdlich griff auch der König selbst als Friedenswahrer ein, vermittelnd oder strafend. Noch gegen Ende seines Lebens blieb er nach einem Erfurter Reichstag (Ende 1289) fast ein Jahr lang in Thüringen, das seit Heinrich Raspes Tod unter dauerndem Erbstreit und unablässigen Fehden litt. Auf das Ansinnen, Thüringen als erledigtes Lehen unter Reichsverwaltung zu nehmen, ging er nicht ein, bestellte aber Landfriedenswahrer, brach selbst 66 Raubburgen und ließ Landfriedensbrecher hinrichten, einmal 29 an einem Tag[6].

Als »guter Friedemacher« und als Bürgerfreund, wie ihn zahlreiche Anekdoten drastisch schildern[7], war der erste Habsburger volkstümlich beliebt wie noch kaum ein König. Bürgerlicher Herkunft war auch sein bester *Helfer und Berater Heinrich von Isny*, gen. Knoderer oder Kugullin (Strick- oder Kuttenträger), der schon als Minoritenlektor dem Habsburger nahetrat, von Gregor X. das Bistum Basel, von Honorius IV. das Erzbistum Mainz bekam, beidemal gegen den Willen des Kapitels, zum Staunen der Zeitgenossen, die ihn des Teufelsbundes und der schwarzen Kunst bezichtigten. Rudolf aber nannte ihn »cordis nostri secretarius«. Bis zu seinem Tod 1288 blieb er als erster Kirchenfürst des Reiches, als erfahrener Politiker und tapferer Krieger, als Gesandter in Rom und London, zeitweise auch Statthalter in Thüringen und Meißen Rudolfs zuverlässigste Stütze[8]. Noch ein anderer schwäbischer Handwerkersohn wurde unter Rudolf Reichsfürst: der Tübinger *Konrad Probus*, »der Biderbe«, als Minoritenprovinzial vom König mit politischen Missionen an der Kurie betraut, wurde von Nikolaus III. 1279 zum Bischof von Toul providiert. Sein schroffer Protest gegen den Legaten auf dem Würzburger Konzil, der ihn zeitweise in den Bann brachte, hat allerdings Rudolfs Politik eher durchkreuzt als gefördert, und später (1296) verzichtete Konrad auf sein von französischen Einflüssen bedrohtes Bistum. Da die Bistümer immer häufiger durch päpstliche Provision statt durch Wahl der Kapitel besetzt wurden, konnte der König bei politischem Einvernehmen mit der Kurie darauf einwirken, obgleich er mehrfach die von Otto IV. und Friedrich II. konzedierte Freiheit der Bischofswahlen bestätigt hatte. So wurde auch sein langjähriger Hofkanzler und Reichsvikar in Italien, Rudolf von Hoheneck aus armem schwäbischen Ritteradel, 1284 Erzbischof von Salzburg, zwei Protonotare seiner Kanzlei wurden Bischöfe von Trient und Passau. Aus dem Fürstenadel verhalf Rudolf keinem zu hohen Kirchenämtern[9].

Das durch Rudolf erneuerte Ansehen des Königtums in Deutschland und seine Nachgiebigkeit nach außen haben ihn jedoch nicht an das Ziel geführt, auf das alles angelegt war: zur Sicherung der Thronfolge für seine Nachkommen, deren vermehrte Hausmacht zur festen Grundlage der Reichsgewalt hätte werden können. Gerade der habsburgische Machtzuwachs forderte das Mißtrauen der Kurfürsten und anderer Territorialgewalten heraus, die unter einem schwächeren, wechselnden, von den Wählern abhängigen Königtum ihre eigenen Rechte besser zu sichern und zu steigern hofften. Diese Gegenkräfte vermochte Rudolf nicht zu meistern, zumal er dabei vom Mißgeschick verfolgt wurde. Alle Bemühungen um die Kaiserkrönung scheiterten, zweimal durch den Tod des Papstes; sie hätte nach allem Herkommen die Königswahl eines seiner drei Söhne erleichtert. Nur einer überlebte ihn. Der jüngere Hartmann, dem 1277 die Nachfolge zugedacht war, ertrank 1281. Der Plan einer Königswahl Albrechts scheiterte am Kölner Protest in Würzburg 1287[10]. Schließlich versuchte Rudolf auf dem Erfurter Reichstag 1290 die Kurfürsten für die Wahl seines jüngsten Sohnes zu gewinnen. Während aber der Böhmenkönig, dem dafür die zwischen Böhmen und Bayern strittige Kurwürde und das Erzschenkenamt erblich zugesichert wurde (Const. 3 n. 415 und 427), die anderen Laienwähler zu gewinnen suchte, widerstrebten die drei rheinischen Erzbischöfe unter Kölns Führung und erneuerten ein Bündnis zu gemeinsamer Wahrung ihrer Rechte und Interessen[11]. Der Tod des jungen Rudolf (12. V. 1290) machte auch diese Verhandlungen hinfällig. Albrechts Wahl aber, um die sich der König bis zuletzt bemühte, war um so schwerer durchzusetzen, als er nun den ganzen Habsburgerbesitz in seiner Hand vereinte und sich als Herzog durch seine rücksichtslose Energie bereits mehr gefürchtet als beliebt gemacht hatte. Die Thronfolge blieb unentschieden bis zu Rudolfs Tod. Als er ihn kommen fühlte, ritt er nach Speyer, um zu sterben, wo die Salier und Staufer begraben liegen. Sein Grabbild, noch zu Lebzeiten gemeißelt, zeigt ihn in ganzer Gestalt so getreu, wie man keinen seiner Vorgänger kennt. Man erzählte, der Bildhauer sei nach getanem Werk noch einmal zum König gereist, um eine neue Runzel seines Gesichts nachzubilden[12], bezeichnend für den Wirklichkeitssinn, dem Rudolfs eigenes Wesen und Handeln entsprach. Am 15. VII. 1291 ist er mit 73 Jahren gestorben.

[1] K. ZEUMER, Die dt. Städtesteuern, insbes. die städt. Reichssteuern im 12. u. 13. Jh. (1878); C. STEPHENSON, La taille dans les villes d'Allemagne, Le Moyen Age 26 (1924); O. REDLICH, R. v. H., S. 486 ff.; vgl. auch H. TROE, Münze, Zoll u. Markt u. ihre finanzielle Bedeutung für d. Reich vom Ausgang d. Staufer bis z. Regierungsantritt Karls IV. (1937).

[2] V. MEYER, Tile Kolup (1868); A. BUSSON, Der falsche Friedrich, SB Wien 111 (1885).

[3] H. EHRENBERG, Der dt. RT in d. J. 1273–1378 (1883); vgl. A. VEIT, Über d. Entstehung d. Reichsstandschaft der Städte (1898).

[4] A. GERLICH, Studien zur Landfriedenspolitik Kg. Rudolfs v. H. (1963); daraus ders., Landfriede u. Landrecht in Österreich 1276–81, Bll. f. dt. Ldsgesch. 99 (1963); H. ANGERMEIER, Königtum u. Landfriede (1966), S. 53 ff.

[5] Die territorialen Landfrieden von 1281: Const. 3 n. 278 ff., für Bayern 1286 wiederholt ebd. 382, der allgem. Landfrieden von 1287 ebd. 390, wörtlich erneuert 1291 ebd. 459; REDLICH, R. v. H., S. 429 ff.; K. S. BADER, Probleme d. Landfriedensschutzes im mal. Schwaben, Zs. f. württ. Ldsgesch. 3 (1939); W. SCHNELBÖGL, Die innere Entwicklung des bayr. Landfr. d. 13. Jh. (1932). Mit dem Mainzer Reichslandfrieden wurde auch die Einrichtung des Reichshofrichters u. seiner Kanzlei (s. Kap. 12, Anm. 6) durch Rudolf I. erneuert, s. H. KRUPICKA, Das Urkundenwesen d. dt. kgl. Hofgerichtes 1273–1378 (1937). – Wie die Landfriedensordnungen sind seitdem auch fast alle Hofgerichtsurkunden in deutscher Sprache abgefaßt, die überhaupt seit Rudolf in den Urkunden der Reichskanzlei so gebräuchlich wird, daß Johann v. Victring (ed. F. SCHNEIDER 1909, Bd. 1, S. 221 u. 269), meint der König habe die deutsche Urkunden-

sprache angeordnet, weil das schwierige Latein zu Irrtümern führe und »die Laien täuscht«. Rudolf selbst verstand nicht Latein, war überhaupt schreibunkundig. Vgl. FR. WILHELM, Corpus d. altdt. Originalurkunden bis 1300 (3 Bde. 1932–1957); dazu M. VANCSA, Das erste Auftreten d. dt. Sprache in d. Urkunden (1895); F. MERKEL, Das Aufkommen d. dt. Sprache in d. städt. Kanzleien (1930); H. HIRSCH, MIÖG 52 (1938); J. BOESCH, Das Aufkommen d. dt. Urk.sprache in d. Schweiz (Diss. Zürich 1943); H.-G. KIRCHHOFF, Arch. f. Dipl. 3 (1957).

[6] O. DOBENECKER, Ein Versuch, Thüringen um d. J. 1277 zu einem Reichslande zu machen, Mitt. d. V. f. Gesch. von Erfurt 46 (1930); ders., Kg. Rudolfs I. Landfriedenspolitik in Thüringen, ZV Thür. Gesch. 12 (1885).

[7] O. REDLICH, R. v. H. in der volkstüml. Überlieferung, Jb. f. Ldskde. v. Niederösterr. NF 17/18 (1919), auch in: Ausgew. Schriften (1928); A. HOFMEISTER, Anekdoten von R. v. H. u. Friedr. III., AnnHVNiederrh. 125 (1934); ders., in: Chronik d. Matthias von Neuenburg (MG SS n. s. 4), S. 544 ff. über den von Cuspinian benutzten ›Libellulus de facetiis Rudolfi‹.

[8] K. EUBEL, Die Minoriten Heinrich Knoderer u. Konrad Probus, HJb 9 (1888); REDLICH, R. v. H., S. 601 ff.; E. BAUMGARTNER, Heinrich v. Isny O. M. († 1288), B. v. Basel, Eb. v. Mainz, Erzkanzler Rudolfs I. v. H., Zs. f. Schweiz. KiG 5 (1911).

[9] K. KLUTZ, Der Einfluß Rudolfs v. H. auf die Vergebung geistl. Stellen in Dtld. (Diss. Berlin 1936). Vgl. K. GANZER (s. Kap. 17, Anm. 7).

[10] A. DOPSCH, Zur dt. Verfassungsfrage unter R. v. H., in: Festgabe M. Büdinger (1898).

[11] L. v. WINTERFELD, Die kurrheini-

schen Bündnisse bis 1386 (Diss. Göttingen 1912).
  12 Über Rudolfs Grabplatte (Bild-
hauer-Anekdote: Steir. Reimchron. v.

39125 ff.) s. G. Tiemann u. J. Wolf in:
Pfälz. Museum 44 (1927); A. Lhotsky
in: Festschr. E. Stengel (1952); ders.,
Gesch. Österreichs (1967), S. 75 f.

Kapitel 26
Anfänge der Schweizer Eidgenossenschaft

Unmittelbar nach dem Tod Rudolfs I., Anfang August 1291,
schlossen die Waldstätten Uri, Schwyz und Unterwalden ein
»ewiges Bündnis« zu Schutz und Hilfe gegen Gewalt und Unrecht, das zur Keimzelle der Schweizer Eidgenossenschaft
wurde. Sie beriefen sich dabei auf einen älteren, sonst nicht
bezeugten Bund[1]; ob er in Rudolfs Königszeit, im Interregnum
oder noch unter Friedrich II. geschlossen wurde, ist ungewiß
und strittig. Seitdem in den ersten Jahrzehnten des 13. Jh. der
Paßweg über den St. Gotthard gangbar wurde als kürzeste Verbindung vom Oberrhein nach Italien, waren die vorher abgelegenen Orte am Vierwaldstätter See für die Reichspolitik wie
für die habsburgische Territorienbildung wichtig geworden[2].
Ihre Rechtsstellung war verschieden. Uri war 1231 von König
Heinrich (VII.) aus dem Besitz der Habsburger Grafen losge-
kauft und ans Reich gebracht worden; als König bestätigte
Rudolf ihm 1274 die unveräußerliche Reichsfreiheit. Schwyz
bekam sie 1240 von Friedrich II. verbrieft, als er Parteigänger
warb; doch behaupteten die Habsburger hier weiterhin Herrschaftsrechte[3], wie ihnen auch Unterwalden gehörte. Seit
Rudolfs Königswahl waren diese Unterschiede unter dem
gleichen Herrn kaum spürbar. Ein Bund der drei Gemeinden
war nichts Ungewöhnliches; Eidgenossenschaften, Schwurverbände, »conjurationes« gab es damals allenthalben in und zwischen den Städten Italiens und Deutschlands oder in Landfriedenseinungen, deren Vorbild nahelag[4]. Das Besondere war,
daß hier Bauerngemeinden und Landadel, bald auch Städte sich
gemeinsam verschworen, landfremde Richter, in wessen Dienst
und Sold es sei, nicht bei sich zuzulassen. Den Schwyzern hatte
König Rudolf das Zugeständnis gemacht, daß nur Leute ihres
Tales, jedenfalls keine Unfreien über sie richten sollten. Nach
seinem Tod, als Albrechts härteres Regiment zu befürchten
war, wollte der Bund von 1291 diese Gewähr gegen fremde
Richter allen drei Waldstätten sichern, ohne sich sonst gegen

die bestehende Herrschaft auflehnen oder gar einen eigenen Staat bilden zu wollen. Richtete der Bund sich auch vornehmlich gegen die Habsburger, ihre Vögte und Beamten, so ist doch von einem offenen Konflikt bis zu Albrechts Ende noch nichts zu hören. Erst die spätere Überlieferung (1471/72 aufgezeichnet im sogen. Weißen Buch von Sarnen als historische Einleitung zu einer Urkundensammlung) erzählt die Befreiungssage vom Rütlischwur, von Tell und Geßler, als seien im Zusammenhang mit König Albrechts Ermordung in offener Empörung die Zwingburgen gebrochen, die Vögte erschlagen worden. Doch weder 1308 noch 1291, wohin neuere Forscher diese Ereignisse verlegen wollen, ist dergleichen bezeugt; trotz aller Bemühungen haben sich Tell und Geßler nicht als historische Gestalten erweisen lassen[5]. Tatsächlich wurde der anfangs defensive Bund erst schrittweise durch die Ereignisse der Folgezeit, nicht zum wenigsten durch den mehrfachen Dynastiewechsel im Reich, zu wachsender Selbständigkeit und Aktivität ermutigt. Ein Bündnis mit Zürich 1291, als sich in den Habsburgerländern Widerstände gegen Herzog Albrecht erhoben, wurde bei dessen raschem Eingreifen nicht wirksam. Als sich 1297 sein Konflikt mit König Adolf von Nassau zuspitzte, bestätigte dieser den Urnern und Schwyzern ihre Reichsfreiheit; doch sein Sturz und Tod und Albrechts Königtum ließen ihren Gegensatz zur Habsburgerherrschaft nicht akut werden. Nach Albrechts Ermordung, an der nur Adlige, nicht die Eidgenossen beteiligt waren, bekamen sie von König Heinrich VII. 1309 eine neue Verbriefung ihrer Reichsfreiheit, nunmehr auch Unterwalden, das darauf kein Anrecht hatte; doch sagte Heinrich VII. zwei Jahre später den mit ihm versöhnten Habsburgern eine Prüfung ihrer Rechte in den Waldstätten zu. Die Doppelwahl nach seinem Tod führte auch hier zum Ausbruch des Konflikts, da die Waldstätten zu Ludwig dem Bayern hielten, vom Habsburger Friedrich geächtet, von Ludwig aber unter Aufhebung der Acht im Widerstand gegen die Habsburger bestärkt wurden. Als ihn Herzog Leopold, Friedrichs Bruder, brechen wollte, wurde sein Ritterheer am 15. XI. 1315 am Morgartenpaß (südl. vom Aegerisee) von den gebirgskundigen Bauern vernichtend geschlagen[6]. Damit erst hatten die Eidgenossen, die am 9. XII. zu Brunnen ihren »ewigen Bund« erneuerten, ihre Unabhängigkeit erkämpft – nicht vom Reich, dem sie unmittelbar zugehören wollten, sondern von den Habsburgern als Landesherren, gegen die sie auch in der Folgezeit, als sich ihnen erst Luzern (1332), dann Zürich[7], Glarus, Zug und Bern (1351/1353) anschlossen, immer Rückhalt fanden an den nichthabsburgischen Königen. Erst als die Habsburger seit 1438 dauernd auf den deutschen Thron kamen, löste sich die inzwischen stark angewachsene Eidgenossenschaft, das Hindernis für die immer erstrebte Verbindung der Habsburgerländer am Oberrhein und in den Ostalpen, allmählich auch vom Reich los und wurde zum unabhängigen Staat (endgültig anerkannt erst im Westfälischen Frieden 1648)[8]. War ihre Verselbständigung erst durch die Unterbrechung des Habsburgerkönigtums nach Rudolf I. und Albrecht I. ermöglicht oder wenigstens stark begünstigt worden, so wurde sie dann durch die Rückkehr der Habsburger auf den Thron besiegelt. In der Zwischenzeit wirkte der Freiheitskampf der Eidgenossen mehrmals entscheidend auf die Reichsgeschichte ein.

Quellenwerk zur Entstehung d. Schweizerischen Eidgenossenschaft, Abt. 1: Urkunden (bis 1353, 3 Bde. 1933–1964), Abt. 2: Urbare und Rödel (bis 1400, 4 Bde. 1941 bis 1957), Abt. 3: Chroniken u. Dichtungen (bisher 3 Bde. 1947–1965); dadurch z. T. überholt: Quellen zur Schweizergeschichte (1877 ff., die einzelnen Bde. s. DW[9] 1167); Urkunden zur Schweizer Gesch. aus österreich. Archiven, hg. v. R. Thommen (3 Bde. bis 1499, 1899–1935); Auswahl: H. Nabholz u. P. Kläui, Quellenbuch zur Verf.gesch. d. Schweiz (²1947). – Neuere zusammenfassende Darstellungen: J. Dierauer, Gesch. d. Schw. Eidgenossenschaft 1 (⁴1926); E. Gagliardi, Gesch. d. Schweiz 1 (⁴1939); H. Nabholz, L. v. Muralt u. a., Gesch. d. Schw. Eidgenossenschaft 1 (1932); G. Guggenbühl, Gesch. d. Schw. Eidgen. 1 (1947); W. v. Wartburg, Gesch. d. Schweiz (1951); R. Pfister, KiG d. Schweiz 1 (1964); H. Ammann u. K. Schib, Histor. Atlas d. Schweiz (²1958); weitere Lit. bei M. Uhlirtz, Hdb. d. Gesch. Österreich-Ungarns 1 (²1963), S. 284 ff.; s. auch Bd. 13, Kap. 23 mit Anm. 40 (Lit.).

1 Den älteren Bündnisbrief rekonstruierte H. Bresslau, Das älteste Bündnis d. Schweizer Urkantone, Jb. f. Schw. Gesch. 20 (1895); er begründete damit zugleich die Auffassung der ursprüngl. Eidgenossenschaft als Schutzu. Landfriedensbündnis zur Wahrung ihrer Rechte, ohne den Willen zu revolutionärer Auflehnung oder gar Staatsbildung. O. Hunziker, Der eidgenöss. Bundesbrief von 1291 u. seine Vorgesch. (1931).

2 Die Bedeutung des neu erschlossenen Gotthard-Wegs für die Entstehung der Eidgenossenschaft erkannte zuerst A. Schulte, Gesch. d. mittelalt. Handels 1 (1900), S. 169 ff.; ders., Über

Staatenbildungen in der Alpenwelt, HJb 22 (1901). K. Meyer, Über die Einwirkung d. Gotthardpasses auf d. Anfänge d. Eidgenossensch., Gesch.freund 74 (1919, auch in: Aufsätze u. Reden 1952) verlegt die Eröffnung des Gotthard-Weges schon ins 12. Jh., dagegen R. Laur-Belart, Studien z. Eröffnungsgesch. d. Gotthardpasses (1924) und F. Güterbock, Wann wurde die Gotthardroute erschlossen?, Zs. f. Schw. Gesch. 19 (1939); Iso Müller, Der Gotthard-Raum in d. Frühzeit (7. bis 13. Jh.), Schweiz. Zs. f. Gesch. 7 (1957).

3 K. Meyer, Über d. habsburg. Verwaltung d. Landes Schwyz, Mitt. HV d. Kantons Schwyz 33 (1925).

[4] H. Nabholz, Der Zusammenhang der eidgen. Bünde mit d. gleichzeitigen dt. Bündnispolitik, in: Festgabe G. Meyer v. Knonau (1913); B. Meyer, Die Sorge f. d. Landfrieden im Gebiet d. werdenden Eidgenossensch. 1250 bis 1350 (Diss. Zürich 1935). Das Vorbild oberitalien. Stadtrepubliken überschätzte wohl K. Meyer, Italien. Einflüsse bei der Entstehung d. Eidgenossensch., Jb. f. Schweiz. Gesch. 45 (1920, auch in: Aufsätze u. Reden 1952).

[5] Am eifrigsten versuchte K. Meyer die Tradition vom Rütlischwur, von Tell und Geßler als historisch zu erweisen und ins Jahr 1291 zu verlegen, zugleich die Auffassung d. Eidgenossenschaft als polit. Befreiungsaktion gegen die Habsburger wieder zur Geltung zu bringen, s. Die urschweizer Befreiungstradition (1927); Der Freiheitskampf d. eidgenöss. Bundesgründer ([2]1942); Der Ursprung d. Eidgenossenschaft (1941), auch Zs. f. Schw. Gesch. 21 (1941) u. 23 (1943). Seine gezwungene Gleichsetzung eines habsburgischen Vogtes Konrad von Tillendorf mit der Geßler-Gestalt u. zugleich mit dem Tell-Namen ist mit Recht abgelehnt worden. Vgl. dagegen U. Stutz, ZRG GA 46 (1926), S. 527 ff., 48 (1928), S. 644 ff., u. 50 (1930), S. 608; H. Nabholz in: Papsttum u. Kaisertum (Festschr. f. P. Kehr 1926); A. Brackmann, NA 46 (1926, auch in Ges. Aufsätze 1941); H. Fehr, Die Entstehung d. Schweizer Eidgenossensch. (1929)

und Zs. f. Schw. Recht, NF 61 (1942); B. Meyer, Die ältesten eidgenöss. Bünde (1938) und Zs. f. Schw. Gesch. 24 (1944), S. 143 ff.; K. S. Bader, HZ 168 (1944), S. 590 ff.; ders., Der deutsche Südwesten (1950), S. 177 ff.; Th. Mayer, DA 6 (1943) u. 7 (1944), auch ZRG GA 63 (1943), S. 433 ff. Sie alle vertreten im wesentlichen die Auffassung der ursprünglichen Eidgenossenschaft als Landfriedenseinung zur Wahrung ihrer Rechte, noch ohne Auflehnung gegen die bestehende Herrschaft oder gar den Willen zur Staatsbildung. Ältere Lit. DW[9] 7695, bes. W. Oechsli, Die Anfänge d. Schw. Eidgenossenschaft (1891); Übersicht über die Forschung: H. G. Wirz im Quellenwerk (s. o.) 3, 1 (1947; H. Steinacker, MIÖG 59 (1951), S. 182 ff.; B. Meyer, Schweiz. Zs. f. Gesch. 2 (1952).

[6] R. Durrer, Die ersten Freiheitskämpfe d. Urschweiz, in: Schweizer Kriegsgesch. 1 (1915); C. Amgwerd, Die Schlacht u. das Schlachtfeld am Morgarten, Mitt. HV d. Kantons Schwyz 49 (1951); M. Schnitzer, Die Morgartenschlacht im werdenden schweiz. Nationalbewußtsein (1969).

[7] A. Largiadèr, Zürichs ewiger Bund mit d. Waldstätten ([2]1951); H. Nabholz, Der Zürcher Bundesbrief vom 1. V. 1351 (1951), dazu H. Steinacker, Die Habsburger u. der Ursprung d. Eidgenossenschaft, MIÖG 61 (1953).

Kapitel 27
Wahl und Anfänge König Adolfs von Nassau

Nach dem Tod Rudolfs I. dauerte es fast 10 Monate, ehe ein neuer König gewählt wurde. Für die Nachfolge seines Sohnes Albrecht hatte er die Kurfürsten nicht gewinnen können: sie wollten keine Erbansprüche aufkommen lassen. Auch fehlten ihm zwar nicht die Herrschergaben, aber die gewinnenden Züge seines Vaters. Ein Zeitgenosse urteilte: »Er war ein gepaurischer man an der persone und het neur ain auge und gar

einen unwirdischen anplich.«[1] Als strenger Landesherr, dessen
geheime Ratgeber geradezu verhaßt waren, hatte er in seinen
Herzogtümern Adel und Städte gegen sich aufgebracht. Ihr
Widerstand kam nach Rudolfs Tod zum offenen Ausbruch und
ermutigte auch die Nachbarn zu der Hoffnung, ihre von
Rudolf zurückgedrängten Ansprüche nun zur Geltung zu
bringen[2]. Einen Aufstand des steirischen Adels unterstützte
Herzog Otto von Niederbayern, der die Steiermark zu gewinnen hoffte. Mit ihm war der Salzburger Erzbischof und der
Patriarch von Aquileja im Bunde. Auch in Kärnten gärte es
gegen Graf Meinhard, der stets zu seinem Schwiegersohn
Albrecht hielt. In Österreich brachen die Ungarn ein. Ebenso
nutzten im Westen die Grafen von Savoyen Rudolfs Tod, um
wieder nach Murten und Peterlingen zu greifen; sie bestärkten
auch Bern, Zürich, Konstanz und Basel zum Widerstand gegen
Albrecht und verbündeten sich gegen ihn mit dem Abt von
St. Gallen und dem Konstanzer Bischof. Den größten Gewinn
aber glaubte aus dieser Bedrängnis des Habsburgers der junge
König *Wenzel II. von Böhmen* ziehen zu können. Schon früher,
noch ganz unter dem Einfluß seines Stiefvaters Zawisch von
Falkenstein, des Hauptes der in Böhmen mächtigen Witigonen,
hatte er Kärnten beansprucht, ehe Meinhard von Tirol 1286
damit belehnt wurde. Dann war eine Versöhnung mit Herzog
Albrecht gelungen, dessen Schwester Guta als Wenzels Gemahlin nach Prag zog und sich bei Tschechen und Deutschen
gleicherweise beliebt machte. Zawisch wurde gestürzt und
hingerichtet, die böhmische Politik nach Nordosten gelenkt.
Sie ließ sich jedoch durch die Krise der Habsburgerherrschaft
wieder zu den alten Zielen Ottokars verlocken und glaubte sie
bei der Königswahl erreichen zu können, für die sich Wenzel II.
im voraus die Zustimmung Sachsens und Brandenburgs zu
seiner eigenen Entscheidung sicherte[3]. An seinem Anspruch
auf die seinem Vater entzogenen Länder mußten Verhandlungen mit Herzog Albrecht scheitern, für dessen Wahl nur der
alte Staufer- und Habsburgerfreund Ludwig II., Herzog von
Oberbayern und Pfalzgraf bei Rhein, entschieden eintrat.

Während Böhmen den Thronwechsel zur Verdrängung der
Habsburger aus ihrer neuen Hausmacht ausnutzen wollte, hatte
der Kölner Erzbischof Siegfried von Westerburg[4], der schon
1287 Rudolfs Nachfolgepläne vereitelte, noch besondere
Gründe, die Wahl eines ihm gefügigen Königs zu betreiben.
Die *Kurkölner Territorialpolitik* hatte einen schweren Rück-

schlag erlitten, als nach dem Tod Herzog Walrams IV. vo
Limburg (1280) der Streit um sein Erbe zwischen Geldern un
Brabant entbrannte, in den der ganze Nordwesten des Reiches
von Flandern bis Westfalen verwickelt wurde. Zu Brabant und
dem Grafen von Berg hielt auch die Stadt Köln, immer aufsässig gegen ihren Erzbischof, den Verbündeten Gelderns und
Flanderns. Am 5. VI. 1288 kam es zu einer mörderischen
Schlacht bei Worringen, in der Erzbischof Siegfried von Köln
mit Rainald von Geldern, dem Schwiegersohn des letzten Lim-
burgers, besiegt und gefangen wurde. Nur mit großen Kosten
und politischen Zugeständnissen konnte er sich nach einem
Jahr loskaufen. Um so mehr ging er darauf aus, sich bei der
nächsten Königswahl zu sanieren. Er schlug dafür den ihm verschwägerten *Grafen Adolf von Nassau* vor, seinen tapferen
Kampf- und Leidensgefährten bei Worringen, der zwar über
wenig eigene Macht verfügte – nur die Hälfte des 1255 geteilten
Nassauer Erbes südl. der Lahn zwischen Weilburg und Wiesbaden –, um so willfähriger aber alle Kölner Wünsche erfüllte
auf Kosten des Reiches. Die *Wahlbedingungen*, die der Kölner
Erzbischof seinem eigenen Thronkandidaten stellte[5], sind das
drastischste Zeugnis für die kurfürstliche Selbstsucht und die
Ohnmacht des Wahlkönigtums. Adolf muß versprechen, der
schwer geschädigten Kölner Kirche aufzuhelfen, weil sonst das
Reich nicht gedeihen könne; er muß ihr Reichsstädte wie
Dortmund und Duisburg, Reichsburgen und -höfe und die
Essener Vogtei überlassen, ihren alten Besitz sichern oder aus-
lösen, 25 000 Silbermark für Auslagen »im Dienste des Reiches«
zahlen und Hilfe gegen die Kölner Bürger und andere Widersacher des Erzbischofs zusagen; er darf auch bei zwiespältiger
Wahl nie auf die Krone verzichten, verwirkt aber sein Thronrecht, wenn er jene Zusagen nicht erfüllt; dann braucht ihn der
Erzbischof nicht zu krönen, und die Kurfürsten können einen
anderen König wählen, »si hoc eidem archiepiscopo videbitur
expedire«. Gleichsam auf Widerruf angestellt im Interesse Kurkölns, darf der König überdies ohne dessen Zustimmung weder
über Limburg noch über Österreich verfügen – als seien beide
Herzogtümer erledigte Reichslehen! Dem Böhmenkönig, der
dadurch samt Sachsen und Brandenburg für Adolfs Wahl gewonnen wurde und mit dessen Sohn seine Tochter verlobte,
verpflichtete sich der neue König, über Österreich, Steiermark
und Kärnten einen Vergleich mit dem Habsburger und Graf
Meinhard herbeizuführen oder ein für Böhmen günstiges Urteil

zu fällen (ib. n. 480). Mit dem Mainzer Erzbischof Gerhard II. von Eppenstein[6] war Adolfs Gemahlin, eine Limburgerin, verwandt; er stimmte ebenso wie Erzbischof Boemund von Trier und schließlich auch Pfalzgraf Ludwig der Wahl Adolfs zu und vollzog sie im Namen aller Kurfürsten am 5. V. 1292 in Frankfurt[7], nachdem die kurfürstlichen Wahlkapitulationen verbrieft waren. Am 1. VII. folgte die Aachener Krönung.

Die von Rudolf I. erstrebte Festigung der Reichsmacht auf der Grundlage eigener Hausmacht wurde durch Adolfs Wahl vereitelt. Die Kurfürsten bekamen das Heft in die Hand und glaubten ihren Wahlkönig ausnutzen und gängeln zu können. Dem Habsburger war das Schicksal Ottokars zugedacht, dessen Sohn sein ganzes Südostreich wiederherstellen wollte. Herzog Albrecht ließ es jedoch vorerst zu keiner Machtprobe kommen und durchkreuzte dadurch jene Pläne. Er war, nachdem er der Widerstände in seinen Herzogtümern energisch und doch geschmeidig Herr geworden war, mit Truppen nach Frankfurt unterwegs, als er Adolfs Wahl erfuhr. Er focht sie nicht an, sondern ging zunächst in seine Stammlande, nötigte Luzern zur Unterwerfung, Zürich und den Konstanzer Bischof zum Frieden. Ende 1292 begab er sich zu König Adolf nach Hagenau, lieferte ihm die Reichsinsignien aus und huldigte ihm für seine Reichslehen. Wie der Böhme dadurch in seinen Hoffnungen enttäuscht wurde, so der Mainzer Erzbischof, der sich erweiterte Erzkanzlerrechte und Unterstützung gegen seine Stadt ausbedungen hatte (Const. 3 n. 481/5), durch den engen Anschluß seines stärksten territorialen Rivalen Kurpfalz an den neuen König: Nach dem Tod des alten Pfalzgrafen Ludwig (1294) heiratete sein Sohn Rudolf eine Tochter König Adolfs und wurde sein treuester Anhänger. Auch mit Kurkölns Widersacher Brabant verständigte sich der König, bestellte den Herzog sogar zum Reichspfleger und Landfriedenswahrer am Niederrhein (ib. 494). Neue Helfer sollten die Bindungen an seine Wähler lockern. Bei einem Versuch zu eigener Politik zerrissen sie vollends.

Für Adolf v. Nassau grundlegend Reg. Imp. 6, 2 bearb. von V. SAMANEK (1933/48), dazu dessen Vorarbeiten: Studien zur Gesch. Kg. Adolfs, SB Wien 207, 2 (1930) und: Neue Beiträge zu den Regesten Kg. Adolfs, ebd. 214, 2 (1932). W. H. STRUCK, Eine neue Quelle zur Gesch. Kg. Adolfs v. N., Nass. Annal. 63 (1952) verwertet Fragmente eines registerartigen Kanzlei-Formelbuchs. Eine zusammenfassende Darstellung fehlt seit F. W. E. ROTH (1879); am ausführlichsten F. W. TH. SCHLIEPHAKE, Gesch. von Nassau 2–3 (1867/69); beachtenswert, wenn auch einseitig E. ZIEHEN, Kg. Adolf v.

N., Mittelrhein u. Reich, Nass. Annal. 59 (1939), vor allem aber als Vorarbeit für die Jahrbücher d. dt. Gesch.: F. Trautz, Studien zur Gesch. u. Würdigung Kg. Adolfs v. N., Geschichtl. Ldskde. Mainz 2 (1965).

[1] MG Dt. Chron. 2, 331; andere Urteile über Albrecht bei A. Lhotsky, Gesch. Österreichs (1967), S. 43 ff.

[2] A. Dopsch, Ein antihabsburg. Fürstenbund i. J. 1292, MIÖG 22 (1901); O. Redlich, Zur Gesch. d. österreich. Frage unter Kg. Rudolf I., MIÖG Ergbd. 4 (1893); A. Hessel, Jbb. Albrechts I. (1931), S. 25 ff.

[3] Zum Zittauer Wahlbündnis zwischen Böhmen, Sachsen, Brandenburg vom 29. XI. 1291 (Const. 3 n. 470) vgl. G. Ryll, Die böhm. Politik bei der Königswahl Adolfs v. N. (Diss. Marburg 1909), der annimmt, Wenzel wollte selbst deutscher König werden; dagegen Samanek, Studien, S. 10 ff.

[4] H. Schrohe, Die polit. Bestrebun-

gen d. Eb. Siegfried von Köln, AnnHV-Niederrh. 67/68 (1898/99).

[5] Const. 3 n. 474 vom 27. IV. 1292; s. S. Haider, MIÖG 76 (1968), S. 135 ff. auch über weitere Wahlversprechungen Adolfs für Köln, Trier u. Mainz.

[6] H. Patze, Eb. Gerhard II. von Mainz u. Kg. Adolf v. N., Hess. Jb. f. Ldsgesch. 13 (1963).

[7] Über Adolfs »electio per unum« durch den Mainzer Eb. vgl. H. Mitteis, Königswahl ([2]1944), S. 210 f. und F. Baethgen, Zur Gesch. der Wahl Adolfs v. N., DA 12 (1956), auch in dessen Mediaevalia 1 (1960), gegen Samanek, Studien, S. 22 ff. und Reg. Imp. 6, 2 n. 11.

Kapitel 28
Außenpolitik, Hausmachtpolitik und Sturz König Adolfs

Wurde Adolf von Nassau vom Kölner Erzbischof gegen den Habsburger ausgespielt ähnlich wie einst Otto IV. gegen die Staufer, so schlug er auch nach außen dessen Bahnen ein in der alten Richtung der Kölner Politik: Er schloß im August 1294 ein *Bündnis mit König Eduard I. von England*, der den Rest seines Festlandbesitzes an der Garonne von Philipp d. Sch. bedroht sah und auch wegen Flandern mit ihm in Konflikt geriet. Wie vielen niederrheinischen Fürsten zahlte er auch dem deutschen König reichliche Subsidien, 20000 Pfund, und stellte noch höhere Summen in Aussicht, damit er Frankreich bekämpfen und keinen Sonderfrieden schließen sollte (Const. 3 n. 509 ff.). Freilich hatte das Reich, dem Eduard I. gegen Frankreichs Übergriffe zu helfen versprach, auch genug eigene Kriegsgründe. Valenciennes hatte sich 1292 im Vertrauen auf den Kapetinger vom Reich losgesagt und ging an Frankreich verloren wie vorher schon Lyon. Der burgundische Pfalzgraf Otto, den Rudolf I. 1289 zur Lehnshuldigung genötigt hatte, gab zwei Jahre später seine Erbtochter einem französischen Königssohn zur Frau, dem die Freigrafschaft, aus dem Reichsverband gelöst, zufallen sollte; ja er trat sie ihm gegen gute Bezahlung ab, als ihm auf einem Frankfurter Reichstag 1296 seine Reichslehen abgesprochen wurden (ib. 557/8). Auch Graf Heinrich von Luxemburg (der spätere Kaiser) wurde 1294 Vasall des französischen Königs und verpflichtete sich, Frankreich gegen jedermann zu unterstützen. Nach scharfen Protesten gegen den Raub an Ländern und Rechten des Reiches schickte Adolf am 31. VIII. 1294 eine schroffe *Kriegserklärung an Frankreich*, die beinahe höhnisch beantwortet wurde (ib. 524/7). Doch obgleich Adolf mehrmals zum Angriff rüstete, kam es nicht zum Krieg. Eduard I. erschien nicht rechtzeitig zu der verabredeten Begegnung; Aufstände in Wales, Krieg mit den Schotten, Frankreichs Verbündeten, und die Opposition von Baronen und Klerus in England hielten ihn auf. Als er endlich Flandern auf seine Seite zog und im August 1297 mit unzulänglichen Truppen dort landete, schickte das Reich keine Hilfe – schon weil bald (9. X. 1297) Waffenstillstand geschlossen wurde und ein päpstlicher Schiedsspruch den Frieden zwischen England und Frankreich vermittelte (30. VI. 1298). Es ist zwar nicht ganz sicher und unbestreitbar erwiesen, daß König Adolf schon vorher das Zutrauen zu seinem englischen Bundesgenossen verlor und sich von Agenten des französischen Königs dafür gewinnen und bezahlen ließ, von einem Angriff abzustehen[1], vielleicht in der trügerischen Hoffnung, zu einer friedlichen Grenzregelung mit Frankreich zu kommen. Aber daß er von fremden Mächten Geld nahm und doch untätig blieb, machte ihn schon manchen Zeitgenossen verächtlich[2]. Der überlegenen Diplomatie und der monarchisch geeinten Staatsmacht Philipps d. Sch. war er auch im Bunde mit England nicht gewachsen, das wie Deutschland an innerem Zwiespalt krankte. Inzwischen knüpfte Herzog Albrecht von Österreich seinerseits Verbindungen mit dem Kapetinger an; seine Opposition lähmte vollends Adolfs schwankende Westpolitik, die das Reich nur bloßstellte.

In anderer Richtung glaubte König Adolf seine Mittel besser verwenden und stärken zu können. Wie sein Vorgänger hoffte er nach Osten zu eigene *Hausmacht* zu gewinnen. *Thüringen* war nach langem Erbstreit seit dem Tod Heinrich Raspes den Wettiner Markgrafen von *Meißen* zugefallen; nur *Hessen* wurde davon abgegliedert für Landgraf Heinrich I., einen Enkel der hl. Elisabeth, den König Adolf damit 1292 als Reichsfürsten belehnte (Const. 3 n. 476/8). Die Söhne und Enkel des tüchtigen Wettiners Heinrich des Erlauchten († 1288) gerieten jedoch über die Teilung ihrer Länder in Streit. Die Mark Meißen kam an eine jüngere Linie, die 1291 mit Markgraf Friedrich Tuta erlosch. Seine Vettern Friedrich der Freidige – einst die Hoffnung der Ghibellinen[3] – und Diezmann (Dietrich) erhoben Erbansprüche. König Adolf aber zog Meißen als erledigtes Reichslehen ein und bestellte seinen Vetter Heinrich von Nassau zum Statthalter. Er kaufte außerdem im Frühjahr 1294 dem Vater der beiden verdrängten Wettiner, dem Landgrafen Albrecht, den man später den Entarteten (»degener«) nannte, die Landgrafschaft Thüringen »ad usus imperii« ab, um ihn dort sein ziellos verschwenderisches Leben zu Ende führen zu lassen († 1315), die mit ihm streitenden Söhne aber vom Erbe auszuschließen. Sie wurden geächtet und auf zwei Heerfahrten des Königs (Sept. 1294 und Aug. 1295) vertrieben[4].

Der Griff nach Thüringen und Meißen, mit dem sich König Adolf die Machtgrundlagen für eine selbständige Politik schaffen wollte wie die Habsburger in Österreich, brachte jedoch die Kurfürsten gegen ihn auf. Der Mainzer Erzbischof, um seinen alten Thüringer Besitz um Erfurt besorgt[5], protestierte an der Kurie gegen den Handel; Bonifaz VIII. befahl ihm, ungeachtet seines Treueids des Königs Vorgehen zu hindern. König Wenzel II. von Böhmen erhob selbst Ansprüche auf Meißen, die nach Adolfs Wahlzusage nicht übergangen werden durften. Als er durch dessen Vorgehen die böhmische Ausdehnungspolitik nach Norden abgeriegelt sah, schwenkte er, von seinem Kanzler Peter von Aspelt beraten, zu dem Habsburger um. Bei Wenzels lange verzögerter Krönung[6], die nach dem Herkommen der Mainzer Erzbischof vollzog, kam zu Pfingsten 1297 außer den Kurfürsten von Sachsen und Brandenburg und den vertriebenen Wettinern auch sein Schwager Albrecht von Österreich mit stattlichem Gefolge nach Prag. Dort wurde der *Plan zum Sturz König Adolfs* geschmiedet. Seitdem rüstete der Habsburger zur Entscheidung, während die östlichen Kurfürsten auf mehreren Zusammenkünften über seine Wahl berieten.

Erzbischof Gerhard von Mainz berief, als sei das bei Reichsnot sein Recht als Erzkanzler, den König mit den Kurfürsten sowie Herzog Albrecht zum 1. V. 1298 nach Frankfurt (Const. 3 n. 588), vertagt auf 15. VI. nach Mainz. Mit eigenen Streitkräften, verstärkt aus Böhmen und Ungarn (dessen König

Andreas III. Albrechts Tochter heiratete), brach der Habsburger im März 1298 von Österreich nach Westen auf, erhielt auch Zuzug in Süddeutschland und aus Kärnten. König Adolf mit seinem Kurpfälzer Verbündeten und einigen königstreuen Städten am Mittel- und Oberrhein versuchte ihn durch Vorstöße bis Ulm und ins Elsaß abzudrängen und am Rheinübergang zu hindern. Trotzdem gelang es Albrechts geduldiger Strategie, seine Kräfte in Straßburg zu sammeln und gegen Mainz vorzustoßen. Am 2. VII. 1298 stellte sich ihm König Adolf in einer *Ritterschlacht* auf dem Hasenbühl *bei Göllheim* in der Pfalz entgegen. Er wurde besiegt und tapfer kämpfend erschlagen[7].

Inzwischen hatte Erzbischof Gerhard im Mainzer Dom im Beisein der Kurfürsten von Sachsen und Brandenburg, auch im Namen von Böhmen und Köln den *Prozeß gegen den König* geführt, der der Ladung nicht gefolgt war. Wegen schlimmster, offenkundiger Vergehen – Kirchenfrevel, Rechtsverweigerung, Eidbruch, Unfriedensstiftung, Bedrückung der Kirche und der Fürsten – wurde er für »untauglich und unnütz« zur Herrschaft erklärt und *abgesetzt* (23. VI. 1298, Const. 3 n. 589). Noch nie war ein König, den der Papst nicht gebannt hatte, von seinen Wählern abgesetzt worden. Als Vorbild des Verfahrens diente zwar bis in Einzelheiten die Absetzungsbulle Innocenz' IV. gegen Friedrich II. Aber statt des Papstes handelten jetzt eigenmächtig die Kurfürsten[8]. Vor sechs Jahren hatten sie den machtlosen Grafen von Nassau gewählt, um die Thronfolge des Habsburgers zu verhindern und einen gefügigen König zu haben. Sobald er selbständige Politik zu treiben wagte, entthronten sie ihn, wie es ihm die Kölner Wahlkapitulation schon angedroht hatte. Noch am gleichen oder am folgenden Tag wurde *Albrecht I. gewählt*, der allein den abgesetzten König überwinden konnte und klug auf seine Stunde gewartet hatte. Die Frage war, ob er trotz der eigensüchtigen Kurfürstenpolitik das Werk seines Vaters nach dieser Unterbrechung noch erfolgreich fortführen konnte.

[1] So F. KERN, Die Bestechung Kg. Adolfs v. N., MIÖG 30 (1909) und ders., Ausdehnungspolitik, S. 161 ff. auf Grund einer Aufzeichnung (nach 1304? Const. 3 n. 645) über polit. Transaktionen des Florentiner Bankiers Musciatto dei Franzesi, der im Auftrag des französ. Königs 1297 zweimal zum »roi d'Alamaigne« reiste und nachweislich von Kg. Adolf mit italien. Reichsbesitz belohnt wurde; über seine Finanzgeschäfte auch mit der Kurie s. F. BOCK, DA 6 (1943). Daß er für Philipp den Schönen den König Adolf »bestach«, bestreitet V. SAMANEK, Der angebl. Verrat Adolfs v. N., HV 29 (1935) und Reg.

Imp. 6, 2 Anhang S. 435 ff., auch Studien S. 227 ff. u. Neue Beiträge S. 37 ff. (dagegen W. KIENAST, HZ 143, S. 554), ebenso F. TRAUTZ, Die Könige von England u. das Reich (1961), S. 151–175 und Studien z. Gesch. u. Würdigung Kg. Adolfs v. N. (1965), S. 22 ff. Beide halten in jener Aufzeichnung den »roi d'Alamaigne« für eine Verwechslung mit Hg. Albrecht I. von Österreich, dem späteren König. Völlig geklärt ist die Frage nicht. Auch andere Fürsten ließen sich erst vom englischen, dann vom französ. König gewinnen und bezahlen, bes. Johann von Avesnes (Hennegau) und Floris von Holland (der Sohn Kg. Wilhelms, s. DW⁹ 7741), der mit dem Kölner Eb. das englisch-deutsche Bündnis vermittelte und den Abfall zu Frankreich 1296 mit dem Leben büßte; andere wie Geldern und Savoyen wechselten von Frankreich zu England. Vgl. F. BOCK, Englands Beziehungen zum Reich unter Adolf v. N., MIÖG Ergbd. 12 (1933) und bes. G. BARRACLOUGH, Edward I. and Adolf of Nassau, Cambridge Hist. Journal 6 (1940), der Adolfs Verhalten verständlich macht, ohne seine »Bestechung« durch französ. Geld zu bezweifeln.

[2] Ellenhardi Chron., Gesta Alberti regis, MG SS 17, 135: »et sic confudit se ipsum primo et per consequens imperium, eo quod stipendia immerita recepit, quod predecessores sui reges Romani fecissent inviti«.

[3] S. o. Kap. 21, Anm. 4.

[4] Über die Vorgänge in Thüringen-Meißen erschloß neue Quellen F.-J. SCHMALE, Eine thüring. Briefsammlung aus d. Zeit Adolfs v. N., DA 9 (1952);

ob sie allerdings die oft bestrittene Rechtmäßigkeit des Kaufs der Lgfsch. Thüringen (und der Mgfsch. Meißen) durch Kg. Adolf unter Ausschaltung der Erben bezeugen, bezweifelt F. TRAUTZ, Studien z. Gesch. ... Adolfs v. N., S. 12 f.; vgl. V. SAMANEK, Studien, S. 114 ff.; über die Belehnung Lgf. Heinrichs I. v. Hessen ebd., S. 31 ff., über Albrecht »degener« H. SCHLECHTE, NDB 1 (1953), S. 168.

[5] K. ZIERFUSS, Die Beziehungen der Mainzer Erzbischöfe zu Thüringen bis 1305 (Diss. Jena 1931).

[6] V. SAMANEK, Zur Vorgesch. d. Krönung Wenzels II., MIÖG Ergbd. 11 (1929).

[7] W. ERBEN, Kriegsgesch. d. MA (1929), S. 72 nennt die Göllheimer Schlacht »ein strategisches Meisterwerk« Albrechts; dazu Lit. ebd., S. 125 sowie die Bruchstücke einer zeitgenöss. Dichtung (des Meisters Zilies von Sayn?) bei A. BACH, Die Werke d. Verf. der Schlacht bei Göllheim (Rhein. Archiv 11, 1930); vgl. LHOTSKY, Quellenkunde, S. 274 f.

[8] Nach der Kolmarer Chronik (SS 17, 163 f.) hätten sich die Kurfürsten von Bonifaz VIII., der das später bestritt, zur Absetzung Adolfs ermächtigen lassen; s. H. OTTO, HV 2 (1899) u. 4 (1901) und A. NIEMEIER, Untersuch. über d. Beziehungen Albrechts I. zu Bonifaz VIII. (1900); dagegen SAMANEK, Studien, S. 234 ff.; A. HESSEL, Jbb. Albr. I., S. 56. Zur Frage d. Absetzungsrechts u. -verfahrens: V. DOMEIER, Die Absetzung Adolfs v. N. (1889); zu Albrechts Wahl s. H. MITTEIS, Die dt. Königswahl (²1944), S. 211 f.

Kapitel 29
Anfänge Albrechts I.
Bündnis mit Frankreich
Unterwerfung der rheinischen Kurfürsten

Als »Gegenkönig« war Albrecht I. erhoben worden. Er legte aber den Königstitel, den er seit dieser Wahl führte, nach seinem Sieg und Adolfs Tod ab und ließ sich, da nun der Thron vakant war, am 27. VII. 1298 in Frankfurt noch einmal von allen Kurfürsten wählen, ehe ihn der Kölner Erzbischof vier Wochen später in Aachen krönte (Wahldekret Const. 4 n. 8). Den Kurfürsten wurden dabei kaum geringere Zugeständnisse verbrieft als 1292. Am meisten bekam Böhmen: das Reichsvikariat für Meißen, Oster- und Pleißnerland (ib. 18), das Reichsland Eger als Pfandschaft, dazu Anerkennung seiner polnischen Ansprüche; Böhmen sollte, mit dem Habsburger versöhnt, nach Nordosten abgelenkt werden. Auf das Einvernehmen mit den Kurfürsten schien Albrecht auch weiterhin Wert zu legen. Sie kamen alle zu seinem ersten Reichstag nach Nürnberg (Nov. 1298) und versahen ihre Erzämter (die damals wohl geregelt wurden). »Mit Rat der Kurfürsten« wurde dort der schon von Rudolf I. erweiterte Reichslandfrieden Friedrich II. erneuert (ib. 33); ihnen kamen manche Zusätze gegen die Städte zugute, während die erneut verfügte Aufhebung neuer Zölle sie einstweilen nicht kümmerte. Ihnen zuliebe wird der König auch alsbald seine Söhne mit Österreich-Steier-Krain belehnt haben (ib.41), als gebiete er dort nicht mehr selbst. Trotzdem schlug die Eintracht mit seinen Wählern wie bei seinem Vorgänger in Feinschaft um, sobald er eigene Ziele verfolgte.

Den ersten Anlaß gab das *Verhältnis zu Frankreich*[1]. Im Gegensatz zu Adolfs Englandbündnis hatte der Habsburger schon 1295 mit dem Kapetinger über eine Heiratsverbindung verhandelt und diese Pläne kurz vor seiner Königswahl wiederaufgenommen. Philipp d. Sch. beglückwünschte ihn zu seinem Göllheimer Sieg und schlug eine *Begegnung* vor. Sie kam nach langen Vorverhandlungen im Dezember 1299 an der Maasgrenze in *Quatrevaux* bei Toul zustande. Vorher schon war vereinbart, daß Philipps Schwester Blanca Albrechts ältesten Sohn Rudolf heiraten und habsburgisches Hausgut im Oberelsaß und Üchtland (Freiburg) als Wittum erhalten sollte (Const. 4 n. 72 ff.). Doch die Absichten des in Quatrevaux geschlossenen Freundschaftsvertrages gingen weiter, wenn sie auch geheim blieben. In der bisher strittigen Freigrafschaft Burgund gab Albrecht dem französischen König wohl freie Hand, wenn nur die Oberhoheit des Reiches gewahrt bliebe. Auch von der Überlassung des Arelats an den Kapetinger war die Rede. Im übrigen sollte ein Schiedsgericht die strittigen Grenzfragen regeln. Nur das von Frankreich bereits okkupierte Gebiet am linken Maasufer oberhalb Verdun gab Albrecht preis: Dort wurden bei seiner Zusammenkunft mit König Philipp angeblich die Grenzsteine versetzt[2]. Dieses Zurückweichen vor französischen Ansprüchen löste jedoch schlimmste Befürchtungen und wilde Gerüchte aus, als wolle Albrecht das ganze Reichsgebiet links des Rheins an Frankreich abtreten, dazu das Arelat und sogar Norditalien, um in Deutschland mit französischer Hilfe die Erbmonarchie zu begründen, wie man es schon seinem Vater zugetraut hatte. Tatsächlich wurde sein Sohn Rudolf, der zu Pfingsten 1300 in Paris Hochzeit hielt, schon bei diesen Verhandlungen für die deutsche Thronfolge in Aussicht genommen; sie war auch dem zweiten Habsburger wichtiger als die Aufrechterhaltung ausgehöhlter Herrschaftsansprüche in entlegenen Grenzgebieten. Gerade das aber forderte den Widerspruch der rheinischen Kurfürsten heraus. Gerhard von Mainz und Wikbold von Köln verweigerten ihre Willebriefe zum Vertrag mit Frankreich, verließen den Verhandlungsort und protestierten gegen »Zerstückelung des Reichs« und Entfremdung von Reichsgut (ib. 80). Vergeblich versuchte der König, sie durch formelle Proteste gegen französische Grenzübergriffe zu beschwichtigen. Sein *Eingreifen in Holland* brachte sie vollends gegen ihn auf.

Das Grafenhaus von Holland-Seeland-Friesland starb Ende 1299 mit dem Enkel König Wilhelms aus. Dessen Neffe Johann II. von Avesnes, Graf von Hennegau, hatte sich schon von Rudolf I. die Nachfolge zusichern lassen. Da er aber die Belehnung durch Albrecht I. nicht einholte, zog dieser Holland-Seeland nach dem Spruch eines Fürstengerichts als erledigtes Reichslehen ein, das er einem seiner Söhne geben wollte. Als er im Sommer 1300 nach Nymwegen kam, rüstete der geächtete Hennegauer im Bunde mit Geldern und Brabant zum Widerstand. Doch obgleich sich Albrecht I. mit Lüttich und Flandern verbündete und einen Adelsaufstand in Seeland schürte, unterließ er den geplanten Feldzug, vertagte den Streit auf ein Schiedsgericht und fand sich damit ab, daß sich Johann von Avesnes, der Rückhalt an der Kurie fand, in Holland behauptete[3]. Denn das Bündnis mit Frankreich versagte hier: Philipp d. Sch. wollte die Habsburgermacht nicht an der Rheinmündung Fuß fassen lassen; sein Bruder Karl von Valois besetzte Flandern, und auch als die Franzosen dort 1302 durch den Aufstand von Brügge und die Schlacht bei Courtrai[4] vertrieben wurden, kam ein neuer Angriffsplan Albrechts gegen Holland nicht zum Zug. Andere Schwierigkeiten lenkten ihn ab.

Der Griff des am Oberrhein mächtigen Habsburgers nach der Rheinmündung wie sein Bündnis mit Frankreich ließ die *rheinischen Kurfürsten* das Schlimmste befürchten. Sie schlossen am 14. X. 1300 in Heimbach bei Bingen ein Schutzbündnis (Const. 4 n. 1188) und *planten die Absetzung des Königs*, über den der Pfalzgraf zu Gericht sitzen sollte. Erzbischof Gerhard von Mainz brüstete sich, er habe noch viele Könige in seinem Köcher. Aber so leicht war der Habsburger nicht auszuwechseln wie sein Vorgänger. Er forderte jetzt auch von den Erzbischöfen am Rhein die Aufhebung aller seit Friedrich II. eigenmächtig errichteten Zölle, die den Handel lähmten und schröpften (ib. 134). Dadurch zog er viele Städte und auch niederrheinischen Adel auf seine Seite. Mit ihrer Hilfe zwang er die Kurfürsten, die auf solche Energie nicht gefaßt waren und an der Vereinigung verhindert wurden, einen nach dem andern zur Unterwerfung, erst den Pfalzgrafen Rudolf durch die Belagerung Heidelbergs (Juni 1301), dann den Mainzer durch die Eroberung Bingens (März 1302), schließlich Wikbold von Köln und Diether von Trier, den von Bonifaz VIII. eingesetzten Bruder König Adolfs. Sie alle mußten usurpiertes Reichsgut ausliefern, Zollstätten niederlegen und Bürgschaften geben. Die *Kurfürstenmacht* schien *gebrochen;* das Königtum hatte sich gegen sie behauptet und durchgesetzt[5].

Ältere Lit. bei A. Hessel, Jbb. d. Dt. Reichs unter Kg. Albrecht I. von Habsburg (1931); vgl. dessen Aufsatz: Die Politik Kg. Albrechts I., Histor. Blätter 1 (1921). Böhmers Reg. Imp. von 1844 werden neu bearbeitet. S. auch A. Dopsch, Albrechts I. v. Habsburg Bedeutung für d. Ausbildung d. Landeshoheit in Österreich, Bll. d. V. f. Ldskde. Niederösterreichs 27 (1928).

[1] H. Henneberg, Die polit. Beziehungen zw. Dtld. u. Frankreich unter Kg. Albr. I. (Diss. Straßburg 1891); A. Werminghoff, NA 26 (1901); Y. Lanhers, Le dossier d'Albert d'Autriche aux archives et à la Bibl. nat. de Paris, in: Festschr. d. Haus-, Hof- u. Staatsarch. Wien (1949). Zu England unterhielt A. wenig Beziehungen; nur eine engl. Gesandtschaft kam 1300/01 in der holländ. Frage, s. H. S. Lucas, Diplomatic Relations of Edward I. and Albert of Austria, Speculum 9 (1934).

[2] F. Kern, Die »Abtretung« des lin-

ken Maasufers an Frankreich durch Albert I., MIÖG 31 (1910); ders., Ausdehnungspolitik, S. 190 ff.

[3] Zum Streit um Holland s. K. FRANKE, Beiträge zur Gesch. Johanns II. v. Hennegau-Holland (1889) und W. REESE, Die Niederlande u. das Reich 1 (1941), S. 359 ff.; J. F. NIERMEYER in: Algem. Geschiedenis der Nederlanden 2 (1950), S. 299 ff. und 3 (1951), S. 64 ff. mit Lit. Gleich nach dem Tod Albrechts I. sicherte der Sohn Johanns II. v. Avesnes durch ein Bündnis mit seinen Nachbarn (Const. 4 n. 237/8), darunter

Gf. Heinrich von Luxemburg, der bald König u. Kaiser wurde, nicht nur die holländische Erbschaft für sein Haus, sondern streifte auch alle Verpflichtungen gegen das Reich davon ab – ein Schritt auf dem Wege zur Verselbständigung der Niederlande.

[4] J. F. VERBRUGGEN, De Slag der Guldensporen, Bijdrage tot de Geschiedenis van Vlaanderns Vrijheidsoorlog 1297–1305 (1952).

[5] W. HÖRNECKE, Albrecht I. u. die Kurfürsten (Diss. Halle 1908).

Kapitel 30
Albrecht I. und Bonifaz VIII.

Der Kampf mit den Kurfürsten drohte den König in einen noch schwereren Konflikt mit dem Papst zu stürzen. Bonifaz VIII. hatte Albrechts Wahl nicht anerkannt; denn die Kurfürsten hatten sie ihm zwar angezeigt mit der Bitte um die Kaiserkrönung, nicht aber um Approbation (Const. 4 n. 9/10). Schon Adolf von Nassau, gewählt zu Beginn der zweijährigen Vakanz nach Nikolaus IV. († 4. IV. 1292), war von *Bonifaz VIII.*, als er nach dem kurzen Pontifikat und dem Rücktritt des frommen, unpolitisch-ratlosen Eremitenpapstes Cölestin V.[1] energisch das Steuer ergriff[2], heftig gerügt worden, weil er sich nicht um die päpstliche Gunst bemühe und sich wie ein »Soldritter« zum Krieg gegen Frankreich verdinge, das der Papst mit England versöhnen wollte (ib. 3 n. 545/7). Adolf hatte ihn durch unterwürfige Schreiben besänftigt, sogar einen päpstlichen Einspruch gegen französische Übergriffe auf Reichsbesitz erwirkt. Gegen Adolfs Absetzung erhob Bonifaz zunächst keinen Protest[3], doch galt ihm seitdem der deutsche Thron als vakant, Albrecht mangels Approbation seiner Wahl nicht als König, sondern als Herzog von Österreich, mit dem er gleichwohl verhandelte. Albrechts Kanzler Johann von Zürich[4], der im Frühjahr 1300 gemeinsam mit dem französischen Kronjuristen Wilhelm von Nogaret an die Kurie ging, bekam jedoch neben barschen Vorwürfen gegen das deutsch-französische Bündnis auch die Forderung zu hören, Toskana müsse dem Kirchenstaat überlassen werden, offenbar als Bedingung für Albrechts

Anerkennung und Kaiserkrönung. Begründet wurde die Forderung damit – auch in päpstlichen Schreiben an die Kurfürsten (Const. 4 n. 105/7) –, daß ohnehin alle Herrschaftsrechte im Imperium und Regnum Romanum durch die »Translatio imperii« vom Papst gegeben, aber oft schlecht verwaltet worden seien und zurückgenommen werden könnten. Da Albrecht auf das Ansinnen nicht einging, stockten die Verhandlungen. Bei seinem Zerwürfnis mit den Kurfürsten aber griff Bonifaz mit äußerster Schärfe ein. Jetzt forderte er Albrecht als Rebellen und Thronräuber, als Majestätsverbrecher und Kirchenverfolger binnen sechs Monaten zur Rechenschaft und drohte allen Gehorsam gegen ihn zu verbieten (ib. 109 vom 13. IV. 1301). Doch Albrecht nahm die Herausforderung nicht an, zeigte sich nicht einmal darüber entrüstet und ließ sich auf keinen Prinzipienkampf ein. Erst nachdem er die Kurfürsten am Rhein unterworfen hatte, schickte er dem Papst am 27. III. 1302 zur Rechtfertigung gegen »unwahre, teuflische Gerüchte« eine wohlberechnete Darstellung der Ereignisse seit seines Vaters Tod, um seine Unschuld an Adolfs Sturz und sein unanfechtbares Thronrecht zu erweisen (ib. 116). Zugleich bat er durch seinen Kanzler die Kurie um »unio« und »concordia« und erbot sich zum Dienst der Kirche, deren Rechte und Güter er gegen alle Widersacher schützen und mehren wolle, soweit es dem Reich nicht schade (ib. 114).

Kurz vorher war der erbitterte *Kampf zwischen Bonifaz VIII. und Philipp IV. von Frankreich* ausgebrochen. Schon fünf Jahre früher war ein päpstliches Verbot der Besteuerung des Klerus durch Laien (Bulle ›Clericis laicos‹ 25. II. 1296)[5] vom französischen König mit einer Ausfuhrsperre beantwortet worden. Damals hatte Bonifaz nachgiebig eingelenkt. Doch nach dem *Jubeljahr 1300*, das er durch den ersten Jubiläumsablaß für alle Rompilger zur großen Heerschau und zur Einnahmequelle der Kirche werden ließ[6], war sein Machtbewußtsein so gestärkt, daß er den Kampf wieder aufnahm, das Steuerverbot erneuerte und die Prälaten Frankreichs mit ihrem König nach Rom zitierte (5. XII. 1301). Der scharfe Widerspruch Philipps des Schönen auf einer Versammlung aller Stände in Paris (April 1302) reizte Bonifaz zur schroffsten Steigerung seines Anspruchs auf päpstliche Allgewalt auch über alle politischen Mächte in der *Bulle »Unam sanctam«* (18. XI. 1302), die den unbedingten Gehorsam gegen den Papst für jeden Menschen als heilsnotwendig erklärte.

In dieser aufs höchste gespannten Lage, als Philipp der Schöne mit seinen juristischen und publizistischen Helfern den Kampf gegen das Papsttum rücksichtsloser als je ein Kaiser aufnahm, mußte Bonifaz VIII. darauf bedacht sein, ihm seinen deutschen Bundesgenossen abspenstig zu machen. Zudem brauchte er dessen Unterstützung für die von ihm geförderten Ansprüche der Anjous auf den ungarischen Thron nach dem Aussterben der Arpaden (1301, s. Kap. 31). Zwar mutete er auch dem deutschen König die Anerkennung der päpstlichen Allgewalt zu, von der alle weltliche Macht und Staatsgewalt verliehen und abhängig sei, von der insbesondere den Deutschen das Imperium und den Kurfürsten ihr Wahlrecht übertragen sei und auch entzogen werden könne. Diesen Theorien, die seit Innocenz III. immer konsequenter entwickelt, von Bonifaz VIII. auf die Spitze getrieben wurden, hat Albrecht I. nicht widersprochen. Er scheute sich auch nicht, um approbiert zu werden, dem Papst einen *Treu- und Gehorsamseid* zu leisten, der weniger den Sicherheitseiden früherer Kaiser als dem Untertanen- und Beamteneid im Kirchenstaat glich[7]. Er verpflichtete sich überdies, fünf Jahre lang in der Lombardei und Toskana keinen Reichsvikar einzusetzen, auch später nur im Einvernehmen mit der Kurie; von einer Abtrennung Toskanas an den Kirchenstaat, die Bonifaz früher gefordert hatte, war jedoch nicht mehr die Rede. Wenn ferner Albrecht versprach, keinen Sohn aus seiner Ehe mit der stauferverwandten Tochter Meinhards II. von Tirol-Kärnten ohne päpstliche Einwilligung zu seinem Nachfolger wählen zu lassen, so witterten die Zeitgenossen dahinter wieder Erbreichpläne, zumal dafür die Theorie, daß der Papst den Kurfürsten das Wahlrecht gab und wieder entziehen könne, verwendbar schien. Albrechts Bündnis mit Frankreich wurde vom Papst gelöst (Const. 4 n. 176). Doch vier Monate nach Albrechts öffentlicher Approbation wurde Bonifaz VIII., als er den Bannfluch gegen den französischen König schleudern wollte, von dessen unbedenklichstem Helfer Wilhelm von Nogaret und dem Haupt seiner römischen Widersacher Sciarra Colonna in Anagni überfallen[8]; vier Wochen später starb er (12. X. 1303). Die Papstmacht stürzte von ihrer übersteigerten Höhe in die Abhängigkeit von Frankreich. Albrecht I. aber hatte mit theoretischen Konzessionen, die höchstens ein Wechsel auf die Zukunft waren, die Hände frei bekommen für seine eigene Politik in Deutschland.

[1] Über Cölestin V., in dem franziskanische Spiritualen den am Weltende erwarteten »papa angelico« sehen wollten, der aber der Kardinals-Politik nicht gewachsen war und – als einziger Papst! – zurücktrat, zum Zorn auch z. B. Dantes, Inf. 3, 59 f.: »lo gran rifiuto«, s. außer F. X. SEPPELT, Studien zum Pontifikat P. Cölestins V. (1910) und Gesch. d. Päpste 3 (1956), S. 582 ff. vor allem F. BAETHGEN, Der Engelpapst, und ders., Beiträge zur Gesch. Cölestins V. (Schriften d. Königsberger Gel. Ges. 10, 2 u. 4, 1933/34), beides verkürzt mit einem Beitrag: Cölestin V. als Papst, in BAETHGEN, Der Engelpapst (1943); A. FRUGONI, Celestiniana (1954), dazu F. BOCK, HZ 184, S. 611 ff.

[2] Register Bonifaz' VIII. ed. G. DIGARD, R. FAWTIER u. a. (4 Bde. 1884 bis 1939); G. CAETANI, Documenti dell'Archivio Caetani 2, 1 und 4, 1 (1922/27); F. BAETHGEN, Zur Gesch. d. Hauses Caetani, HZ 138 (1928), auch in dessen Mediaevalia 1 (1960); H. FINKE, Aus den Tagen Bonifaz' VIII. (1902), vgl. dessen Skizze im Hochland (1903); R. SCHOLZ, Zur Beurteilung B. VIII., HV 9 (1906); T. S. R. BOASE, Boniface VIII (London 1933); F. M. POWICKE in: History 18 (1934); S. SIBILIA, Bonifacio VIII (Rom 1949); M. SEIDLMAYER, P. Bonifaz VIII. u. der Kirchenstaat, HJb 60 (1940); H. GÖRING, Die Beamten d. Kurie unter B. VIII. (Diss. Königsberg 1934); F. BAETHGEN, Quellen u. Untersuch. zur Gesch. d. päpstl. Hof- u. Finanzverwaltung unter B. VIII., QFItA 20 (1928/29) u. 24 (1932/33); G. PILATI, B. VIII e il potere indiretto, Antonianum 8 (1933); H. GRUNDMANN, Bonifaz VIII. u. Dante, in: Dante u. die Mächtigen seiner Zeit (1960), dort auch H. C. PEYER, Phil. IV. von Frankreich u. Dante. – Über den Konflikt mit Philipp IV. von Frankreich (s. u. Kap. 32, Anm. 1) alte Materialsammlung von P. DUPUY, Hist. du différend d'entre le pape B. VIII et Phil. le Bel (Paris 1655, Ndr. 1963); G. DIGARD, Phil. le Bel et le Saint-Siège (2 Bde. 1936), dazu kritisch G. MARTINI, Riv. stor. Ital. 58 (1941);

A. BAUMHAUER, Phil. d. Sch. u. B. VIII. in ihrer Stellung zur französ. Kirche (Diss. Freiburg/Br. 1920); über die theoretisch-literar. Kontroverse s. R. SCHOLZ, Die Publizistik z. Z. Philipps d. Sch. u. Bonifaz' VIII. (1903), dazu J. HALLER, HZ 99, S. 366 ff.; J. RIVIÈRE, Le problème de l'église et de l'état aux temps de Phil. le Bel (1926).

[3] Vielleicht erwog Bonifaz sogar schon vorher die Übertragung des Imperiums oder des Reichsvikariats an Karl von Valois, den Bruder Philipps d. Sch., der dann 1308 für den dt. Thron kandidierte (s. Kap. 32), s. H. OTTO, HV 2 (1899), S. 4 ff.; dagegen SAMANEK, Studien, S. 246 ff. Am 4. IV. 1297 belehnte Bonifaz den Kg. Jakob II. von Aragon mit Sardinien und Korsika unter dem Vorbehalt, daß er oder ein Nachkomme nicht zum Kaiser oder röm. König gewählt würde; das zog er also in Betracht.

[4] J. BERNOULLI, Propst Johann v. Zürich, Kg. Albrechts I. Kanzler, Jb. f. Schweiz. Gesch. 42 (1917).

[5] Zur Original-Überlieferung s. L. SANTIFALLER, Studia Gratiana 11 (1967).

[6] A. FRUGONI, Il Giubileo di B. VIII, Bull. dell'Ist. stor. Ital. 62 (1950); R. FOREVILLE, L'idée du jubilé . . . avant 1300, RHE 56 (1961).

[7] Daß der Eid Albrechts I. (Const. 4 n. 181 § 4) kein Lehnseid war (so bes. A. NIEMEIER, Untersuch. über d. Beziehungen Albr. I. zu Bonifaz VIII., 1900, S. 147 ff.), zeigte E. EICHMANN, ZRG KA 37 (1916), S. 184 und bes. F. BAETHGEN, Die Promissio Albrechts I. für B. VIII., in: Aus Politik u. Gesch. (Gedächtnisschr. f. G. v. Below 1928), auch in dessen Mediaevalia 1 (1960). Demnach war Albrechts Eid der Rechtsformel nach ein Untertaneid, seine Promissio im ganzen (Const. 4 n. 181/2) ein Sieg des Papsttums im theoretischen Streit über das Verhältnis der beiden Gewalten. Dagegen betont M. LINTZEL, Das Bündnis Albrechts I. mit B. VIII., HZ 151 (1935), auch Ausgew. Schr. 2 (1961), den politischen Gewinn für den König aus

seinem Bündnis mit dem Papst, mißt den »imaginären Theorien« der Kurie wenig praktischen Wert bei und läßt den Eid »seinem Wesen nach als Sicherheitseid« gelten, wie ihn auch seine Vorgänger und Nachfolger schwuren, ohne zu päpstlichen Untertanen zu werden. Wenn BAETHGEN dabei mehr die theoretisch-ideellen u. juristisch-formalen Momente beachtet, LINTZEL die politisch-praktischen, so dürfte das der verschiedenen Bewertung des Paktes durch Bonifaz VIII. und Albrecht I. entsprechen.

[8] Zum Attentat von Anagni s. W. HOLTZMANN in: Festschr. A. Brackmann (1931); R. FAWTIER, Mél. d'archéol. et d'hist. 60 (1948); M. MELVILLE, Guillaume de Nogaret et Phil. le Bel, Revue d'hist. de l'église de France 36 (1950). – Vgl. F. BOCK, Bonifacio VIII nella storiografia francese, Riv. di storia della chiesa in Italia 6 (1952).

Kapitel 31
Kampf um Ungarn, Böhmen, Thüringen
Ermordung Albrechts I.

Die Unterwerfung der Kurfürstenopposition und die Anerkennung durch den Papst war für Albrecht I. um so wichtiger, als sich ihm in den Ostländern durch das *Aussterben der ungarischen Arpaden* und bald darauf *der böhmischen Přemysliden* große politische Aufgaben stellten. Ungarn hatte schon Rudolf I., als 1290 König Ladislaus IV. ermordet wurde und keinen Sohn hinterließ, als erledigtes Reichslehen seinem Sohn Albrecht übertragen (Const. 3 n. 439f.), da Bela IV. 1241, von den Mongolen bedrängt, die kaiserliche Lehnshoheit anerkannt habe. Dagegen erhob Nikolaus IV. Einspruch, weil Ungarn »der römischen Kirche gehöre« und den Nachkommen der Schwester Ladislaus' IV. zustehe, der Gemahlin des Anjoukönigs Karl II. von Neapel (ib. 453f.). Die Ungarn wollten aber weder den Habsburger noch den Anjou zum König, sondern krönten Andreas III., einen Neffen Belas IV., trotz mancher Zweifel an seiner legitimen Abstammung. Während der Papst ihn nicht anerkannte und weiter die Anjoukandidatur betrieb, hatte sich Albrecht I. nach kurzem Kampf mit ihm verständigt, ihm seine Tochter vermählt und sich von ihm gegen Adolf von Nassau helfen lassen. Auch Böhmen war im Bunde; der gleichnamige Sohn König Wenzels II. wurde mit der Tochter des Ungarnkönigs und der Habsburgerin verlobt. Doch das Dreikönigsbündnis hielt nicht lange vor. Bei dem unerwartet frühen Tod Andreas' III. (14. I. 1301) riefen die ungarischen Gegner Karl Roberts von Anjou, der sich mit päpstlicher Zu-

stimmung bereits vorher in Agram hatte krönen lassen, den
jungen böhmischen Schwiegersohn des letzten Arpaden nach
Stuhlweißenburg, wo Wenzel III. die Stephanskrone empfing.
Dadurch aber sah sich der Habsburger von den Přemysliden
überflügelt, die überdies auch die *polnische Krone* beanspruchten.
Denn als Neffe des letzten Piastenherzogs von Breslau hatte
sich Wenzel II. 1290 mit dessen Erbe von König Rudolf I.
belehnen lassen, auch Krakau und Sendomir unterworfen, wo
ihn der Piast Wladislaw Lokietek als Lehnsherrn anerkennen
mußte. Dieser ließ sich zwar 1296 zum Nachfolger des ermor-
deten Königs Přemislaw von Großpolen erheben, doch rief der
Adel gegen ihn den Böhmenkönig ins Land, der 1300 in
Gnesen gekrönt wurde und, seit kurzem verwitwet, Přemislaws
einzige Tochter heiratete. Albrecht I. belehnte ihn am 29. VI.
1300 mit allem, was er in Polen gewinnen könne; er förderte die
böhmische Ausdehnungspolitik, solange sie sich nach Nordosten richtete. Als aber auch die ungarische Krone den Přemysliden zufiel, änderte sich seine Haltung. Das erleichterte zugleich sein Einvernehmen mit dem Papst, der vom böhmischen
König den Verzicht auf Ungarn zugunsten des Anjou forderte
und ihm, da er sich nicht fügte, auch die polnische Krone
absprach[1].

Albrecht I. folgte jedoch nicht nur der päpstlichen Weisung,
Karl Robert von Ungarn zu unterstützen. Er verlangte von
Böhmen außer dem Verzicht auf Ungarn und Polen auch die
Auslieferung von Meißen, Eger, Pleißnerland, dazu auf sechs
Jahre die Überlassung der ertragreichen Kuttenberger Silber-
gruben oder 80000 Mark Abfindung dafür. Das kam einer
Kriegserklärung gleich. Wenzel II. wappnete sich dagegen nach
vergeblichen Verständigungsversuchen durch ein Bündnis
nicht nur mit Brandenburg, sondern auch mit Frankreich, das
freilich unwirksam blieb. Sein Vorstoß nach Ungarn scheiterte;
sein Sohn konnte sich dort nicht behaupten und kehrte mit ihm
nach Prag zurück. Andrerseits mußten Albrechts Truppen und
die Ungarn, die Mähren verheerten, vor dem festen Kuttenberg
erfolglos umkehren, und seine Verbündeten, Herzog Otto von
Niederbayern und Graf Eberhard von Württemberg, gingen
ins böhmische Lager über. Ehe der Krieg entschieden war, ist
König Wenzel II. am 21. VI. 1305 mit 33 Jahren an der Schwind-
sucht *gestorben*. Sein 16jähriger Sohn Wenzel III. lenkte sofort
ein, verzichtete auf den ungarischen Königstitel, versprach auch
Auslieferung Meißens und Egers; dafür wurden seine polni-

schen Ansprüche von Albrecht I. anerkannt und alle Privilegien Böhmens bestätigt (Nürnberger Friede 18. VIII. 1305, Const. 4 n. 202).

Diese Lösung des Konflikts wurde jedoch bald hinfällig, da der letzte Přemyslide, als er gegen Wladislaw Lokietek nach Polen ziehen wollte, am 4. VIII. 1306 in Olmütz ermordet wurde; man weiß nicht von wem. Sofort beanspruchte Albrecht I. *Böhmen als erledigtes Reichslehen* für seinen ältesten Sohn Rudolf, der seine Herzogtümer den jüngeren Brüdern überließ. Die böhmischen Stände aber wollten selbst ihren König wählen und sahen in Herzog Heinrich von Kärnten, der kurz vorher die älteste Schwester Wenzels III. geheiratet hatte, den nächsten Thronanwärter. Dieser mußte jedoch aus Prag weichen, als König Albrecht von Nürnberg über Eger, sein Sohn Rudolf von Österreich her einmarschierte. Um die Gegensätze zu überbrücken, heiratete Rudolf, dessen französische Gemahlin ein Jahr zuvor gestorben war, die polnische Witwe Wenzels II. und wurde mit Zustimmung der Stände von seinem Vater mit Böhmen belehnt; bei kinderlosem Tod sollten ihm seine Brüder folgen (Gesamtbelehnung 18. I. 1307, Const. 4 n. 213). Das reichste Kurland mitsamt seinen polnischen Ansprüchen schien den Habsburgern gewonnen, das Ottokarreich in ihrer Hand erneuert[1].

Darüber hinaus hatte Albrecht I. auch den Anspruch seines Vorgängers auf *Thüringen und Meißen* nicht aufgegeben (s. Kap. 28). Der alte Landgraf Albrecht bestätigte ihm den Verkauf Thüringens ans Reich. Sein Sohn Friedrich der Freidige aber verbündete sich gegen den König mit seinem Schwager Heinrich von Kärnten wie vorher mit den Přemysliden. Albrechts Hauptleute wurden im Mai 1307 bei Lucka (nordw. Altenburg) von den Wettinern geschlagen[2]. Im nächsten Sommer zog der König selbst gegen Thüringen. Unterwegs erfuhr er, daß am 3. VII. 1307 sein Sohn Rudolf einem Ruhranfall erlegen und die Habsburgerherrschaft in Böhmen wieder in Frage gestellt war. Denn trotz der Mitbelehnung seiner Brüder erhob sich dagegen die schon vorher spürbare Opposition der böhmischen Stände und rief den Herzog Heinrich von Kärnten auf den Thron (gewählt 15. VII. 1307). So mußte Albrecht I. zu einer Machtprobe zugleich um Böhmen-Polen und Thüringen-Meißen rüsten. Sein Einmarsch nach Böhmen scheiterte im Herbst 1307 wiederum vor Kuttenberg. Um stärkere Truppen zu werben und Bundesgenossen zu gewin-

nen, ging er nach Süddeutschland und in seine Stammlande.
Dort aber wurde er am 1. V. 1308 von seinem Neffen Johann
ermordet. Vielleicht hatte sich Johann als Sohn einer Ottokar-
tochter selbst Hoffnungen auf die böhmische Krone gemacht.
Jedenfalls forderte er sein Erbteil; auch war sein Vater Rudolf
(† 1290 vor Johanns Geburt) für den Verzicht auf Mitherrschaft
in Österreich nie abgefunden worden. Albrecht I. aber wollte
den Habsburgerbesitz nicht zersplittern. Als ihn der Jüngling
auf Schloß Baden zur Rede stellte, wurde er auf später ver-
tröstet und fühlte sich geringschätzig behandelt. Er ritt mit
Albrecht der Königin entgegen, trennte beim Übergang über
die Reuß den König von seinem Gefolge und erstach ihn
meuchlings, begleitet von einigen unzufriedenen Adligen[3].

Der Tod Albrechts I., der höchstens 53 Jahre alt wurde, hat
noch weit schlimmer als die Unterbrechung der Habsburgerherrschaft durch Adolf von Nassau die staatliche Konsolidierung Deutschlands unter einem durch eigene Hausmacht
starken Königtum vereitelt. Zwar läßt sich nicht wissen, ob er
sich auch in Böhmen und Thüringen wie gegen die Kurfürsten
hätte durchsetzen und die Thronfolge seinem Hause sichern
können. So wenig ihn sein verschlossenes, herrisches Wesen
beliebt machte, war er doch mit kluger Energie, geduldig
wartend oder hart zugreifend, meist ans Ziel gekommen, ohne
Prestigepolitik nach außen, mit dem durchgreifenden Staats-
willen des erfahrenen Landesherrn. Sein vorzeitiger Tod aber
ließ alles ins Gegenteil umschlagen. Die von ihm gezügelten
Kurfürsten kamen wieder obenauf. Die von ihm wie von seinem
Vater aufgegebene Italienpolitik lebte erfolglos wieder auf. Der
von ihm vermiedene Konflikt mit dem Papsttum brachte das
Reich in jahrzehntelange Verwirrung, bis Karl IV. wieder in die
politischen Bahnen der Habsburger einlenkte, ohne den langen
Rückschlag ganz verwinden zu können.

---

[1] Zu Ungarn: B. Hóman, Gesch. d.
ungar. MA 2 (1943), S. 218 ff.; M. Uhlirz, Hdb. d. Gesch. Österreichs 1
(²1961), S. 373 f. Zu Böhmen: F. Gräb-
ner, Böhm. Politik vom Tode Ottokars II. bis z. Aussterben d. Přemysliden
(1903); H. Hovedissen, Kg. Albrechts I.
Verhältnis zu Böhmen (Diss. Erlangen
1891); K. Richter in: Hdb. d. Gesch.
d. böhm. Länder 1 (1967), S. 282 ff.;
F. Seibt, ebd. S. 356 ff.: Das habsburg.

Ostprojekt. O. Pustejovsky, Zur Gesch.
d. böhm. Länder im 14. Jh., Jb. f. d.
Gesch. Osteuropas NF 13 (1965), Bericht über tschech. u. slovak. Forschungen 1935–1964. Zu Polen: P. W. Knoll,
Władysław Lokietek and the restoration
of the Regnum Poloniae, Mediaevalia et
Humanistica 17 (1966).

[2] Die Schlacht bei Lucka hat trotz geringer militärischer Bedeutung infolge
der anschließenden polit. Ereignisse den

Wettinern Thüringen u. Meißen gerettet; A. SCHIRMER, Die Schlacht bei Lucka, ein Wendepunkt in d. Gesch. d. Wettiner (1907), dazu N. Arch. f. Sächs. Gesch. 27 (1906), S. 390; ders. u. G. KAMMRAD, Zs. d. V. f. Thüring. Gesch. 29 (1913); W. ERBEN, Kriegsgesch. d. MA (1929), S. 126.

³ A. LHOTSKY, Gesch. Österreichs (1967), S. 154 ff.; B. MEYER, Studien zum habsburg. Hausrecht 1: Die Ermordung Albrechts in Windisch, Zs. f. Schweiz. Gesch. 25 (1945), behandelt eingehend die erb- u. hausrechtl. Fragen. Der Mörder Johann, gen. Parricida, suchte Absolution an d. Kurie und trat in ein Kloster bei Pisa ein, wo ihm K. Heinrich VII. auf s. Italienzug begegnet sein soll.

Kapitel 32
Die Kandidatur Karls von Valois und die Wahl Heinrichs VII.

In der Verwirrung nach dem plötzlichen Tod Albrechts I. versuchte König Philipp IV. von Frankreich, die deutsche Krone und das Kaisertum für die Kapetinger zu gewinnen, wie es Karl von Anjou schon 1272 erstrebt hatte. Doch kandidierte der französische König nicht selbst, wie damals sein Vater – obgleich es ihm der rührige Advokat und Publizist Pierre Dubois dringend riet (Const. 4 n. 245; s. Kap. 36, Anm. 6) –, sondern er schob seinen Bruder Karl von Valois vor[1]. Päpstlicher Unterstützung glaubte er dabei sicher zu sein. Denn die schroffe Feindschaft der Kurie gegen Frankreich war nach dem Tod Bonifaz' VIII. in hilflose Abhängigkeit umgeschlagen. Schon sein Nachfolger Benedikt XI.[2] hatte nachgiebig eingelenkt, ohne den französischen König für den Überfall seiner Helfer auf den Papst zur Rechenschaft zu ziehen. Als er endlich den Prozeß gegen die Attentäter selbst eröffnen wollte, starb er schon acht Monate nach seiner Wahl (7. VII. 1304). Fast ein Jahr konnten sich die Kardinäle, obgleich großenteils Italiener, nicht einigen. Dann wurde der Bonifazanhang von den Frankreichfreunden überrumpelt durch die Wahl des Erzbischofs Bertrand von Bordeaux (5. VI. 1305), der sich als *Clemens V.*[3] in Lyon krönen ließ und weiterhin in seiner südfranzösischen Heimat blieb, seit 1309 in Avignon[4], nahe dem französischen Staatsgebiet, auf das Philipp der Schöne ihn festlegen wollte. Stets kränklich und kampfscheu, fand er die Entschlußkraft nicht, sich dessen herrischem Willen zu entziehen, und versuchte nur, durch Konzessionen Schlimmeres zu verhüten, vor allem die Verurteilung Bonifaz' VIII. als Ketzer, durch die sich dessen französische Widersacher nachträglich ins Recht setzen wollten. Daß

Clemens V. gleichwohl der französischen Politik nicht blindlings zu Willen war, zeigt sein Verhalten zur deutschen Thronfrage.

Noch zu Lebzeiten Albrechts I., auf dessen Romzugwünsche er nicht einging, hatte Clemens V. die drei rheinischen Erzbistümer mit Freunden Frankreichs besetzt[5], das nun für die Wahl des Kapetingers auf sie glaubte rechnen zu können. Den Kölner Erzstuhl gab der Papst gleich bei seiner Krönung dem rheinischen Grafensohn *Heinrich von Virneburg*, der sich dafür mit einem Treuegelöbnis seinem »Wohltäter« Philipp dem Schönen zur Waffenhilfe gegen jedermann außer Kaiser und Papst und zur Verhütung jedes deutschen Angriffs auf Frankreich verpflichtete[6]. Das Erzbistum Mainz bekam 1306 gegen den Willen des uneinigen Domkapitels der Basler Bischof *Peter von Aspelt*, der als Kanzler König Wenzels II. von Böhmen dessen Bündnis mit Frankreich gegen Albrecht I. geschlossen hatte und, obgleich früher Leibarzt Rudolfs I. und von ihm gefördert, zum entschiedensten Habsburggegner geworden war[7]. Durch ihn hoffte Frankreich wohl auch die böhmische Kurstimme zu gewinnen, zumal da Herzog Heinrich von Kärnten auf die päpstliche Anerkennung seines böhmischen Thronanspruchs angewiesen schien. Das Erzbistum Trier endlich hatte Ende 1307 Graf Heinrich von Luxemburg dank seiner engen Beziehung zum französischen Hof und zur Kurie seinem jüngsten Bruder *Balduin* verschafft[8], der seit zehn Jahren in Paris studierte. Er brauchte dazu päpstlichen Dispens, da er erst 22 Jahre zählte. In Poitiers empfing Balduin im Beisein seines Bruders von Clemens V. im April 1308 die Bischofsweihe und leistete dem französischen König einen Eid, ihm stets zu helfen, nie zu schaden (Kern, Acta n. 177). Auf dem Heimweg nach Trier erfuhr er vom Tod Albrechts I. Kein Wunder, daß Philipp der Schöne auf ihn zählte.

Schon Ende Mai 1308 mahnte der französische König die Kurfürsten und andere »Freunde und Getreue« im Reich, keinen Wahltag anzusetzen, ehe er sie beraten könne (Const. 4 n. 239; Kern, Acta n. 286). Am 9. VI. nannte er offen seinen Bruder als geeignetsten Kandidaten (Const. 4 n. 240) und schickte Gesandte ins Reich, mit Geld wohlversehen, um dessen Wahl zu betreiben. Zugleich drängte er den Papst, in gleicher Richtung zu wirken. Clemens V. gab den Königsgesandten Mahnschreiben an die Kurfürsten mit (ib. 246), ohne aber Karl von Valois namentlich zu empfehlen, wie es nur ein französischer

Kardinal und Papstneffe (Raymund von Got) auf des Königs Betreiben tat (ib. 247). Trotzdem richtete die Gesandtschaft nichts aus. Nur Heinrich von Köln zeigte sich willfährig; er glaubte auch für Sachsen und Brandenburg mitentscheiden zu können (Wahlbündnis ib. 251/2, 256), die jedoch den askanischen Grafen von Anhalt wählen wollten. Pfalzgraf Rudolf hoffte selbst König zu werden. Herzog Heinrich von Kärnten-Böhmen hielt sich unentschlossen zurück. Balduin von Trier aber betrieb in engstem Einvernehmen mit Peter von Mainz die Wahl seines eigenen Bruders Heinrich von Luxemburg. Wenn Clemens V., der ihn kannte und um seine Unterstützung gebeten wurde, sich auch nicht offen für ihn verwandte, wich er doch diplomatisch der Forderung des französischen Königs aus, die luxemburgische Wahlwerbung zu unterbinden, die kapetingische zu fördern und dazu einen Legaten ins Reich zu schicken (Const. 4 n. 248). Unverkennbar war dem Papst die Wahl des Luxemburgers als Gegengewicht und Rückhalt gegen den französischen Druck nicht unerwünscht. So ging das Spiel um die deutsche Krone für den französischen König verloren an den kleinen Grafen von Luxemburg, der sein Vasall war, aber seine Pläne durchkreuzte. Die weltlichen Kurfürsten schlugen zwar, als sie sich am 22. X. 1308 in Boppard zu gemeinsamer Wahl verbündeten (Const. 4 n. 260), noch andere Kandidaten vor. Aber Erzbischof Heinrich von Köln ließ sich nach langem Schwanken gegen große Zusicherungen (ib. 257/8) für den Luxemburger gewinnen und zog die Laienwähler mit. Am 27. XI. 1308 wurde Heinrich VII. in Frankfurt von sechs Kurfürsten gewählt; Heinrich von Kärnten war als Böhmenkönig geladen, blieb aber zu seinem Schaden unbeteiligt. Am 6. Januar folgte die Aachener Krönung.

K. Wenck, Französ. Werbungen um die dt. Königskrone z. Z. Philipps d. Sch. u. Clemens' V., HZ 86 (1901); G. Zeller, Les rois de France candidats à l'Empire, RH 173 (1934); F. Kern, Ausdehnungspolitik, S. 298 ff.; E. E. Stengel, Avignon u. Rhens. Forschungen zur Gesch. des Kampfes um das Recht am Reich in der 1. Hälfte d. 14. Jh. (1930), c. 1: Die Königswahl von 1308 u. die Kurie; J. Heidemann, Die Königswahl Heinrichs v. Luxemburg, FDG 11 (1871); R. Pöhlmann, Zur dt. Königswahl 1308, ebd. 16 (1876); W. Schepelmann, Die dt. Kgswahl von 1308 (Diss Halle 1913); K. Wenck, Clemens V. u. Heinrich VII. (1882).

[1] Vgl. Kap. 30, Anm. 3. J. Petit, Charles de Valois (1900); L. Neser, Studien zur Biographie Karls v. Valois (Diss. Freiburg/Br. 1911); vgl. auch E. Dade (Kap. 19, Anm. 3). – Über Philipp IV. von Frankreich E. Boutaric, La France sous Phil. le Bel (1861); W. Kienast, Der französ. Staat im 13. Jh., HZ 148 (1933); M. Bloch, La France sous les derniers Capétiens 1223

bis 1328 (1958). Die Persönlichkeit Philipps IV., den manche Zeitgenossen für unbedeutend hielten, ist schwer zu erfassen, da er meistens hinter seine Ratgeber Pierre Flote, Wilhelm von Nogaret (über ihn R. HOLTZMANN, W. v. N., 1898) u. a. zurücktrat; vgl. H. FINKE, Zur Charakteristik Phil. d. Sch., MIÖG 26 (1905) und K. WENCK, Phil. d. Sch. von Frankreich, seine Persönlichkeit u. das Urteil der Zeitgenossen (Rektorats-Progr. Marburg 1905). Über den Konflikt mit Bonifaz VIII. s. Kap. 30.

[2] Les registres de Benoit XI. ed. J. GRANDJEAN (1905); P. FUNKE, P. Benedikt XI. (1891); HALLER, Papsttum [2]5, S. 219 f.

[3] Regestum Clementis V. (10 Bde. 1885–1892), dazu Y. LANHERS u. R. FAWTIER, Tables des Registres de Cl. V (1948). Mit Clemens V. beginnt die wichtige Quellengemeinschaft von ETIENNE BALUZE, Vitae paparum Avenionensium (1893), neu bearb. von G. MOLLAT (4 Bde. 1914–1927) und die Darstellung von G. MOLLAT, Les papes d'Avignon ([10]1965), sowie J. HALLER, Papsttum u. Kirchenreform 1 (1903, Ndr. 1966); vgl. dessen Papsttum [2]5, S. 225 ff. und B. GUILLEMAIN, La cour pontificale d'Avignon 1309–1376 (1962), dazu CH.-E. PERRIN, RH 232 (1964). A. EITEL, Der Kirchenstaat unter Clemens V. (1906); G. LIZERAND, Clément V et Phil. IV le Bel (1910), s. auch F. EHRLE, Der Nachlaß Clemens' V., Arch. f. Lit.- u. KiG d. MA 5 (1889).

[4] E. KRAACK, Rom oder Avignon? Die röm. Frage unter d. Päpsten Clemens V. u. Johann XXII. (1929).

[5] H. HÖRNICKE, Die Besetzung der dt. Bistümer während d. Pontifikats Klemens' V. (Diss. Berlin 1919); J. WERKENTHIN, Die rhein. Bischofswahlen im Kräftespiel d. europ. Politik 1292–1308 (Diss. Berlin 1939).

[6] H. SCHWAMBORN, Heinrich II. Eb. v. Köln 1304–1332 (Diss. Münster 1904); seine Verpflichtung für Frankreich vom 19. XII. 1305 Const. 4 n. 1202, dazu KERN, Ausdehnungspolitik, S. 258 ff. u. 341 f.

[7] J. HEIDEMANN, Peter v. Aspelt als Kirchenfürst u. Staatsmann (1875), ergänzt in FDG 9 (1879); M. ARENS, Die Reichspolitik d. Eb. v. Mainz P. v. A. (Diss. Ms. Freiburg/Br. 1949); C. WAMPACH, Rhein. Vjbll. 15/16 (1950/51) bestätigt die von E. STENGEL, Avignon u. Rhens (1930), S. 226 ff. erwiesene Herkunft des in Trier geborenen P. v. A. von Ministerialen der Luxemburger Grafen. Sein Grabmal im Mainzer Dom zeigt ihn mit den drei von ihm gekrönten Königen Heinrich VII., Johann v. Böhmen u. Ludwig d. B., die ihm kaum bis zur Brust reichen.

[8] Grundlegend A. DOMINICUS, Baldewin von Lützelburg (1862), dazu DW[9] 7722 u. bes. E. E. STENGEL, Baldewin v. L. (1937), erweitert aus Jb. d. Arbeitsgemeinsch. d. Rhein. Gesch.-Vereine 2 (1936); dort weitere Beiträge über Baldwin, dessen Bedeutung für die Reichspolitik umstritten ist, aber von STENGEL (s. Kap. 45) überzeugend anerkannt wird trotz der Einwände von F. BOCK, Reichsidee u. Nationalstaaten (1943). – Gesta Baldewini in Fortsetzung der Gesta Treverorum ed. WYTTENBACH-MÜLLER 2 (1838), S. 179 ff., dt. v. E. ZENZ, Die Taten der Trierer 5 (1961). Anschauliche Darstellung des Lebens Balduins u. Heinrichs VII. in 73 Bildern aus einer von B. veranlaßten Trierer Urkundensammlung bei G. IRMER, Die Romfahrt K. Heinrichs VII. im Bildercyclus d. Cod. Bald. Trev. (1881) u. bei F.-J. HEYEN, K. Heinrichs Romfahrt. Die Bilderchronik von K. Heinr. VII. Kf. Balduin v. Lux. (1965); vgl. R. LAUFER, Untersuch. über d. Urkundensammlung d. Trierer Eb. u. Kf. Baldewin v. Lux., Arch. f. mittelrhein. KiG 2 (1950). – Über territoriale Gegenspieler Balduins s. H. DISSELNKÖTTER, Gräfin Loretta v. Spanheim geb. v. Salm (Rhein. Archiv 37, 1940); H. GENSICKE, Reinhard Herr v. Westerburg, Hess. Jb. f. Ldsgesch. 1 (1951).

Kapitel 33

Anfänge Heinrichs VII.
Erwerb Böhmens für die Luxemburger

Durch die Wahl von 1308 wurde das französische Streben nach der Reichskrone vereitelt, das deutsche Königtum aber, das immer wieder nach eigenen Machtgrundlagen in weiträumigen östlichen Territorien strebte, von den rheinischen Kurfürsten nach dem Westen zurückgeholt, sogar ins romanische Grenzland des Reiches, und wieder einem Grafen ohne viel eigene Macht gegeben. Die *Grafschaft Luxemburg* (Lützelburg)[1], durch Heirat 1214 an einen Sproß des Limburger Herzoghauses gekommen, hatte ihren territorialpolitischen Ehrgeiz damit gebüßt, daß der gleichnamige Vater Heinrichs VII. als Verbündeter Gelderns und Kurkölns 1288 bei Worringen (Kap. 27) mit drei Brüdern fiel. Auf Limburg verzichtend, hatte Heinrich VII. die Schwester des siegreichen Herzogs Johann von Brabant geheiratet und wie viele seiner Nachbarn Rückhalt am französischen König gesucht. Französisch war seine Muttersprache und seine ritterliche Bildung und Eleganz; wie er im Wettbewerb mit einem Kapetinger auf den Thron kam, war auch seine imperiale Idee nicht zum wenigsten vom Westen her mitbestimmt.

Trotzdem schien auch ihn die Reichspolitik zunächst nach Osten zu lenken. Fast ohne eigenes Zutun fiel ihm eine *Hausmacht in Böhmen* zu. Denn Heinrich von Kärnten hatte sich dort unbeliebt gemacht, auch den Anschluß an die Luxemburger versäumt, sich von der Königswahl ferngehalten. Die hohe Geistlichkeit Böhmens, einflußreiche Zisterzienseräbte und ein Teil des Adels verfielen auf den Ausweg, die jüngere Tochter Wenzels II. mit dem einzigen Sohn Heinrichs VII. zu verheiraten, um ihn für die böhmische Krone zu legitimieren. Erzbischof Peter von Mainz, früher böhmischer Kanzler, scheint die Verbindung vermittelt zu haben. Auf einem Frankfurter Reichstag im Juli 1310 wurde Böhmen dem Kärntner Herzog abgesprochen, einen Monat später wurde in Speyer der 14jährige *Königssohn Johann*[2] damit *belehnt* und mit der vier Jahre älteren Přemyslidin Elisabeth vermählt. Am 7. II. 1311, während Heinrich VII. schon in Italien war, wurden sie in Prag vom Mainzer Erzbischof gekrönt, vor dessen stattlichem Heer der Kärntner bald aus dem Lande weichen mußte. Seinen Verbündeten Eberhard von Württemberg, gegen den der Reichskrieg beschlossen wurde, besiegten die schwäbischen Städte[3].

Ziemlich mühelos war Böhmen, das den Habsburgern entging, für die Luxemburger gewonnen worden, die auch die polnischen Ansprüche der Přemysliden übernahmen[4]. Welche Zukunftsaussichten sich ihnen damit eröffneten, scheint Heinrich VII. kaum geahnt zu haben; jedenfalls nahm er sie nicht wahr. Er ließ auch den Anspruch seiner beiden Vorgänger auf *Thüringen und Meißen* fallen. Anfangs griff er zwar dort ein, weil Friedrich der Freidige seinen Kärntner Schwager in Böhmen unterstützte. Damit er ihn im Stich ließ, wurde er am 19. XII. 1310 mit Thüringen und Meißen belehnt (Const. 4 n. 1099), dem lange angefochtenen Wettinererbe[5].

Auch mit den Habsburgern verständigte sich Heinrich VII. nach kurzem Schwanken[6]. Hatte er anfangs gegen sie die Schweizer Eidgenossen bestärkt und ihre Reichsfreiheit bestätigt (Kap. 26), die Auslieferung Mährens gefordert und mit der Verurteilung der Mörder Albrechts I. gezögert, weil ihr Lehnsbesitz zwischen dem Reich und den Habsburgern strittig war, so kam es im Herbst 1309 in Speyer zu einem Ausgleich (Const. 4 n. 315/26): Herzog Friedrich und seine vier Brüder empfingen ihre Reichslehen (samt denen des Johann Parricida), dazu Mähren als Pfandschaft auf fünf Jahre. Albrecht I. wurde nun erst zugleich mit Adolf von Nassau in der Speyerer Kaisergruft feierlich beigesetzt, über seine Mörder das Urteil gesprochen. Herzog Friedrichs Bruder Leopold verpflichtete sich zur Teilnahme am Romzug. Auch die Verständigung mit den Habsburgern wie mit den Wettinern und der Erwerb Böhmens stand für Heinrich VII. im Dienst seiner italienischen Pläne, seiner Kaiserpolitik.

Reichsregesten und Jahrbücher Heinrichs VII. werden noch bearbeitet; ausführlichste, nicht immer kritische Darstellung von Fr. Schneider, K. Heinrich VII. (1924/28) und wenig verändert, nur ohne Anm. und Exkurse: K. Heinrich VII., Dantes Kaiser (1940); ältere Lit. DW⁹ 7612, dazu F. Bock, Reichsidee u. Nationalstaaten (1943), S. 125 ff. Die Acta Henrici VII. von Dönniges (2 Bde. 1839) und von F. Bonaini (1877/79) sowie Cipolla e Filippi, Diplomi inediti di Enrico VII e di Lodovico Bavaro (1890) sind großenteils überholt durch Const. 4 (1906/11); Ergänzungen bei E. E. Stengel, Nova Alamanniae, und Th. E. Mommsen, Italienische Analekten (s. u. S. 162).

[1] Über die Grafschaft Luxemburg s. C. Wampach, Urkunden- u. Quellenbuch zur Gesch. d. altluxemburg. Territorien (1935/50), bes. Bd. 7 (1949) mit Einleitung über Heinrich VII. u. Eb. Balduin; J. Schoos, Le développement polit. et territ. du pays de Luxembourg dans la 1ᵉʳᵉ moitie du 13ᵉ siècle (1950); J. A. Gade, Luxemburg in the Middle Ages (1951). [2] J. Schötter, Johann Gf. v. Luxemburg u. Kg. v. Böhmen (2 Bde. 1865);

N. v. Werveke, Itinéraire de Jean l'Aveugle roi de Bohème (1903); E. Ficken, Joh. v. B., eine Studie zum romant. Rittertum im 14. Jh. (Diss. Göttingen 1932); F. Meltzer, Die Ostraumpolitik Kg. Johanns v. B. (1940), materialreich; R. Cazelles, Jean l'Aveugle (Bourges 1944); F. Seibt in: Hdb. d. Gesch. d. böhm. Länder 1 (1967), 72 bis 75; s. u. Kap. 43.
[3] H. Haering, Der Reichskrieg gegen Gf. Eberhard v. Württ. 1310–1316 u. seine Stellung in d. allgem. dt. Gesch.,

Württ. Jbb. f. Statistik u. Ldskde.(1910).
[4] Vgl. J. P. Pfitzner, Rheinland u. Sudetenraum z. Z. der ersten Luxemburger, Rhein. Heimatbll.(1927),S. 415 ff.
[5] W. Lippert, Meißen u. Böhmen 1307–1310, N. Arch. f. Sächs. Gesch. 10 (1889); ders., Meißnisch-böhm. Beziehungen z. Z. Kg. Johanns u. Karls IV., Mitt. d. V. f. Gesch. d. Dt. in Böhmen 35 (1897); H. Wagenführer, Friedrich d. Freidige (1936), S. 91 ff.
[6] Vgl. A. Lhotsky, Gesch. Österreichs (1967), S. 187 ff.

Kapitel 34
Heinrich VII. und die Kurie
Romzug und Kaiserkrönung

Statt die Möglichkeiten, die sich ihm im Osten boten, für eine Stärkung des Königtums in Deutschland zu nutzen, wie es seine Vorgänger versucht hatten, drängte Heinrich VII. von Anfang an nach Italien, um dort als Kaiser die Reichsgewalt wieder zur Geltung zu bringen. Diese Zielsetzung erklärt sich am ehesten aus seiner Herkunft vom romanischen Reichsrand mit dem Blick auf Frankreich, dessen Vormacht er überflügeln, dessen Druck er sich entziehen wollte. Zudem schien die Lage an der Kurie wie in Italien günstig für solche Pläne. Clemens V. selbst mußte wohl das deutsche Eingreifen in Italien wünschen, das ihm den Rückweg nach Rom bahnen konnte. Er hatte Heinrichs Wahl in einem vertraulichen Schreiben an Balduin von Trier erfreut begrüßt[1], und obgleich die Kurfürsten in ihrer Wahlanzeige (Const. 4 n. 262) nicht um Approbation, nur um die Kaiserkrönung baten, obgleich Heinrich VII. durch eine Fürstengesandtschaft (2. VI. 1309) nicht den Untertaneneid Albrechts I., sondern nur den üblichen Schutzeid und die Versprechen früherer Kaiser wiederholte[2], erkannte ihn der Papst am 26. VII. 1309 förmlich an mit der Zusage, ihn zu Lichtmeß 1312 in Rom zu krönen. Heinrich drängte auf einen früheren Termin, sagte den Romzug schon auf dem Speyerer Reichstag im August 1309 an und schickte Gesandte nach Italien voraus. Währenddessen bemühten sich italienische Kardinäle, die der Frankreichhörigkeit der Kurie widerstrebten – vor allem Nikolaus von Prato, der den Kaiser später krönte[3] –, ein Bündnis zwischen Heinrich VII. und König *Robert von Neapel*[4] zu stiften, der als Nachfolger seines Vaters Karls II. von Anjou im Sommer 1309 in Avignon vom Papst mit dem süditalienischen Königreich belehnt, bald darauf auch zum päpstlichen General-vikar der Romagna bestellt wurde. Sein einziger Sohn Karl von Kalabrien sollte Heinrichs Tochter Beatrix heiraten und das Königreich Arelat als Reichslehen bekommen, wie die Anjous die Provence bereits besaßen. Gegen diesen Arelatplan ließ allerdings der französische König durch den Papst Einspruch erheben; dafür ersparte er ihm den Ketzerprozeß gegen Bonifaz VIII., während er auf dem Prozeß gegen den schamlos ver-leumdeten Templerorden bestand, um dessen reichen Besitz einziehen zu können. Auf dem Konzil, das der Papst 1311 nach Vienne berufen mußte, wurde der Orden als häretisch verurteilt und aufgelöst[5]. Schon während der Vorbereitung des Konzils, das ihn an der Rhone festhielt, kündigte Clemens V. aber den lombardisch-toskanischen Städten mit Friedensmahnungen die Ankunft Heinrichs VII. an. Von ihm ließ er sich nicht nur den päpstlichen Territorialbesitz garantieren und Beistand gegen alle kirchlichen Rebellen versprechen, sondern Schonung und Schutz auch für die »Getreuen der Kirche« in Reichsitalien[6]. Er förderte auch weiterhin Heinrichs Verständigung mit Robert von Neapel, ebenso mit Frankreich, mit dem ein Freundschafts-vertrag vereinbart wurde, aber nicht zum Abschluß kam. Denn die Hoffnung Philipps des Schönen, sich dabei die Freigraf-schaft Burgund und den Besitz von Lyon zu sichern, erfüllte Heinrich VII. nicht. Dennoch glaubte er sich durch sein Ein-vernehmen mit der Kurie, mit Neapel und mit Frankreich den Weg nach Italien geebnet zu haben.

Im Oktober 1310 zog Heinrich VII. über den Mont Cenis. Sein Heer war nicht groß, seine Mittel gering, da ihm ein Kirchenzehnt für den Romzug vom Papst nicht bewilligt wurde. Von den Kurfürsten begleitete ihn nur sein Bruder Balduin von Trier; Pfalzgraf Rudolf kam später nach, während sein Bruder Ludwig von Bayern (der spätere Kaiser) höchstens zeitweise vor Brescia beteiligt war, der Habsburger Herzog Leopold bald erkrankte und heimkehrte. Die Hauptmacht stell-ten die Verwandten und Freunde des Königs aus den deutsch-französischen Grenzgebieten von Flandern und Hennegau-Holland über Lothringen bis Savoyen und Vienne, »die peri-pherischen Mächte des Reichs, die das Königtum ihres Genos-sen stützten, um sich der französischen Vormacht zu entwinden« (Kern, HZ 106, 92). Der Königssohn Johann blieb als Reichsvikar in Prag, beraten vom Mainzer Erzbischof.

Italien schien reif und bereit für eine Erneuerung des Kaisertums[7]. Seit zwei Menschenaltern, vollends seitdem auch die Kurie das Land verlassen hatte, litt es unter unablässigen Parteikämpfen in und zwischen den Städten, zwischen *Ghibellinen und Guelfen*, »Weißen« und »Schwarzen«, rivalisierenden Geschlechtern und demokratischen Zünften. Die wechselnden Parteinamen deckten mehr Interessen- als Gesinnungsgruppen, wenn auch die »parte Guelfa« zumeist Rückhalt am Papsttum oder seinen angiovinisch-französischen Partnern suchte, die Ghibellinen auf Hilfe durch ein erneuertes Kaisertum hofften. Jeder Umschwung im Stadtregiment trieb die Verbannten ins Gegenlager; aus den Stadtrevolten wurden Städtekriege, von keiner übergeordneten Staatsgewalt gedämpft. Nur der Anjoukönig Robert von Neapel, schon seit 1304 auch Generalkapitän von Florenz, hatte in den Guelfenstädten Piemonts, der Lombardei und Toskanas die Hand im Spiel und versprach ihnen Rat und Hilfe. Vergeblich hatte Clemens V. wie schon sein Vorgänger Legaten nach Toskana geschickt, um Frieden zu stiften. Sie konnten die Zerstörung Pistojas durch die Florentiner und deren Krieg gegen Arezzo nicht hindern, wurden aus Bologna vertrieben und mußten den Dingen ihren Lauf lassen. Das Verlangen nach Frieden wuchs allenthalben und verklärte die Erinnerung an das Kaisertum. Nicht nur Dante, seit dem Sieg der »Schwarzen« 1302 aus Florenz verbannt, begrüßte in einem Mahnruf an die Fürsten und Städte Italiens jubelnd das Kommen Heinrichs VII. als Anbruch einer neuen Zeit des Friedens und der Gerechtigkeit. Auch ein entschiedener Guelfe wie der Notar, Poet und Geschichtsschreiber Albertino Mussato aus Padua versichert (Hist. Aug. XIV, 6), alle Parteien seien vom Herrschaftsrecht des Kaisertums überzeugt gewesen, von dem vor allem die Verbannten aus allen Lagern Hilfe und Recht erwarteten.

Heinrich VII. kam mit dem redlichen, hochgestimmten Willen, als Kaiser über den Parteien stehend sie zu versöhnen. Er wollte nicht zum Haupt der Ghibellinen werden, vermied geflissentlich die Parteinamen und schenkte auch den guelfischen Verbannten Gehör, die sich schon in Turin an ihn wandten. Daß er in Asti die Bürger zur Eintracht brachte, war ein verheißungsvoller Anfang. Aber schon in Mailand, wo er am 6. I. 1311 die *lombardische Krone* empfing[8], ließ sich kein dauerhafter Friede stiften. Der guelfische Volkskapitän Guido della Torre leistete zwar zunächst keinen Widerstand, als der von ihm verdrängte Adelsführer Matteo Visconti und sein Anhang mit dem Kaiser wieder in die Stadt kam, in der er unter Heinrichs beiden Vorgängern Reichsvikar gewesen war. Die alte Rivalität war aber nicht zu überbrücken. Da der König zur Besoldung seines Heeres auf beträchtliche Zahlungen angewiesen war und sich Geiseln stellen ließ, war das Volk leicht gegen ihn aufzureizen. Ein Aufstand wurde blutig unterdrückt, Guido vertrieben und geächtet, der Visconti erneut zum Reichsvikar ernannt. Der König aber galt seitdem als Parteigänger der Ghibellinen, dem die Guelfenstädte sich widersetzten. Erbittert über den Fehlschlag seines Friedenswillens, wurde er hart und herrisch. Cremona mußte schwer dafür büßen, daß es sich von Guido della Torre zum Widerstand aufhetzen ließ. Doch das Strafgericht wirkte nicht abschreckend, sondern aufreizend. Brescia hielt vier Monate lang der Belagerung stand, bei der Tausende umkamen, auch des Königs Bruder Walram. Als die Stadt sich auf Gnade und Ungnade ergeben mußte (5. XI. 1311), wurde sie wie Cremona entrechtet, geschleift und gebrandschatzt, der Stadtherr als Hochverräter grausam hingerichtet. Der Nimbus des Friedensbringers, dessen guter Wille versagte, wurde durch die blutigen Erfolge erst recht zerstört. Die Kaiserkrönung sollte ihn erneuern. Doch inzwischen hatten die toskanischen Städte, Florenz im Bunde mit Lucca, Siena und Bologna, Zeit zu Rüstungen gewonnen und sperrten den Weg nach Rom. Heinrich konnte sie mit seinen vor Brescia geschwächten Kräften nicht bezwingen, sondern mußte sie umgehen. Von Genua aus, wo ihm noch einmal die Aussöhnung verfeindeter Geschlechter gelang und die Signorie übertragen wurde, fuhr er zu Schiff nach Pisa, das aus alter Feindschaft gegen Florenz fest zu ihm hielt, und zog im Frühjahr 1312, von zahlreichen Ghibellinen Mittelitaliens begleitet, nach Rom.

Schon vor Jahren hatten die Römer dem Papst gedroht, wenn er nicht zurückkehre, wollten sie selbst einen Kaiser erheben (Acta Arag. 2 n. 341, Ende 1305). Im Mai 1310 wählten sie den Neffen des Herzogs Amadeus von Savoyen zum Senator, des Schwagers Heinrichs VII., der sein tätigster Helfer auf dem Italienzug war. Außer diesem Senator unterstützten den König nur die Colonna beim Einzug in Rom (7. V. 1312). Der übrige Adel verschanzte sich mißtrauisch in seinen festen Stadttürmen und öffnete sie nur widerwillig, als es der König auf einem Gastmahl beredt und drohend forderte. Robert von Neapel aber, der schon zur Verteidigung seines Königreichs rüstete und einen Ghibellinenaufstand in der Romagna blutig niederwarf, schickte seinen Bruder Johann von Gravina mit Truppen und Geld nach Rom, wie er auch die Florentiner unterstützte. Er verhandelte zwar noch immer mit Heinrich VII. über ein Bündnis und die Vermählung ihrer Kinder, machte aber zur Bedingung, der Kaiser dürfe nach der Krönung nur vier Tage in Rom bleiben, er müsse sich auch mit Frankreich vertragen und Roberts Sohn zum Reichsvikar für Toskana bestellen. Karl IV. ließ sich später ähnliches zumuten, sein Großvater Heinrich VII. nicht. Da er jedoch in heftigen Straßenkämpfen zwar das Kapitol erstürmen, nicht aber die Leostadt mit der Peterskirche und Engelsburg den angiovinischen Truppen entreißen konnte, ließ sich Heinrich VII. von den beiden Kardinälen, die ihn seit der Belagerung Brescias begleiteten, am 29. VI. 1312 notgedrungen im Lateran zum Kaiser krönen (wie einst Lothar von Supplinburg). Wohl hatte Clemens V. den Bruder König Roberts aus Rom abberufen wollen, damit er die Kaiserkrönung nicht störe; doch französischer Einspruch verhinderte die Sendung des bereits versiegelten Briefes (Acta Arag. 1 n. 201). Um es weder mit Frankreich noch mit dem Anjou zu verderben, überließ der Papst den Kaiser seinen Schwierigkeiten in Rom.

Den Italienzug Heinrichs VII. schildern viele italien. Zeitgenossen: in Padua der Notar Albertino Mussato (Historia Augusta sive de gestis Henrici VII. ed. MURATORI, Scr. rer. It. 10) und Guilelmo de Cortosi (Cortusius, ib. 12), in Mailand Joh. de Cermenate (ib. 9; ed. L. A. FERRAI, Fonti per la storia d'Italia 7, 1889), in Florenz Giovanni Villani (Istorie Fiorentine, ed . MURATORI 13) und Dino Compagni (ed. J. DEL LUNGO 1879/87; die Echtheit der Chronik ist umstritten), ferner Ferreto von Vicenza (MURATORI 9). Am zuverlässigsten berichtet darüber der Lothringer Dominikaner Nikolaus von Ligny, seit 1311 Titularbischof von Butrinto (Dalmatien), der seit 1310 im Dienst Heinrichs VII. stand, ihn nach Italien begleitete und viermal in seinem Auftrag an die Kurie ging; für sie schrieb er zur Rechtfertigung des Kaisers (die erste Fassung noch vor dessen Tod) die eingehende ›Relatio de itinere Italico Henrici VII. imperatoris‹ (ed. E. HEYCK, 1888; neue Ausgabe für MGH in Vorbereitung); dazu vor allem E. E. STENGEL, Die Heimat d. B. Nikolaus v. Butrinto, NA 44 (1922) mit älterer Lit. – Übersetzung dieser Quellen in GdV 79/80 (1882). Über die Bilder zur Romfahrt im Balduin-Kodex s. o. Kap. 32, Anm. 8. Ältere Darstellungen des Italienzugs (DW⁹ 7616) sind überholt durch W. M. BOWSKI, Henry VII in Italy, The Conflict of Empire and City-State 1310–1313 (Lincoln/Nebr. 1960).

[1] STENGEL, Nova Alam. n. 67; ders., Avignon u. Rhens, S. 31 ff.

[2] Const. 4 n. 295/8; H. OTTO, Die Eide u. Privilegien Heinrichs VII. u.

Karls IV., QFItA 9 (1906); H. E. FEINE, Die Approbation der luxemburg. Kaiser in ihren Rechtsformen an der Kurie, ZRG 58 KA 27 (1938), bes. S. 389 ff., auch in FEINE, Reich u. Kirche (1966), bes. S. 94 ff.

[3] F. THEILE, Nik. v. Prato, Kard.-B. v. Ostia 1303–1321 (Diss. Marburg 1913); H. STRÖBELE, N. v. P. (Diss. Freiburg/Br. 1914); über andere Kardinäle dieser Zeit H. HOFMANN, Kardinalat u. Kurie in d. 1.Hälfte d. 14. Jh. (Diss. Leipzig 1935); C. A. WILLEMSEN, Kard. Napoleon Orsini (1927); J. HÖSL, Kard. Jacob Gaetani Stefaneschi (1908); zur kurialen Italienpolitik s. E. KRAACK, Rom oder Avignon? (1929).

[4] Über Robert »den Weisen« von Neapel (1309–1343) s. R. CAGGESE, Roberto d'Angiò e i suoi tempi (2 Bde. 1922/35); auch W. GOETZ, Kg. Robert v. Neapel, seine Persönlichkeit u. sein Verhältnis zum Humanismus (1910); G. M. MONTI, Da Carlo I a Roberto di Angiò (1936); E. G. LÉONARD, Les Angevins de Naples (1954).

[5] EWALD MÜLLER, Das Konzil von Vienne 1311/12 (1934); J. LECLER, Vienne (Gesch. d. ökumen. Konzilien 8, dt. 1965). Zum Templerprozeß: H. FINKE, Papsttum u. Untergang d. Templerordens (1907); G. LIZERAND, Le dossier de l'affaire des Templiers (1923); G. ROMAN, Le procès des Templiers (Thèse Montpellier 1943); R. OURSEL, Le procès des Templiers (1955, Quellen-Übers.); W. SCHWARZ, Die Schuld des Jakob v. Molay, des letzten Großmeisters der Templer, WaG 17 (1957); s. auch M. MELVILLE, La vie des Templiers (1951); H. NEU, Bibliographie d. Templerordens 1927–1965 (1966).

[6] Über Heinrichs Verhandlungen mit der Kurie zur Vorbereitung des Italienzuges s. H. BRESSLAU, Die erste Sendung des Dominikaners Nikolaus v. Ligny ... an d. päpstl. Hof u. die Promissionsurkunden Heinrichs VII., in: Papsttum u. Kaisertum (Festschr. f. P. Kehr 1926); W. BOWSKY, Clement V and the Emperor-Elect, Medievalia et Humanistica 12 (1958).

[7] Über die italien. Zustände am Anfang d. 14. Jh. s. G. CARO, Genua u. die Mächte am Mittelmeer 1257–1311 (2 Bde. 1895/99) und dessen Kontroverse mit V. SAMANEK über die Signorie Heinrichs VII. in Genua, HV 11/12 (1908/09); R. DAVIDSOHN, Gesch. von Florenz 3 (1912). Zusammenfassend L. SALVATORELLI, L'Italia comunale (Storia d'Italia 4, 1940), S. 701 ff. mit Lit.; erst 1313 setzt ein L. SIMEONI, Le Signorie (2 Bde. 1950). – W. M. BOWSKY, Henry VII in Italy (1960); ders., Florenze and Henry of Luxemburg. The Rebirth of Guelfism, Speculum 33 (1958); M. HELLMANN, K. Heinrich VII. u. Venedig, HJb 76 (1957); V. SALAVERT Y ROCA, Notas sobre la politica italiana de Clemente V y sus repercusiones en Aragòn, in: Miscell. in onore di R. Cessi, Bd. 1 (1958).

[8] Rivalität zwischen Mailand u. Monza als Krönungsstätten: H. C. PEYER, DA 8 (1951), S. 446 ff.

Kapitel 35
Der Konflikt mit Robert von Neapel
und das Ende Heinrichs VII.

Als die Vorgänge in Rom zum offenen Bruch zwischen Heinrich VII. und Robert von Neapel trieben, gebot ihnen Clemens V. bei Strafe des Banns einen Waffenstillstand auf ein Jahr (Kern, Acta n. 227). Dagegen verwahrte sich der Kaiser entschieden. Er bestritt dem Papst, dem er nicht wie der Anjou durch einen Treu- und Lehnseid verpflichtet sei, das Recht zu solchen Befehlen (Const. 4 n. 839ff.) und ließ sich durch juristische Gutachten bestätigen, daß nur der Kaiser über Krieg und Frieden zu gebieten und das weltliche Schwert zu führen habe[1]. Nicht als Krieg zwischen gleichgestellten Mächten, den der Papst verbieten könnte, sondern als Exekution eines kaiserlichen Rechtsspruchs gegen einen Rebellen wollte er sein *Vorgehen gegen Robert von Neapel* aufgefaßt wissen. Nicht in Rom, das er sieben Wochen nach der Krönung verließ, sondern nach dem Rat seiner Juristen auf Reichsboden in Arezzo forderte er im September 1312 kraft kaiserlicher Allgewalt – nicht nur als Lehnsherr der Provence, für die der Anjou die Huldigung schuldig blieb – den König als Majestätsverbrecher vor sein Gericht und ließ ihm, da er nicht kam, in aller Form den Prozeß machen (ib. 848f., 913). In Pisa wurde am 26. IV. 1313 das Todesurteil über den als ehrlos Geächteten und Abgesetzten gefällt (ib. 946)[2]. Um es zu vollstrecken, rüstete der Kaiser zum Angriff, forderte neuen Zuzug aus Deutschland an und suchte Verbündete. Schon vor der Ankunft in Rom hatte er *Verhandlungen mit König Friedrich III. von Sizilien* angeknüpft, dem jüngsten Sohn Peters von Aragon und der Manfredtochter, der die sizilische Krone gegen die Anjoukönige von Neapel behauptete[3]. Sein ältester Sohn wurde nun statt des Sohnes König Roberts mit der Kaisertochter Beatrix verlobt, Friedrich selbst zum Reichsadmiral ernannt, dem die Flotte der Venetianer, Pisaner und Genuesen unterstehen sollte (Acta Arag n. 213/9). Im eigensten Interesse als Anjougegner, aber auch als Staufersproß ghibellinischer Gesinnung unterstützte der sizilische König den Kaiser mit Geld und Truppen und bestärkte ihn in seinen imperialen Ideen und Ansprüchen. Andrerseits verhandelte der Kaisersohn Johann von Böhmen, selbst zum Aufbruch nach Italien rüstend, mit dem ungarischen Anjoukönig Karl Robert (Acta Arag. n. 216), der als Sohn des älteren, früh verstorbenen Bruders König Roberts dessen Anrecht auf den Thron von Neapel bestritt. Die Koalition seiner Feinde konnte für König Robert gefährlich werden.

Nach dem Aufbruch aus Rom war der Kaiser zunächst *gegen Florenz* gezogen, um die toskanischen Guelfen zu unterwerfen. Ihr Heer wich jedoch dem Kampf aus, verschanzte sich in Florenz und hielt wochenlang der Belagerung stand, bis Krankheit und Verpflegungssorgen den Kaiser zum Abzug nötigten. Nach diesem Mißerfolg wirkte es als ohnmächtige Geste, daß er auch die Florentiner und ihre Parteigänger als Majestätsverbrecher vor sein Gericht lud und ächtete (Const. 4 n. 890, 915/6). Auch die von ihm über dem zerstörten Poggibonsi erbaute Stadt mit dem stolzen Namen Monte imperiale konnte die Nachbarn Florenz, Lucca, Siena kaum in Schach halten, geschweige denn bezwingen. Statt dessen wurde von dem getreuen Pisa aus der Zug gegen Neapel angetreten, obgleich Clemens V. jeden Angriff auf das päpstliche Lehnsreich verbot (ib. 1003). Noch immer glaubte ihn der Kaiser von seinem Recht überzeugen zu können. Aber zwei Wochen nach dem Aufbruch aus Pisa ist er am 24. VIII. 1313 in Buonconvento bei Siena gestorben, noch nicht 40jährig. Viele glaubten, sein dominikanischer Beichtvater habe ihn vergiftet, angestiftet von den Guelfen, vom französischen König oder gar vom Papst. Das weitverbreitete Gerücht, dem schon kundige Zeitgenossen widersprachen, verrät die mit Mißtrauen geladene Hochspannung, ist aber nicht glaubhaft. Heinrich war wohl schon in Rom an der Malaria erkrankt, rang hartnäckig damit und erlag ihr doch nach einem Besuch der Bäder bei Siena. Sein Leichnam wurde nach Pisa zurückgebracht, wo ihm im Dom ein würdiges Grabmahl errichtet wurde[4].

Mit dem Tod Heinrichs VII. brach sein italienisches Unternehmen unrettbar zusammen. Sein Heer zerstreute sich führerlos. Die Florentiner frohlockten über den Tod des »schrecklichen Tyrannen« (Const. 4 n. 1240/1); sie wurden zwar bald von Castruccio Castracani, dem ghibellinischen Machthaber von Lucca, gedemütigt (Niederlage bei Montecatini 29. VIII. 1315), blieben aber unter der Signorie Roberts von Neapel der Hort des Guelfentums, während in Mailand die Visconti, in Verona die Scaliger, in Ferrara die Este usw. als vom Kaiser ernannte Reichsvikare ihre Macht zu stärken suchten. Der Kleinkrieg zwischen Städten, Parteien und Ständen ging unvermindert weiter. Die Gegensätze, die der Kaiser überwinden wollte, hatten sich verschärft. Der hoffnungsvoll begrüßte Friedensbringer, dessen hochgesinnte, lautere Persönlichkeit auch manchen Gegnern bewundernde Achtung abrang, hinterließ doch nur Enttäuschung und Verwirrung. Sein Hauptwidersacher Robert von Neapel, der schon die Flucht nach der Provence vorbereitet hatte, konnte mit König Friedrich von Sizilien, der ihn in Kalabrien angriff, bald Waffenstillstand schließen. Um so entschiedener führte er den ideellen Kampf gegen den Anspruch des Imperiums auf kaiserliche Allgewalt fort, kraft dessen ihn Heinrich VII. glaubte verurteilen zu können. Wäre dessen Kaiserpolitik nur romantische Verstiegenheit oder weltfremder Idealismus gewesen, so hätten sich die Zeitgenossen weder so leidenschaftlich dafür begeistern können noch so erbittert dagegen wehren müssen. Schon Ranke (Weltgesch. IX, 28) erkannte seine Bedeutung darin, daß er »die Rechte des Kaisertums wahrnehmend, doch auch zugleich die Unmöglichkeit, sie zur Geltung zu bringen, zur Anschauung brachte«. So erfolglos sein Romzug blieb, ließ er doch die grundsätzliche Frage nach dem Kaiserrecht erst vollends akut und strittig werden.

[1] K. L. HITZFELD, Die letzte Gesandschaft Heinrichs VII. nach Avignon u. ihre Folgen, H Jb 83 (1964).
[2] A. DIECKMANN, Weltkaisertum u. »Districtus imperii« bei K. Heinr. VII. (Diss. Ms. Göttingen 1956); B. MÜLLER, Majestätsverbrechen u. Reichsidee in d. Zeit K. Heinr. VII. (Diss. Ms. Freiburg/Br. 1958); P. S. LEICHT, Cino da Pistoia e la citazione di Re Roberto da parte d'Arrigo VII, Arch. stor. Ital. 112 (1954).
[3] Über Friedrich III., der sich »rex Trinacriae« nannte, seit ihm 1302 im Frieden von Caltabellota die Insel Sizilien als päpstl. Lehen auf Lebenszeit zugestanden, der Titel »rex Sicilae« und die Nachfolge aber den Anjous in Neapel vorbehalten wurde, s. E. HABERKERN, Der Kampf um Sizilien in d. Jahren 1302–1337 (1921); K. L. HITZFELD, Studien zu den relig. u. polit. Anschauungen Friedrichs III. v. Siz. (1930); A. DE STEFANO, Federico III d'Aragona, re di Sicilia (Palermo 1937). Von einem Juristen Kg. Friedrichs III. (Joh.

von Calvaruso in Palermo?) stammt das Gutachten gegen das päpstl. Waffenstillstandsgebot an den Kaiser, Const. 4 n. 1248, dazu M. THILO, Das Recht der Entscheidung über Krieg u. Frieden im Streite K. Heinrichs VII. mit der röm. Kurie (1938). Dieses sizil. Gutachten wirkte später durch Vermittlung lombard. Ghibellinen (STENGEL, Nova Alam. 1 n. 123) auf die Appellationen Ludwigs d. Bayern ein, s. F. BOCK, DA 4 (1941), S. 186 ff. und QFItA 33 (1944), S. 30 ff.
[4] Itinerar Heinrichs VII. in seiner letzten Zeit: G. CECCHINI, Arch. stor. Ital. 98 (1941). – Tod u. Grabmal: P. BROWE, Die angebl. Vergiftung K. H. VII., H Jb. 49 (1929); E. BERTAUX, Le mausolée de l'emp. Henri VII. à Pise, in: Mélanges P. Fabre (1902); F. SCHNEIDER, Die Öffnung d. Grabmales Heinrichs VII. in Pisa 1920/21, MIÖG 41 (1926). In Pisa blieben auch die später zerstreuten Kanzlei-Akten Heinrichs VII., der wenigstens zeitweise von einem savoyischen Notar Register führen

ließ, s. J. Ficker, Die Überreste d. dt. Reichsarchivs zu Pisa, SB Wien 14 (1885); V. Samanek, Zu den genues. Aktenstücken des Nachlasses Bernards v. Mercato, Kammernotars K. Heinr. VII., MIÖG 28 (1907); H. Kämpf, Zu einem Imbreviaturbuch u. einem Register Bernards de Mercato, MIÖG Ergbd. 14 (1939). Über Archiv u. Kanzleiwesen s. Fr. Schneider, K. Heinr. VII., Heft 3 (1928), S. 322 ff.; H. Bresslau, Hdb. d. Urk.lehre 1 (²1912), S. 171ff.

Kapitel 36
Der Streit um das Kaisertum in Publizistik und Politik

Von 1220 bis 1312 hatte es keine Kaiserkrönung, seit Friedrich II. keinen Kaiser gegeben. Die politischen Mächte hatten sich des Kaisertums entwöhnt oder dachten an seine Erneuerung und Verwendung im eigenen Interesse, bis Heinrich VII. den kaiserlichen Anspruch in gesteigertem Maße wieder geltend machte. Um so heftiger wurde nun erst das problematisch gewordene Recht und Wesen des Kaisertums auch theoretisch und publizistisch umstritten. Wohl noch während des Interregnums stellte der Magister *Jordanus von Osnabrück* alle biblischen Zeugnisse dafür zusammen, daß das Imperium Romanum nach Gottes Willen zugleich mit dem Evangelium unter Augustus in die Welt gekommen und unentbehrlich sei für deren Fortbestand, den Antichrist und das Weltende aufhalte. Seinen kurzen Traktat nahm der Kölner Kanoniker *Alexander von Roes*[1] 1281 in eine Denkschrift für den Colonna-Kardinal auf, in dessen Gefolge er an der Kurie erlebte, wie die Franzosen nach Kaisertum und Papsttum griffen und die Päpste das Imperium mißachteten oder gar zerteilen wollten. Dagegen versuchte er mehrmals in Prosa und Versen aus der Geschichte und Eigenart der Völker zu beweisen, daß das Imperium den Deutschen, das Papsttum den Römern zustehe, den Franzosen aber das gleichermaßen für alle wichtige Studium mit dem Sitz an der Pariser Universität, und daß alle drei ohne Übergriffe zusammenwirken müssen, wenn die rechte, gottgewollte Ordnung der Welt nicht zerfallen soll – die erste historisch begründete Reichslehre, die auch Frankreich einbezog und doch dessen Sonderstellung achtete. Ein Menschenalter später, schon unter Heinrich VII., schrieb der vielseitig gelehrte Abt *Engelbert von Admont*[2] ›De ortu et fine Romani imperii‹, um das Recht und die Notwendigkeit der kaiserlichen Weltmonarchie, von der der Bestand der Welt abhängt, auch mit Hilfe der aristotelischen Staatslehre zu beweisen, die den meisten Scholastikern seit Thomas von Aquino gerade zur naturrechtlichen Begründung des autonomen Einzelstaates diente. Mit Aristoteles argumentierte aber auch *Dante*[3] in seiner wenig jüngeren ›Monarchia‹, die das Weltkaisertum, das keine rivalisierende Macht neben sich haben dürfte, als einzigen Garanten für Frieden und Gerechtigkeit erweisen will, für die Erfüllung des irdischen Daseinszweckes der Menschheit, der »civitas humani generis«. Ihm gilt das römische Volk und Reich, wenn auch seine Kaiser jetzt Deutsche sind, als berufen durch Natur und Geschichte zum Weltimperium, das allein von Gott abhängt, nicht vom Papst, der ganz auf seine religiösen Aufgaben verwiesen wird. Wahrscheinlich entstand diese Schrift, die in ihrer abstrakten Beweisführung jede Anspielung auf Zeitereignisse vermeidet, ebenso wie die dichterische Gestaltung dieser Reichslehre in der ›Divina Commedia‹ erst nach dem Tod Heinrichs VII., dem Dante begegnet war und durch leidenschaftliche Manifeste den Weg zur Verwirklichung seiner imperialen Idee bereiten wollte. Die ›Monarchia‹, die später auf den Index der verbotenen Bücher kam, hat manche Gegenschriften ausgelöst[4], und schon lange vorher hatte der Dominikaner *Tolomeo von Lucca*, Schüler, Freund und Biograph des Aquinaten, dessen Staatslehre ›De regimine principum‹ er vollendete, in einer ›Determinatio compendiosa de iurisdictione imperii‹ von 1281 gleichfalls als Aristoteliker beweisen wollen, »quod imperiale dominium dependet a papa«[5]. Aber nicht nur die Unabhängigkeit des Kaisertums vom Papsttum wurde strittig, nicht nur seine Gottunmittelbarkeit, sondern sein Daseins- und Herrschaftsrecht überhaupt.

Während die beiden ersten Habsburger, denen Dante deshalb zürnte, zwar die Kaiserkrönung, aber keine imperiale Herrschaft in Italien erstrebt hatten, war *Heinrich VII.* trotz mancher Warnungen gleich jenen Reichstheoretikern durchdrungen vom göttlichen Auftrag und Recht des Kaisertums, dessen Herrschaftsanspruch er höher spannte als je ein Kaiser vor ihm. Seine Kaiserkrönung zeigte er nicht nur dem Papst und den Reichsfürsten, sondern auch den Königen der Christenheit und ihren Untertanen mit den Worten an: wie dem einen Gott alle himmlischen Heerscharen dienen, so will Gott, daß alle Menschen, wenn auch in Königreiche und Länder geschieden, unter einem Kaiser stehen (»uni principi monarche subessent«; Const. 4 n. 801). Damit forderte er jedoch den schärfsten Widerspruch heraus, der die Berechtigung des Imperiums überhaupt in Frage stellte. *Philipp der Schöne* verwahrte sich energisch gegen die Krönungsanzeige an französische Große (und an die Stadt Lyon, die von jeher zu Frankreich gehöre!); er erklärte kühn, seit Christi Zeiten unterstehe Frankreich bekanntlich immer nur seinem König, nie einem Kaiser (ib. 811). Trotz dieser übertreibenden Betonung der längst anerkannten, von Innocenz III. bestätigten Exemtion Frankreichs vom Imperium, wurde dessen begrenztes Herrschaftsrecht damit noch nicht grundsätzlich bestritten; der französische König selbst hätte es nur allzu gern an sich gebracht. Auch der einfallsreichste französische Publizist dieser Zeit, der Advokat *Pierre Dubois*[6], forderte bei aller Geringschätzung für das deutsche Wahlkaisertum doch stets die politische Einigung der Christenheit, freilich unter französischer Führung, als Voraussetzung für einen erfolgreichen Kreuzzug, den er immer propagierte; er riet sogar zur Verständigung mit den Kurfürsten über ein kapetingisches Erbkaisertum. Viel schroffer reagierte König *Robert von Neapel* gegen die Anmaßung Heinrichs VII., ihn als Untertanen vor das kaiserliche Gericht zu fordern. In einer Denkschrift[7] rechnete er dem Papst vor, wieviel Unheil das Kaisertum seit je über Italien und die Kirche gebracht habe, das nur auf Gewalt und Anmaßung beruhe, gegen die Natur und das Völkerrecht sei, ein »scandalum« für Frankreich, Italien, Sizilien und alle freie Fürsten der Welt. Deshalb rät König Robert dem Papst, möglichst überhaupt keine deutsche Königswahl mehr zuzulassen, wenigstens sie nicht zu approbieren, keinen Kaiser mehr zu krönen und nach Italien kommen zu lassen, kurz: das überlebte Kaisertum abzuschaffen. An der Kurie blieb das nicht ohne Wirkung. Ihr gelehrter Rechtsberater *Oldradus de Ponte* aus Lodi erklärte gleichfalls, eine kaiserliche Weltherrschaft bestehe weder de facto noch de jure, das Imperium sei nur auf Gewalt begründet[8]. Auf seine Gutachten gestützt, erklärte *Clemens V.* das Urteil des Kaisers gegen Robert von Neapel für nichtig. Er bestritt zwar nicht das Daseinsrecht des Imperiums, das ja längst im Kirchenrecht seinen Platz hatte; doch er wies es in seine Grenzen, gestand ihm keinen universalen Herrschaftsanspruch zu und betonte schärfer denn je die Superiorität des Papsttums, indem er den Kaisereid, den Heinrich VII. nur als Schutzversprechen verstehen wollte, ausdrücklich als Lehnseid interpretierte[9]. Bei Reichsvakanz aber, wenn es keinen Kaiser gab, nahm er dessen

Rechtsnachfolge im Imperium, das *Reichsvikariat,* für das Papsttum in Anspruch; er war im Begriff, kraft dieses Rechtes Robert von Neapel nach dessen Wunsch zum Statthalter für ganz Reichsitalien zu ernennen[10], als er am 14. IV. 1314 starb. Erst sein nach zweijähriger Vakanz gewählter Nachfolger Johann XXII., der König Roberts Kanzler gewesen war, zog alle Folgerungen aus den letzten Entschlüssen Clemens' V. Die durch Heinrich VII. herausgeforderte, von ghibellinischen und guelfischen Juristen und Publizisten verschärfte Kontroverse über das Imperium und das Verhältnis kaiserlicher und päpstlicher Ansprüche führte im nächsten Menschenalter zu jahrzehntelangem Kampf um das Reichsrecht.

F. HEER, Zur Kontinuität d. Reichsgedankens im SpätMA, MIÖG 58 (1950); F. BAETHGEN, Zur Gesch. der Weltherrschaftsidee im späteren MA, in: Festschr. P. E. Schramm, Bd. 1 (1964).

[1] Alexander von Roes, Schriften, hg. v. H. GRUNDMANN u. H. HEIMPEL (MG Staatsschr. d. spät. MA 1, 1 1958), mit Übersetz. in MG Dt. MA 4 (1949), dazu H. HEIMPEL, A. v. R. und das dt. Selbstbewußtsein d. 13. Jh., AKG 26 (1935) und ohne Anm. in HEIMPEL, Dt. MA (1941); ders., Über den ›Pavo‹ des A. v. R., DA 13 (1957); H. GRUNDMANN, Über die Schriften des A. v. R., DA 8 (1950); ders., Sacerdotium – Regnum – Studium, AKG 34 (1951). Früher (ältere Lit. DW⁹ 7569b) wurde das ›Memoriale de prerogativa Romani imperii‹ (1281) dem Jordanus v. Osnabrück zugeschrieben, dessen kurzer Traktat darin enthalten ist, und anderen Verfassern Alexanders polit. Parabel-Dichtung vom Vogelkonzil (›Pavo‹ 1285) und seine ›Noticia seculi‹ (1288); so noch W. MOHR, Al. v. Roes – Die Krise in der universalen Reichsauffassung nach d. Interregnum, in: Miscellanea Mediaevalia 5 (1968).

[2] O. MENZEL, Bemerkungen zur Staatslehre Engelberts v. Admont und ihrer Wirkung, in: Corona Quernea (Festgabe f. K. Strecker 1941); G. B. FOWLER, Intellectual Interests of E. of Adm. (1947); Ausgabe d. polit. Schriften Engelberts von FOWLER in MG Staatsschriften 1, 2 steht bevor.

[3] Beste Ausgabe d. Monarchia Dantes von P. G. RICCI (1965 als Bd. 5 d. Edizione Nazionale), dazu F. BAETHGEN, DA 22 (1966); brauchbar auch die Sonderausgabe von L. BERTALOT (1918); Übersetzungen von C. SAUTER (1913, mit Kommentar) und W. v. d. STEINEN (1923). Über die strittige Datierung s. F. BAETHGEN, Die Entstehungszeit von Dantes Monarchia (SB München 1966 H. 5), der wie P. SCHEFFER-BOICHORST (Aus Dantes Verbannung, 1882, S. 103 ff.) und K. HAMPE (Die Abfassungszeit d. Monarchia in Dantes letzten Lebensjahren, Dt. Dante-Jb. 17, 1935) die Annahme entkräftet, die Monarchia sei noch während (oder gar vor) der Italienfahrt Heinrichs VII. geschrieben; so F. SCHNEIDER, Die Entstehungszeit d. Monarchia D.s (1922 u. ö.); R. DAVIDSOHN, Dt. Dante-Jb. 18 (1936) u. viele italien. Forscher. Aus der reichen Lit. zur Monarchia s. bes. F. KERN, Humana civilitas (1913); F. ERCOLE, Il pensiero politico di Dante (2 Bde. 1928); H. WIERUSZOWSKI, Der Reichsgedanke bei Dante, Dt. Dante-Jb. 14 (1932); FRHR. V. FALKENHAUSEN, Dantes Staatsidee, ebd. 19 (1937); H. CONRAD, Dantes Staatslehre im Spiegel d. scholast. Philosophie s. Zeit (1946) u. ebd. 27 (1948); J. KÜHN, Dantes Geschichtsphilosophie, ebd. 26

(1946); M. SEIDLMAYER, Dantes Reichs-
u. Staatsidee (1952), auch in dess.: Wege
u. Wandlungen des Humanismus (1965);
F. BATTAGLIA, Impero, chiesa e stati
particolari nel pensiero di Dante (1944);
A. PASSERIN D'ENTRÈVES, Dante as a
Political Thinker (1952); H. LÖWE,
Dante u. das Kaisertum, HZ 190 (1960);
O. HERDING, Über Dantes Monarchia,
in: D.u. die Mächtigen s. Zeit (1960); M.
MACCARRONE, Il terzo libro della Mo-
narchia, Studi Danteschi 33 (1955); ders.,
Teologia e diritto canonico nella Mo-
narchia III 3, Riv. di storia della chiesa in
Italia 5 (1951). – Zur Einführung: FR.
SCHNEIDER, Dante (1935, ⁵1960); M.
BARBI, Dante (1933, dt. 1943); T. GAL-
LARATI-SCOTTI, Vita di D. (²1938, dt.
1939); N. ZINGARELLI, La vita, i tempi e
le opere di D. (2 Bde. ³1944); F. MAG-
GINI, Introduzione allo studio di D.
(³1948); A. VEZIN, Dante, seine Welt u.
Zeit, sein Leben u. sein Werk (1949).

⁴ TH. KÄPPELI, Der Dantegegner
Guido Vernani O.P. von Rimini,
QFItA 28 (1937/38) mit Ausgabe des
Traktats De reprobatione Monarchie
composite a Dante (1327/29), neue Ausgabe von N. MATTEINI in: Il pensiero
medievale 1, 6 (1958); F. BAETHGEN,
Dante und Franz v. Mayronis, DA 15
(1959), auch Mediaevalia 2 (1960), mit
verbessertem Text des Traktats über d.
Verhältnis von weltl. u. geistl. Univer-
salgewalt (um 1324?), vorher mit anderen polit. Traktaten dieses Franziskaners bei P. DE LAPPARENT, L'œuvre politique de François de Meyronnes, ses
rapports avec celle de Dante, Arch.
d'hist. doctr. et litt. du MA 13 (1940/42).

⁵ Daß Tolomeo von Lucca die ›Determinatio‹ verfaßte, hat M. KRAMMER
in seiner Ausgabe (MG Fontes juris
Germ. ant. 1, 1909) vermutet, M.
GRABMANN, NA 37 (1912), S. 818 f. bewiesen; dazu B. SCHMEIDLER, Tholo-
maei Lucensis Annales, MG SS n. s. 8
(1930) Einleitung.

⁶ E. ZECK, Der Publizist Pierre Dubois (1911); H. KÄMPF, P. D. u. die
geistigen Grundlagen d. französ. Nationalgefühls um 1300 (1935); M. DELLE

PIANE, Vecchio e nuovo nelle idee polit.
di P. D. (1959); vgl. P. KIRN, Aus der
Frühzeit d. Nationalgefühls (1943), auch
über Al. v. Roes. Die erste Schrift des
P. D. von 1300: ›Summa brevis . . . feli-
cis expedicionis et abreviacionis guerra-
rum ac litium regni Francorum‹ ed. H.
KÄMPF, Quellen zur Geistesgesch. d.
MA u. d. Renaiss. 4 (1936), dazu F.
BAETHGEN, MIÖG 58 (1950); die wichtigste (mit Auszügen aus anderen): De
recuperatione terre sancte, ed. CHR. V.
LANGLOIS (Coll. de Textes 1891); vgl.
auch das Memoriale von 1308, Const. 4
n. 245.

⁷ Const. 4 n. 1253, dazu A. NITSCHKE,
QFItA 35 (1955), S. 254; G. M. MONTI,
La dottrina anti-imperiale degli Angioini
di Napoli, in: Studi di storia e diritto in
onore di A. Solmi 2 (1941); HAMPE,
Dt. Dante-Jb. 17 (1935), S. 64 ff.

⁸ Const. 4 n. 1254, dazu E. WILL, Die
Gutachten des Oldradus de Ponte zum
Prozeß Heinrichs VII. gegen Robert v.
Neapel (1917); H. FINKE, Weltimperialismus u. nationale Regungen im späteren MA (1916); F. BOCK, Kaisertum u.
Nationalstaat im Beginn d. 14. Jh., RQs
44 (1936); ders., Imperium u. Nationalstaaten im späten MA, Verg. u. Gegen-
w. 27 (1937); ders., Nationalstaatl.
Regungen in Italien bei den guelfisch-
ghibellin. Auseinandersetzungen von
Innocenz III. bis Joh. XXII. QFItA 33
(1944).

⁹ Die beiden Bullen ›Pastoralis cura‹
(Ungültigkeit der Verurteilung Kg. Roberts, Const. 4 n. 1166) u. ›Romani
principes‹ (Lehnseid des Kaisers und
päpstl. Reichsvikariat, ib. n. 1165) wurden mit den Dekretalen Clemens' V. (sogen. Clementinen) von seinem Nachfolger ins Kirchenrecht aufgenommen
(Clem. 2, 9 und 2, 11, 2). Ludwig d. B.
wies sie als unvereinbar mit dem Reichsrecht scharf zurück (STENGEL, Nova
Alam. n. 583). Auf Drängen Karls IV.
erklärte Innocenz VI. 1361, die Bullen
sollten das Andenken Heinrichs VII. u.
seiner Nachkommen nicht schmälern, s.
W. SCHEFFLER, Karl IV. u. Innoc. VI.
(1912), S. 146 ff. – Dazu G. LIZERAND,

Les constitutions ›Rom. princ.‹ et ›Past. cura‹ et leurs sources, Nouv. Revue hist. de droit français et étranger 37 (1913); M. DELLE PIANE, Intorno ad una bolla papale: La ›Pastoralis cura‹ di Clemente V, Riv. di storia del diritto ital. 31 (1958). – Gegen ›Pastoralis cura‹ richtet sich ein fiktiver Brief des bereits gestorbenen Heinrich VII., ein Stück Ghibellinen-Propaganda wie die Denkschrift des Dr. Joh. Branchazolus von Pavia ›De principio et origine et potencia imperatoris et pape‹ (Nova Alam. n. 90) und das sizil. Gutachten Const. 4 n. 1248 (Kap. 35, Anm. 3); s. H. HEIMPEL, Ein Bruchstück von Stoffsammlungen Dietrichs von Niem u. ein unbekannter ghibellin. Traktat (Nachr. Ak. Göttingen 1951, 4).

[10] Die Ernennung Kg. Roberts zum Reichsvikar (Const. 4 n. 1164 vom 14. III. 1314) wurde von Clemens V. nicht mehr ausgefertigt, erst von Johann XXII. vollzogen (Kap. 38); vgl. BAETHGEN, Der Anspruch des Papsttums auf das Reichsvikariat, ZRG KA 41 (1920), auch in dess. Mediaevalia 1 (1960), bes. S. 163 ff.; M. E. VIORA, A proposito del Vicariato Imperiale in Italia attribuito dai Pontefici a Re Roberto d'Angiò, Annali Triestini di diritto, economica e politica 13 (1942).

C. Der Kampf um das Reichsrecht unter Ludwig dem Bayern

Quellen: Die politisch erregte Zeit Ludwigs d. B. regte die Geschichtsschreibung lebhaft an (zur Historiographie s. o. S. 95). In Bayern entstand eine überschwengliche ›Chronica Ludowici imp.‹; ein Zisterzienser in Fürstenfeld (zw. München u. Augsburg) schrieb bis 1326 eine wertvolle ›Chronica de gestis principum‹ (beide ed. G. LEIDINGER, Bayer. Chroniken d. 14. Jh., Scr. rer. Germ. 1918); in Eichstätt schloß der Chorherr Heinrich Taube von Selbach (früher irrig Heinr. v. Rebdorf genannt) an die ›Flores temporum‹ eine zuverlässige Chronik bis 1343 an mit Zusätzen bis 1363 (ed. H. BRESSLAU, MG SS n. s. 1, 1922, Ndr. 1964). Auch der sehr kenntnisreiche Mathias von Neuenburg, bischöfl. Notar in Basel u. Straßburg (Chron. bis 1350 mit Fortsetzungen, ed. A. HOFMEISTER, ib. 4, 1924/40, Ndr. 1955), und der erzählfreudige Franziskaner Johann von Winterthur (Chron. 1340/8, ed. F. BAETHGEN, ib. 1924, Ndr. 1955, dazu HZ 113, 1925) knüpfen an die Martins-Chroniken (s. o. S. 13) an. Feindseliger gegen K. Ludwig, durch Beziehungen zu den Habsburgern und zur Kurie gut informiert, setzte Heinrich Truchseß von Dießenhofen, Domherr in Konstanz, die Kirchengesch. des Tolomeo von Lucca bis 1361 fort (ed. BÖHMER, Fontes 4, 1868). In Kärnten verfaßte der Zisterzienserabt Johann von Victring, den Habsburgern und Luxemburgern nahestehend, um 1340/43 mit manchen eigenen polit. Erfahrungen einen gehaltvollen ›Liber certarum historiarum‹ (ed. Fed. SCHNEIDER, Scr. rer. Germ. 1909, dazu NA 28, 1903). In Böhmen begann der Zisterzienserabt Peter von Zittau († 1339) in Königsaal bei Prag das ›Chronicon Aulae regiae‹ (ed. J. LOSERTH, Font. rer. Austr. I 8, 1875). – Die vielstimmige Publizistik der Zeit sichtete zuerst S. RIEZLER, Die literar. Widersacher der Päpste z. Z. Ludwigs d. B. (1874, Ndr. 1961); weitere Texte bei R. SCHOLZ, Unbekannte kirchenpolit. Streitschriften aus der Zeit Ludwigs d. B. (2 Bde. 1911/14).

Urkunden und Akten: DW⁹ 7522 ff.; J. F. BOEHMER, Reg. Imp. 1313–47 (1839 u. 3 Addidamenta 1841/65), noch nicht neubearb.; für 1322–27 vorläufige Urk.-Übersicht bei W. ERBEN, Berthold v. Tuttlingen, Registrator u. Notar in d. Kanzlei Ludwigs d. B., Denkschr. d. Wiener Ak. 66, 2 (1923), S. 111 ff.; für 1314–29 bei H. BANSA, Studien zur Kanzlei K. Ludwigs d. B. (1968); für Friedr. von Österreich: Regesta Habsburgica Abt. 3 ed. L. GROSS (1924). Reichsakten in MG Const. 5 (bis 1324) und 6, 1 (bis 1330) ed. J. SCHWALM (1909/13 u. 1914/27); Forts. fehlt. S. RIEZLER, Vatikanische Akten zur dt. Gesch. in d. Zeit K. Ludwigs d. B. (1891); C. ERDMANN, Vatikan. Analekten zur Gesch. L. d. B., Archival. Zs. 41 (1932); R. DAVIDSOHN, Beitr. z. Gesch. d. Reiches u. Oberitaliens 1311/12–1341, MIÖG 37 (1917); TH. E. MOMMSEN, Beitr. zur Reichsgesch. von 1313–1349 aus süddt. Archiven, NA 50 (1935); ders., Italien. Analekten zur Reichsgesch. d. 14. Jh. (1310–1378), Schriften d. MGH 11 (1952); F. BOCK, Ludoviciana, in: Festschr. A. Brackmann (1931); H. FINKE, Acta Arag. (s. o. S. 95) 1, S. 343 ff. u. 3, S. 274 ff.; bes. wichtig E. E. STENGEL, Nova Alamanniae 1 und 2, 1 (1921/30), die reichhaltige Brief- u. Aktensammlung d. Trierer Notars u. Mainzer Domdekans Rudolf Losse aus Eisenach; Bd. 2, 2 mit Erläuterungen im Druck.

Literatur: DW⁹ 7620 ff., vor allem C. MÜLLER, Der Kampf Ludwigs d. B. mit der röm. Curie (2 Bde. 1879/80), auch S. RIEZLER, Gesch. Baierns 2 (1880) und A. HAUCK, KiG Dtlds. V 1 (1911, Ndr. 1952); H. ANGERMEIER in: Hdb. d. bayer. Gesch. 2 (1969), S. 141 ff.; H. S. OFFLER, Empire and Papacy, The Last Struggle, in: Transact. of the R. Hist. Soc. V 6 (1956), dazu F. BOCK, Zs. f. bayer. Ldsgesch. 23 (1960), S. 124. Einseitig, aber beachtenswert R. MOELLER, Ludwig d. B. u. die Kurie im Kampf um d. Reich (1914), und ausführlicher F. BOCK, Reichsidee u. Nationalstaaten vom Untergang d. alten Reiches bis . . . 1341 (1943). Am förderlichsten E. E. STENGEL, Avignon

u. Rhens, Forsch. zur Gesch. d. Kampfes um das Recht am Reich in der 1. Hälfte d. 14. Jh. (1930). Unzulänglich populär K. WIMMER, K. Ludwig d. B. im Kampf um d. Reich (1943). – W. WIESSNER, Die Beziehungen Ludwigs d. B. zu Süd-, West- u. Norddtld. (1932); B. SCHILLING, K. Ludwig d. B. in s. Beziehungen zum Elsaß bis 1330 (1932); O. BORNHAK, Staatskirchl. Anschauungen u. Handlungen am Hofe Ludwigs d. B. (1933).

Kapitel 37
Die Doppelwahl von 1314 und der Thronstreit

Nach dem Tod Heinrichs VII. standen dieselben Kurfürsten wie fünf Jahre früher vor einer ähnlichen Situation. Wieder versuchte sie Philipp der Schöne von Frankreich mit Hilfe des Papstes für die *Wahl eines Kapetingers* zu gewinnen. Diesmal schlug er nach Erwägung mehrerer Kandidaten seinen jüngeren Sohn vor (als Philipp V. sein zweiter Nachfolger): der habe die Erbin der Freigrafschaft Burgund geheiratet, also großen Besitz und Verwandtschaft im Reich; er werde die päpstlichen Kreuzzugspläne fördern, während »in Alamannis vix fidelitas reperitur«, der letzte Kaiser habe es bewiesen; und die Erzbischöfe von Köln und Mainz seien dieser Wahl gewogen[1]. Doch die Kurfürsten, an die der Papst deshalb schrieb, gingen nicht darauf ein. Ehe sie sich zur Wahl entschlossen, war Clemens V. bereits gestorben, Philipp der Schöne dem Tode nahe († 29. XI. 1314). Den Wahlmachern von 1308, Balduin von Trier und Peter von Mainz, erschien zunächst des Kaisers einzige Sohn, der fast 18jährige König *Johann von Böhmen*, seit 1310 bereits Reichsvikar in Deutschland, als gegebener Nachfolger und Wahrer ihrer Interessen. Gegen die Erbfolge bestanden freilich Bedenken, und vor allem schien es fraglich, ob sich der junge Böhmenkönig gegen die *Habsburger* durchsetzen könnte. Sie hatten sich zwar mit Heinrich VII. vertragen; er hatte auf ihre Hilfe gegen Neapel gerechnet, sogar nach dem Tod seiner brabantischen Gemahlin eine Schwester der Habsburgerherzöge heiraten wollen. Sein Tod aber machte ihnen Hoffnung, nun doch noch die Nachfolge Albrechts I. anzutreten. Allerdings erlitten sie gerade damals (9. XI. 1313) im Streit mit ihrem Vetter Ludwig von Oberbayern (dessen Mutter Habsburgerin war) um die Vormundschaft über die niederbayrischen Wittelsbacher eine empfindliche *Niederlage bei Gammelsdorf* (westl. Landshut)[2]. Sie söhnten sich aber alsbald nachgiebig mit den Wittelsbachern aus. Vor allem Pfalzgraf Rudolf, Ludwigs älterer Bruder, der selbst (wie schon 1308) Thronwünsche hatte, hielt seitdem fest zu den Habsburgern. Mit deren Hilfe hoffte auch Herzog Heinrich von Kärnten seinen Anspruch auf die böhmische Krone und Kurstimme gegen die Luxemburger noch durchzusetzen. Im Juli 1314 verständigten sich diese Fürsten und Herzog Rudolf von Sachsen-Wittenberg in Wien über die *Königswahl Herzog Friedrichs* von Österreich (geb. 1289; »der Schöne« wurde er erst viel später genannt). Man rechnete auch auf die Zustimmung des Markgrafen Woldemar von Brandenburg, der seinerseits Wahlbündnisse mit den Herzögen von Sachsen-Lauenburg und mit Kurköln geschlossen hatte (Const. 5 n. 8–11). Währenddessen versuchten die rheinischen Erzbischöfe auf mehreren Tagungen in Rhens sich auf einen Kandidaten zu einigen; doch Heinrich von Virneburg wollte der Kölner Stimme wieder Gewicht verschaffen und keinen Luxemburger wählen, Mainz und Trier keinen Habsburger. Peter von Aspelt verstand den Brandenburger auf seine Seite zu ziehen und mit ihm die Lauenburger, die Rivalen Sachsen-Wittenbergs um das Kurrecht (seit der Teilung 1295/96)[3]. Statt des jugendlich-unsteten Johann von Böhmen aber stellte man den Habsburgern nun den durch seinen Gammelsdorfer Sieg weithin bekannt gewordenen *Herzog Ludwig von Oberbayern* entgegen (geb. 1287). Für ihn stimmten am 20. X. 1314 vor den Toren Frankfurts Peter von Mainz, Balduin von Trier und sein Neffe Johann von Böhmen, Markgraf Woldemar und Herzog Johann von Sachsen-Lauenburg. Schon tags zuvor hatte aber auf dem anderen Mainufer in Sachsenhausen Pfalzgraf Rudolf, mit seinem Bruder Ludwig längst verfeindet, auch im Namen von Köln gemeinsam mit den Herzögen Rudolf von Sachsen-Wittenberg und Heinrich von Kärnten den Habsburger Friedrich gewählt[4]. Zweifellos hatte Ludwig mehr und bessere Stimmen für sich. Aber noch galt kein Mehrheitsrecht bei der Königswahl, und zwei Kurstimmen waren gespalten und strittig. Erzbischof Heinrich von Köln beanspruchte zwar das Recht der Entscheidung, da er den König zu krönen habe (Const. 5 n. 114); doch er war Partei, sein Schiedsspruch wurde nicht anerkannt. Überdies mußte er Friedrichs Krönung, da Aachen sich ihm verschloß, in Bonn vollziehen, während Ludwig sich am gleichen Tag (25. XI. 1314) am rechten Ort, aber vom Mainzer Erzbischof und nicht mit den echten Insignien krönen ließ. Die herkömmlichen

Rechtsgründe für eine gültige Wahl und Krönung waren verteilt wie 1198. Da überdies das Papsttum vakant war, konnten statt einer rechtlichen Norm oder Instanz nur die Waffen entscheiden. Dabei standen die Reichsfürsten zumeist unbeteiligt abseits. Jahrelang hielten Bayern und Österreich einander in Schach, während Pfalzgraf Rudolf nach mißlungenen Verständigungsversuchen vor seinem Bruder Ludwig weichen mußte († 1319). Die Habsburger wären wohl überlegen gewesen, hätten sie nicht 1315 im Kampf gegen die von Ludwig geförderten Schweizer Eidgenossen am Morgarten eine schwere Niederlage erlitten (Kap. 26). Ihr Vorstoß nach Bayern von zwei Seiten her scheiterte 1319 vor Regensburg. Als sie nach drei Jahren den Doppelangriff wiederholten, wurde das von Österreich anrückende Heer Friedrichs vor seiner Vereinigung mit den aus Schwaben vorstoßenden Truppen seines Bruders Leopold am 28. IX. 1322 bei *Mühldorf* am Inn vernichtend geschlagen, Friedrich selbst gefangen[5]. Mit diesem Mühldorfer Sieg entschied Ludwig den Thronkampf für sich, wenn auch Herzog Leopold den Widerstand nicht aufgab.

Zugleich bot sich für Ludwigs schmale Machtgrundlage, die erst nach dem Aussterben der niederbayrischen Wittelsbacher (1340) das ganze Herzogtum umfaßte (Kap. 47), ein beträchtlicher Zuwachs in der *Kurmark*. Der tatkräftige Markgraf Woldemar von Brandenburg[6], der den unter mehrere Linien zersplitterten Askanierbesitz samt der Lausitz wieder vereinigt hatte, war 1319 gestorben; mit seinem kaum mündig gewordenen Vetter Heinrich starb im nächsten Jahr der letzte brandenburgische Askanier. Die verwaiste Mark war dem Zugriff aller Nachbarn ausgesetzt. Als König Ludwig nach dem Mühldorfer Sieg endlich eingreifen konnte, mußte er den anderen Askaniern in Anhalt und Sachsen territoriale Zugeständnisse machen, dem Herzog Otto von Braunschweig, der Woldemars Witwe heiratete, die Altmark großenteils überlassen, den Wettinern die Niederlausitz verpfänden, den Böhmenkönig mit dem Gebiet um Bautzen und Kamenz belehnen, auch den Mecklenburger Herzog für den Verzicht auf die umstrittene Prignitz entschädigen. Die Kurmark selbst aber übertrug er im Frühjahr 1323 auf einem Nürnberger Reichstag seinem ältesten, achtjährigen Sohn Ludwig (Const. 5 n. 938)[7]. Für ihn übernahm zunächst Graf Berthold von Henneberg die Pflegschaft, der sich schon unter Albrecht I. in Böhmen bewährt hatte und einer der tätigsten Helfer König Ludwigs wurde[8]. Er konnte freilich die

Wittelsbacherherrschaft in der Mark nur mühsam festigen; auch blieb die brandenburgische Lehnshoheit über Pommern heftig umstritten und mußte nach einer empfindlichen Niederlage (am Kremmener Damm, 1. VIII. 1332) aufgegeben werden[9]. Um einen Rückhalt gegen Pommern und Mecklenburg zu gewinnen, wurde der junge Markgraf Ludwig mit einer Tochter des Dänenkönigs Christoph II. vermählt, der jedoch 1326 aus seinem Land vertrieben wurde und mehr Hilfe brauchte als leistete[10]. Mit den Wettinern schlossen die Wittelsbacher eine Erbeinung, und König Ludwig gab seine Tochter Mechthild dem Landgrafen Friedrich dem Ernsten zur Frau (dem Sohn des »Freidigen« † 1323)[11]; daß dieser die ihm verlobte Tochter des Böhmenkönigs heimschickte und das an Böhmen verpfändete Pleißnerland einlösen durfte, entfremdete den Luxemburger dem Wittelsbacher, dem er noch bei Mühldorf half, vielleicht in der Erwartung, zum Lohn dafür selbst die Kurmark zu erhalten. Doch so viele Schwierigkeiten auch Ludwigs Eingreifen in Brandenburg schuf, er hatte doch ein zukunftsreiches Territorium im Osten und eine Kurstimme für sein Haus gewonnen, wie die Luxemburger Böhmen, die Habsburger Österreich. Daß Ludwigs eigene zweite Ehe (1324) mit Margarete, der Tochter des Grafen von Holland-Hennegau, den Wittelsbachern später auch Ansprüche auf die Territorien an der Rheinmündung gab, ließ sich noch nicht absehen (s. Kap. 47). Aber die Verbindung von Bayern nach Nordwesten wie nach Nordosten war geknüpft; die Herrschaft Ludwigs schien in Deutschland so gefestigt, daß er auch in Italien glaubte eingreifen zu können.

---

[1] Über Philipps IV. d. Sch. Verhandlungen mit Clemens V. wegen der dt. Königswahl berichtet sein Kaplan Petrus Barrerie (der schon bei den Wahlverhandlungen von 1308 in Dtld. war), Const. 5 n. 12. Die päpstl. Schreiben an Köln u. Trier sind nur aus deren Antworten zu erschließen, ebd. 16/17; dazu J. Schwalm, NA 25 (1900), S. 561 ff.; K. Wenck, HZ 86 (1901), S. 253 ff. – Auch der Sohn des von Frankreich u. England schwer bedrängten Grafen Robert v. Flandern, Ludwig v. Nevers, u. ebenso sein Widersacher Wilhelm v. Holland Hennegau bemühten sich vergeblich, die Kurfürsten für ihre Wahl

zu gewinnen, s. H. S. Lucas, The Low Countries and the Disputed Imperial Election of 1314, Speculum 21 (1946).

[2] W. Hofmann, Gammelsdorf 1313, eine kriegsgesch. Studie, Verhandl. d. HV Niederbayern 73 (1940), »nicht ernst zu nehmen« meint A. Lhotsky, Gesch. Österreichs (1967), S. 222 f.; s. s. Riezler, Gesch. Baierns 2 (1880), S. 290 ff. und M. Spindler in: Hdb. d. bayer. Gesch. 2 (1969), S. 136 f.

[3] Fr. Salomon, Die brandenburg. Stimme bei d. Doppelwahl von 1314, FBPG 21 (1908); Fr. Lammert, Der Streit um die Kurwürde zw. Sachsen-

Lauenburg u. Sachsen-Wittenberg, HV 30 (1935).

⁴ C. Mühling, Die Gesch. d. Doppelwahl 1314 (1882); H. Schrohe, Der Kampf der Gegenkönige Ludwig u. Friedrich um d. Reich ... bis 1322 (1902); E. Kortebein, Kurfürstenpolitik im Zusammenhang mit d. Doppelwahl von 1314 (Diss. Ms. Berlin 1945).

⁵ Ort u. Verlauf der Mühldorfer Schlacht wurde von W. Erben in Vorarbeiten zu seiner Kriegsgesch. d. MA (S. 126 mit ält. Lit.) eingehend untersucht: Die Berichte der erzählenden Quellen über die Schlacht bei M., AÖG 105 (1917); Die Schlacht bei M., histor., geograph. u. rechtsgesch. untersucht (Veröff. d. Hist. Sem. Graz 1, 1923); Mühldorfer Ritterweihen (ebd. 12, 1932); E. Rönsch, Beitr. zur Gesch. d. Schlacht von M. (ebd. 13, 1933); dazu Lhotsky, Gesch. Österreichs (1967), S. 271 ff.; F. Seibt in: Hdb. d. Gesch. d. böhm. Länder 1 (1967), S. 368; s. auch K.-G. Cram, Iudicium belli. Zum Rechtscharakter d. Krieges im dt. MA (1955), S. 1 f. u. 103 f.

⁶ Über Mgf. Woldemar (geb. spätestens 1281) s. H. Krabbo, FBPG 26 (1913) u. Brandenburgica 27/28 (1919); J. Schultze, Die Mark Brandenburg 1 (1961), S. 215 ff.

⁷ G. Salchow, Der Übergang der Mark Brandenburg an das Haus Wittelsbach (1893), dazu J. v. Pflugk-Harttung, FBPG 14 (1901); J. Schultz, Die Mark Br. 2 (1961), S. 9 ff.; F. W. Taube, Ludwig d. Ält. als Mgf. v. Brandenburg 1323–51 (1900). Vgl. H. Bier, Das Urkundenwesen u. die Kanzlei d. Mgff. v. Brandenburg aus d. Hause Wittelsbach (Diss. Berlin 1907).

⁸ G. Rummel, Berthold VII. der Weise, Gf. zu Henneberg 1284–1340 (Diss. Würzburg 1904); W. Füsslein, Berthold VII. Gf. v. H. (1905); J. Heidemann, Gf. Berth. v. H. als Verweser der Mark Br., FDG 17 (1877); W. Füsslein, Die Vormünder d. Mgf. Ludwig d. Ä., FBPG 21 (1908). Berthold war 1314 auch als Thronkandidat genannt worden.

⁹ M. Wehrmann, Der Streit d. Pommernherzöge mit d. Wittelsbachern um die Lehnsabhängigkeit ihres Landes 1319–1338 (1900).

¹⁰ M. v. Domarus, Die Beziehungen d. dt. Königs von Rudolf v. H. bis Ludwig d. B. zu Dänemark (Diss. Halle 1891).

¹¹ W. Lippert, Wettiner u. Wittelsbacher, sowie die Niederlausitz im 14. Jh. (1894).

Kapitel 38
Das Eingreifen Papst Johannes' XXII. gegen Ludwig d. B.

Während in Deutschland der Thronstreit begann, hatte sich das Kardinalskolleg, von Clemens V. durch zahlreiche Franzosen ergänzt, über zwei Jahre lang auf keine Wahl einigen können. Erst unter dem Druck des Pariser Hofes kam es am 7. VIII. 1316 in Lyon zur Wahl *Johannes' XXII.*[1], eines Bürgersohns aus Cahors, der bereits über 70 Jahre alt war, juristisch und theologisch gebildet, auch politisch erfahren. Er war der Erzieher Roberts von Anjou gewesen und zeitweise sein Kanzler. Der kleine, hagere, bedürfnislose Mann galt als unbestechlich gerecht, aber heftig und eigensinnig. Juristische Prozesse nach verschiedensten Seiten erfüllen sein ganzes Pontifikat. Streitbar und unnachgiebig bis zum äußersten, hat er nicht nur schwere Konflikte in der Kirche, sondern auch den letzten großen Kampf zwischen Papsttum und Kaisertum heraufbeschworen. Zugleich aber schuf er mit ungewöhnlicher Energie eine straff zentralisierte Finanz- und Ämterverwaltung in der Gesamtkirche; sie stellte das Papsttum trotz des »avignonesischen Exils«, das er nicht verließ, auf neue Grundlagen, machte die Kurie zum politischen Brennpunkt des ganzen Abendlandes, ließ freilich auch den Widerspruch gegen dieses allzu geldbedürftige, nepotistische und zentralistische »avignonesische System« und die Forderung nach Reform der Kirche bald überall laut werden.

Dem deutschen Thronstreit sah der neue Papst jahrelang abwartend zu, ohne einen der Gewählten als König anzuerkennen[2]. Er betrachtete das Reich weiterhin als vakant, sich selbst nach dem von seinem Vorgänger übernommenen Grundsatz als Reichsvikar, insbesondere in Italien (Const. 5 n. 401). König Ludwig hatte zwar bald nach seiner Wahl einen Reichsvikar für Italien bestellt, der aber nicht dort eingriff. Wirksamer suchte der Habsburger Friedrich jenseits der Alpen Fuß zu fassen. Mit einer Tochter König Jakobs (Jayme) II. von Aragon vermählt[3], der sich wiederholt für ihn an der Kurie verwandte, trat er erst mit dessen Bruder Friedrich III. von Sizilien, dann aber mit dem Gegenspieler Robert von Neapel in Verbindung, vermählte seine Schwester mit dessen Sohn und ernannte diesen zum Reichsvikar für die Guelfengebiete Italiens[4], während er in die ihm nächstliegende Mark Treviso (Venetien) und nach Padua eigene Vikare schickte. Die Scheidung in eine guelfisch-angiovinische und eine ghibellinisch-kaiserliche Interessensphäre sollte damit anerkannt, aber dynastisch überbrückt werden. Dafür rechnete der Habsburger auf die Fürsprache König Roberts in Avignon. Doch Johann XXII. hatte seine eigenen Italienpläne. Nur zögernd und mit Vorbehalt vollzog er die von Clemens V. beschlossene Ernennung Roberts zum Reichsvikar für Italien[5], bis ein deutscher König approbiert wäre. Auf das Ansinnen, die Lombardei förmlich vom Reiche abzutrennen, ging er nicht ein. Die Gerüchte, daß Robert von Neapel eine lombardisch-toskanische Königskrone erstrebe, und dessen finanzielle Forderungen machten ihn mißtrauisch. Er ließ ihn zwar weiter dort wirken, schickte aber auch eigene Legaten und Truppen nach Italien.

Alle von Heinrich VII. ernannten Vikare und Beamten erklärte er für abgesetzt, wenn sie nicht päpstliche Genehmigung einholten. Die Widerspenstigen wurden mit ihrem Anhang exkommuniziert und vor das päpstliche Gericht geladen, wo ihnen der Ketzerprozeß gemacht wurde[6]. Durch politische Inquisition, mit Bann, Interdikt und Enteignung sollte das Ghibellinentum vernichtet werden. Obgleich der mächtige Herr von Mailand, Matteo Visconti, nachgiebig auf seine Reichstitel verzichtete und die Signorie kurz vor seinem Tod (1322) seinem Sohn Galeazzo überließ, wurden die Visconti als Gegner Roberts von Neapel, Genuas und anderer Guelfenstädte ebenso wie Cangrande in Verona und die Este in Ferrara als Ketzer verurteilt und entrechtet; gegen Mailand wurde zum Kreuzzug gerüstet.

Gerade damals bekam jedoch König Ludwig nach dem Mühldorfer Sieg die Hände frei, um auch in Italien einzugreifen. Auf das verfängliche Angebot zur Friedensvermittlung zwischen den beiden »Electi«, mit dem der Papst Ludwigs Siegesmeldung beantwortete, ging er nicht ein. Als ihn die Visconti und Este um Hilfe baten, schickte er im Frühjahr 1323 den Grafen Berthold von Marstetten, genannt von Neuffen[7], seinen getreuen Helfer schon in der Herzogszeit, als Reichsvikar mit anderen Machtboten nach Italien (Const. 5 n. 729). Ihr Eingreifen bestärkte die Ghibellinen und vereitelte das Unternehmen päpstlich-angiovinischer Truppen gegen Mailand. Alsbald wurden aber nicht nur diese Gesandten, sondern Ludwig selbst als Ketzerhelfer in das Inquisitionsverfahren verstrickt. Obgleich manche Kardinäle davor warnten (Acta Arag. 1 n. 262/4), ließ Johannes XXII. am 8. X. 1323 die Anklage gegen Ludwig an die Domtür von Avignon anschlagen und verbreiten – ohne sie ihm zuzustellen –, daß er nach zwiespältiger, nicht approbierter Wahl widerrechtlich den Königstitel führe, sich Herrschaftsrechte in Deutschland und Italien, im Regnum und Imperium anmaße und die häretischen Visconti unterstütze; bei Strafe des Banns soll er binnen drei Monaten auf die Herrschaft verzichten, seine Regierungsmaßnahmen widerrufen, und niemand soll ihm als König gehorchen (Const. 5 n. 792). Wie Heinrich VII. als Kaiser dem Anjoukönig den Prozeß gemacht hatte, so jetzt seinem Nachfolger der Papst, der zugleich das Reichsvikariat beanspruchte.

Der Kampf um das Reichsrecht unter Ludwig dem Bayern

[1] J. ASAL, Die Wahl Johanns XXII. (1910); beste Biographie von N. VALOIS, Jacques Duèse, in: Hist. litt. de la France 34 (1914); G. FROTSCHER, Die Anschauungen P. Joh. XXII. über Kirche u. Staat (1933); A. SUHLE, Die Besetzung der Bistümer unter Joh. XXII. (Diss. Berlin 1921); G. TABACCO, La casa di Francia nell'azione politica di papa Giov. XXII (1953), dazu F. BOCK, HZ 184 (1957), S. 614 ff. Die zeitgenöss. Viten bei BALUZE-MOLLAT, Vitae paparum Avenion. 1 (1916), dazu G. MOLLAT, Etude crit. sur les V. p. A. (1917). Zur Registerüberlieferung s. F. BOCK, QFItA 28 (1937/38), anders C. ERDMANN, ebd. 29 (1938/39). E. GÖLLER, Zur Gesch. d. päpstl. Finanzverwaltung unter Joh. XXII., RQs 15 (1901); ders. über Einnahmen und K. H. SCHÄFER über Ausgaben der apostol. Kammer unter Joh. XXII. in: Vatikan. Quellen zur Gesch. d. päpstl. Hof- u. Finanzverwaltung 1316–1378, Teil 1 u. 2 (1910/11); H. HOBERG, Die Inventare d. päpstl. Schatzes in Avignon 1314–76 (Studi e Testi 111, 1944). Allgemein G. MOLLAT Les papes d'Avignon ([10]1965); Y. RENOUARD, La papauté à Avignon ([2]1962); B. GUILLEMAIN, La cour pont. d'Av. (s. Kap. 32, Anm. 3); ders., Punti di vista sul Papato avignonese, Arch. stor. Ital. 111 (1953); E. DUPRÉ-THESEIDER, I Papi di Avignone e la questione Romana (1939).

[2] Die früher umstrittene Frage, ob beide Wahldekrete nach Avignon geschickt wurden, klärte B. AISTERMANN, Beiträge zum Konflikt Joh. XXII. mit d. dt. Königtum (Diss. Freiburg/Br. 1909), S. 12 ff.: Ludwigs Wähler legten ihr Wahldekret vor mit der Bitte um die Kaiserkrönung; Friedrichs Wähler baten um Approbation, ohne ihr schwächer begründetes Wahldekret zu übersenden; beides diente dem Papst zur Begründung, um den »Erwählten« die Anerkennung zu versagen.

[3] J. SCHRADER, Isabella v. Aragonien, Gemahlin Friedrichs d. Sch. von Österreich (1915).

[4] TH. E. MOMMSEN, Das habsburgisch-angiovin. Ehebündnis von 1316, NA 50 (1935); G. TABACCO, La politica italiana di Federico il Bello re Romano, Arch. stor. Ital. 108 (1956).

[5] Die Bestätigung der Ernennung Kg. Roberts zum Reichsvikar vom 16. VII. 1317 (Const. 5 n. 433) wurde nicht abgesandt, sondern eine veränderte Fassung vom 26. VII., ed. C. ERDMANN, Archival. Zs. 41 (1932), S. 44 f.; dazu F. BAETHGEN, ZRG KA 41, S. 251 f. = Mediaevalia 1, S. 171 f. und F. BOCK, RQs 44, S. 182 ff., der aber die polit. Ziele Kg. Roberts, auch Frankreichs, und Johanns XXII. zu nahe aneinanderrückt und mit den Gedanken des vom Papst 1317 in die Lombardei entsandten Dominikaners Bernard Gui (s. Kap. 23, Anm. 9) gleichsetzt. BOCK selbst (S.186ff. u. 219 f.) zeigt einleuchtend, daß die Bulle ›Ne praetereat‹ über die Abtrennung der Lombardei vom Reich in der Kanzlei Kg. Roberts entstand als Vorschlag, dem der Papst nicht folgte; Text MIÖG 14 (1893), S. 330 ff.; W. FELTEN, Die Bulle ›Ne praetereat‹ u. die Reconciliationsverhandlungen Ludwigs d. B. mit d. P. Joh. XXII. (2 Bde. 1885/87); s. auch E. KRAACK, Rom oder Avignon? (1929), S. 36; G. TABACCO, Un presunto disegno domenicano-angioino per l'unificazione politica dell' Italia, Riv. stor. Ital. 61 (1949).

[6] H. OTTO, Zur ital. Politik Joh. XXII., QFItA 14 (1911), S. 140 ff.; G. BISCARO, Le relazioni dei Visconti di Milano con la chiesa, Giovanni XXII ed Azzone, Arch. stor. Lombardo ser. 5, 46 (1919); F. BOCK, Studien zum polit. Inquisitionsprozeß Joh. XXII., ebd. 26 (1935/36) u. 27 (1936/37); ders., I processi di Giov. XXII contro i Ghibellini Ital., Arch. d. R. Deput. Rom. 63 (1940); ders., Der Este-Prozeß von 1321, Arch. Fratr. Praed. 7 (1937); ders., Politik u. kanonischer Prozeß z. Z. Joh. XXII., Zs. f. bayer. Ldsgesch. 22 (1959). In den ersten Prozeß gegen die Visconti (1320) wurde auch Dante verwickelt. Auf die von den Visconti erbetene Vermittlung Frankreichs, das dabei in der Lombardei Fuß zu fassen hoffte, ließ sich der Papst

nicht ein; einer ihrer Mittelsmänner
war dabei Marsilius von Padua.
[7] M. SERCK, Berthold v. Neuffen im

Dienste Ludwigs d. B. (Diss. Frei-
burg/Br. 1936); H. DECKER-HAUFF, B.
v. N., in: Schwäb. Lebensbilder 6 (1957).

Kapitel 39
Die Appellationen Ludwigs d. B.

Auf den Prozeß, der in Avignon gegen ihn eröffnet wurde, ließ
sich Ludwig ein, um sein Herrschaftsrecht und das Reichsrecht
zu verfechten, obgleich er für den juristischen Kampf schlecht
gerüstet, dem Papsttum darin nicht gewachsen war. Zunächst
sollte eine Gesandtschaft an die Kurie sich über die Anklage
vergewissern und um Aufschub des Termins bitten (Const. 5
n. 817, 834/5). Sie bekam jedoch nur heftige Vorwürfe zu
hören, daß Ludwig sich als König gebärde. Noch vor ihrer
Rückkehr legte er am 18. XII. 1323 in *Nürnberg* gegen die Anklage, deren Wortlaut ihm inzwischen bekanntgeworden war,
Protest ein und Berufung an den apostolischen Stuhl, als sei das
eine andere Instanz als der derzeitige Papst; er erbot sich auch,
auf einem bald zu berufenden allgemeinen Konzil zu erscheinen
(ib. 824). Nachdrücklich betonte er, nach Reichsrecht sei der
von der Kurfürstenmehrheit gewählte, in Aachen gekrönte
König herrschaftsberechtigt auch ohne päpstliche Approbation; das Reich sei also längst nicht mehr vakant, der päpstliche
Vikariatsanspruch hinfällig. Den Vorwurf der Ketzerbegünsti-
gung aber gab er zurück: Johann selbst begünstige trotz vieler
Beschwerden die Minoriten, die durch Verletzung des Beicht-
geheimnisses die Gläubigen und die Kirche in Gefahr brächten.
Dieser schwache Versuch, den Spieß umzukehren und die
häufigen Klagen des Pfarrklerus über die Beichtpraxis der
Bettelorden gegen den Papst auszuspielen, ging offenbar von
Ludwigs übereifrigen Beratern aus, von Bischof Nikolaus von
Regensburg, der sich in Exemtions- und Finanzfragen mit der
Kurie entzweit hatte, und von dessen Notar Ulrich Wilde[1], der
bald darauf in den Königsdienst trat und vermutlich schon die
Nürnberger Appellation aufsetzte; er steht neben seinem
Bischof an der Spitze der Zeugen, lauter Klerikern. Der König
ließ jedoch die *Appellation* gar nicht in dieser Form verbreiten,
sondern verkündete drei Wochen später, zwei Tage vor Ablauf
der ihm gesetzten Frist, in *Frankfurt* im Beisein auch einiger

Laienzeugen eine abgeänderte Fassung (ib. 836), die jene Häresiebezichtigung gegen den Papst wegließ, um so entschiedener dessen Zuständigkeit als Richter bestritt und an ein Konzil appellierte[2].

Johannes XXII. ließ sich von Ludwigs Appellation nicht beirren; nur betonte er seitdem stärker, Ludwigs Wahl sei zwiespältig gewesen und zum mindesten deshalb approbationsbedürftig. Nach Ablauf der Drei-Monats-Frist wurde ihm am 7. I. 1324 die Strafe für sein Vergehen binnen zwei Monaten angedroht (ib. 839), am 23. März wegen Ungehorsam und Mißachtung des päpstlichen Gerichts der *Bann* über ihn *verhängt*, aus dem er sich nie wieder zu lösen vermochte; wer ihm noch als König gehorchte, verfiel dem Bann und Interdikt (ib. 881).

Darauf erneuerte Ludwig am 22. V. 1324 im Deutschordenshaus zu *Sachsenhausen* seine *Appellation* an ein künftiges Konzil in verschärfter Form (ib. 909/10). Ausführlich wird jetzt erklärt, daß die Wahl durch die Kurfürstenmehrheit nicht als zwiespältig, sondern als rechtskräftig, ja als einmütig zu gelten habe und dem Papst keine Handhabe zur Einmischung gebe[3]. Johann selbst aber wird nun mit wortreicher Heftigkeit der Ketzerei angeklagt, nicht mehr wegen Begünstigung der Minoriten, sondern im Gegenteil wegen seines Vorgehens gegen den Franziskanerorden. Denn kurz vorher war ein schwerer Konflikt zwischen diesem Orden und der Kurie über die »*Armutsfrage*« ausgebrochen: Daß Christus und die Apostel ganz ohne Besitz und Eigentum waren, galt den Franziskanern als evangelisches Vorbild; der Papst aber – der Meister kirchlicher Finanzpolitik! – verurteilte diese Lehre als Häresie[4]. Der Orden fügte sich großenteils nicht; seine Wortführer an der Kurie wurden verhaftet; Ludwigs Gesandte können sie dort um die Jahreswende 1323/24 getroffen haben. Doch fehlt jede Spur, daß die verfolgten Franziskaner damals schon an Ludwigs Hof Zuflucht gesucht und Einfluß gewonnen hätten[5]. Vielmehr scheint ihm der in papstfeindlichen Minoritenkreisen entstandene Traktat über die Armutsfrage[6], der in die Sachsenhäuser Appellation eingerückt wurde, um den Häresievorwurf gegen den Papst zu begründen, zugleich mit ghibellinischen Streitschriften aus der Lombardei zugekommen zu sein[7]. Ludwigs Ratgeber griffen den gerade aktuellen Armutsstreit wie die Ghibellinenpropaganda wohl nur auf, um möglichst schlagkräftige Argumente gegen Johann XXII. zu haben, vielleicht auch um die Minoriten als Bundesgenossen zu gewinnen. Der König selbst

scheint der Verquickung von dogmatischen mit reichsrechtlichen Fragen widerstrebt zu haben; wenigstens entschuldigte
er sich bei späteren Verhandlungen mit der Kurie damit, er habe
bei der Verlesung der Appellation den Vorbehalt gemacht, daß
er sich nicht in den Armutsstreit und in dogmatische Fragen
einmischen wolle, von denen er als Laie nichts verstehe (»cum
miles et talium ignari existamus«); auch habe er keinen Eid
darauf geleistet, wie es in der Appellation heißt, sondern sein
Protonotar Ulrich Wilde habe das eigenmächtig eingefügt und
jenen Vorbehalt verschwiegen, von Leuten beraten, die den
Konflikt unheilbar machen wollten; ihm selbst sei es immer nur
um sein und des Reiches Recht gegangen[8]. So glaubhaft das ist,
er ließ sich doch zu seinem Verhängnis aus der Verteidigung
des Reichsrechts in eine Offensive gegen Johannes XXII. drängen, die mit den ihm vertrauten Rechts- und Machtmitteln nicht
durchzukämpfen war. Sie machte ihn zum Verbündeten
ghibellinischer und franziskanischer Papstgegner, deren staats-
rechtliche Gelehrsamkeit und kirchenpolitische Polemik ihm
von Haus aus fremd war. Dadurch kam seine Politik in der
Folgezeit immer wieder ins Schwanken, so standhaft er auch
das Reichsrecht der autonomen Königswahl verfocht.

Unbekümmert um Ludwigs Appellation, die in allen Reichsstädten verlesen und verdeutscht, aber nicht an die Kurie ge-
sandt und von ihr offiziell nicht zur Kenntnis genommen wurde,
setzte Johannes XXII. seine Prozesse fort. Am 11. VII. 1324
sprach er ihm alle durch die Wahl begründeten Herrschaftsrechte ab, drohte bei weiterer Hartnäckigkeit mit Entzug aller
Reichslehen und verhängte Bann und Interdikt über alle seine
Anhänger (Const. 5 n. 944). Seitdem standen wieder aller
Deutschen über zwei Jahrzehnte lang wie zuerst während des
Investiturstreits unter der Gewissensfrage, ob dem Papst zu,
gehorchen sei, der den Gehorsam gegen ihren König verbot,
oder dem König, der diesen Papst für häretisch erklärte und an
ein Konzil appellierte, das er doch nie berief.

---

[1] Über Kg. Ludwigs Protonotar Ulrich Wild(e), † 1328, s. S. RIEZLER, K.
Ludwig d. B., Meister Ulrich der Wilde
u. Meister Ulrich der Hofmeier,
FDG 14 (1878); H. BANSA, Studien zur
Kanzlei K. Ludwigs d. B. (1968), S.
239 ff.

[2] Die Frankfurter Appellation vom
5. I. 1324 entdeckte erst J. SCHWALM,

Die Appellationen Kg. Ludwigs d. B.
von 1324 in ursprüngl. Gestalt (1906,
mit Paralleldruck beider Fassungen).
Seitdem wurde ihr Verhältnis zur voran-
gehenden Nürnberger u. zur späteren
Sachsenhäuser Appellation viel erörtert,
s. bes. K. ZEUMER, NA 37 (1911) und
am klärendsten J. HOFER, HJb 38 (1917),
auch F. BOCK, Die Appellationsschriften

Kg. Ludwigs IV. in d. J. 1323/24, DA 4 (1941).

[3] Vgl. R. Moeller, L. d. B. und die Kurie im Kampf um d. Reich (1914), S. 45 ff. Für die Anklage Johanns auf Häresie und die Forderung eines Konzils diente das Verfahren Philipps IV. v. Frankreich gegen Bonifaz VIII. als Vorbild, s. K. Müller, Zs. f. Kirchenrecht 19 (1884), S. 239 ff.; K. Zeumer, NA 37, S. 233 ff.; F. Bock, DA 4, S. 195 ff., der S. 188 f. auch auf eine Appellation des Matteo Visconti gegen Joh. XXII. vom 23. IX. 1320 als mögliches Vorbild hinweist.

[4] K. Balthasar, Gesch. d. Armutsstreites im Franziskanerorden bis z. Konzil von Vienne (1911); E. Müller, Das Konzil v. Vienne (1934), S. 326 ff.; M. D. Lambert, Franciscan Poverty ... 1210–1323 (1961), dazu B. Moeller, ZKiG 73 (1962), S. 382 f.; M. Burgwitz, Die Armutsstreitigkeiten im Franziskanerorden unter d. Pontifikat Johanns XXII. (Diss. Ms. Berlin 1921); J. Miethke, Ockhams Weg zur Sozialphilosophie (1969), S. 348 ff.: Armutsstreit unter Joh. XXII.; E. Knotte, Untersuch. zur Chronologie von Schriften der Minoriten am Hofe K. Ludwigs d. B. (Diss. Bonn 1903); unzulänglich F. Hofmann, Der Anteil der Minoriten am Kampf Ludwigs d. B. gegen Joh. XXII. (Diss. Münster 1959).

[5] Nach Hofer, HJb 38, S. 499 ff., sind vor 1328 keine Minoriten an Ludwigs Hof nachzuweisen; ihre oft behauptete Mitwirkung an der Sachsenhäuser (oder schon an der Frankfurter) Appellation ist ganz unwahrscheinlich; so auch Bock, DA 4, S. 183 f. Allerdings warnte der Papst am 26. V. 1324 die Kurfürsten vor »filii iniquitatis« im Armutsgewand, Const. 5 n. 912.

[6] Der Verfasser des »spiritualistischen Exkurses« über die Armutsfrage hat sich noch nicht entdecken lassen; jedenfalls wurde dabei ein ursprüngl. selbständiger Traktat verwendet, s. Fr. Ehrle, Arch. f. Lit. u. KiG d. MA 3 (1887), S. 541 ff.; Zeumer, NA 37, S. 354 ff.; Hofer, HJb 38, S. 501 f.

[7] Die Appellation sei »in der Lombardei fabriziert«, berichtet der Mainzer Eb. als Gerücht an den Papst (Const. 5 n. 960). F. Bock, DA 4, S. 186 ff. fand darin Anklänge an eine Denkschrift der Ghibellinen von Lucca vom 28. IV. 1323 (bei Stengel, Nova Alem. 1 n. 123), die großenteils mit dem sizil. Gutachten für Heinrich VII. von 1312 übereinstimmt (Const. 4 n. 1248, s. o. Kap. 35, Anm. 3). Auch die Streitschriften gegen Bonifaz VIII. wurden vermutlich durch italien. Ghibellinen (Sciarra Colonna?) dem dt. Hof als Appellationsvorbild vermittelt, s. Bock, S. 197. Matteo Visconti soll schon 1322 darauf hingearbeitet haben, »daß die Deutschen, die Ghibellinen, die rebellischen Lombarden und Kg. Friedrich v. Sizilien gemeinsam einen neuen Papst machen«, s. H. Otto, QFItA 14, S. 159. Diese ghibellinischen Zusammenhänge bedürfen noch weiterer Klärung.

[8] Die Glaubwürdigkeit der nachträglichen Entschuldigung Ludwigs (in Prokuratorien von 1336 bei Riezler, Vat. Akt. n. 1840) war umstritten, bis J. Schwalm ein »Kanzleiexemplar« (?) der Sachsenhäuser Appellation fand (Const. 5 n. 910), das allein auch die Zeugenliste enthält und Ludwigs Eid »zur Beteuerung abschwächt«, s. Hofer, HJb 38, S. 498; statt dessen hätte also der Protonotar den vom König nicht gebilligten Text verbreitet. Die Einwände von F. Bock, DA 4, S. 190 ff. und das Verhältnis beider Fassungen (vgl. W. Erben, Berthold v. Tuttlingen, S. 82 ff.) sind noch zu prüfen.

Beim Ausbruch des Konflikts mit Johann XXII. war Ludwigs
Stellung in Deutschland trotz des Mühldorfer Sieges und des
Erwerbs der Kurmark nicht gesichert. Sein einflußreichster
Wähler und Helfer Peter von Aspelt war schon 1320 gestorben;
während das Domkapitel damals wie später den Erzbischof
Balduin von Trier zum Nachfolger auch in Mainz wünschte,
ernannte der Papst einen ihm ergebenen Habsburgerfreund
Matthias von Bucheck[1], der sich zur Unterstützung Friedrichs
von Österreich verpflichtete, die päpstlichen Prozesse gegen
Ludwig publizierte und die Kurie beflissen über dessen Appel-
lation informierte. Ähnlich verhielt sich der Salzburger Erzbischof (Const. 5 n. 960, 973). Balduin von Trier zog sich
währenddessen aus der Reichspolitik in die Verwaltung seines
Territoriums zurück. Sein Neffe Johann von Böhmen, der bei
Mühldorf mitgesiegt hatte, war durch Ludwigs Politik in
Brandenburg und Meißen schwer verstimmt und knüpfte um
so enger die alten *Beziehungen der Luxemburger zu Frankreich.*
Seine Schwester Maria wählte der französische König Karl IV.
unter vielen Bewerberinnen 1322 zur Gemahlin (Acta Arag. 1
n. 319 ff.). Zu ihrer Krönung ging König Johann mit Erzbischof
Balduin im Mai 1323 nach Paris, wo er zugleich seinen ältesten,
damals siebenjährigen Sohn Wenzel mit der Tochter des
Königsoheims Karl von Valois vermählte, deren Bruder
Philipp VI. fünf Jahre später König wurde. Der junge Wenzel,
der den Namen seines Schwiegervaters Karl annahm (der
spätere Kaiser Karl IV.), blieb seitdem sieben Jahre am französischen Hof. Für die Reichspolitik konnte diese Verbindung
der Luxemburger mit Frankreich bedenklich werden. Schon
1323 verhandelte König Johann in Paris über den Plan, daß er
selbst oder der französische König – die Nachricht ist nicht eindeutig[2] – Kaiser werden und Karl von Valois das Arelat bekommen sollte, vermeintlich mit Zustimmung des Wittelsbachers. Am Pariser Hof fand das damals keinen Anklang. Bald
aber griff Johannes XXII. solche Pläne auf und suchte die
Habsburger für eine kapetingische Kandidatur im Reich zu gewinnen.
Herzog Leopold verhandelte darüber seit Anfang 1324 mit der
Kurie und versprach bei einer Begegnung mit Karl IV. von
Frankreich in Bar-sur-Aube, für dessen Wahl durch die Kur-

fürsten oder »Provision« durch den Papst zu wirken; dafür bekam er große Summen versprochen. Den Mainzer Erzbischof und die Bischöfe von Straßburg und Würzburg gewann er zu Verbündeten gegen Ludwig, den er auch nach der Mühldorfer Schlacht hartnäckig bekämpfte, vor allem im Elsaß[3].

Je bedrohlicher diese Verbindung der Habsburger wie der Luxemburger mit Frankreich und der Kurie wurde, um so mehr bemühte sich Ludwig um *Verständigung mit seinem Rivalen Friedrich*[4]. Seit zweieinhalb Jahren auf der Burg Trausnitz (Oberpfalz) gefangen gehalten, fand sich Friedrich schließlich bereit, auf die Krone zu verzichten, alles Reichsgut auszuliefern und Ludwig gegen jedermann, auch den Papst, zu unterstützen, wenn er nur freigelassen und mit seinen Erbländern belehnt, sein Sohn mit Ludwigs Tochter verlobt würde (*Trausnitzer Sühne*, 13. III. 1325; Const. 6 n. 29; Reg. Habsb. 3 n. 1511/2). Unter der Voraussetzung, daß er dafür die Zustimmung seiner Brüder fände, durfte er um Ostern 1325 nach Wien gehen, kehrte aber, da sich Herzog Leopold diesem Abkommen widersetzte, nach zwei Monaten in sein Gefängnis zurück, obgleich der Papst ihn vom Eid entband und die Rückkehr verbot (Const. 6 n. 55/6, 66, 81). Um die Habsburger zu versöhnen, mußte Ludwig mehr bieten. In geheimen Verhandlungen, die am 5. IX. 1325 in München zum Abschluß kamen (ib. 101/6), verstand er sich zur *Anerkennung Friedrichs als Mitkönig*, der in Deutschland bleiben sollte, wenn Ludwig nach Italien ginge und Kaiser würde. Bis ins einzelne wurde die gemeinsame Regierung vereinbart; ein Manifest verkündete bereits die Eintracht der Könige. Doch die Kurfürsten, voran Johann von Böhmen, verweigerten, von der Kurie und Frankreich bestärkt, ihre Zustimmung zu dem Abkommen und drangen auf Neuwahl. Dagegen ließ sich Herzog Leopold, dem das Reichsvikariat in Italien in Aussicht gestellt wurde, nach langem Widerstreben umstimmen. Um auch den Papst zu offener Entscheidung zu stellen und die Kurfürsten zu überspielen, erklärte Ludwig am 7. I. 1326 in Ulm im Beisein beider Habsburger sogar seine *Bereitschaft zum Thronverzicht*, wenn Friedrich binnen sechs Monaten vom Papst als König bestätigt würde, gleichviel ob die Kurfürsten zustimmten oder nicht; andernfalls sollte es bei gemeinsamer Regierung bleiben (ib. 140/1). Friedrich wurde jedoch trotz der Fürsprache seines Schwiegervaters Jakob von Aragon (Acta Arag. 3 n. 227) von Johann XXII. um so weniger anerkannt, weil er sich mit dem gebannten Ludwig verständigte, der währenddessen schon zum Italienzug rüstete. Durch seine bedingte Bereitschaft zum Rücktritt hatte er nur die Unversöhnlichkeit des Papstes bloßgestellt, die Opposition im Reich und ihre Verbindung mit Frankreich einstweilen unschädlich gemacht und sich mit den Habsburgern vertragen. Tatsächlich hat Friedrich von Österreich seit der Rückkehr in seine Erbländer öfters als König geurkundet. Allerdings verlor er bald den Rückhalt an seinem tatkräftigeren Bruder Leopold, der am 28. II. 1326 in Straßburg starb, und bei einer Begegnung beider Könige in Innsbruck am Jahresende schien ihre Eintracht bereits wieder getrübt. Friedrich griff auch während des Italienzuges Ludwigs kaum noch in die Reichsgeschicke ein, und vor dessen Rückkehr ist er am 13. I. 1330 auf Schloß Gutenstein mit 40 Jahren gestorben. Das kaum lösbare Problem der gemeinsamen Regierung wurde hinfällig; die Habsburger traten einstweilen in der Reichspolitik zurück, da Herzog Albrecht II. von Österreich, fast zehn Jahre jünger als sein Bruder Friedrich, bis zu seinem Tod (1358) seine ganze Kraft an den Ausbau der Habsburgerherrschaft in Österreich und der Steiermark wandte und sich zu den Reichskonflikten stets loyal-vermittelnd verhielt ohne eigenen Ehrgeiz[5].

[1] E. Vogt, Eb. Matthias v. Mainz 1321–28 (1905).

[2] Der Venezianer Marino Sanudo d. Ä., der 1328 in Paris war, berichtet in einem Brief, Johann habe bei Karl IV. den Plan betrieben, »ipsum fore imperatorem« usw.; damit kann der französ. König gemeint sein (so W. Friedensburg, FDG 19, 1879; auch J. Šusta, České dejiny II 2, 1939, S. 370), wahrscheinlicher aber Johann selbst (so C. Müller, Der Kampf L. d. B. 1, S. 107 f., u. 2, S. 111 f., bes. J. Priesack, Reichspolitik d. Eb. Balduin v. Trier, 1894, S. 159 ff.; auch E. E. Stengel, Avignon u. Rhens, S. 37 u. 81 f.; E. Ficken, Joh. v. Böhmen, S. 61); s. die Erwägungen von F. Seibt in: Hdb. d. Gesch. d. böhm. Länder 1 (1967), S. 369 mit Anm. 23. F. Bock, QFItA 26, S. 58 spricht von einem französ.-päpstl. Plan, doch ging die Initiative hier von Kg. Johann aus, der damit kein Gehör fand.

[3] Hg. Leopolds Bündnis mit Frankreich vom 27. VII. 1324: Const. 5 n. 952/3; mit Mainz, Straßburg, Würzburg vom 18. III. 1325 ib. 6 n. 30. Über die Kämpfe am Oberrhein s. B. Schilling, K. Ludwig d. B. in s. Beziehungen zum Elsaß bis 1330 (1932).

[4] Über die Ausgleichsverhandlungen W. Preger, Die Verträge Ludwigs d. B. mit Friedrich d. Sch. in d. Jahren 1325/26, Abh. Ak. München 17 (1883) und bes. B. Wilhelm, MÖIG 42 (1927), der einen wahrscheinlich von Friedrich nach s. Heimkehr veranlaßten Bericht (des Wiener Stadtschreibers Walchun?) auswertet: ›Der Streit zu Mühldorf‹, ed. W. Erben, AÖG 105 (1917), S. 478 ff., dazu S. 266 ff. – eine »Perle deutscher Geschichtsschreibung« (Boehmer); vgl. auch A. Lhotsky, Gesch. Österreichs (1967), S. 285 ff.

[5] Über Hg. Albrecht II. v. Österreich s. Lhotsky ebd. S. 310 ff.

Das Ende des Thronstreits, Ludwigs Versöhnung mit den Habsburgern, selbst sein Rücktrittsangebot hatte den Papst nicht zum Einlenken vermocht. Ludwig blieb auch in Deutschland durch Bann und Interdikt und durch die stete Gefahr neuer Fürstenopposition bedroht und in die Defensive gedrängt; offensiv konnte er nur in Italien werden. Die lombardischen Ghibellinen drängten ihn zum Italienzug. Seit 1324 kündigte er ihn mehrfach an, schloß 1326 auch ein Bündnis mit Friedrich III. von Sizilien gegen die »Reichsrebellen« in Italien (Const. 6 n. 161). Doch erst im Januar 1327 ging Ludwig zur Beratung mit den Ghibellinenführern nach Trient. Von dort brach er, ohne zu dem Reichstag heimzukehren, der in Nürnberg den Romzug beschloß, Mitte März nach Mailand auf.

Den Gedanken eines Romzugs zur Kaiserkrönung ohne und gegen den Papst, dem er bisher noch stets das Krönungsrecht zugestanden hatte, mögen ihm italienische Ghibellinen nahegelegt haben, vor allem aber zwei Pariser Emigranten, die schon 1326 Zuflucht an seinem Hof suchten, um einem Ketzergericht zu entgehen: Magister *Marsilius von Padua*[1] und sein Pariser Freund und Gesinnungsgenosse Johann von Jandun[2]. Der Arzt Marsiglio de Mainardino, Sohn eines bürgerlichen Universitätsnotars in Padua, war schon in seiner Heimat den Ghibellinen verbunden, für Cangrande und die Visconti tätig gewesen. Auch als philosophische Studien ihn nach Paris führten, wo er 1312/13 als Magister bezeugt ist und zum Rektor gewählt wurde, blieb er an der Ghibellinenpolitik beteiligt. Schon 1319 erregte er damit das Mißfallen des Papstes. Als die Prozesse Johanns XXII. gegen Ludwig einsetzten, schrieb Marsilius 1324 den ›Defensor pacis‹[3], der ihm und dem als Mitverfasser geltenden Johann von Jandun die Anklage auf Ketzerei eintrug. Denn darin verband sich die aristotelische Staatslehre mit den Erfahrungen der italienischen Stadtdemokratie und mit Ghibellinengesinnung zu einer Theorie vom weltlichen Staat, dessen autonomer Rechts- und Friedensordnung auch der Klerus unterzuordnen sei; die Kirche wird auf ihre religiöse Aufgabe verwiesen, die Hierarchie mit ihrer Herrsch- und Geldsucht für unvereinbar mit Christi Lehre erklärt, die biblisch-göttliche Begründung des Papsttums mit radikaler Kritik an der kirchlichen Überlieferung geleugnet.

Der schroffe Gegensatz dieser Lehre zum avignonesischen Papsttum trieb die Verfasser des ›Defensor pacis‹ ins Lager Ludwigs. Sie entsprach zwar eher der politischen Wirklichkeit italienischer Stadtstaaten oder Frankreichs als Deutschlands. Doch konnte die These, daß auch das Kaisertum wie alle Staatsgewalt nur auf den Volkswillen zu begründen sei durch die Wahl der Römer, für eine papstlose Kaiserkrönung brauchbar sein. Marsilius und sein Freund wurden an Ludwigs Hof ehrenvoll aufgenommen, begleiteten ihn auch nach Trient und auf den Romzug. Wegen ihrer Begünstigung und des Eingreifens in Italien eröffnete Johannes XXII. im April 1327 neue Prozesse gegen Ludwig (Const. 6 n. 273/5): Er lud ihn vor ein Ketzergericht nach Avignon, sprach ihm jetzt auch sein bayerisches Herzogtum und alle Reichslehen ab und nannte ihn seitdem nur noch geringschätzig ohne jeden Titel »Ludwig von Bayern« oder »der Bayer«; der Beiname blieb ihm[4].

Den *Romzug* vermochte der Papst mit seinen Prozessen nicht zu hindern, und der schwache, schlecht geführte Widerstand der italienischen Guelfen konnte ihn nicht aufhalten. Kampflos erreichte Ludwig Mailand, wo ihn zu Pfingsten 1327 italienische Bischöfe, die dem Bann verfielen, die eiserne Lombardenkrone aufsetzten. Er erneuerte das Bündnis mit König Friedrich von Sizilien gegen »Jakob von Cahors, der sich fälschlich Papst nennt« (ib. 320). Während es mit den Visconti in Mailand zu Konflikten kam, wurden die ghibellinischen Herren von Verona, Ferrara, Mantua zu Reichsvikaren ernannt, der Emporkömmling Castruccio Castracani, Ludwigs aktivster Helfer in Italien, sogar zum erblichen Herzog von Lucca[5]. Nur Pisa leistete Widerstand, der rasch gebrochen wurde. Am 7. I. 1328 konnte Ludwig unter dem Jubel des Volkes in Rom einziehen. Denn gegen das Anjou- und Guelfenregiment des vom Papst zum Senator ernannten Robert von Neapel hatten sich die Römer schon vor Ludwigs Ankunft aufgelehnt. Sie forderten die Rückkehr des Papstes nach Rom und bildeten, da er nicht kam, eine republikanische Regierung[6], an der Spitze als Volkskapitän jener Sciarra Colonna, der einst Bonifaz VIII. in Anagni überfallen hatte. Von ihm als Vertreter des römischen Volkes, das vorher auf dem Kapitol seinen Willen kundgab, ließ sich Ludwig mit seiner Gemahlin am 17. I. 1328 in der Peterskirche zum Kaiser krönen.

Noch ohne Kenntnis der Vorgänge in Rom rief Johannes XXII. vier Tage später zum Kreuzzug gegen Ludwig auf, den er schon am 23. X. 1327, da er der Ladung nach Avignon nicht folgte, als Ketzer verurteilt, entrechtet und enteignet hatte (ib. 361). In einem weiteren Prozeß (ib. 427/8 vom 31. III. 1328) erklärte er Ludwigs Kaiserkrönung und alle seine Maßnahmen in Italien für rechtlos und nichtig. Zum Äußersten gedrängt, von Marsilius beraten, unter Berufung auf das Vorbild Ottos I., verkündete darauf Ludwig am 18. IV. 1328 vor der Peterskirche feierlich die *Absetzung des Papstes*, weil er hartnäckig von Rom fernbleibe, weil er Krieg und Rebellion gegen das Reich stifte und Irrlehren verfechte (ib. 436). Römische, ghibellinische und franziskanische Opposition gegen das avignonesische Papsttum verband sich mit dem kaiserlichen Anspruch, Frieden und Ordnung in der Kirche gegen den »mystischen Antichrist, der sich Papst nennt«, zu schützen. Fünf Tage später verkündete ein kaiserliches Dekret (ib. 438), kein Papst dürfe künftig Rom verlassen, ohne sein Amt zu verwirken. Dann erst wurde zu Himmelfahrt (12. V.) ein frommer Franziskaner, Petrus von Corvaro, als *Nikolaus V.* vom römischen Volk zum Papst gewählt[7], von dem sich Ludwig zu Pfingsten noch einmal die Kaiserkrone aufsetzen ließ. Kardinäle mußte sich dieser *letzte kaiserliche Gegenpapst* erst schaffen. Denn obgleich es an der Kurie in Avignon nicht an Gegnern Johanns XXII. fehlte, vermochte Ludwig keinen auf seine Seite zu ziehen. Um so weniger war die Anerkennung seines Papstes außerhalb des kaiserlichen Machtbereichs zu erwarten, auch wenn dieser Nikolaus V. eine stärkere Persönlichkeit gewesen wäre. Seine Versuche zur Reorganisation des Kirchenstaates schufen ihm keine ausreichende Finanzgrundlage. Die Römer aber wurden durch die Geldforderungen des Kaisers und seines Papstes bald so erbittert, daß beide schon Anfang August 1328 vor dem drohenden Aufruhr aus der Stadt weichen mußten. An den geplanten Angriff gegen das Königreich Neapel war nicht zu denken. Rom selbst kehrte bald unter dem Druck des Interdikts in den Gehorsam Johanns XXII. zurück.

Von Pisa aus schleuderte Ludwig im Dezember nochmals eine Absetzungssentenz gegen Johann, zurückdatiert auf den 18. April, nunmehr aber unter dem Einfluß radikaler Minoriten rein dogmatisch begründet mit den Irrlehren und »Blasphemien« Johanns in der Armutsfrage (ib. 437 u. 528). Denn inzwischen waren die in Avignon verhafteten Franziskanerführer – der Ordensgeneral Michael von Cesena, der kanonistisch gelehrte Ordensprokurator Bonagratia von Bergamo, der Oxforder Theologe Wilhelm von Ockham und andere – zum Kaiser nach Italien geflohen. Ihre Bundesgenossenschaft konnte ihm jedoch mehr schaden als helfen. Nicht einmal der Minoritenorden folgte seinen vom Papst abgesetzten Führern, die von München aus ihren Kampf mit der Feder fortsetzten[8]. Ein von Ludwig und seinem Papst nach Mailand berufenes Konzil kam nicht zustande, da die Stadt sich ihm verschloß. Kaum hatte er Italien verlassen, unterwarf sich Nikolaus V. in seiner Ohnmacht reumütig der avignonesischen Kurie und wurde nachsichtig absolviert. Auch die Ghibellinen Italiens wurden wankend, zumal ihre Führer Cangrande della Scala, Castruccio Castracani, auch Passarino von Mantua damals starben; die Visconti und die Este suchten ihren Frieden mit Avignon. Der erwartungsvoll begrüßte Italienzug Ludwigs endete nach drei Jahren mit völligem Fiasko. Als er im Februar 1330 heimkehrte, brachte er keinen Gewinn mit außer einem fragwürdigen Kaisertitel und einigen geistig bedeutenden, aber gleich ihm selbst verketzerten Emigranten: beides mußte die Feindschaft der Kurie verschärfen, den Kampf für sein Herrschaftsrecht nur erschweren.

Über Ludwigs Italienzug berichtet knapp, aber zuverlässig Albertino Mussato, ›Ludovicus Bavarus‹ (ed. Böhmer, Fontes 1), ausführlicher Giovanni Villani, Istorie Fiorentine X (ed. Muratori, Scr. rer. Ital. 13), beide guelfisch gesinnt; Übersetzung GdV 82. Urkunden zur Gesch. d. Römerzugs K. Ludwigs d. B., hg. v. J. Ficker (1865). A. Chroust, Beiträge zur Gesch. Ludwigs d. B. u. s. Zeit 1: Die Romfahrt (1887); F. Bock, Reichsidee u. Nationalstaaten (1943), S. 225–285; H. S. Offler, Empire and Papacy (s. o. S. 162). – S. auch N. Valeri, Le origini dello stato moderno in Italia, 1328–1450, in: Storia d'Italia, coord. da N. Valeri 1: Il Medio Evo (²1965).

[1] J. Haller, Zur Lebensgesch. Marsiglios v. Padua, ZKiG 48 (1929, auch in: Abhandl. zur Gesch. d. MA 1944); F. Battaglia, Marsilio da Padova e la filosofia politica del medio evo (1928); G. de Lagarde, La naissance de l'esprit laïque 2: Marsile de Padoue (²1948), dazu R. Scholz, M. v. P. u. die Genesis des modernen Staatsbewußtseins, HZ 156 (1937); Marsilio da Padova, Studi raccolti nel VI centenario della morte, ed. A. Checchini u. N. Bobbio (1942); A. Gewirth, Marsilius of Padua 1 (NY 1951); C. Pincin, Marsilio (1967); N. Rubinstein, M. of P. and Italian Political Thought of His Time, in: Europe in the Late MA, ed. J. R. Hale u. a. (1965).

[2] L. Schmugge, Joh. v. Jandun, Untersuch. zur Biographie u. Sozialtheorie eines latein. Averroisten (Pariser Hist. Studien 5, 1966); M. Grignaschi, Il pensiero politico e religioso di Giov. di Jandun, Boll. dell'Ist. stor. Ital. 70 (1958). Joh. v. J. galt den Zeitgenossen als Mitverfasser des ›Defensor pacis‹; ein bestimmter Anteil ist nicht nachzuweisen, s. A. Gewirth, John of J. and the Def. pacis, Speculum 23 (1948), doch lehnt sich Marsilius an ihn auch in anderen neuerdings entdeckten Schriften an trotz mancher Unterschiede ihres Denkens.

[3] Ausgaben des ›Defensor pacis‹ von C. W. Previté-Orton (Cambridge

1928) und von R. SCHOLZ (MG Fontes jur. Germ. ant. 1932); danach mit Verdeutschung von W. KUNZMANN u. H. KUSCH in: Leipziger Übersetz. u. Abhandl. zum MA, Reihe A, 2 (2 Bde. 1958). H. SEGALL, Der Def. pacis des M. v. P., Grundfragen d. Interpretation (1959), dazu S. KRÜGER, HZ 193, S.660f. Gutachten gegen den Def. pacis sowie Schriften gegen Ludwigs Kaiserkrönung u. Papstherabsetzung bei R. SCHOLZ, Unbekannte kirchenpolit. Streitschriften (2 Bde. 1911/14). Gegen Marsilius u. Ludwig d. B. zugleich richtet sich das um 1328 verfaßte Gedicht ›De Bavari apostasia‹, ed. O. CARTELLIERI, NA 25 (1900).

[4] J. v. PFLUGK-HARTTUNG, Die Bezeichnung Ludwigs d. B. in der Kanzlei des P. Joh. XXII., HJb 22 (1901). L. selbst nannte sich als Kaiser selten Ludwig IV. (so Const. 6 n. 436, Absetzung Johanns XXII.), meist ohne Zahl; als dt. Kg. wäre er Ludwig V.

[5] G. MAGNANI, Castruccio (1926); Sammelband: Castruccio Castracani degli Antelminelli, Atti della R. Acad. Lucchese NS 3 (1934), darin bes. TH. E. MOMMSEN, Castruccio e l'Impero, englisch in dessen Medieval and Renaissance Studies (1959).

[6] Vorgänge in Rom: E. DUPRÉ-THESEIDER, Roma dal comune di popolo alla signoria pontificia (Storia di Roma 11, 1952), S. 423 ff.; F. BOCK, Roma al tempo di Roberto d'Angiò, Arch. d.R. Deput. Rom. 65 (1942); E. KRAACK, Rom oder Avignon? (1929), S. 53 ff.; E. SCHOENIAN, Die Idee d. Volkssouveränität im mal. Rom (1919); K. BURDACH, Rienzo u. die geist. Wandlungen s. Zeit (Vom MA zur Ref. II 1, 1913), S. 125 ff.

[7] C. EUBEL, Der Gegenpapst Nik. V. u. seine Hierarchie, HJb 12 (1891); J. v. PFLUGK-HARTTUNG, Die Wahl d. letzten kaiserl. Gegenpapstes Nik. V., ZKiG 22 (1901); G. MOLLAT, in: Mélanges d'archéol. et d'hist. 44 (1927); ders., Les papes d'Avignon ([10]1965), S. 340 ff. Zum Register: A. MERCATI, in: Studi e Testi 134 (1947), S. 59 ff.

[8] Über Sammelbände aus der Münchener Kanzlei Michaels v. Cesena u. dessen »Handexemplar für antipäpstl. Publizistik« s. H. KÄMPF, QFItA 26 (1935/36), S. 143 ff.; C. K. BRAMPTON, Ockham, Bonagratia and the Emperor Lewis IV, Medium Aevum 31 (1962); K. BOSL, Die »geistliche Hofakademie« K. Ludwigs d. B. im alten Franziskanerkloster zu München, in: Der Mönch im Wappen (1950). – Über Ockhams polit. Schriften s. R. SCHOLZ, Wilh. v. O. als polit. Denker (1944) mit Ausgabe des ›Breviloquium de principatu tyrannico‹ von 1342; Guillelmi de Ockham Opera Politica 1 ed. J. G. SIKES (1940), 2 u. 3 ed. H. S. OFFLER u. a. (1956/63). Ockham-Bibliographie 1919–1949 von V. HEYNCK, Franziskan. Studien 32 (1950). L. BAUDRY, Guillaume d'Occam, sa vie, ses œuvres, ses idées sociales et polit. 1 (1949); ders., Le philosophe et le politique dans G. d'O., Arch. d'hist. doctr. et litt. du MA 12 (1939); G. DE LAGARDE, La naissance de l'esprit laïque au déclin du MA, nouv. éd. 4: G. d'O., Défense de l'empire (1962), 5: G. d'O., Critique des structures ecclésiales (1963); ders., Marsile de Padoue et Guillaume d'Ockham, Revue des sciences rel. 17 (1937); W. KÖLMEL, W. Ockham u. seine kirchenpolit. Schriften (1962); J. B. MORRALL, W. O. as a Political Thinker, The Cambridge Journal 5 (1951/52); PH. BOEHNER, Collected Articles on Ockham (1958); J. MIETHKE, Ockhams Weg zur Sozialphilosophie (1969).

Kapitel 42
Die Lage in Deutschland nach Ludwigs Romzug

Während des Romzuges Ludwigs, noch vor der Erhebung des Gegenpapstes, betrieb Johannes XXII. eifrig die *Wahl eines Gegenkönigs* in Deutschland. Wieder hatte er dafür den französischen König ausersehen, nunmehr nach dem Tod des letzten Kapetingers Karl IV. († 1. II. 1328) den ersten Valois Philipp VI. Ihm wurde auch die lombardische Krone als päpstliches Lehen angeboten; doch er zögerte, darauf einzugehen[1]. Den Kurfürsten drohte der Papst mit eigenmächtiger Besetzung (Provision) des deutschen Throns, falls sie nicht einen neuen König wählten. Wirklich setzten sie auf Ende Mai 1328 einen Wahltag an. Doch er verschob sich, weil Balduin von Trier zum heftigen Ärger des Papstes nur seinen Neffen Johann von Böhmen, nicht den französischen König wählen wollte. Inzwischen starb am 10. IX. der Mainzer Erzbischof Matthias von Bucheck, und wie vor acht Jahren wurde vom Kapitel einmütig Balduin zum Nachfolger gewählt. Der Papst dagegen ernannte dazu Heinrich von Virneburg, einen Neffen des gleichnamigen, der Kurie stets fügsamen Kölner Erzbischofs. Diesmal aber gab Balduin nicht nach. Er besetzte das Mainzer Erzstift – nur die Stadt selbst widerstand ihm lange – und verfocht seinen Anspruch fast ein Jahrzehnt lang hartnäckig gegen die Kurie und ihren Kandidaten. Dadurch wurde nicht nur die päpstliche Wahlagitation vereitelt, die es zuletzt noch mit der Kandidatur eines Habsburgers versuchte, sondern Balduin sah sich durch seinen Konflikt mit der Kurie an die Seite des Kaisers gedrängt. Auch sein Neffe Johann von Böhmen wandte sich nach vergeblichen Vermittlungsversuchen in Avignon dem Bayern zu. Er verhalf ihm sogar zu einem Bündnis mit den Habsburgern (6. VIII. 1330), das ihre nach dem Tod des Gegen- und Mitkönigs Friedrich wiederauflebende Feindschaft gegen die Wittelsbacher für immer beendete.

So war trotz Bann und Interdikt, Absetzung und Verketzerung, trotz des Fehlschlags der Italienpolitik die Lage in Deutschland für Ludwig nach seiner Heimkehr günstiger denn je. Der Papst konnte ihm die Fürsten sowenig wie die Städte abspenstig machen. Die *Bischöfe*, die er ohne Rücksicht auf die Wahl der Domkapitel ernannte, ließen zwar meist seine Prozesse gegen den Bayern in ihren Diözesen verlesen, erregten damit aber in vielen Städten heftigen Unwillen, hatten über

Mißachtung von Bann und Interdikt zu klagen und verhielten sich selbst lau, ohne entschiedene Opposition gegen den Ketzerkaiser. Wie in Mainz stritten auch in Worms und Speyer, in Halberstadt und Hildesheim, in Würzburg, Freising, Augsburg, Basel die vom Domkapitel gewählten Bischöfe jahrelang gegen die vom Papst ernannten, denen sich auch die Städte meist widersetzten[2]. Überhaupt stand das *Bürgertum* ziemlich einhellig *auf seiten Ludwigs*, der in den oft von ihm besuchten und geförderten süddeutschen Städten volkstümlich beliebt war. Ein großer *Bund schwäbischer Reichsstädte*, insgesamt 22, mit dem Augsburger Bischof und den Wittelsbachern (20. XI. 1331; Winkelmann, Acta 2 n. 537) sicherte den Landfrieden im Südwesten und beschloß ähnlich dem Rheinischen Bund von 1254, auch bei Thronvakanz und Neuwahl gemeinsam zu handeln[3]. Mit Städteeinungen und *Landfriedensbünden* auch in anderen Gebieten sicherte Ludwig seine Stellung im Reich, und die Jahressteuern der Reichsstädte gaben ihm beträchtliche, wenn auch nie ausreichende Einkünfte[4]. Da auch der Welt- und Ordensklerus keineswegs geschlossen den päpstlichen Weisungen folgte und dem Kaiser feindlich war – am wenigsten in Bayern –, so wurde auch das Interdikt vielfach durchbrochen. Als Ludwig 1330 seine Beachtung streng verbot, wurden aus manchen Städten die widerstrebenden Priester und Mönche vertrieben, wenn sie Gottesdienst und Sakramente, Taufe und Begräbnis verweigerten. Von den Orden waren die Dominikaner großenteils päpstlich und kaiserfeindlich gesinnt; die deutschen Franziskanerkonvente dagegen hielten zumeist zu ihren abgesetzten Ordensführern. Noch einmütiger stand der Deutschherrenorden auf Ludwigs Seite, während sich die Johanniter unparteiisch aus dem Streit heraushielten[5].

---

[1] Zum Königswahlplan von 1328 s. E. E. STENGEL, Avignon u. Rhens, S. 36 ff.; zum päpstl. Angebot der Belehnung d. französ. Königs mit der Lombardei s. A. LEHLEITER (Kap. 43, Anm. 2).

[2] TH. KRÄLING, Der Mainzer Bistumsstreit 1328–37 (Diss. Ms. Marburg 1949); H. SCHROHE, Beitr. z. Gesch. d. Eb. Heinrich III. v. Mainz (1902); E. VOGT, Reichspolitik des Eb. Balduin v. Trier 1328–34 (1901); H. HOOGEWEG, Der Streit um d. Bischofssitz v. Hildesheim 1331–54, Zs. d. HV f. Nieder-

sachsen 1906; K. MEHRMANN, Der Streit um den Halberstädter Bischofsstuhl 1324–58 (Diss. Kiel 1893); J. HETZENECKER, Studien zur Reichs- u. Kirchenpolitik d. Würzburger Hochstifts ... 1333–47 (Diss. Würzburg 1901); H. DORMANN, Das Hochstift Freising z. Z. des Kampfes zw. L. d. B. u. der röm. Kurie 1322–42 (Diss. Heidelberg 1902); vgl. auch H. WEISS, Frankreichs Politik in d. Rheinlanden am Vorabend d. 100jähr. Krieges (1927).

[3] C. BÖRSCHINGER, Der Bund vom 20. Nov. 1331, Württ. Vjh. f. Ldsgesch.

NF 14 (1905); E. Schreiber, Die polit. Entwicklung d. schwäb. Reichsstädte bis 1331 (Diss. Göttingen 1940). K. W. Nitzsch, Gesch. d. dt. Volkes 3 (²1892), S. 250, sah hierin den zweiten bedeutenden Ansatz zur politischen Aktivierung der Städte.
[4] J. Schwalm, Die Landfrieden in Dtld. unter Ludwig d. B. (1889); H. Angermeier, Königtum u. Landfriede im dt. SpätMA (1966), S. 126 ff.; J. Knöpfler, Die Reichsstädtesteuer in Schwaben, Elsaß u. am Oberrhein z. Z. Ludwigs d. B., Württ. Vjh. f. Ldsgesch. NF 11 (1902); H. Gradenwitz, Bei-

träge z. Finanzgesch. d. dt. Reiches unter Ludwig d. B. (Diss. Erlangen 1909).
[5] Überblick über die Lage in Dtld. vor u. nach Ludwigs Romzug bei K. Hauck, KiG Dtlds. V 1 (1911, Ndr. 1952), S. 495 ff., 519 ff., ausführlicher C. Müller, Der Kampf Ludwigs d. B. 1, S. 133 ff. u. 227 ff.; territorial gegliederte Übersicht bei W. Wiessner, Die Beziehungen Ludwigs d. B. zu Süd-, West- u. Norddtld. (1932), dazu die bei Hauck, S. 519 f. und DW⁹ 7628/9 genannten Untersuchungen über die Haltung einzelner Reichsstände, auch E. Daniel, L. d. B. u. die Reichsstände in d. Wetterau (Diss. Frankfurt 1949).

Kapitel 43
Italienpolitik Johanns von Böhmen
Abdankungsplan Ludwigs d. B.

Sowenig Ludwig als Kaiser das avignonesische Papsttum aus den Angeln heben konnte, sowenig schien ihn der Papst in Deutschland stürzen zu können. An eine Lossage von der Papstkirche, die ihn ausstieß, hat er trotzdem nie gedacht, sondern nach dem Versagen seines Gegenpapsttums jede Gelegenheit benutzt, um zu einer Verständigung mit der Kurie, zu einer Lösung vom Bann ohne Preisgabe des Reichsrechts zu kommen[1]. Schon 1330 bemühte sich sein Schwiegervater Wilhelm von Holland-Hennegau, auch der Dänenkönig Christoph vergeblich in Avignon um Vermittlung. Dann versuchte es mit stärkerer Initiative König *Johann von Böhmen*[2], der dabei eigene Ziele verfolgte und unablässig neue Pläne spann. Er glaubte den Kaiser überspielen zu können, indem er dessen mißglückte Italienpolitik seinerseits wieder aufnahm. Ludwig selbst hatte schon bald nach der Heimkehr einen neuen Italienzug geplant, gemeinsam mit dem Böhmenkönig, der ihn Ende 1330 eigenmächtig unternahm, anfangs mit überraschenden Erfolgen. Die meisten Ghibellinenstädte der Lombardei, die früher auf den Kaiser gehofft hatten, übertrugen dem Luxemburger die Signorie. Vom Kaiser ließ er sich seine italienischen Erwerbungen als nahezu unablösbare Reichspfandschaft übertragen und schloß mit ihm einen Beistandspakt, der dreiviertel Jahre später (23. VIII. 1332) in Nürnberg unter Vermittlung Balduins von Trier zu einem »ewigen Freundschaftsbündnis« gegen jedermann erweitert und durch eine Verlobung ihrer Kinder bekräftigt wurde, für die freilich päpstlicher Dispens erforderlich war und nicht gegeben wurde (Emler, Reg. Boh. 3 n. 1933). Andererseits hatte König Johann schon im Januar 1332 in Fontainebleau dem französischen König, dem der Papst früher die Belehnung mit der Lombardei angeboten hatte, seine Hilfe gegen jedermann und die Unantastbarkeit allen französischen Besitzes zugesagt auch für den Fall, daß Johann selbst oder sein Sohn deutscher König und Kaiser würde; und auch der französische Thronfolger wurde mit einer Tochter Johanns verlobt (ib. 1876). Gegen die guelfisch-angiovinische Feindschaft aber, die König Johann in Italien herausforderte, suchte er Rückhalt am Papst. Nach langen Verhandlungen machte er ihm bei einem Besuch in Avignon im November 1332 das Zugeständnis, er werde die an Toskana angrenzenden, bisher noch zu Reichsitalien gehörigen Gebiete von Parma, Modena, Reggio, die Johannes XXII. für den Kirchenstaat beanspruchte, von ihm zu Lehen nehmen, auf Lucca verzichten, Florenz und Neapel nicht angreifen, von Ludwig d. B. sich lossagen und dem Papst gegen ihn helfen (Riezler, Vat. Akt. n. 1457, falsch datiert). Dieses Doppelspiel war darauf angelegt, die luxemburgische Herrschaftsbildung in Italien nach allen Seiten zu sichern, sie möglichst im Einvernehmen mit Frankreich durch Papst und Kaiser zugleich sanktionieren zu lassen. Hatte sich deren Konflikt an der Lombardei entzündet, so hoffte ihn König Johann beizulegen, indem er den Zankapfel an sich brachte. Da aber Johannes XXII. keinesfalls den Bayern als König und Kaiser gelten lassen wollte, verfiel Johann auf den Plan, den Papst zwar zur Absolution Ludwigs, diesen aber zur Abdankung zu bewegen zugunsten seines Vetters Heinrich von Niederbayern, des Schwiegersohnes Johanns, von dem er sich eine Förderung seiner Italienpläne erwarten konnte.

Diesen *Abdankungsplan*[3] wies Ludwig nicht von vornherein ab. Er griff ihn in dem Sinne auf, daß seine Absolution und damit der Verzicht des Papstes auf Anfechtung seiner Wahl und Regierung die Voraussetzung sein sollte für seinen Thronverzicht und eine Neuwahl. Seinem Vetter stellte er tatsächlich am 19. XI. 1333 einen Verzichtbrief aus, geheimzuhalten bis zu seiner Absolution. Herzog Heinrich von Niederbayern gab seinerseits die Zusage, für die Johann von Böhmen bürgte, daß er als König mit Zustimmung der Kurfürsten das Bistum Cambrai und das ganze Arelat mit allen Reichsrechten auf unbegrenzte Zeit dem französischen König verpfänden werde (Böhmer, Acta n. 1033/4) – eine überreiche Abfindung für Frankreichs lombardische »Ansprüche« zugunsten des Luxemburgers! Dafür wollte König Philipp VI. den Streit um das Erzbistum Mainz schlichten helfen, um eine Kurfürstenmehrheit für die Neuwahl zu sichern. Der Papst ging freilich nur zögernd auf diese Pläne ein, auch als ihn Frankreich und die Habsburger drängten. Wurde ihm doch damit zugemutet, das bisher bestrittene Thronrecht Ludwigs, also die Gültigkeit seiner nicht approbierten Wahl anzuerkennen, damit dieser für seine Person darauf verzichte. Ehe sich jedoch herausstellte, ob sich Johannes XXII. durch das Thronopfer Ludwigs zum Friedensschluß unter Wahrung des Reichs- und Wahlrechts bewegen ließe, brach der Kaiser auch diese Aktion wie manche frühere ab, dementierte seine Verzichtbereitschaft und schlug andere Wege ein. Denn inzwischen hatte sich die politische Lage so verändert, daß ihm der *Sturz Johannes XXII. möglich* schien.

Die Widersacher König Johanns in Italien hatten sich zu einer großen Liga zusammengeschlossen, mit der Guelfenstadt Florenz auch die Scaliger, Este, Visconti, Gonzaga und vor allem König Robert von Neapel. Sie vertrieben den Luxemburger aus Bergamo, Pavia, Vercelli und schlugen ihn im April 1333 bei Ferrara so empfindlich, daß er einen Waffenstillstand schloß und Italien verließ. Sie protestierten auch an der Kurie energisch gegen den geplanten Thronwechsel im Reich, bei dem Johann die Lombardei, Frankreich das Arelat zu gewinnen hoffte: Beides wollte Robert von Neapel nicht dulden. Er fand einen Verbündeten an dem alten Kardinal Napoleon Orsini, der schon längst der Politik Johannes XXII. widerstrebte, auf Rückkehr der Kurie nach Rom und Reform der Kirche drängte, als Ghibellinenfreund galt, auch den Franziskaner-Spiritualen von jeher nahestand[4]. Wie einst gegen Bonifaz VIII. glaubte er jetzt auch gegen Johannes XXII. die Anklage auf Ketzerei erheben zu können. Denn dieser erregte seit 1331 bei den Theologen der Pariser Universität heftigen Anstoß, weil er die Überzeugung verfocht, den Seelen auch der Heiligen im Himmel sei erst nach der Auferstehung des Leibes zum Jüngsten Gericht die vollkommene Seligkeit der Gottesschau beschieden[5]. In dieser Streitfrage stellte sich auch der französische König gegen den

Papst. Dessen Gegner glaubten die weitgreifende Erregung über jene »Irrlehre« zu seinem Sturz ausnutzen zu können. Kardinal Napoleon Orsini regte im Juni 1334 unter Vermittlung Balduins von Trier beim Kaiser die Berufung eines allgemeinen Konzils an (Riezler, Vat. Akt. n. 1663, 1671). Ludwig ging sofort darauf ein, ermutigt und beraten von den gelehrten Papstgegnern an seinem Hof. In einem von Bonagratia verfaßten Schreiben an die Kardinäle (Stengel, Nova Alam. n. 338) bestritt er das »Gerücht«, er wolle abdanken, appellierte erneut gegen den Papst an ein Konzil, das die Kardinäle zustande bringen sollten, »ob der von Cahors es will oder nicht«, und erklärte sich zur Verständigung mit Robert von Neapel bereit. Weiter scheinen jedoch die Pläne dieser seltsamen Koalition nicht gediehen zu sein, ehe der greise Papst am 4. XII. 1334 starb. Seine Seelenlehre hatte er nicht in letzter Stunde widerrufen, wie man behauptete, nur vorsichtiger formuliert; sein Nachfolger aber entschied die Streitfrage über die Gottesschau der Seligen alsbald anders (Bulle ‹Benedictus Deus‹ 29. I. 1336). Ob auch die Reichsfrage lösbar wurde, wenn der bis ins höchste Alter unversöhnlich streitbare Papst nicht mehr im Wege stand, mußte sich unter dem friedfertigeren Nachfolger zeigen.

[1] H. O. SCHWÖBEL, Der diplomat. Kampf zw. Ludwig d. B. u. der Röm. Kurie im Rahmen des kanonischen Absolutionsprozesses 1330–1346 (1968), s. a. DA 26 (1970) S. 546 ff.

[2] Über Kg. Johann v. Böhmen s. Kap. 33, Anm. 2; L. PÖPPELMANN, J. v. B. in Italien 1330–33, AÖG 35 (1865/66); TH. DE PUYMAIGRE, Jean l'Aveugle en France, RQH 52 (1892); A. LEHLEITER, Die Politik Kg. Johanns v. B. in d. Jahren 1330–34 (Diss. Bonn 1908); A. MERCATI, Proposte di Giovanni, il francofilo re di Boemia, a Giovanni XXII, Mél. d'arch. et d'hist. 61 (1949); C. DUMONTEL, L'impresa italiana di Giovanni di Lussemburgo (Turin 1952), dazu F. BOCK, HZ 183, S. 341 ff. Manche Akten auch bei TH. E. MOMMSEN, Italien. Analekten (1952). – Zu Johanns erstem Vermittlungsversuch zw. Kurie u. Kaiser (1331) gehört ein Dokument (bei RIEZLER, Literar. Widersacher d. Päpste, S. 239 ff.), das den 10 päpstlichen Forderungen auf Buße, Widerruf, Si-

cherheit usw. scharfe kaiserliche Forderungen entgegenstellt: Widerruf der Prozesse, Verzicht des Papstes auf weltliche Gerichtsbarkeit und Politik, auf Begünstigung Frankreichs und Entfremdung der Lombardei, Rückgabe von Sizilien-Apulien ans Reich usw.; vgl. auch die Gutachten (unter Beteiligung Ockhams?) bei W. PREGER, Abh. d. Bayer. Ak. 15, 2 (1880), S. 76 ff. und H. FOERSTER, Miscellanea Francescana 37 (1937), S. 591 ff. Ludwig hat sich jedoch solche Ratschläge der papstfeindlichen Minoriten, die einer Verständigung entgegenwirkten, nicht zu eigen gemacht, sondern bei weiteren Verhandlungen mit der Kurie maßvollere deutsche Kenner des Kirchenrechts zu Rate gezogen, vor allem den Augsburger Juristen Marquart v. Randegg. Erst als diese Verhandlungen nicht weiterführten, gewannen ausländische Gelehrte wie Marsilius, Ockham und andere Minoriten wieder an Einfluß; s. H. S. OFFLER, Meinungsverschiedenheiten am

Hofe Ludwigs d. B. im Herbst 1331, DA 11 (1954/55); bes. Schwöbel (s. Anm. 1), S. 18 ff.

³ Zum Abdankungsplan von 1333 s. L. Weiland, Der angebl. Verzicht Ludwigs d. B. auf d. Reich, Nachr. Ges. d. Wiss. Göttingen 1883, 7; E. E. Stengel, Avignon u. Rhens, S. 60 ff., der gegen R. Möller, L. d. B., S. 206 ff. beweist, daß der Kaiser (ähnlich wie 1326, s. Kap. 40) wirklich über seinen Rücktritt zugunsten Hg. Heinrichs v. Niederbayern, nicht nur über dessen Nachfolge nach seinem Tode verhandelte, nicht aus Verzagtheit oder Gewissensnot, sondern um den Plan Kg. Johanns diplomatisch abzufangen. F. Bock, Reichsidee, S. 334 ff., bestreitet zu Unrecht dessen Initiative.

⁴ C. A. Willemsen, Kard. Napoleon Orsini (1927), bes. S. 121 ff.; kurze Charakteristik auch HJb 45 (1925); E. Kraack, Rom oder Avignon? (1929),

S. 38 ff., 58 f. Der Kardinal, ein Neffe Nikolaus' III., hatte schon 1323 dem Vorgehen Johanns XXII. gegen Ludwig heftig widersprochen, s. Acta Arag. 1 n. 262.

⁵ G. Hoffmann, Der Streit über die selige Schau Gottes (1917); Ergänzungen bei H. Otto, HJb 50 (1930); D. Douie, John XXII and the Beatific Vision, Dominican Studies 3 (1950); bes. Anneliese Maier, Die Pariser Disputation des Geraldus Odonis über die Visio beatifica Dei, Arch. Ital. per la storia della pietà 4 (1965); dies., Archivum Hist. Pontif. 5 (1967), S. 57 ff. Über die polit. Hintergründe des dogmat. Streites s. F. Bock, Reichsidee, S. 343 ff.; über seine Entscheidung durch Benedikt XII.: X. Le Bachelet, Dict. de théol. cath. 2 (1932), Sp. 657 ff.; E. Lewalter, Thomas v. Aquino und die Bulle Benedictus Deus, ZKiG 54 (1935) berichtigt die Behauptung von Johanns »Widerruf«.

Kapitel 44
Verhandlungen mit Benedikt XII.
Bündnis mit England

Überraschend schnell einigten sich die Kardinäle am 20. XII. 1334 auf die Wahl *Benedikts XII.*,¹ eines Zisterziensers einfacher Herkunft aus dem Languedoc, der auch als Papst das Ordenskleid nicht ablegte. Mehr theologisch gebildet als politisch erfahren, schien er sowohl den Franzosen, die die Kurie in Avignon festhalten wollten, wie den Italienern, die nach Rom drängten, annehmbar. Schon äußerlich war er in seiner eß- und trinkfrohen Körperfülle das Gegenbild seines Vorgängers. Daß er gleich nach seiner Wahl erklärte, er hoffe gegen niemanden kriegerisch vorgehen zu müssen, ließ auf Versöhnlichkeit auch gegenüber dem Reich schließen. Ludwig nahm alsbald Verhandlungen mit ihm auf, an frühere Verständigungsversuche anknüpfend. Mehrere Gesandtschaften gingen seit März 1335 an die Kurie, um deren Friedensbedingungen zu erfahren. Grundsätzlich hielt Benedikt an den Forderungen seines Vorgängers fest. Auch er verhandelte mit dem gebannten Kaiser nicht als politischer Partner, sondern als Angeklagtem in einem kanonischen Prozeß, der für seine Vergehen Genugtuung zu leisten habe. Ludwig ließ sich auf diesen *Rekonziliationsprozeß* ein, obgleich dabei nach kanonischem Recht nur die völlige Unterwerfung unter die Gebote der Kirche zur Absolution führen konnte. Er bevollmächtigte deshalb seine Gesandten formell in ausführlichen »*Prokuratorien*« zur Erfüllung der von der Kurie vorgeschriebenen Bedingungen, damit der Absolutionsprozeß überhaupt eröffnet werden könne, gab ihnen gleichzeitig aber *Instruktionen* mit über die Grenzen und Vorbehalte, die sie bei den Verhandlungen wahren sollten[2]. Er war bereit, seine Appellationen und Prozesse gegen den Papst zu widerrufen, seine Verstöße gegen kirchliche Satzungen, auch das Unrecht der papstlosen Kaiserkrönung zuzugeben und zu sühnen. Er bestritt aber, daß er wissentlich vom rechten Glauben abgewichen und dadurch zum Ketzer geworden sei oder sich häretische Lehren des Marsilius und der Minoriten zu eigen gemacht habe; er gab sie preis. In seinen Briefen an den Papst enthielt er sich zwar aller Titel, gestand ihm sogar die Approbation der Königswahl insoweit zu »als es gewonlich ist dem rich«[3], immer aber mit dem Vorbehalt, daß seine Ehre und das Recht des Reiches dabei gewahrt bleiben müsse (salvo honore nostro et jure et statu imperii). Hätten nicht schon daran die Verhandlungen scheitern müssen, so wurden sie vollends durch die französische Politik durchkreuzt.

Von Anfang an verlangte der Papst eine Verständigung Ludwigs auch mit Frankreich und mit Robert von Neapel. Auch dazu war der Kaiser bereit. Er ermächtigte seine Gesandten, nach päpstlicher Weisung einen Vertrag mit dem französischen König zu schließen, der ihm schwören ließ, seine Bemühungen an der Kurie nicht zu hindern; bis zu deren Erfolg versprachen beide, einander nicht zu schaden (Riezler, Vat. Akt. n. 1748 a). Gleichwohl hat Philipp VI., vielleicht enttäuscht in der Hoffnung, daß ihm Ludwig das Arelat abträte, und mißtrauisch, daß er sich mit England verbände, die Ausgleichsverhandlungen in Avignon geflissentlich verzögert und schließlich auf ihren Abbruch gedrängt. Benedikt XII. hat zwar sich und dem König nicht verhehlt, daß sie beide von den Deutschen für das Scheitern des Friedensversuchs verantwortlich gemacht würden (ib. n. 1876), aber er vermochte nicht aus politischen Rücksichten die Strenge der vom Kirchenrecht geforderten Absolutionsbedingungen zu mildern, zumal der französische König das gar nicht wünschte. Als Ludwigs Prokurator Marquart von

Randegg am 11. IV. 1337 im Konsistorium die kaiserlichen Vorbehalte nachdrücklich verfocht, erklärte der Papst erregt, Ludwig sei nicht wahrhaft bußfertig, da er sein unrechtmäßiges König- und Kaisertum nicht niederlege, ja er gleiche dem apokalyptischen Drachen[4].

Dieses Scheitern des Ausgleichsversuchs stand bereits im Zeichen des drohenden Ausbruchs jenes *englisch-französischen Krieges*, der seitdem 100 Jahre lang Europa in Spannung hielt. Nach dem Vorspiel unter Eduard I., bei dem Adolf von Nassau eine unrühmliche Rolle gespielt hatte (Kap. 28), war unter dem schwächlichen Eduard II. (1307–1327) eine Ruhepause eingetreten, bis sein jugendlicher, tatendurstiger Sohn *Eduard III.* (1327–1377), von seiner französischen Mutter geleitet, ihn entthronte und als Enkel Philipps d. Sch., dessen drei Söhne ohne männliche Erben starben, auch die französische Krone beanspruchte. Wie früher sein Großvater suchte er Bundesgenossen vornehmlich in den Niederlanden, auf die England strategisch wie handelspolitisch angewiesen war[5]. Graf Wilhelm der Gute von Holland-Hennegau, Schwiegervater sowohl Eduards III. wie Ludwigs d. B., und mehr noch sein dritter Schwiegersohn Wilhelm von Jülich, den der Kaiser 1336 als Markgrafen in den Reichsfürstenstand erhob, knüpften enge Beziehungen zwischen England und den niederrheinischen Fürsten, auch den Städten zwischen Brügge und Köln. Herzog Johann III. von Brabant war gleichfalls mit dem Hennegauer verschwägert, der Graf von Geldern heiratete eine Schwester des englischen Königs, dessen Tochter überdies mit einem Habsburger verlobt wurde. Englisches Geld warb Verbündete und Hilfstruppen. Im Frühjahr 1337 wurden in Valenciennes die meisten niederrheinischen Fürsten zum Krieg gegen Frankreich verpflichtet, der im Herbst beginnen sollte.

Der Kaiser bestritt, solange er mit Benedikt XII. verhandelte, jede Beteiligung an frankreichfeindlichen Bündnissen. Als jedoch seine Bemühungen an der Kurie erfolglos blieben, wandte er sich offen dem Gegner Frankreichs zu. Im Sommer 1337 kam eine stattliche englische Gesandtschaft zweimal zu ihm nach Frankfurt und schloß am 23. VII. einen *Beistandspakt* ab gegen den gemeinsamen Feind[6]. Der Kaiser sollte im Herbst auf zwei Monate 2000 Helme nach Frankreich führen, dafür 300000 Gulden vom englischen König bekommen, der überdies zum kaiserlichen Generalvikar »pro recuperatione iurium imperii« bestellt werden sollte für den Fall, daß Ludwig nicht selbst zu Felde zöge. Vielleicht plante Ludwig einen Zug gegen Avignon, um den Papst zum Frieden zu nötigen. Wenigstens bemühte er sich um ein Bündnis mit dem Nachbarn der Papststadt, dem »Delphin« (Dauphin) Humbert II. von Vienne, dem er mehrmals die arelatische Krone als Reichslehen anbot; dieser nahm sie jedoch nicht an, da er nicht gegen Frankreich und den Papst Partei zu ergreifen wagte. Andererseits war der englische König auch seiner deutschen Verbündeten nicht sicher genug, um den Krieg im Herbst 1337 zu beginnen, und sein Bündnis mit dem Kaiser wurde nicht gegen Frankreich wirksam. Trotzdem stärkte es Ludwigs Stellung im Reich, während die Erregung über die Unversöhnlichkeit der Kurie unter französischem Druck endlich auch die Reichsstände zu offener Stellungnahme aufrüttelte. Der lange Konflikt trieb einer Entscheidung zu.

[1] K. JACOB, Studien über P. Ben. XII. (1910); P. FOURNIER, Jacques Fournier (Benoit XII), in: Hist. Litt. de la France 37 (1938); J. B. MAHN, Le pape Ben. XII et les Cisterciens (1949); Cl. SCHMITT, Un pape réformateur et un défenseur de l'unité de l'église, Benoit et l'ordre des frères mineurs (1959); H. JENKINS, Papal Efforts for Peace under Benedict XII (Diss. Philadelphia 1933); H. OTTO, Zur polit. Einstellung P. Benedikts XII., ZKiG 62 (1943/44); ders., Benedikt XII. als Reformator des Kirchenstaates, RQs 36 (1928); F. WINTER, Die Besetzung d. dt. Bistümer unter d. Pontifikat Ben. XII. und Klemens' VI. (Diss. Ms. Berlin 1922); B. GUILLEMAIN, La politique bénéficiale du pape Benoit XII (1952). – Biograph. Quellen bei BALUZE-MOLLAT, Vitae pap. Av. 1 (1916), S. 195 ff.; Register-Überlieferung (s. F. BOCK, QFItA 29, 1938/1939) bei J. M. VIDAL, Benoit XII, Lettres communes (3 Bde. 1903–1911) u. Lettres closes et patentes intéressant les pays autres que la France (1911–1950); G. DAUMET, Lettres closes . . . se rapport. à la France (1920); Vatikan. Quellen zur Gesch. d. päpstl. Hof- u. Finanzverwaltung 3/4 (1914/20).

[2] K. RÜMLER, Akten d. Gesandtschaften Ludwigs d. B. an Ben. XII. u. Klemens VI. (1910); F. X. GLASSCHRÖDER, Zu den Ausgleichsverhandlungen Ludwigs d. B. mit P. Ben. XII. i. J. 1336, RQs 3 (1889); A. ROHRMANN, Die Prokuratorien Ludwigs d. B. (1882). – Die Verhandlungen Ludwigs d. B. mit Benedikt XII. bildeten lange ein schwieriges Forschungsproblem, weil die umfangreichen, von der Kurie als Verhandlungsgrundlagen vorgeschriebenen »Prokuratorien« Ludwigs z. T. schwer zu datieren und einzuordnen, auch nicht vollständig erhalten sind und die zugehörigen Instruktionen Ludwigs an seine Gesandten davon in wesentlichen Punkten abweichen; s. F. BOCK, QFItA 25 (1933) u. bes. H. S. OFFLER, Über die Prokuratorien Ludwigs d. B. für die röm. Kurie, DA 8 (1951). Die Beachtung der Prozeßformen entkräftet den Vorwurf der Doppelzüngigkeit und Perfidie, der wegen solcher Unterschiede zwischen Prokuratorien (bes. SCHWALM, NA 26, S. 713 ff. u. RIEZLER, Vat. Akt. n. 1748 a) und Instruktionen (bes. RIEZLER, Literar. Widersacher, S. 328 B) gegen Ludwig erhoben wurde. Erst H. O. SCHWÖBEL (s. Kap. 43, Anm. 1) hat den Verlauf dieser Verhandlungen und ihre Bedingtheit durch die Formen des Absolutionsprozesses vollends geklärt.

[3] Ludwigs Gesandter Markwart v. Randegg erklärte in einer Rede vor dem Konsistorium am 9. X. 1335 (RIEZLER, Vat. Akt. n. 1759), Ludwig sei zwar »kanonisch« gewählt, doch durch die

päpstl. Approbation »magna virtus tri-
buitur, obediendi causa suscipitur«; sie
behebe die Hindernisse seiner Herrschaft. Nicht als rechtsnotwendig, aber
als förderlich und üblich wollte Ludwig
also die päpstliche Approbation seiner
Königswahl gelten lassen.

[4] F. PELSTER, Die 2. Rede Markwarts
v. Randeck für die Aussöhnung des
Papstes mit Ludwig d. B., HJb. 60 (1940)
mit dem Text der Rede; dazu SCHWÖ-
BEL (s. Kap. 43, Anm. 1), S. 247 ff.

[5] H. S. LUCAS, The Low Countries
and the Hundred Years' War (1929); H.
S. OFFLER, England and Germany at the
Beginning of the Hundred Years' War,

EHR 54 (1939); vor allem F. TRAUTZ,
Die Könige v. England u. das Reich
(1961), S. 231 ff.

[6] Vertragstext nach d. Original ed. S.
RIEZLER, FDG 20 (1880), S. 270 f.
n. 39; weitere Akten auch für die Folgezeit bei F. BOCK, Das dt.-engl. Bündnis
von 1335–1342, Bd. 1: Quellen (1956);
dazu TRAUTZ, S. 242 ff.; F. BOCK,
Reichsidee, S. 376 ff.; auch J. REICHERT,
Die polit. Beziehungen K. Ludwigs d. B.
zu England u. Frankreich 1337–47 (Diss.
Heidelberg 1931); H. WEISS, Frankreichs Politik in d. Rheinlanden am Vorabend d. Hundertjähr. Krieges (Diss.
Tübingen 1927).

Kapitel 45
Die Ständetage von 1338

a. Speyerer Bischofstag und Frankfurter Ständetag

Hatte Ludwig bisher fast allein mit seinen Räten sein Herrschaftsrecht nach innen und außen verfechten müssen, von den
Reichsfürsten kaum unterstützt, so gab vielleicht das Vorbild
des englischen Parlaments, das Eduard III. auch beim Ausbruch
des Krieges mit Frankreich berief, den Anstoß dazu, daß der
Kaiser nun auf mehreren Tagungen vom März bis August 1338
die geistlichen und weltlichen Reichsstände von den Kurfürsten
bis zu den Städten Stellung nehmen ließ zu den reichsrechtlichen Streitfragen, um sie in eine gemeinsame Front gegen
Avignon zu bringen. Dabei kam ihm zustatten, daß der lange
Streit um das Erzbistum Mainz damals eine überraschende Wendung nahm. Während der Ausgleichsverhandlungen mit Benedikt XII. hatte sich auch Balduin von Trier um Verständigung
mit der Kurie bemüht; Ende 1336 verzichtete er auf das seit
acht Jahren von ihm verwaltete Mainzer Erzstift. Dessen Domkapitel gab endlich seinen Widerstand gegen den vom Papst
providierten Heinrich von Virneburg auf, der dafür aber den
Domherren nicht nur Straffreiheit und Wahrung ihrer Rechte,
sondern auch die Anerkennung des Kaisers zusichern mußte.
Am 29. VI. 1337 versprach der Erzbischof, für die Aussöhnung
des Kaisers mit der Kurie unter Wahrung des Reichsrechts zu

wirken; dafür wurde ihm und dem Kapitel kaiserlicher Schutz auch gegen päpstliche Maßnahmen zugesagt[1].

Benedikt XII. hielt diesen eigenmächtigen Friedensschluß des Mainzer Erzbischofs mit dem gebannten Kaiser für Verrat. Er forderte ihn und sein Kapitel zur Verantwortung nach Avignon. Wollte der Virneburger sein endlich gewonnenes Erzstift nicht wieder verlieren, so mußte er alles versuchen, um Papst, und Kaiser zu versöhnen. Deshalb lud er die Bischöfe seiner Provinz zu einer *Synode* nach *Speyer*, wo auch Ludwig erschien. Am 27. III. 1338 richteten zehn dort beteiligte Bischöfe eine Erklärung an die Kurie: Ludwig d. B. – sie nennen ihn nicht Kaiser oder König – sei bereit, in seinem dem ganzen Reich verderblichen Konflikt mit dem Papst sich ihrem Entscheid zu fügen (ordinacioni nostre stare ac parere), sofern es mit Gott, Recht und Ehre geschehen könne; sie bitten den Papst, auf diesen Vermittlungsweg einzugehen, andernfalls wollten sie zur Beratung weiterer Maßnahmen wieder zusammenkommen[2]. Ihre Gesandtschaft bekam jedoch in Avignon einen Zornausbruch des Papstes zu hören: er wolle lieber sterben, als den Bayern begnadigen, bevor er auf Recht, Stellung und Ehre verzichtet hätte (Nova Alam. n. 532); die Bischöfe aber sollten sich nicht zu Richtern über die römische Kirche aufwerfen: nicht ihnen, nur Ludwig und den Kurfürsten stehe es zu, sich um die Rekonziliation zu bemühen. Der Mainzer Erzbischof wurde überhaupt keiner Antwort gewürdigt, sondern für abtrünnig, rebellisch und exkommuniziert erklärt. Sein Versuch, die Bischöfe im Streit zwischen Kaiser und Papst vermitteln zu lassen, war am hierarchischen Zentralismus gescheitert.

Inzwischen hatte der Kaiser Vertreter der Domkapitel, des Adels und der Städte nach *Frankfurt* geladen, wo er am 17. V. im Deutschordenshaus selbst zu ihnen sprach[3]. Er forderte sie auf, ihrerseits als Vertreter der allgemeinen Kirche an den Papst zu schreiben: »erhört er euch nicht, so wird er mir fürder als ein Heide gelten«. Wirklich wurden gleichlautende Briefe von 36 Reichsstädten nach Avignon geschickt[4], die vom Papst die Aufhebung der Prozesse gegen den rechtmäßig gewählten »Kaiser« Ludwig fordern. Weit entschiedener als in der Speyerer Bischofserklärung wird darin unter Ludwigs eigener Einwirkung sein Königsrecht und Kaisertum verfochten, das päpstliche Vorgehen gegen das Reich und »unser deutsches Vaterland« abgewehrt und sogar gewarnt, die christlichen Völker

könnten sonst eher dem päpstlichen Stuhl den Gehorsam auf-
sagen als den rechten Kaiser im Stich lassen. Diese Briefe fanden
jedoch an der Kurie kein Gehör, und inzwischen war auch
Benedikts schroffe Abweisung der Bischofsgesandtschaft bekannt geworden. Schon auf der Frankfurter Maitagung verkündete aber der Kaiser ein von seinen franziskanischen Beratern formuliertes Manifest, beginnend »Fidem catholicam
profitentes«[5], das seine Rechtgläubigkeit beteuerte, die Rechtmäßigkeit seines Königtums und auch seiner Kaiserkrönung
begründete, die Gottunmittelbarkeit des Imperiums betonte
gegenüber dem Papsttum, über dem das Konzil stehe, und die
Beachtung der für ungültig erklärten päpstlichen Prozesse samt
Bann und Interdikt bei Strafe des Lehns- und Rechtsentzugs
verbot. Das klang nicht mehr versöhnungsbereit, sondern
kampfentschlossen.

Über die Ereignisse von 1338 vor und nach dem Rhenser Kurfürstentag brachte die
wichtigsten Aufschlüsse E. E. STENGEL, Avignon u. Rhens (1930), der dafür reiches
Aktenmaterial erschloß (Nova Alamanniae); Einwände von F. BOCK, Reichsidee,
S. 390 ff., sind kaum stichhaltig.

[1] G. UHL, Untersuch. über d. Politik
Eb. Heinrichs III. v. Mainz und seines
Kapitels in d. J. 1337–46, Arch. f. hess.
Gesch. NF 15 (1928); H. TEBBE, K.
Ludwig d. B., Eb. Heinrich III. v.
Mainz u. die Beschlüsse des Kurfürsten-
tages von Rense (Diss. Breslau 1920).
Daß Eb. Heinrich v. Mainz nicht sofort
ein Offensivbündnis mit dem Kaiser ge-
gen die Kurie schloß, sondern erst durch
deren Verhalten vollends in Ludwigs
Lager gedrängt wurde, zeigten UHL,
S. 87 ff., TEBBE, S. 29 f., STENGEL,
S. 97 ff. gegen K. HÖHLBAUM, Der Kurverein zu Rense (Abh. Ges. d. Wiss. Göttingen NF 7, 3, 1913), S. 49 ff., R. MÖL-
LER, L. d. B. u. die Kurie (1914), S. 99 ff.
u. a.
[2] Schreiben der Bischöfe an die Kurie:
SCHWALM, NA 26, S. 737 ff.; STENGEL,
Nova Alam. n. 509. Eine spätere Apolo-
gie Eb. Heinrichs v. Mainz (ib. 792
§ 9/10) behauptet, Ludwig habe in
Speyer geschworen, sich der röm. Kirche nach dem »dictamen« der zehn Bischöfe zu unterwerfen. Daß die Initiative
dazu von Mainz ausging, bewies UHL,

S. 97 ff.; F. BOCK, Reichsidee, S. 391 ff.
(chronologisch verwirrt), überschätzt
dabei Ludwigs Aktivität; er wurde in
Speyer nicht von den Bischöfen als Kaiser anerkannt; nur wenn ihre Gesandschaft zur Kurie erfolglos zurückkäme,
wollten sie das Interdikt nicht mehr halten und ihre Lehen vom Kaiser nehmen
(so der B. v. Straßburg, BÖHMER, Acta
n. 786). Um Aufhebung des Interdikts
hatten die Bischöfe von Straßburg und
Basel schon 1337 den Papst ersucht, weil
die Deutschen sonst aufsässig würden
gegen Kurie und Klerus; s. die Ablehnung Benedikts XII., Nova Alam. n.
476.
[3] Nachweis des Frankfurter Stände-
tages im Mai 1338 gegen frühere Zweifel bei R. MÖLLER, L. d. B. und die Kurie (1914), S. 104 ff.; vgl. STENGEL, Av.
u. Rhens, S. 104 ff., der einen Bericht
über die Rede des Kaisers fand (Nova
Alam. n. 519); ob sie mit ihren biblischen u. kanonist. Anklängen von Ockham oder Bonagratia oder Marsilius entworfen ist, bleibt fraglich.
[4] Nova Alam. n. 520/1, dazu Regesten

d. Reichsstadt Aachen 2 (1937), S. 285 n. 618, ein Bericht über die Geringschätzung des Papstes für diese Städte-Briefe.

[5] »Fidem catholicam« zuerst auf der Frankfurter Maitagung verkündet: STENGEL, Nova Alam. n. 522; ders., Av. u. Rhens, S. 109 ff.; der lange Text, un-

verkennbar von Minoriten verfaßt, am besten in Analecta Franciscana 2, S. 168 ff.; zur Überlieferung auch A. HOFMEISTER, NA 43 (1920/21), S. 410. Die Franziskaner Franz v. Ascoli und W. v. Ockham (?) schrieben einen Kommentar dazu, ed. R. SCHOLZ, Unbek. Streitschr. 2, S. 417 ff., dazu 1, S. 161 ff.

b. Der Rhenser Kurfürstentag

Als Benedikt XII. die Vermittlung der Bischöfe abwies, erklärte er, die Reichsrechte habe der Papst nie angegriffen, sondern stets verteidigt gegen Ludwigs Usurpation; nächst diesem gehe der Konflikt vornehmlich die Kurfürsten an, ohne ihre Mitwirkung sei keine Verständigung möglich. Offenbar glaubte er sie gegen den Kaiser ausspielen zu können. Ob die Kurfürsten durch dieses Papstschreiben zum Eingreifen veranlaßt wurden oder durch Ludwig selbst und den ihm nun eng verbundenen Erzbischof Heinrich von Mainz, ist ungeklärt. Jedenfalls kamen sie – außer Johann von Böhmen – am 15. VII. 1338 mit dem Kaiser in Lahnstein zur Beratung zusammen. Tags darauf schlossen sie gegenüber auf dem linken Rheinufer im Baumgarten von *Rhens* ein *Bündnis* zur Verteidigung des hart angefochtenen Reichsrechts und ihrer Kurrechte gegen jedermann. Zum erstenmal verbanden sich die Kurfürsten zu gemeinsamem Handeln in Reichsfragen nicht nur bei der Königswahl. Sie forderten auch andere Reichsstände zum Beitritt auf, und wirklich schlossen sich diesem »*Rhenser Kurverein*« bald einige Städte, Bischöfe und Äbte an. Noch am gleichen 16. Juli wurde in einem *Weistum der Kurfürsten* für Recht erkannt, wie es seit Menschengedenken gelte, daß der von den Kurfürsten oder ihrer Mehrheit, sei es auch im Zwiespalt gewählte König keiner päpstlichen Approbation oder irgendwelcher Bestätigung bedarf, um im Regnum und Imperium die Reichsrechte auszuüben, das Reichsgut zu verwalten und den Königstitel zu führen. Ludwigs Kaisertitel, seine Krönung in Rom wie in Aachen, überhaupt die Person des Gebannten wird dabei mit keinem Wort erwähnt, ebensowenig die päpstlichen Prozesse, Ludwigs Appellationen oder andere aktuelle Ereignisse. Als zeitlos gültiges Reichsrecht verfochten die verbündeten Kurfürsten den Herrschaftsanspruch des von ihnen gewählten

Königs im deutschen und außerdeutschen Reichsgebiet, und für seine Wahl erkannten auch sie nun grundsätzlich die Mehrheitsentscheidung an, die Ludwig von jeher für sich geltend machte. Verglichen mit dessen Frankfurter Kundgebungen, die auch die papstlose Kaiserkrönung für gültig, die päpstlichen Prozesse für ungültig erklärten, waren die Rhenser Kurfürstenbeschlüsse maßvoll zurückhaltend, nur auf die Rechtswirkung der Königswahl bedacht, nicht auf die Rechtfertigung der kaiserlichen Politik.

Ludwigs Wünschen kann das nicht ganz entsprochen haben. Der Pfalzgraf und der Brandenburger Markgraf standen als nächste Verwandte ganz auf seiner Seite, ebenso der Mainzer Erzbischof seit seinem Bruch mit der Kurie. Erzbischof Walram von Köln war am wenigsten beteiligt und sagte sich bald vom Kurverein los, um es mit der Kurie nicht zu verderben (Nova Alam. n. 560). So kann nur *Balduin von Trier* die *Mäßigung der Rhenser Beschlüsse* bewirkt haben[1]. Er hatte sich kurz zuvor (13. Juli) unter Ludwigs Vermittlung mit seinem Mainzer Rivalen Heinrich von Virneburg ausgesöhnt, auch mit dem Pfalzgrafen Rudolf zu einem Landfrieden verbündet. Die außenpolitische Schwenkung des Kaisers machte er mit und verhandelte gleichfalls mit England über ein Bündnis, das am 6. IX. 1338 zum Abschluß kam, während sein Neffe Johann von Böhmen noch Parteigänger Frankreichs blieb. Der Kurie gegenüber wollte Balduin zwar das Reichsrecht der autonomen Königswahl verteidigen, aber nicht alle Brücken zur Verständigung abbrechen. Er entwarf ein *Schreiben an den Papst* – ob es abging, ist ungewiß –, das äußerst zurückhaltend über den Kurverein berichtete, das Weistum gegen den päpstlichen Approbationsanspruch gar nicht erwähnte, aber dringend bat, ohne Schmälerung der Reichs- und Kurfürstenrechte den »zum Imperium erwählten Ludwig von Bayern«, dessen Macht und Ansehen täglich wachse, gnädig in den Schoß der Kirche wiederaufzunehmen, da er zur Genugtuung für seine Verfehlungen bereit sei. Um den für das deutsche Volk und die ganze Kirche verderblichen Zwist zu enden, erbietet sich Balduin, mit anderen Kurfürsten Mittel und Wege zur Verständigung zu suchen. Diese Friedfertigkeit bewahrte ihn freilich nicht vor dem Zorn der Kurie, die gerade von ihm anderes erwartet hatte.

Ganz andere Töne schlägt ein in der Mainzer Kanzlei entworfenes *Kurfürstenschreiben an den Papst* an, das die Rhenser Beschlüsse nicht möglichst harmlos, sondern mit aktualisieren-

der Verschärfung darstellt und ausdrücklich auf Ludwig als
»Kaiser der Römer« bezieht: Sein und des Reiches Recht, zu
dessen Wahrung sich die Kurfürsten verbündeten, sei verletzt
durch die Prozesse Johannes XXII., deren Widerruf gefordert
wird, durch Bann und Interdikt »wider Gott und Recht« zum
Schaden der Christenheit, die vom Imperium zu lenken und zu
schirmen sei. Würde dessen Eintracht mit der Kirche nicht durch
Beseitigung jener Übergriffe wiederhergestellt, so sähen sich die
Kurfürsten mit den deutschen Kirchen- und Laienfürsten
genötigt, dagegen andere Abhilfe zu schaffen[2]. Drohend statt
versöhnlich wie Balduin, machte sich damit der Mainzer Erzbischof zum Wortführer aller Ansprüche des Kaisers, dem er
schon in Rhens beurkundet hatte: Wo im Kurverein von
Wahrung der Reichsrechte die Rede sei, meine er damit »unsern
herren, den keyser Ludwigen von Rom und das Romische rich,
das er inne hat, und nieman anders«[3]. Nicht nur das Königsrecht
auf Grund der Kurfürstenwahl, sondern das Kaiserrecht Ludwigs wollte er gegen die Kurie durchfechten. So verschieden
war die Intention der an den Rhenser Beschlüssen führend
beteiligten Kurfürsten: Balduin von Trier, in dessen Sinn sie
formuliert wurden, zielte auf Verständigung, der Virneburger
drängte zum Kampf.

Der in vielen Originalausfertigungen erhaltene dt. Urtext (dazu L. WEILAND, NA 18,
1893) des Rhenser Kurvereins am besten bei ZEUMER, Quellensammlung[2] n. 141a;
auch Nova Alam. n. 545. Beitrittserklärungen oberelsäss. Städte vom 4. VII. 1338 bei
C. MÜLLER, L. d. B. 2, S. 357 n. 5, des Abtes von Ellwangen bei BÖHMER, Acta
n. 1047. – Das Rhenser Kurfürstenweistum bei ZEUMER, Quellensammlung[2] n. 141c
und NA 30 (1904), S. 110 ff.; s. Lit. zu Kap. 45 a. – Über Rhens(e), wo die rhein. Kur-
länder aneinandergrenzten und daher seit 1273 öfters Kurfürsten sich trafen, s. H.
PRÖSSLER, Rhens, die Kurfürsten u. die dt. Königswahl, AnnHVNiederrh. 165 (1963).

[1] Eb. Balduins maßgebenden Anteil
an den Rhenser Beschlüssen und deren
Unterschied von den kaiserl. Kundgebungen vor- und nachher zeigt überzeugend STENGEL, Av. u. Rhens, S. 133ff.,
ähnlich schon J. FICKER, Zur Gesch. des
Kurvereins zu Rense, SB Wien 11
(1853), S. 683 ff. und M. KRAMMER, Das
Kurfürstenkollegium (1913), S. 275 ff.,
während andere die Initiative in Rhens
dem Kaiser (R. MOELLER, S. 114 ff.)
oder dem Mainzer EB. (TEBBE, S. 39 ff.,
UHL, S. 108 ff.) zuschrieben. F. BOCK,
Reichsidee, S. 397 ff., spricht von der
»Hinterhältigkeit« und einem »Dolch-

stoß« der »guelfisch orientierten« Kurfürsten, voran Eb. Balduins als »Führer
der Opposition«, verkennt dabei aber
dessen besonnenes Eintreten für das
Reichs- und Kurrecht gegen päpstl. Ansprüche, das sich unbeirrt durch K. Ludwigs polit. Schwankungen bis zur Goldenen Bulle Karls IV. auswirkte.
[2] Die zwei Entwürfe kurfürstl. Schreiben an den Papst (ed. SCHWALM, NA 26,
S. 734 ff.; Nova Alam. n. 546/7) wurden
sehr verschieden gedeutet, s. STENGEL,
Av. u. Rhens, S. 141 ff., der S. 233 ff.
durch Stilvergleich zeigen will, daß
beide Schreiben von demselben Rudolf

Losse entworfen wurden, der auch den Kurvereinstext verfaßt habe, – eine mit STENGELS Nachweis der verschiedenen Haltung von Trier und Mainz schwer vereinbare Annahme, s. R. HOLTZMANN, Zs. f. d. ges. Staatswiss. 93 (1932), S. 517 f. F. BOCK, Reichsidee, S. 400f., hält ohne Begründung Balduins Entwurf für ein »Entschuldigungsschreiben« als Antwort auf die Mahnung einiger Kardinäle (Nova Alam. n. 599/60 vom 8. IX.), von den Rhenser Beschlüssen abzurücken gleich dem Kölner Erzbischof. Daß der andere Entwurf aus dem Mainzer Lager stammt und nicht als Gesamtschreiben der Kurfürsten diente, zeigte K. ZEUMER, NA 30, S. 107 ff.

[3] Erklärung d. Eb. von Mainz für Ludwig bei ZEUMER, Quellensammlung[2] n. 141b, der mit C. MÜLLER, L. d. B. 2, S. 356 f., annahm, die anderen Kurfürsten hätten in Rhens gleichlautende Urkunden ausgestellt; dagegen M. KRAMMER, Kurfürstenkollegium, S. 272, STENGEL, Av. u. Rhens, S. 131. Die dem Kurverein am 4. VIII. beitretenden elsäss. Städte erklärten sich gleichfalls für »herrn kaiser Ludwig, der das rich ist, und sin nachkomen an dem riche« (BÖHMER, Acta n. 1047); der Abt von Ellwangen und der Bischof von Lüttich vermieden diesen Zusatz in ihrer Beitrittserklärung, STENGEL, S. 155 f.

c. Reichstage in Frankfurt und Koblenz

In der Richtung, die der Mainzer in Rhens nicht durchsetzte, schritt der Kaiser selbst weiter, indem er am 4. VIII. 1338 auf einem *Frankfurter Reichstag* ein *Gesetz* verkündete mit den Anfangsworten »Licet juris«[1]. Danach begründet allein die deutsche Königswahl ohne jede päpstliche Mitwirkung den Anspruch auf das universale Kaisertum, das unmittelbar von Gott ist, nicht vom Papst, das niemanden auf Erden über sich, alle Völker unter sich hat. Alle aus der Kaiserkrönung abgeleiteten Ansprüche des Papstes auf Prüfung der Wahl werden scharf zurückgewiesen: der von den Kurfürsten oder ihrer Mehrheit Gewählte ist und heißt wahrer Kaiser[2] und bedarf keiner päpstlichen Approbation, um alle kaiserlichen Rechte auszuüben. Wer dem widerspricht oder sich widersetzt, macht sich des Majestätsverbrechens schuldig. Zugleich wurde das schon im Mai vor Städten und Adel verkündete Manifest ›Fidem catholicam‹ erneut publiziert, die Beachtung des darin für ungültig erklärten Interdikts und der päpstlichen Prozesse im ganzen Reich verboten (Schwalm, NA 25, 763).

Den Höhepunkt erreichte die politische Bewegung des Jahres 1338 auf einem *Koblenzer Reichstag* Anfang September, auf dem auch der *englische König* erschien. Der Kaiser erkannte ihm nach dem Spruch eines Fürstengerichts das Recht auf die französische Krone zu und ernannte ihn zum *Generalvikar des Reiches*, vornehmlich für die linksrheinischen Gebiete, dem alle gehorchen sollten wie dem Kaiser selbst[3]. Der Subsidienvertrag wurde auf sieben Jahre erneuert, der Angriff gegen Frankreich fürs nächste Frühjahr vereinbart. Nochmals verkündete der Kaiser feierlich thronend die Beschlüsse von Rhens und Frankfurt, die Ungültigkeit der päpstlichen Prozesse, die Verpflichtung aller Reichsuntertanen zur Gefolgschaft: Wer des Reiches Ehre, Recht und Gut nicht verteidigt, soll nach dem Spruch der Kurfürsten als Majestätsverbrecher bestraft werden (Nova Alam. n. 556). Auch einige andere Reichsgesetze – zur Einschränkung des Fehderechts, gegen Verletzung der Heerfolgepflicht für Reichsvasallen – wurden vom Kaiser damals im Beisein des englischen Königs vor den Reichsständen verkündet[4]: Er fühlte sich im Vollbesitz der Kaisermacht auch als Gesetzgeber.

Der kampfbereiten Begeisterung für Kaiser und Reich, die damals nach dem Zeugnis der Chronisten weite Kreise des deutschen Volkes bewegte, hat sich auch Balduin von Trier trotz der drohenden päpstlichen Ungnade nicht mehr entzogen. In Rhens noch zurückhaltend, in Frankfurt abwesend, wirkte er im trierschen Koblenz mit, nunmehr selbst mit England verbündet und Ludwigs Kaisertum anerkennend. Doch geht es auf ihn vielleicht zurück, daß der Kaiser trotz allem der Kurie nochmals seine Friedens- und Sühnebereitschaft bekundete: Er wolle sich einem Schiedsspruch der rheinischen Erzbischöfe fügen, sofern dieser nach dem Urteil der Fürsten und des englischen Königs, der sich dafür beim Papst verwenden sollte, mit dem Reichsrecht vereinbar wäre (Nova Alam. n. 557). Darauf ging Benedikt XII. ebensowenig ein wie auf den früheren Speyerer Vorschlag eines bischöflichen Schiedsgerichts. Während er sich eifrig bemühte, zwischen Frankreich und England Frieden zu stiften und den Kriegsausbruch zu verhüten, schickte er zu Ludwig, der sich noch wiederholt zu Verhandlungen erbot, einen Nuntius (Arnald von Verdalle) mit Bedingungen für die Absolution, ließ aber nichts von den alten Forderungen nach und fügte neue Beschwerden über die Rhenser Beschlüsse »gegen die kirchliche Freiheit« hinzu (ib. 597). Das konnte die Kampfentschlossenheit des Kaisers und der Kurfürsten nur bestärken. Wahrscheinlich auf einem *Frankfurter Reichstag* im März 1339, dem der päpstliche Nuntius beiwohnte, wurden in einem neuen Kurfürstenweistum viel schärfere Töne angeschlagen als in Rhens (ib. 613, undatierter Entwurf auf deutsch): Wenn der Papst sich weigert, den von den Kurfürsten gewählten König ohne Prüfung und Approbation zum Kaiser zu krönen, darf dieser die Krone von einem Erzbischof oder Bischof auch außerhalb Roms empfangen; das soll als Reichsrecht von jedermann bei Strafe der Acht anerkannt, von jedem künftigen König bei der Wahl beschworen werden. Damit gingen die Kurfürsten – nur Walram von Köln hielt sich fern –, dem Kaiser folgend, weit über Rhens hinaus. Auch Balduin von Trier bremste nicht mehr. Sogar Johann von Böhmen schloß sich jetzt an, wenn auch unter Vorbehalt seiner Bündnispflicht für Frankreich. Er verständigte sich mit Ludwig über alle Streitfragen und erkannte ihn als Kaiser an, indem er von ihm die Lehen nahm, zum heftigen Unwillen seines Sohnes Karl von Mähren. Fast einmütig kampfbereit schien das Reich hinter dem Kaiser zu stehen wie seit langem nicht mehr.

[1] K. ZEUMER, Ludwigs d. B. Königswahlgesetz Licet juris, NA 30 (1905; der Text auch in Quellensammlung[2] n. 142) widerlegte die frühere Annahme, das Gesetz sei in zwei Fassungen veröffentlicht worden; Ockham nahm es nur mit Kürzungen in seinen ›Dialogus‹ auf. Von ihm oder einem anderen Franziskaner (Bonagratia?) stammt wohl die kurze, das Gesetz erläuternde Denkschrift ›Subscripta‹ (Nova Alam. n. 584; dazu L. BAUDRY, Guill. d'Occam 1, 1950, S. 254 ff.), die dem Kurfürstenweistum vom März 1339 zugrunde liegt (Nova Alam. 613, vgl. STENGEL, Av. u. Rhens, S. 159 f., 177 f.)

[2] Ob mit den Worten: »statim ex sola electione est verus imperator Romanorum censendus et nominandus« auch der Kaisertitel (wie im Rhenser Weistum nur der Königstitel) für den von den Kurfürsten Gewählten schon vor der Krönung durch den Papst, die gar nicht erwähnt ist, beansprucht wird, ist fraglich; R. HOLTZMANN, Zs. f. d. ges. Staatswiss. 93, S. 518 f., nimmt es an gegen ZEUMER, NA 30, S. 103 ff. und STENGEL, Av. u. Rhens, S. 158 f.; doch unterscheidet Ludwig in der Datierung des Gesetzes die Kaiserjahre seit seiner röm. Krönung von den Königsjahren seit der Wahl.

[3] Die Urkunde der Ernennung Eduards III. zum Reichsvikar vom 5. IX. ist nicht erhalten, nur eine Bekanntgabe vom 15. IX., s. F. BOCK, Das dt.-engl. Bündnis 1: Quellen (1956), n. 530; ders., NA 48 (1929), 439 f. und EHR 45 (1930), S. 365 n. 90; F. TRAUTZ, Die Könige v. England u. d. Reich (1961), S. 271 ff.; s. auch H. FRICKE, Reichsvikare, Reichsregenten, Reichsstatthalter im dt. MA (Diss. Ms. Göttingen 1949), S. 128 ff.

[4] H. LIEBERICH, K. Ludwig d. B. als Gesetzgeber, ZRG GA 76 (1959), auch über ›Licet juris‹, S. 189 ff.

Trotz aller Kundgebungen von Kaiser und Reich entlud sich die politische Hochspannung des Jahres 1338 nicht in einer Entscheidung gegen Frankreich und die Kurie. Als Eduard III. endlich im Herbst 1339 in Nordfrankreich einfiel, ohne das dem Reich entfremdete Cambrai bezwingen und den französischen König zum Kampf stellen zu können, da waren zwar Markgraf Ludwig von Brandenburg, der Sohn des Kaisers, und sein Schwiegersohn Friedrich von Meißen mit einigen niederrheinischen Fürsten im englischen Lager, während Johann von Böhmen auf französischer Seite stand. Dem Kaiser selbst aber gaben englische Zahlungsschwierigkeiten den Vorwand, seine Bündnispflicht nicht zu erfüllen. Im nächsten Jahr ersuchte ihn Philipp VI. von Frankreich sogar um Vermittlung, nachdem seine Flotte, die eine neue englische Landung verhindern sollte, an der Scheldemündung bei Sluys vernichtend geschlagen worden war (24. VI. 1340). Durch die Aussicht auf französische Fürsprache an der Kurie ließ sich Ludwig dazu verlocken, das Bündnis mit Eduard III. zu kündigen, ihm das Reichsvikariat zu entziehen und statt dessen Anfang 1341 einen *Freundschaftsvertrag mit dem französischen König* zu schließen, in dem er auf die Rückforderung von Reichsgebiet in französischer Hand ausdrücklich verzichtete (Winkelmann, Acta 2 n. 626/7; Nova Alam. n. 699). Diese überraschende Wendung, der sich Balduin von Trier und der Mainzer Erzbischof anschlossen, hat Ludwigs Ansehen bei den deutschen Zeitgenossen schwer erschüttert (vgl. die Denkschrift Rud. Losses, Nova Alam. n. 581, und das Spottlied ib. 631). Ihm selbst war offenbar trotz aller Demonstrationen die Aussöhnung mit der Kurie, seine Lösung vom Bann und die päpstliche Anerkennung seiner Herrschaft nach wie vor das Hauptziel, dem er das englische Bündnis opferte, sobald ein französisches wirksamer schien. Doch täuschte er sich auch darin. Denn Benedikt XII. verübelte dem französischen König die Annäherung an den Kaiser, dem auch französische Fürsprache bei einer neuen Gesandtschaft zur Kurie nichts half. Bald darauf ist Benedikt XII. am 25. IV. 1342 gestorben.

Sein Nachfolger *Clemens VI.*[1], wieder ein Südfranzose mit engen Beziehungen zum Pariser Hof, war fest entschlossen, den

Bayern zur Unterwerfung unter alle kurialen Forderungen zu zwingen oder seiner Herrschaft ein Ende zu machen. Er erneuerte alsbald, wie es sein Vorgänger nicht getan hatte, die alten Prozesse Johannes' XXII. gegen Ludwig und ließ das Anathem gegen den Häretiker, Schismatiker und Rebellen, den »schrecklichen Feind Gottes und der hl. Kirche«, allsonntäglich in den Kirchen verkünden. Da eine stattliche Gesandtschaft Ludwigs im Herbst 1342 nicht einmal seine früheren Angebote an Benedikt XII. noch gelten lassen wollte, setzte ihm der Papst am Gründonnerstag 1343 mit schärfsten Drohungen eine letzte Dreimonatsfrist zur Unterwerfung, zum Verzicht auf seine unrechtmäßige Herrschaft[2]. Als die Frist verstrich, erklärte er ihn für »contumax«, als hätte er durch Rechtsverweigerung alles verwirkt, und kündigte weitere Maßnahmen an. Trotzdem gelang es Marquart von Randegg, nochmals im Januar 1344 eine Verhandlung an der Kurie herbeizuführen. Ihm und den anderen kaiserlichen Prokuratoren stellte dabei Clemens VI. zunächst kaum strengere Bedingungen für die Rekonziliation als sein Vorgänger vor acht Jahren[3]. Er wurde jedoch mißtrauisch, als sie formell Ludwigs völlige Unterwerfung erklärten und doch erkennen ließen, daß er bei aller Bereitschaft zu persönlicher Buße für seine kirchlichen Verfehlungen noch immer an seinem im Reichsrecht begründeten Herrschaftsrecht festhielt, auf Abstellung der päpstlichen Prozesse drang, auch die Entfremdung der Lombardei vom Reich als widerrechtlich anfocht. Deshalb verschärfte der Papst seine politischen Absolutionsbedingungen so beträchtlich, daß Ludwig dagegen auch die Kurfürsten und Reichsstände aufbringen konnte (Kap. 47). Von einer letzten Verhandlung darüber in Avignon im Herbst 1344 konnte wohl keine Seite mehr eine Verständigung erhoffen.

Der diplomatisch gewandte Papst, der zwischen England und Frankreich 1343 einen Waffenstillstand vermittelt hatte, glaubte in Deutschland auf anderem Wege zum Ziel zu kommen, wenn auch nicht sicher zu erkennen ist, seit wann er darauf ausging. Seit langem war er den Luxemburgern persönlich eng verbunden; König Johanns Sohn Karl war als Knabe in Paris sein Zögling gewesen, von seiner theologischen Beredsamkeit stark beeindruckt. Mit päpstlicher Ermächtigung durfte er sich mit seiner französischen Gemahlin 1341 vom Prager Bischof statt von dem gebannten Mainzer Erzbischof zum König von Böhmen krönen lassen und erwirkte 1344 an der Kurie die *Erhebung Prags zum Erzbistum*, die Lösung Böhmens aus der

Mainzer Kirchenprovinz. Schon 1339 hatte Karl der Verständigung seines Vaters mit dem Kaiser widerstrebt. Als dessen Hausmachtpolitik zum endgültigen Bruch mit den Luxemburgern trieb, konnte Karl der päpstlichen Unterstützung sicher sein und der Kurie endlich zum Sturz des verketzerten Kaisers verhelfen.

[1] Über Clemens VI. (1342–1352) s. P. FOURNIER, Pierre Roger (Clément VI), in: Hist. litt. de la France 37 (1938); über die Register vgl. G. OPITZ, QFItA 29 (1938/39); E. DÉPREZ, Cl. VI, Lettres closes, patentes et curiales (1901/25); G. MOLLAT - J. GLÉNISSON, Lettres closes de Clément VI (1958); E. WERUNSKY, Excerpta ex registris Clementis VI. et Innoc. VI. historiam s. Rom. Imperii ... illustrantia (1885); L. KLICMAN, Acta Clementis VI., Monum. Vatic. res gestas Bohemicas illustrantia 1 (1903); L. MOHLER, Die Einnahmen d. apostol. Kammer unter Klemens VI., Vatikan. Quellen z. Gesch. d. päpstl. Hof- u. Finanzverwaltung 5 (1931); K. H. SCHÄFER, Die Ausgaben ..., ebd. 3 (1914); K. FRANK, Klemens' VI. finanzpolit. Beziehungen zu Dtld., RQs 38 (1930); F. v. WEECH, Ludwig d. B. u. P. Clemens VI., HZ 12, (1864); G. MOLLAT, Le Saint-Siège et la France sous le pontificat de Clément VI, RHE 55 (1960).

[2] H. S. OFFLER, A Political collatio of Pope Clement VI, Revue Bénédict. 45 (1955) mit der päpstl. Konsistorialrede; dazu SCHWÖBEL (s. Kap. 43, Anm. 1), S. 312 ff.

[3] Dies und der weitere Gang der Verhandlungen wurde durch die früher verkannte Einordnung der zugehörigen »Prokuratorien« erst geklärt durch H. S. OFFLER, DA 8 (1951), S. 475 ff. und bes. H. O. SCHWÖBEL, S. 321 ff.

Kapitel 47
Hausmachtpolitik Ludwigs d. B.

Fast ein Menschenalter lang hatte Ludwig vorwiegend mit den Kräften seines oberbayrischen Herzogtums[1] und der Reichsstädte allen Widersachern standhalten müssen. Der Gewinn der abgelegenen, umstrittenen Kurmark für sein Haus hatte mehr Kräfteeinsatz erfordert als Machtzuwachs gebracht. Um so verlockender war die Aussicht, beim Tod Herzog Heinrichs von Kärnten, der keine Söhne hatte, dessen Grafschaft Tirol zu gewinnen als Verbindungsglied von Bayern nach der Lombardei. Allerdings bemühte sich König Johann von Böhmen schon seit 1324 um die Verlobung seines jüngeren Sohnes Johann Heinrich mit Margarete Maultasch, der Erbtochter Herzog Heinrichs von Kärnten, der früher selbst die böhmische Krone beansprucht hatte (s. Kap. 31). Als jedoch die Ehe 1330 geschlossen wurde, vereinbarte der Kaiser insgeheim mit den Habsburgern, daß ihnen künftig Kärnten, den Wittelsbachern aber Tirol zufallen sollte. Nach Herzog Heinrichs Tod (2. IV. 1335) wurden tatsächlich die Habsburger vom Kaiser mit Kärnten und dem südlichen Tirol belehnt; doch sie verständigten sich nach kurzem Kampf mit den Luxemburgern, die ihnen Kärnten überließen, um Tirol für sich zu behaupten, so daß der Kaiser, der dem Böhmenkönig vergeblich die Mark Brandenburg zum Tausch für Tirol anbot, leer ausging; er mußte 1339 bei der Verständigung mit König Johann den Luxemburgern den Besitz Tirols als Reichslehen bestätigen[2]. Mehr Glück hatte er, als Ende 1340 mit dem unmündigen Sohn Herzog Heinrichs von Niederbayern, des Schwiegersohns König Johanns, die wittelsbachische Nebenlinie ausstarb, die meist im Bunde mit den Luxemburgern dem Kaiser viel zu schaffen gemacht hatte. Er griff rasch zu und vereinigte nun erst das ganze bayrische Herzogtum in seiner Hand. Wurde schon dadurch König Johann bald nach seiner Verständigung mit dem Kaiser brüskiert, so kam es vollends zum Bruch, als bald darauf auch die Tiroler Frage wieder akut wurde. Denn der junge Luxemburger Johann Heinrich hatte sich mit seinem böhmischen Anhang, nicht zum wenigsten durch das energische Eingreifen seines älteren Bruders Karl von Mähren (des späteren Kaisers), in Tirol mißliebig gemacht; auch seine Gemahlin Margarete Maultasch wurde seiner bald überdrüssig. Im November 1341 ließ sie ihn aus dem Lande vertreiben und bot ihre Hand dem Kaisersohn Ludwig von Brandenburg an, dessen dänische Gemahlin schon 1329 gestorben war. Der Kaiser meinte bedenkenlos, einen solchen Bissen dürfe man sich nicht entgehen lassen. Er kam selbst im Februar 1342 nach Tirol, erklärte die angeblich nicht vollzogene Ehe Margaretes mit dem Luxemburger für nichtig, vermählte sie, ohne den erforderlichen Dispens wegen zu naher Verwandtschaft einzuholen, mit seinem Sohn Markgraf Ludwig von Brandenburg und belehnte beide mit Tirol. Spitzfindige Gutachten seiner gelehrten Berater sollten diesen eigenmächtigen Eingriff des Kaisers ins Eherecht rechtfertigen[3]. Er lieferte jedoch damit seiner kirchlichen Verurteilung nur neue Argumente, trieb die kaum erst versöhnten Luxemburger endgültig ins Gegenlager und erregte auch bei anderen Reichsfürsten Mißtrauen und Empörung. Schon damals tauchten Pläne auf, an Stelle Ludwigs seinen Neffen Rudolf von der Pfalz oder seinen Schwager Wilhelm von Holland zum König zu wählen. Dazu kam bald noch ein weiterer Erbfall, den der Kaiser rücksichtslos ausnutzte. Wilhelm IV. von

Holland-Hennegau, der letzte aus dem Hause Avesnes, fiel im September 1345 im Kampf gegen die Friesen. Seine drei Schwestern waren mit dem Kaiser, dem englischen König und dem Markgrafen Wilhelm von Jülich verheiratet. Obgleich daher auch Eduard III. von England Erbansprüche erheben konnte und sich darüber mit dem Kaiser vollends entzweite, zog dieser sofort die erledigten Grafschaften ein und belehnte damit, um sie seinen Nachkommen zu sichern, seine Gemahlin Margarete. Vielleicht hätte der wachsenden Entfremdung des Rheinmündungsgebietes vom Reich die Wittelsbacherherrschaft (bis 1425) entgegenwirken können, wäre nicht Ludwigs Stellung gerade durch seine rücksichtslos nach allen Seiten greifende Hausmachtpolitik mehr gefährdet als gestärkt worden. Sein populäres Ansehen als selbstloser Vorkämpfer des Reichsrechts büßte er dabei ein. Das moralische Empfinden weiter Kreise und das fürstliche Standesbewußtsein wurde zumal durch den Tiroler Handel schwer verletzt. Die Begeisterung von 1338 schlug in Enttäuschung und Mißstimmung um. Der luxemburgische Gegenspieler konnte sie nutzen, um im Bunde mit der Kurie den letzten Stoß gegen den Wittelsbacher zu führen.

[1] Über Ludwig als Landesherrn in Bayern s. H. ANGERMEIER im Hdb. d. bayer. Gesch. 2 (1969), §§ 20–22; vgl. auch F. BOCK, Die Gründung d. Klosters Ettal, Oberbayer. Archiv 66 (1929), der Ludwigs ungewöhnliche Stiftung (1330) für 20 Benediktiner u. 13 Ritter mit ihren Frauen aus landesherrlich-strategischen Motiven erklären will. O. RIEDNER, Die Rechtsbücher Ludwigs d. B. (1911), dazu H. LIEBERICH (Kap. 45 c, Anm. 4).

[2] Zum Streit um Tirol-Kärnten grundlegend A. HUBER, Gesch. d. Vereinigung Tirols mit Österreich (1864); ferner A. JAKSCH, Gesch. Kärntens bis 1335, Bd. 2 (1929); A. LHOTSKY, Gesch. Österreichs (1967), S. 321 ff. u. 340 ff.; auch J. RICHTER, Die Reichspolitik Kg. Johanns v. Böhmen seit d. Ausbruch d. Erbstreites um die Alpenlande (Diss. Ms. Marburg 1923). Zum tirol-brandenburg. Tauschprojekt s. L. SCHÖNACH, Mitteil. d. V. f. Gesch. d. Dt. in Böhmen 43 (1905). Noch 1343 wollte Ludwig d. B.

die Luxemburger für Tirol entschädigen durch die Niederlausitz u. die Verpfändung von Berlin, Brandenburg usw., doch Mgf. Karl v. Mähren vereitelte den Plan.

[3] Während Marsilius v. Padua (›De iure imperatoris in causis matrimonialibus‹ ed. M. GOLDAST, Monarchia 2, 1386 ff. u. C. PINCIN, Marsilio, S. 261 ff.) grundsätzlich und radikal das Eherecht samt Dispens u. Scheidung als »lex humana« dem Kaiser zusprach, nahm Ockham (›Consultatio de causa matrimoniali‹, Opera polit. ed. SIKES 1, 1940) für ihn nur ein Notstandsrecht um des Staatswohles willen beim Versagen der kirchl. Ehegerichtsbarkeit in Anspruch; dazu O. BORNHAK, Staatskirchl. Anschauungen u. Handlungen am Hofe K. Ludwigs d. B. (1933), S. 116 ff.; M. GRIGNASCHI, Il matrimonio di Marg. Maultasch e il ›Tractatus de matrimonio‹ di Marsilio da Padova, Riv. di storia del diritto ital. 25 (1952).

Kapitel 48
Karl IV. als Gegenkönig
Ende Ludwigs des Bayern

Der böhmische Thronfolger Karl war nach siebenjährigem
Aufenthalt in Frankreich bereits mit 15 Jahren (1331) als Statthalter seines Vaters nach Oberitalien gegangen. Erwies sich
ihm das luxemburgische Unternehmen auf diesem brüchigen
Boden auch bald als aussichtslos, so reifte er doch gerade durch
diese harten Erfahrungen frühzeitig zum Staatsmann[1]. Als er
1333 heimkehrte, Markgraf von Mähren wurde und seinen oft
abwesenden Vater auch in Böhmen vertrat, bewährte er sich in
der Reorganisation und Verwaltung des durch König Johanns
Unrast und Verschwendung zerrütteten Landes so wirksam,
daß dieser mißtrauisch wurde, das Regiment könne ihm ent-
gleiten, und es dem Sohn wieder aus der Hand nahm. Der An-
fall Tirols 1335 stellte ihm die neue Aufgabe, dort die Herrschaft seines jüngeren Bruders zu sichern. Sein Beamtenregiment erregte den Unwillen des Tiroler Adels; um so schwerer
mußte es ihn treffen, daß der Kaiser diese Mißstimmung ausnutzte, um Tirol doch noch an sein Haus zu bringen. Schon
vorher war Karl gegen die Verständigung seines Vaters mit
dem Kaiser, jetzt wurde er dessen unversöhnlicher Feind. Seit
Johanns Erblindung (1340) bekam er in Böhmen das Heft
wieder in die Hand; die Stände huldigten ihm als Kronerben
und sein Vater überließ ihm die Regierung, bedang sich nur die
Mittel aus für seine noch immer schweifende Reise- und Taten-
lust. Die Papstwahl Clemens' VI. ebnete dessen einstigem Zögling Karl die weiteren Wege. Alsbald begab sich König Johann
nach Avignon, angeblich um die Aussöhnung des Kaisers mit
der Kurie zu fördern, doch nur um den Preis der Rückgabe
Tirols. Während die Verhandlungen zwischen dem Papst und
Kaiser sich zuspitzten, wurde Karl selbst Anfang 1344 nach
Avignon gerufen, wohl um die Voraussetzungen für seine
eigene Königswahl zu klären. Unterwegs traf er seinen Vater
bei Erzbischof Balduin von Trier, dem der Papst schon am
1. VIII. 1343 schrieb, er werde die Kurfürsten bald zur Neuwahl auffordern.

Währenddessen versuchte der Kaiser nochmals, die *Reichsstände* zu gemeinsamem *Widerstand gegen die päpstlichen Forderungen* aufzurufen, indem er ihnen die verschärften Sühnebedin-
gungen Clemens' VI. (s. Kap. 46) zur Stellungnahme vorlegte.

Die Kurfürsten (ohne Böhmen) berieten darüber im August 1344 mit anderen Fürsten in Köln; ihre Bedenken wurden auf einem Frankfurter Reichstag (Anf. Sept.) dem Kaiser vorgelegt, auch von den Städtevertretern gutgeheißen[2]. Dabei wurden Ludwigs Vergehen gegen die Kirche nicht bestritten, seine Bußpflicht anerkannt, sein Kaisertitel preisgegeben; aber voller Mißtrauen gegen »den schädlichen Willen des Papstes« wurde dessen Anspruch auf Approbation, Reichsvikariat, Lehnshoheit über den Kaiser und Absetzungsrecht scharf zurückgewiesen als Kränkung des Reichsrechts, unannehmbar nicht nur für Ludwig, sondern auch für die Reichsstände, Fürsten und Städte, weil das Recht jedes künftigen Königs dadurch geschmälert würde[3]. Offensichtlich wurde bei dieser Erklärung schon an Ludwigs Nachfolger gedacht. Balduin von Trier, der sie wohl so formulierte, hatte sich schon Ende 1342, bald nach seinem Neffen Johann, mit der Kurie versöhnt und vom Kaiser distanziert, ohne dabei seine reichsrechtlichen Grundsätze zu verleugnen[4]. Er suchte nach wie vor einen Weg der Verständigung unter Wahrung des autonomen Wahl- und Königsrechts, mochte Ludwigs Person auch fallen. Den Kaiser warnten die Kurfürsten 1344 sogar vor allzu großer Nachgiebigkeit um des Friedens willen, die dem deutschen Volk und Reich verderblich werden, seinen Nachfolger belasten könnte (Nova Alam. n. 777, III, 2); sie empfahlen ihm, ein Sündenbekenntnis nur mit dem Vorbehalt abzulegen, daß den Rechten der Kurfürsten und künftiger Könige damit nichts vergeben würde; eine Fürstengesandtschaft sollte der Kurie das Reichsrecht darlegen.

Bald danach zeigte jedoch eine Zusammenkunft der Kurfürsten mit dem Kaiser in Bacharach, zu der nun auch König Johann und sein Sohn aus Avignon kamen, daß die Gegensätze im Reich nicht mehr durch eine gemeinsame Aktion zu überbrücken, die Luxemburger nicht mehr von ihren Thronplänen abzubringen waren. Während sie vorschlugen, Karl solle als König neben Ludwig treten, wollte dieser seinen ältesten Sohn zum Nachfolger wählen lassen. Gegen die Wittelsbacher erhoben aber die Luxemburger heftige Beschwerden. Mit ihnen verbündete sich sogar Ludwigs Schwiegersohn Friedrich von Meißen-Thüringen, auch sein Neffe Ruprecht von der Pfalz. Herzog Rudolf I. von Sachsen stand von jeher dem Böhmenkönig näher als dem Kaiser, der ihn um das brandenburgische Askaniererbe gebracht hatte[5]. Da auch auf den Kölner Erzbischof zu rechnen war, wenn man seine Geldforderungen erfüllte, schien die Wahl Karls IV. schon im Herbst 1344 gesichert. Um sie zu hintertreiben, unternahm Ludwig um Ostern 1345 einen letzten Versöhnungsversuch an der Kurie, der ebenso wie die Fürsprache Herzog Albrechts II. von Österreich nur den päpstlichen Zorn reizte (Riezler, Vat. Akt. n. 2242). Durch Bündnisse mit Polen und Ungarn wollte der Kaiser Böhmen in Schach halten. Das Angebot der Lausitz als Entschädigung für Tirol und beträchtlicher Geldzahlungen sollte König Johann verlocken und versöhnen. Dessen Sohn aber wirkte dem allen mit päpstlicher Hilfe erfolgreich entgegen und bereitete seine Wahl sorgfältig vor[6]. Während er mit seinem Vater wieder in Avignon weilte, wurde am 7. IV. 1346 der kaiserliche Parteigänger auf dem Mainzer Erzstuhl, der vor 18 Jahren vom Papst providierte Heinrich von Virneburg, von Clemens VI. abgesetzt und ein der Kurie gefügiger Nachfolger Gerlach von Nassau ernannt (Const. 8 n. 3/4, 14). Am 28. April forderte der Papst die Kurfürsten zur *Neuwahl* auf (ib. 15–19), nachdem ihm sein Kandidat die vereinbarten *Bedingungen* beschworen hatte[7]. Karl verpflichtete sich, alle Zusagen früherer Kaiser zu erfüllen, insbesondere den (um Ferrara erweiterten) Kirchenstaat samt Sizilien, Sardinien, Korsika unangetastet zu lassen. Er darf in Reichsitalien, wo er dem Papst das Vikariatsrecht zugesteht, nicht vor seiner Approbation eingreifen und bei der Kaiserkrönung nur einen Tag in Rom bleiben; er wird seine künftigen Statthalter in der Lombardei und Toskana zur Unterstützung des Papstes anweisen, den er auch als Schiedsrichter bei Streitigkeiten mit Frankreich und mit Polen annimmt. Er gibt zu, daß Ludwig d. B. rechtmäßig als Ketzer verurteilt wurde und daß seine Regierungsmaßnahmen in Italien ungültig sind, ebenso die kaiserlichen Prozesse gegen Robert von Anjou. Dagegen vermied er es, Ludwigs Herrschaft als König in Deutschland für unberechtigt zu erklären, gestand dem Papst dort auch kein Vikariatsrecht bei Thronvakanz zu und machte sein eigenes Herrschaftsrecht als deutscher König nicht ausdrücklich von päpstlicher Approbation abhängig; das hätte allen Erklärungen der Kurfürsten widersprochen, auf die er für seine Wahl angewiesen war. Seine Nachgiebigkeit, die ihm den Weg zum Thron ebnete, ging also nicht einfach über das Reichsrecht hinweg; nur begrenzte er das durch die Kurfürstenwahl begründete Königsrecht strenger als die Beschlüsse von 1338 auf das deutsche Regnum, die päpstlichen Ansprüche auf das außerdeutsche Imperium. Obgleich man ihm als »Söldling und Botengänger des Papstes«[8] schimpfliche Kapitulation vor den kurialen Forderungen vorwarf, gegen die sich Ludwig d. B. zeitlebens wehrte, wurden dessen stoßweise, ihrer Tragweite nicht sicheren Ansprüche doch erst durch Karls zielbewußtere Selbstbeschränkung gegenüber dem Papsttum und Italien auf das erreichbare Maß gebracht und ein Ausweg aus dem langen Konflikt gefunden, auf dem das Reichsrecht gesichert, die Reichsgewalt gefestigt werden konnte.

Im Mai 1346 sagte sich Balduin von Trier förmlich vom Kaiser los (Const. 8 n. 41), und der neue Mainzer Erzbischof lud die Kurfürsten nach Rhens (ib. 38). Dort wurde am 11. VII. 1346 von den drei Erzbischöfen, dem Böhmenkönig und Herzog Rudolf von Sachsen-Wittenberg *Karl IV. zum König gewählt.* Nur Pfalz und Brandenburg, die beiden Wittelsbacher, fehlten. In ihren Wahlanzeigen (ib. 63/6) baten die Kurfürsten den Papst auch diesmal nur um Karls Anerkennung als König und um seine Kaiserkrönung, nicht um Approbation der Wahl. Er selbst vermied es, ausdrücklich darum zu bitten, führte aber nicht den Königstitel und verschob die Krönung, bis ihn Clemens VI. am 6. November förmlich approbierte[9]. Ließ sich diese so lange erbittert umstrittene Rechtsfrage diplomatisch umgehen, so mußte die Machtfrage im Reich erst noch entschieden werden. Denn noch gab sich Ludwig nicht geschlagen. Er plante sogar einen neuen Italienzug und verhandelte wieder über ein Bündnis mit England. Viele Bischöfe und Reichsstädte hielten noch zu ihm, auch die Krönungsstadt Aachen, so daß sich Karl IV. (wie Ludwigs früherer Rivale Friedrich von Österreich) in Bonn vom Kölner Erzbischof am 26. XI. 1346 krönen ließ. Vorher noch hatte er auf einem anderen Felde die Entscheidung gesucht, auf dem sich schon einmal (1214) ein deutscher Thronstreit entschieden hatte. Während sich Ludwig d. B. nie zum Eingreifen in den englisch-französischen Krieg entschließen konnte, zog Karl bei dessen Wiederausbruch gleich nach seiner Wahl mit seinem Vater seinem Schwager Philipp VI. zu Hilfe, als wären mit den Engländern, die in der Normandie gelandet waren, vielleicht auch die Wittelsbacher zu schlagen. In der *Schlacht bei Crécy* – südlich von Calais, das die Engländer damals für zwei Jahrhunderte besetzten – erlitt aber das glänzende französische Ritterheer am 26. VIII. 1346 eine vernichtende Niederlage durch die englischen Bogenschützen. Der blinde Böhmenkönig ließ sich, seinem Ritterideal treu, in den Schlachtentod führen[10]. Sein Sohn konnte verwundet entkommen – ein fataler Auftakt für sein Königtum. Als Knappe verkleidet, hieß es, kehrte er von der Bonner Krönung nach Prag heim; in Kaufmannstracht ging er von dort nach Tirol, um das Land gegen die Wittelsbacher aufzuwiegeln, ohne Erfolg. Während Karl aber zum Angriff gegen Bayern rüstete, erlag Kaiser Ludwig am 11. X. 1347 auf der Bärenjagd einem Schlaganfall, nicht viel über 60 Jahre alt. Obgleich er als Gebannter starb, unversöhnt mit der Kurie, wurde er trotz päpstlichen Verbots in der Münchener Frauenkirche beigesetzt. Dort ließ ihm 1622 inmitten der Gegenreformation deren Vorkämpfer Maximilian I., Bayerns erster Kurfürst, ein würdiges Grabmal errichten[11], ohne doch die nachträgliche Absolution des gebannten, verketzerten Kaisers erwirken zu können, um die sich schon dessen Söhne und spätere Wittelsbacher vergeblich bemüht hatten[12].

Ludwig d. B. ist unbesiegt gestorben; mit seinem noch immer beträchtlichen Anhang wäre er vom Gegenkönig nicht leicht zu überwinden gewesen. 33 Jahre lang hatte er sich gegen immer neue Widersacher behauptet und mit seinem Herrschaftsrecht das Reichsrecht der autonomen Königswahl tapfer, zäh und wendig verfochten. Doch so konsequent er darin blieb, so wechselnd, sprunghaft und unstet wirkten die Mittel, deren er sich dabei bediente, die Einfälle und Einflüsse, die seine Politik jeweils bestimmten. Als unbeständig und unzuverlässig galt er nicht nur den Gegnern; auch wohlwollenden Zeitgenossen blieb der Eindruck einer widerspruchsvollen Persönlichkeit, die zwischen großen Plänen und kleinmütiger Unentschlossenheit schwankte[13]. Auch als sich 1338 alle Kräfte im Reich zu gemeinsamer Tat zu verbinden schienen, fehlte ihm die Entschlußkraft und der Mut zu einem entscheidenden Wagnis, und der unbedenkliche Griff nach näherliegendem Gewinn für sein Haus verdarb vollends seine Chancen, gerade als in Karl IV. ein politisch überlegener Gegenspieler heranwuchs. Erst diesem Nachfolger gelang die Abgrenzung des Reichsrechts gegen päpstliche Ansprüche und die Überwindung der verkrampften Gegensätze. Insofern aber war Ludwigs stets umstrittene Herrschaft nicht ergebnislos: Sie hat durch standhafte Abwehr kurialer Eingriffe ins Reich dem erfolgreicheren Nachfolger den Boden bereitet.

Der Kampf um das Reichsrecht unter Ludwig dem Bayern

Hauptquelle für den Aufstieg Karls IV. ist die von ihm selbst nach 1348 geschriebene Vita (bis 1346, der Schluß wohl von anderer Hand – Joh. v. Neumarkt?), ed. Böhmer, Fontes 1 (1843), ed. J. Emler, Fontes rer. Bohem. 3 (1882), ed. K. Pfisterer u. W. Bulst, Editiones Heidelbergenses 16 (1950), übers. u. erläutert von A. Blaschka, K. Karls IV. Jugendleben u. St.-Wenzels-Legende (GdV 83, 1956). Außer E. Werunsky, Gesch. K. Karls IV., Bd. 1 (1880) s. auch W. Klein, K. Karls IV. Jugendaufenthalt in Frankreich (Diss. Berlin 1926).

[1] J. Spěváček, Die Anfänge d. Kanzlei Karls IV. auf italien. Boden 1332/33, MIÖG 76 (1968); ders., Meránske umluvy ... (Die Meraner Vereinbarungen 1333), Česk. časopis hist. 16 (1968) zeigt, daß Karl vom böhm. Adel zurückgerufen wurde wegen der Finanznöte seines Vaters.

[2] Die kurfürstl. Bedenken von 1344 bei Stengel, Nova Alam. n. 773, früher bei F. v. Weech, K. Ludwig d. B. und Kg. Johann v. Böhmen (Diss. München 1860), S. 130 ff.; dort auch S. 126 ff. das weitgehend übereinstimmende Städtegutachten; vgl. Stengel, Av. u. Rhens, S. 192 ff. Matthias v. Neuenburg (Chron. ed. Hofmeister, S. 190 ff.) spricht von einem »procuratorium turpissimum et rigidissimum« des Papstes, zu dem der Kaiser die Stände Stellung nehmen ließ.

[3] Anscheinend wurde damals auf einem Rhenser Kurfürstentag auch das Weistum von 1338 (s. Kap. 45 b) erneuert, mit dem Zusatz, bei Stimmengleichheit entscheide der Böhme die Königswahl, s. Stengel, Av. u. Rhens, S. 202 f.; doch ist das mangelhaft bezeugt, s. E. Perels, ZRG GA 45 (1925), S. 92.

[4] Stengel, Nova Alam. n. 721/3; ders., Av. u. Rhens, S. 186 ff.

[5] H. Brauer, Rudolf I. Kurfürst von Sachsen-Wittenberg in seiner Stellung zur Reichspolitik (Diss. Halle 1910).

[6] J. Spěváček, Neznámé souvislosti boje markabete Karla o rimskoi korunu (Unbek. Zusammenhänge im Kampf Mgf. Karls um d. röm. Krone), Česk. časopis hist. 16 (1968).

[7] Die Verpflichtungen Karls IV. (Const. 8 n. 9–13 vom 22. IV. 1346) schließen sich großenteils eng an ein Prokuratorium an, das 1336 als Grundlage für die gescheiterten Verhandlungen Ludwigs d. B. mit Benedikt XII.

diente, s. H. Otto, QFItA 9 (1906), S. 328 ff.

[8] Vorwürfe gegen Karl IV. in einer angebl. von Ockham verfaßten Schrift, die nur aus der Gegenschrift Konrads von Megenberg bekannt ist, s. H. Scholz, Unbek. kirchenpolit. Streitschriften 2, S. 346 ff., bes. 358; Ockhams Autorschaft bezweifelt ohne ganz triftige Gründe C. K. Bramptom, Ockham and the Alleged Authorship of the Tract ›Quia saepe iuris‹, Arch. Francisc. Hist. 53 (1960), unentschieden J. Miethke, Ockhams Weg zur Sozialphilosophie (1969), S. 133 ff.

[9] Über Karls Verhalten in der Approbationsfrage (Const. 8 n. 91–100) s. Stengel, Av. u. Rhens, S. 204 ff.; H. E. Feine, Reich u. Kirche (1966), S. 80 ff. aus ZRG KA 58 (1938), S. 369 ff.

[10] W. Rose, Kg. Johann d. Blinde u. die Schlacht bei Crécy, Zs. f. histor. Waffenkunde 7 (1915/17); F. Lot, L'art milit. et les armées au MA 1 (1946), S. 340 ff.; W. Klein, Schicksale der Überreste d. Kg. Johann v. B., Mitt. d. V. f. Gesch. d. Dt. in Böhmen 45 (1907).

[11] G. Hager, Das mal. Grabmal d. K. Ludwig d. B. in d. Liebfrauenkirche zu München, Monatsschrift d. HV Oberbayern 3 (1894).

[12] G. Pfeiffer, Um die Lösung Ludwigs d. B. aus dem Kirchenbann, Zs. f. bayer. KiG 32 (1963).

[13] Ludwigs Charakter erschien schon den Zeitgenossen zwiespältig. Der Eichstätter Chronist Heinrich Taube v. Selbach (Chron. ed. H. Bresslau, MG SS n. s. 1, 31) nennt ihn »prudens, paciens, pacem querens, industriosus, fortunatus in bellis et in aliis factis, set remissus in execucione iusticie et tardus ad laborem, solacia quodammodo libenter querens«. Der Straßburger Chronist Matthias v.

Neuenburg (ed. A. HOFMEISTER, ib. 4, 95) beginnt seine Darstellung Ludwigs: »Acue, scriba, ingenium, grandis tibi restat labor, si presumis describere aquilam grandem tarde diuque volantem et stultum sapientem, desidem curiosum, pigrum ferocem, tristem iocundum, in pusillanimitate fortem, adustis alis crescentem et in infortuniis fortunatum«. Auch das Urteil der neueren Forschung ist nicht einhellig, s. BOCK, Bemerkungen zur Beurteilung K. Ludwigs IV. in der neueren Lit., Zs. f.

bayer. Ldsgesch. 23 (1960), doch stimmen manche protestant. u. kathol. Historiker im Urteil über den Ausgang seines Kampfes mit der Kurie überein: A. HAUCK, KiG Dtlds. 5 (1911), S. 582: »eine unheilbare Niederlage für das päpstliche System«; F. X. SEPPELT, Gesch. d. Päpste 4 (1951), S. 143: »eine unzweifelbare Niederlage des Papsttums«. – Zur Ikonographie s. H. LIEBERICH, Eine zeitgenöss. bildliche Darstellung K. Ludwigs d. B., Zs. f. bayer. Ldsgesch. 23 (1960).

Kapitel 49
Reichstheorie unter Ludwig d. B.
Die deutsche Mystik

Das deutsche Geistesleben konnte von dem langen Konflikt Ludwigs d. B. mit dem Papsttum, das alle Anhänger des Kaisers bannte und über weite Teile des Reiches das Interdikt verhängte[1], nicht unberührt bleiben, ist aber nicht von diesem Herrscher geprägt worden. Auffallend gering ist die Einwirkung der ausländischen Denker, die ihn als Emigranten in seiner Münchener Residenz berieten und von dort aus das avignonesische Papsttum literarisch bekämpften[2]. Vor allem ging die *Staatslehre* in Deutschland andere Wege als Ockham und Marsilius von Padua. Nicht aus Ludwigs Lager, sondern aus dem Umkreis Balduins von Trier kam der bedeutendste Theoretiker des Reichsrechts, *Lupold von Bebenburg*[3], der 1353 Bischof von Bamberg wurde († 1363). Sein Traktat ›De juribus regni et imperii‹, 1340 Balduin gewidmet, gibt die juristisch-historische Begründung für die Rhenser Beschlüsse, grenzt die Königs- und Kaiserrechte gegen päpstliche Ansprüche ab und will damit doch der Eintracht von Reich und Kirche dienen. Noch unmittelbarer spricht aus seinen kleineren Vers- und Prosaschriften eine zugleich patriotische und kirchenfromme Reichsgesinnung, die sich vermutlich noch in der Mitarbeit an Karls IV. Goldener Bulle bewährte. Auch der ihm befreundete *Konrad von Megenberg*[4] (1309–1374, seit 1348 Regensburger Domherr), der ihm 1353 sein staats- und sozial-theoretisches Hauptwerk ›Oeconomica‹ widmete, hat in seiner Jugenddichtung ›Planctus ecclesiae in Germaniam‹, mit der er sich 1337/38 an der Kurie um eine Pfründe bewarb, sein nationales Selbstbewußtsein angesichts der Zwietracht zwischen Papst und Kaiser nicht verleugnet, wenn er später auch gegen Lupolds Auffassung der »Translatio imperii« den kurialen Standpunkt geltend machte. Viel schärfer polemisiert er gegen Marsilius und Ockham; gegen ihre radikalen Theorien wehrt sich der konservativere Sinn für das historisch Gewordene, der der deutschen Reichslehre eigen blieb.

Auch die radikale Armutslehre der mit Ludwig verbündeten Franziskaner fand in Deutschland weit weniger Gehör als die Predigt der zumeist papsttreuen Dominikaner. Bei aller scholastischen Gelehrsamkeit in der Nachfolge Alberts d. Gr. und des von Johann XXII. 1323 heiliggesprochenen Thomas von Aquino entzog sich der »Predigerorden« nicht der Aufgabe, auch die Ungelehrten zu belehren und die Seelsorge zahlreicher Gemeinschaften frommer Frauen zu übernehmen, die sich zu ihm drängten. Aus dieser Begegnung erwuchs die *Deutsche Mystik*[5]. Denn diese Kreise waren empfänglich für theologische Weisheit in Wort und Schrift der Volkssprache; sie kamen ihr mit dem Drang nach eigener Gotteserfahrung und ekstatischem Erlebnis der »Unio mystica« entgegen; die kirchlichen Notstände der Interdiktszeit wiesen auch manche Laien auf den Weg zur Verinnerlichung und Vergeistigung in Abkehr von den äußeren Konflikten. An diesen Aufgaben hat sich die deutsche Dominikanermystik entfaltet, deren größte Meister Eckhart, Tauler, Seuse wahrhaft aus theologischen »Lesemeistern« zu religiösen »Lebemeistern« wurden.

Meister Eckhart von Hochheim[6], aus thüringischem Ritteradel, in seinem Heimatkloster Erfurt vor 1298 Prior und Provinzialvikar, 1302 in Paris zum theologischen Magister promoviert, galt seinen Ordensbrüdern offenbar gleicherweise als verwaltungstüchtig und gelehrt; denn sie wählten ihn 1303 zum Minister der neuen niederdeutschen Ordensprovinz, dazu 1307 zum Vikar für Böhmen und 1310 auch zum oberdeutschen Provinzial; die Ordensleitung aber sandte ihn 1311 wieder als Lehrer nach Paris, 1314 an die Straßburger Ordensschule; 1320 berief sie ihn zum Leiter des Kölner Generalstudiums wie früher Albert d. Gr. Seine theologischen Werke in Latein hätten sein hohes Ansehen schwerlich gefährdet, so kühn sie auch über den Gegensatz von aristotelisch-thomistischer und neuplatonischer Denkweise hinausdrängten. Verhängnisvoll wurde ihm erst die starke Wirkung seiner deutschen Predigten.

Dominikanerinnen und Beginen verehrten ihn als »hohen, heiligen Meister«, dessen Worte sie nachschrieben und verbreiteten, dessen »guter nützlicher Lehre« sie nachleben wollten in »Abgeschiedenheit« und »Gelassenheit«, in »geistiger Armut« und Entäußerung von aller geschöpflichen Bedingtheit, um für die »Gottesgeburt in der Seele« empfänglich zu sein. Daß solche Lehre und Weisung häretisch mißverstanden werden konnte, gestand er sich selbst im ›Buch der göttlichen Tröstung‹, dem einzigen Traktat, den er nach den frühen ›Reden der Unterscheidung‹ selbst deutsch schrieb (beide für fromme Frauen). Bedenken dagegen regten sich 1325 im eigenen Orden, und der Papst veranlaßte eine Überprüfung. Im nächsten Jahr erhob der Kölner Erzbischof Anklage gegen Eckharts »Ketzerei« und ließ die Untersuchung von Franziskanern führen, die den Dominikanern ohnehin mißgünstig waren. Dagegen verwahrte sich Eckhart, verlas am 13 II. 1327 öffentlich eine Rechtfertigungsschrift und appellierte an die Kurie. Er ging selbst nach Avignon, wo eine Theologenkommission seine Schriften und Predigten prüfte. Sie nahm an 26 Sätzen Anstoß, deren Wortlaut – mochte sie Eckhart auch anders gemeint haben – teils mit der Kirchenlehre unvereinbar, teils wenigstens mißverständlich und häresieverdächtig sei. Als eine Bulle Johanns XXII. am 27. III. 1329 diese Sätze verurteilte und ihre Verbreitung verbot, war Eckhart inzwischen gestorben. Daß aber seine Lehre und Wirkung der Kirche bedenklich wurde und das, was er sagte und meinte, schwer unterscheidbar blieb von dem, was ihm zugeschrieben oder daraus gefolgert wurde, kennzeichnet die eigenwüchsige religiöse Bewegung, die diese Mystik mit überschwenglicher Bereitschaft aufnahm, ohne sich immer in den Grenzen der Kirchenlehre zu halten. Eckharts Schüler und Jünger Heinrich *Seuse* (Suso), Patriziersohn aus Konstanz († 1366), und der Straßburger Bürgersohn Johannes *Tauler* († 1361) hatten alle Mühe, sein gefährdetes Ansehen zu wahren und sich abzugrenzen gegen die häretische Gefolgschaft der Beginen und Begarden, deren ungeregelte Gemeinschaften schon auf dem Vienner Konzil 1311 verboten wurden, und gegen die in diesen Kreisen immer wieder auflebende Ketzerei der »Brüder des freien Geistes«, deren pantheistische Vergottungssucht alle dogmatischen und ethischen Normen auflöste[7]. Auch Seuse[8] hatte sich mancher Verdächtigung zu erwehren, ehe sich seine ekstatische, phantasiebeschwingte Unruhe zu zarter Seelenmystik klärte. Sie spricht am schönsten aus der Darstellung seines religiösen Lebens, der ersten deutsch geschriebenen Selbstbiographie, mag sie auch die Dominikanerin Elsbeth Stagel in Töß nach seinen Worten aufgezeichnet haben. Seuse steht damit der *Nonnenmystik* am nächsten, die gern ihre ekstatisch-visionären Erlebnisse der Gottesminne und Seelenbrautschaft darstellte[9]. Dieselbe Elsbeth Stagel schrieb um 1340 das ›Leben der Schwestern von Töß‹ bei Winterthur, Christine Ebner († 1356) oder eine ihrer Mitschwestern in Engeltal bei Nürnberg das ›Büchlein von der Gnaden Überlast‹, und andere Dominikanerinnenklöster wollten nicht dahinter zurückstehen. Auch *Tauler*[10] war ihnen eng verbunden, vor allem der Medinger Nonne Margarete Ebner († 1351), in deren aufschlußreichem Briefwechsel mit dem Weltpriester Heinrich von Nördlingen – der ersten deutschen Briefsammlung – »der Tauler« oft genannt ist[11]. Er aber, als Prediger und Seelsorger weniger spekulativ als Eckhart, weniger empfindsam als Seuse, bei aller Mahnung zu mystischer Versenkung auch dem tätigen Leben erzieherisch zugewandt, fand seine große Hörerschaft vornehmlich im Bürgertum Straßburgs und Basels. Der reiche Straßburger Kaufmann *Rulman Merswin* (1307–1382)[12] wurde sein Beichtkind und sammelte gleichgesinnte »Gottesfreunde« in dem von ihm erworbenen Kloster Grünenwörth, ohne Mönch zu werden. Seine zahlreichen Schriften (seit 1338), z. T. im Autograph erhalten, z. T. ihm wohl später erst zugeschrieben, verquicken fromme Selbstbetrachtung mit fingierten Erlebnissen, geschäftig mahnende Erbauung mit fabulierender Erdichtung eines geheimnisvollen »Gottesfreunds im Oberland«, mystische Verinnerlichung mit redselig-moralisierender Frömmigkeit bürgerlicher Kreise. Durch Freundschaften, Briefe, Boten standen sie in weitgespannter Verbindung vom Elsaß bis in die Niederlande, wo sich von der eindringlich-behutsamen Mystik des Jan van *Ruysbroeck*[13], Augustinerpriors von Groenendal bei Brüssel (1293–1381), zu der schlichteren Frömmigkeit der »*Devotio moderna*« Gert Grootes (aus Deventer, 1340–1384) und der von ihm ausgehenden »Brüder des gemeinsamen Lebens« eine ähnliche Entwicklung vollzog.

Vom politischen Streit abgekehrt, blieben diese Mystikerkreise zumeist papsttreu, auch wenn sie vom Interdikt betroffen wurden. Nur Margarete Ebner sympathisierte mit Ludwig d. B., während ihre Freunde die Wahl Karls IV. begrüßten. In dessen Anfängen ging eine heftigere religiöse Erregung durch ganz Deutschland, ausgelöst oder gesteigert durch das Herannahen der großen *Pest*[14], die seit 1348 vom Schwarzen Meer nach Süditalien eingeschleppt wurde, unaufhaltsam durch ganz Europa vordrang und die hilflose Bevölkerung zumal in den engen Städten dezimierte. Vor ihr her zogen (nach dem Vorbild der italienischen Flagellanten um 1260) organisierte Gruppen von *Geißlern*[15] von Österreich bis Lübeck, ins Elsaß und nach Flandern, zu Hunderten und Tausenden anschwellend, nach »wunderlichen Gesetzen« mit Kreuzen und Fahnen Prozessions- und Bußlieder singend zu ihrer öffentlich-rituellen Kasteiung, viele mitreißend zu 33tägiger Buße, die ein Himmelsbrief geboten habe, um »das große Sterben« zu wenden. Diese frenetische Bußbewegung, von Laien geführt, denen sich manche Kleriker anschlossen, wollte nicht kirchenfeindlich und häretisch sein; aber sie radikalisierte sich rasch, maßte sich Beicht- und Predigtrechte an, übte Kritik am Klerus und durchbrach die kirchlichen Ordnungen. Clemens VI. gebot am 20. X. 1349 ihre Unterdrückung. Nur in lokalen Geißler- und Bußbrüderschaften lebte sie weiter. Schlimmer noch hatten sich gleichzeitig vielerorts grausige Judenpogrome ausgetobt, ehe die Pest schonungslos alle bedrohte. Seit diesen bösen Krisenjahren, in denen Karl IV. den immer gebannten Kaiser Ludwig ablöste, schien das religiöse wie das politische Leben wie erschöpft vom großen Aderlaß der Pest, die in den folgenden Jahrzehnten noch oft wiederkehrte, sich zu entkrampfen und in ruhigere Bahnen einzulenken.

A. Hauck, KiG Dtlds. 5 (1911/20, Ndr. ⁸1954); G. Schnürer, Kirche u. Kultur im MA 3 (²1929); F. Siebert, Der Mensch um 1300 im Spiegel dt. Quellen (1931); G. Müller, Dt. Dichten u. Denken vom MA zur Neuzeit 1270–1700 (Göschen ³1967); G. Manser, Die Geisteskrise d. 14. Jh. (1915); M. Lucas, Der nationale Gedanke u. die Kaiseridee in d. histor. Lit. Dtlds. z. Z. K. Ludwigs d. B. (Diss. Berlin 1910); R. Scholz, Polit. u. weltanschaul. Kämpfe um den Reichsgedanken am Hofe Ludwigs d. B., Zs. f. dt. Geisteswiss. 1 (1938); ders., Krisis u. Wandlung d. Reichsgedankens am Ausgang d. MA, Neue Jbb. f. dt. Wissensch. 13 (1937).

[1] K. Anker, Bann u. Interdikt im 14. u. 15. Jh. als Voraussetzung d. Reformation (Diss. Tübingen 1919); A. Auer, Eine verschollene Denkschrift über das große Interdikt d. 14. Jh., HJb 46 (1926).
[2] Grundlegend war S. Riezler, Die literar. Widersacher der Päpste z. Z. Ludwigs d. B. (1874); s. K. Bosl, Die ›geistl. Hofakademie‹ K. Ludwigs d. B. (s. Kap. 41, Anm. 8).
[3] A. Senger, Lupold v. Bebenburg,

Ber. d. HV Bamberg 63 (1905); Herm. Meyer, L. v. B. (1909) über Handschriften u. Drucke; R. Most, Der Reichsgedanke des L. v. B., DA 4 (1941); K. Wand, Königskaisertum und Weltkaisertum bei L. v. B. (Diss. Ms. Köln 1949); E. Wolf, Große Rechtsdenker (⁴1963). Kritische Ausgabe wird für die Staatsschriften d. MGH vorbereitet, s. S. Krüger, Unters. zum sogen. Liber privilegiorum des L. v. B., DA 10

Der Kampf um das Reichsrecht unter Ludwig dem Bayern

(1953/54); s. auch C. H. BELL-E. G. GUDDE, The Poems of Lupold Hornburg (Univ. of California, Publ. in Mod. Philol. 27, 4, 1945).

[4] H. IBACH, Leben u. Schriften des Konrad v. Megenberg (1938); S. KRÜGER, K. v. M., in: Fränk. Lebensbilder 2 (1968). Über Konrads Herkunft W. KRAFT, Mitteil. zur Gesch. d. Medizin 40 (1941/42) u. F. BÜCHNER, Die Oberpfalz 38 (1950). Planctus ecclesiae ed. R. SCHOLZ, MG Staatsschriften 2, 1 (1941); De translatione imperii von 1354 und Tract. contra Occam ed. R. SCHOLZ, Unbek. kirchenpolit. Streitschriften (1911/14). Die lange verschollene ›Yconomica‹ fand TH. KAEPPELI, RHE 45 (1950); ders., Zur Überlieferung der Werke Konrads v. M., Veröff. d. Köln. GV 25 (1960); zur Vorbereitung d. Edition S. KRÜGER, Zum Verständnis der Oeconomica Konrads v. M., DA 20 (1964). Das weit verbreitete ›Buch der Natur‹ ed. FR. PFEIFFER (1861), das von K. verdeutschte Astronomie-Lehrbuch ›Deutsche Sphaera‹ ed. O. MATTHAEI (Dt. Texte d. MA 23, 1912).

[5] H. GRUNDMANN, Religiöse Bewegungen im MA (³1970); ders., Die geschichtl. Grundlagen d. dt. Mystik, DVLG 12 (1934), auch in: Altdt. u. altniederländ. Mystik, hg. v. K. RUH (Wege d. Forsch. 23, 1964), dort auch andere allg. Beiträge; M. GRABMANN, Mal. Geistesleben 1 (1936), S. 468 ff. – Zur dt. Mystik: X. v. HORNSTEIN, Les grands mystiques allemands du XIVᵉ siècle (1922); F.-W. WENTZLAFF-EGGEBERT, Dt. Mystik zw. MA u. Neuzeit (³1969 mit Lit.); J. M. CLARK, The Great German Mystics (Oxford 1949); O. SPIESS, Die dt. Mystiker d. 14. Jh. (1941); TH. STEINBÜCHEL, Mensch u. Gott in Frömmigkeit u. Ethos d. dt. Mystik (1952). Textsammlungen DW⁹ 8733; J. QUINT, Textbuch zur Mystik d. dt. MA (1952); Dt. Mystikerbriefe d. MA, hg. v. W. OEHL (1931). Forschungsberichte: A. SPAMER in: German. Philologie. Festschr. Behaghel (1934); K. RUH, Wirkendes Wort 7 (1956/57).

[6] J. KOCH, Krit. Studien zum Leben

Meister Eckharts, Arch. Fr. Praed. 29 u. 30 (1959/60); biograph. Abriß H. GRUNDMANN, in: Die Großen Deutschen 1 (¹1935), J. QUINT, ebd. 1 (²1956); J. KOCH, in: Die Kirche in der Zeitwende (³1938). Lat. Schriften zuerst Auszüge von H. DENIFLE, Arch. f. Lit.- u. KiG d. MA 2 (1886); Opera latina ed. G. THÉRY u. R. KLIBANSKI (3 Hefte 1934/36, unvollendet); Gesamtausgabe: M. E., Die dt. u. lat. Werke, hg. v. E. SEEBERG, J. KOCH, J. QUINT u. a. (seit 1936); Rechtfertigungsschrift zuerst ed. A. DANIELS (1923, dt. v. O. KARRER u. H. PIESCH 1927), besser in d. Ausgabe d. Prozeßakten von G. THÉRY, Arch. d'hist. doctr. et litt. 1 (1926); dazu noch F. PELSTER, Ein Gutachten aus dem E.-Prozeß in Avignon, in: Aus d. Geisteswelt d. MA (Festschr. f. M. Grabmann 1935). – Dt. Predigten zuerst ed. F. PFEIFFER, Dt. Mystiker d. 14. Jh. 2 (1857, Ndr. ⁴1924), ed. J. QUINT in d. Gesamtausgabe, dazu ders., Die Überlieferung d. dt. Predigten M. E.s (1932); neuhdt. von H. BÜTTNER (2 Bde. 1903/1909), von J. QUINT, M. E., Dt. Predigten u. Traktate (1955); engl. J. M. CLARK, M. E. (1957); ›Reden der Unterscheidung‹ ed. E. DIEDERICHS (Lietzmanns Kl. Texte 117, 1913); ›Buch der göttl. Tröstung‹ und ›Von dem edlen Menschen‹ ed. PH. STRAUCH (ebd. 55, 1933), ed. QUINT (ebd. ³1952), dazu G. THÉRY, in: Mélanges De Ghellinck 2 (1951). Über die oft kontroverse E.-Literatur (bes. O. KARRER 1926, A. DEMPF 1934, H. PIESCH 1935 u. 1946, E. EBELING 1941, K. OLTMANN ²1957) s. K. HEUSSI u. K. WEISS, Eckhart-Studien, M. E.s Stellung innerhalb der theolog. Entwicklung d. SpätMA (Studien d. Luther-Ak. NF 1, 1953); J. ANCELET-HUSTACHE, Maitre Eckhart et la mystique rhénane (1956); V. LOSSKY, Théologie négative et connaissance de Dieu chez maître Eckhart (Paris 1960); A. M. HAAS, Zur Frage der Selbsterkenntnis bei M. E., Freiburger Zs. f. Philos. u. Theol. 15 (1968).

[7] s. Kap. 12, Anm. 1; R. GUARNIERI, Il movimento del Libero Spirito, Arch.

ital. per la storia della pietà 1 (1965); dazu H. GRUNDMANN, Ketzerverhöre d. Spät-MA, DA 21 (1965).

[8] H. SEUSE, Dt. Schriften, hg. v. K. BIHLMEYER (1907, Ndr. 1961); Horologium Sapientiae ed. C. RICHSTÄTTER (Turin 1929), s. D. PLANZER in: Divus Thomas 12/13 (1934/35); C. GRÖBER, Der Mystiker H. S. (1941); Seuse-Studien ... zum 600. Todestag, hg. v. E. FILTHAUT (1966); s. auch das Seuse-Kapitel in G. MISCH, Gesch. d. Autobiographie 4, 1 (1967).

[9] Texte u. Lit. zur Nonnenmystik DW[9] 8904; s. WENTZLAFF-EGGEBERT, Dt. Mystik (s. Anm. 5); W. BLANK, Die Nonnenviten d. 14.Jh. (Diss. Freiburg i. Br. 1962).

[10] Taulers Predigten ed. F. VETTER (Dt. Texte d. MA 11, 1910), ergänzt von A. L. CORIN, Sermons de J. Tauler (2 Bde. 1924/29); L. ZOEPF, Der Mystiker J. T. (1915); X. DE HORNSTEIN, J. T., sa vie, ses écrits, sa doctrine, Revue Thomiste 23/24 (1918/19); K. GRUNEWALD, Studien zu J. T.s Frömmigkeit (1930); F.-W. WENTZLAFF-EGGEBERT, Studien zur Lebenslehre T.s, Abh. Ak. Berlin 1939, 15 (1940); P. WYSER, Der Seelengrund in Taulers Predigten, in: Lebendiges MA (Festschr. f. W. Stammler 1958).

[11] PH. STRAUCH, Margareta Ebner u. Heinrich von Nördlingen (1882), nhd.: Die Offenbarungen der Marg. Ebner u. der Adelheid Langmann, hg. von J. PRESTEL (1939); L. ZOEPF, Die Mystikerin Marg. Ebner (1914); A. WALZ, Gottesfreunde um M. Ebner, HJb 72 (1952); über Heinrich v. Nördlingen auch H. GÜRSCHING in: Festgabe K. Schornbaum (1950).

[12] Über Rulman Merswin u. die Gottesfreund-Frage E. KREBS, Verf.-Lex. 3, 359 ff.; PH. STRAUCH, Schriften aus d. Gottesfreund-Lit. 1–3 (Altdt. Textbibl. 22, 23, 27, 1927/29); K. RIEDER, Der Gottesfreund vom Oberland (1905); W. RATH, Der Gottesfreund vom Oberland (1930); G. MISCH, Gesch. d. Autobiographie 4, 1 (1967), S. 109 ff.

[13] Ruysbroeck: Werken ed. J. B.DA-VID (6 Bde. 1858–1868), ed. J. VAN MIERLO u. a. (4 Bde. 1932–1934); G. DOLEZICH, Die Mystik Jan van Ruysbroecks (1926); M. D'ASBECK, La mystique de R. (1930); dies., Documents relatifs à R. (1931); L. REYPENS, Ruusbroeck (1926); J. KUCKHOFF, J. v. R. (1938); S. AXTERS, Geschiedenis van de vroomheid in de Nederlanden 2: De eeuw van Ruusbroeck (1953); ders., Inleiding tot een gesch. van de Mystiek in de Nederlanden (1967); M. A. LÜCKER, M. Eckhart u. die Devotio moderna (1950).

[14] Pest: R. HOENIGER, Der Schwarze Tod in Dtld. (1882); K. LECHNER, Das große Sterben in Dtld. 1348–1351 (1884); F. A. GASQUET, The Black Death of 1348/49 (²1908); J. NOHL, Der schwarze Tod. Eine Chronik der Pest (1924); über Pestschriften seit 1348 K. SUDHOFF, Arch. f. Gesch. d. Medizin 4–17 (1911–1925); über wirtschaftl.-soz. Folgen d. Pestepidemie F. LÜTGE, Jbb. f. Nat.ök. u. Stat. 162 (1950); E. KELTER, Das dt. Wirtschaftsleben des 14. u. 15.Jh. im Schatten der Pestepidemien, ebd. 165 (1953); H. REINCKE, Bevölkerungsverluste der Hansestädte durch d. Schwarzen Tod 1349/50, Hans. GBll. 72 (1954); E. KEYSER, Neue dt. Forschungen über d. Gesch. der Pest, VSWG 44 (1957); H. DUBLED, Conséquences économiques et sociales des »mortalités« du XIVe siècle, essentiellement en Alsace, Revue d'hist. écon. et soc. 37 (1959); E. CARPENTIER, Autour de la peste noire: Famines et épidémies dans l'hist. du XIVe siècle, Annales 17 (1962); J. VAN KLAVEREN, Die wirtsch. Auswirkungen des Schwarzen Todes, VSWG 54 (1967).

[15] R. HOENIGER, Die große Geißelfahrt 1349, HJb 5 (1884); H. HAUPT, Zur Gesch. d. Geißler, ZKiG 9 (1888); A. HÜBNER, Die dt. Geißlerlieder (1931); J. MÜLLER-BLATTAU, Zs. f. Musikwiss. 17 (1935); zusammenfassend G. LEFF, Heresy in the Later Middle Ages 2 (1967), S. 485 ff.

D. Die Zeit Kaiser Karls IV. (1347–1378)

Quellen: Zur Geschichtsschreibung s. Kap. 59 mit Anm. 6–8. Urkunden: BÖHMER, Reg. Imp. 8 bearb. v. A. HUBER (1877 mit Addit. 1889), dazu Nachträge von TH. LINDNER, NA 8 (1883), M. BÄR, NA 9 (1884), R. JECHT, Lausitzer Magazin 84 u. 86 (1908/10), A. PISCHEK, NA 35 (1910); MG Const. 8 ed. K. ZEUMER u. R. SALOMON (1910/26) nur bis 1348, wird fortgesetzt; E. WINKELMANN, Acta imp. ined. 2 (1885); F. ZIMMERMANN, Acta Karoli IV. imp. ined., aus ital. Archiven (1891); E. WERUNSKY, Excerpta ex registris Clementis VI. et Innocentii VI. historiam s. Rom. imperii sub reg. Caroli IV. illustrantia (1885); H. OTTO, Ungedr. Aktenstücke aus d. Zt. Karls IV., QFItA 9 (1906); Regesta diplomat. necnon epist. Bohemiae et Moraviae 5–7 (1928 bis 1963); TH. MOMMSEN, Italien. Analekten zur Reichsgesch. 1310–1378 (1952). – Formularbücher aus d. Kanzlei Karls IV. s. DW⁹ 7538; TH. LINDNER, Das Urkundenwesen Karls IV. u. seiner Nachfolger (1882).
Literatur: Grundlegend E. WERUNSKY, Gesch. K. Karls IV. u. seiner Zeit (3 Bde. 1880–1892), reicht nur bis 1368, ersetzt also noch nicht ganz das veraltete Werk von F. M. PELZEL, Gesch. K. Karls IV. (2 Bde. 1783); problematisch u. anfechtbar J. PFITZNER, K. Karl IV. (1938), dazu G. PIRCHAN, Zs. f. sudetendt. Gesch. 3 (1939); weniger selbständig O. FISCHER, Karl IV. (1941); B. JARRETT, The Emperor Charles IV (London 1935); das gründlichste tschech. Werk von J. ŠUSTA, Karel IV (2 Bde. Prag 1946/48) reicht nur bis 1355; zusammenfassend mit Kenntnis d. tschech. Lit. F. SEIBT im Hdb. d. Gesch. d. böhm. Länder 1 (1967), S. 384 ff. – Gute kürzere Darstellungen von F. VIGENER in: Meister der Politik 1 (²1923); K. HAMPE, Herrschergestalten d. dt. MA (1927, ⁶1955 ergänzt v. H. KÄMPF); H. ZATSCHEK in: Gestalter dt. Vergangenheit (1937); ders., in: Ostdt. Wissenschaft 1 (1954); E. MASCHKE, Karl IV., Wesen u. Werk, in: Dt. Kultur im Leben d. Völker, Mitteil. d. Dt. Ak. München 15 (1940); H. REINCKE, K. Karl IV. u. die dt. Hanse (1931).

Kapitel 50
Aufstieg Karls IV.
Der Gegenkönig Günther von Schwarzburg
und der falsche Woldemar

Mit dem Tod Ludwigs d. B. hatte Karl IV. das Spiel noch nicht endgültig gewonnen. Der älteste Kaisersohn Markgraf Ludwig von Brandenburg, mit dem sich Ende 1347 die schwäbischen Städte gegen den Luxemburger verbündeten, wagte zwar nicht selbst König zu werden. Er trug aber mit seinem Anhang – dem Pfalzgrafen, dem abgesetzten Erzbischof Heinrich von Mainz und den Herzögen von Sachsen-Lauenburg – die deutsche Krone dem englischen König an (»Wahl« in Oberlahnstein am 10. I. 1348). Eduard III. ließ sich jedoch durch seinen Schwager Wilhelm von Jülich auf die Seite Karls IV. ziehen, schloß mit ihm ein Bündnis und lehnte jene Wahl ab (Const. 8 n. 569, 613)[1]. Auch den neuen Plan der Wittelsbacher, ihren Schwager

Friedrich von Meißen-Thüringen zu wählen und ihn mit der
Kaiserwitwe zu vermählen, durchkreuzte Karl durch Zugeständnisse an den Wettiner. Schließlich gab sich nur zögernd
der thüringische Graf *Günther von Schwarzburg* dazu her, sich am
30. I. 1349 in Frankfurt wählen zu lassen, ein ritterlich tapferer,
treuer Anhänger Kaiser Ludwigs ohne viel eigene Macht[2].

Inzwischen spielte Karl IV. seine diplomatischen Künste
gegen die Wittelsbacher aus. Da ihn Regensburg und Nürnberg
bald nach Ludwigs Tod gegen große Vergünstigungen auf-
nahmen, auch Mainz und Ulm und die Städte im Elsaß ihm
huldigten, lenkten die übrigen Schwabenstädte bald ein, um
ihre Reichsfreiheit nicht aufs Spiel zu setzen. Der Habsburger
Albrecht II. von Österreich wollte zwar noch immer neutral
vermitteln und keine Hilfe zusagen, erkannte aber Karl, mit
dessen Tochter Katharina er seinen Sohn Rudolf IV. verlobte,
als König an und nahm von ihm die Lehen (26. V. 1348).
Gefährlicher war für die Wittelsbacher Karls Verbindung mit
ihren Rivalen im Norden: Herzog Barnim von *Pommern-
Stettin* huldigte ihm und bekam die Lehnsunabhängigkeit seines
Herzogtums von Brandenburg und die Anwartschaft auf
Rügen bestätigt (12. VI. 1348, Const. 8 n. 606/9, 667). Ebenso
wurde gleich darauf Mecklenburg samt Stargard zum unmittelbaren Reichslehen, sein Herzog zum Reichsfürsten erhoben
(ib. 615). Vor allem aber kam es Karl zustatten, daß im August
1348 beim Magdeburger Erzbischof ein alter Mann, angeblich
von langer Pilgerfahrt heimgekehrt, als jener Markgraf Woldemar auftrat, mit dessen Tod 1319 die Zerrüttung der Mark
begann. Dem Volke schien mit ihm die gute alte Zeit wieder-
zukommen. Den Askaniern in Wittenberg und Anhalt winkten
neue Erbaussichten; sie verbürgten sich für die Echtheit des
falschen Woldemar, den sie vielleicht selbst zu dieser Rolle an-
stifteten. Ihre Unterstützung schuf ihm rasch Anhang gegen
den unbeliebten Wittelsbacher und seine bayrischen Helfer in
der Mark. Die Städte wurden durch seine freigiebigen Privilegien gewonnen. Die Herzöge von Mecklenburg und Pommern
versprachen ihm Hilfe, da jene dabei die Prignitz, diese die
Uckermark zu gewinnen hofften. Als Markgraf Ludwig im
September 1348 aus Bayern in die Mark kam, war das Land
schon großenteils seinem Nebenbuhler zugefallen. Karl IV.
zögerte nicht, sich seiner gegen die Wittelsbacher zu bedienen.
Er kam selbst mit Truppen in die Mark und belehnte am 2. X.
1348 bei Müncheberg den falschen Woldemar nach einer faden-

scheinigen Prüfung seines Anspruchs mit der Kurmark, gestand den Askaniern in Wittenberg und Anhalt das Erbrecht zu und ließ sich selbst die Lausitz abtreten (Const. 8 n. 655–664). Nach vergeblicher Belagerung Frankfurts/Oder begnügte sich der König damit, diesen »Markgrafen« zum Landfriedensrichter zu bestellen[3].

Auch den Gegenkönig setzte Karl fast kampflos matt. Um Günthers Krönung in Aachen zu hindern, zog er Ende Januar 1349 an den Niederrhein, gewann die Stadt Köln für sich und schloß dort am 17. II. seine Wähler, denen nun der Trug-Woldemar auch die brandenburgische Stimme zubrachte, zu einem Bündnis gegen den Gegenkönig zusammen, dem auch andere Reichsstände beitreten sollten. Den Herzögen von Sachsen-Lauenburg wurde das Kurrecht endgültig abgesprochen, das unter Günthers Wählern nur der Kurpfalz unbestritten blieb. Indem aber Karl, seit kurzem verwitwet, im März 1349 Pfalzgraf Rudolfs Tochter Anna heiratete, machte er ihn seiner wittelsbachischen Verwandtschaft abspenstig und gewann nicht nur die Aussicht auf eine wertvolle oberpfälzische Mitgift und Erbschaft seiner Frau in Böhmens Nachbarschaft, sondern auch einen Rückhalt am Mittelrhein gegen Günthers Machtbasis Frankfurt. Nach einem Speyerer Reichstag, auf dem die Städte am Rhein und in Schwaben sich ihm verbündeten, auch Mainz sich endlich von seinem abgesetzten Erzbischof lossagte, zog Karl gegen das von Günther besetzte Eltville (rechtsrheinisch zw. Mainz und Bingen) und schlug die Truppen, die seinen Rheinübergang hindern sollten, in die Flucht. Da gaben die Gegner ihre Sache verloren. Markgraf Ludwig erkannte Karl als König an und gab seinen Gegenkönig preis, der sich, schwer erkrankt, mit einer beträchtlichen Geldsumme abfinden ließ und bald darauf starb (14. VI. 1349). Den Wittelsbachern wurden alle ihre Länder und Lehen bestätigt, auch Tirol überlassen; in der Kurmark versprach Karl, wenigstens den von ihm anerkannten Woldemar nicht gegen sie zu unterstützen, gab ihnen also freie Hand, ihn zu vertreiben[4]. Erst als sie dort mit dänischer Hilfe erfolgreich waren, ließ Karl den falschen Woldemar endgültig fallen und durch ein keineswegs unparteiisches Fürstengericht als Betrüger entlarven, während er nun die Wittelsbacher mit der Kurmark samt der Lausitz belehnte (Bautzen, 16. II. 1350). Die Askanier und manche märkische Städte hielten an Woldemars Echtheit fest; als er 1356 starb, wurde er in der Dessauer Fürstengruft beigesetzt.

Am 25. VII. 1349 ließ sich Karl IV. in Aachen nochmals krönen. Erstmals seit 35 Jahren hatte Deutschland einen unbestritten anerkannten König, der bald auch Kaiser wurde und noch drei Jahrzehnte lang ungestört regieren konnte. Er war in vieler Beziehung, wie schon sein Aufstieg zeigte, das Gegenbild seines Vorgängers: kein leutseliger, kriegstüchtiger, ritterlicher Herrscher nach dem Herzen des Volkes, sondern ein berechnend planender Staatsmann, der seine Ziele klug und beharrlich mit diplomatischer Geschmeidigkeit verfolgte. Aus der kämpferischen Unruhe der letzten Jahrzehnte steuerte er die Reichspolitik unter manchen Verzichten geschickt und geduldig auf neue Ziele zu.

[1] F. TRAUTZ, Die Könige v. England u. das Reich (1961), S. 344 ff.

[2] K. JANSON, Das Königtum Günthers v. Schwarzburg (1880), auch J. RASSOW (Gymn.-Progr. Wolgast 1887) und A. BERG, Günther Gf. v. Schwarzburg, Arch. f. Sippenforschung 17 (1940).

[3] O. TSCHIRCH, Der falsche Woldemar u. die märkischen Städte, FBPG 43 (1930) gibt eine Übersicht über alle

Zeugnisse; dazu W. H. STRUCK, Märk. Urkunden aus d. Zeit d. falschen Waldemar im Anhalt. Staatsarchiv Zerbst, FBPG 55 (1943); JOH. SCHULTZE, Die Mark Brandenburg 2 (1961), S. 76 ff.

[4] Die Eltviller Verträge vom 26. V. 1349 bei S. STEINHERZ, MIÖG 8 (1887), S. 103 ff., dazu J. WEIZSÄCKER ebd. S. 302 ff. und TH. LINDNER, Karl IV. u. die Wittelsbacher, MIÖG 12 (1891).

Kapitel 51
Erster Romzug und Kaiserkrönung Karls IV.

Schon bald nach seiner Aachener Krönung dachte Karl IV. an die Romfahrt zur Kaiserkrönung. Auch die Zustände Italiens schienen sein Eingreifen zu fordern. Seit dem Italienzug Ludwigs d. B. und dem mißglückten Unternehmen der Luxemburger waren die Städte und Signorien sich selbst überlassen. Mailand[1] griff unter den Visconti, die ihre Herrschaft 1349 für erblich erklärten, unaufhaltsam um sich bis nach Genua und Bologna, das ihnen 1352 als päpstliches Lehen überlassen wurde. Die Gegner Mailands schlossen sich zusammen, voran Venedig und Florenz, dem Karl IV. schon 1350 seine Romfahrt ankündigte. Rom[2] verarmte durch die Abwesenheit der Kurie und war seit dem Tod König Roberts von Neapel († 1343), dessen uneinige Nachkommen sein Königreich zerrütteten, schutzlos dem Zwist zwischen Adel und Volk preisgegeben. Zu Pfingsten 1347 schwang sich ein römischer Notar zweifelhafter Herkunft, der Gastwirtssohn *Cola di Rienzo*[3], an der Spitze eines Volksaufstands gegen die vom Papst bestätigten Adels-Senatoren zum Volkstribunen auf. Er berauschte sich an der Idee einer Erneuerung Roms zu alter Macht und Größe, rief in tönenden Manifesten ganz Italien zur Einigung auf und forderte die damals noch streitenden deutschen Könige vor sein Gericht, um die Kaiserkrone im Namen der Römer zu vergeben – oder selbst zu tragen. Vergeblich bemühte er sich, den Papst für sich zu gewinnen; er wurde der Rebellion und Häresie beschuldigt und trotz eines blutigen Sieges über die Colonna nach sieben Monaten gestürzt und gebannt. Anderthalb Jahre fand er Zuflucht bei Eremiten in den Abruzzen und bestärkte sich in der Spiritualen-Hoffnung auf den Anbruch eines neuen Zeitalters des Hl. Geistes. Die Verwirklichung erwartete er nun vom Kaiser, dem er sogar verwandt zu sein wähnte, von Heinrich VII. gezeugt während seines Romzugs. Im Jubeljahr, dessen Wiederholung er und die Römer schon für 1350 erwirkt hatten, ging Rienzo zu Karl IV. nach Prag, um ihn für seine Ziele zu begeistern und nach Rom zu führen. Karl hat mit ihm lange Gespräche geführt und Briefe gewechselt, beeindruckt von seiner Rhetorik, aber unzugänglich für seine schwärmerischen Ideen, unbeirrbar in seiner politischen Nüchternheit und kirchlichen Rechtgläubigkeit. Obgleich die Kurie Rienzos Auslieferung forderte, wurde er erst in Prag, dann in Raudnitz/Elbe zwei Jahre lang in milder Haft gehalten, bis er selbst sich nach Avignon schicken ließ, wo die Stimmung sich zu seinen Gunsten geändert hatte. Ehe sein Prozeß dort entschieden war, starb Clemens VI. (6. XII. 1352). Sein Nachfolger *Innocenz VI.* schlug einen anderen Kurs ein[4]. Ein Südfranzose einfacher Herkunft, sittenstreng und reformwillig, wollte er vor allem die päpstliche Herrschaft im Kirchenstaat wiederherstellen, um die Rückkehr nach Rom vorzubereiten. Sein tatkräftigster Helfer wurde der vornehme kastilische Kardinal Egidio Albornoz, der 1353 als Generalvikar nach Italien ging und in wenigen Jahren fast den ganzen Kirchenstaat in seine Hand brachte[5]. Um auch die Römer zu gewinnen, bediente sich Innocenz VI. des früher verketzerten Tribunen Rienzo. Als Senator bekam er noch einmal die Gewalt über Rom, fand aber schon nach zwei Monaten (8. X. 1354) bei einem vom Adel geschürten Aufstand ein klägliches Ende. Noch kurz zuvor hatte er den Aufbruch

Karls IV. zur Romfahrt begeistert begrüßt, zu der auch sein Gesinnungsfreund *Petrarca* mit flammender Beredsamkeit mahnte[6].

Erst der Papstwechsel öffnete auch für Karl IV. den Weg nach Rom. Denn Clemens VI., einst sein Mentor, der ihm zum Aufstieg verhalf, war längst mißtrauisch gegen seine wachsende Selbständigkeit, unwillig über die Versöhnung mit den Wittelsbachern, bedenklich gegen Karls Eingreifen in Italien. Zwar suchte er die Visconti in Schach zu halten, verhandelte auch über ein Bündnis ihrer Gegner mit Karl IV., schloß aber ohne dessen Wissen Frieden mit Mailand, während Karl mehrfach erfolglos den Prager Erzbischof Ernst von Pardubitz wegen seines Romzugs nach Avignon schickte. Erst mit Innocenz VI. kam eine Verständigung darüber bald zustande. Dabei hielt sich Karl streng an seine frühere Zusage, in päpstlichen Gebieten keine Herrschaftsrechte zu beanspruchen. Nur 300 Ritter begleiteten ihn, als er im September 1354 aufbrach, keine Streitmacht zum Kampf um Italien[7]. Zu seinem Glück starb eben damals (5. X.) der mächtige Mailänder Erzbischof Giovanni Visconti. Seine Neffen zogen es vor, sich von Karl IV. als Reichsvikare bestätigen zu lassen, statt ihn mit seinen Verbündeten Venedig, Mantua, Verona, Padua, Ferrara, Florenz zum Feind zu haben. So konnte Karl widerstandslos in *Mailand* einziehen und sich dort am 6. I. 1355 zum *König von Italien krönen* lassen. Schon unterwegs in Mantua war ihm Petrarca begegnet, um ihn für die Erneuerung Roms zu begeistern. Doch die italienischen Patrioten seiner Art wurden bald schwer enttäuscht. Ohne in Italien herrschen oder kämpfen zu wollen, begnügte sich Karl IV. damit, die bestehenden Gewalten als Reichsvikare anzuerkennen, wenn sie sich nur zu finanziellen Leistungen verstanden und ihm Durchzug gewährten. So bahnte er sich mit diplomatischen Verhandlungen den Weg nach *Rom*, wo er zu Ostern 1355 einzog und von dem ihn begleitenden Kardinallegaten *zum Kaiser gekrönt* wurde. Noch am gleichen Abend verließ er seinem Versprechen gemäß die Stadt. Anscheinend sollte wenigstens ein dreitägiges »Kaiserlager« in Tivoli, einer Art imperialer Enklave im Kirchenstaat, das Kaiserrecht sinnfällig gegen jeden Einspruch sichern, entsprechend dem üblichen »Königslager« vor der Aachener Krönung[8]. Doch selbst dieser Aufenthalt wurde verkürzt. Eilends zog der Kaiser nordwärts über Siena nach Pisa, wo er einem Aufstand nur durch rasche Flucht entging. Demütigende

Verhandlungen mit den Visconti mußten ihm den Rückweg über Cremona öffnen. Knapp ein Jahr nach dem Aufbruch war er wieder in Prag. Die bittere Enttäuschung Petrarcas, die Schmähungen des Florentiner Chronisten Matteo Villani klangen hinter ihm her, daß er unkaiserlich wie ein Krämer sich die Krone geholt und die Kassen gefüllt, aber Rom und Italien seinen Nöten überlassen habe. Er aber wollte sich nicht in die Macht- und Parteikämpfe Italiens verstricken lassen wie sein Großvater Heinrich VII. Ohne dort Reichsrechte preiszugeben, wo sie noch nutzbar waren, verzichtete er darauf, sie gewaltsam geltend zu machen. So erreichte er, was Rudolf I. erstrebt hatte: Er wurde Kaiser in Eintracht mit dem Papst, steigerte dadurch sein Ansehen und erleichterte die Sicherung der Thronfolge, ließ aber seine Politik nicht nach Italien ablenken.

[1] F. Cognasso, Storia di Milano 5 (1955), S. 368 ff.

[2] E. Dupré-Theseider, Roma dal comune di popolo alla signoria pontificia (Storia di Roma 11, 1952), S. 517 ff. über Rienzo.

[3] P. Piur, Cola di Rienzo (1931), mit Übersicht über ältere Lit.; F. Cusin, Vita di C. di R. (1943); K. H. Höfele, Rienzi. Das abenteuerl. Vorspiel d. Renaissance (1956); F. Macek, C. di R. (tschech. Prag 1964); ders., Racines sociales de l'insurrection de C. di R., in: Historica 6 (1963). – Briefwechsel des C. di R. bei K. Burdach, Vom MA zur Reformation II 1–5 (1913–1929), reich kommentiert, mit (unvollend.) Einleitungsband: Rienzo u. die geistigen Wandlungen seiner Zeit. Burdachs Auffassung der Bedeutung Rienzos für das Werden der Renaissance wird eingeschränkt von K. Brandi, DVLG 4 (1926, erweitert in: Vorträge d. Bibl. Warburg 5, 1928); zur Kritik Burdachs ders., GGA 1923; P. Joachimsen, HV 20 (1922); B. Schmeidler, ZKiG 49 (1930).

[4] W. Scheffler, Karl IV. u. Innocenz VI. (1911); E. Déprez, G. Mollat, Lettres closes, patentes et curiales d'Innoc. VI (1909, unvollst.); P. Gasnault-M. Laurent, Lettres secrètes et curiales d'Inn. VI (3 Bde. 1959–1968); J. Glénisson-G. Mollat, L'administration des États de l'Église au 14ᵉsiècle, Correspon-dence des légats et vicaires généraux Gil Albornoz et A. de la Roche (1964).

[5] F. Filippini, Il card. Egidio Albornoz (Bologna 1933); G. Mollat, Albornoz et le mode de gouvernement des États de l'Église (1353–1367), Journal des Savants (1967).

[6] Petrarcas Briefwechsel mit dt. Zeitgenossen ed. P. Piur bei Burdach, Vom MA zur Ref. 7 (1933), darin 14 Briefe an Karl IV., neun an dessen Kanzler Johann v. Neumarkt, acht Antworten von diesem, zwei von Karl, die erste (1351) von Rienzo stilisiert; vgl. G. Pirchan, Die Abfassungszeit d. ersten drei Briefe Petrarcas an Kg. Karl IV., MÖIG Erg.-Bd. 11 (1929); C. C. Bayley, Petrarch, Charles IV, and the Renovatio Imperii, Speculum 17 (1942); R. De Mattei, Il sentimento politico del P. (1944); P. Piur, Petrarcas ›Buch ohne Namen‹ u. die päpstl. Kurie (1925); H. W. Eppelsheimer, Petrarca (1926); U. Bosco, Petrarca (1946); M. Seidlmayer, P., das Urbild des Humanisten, AKG 40 (1958), auch in dess.: Wege u. Wandlungen d. Humanismus (1965).

[7] Für Karls 1. Romzug ist die Hauptquelle der Augenzeugenbericht des Johannes Porta de Annoniaco (Sekretär des Kardinals, der den Kaiser krönte), De coronatione Caroli IV. ed R. Salomon, Scr. rer. Germ. (1913), dazu NA 38 (1913), S. 229 ff.; E. Werunsky, Die

italien. Politik P. Innoc. VI. u. Kg. Karls IV. 1353/54 (1878); ders., Der erste Römerzug Kg. Karls IV. (1878); ders., Gesch. K. Karls IV., Bd. II 2 (1886).

[8] F. Kern, Karls IV. »Kaiserlager« vor Rom, in: Festgabe K. Zeumer (1910), dazu HZ 106 (1911), S. 69; vgl. H. Weinrich, Über das Königslager, DA 3 (1939).

Kapitel 52
Die Goldene Bulle von 1356

Bald nach seiner Heimkehr als Kaiser nahm Karl IV. das Werk in Angriff, durch das er am nachhaltigsten auf die staatliche Ordnung des Reiches wirkte. Er plante wohl damals auch eine durchgreifende Regelung des Münzwesens, der Rhein- und Straßenzölle, des Landfriedens, und berief deshalb Ende November 1355 einen Reichstag nach Nürnberg[1]. Als sein Ergebnis wurde unter weitgehendem Verzicht auf jene wirtschaftspolitischen Ziele und mit manchen anderen Zugeständnissen an kurfürstliche Wünsche am 10. I. 1356 ein mit Goldbulle besiegeltes Reichsgesetz über die Königswahl und die Kurfürstenrechte verkündet. Auf einem weiteren Reichstag in Metz wurde es zu Weihnachten 1356 ergänzt (c. 24–31)[2]. Ohne akuten Anlaß, nur aus den Erfahrungen der Vergangenheit mit dem Blick auf die Zukunft, wurde erstmals und endgültig die Wahl des deutschen Königs durch die sieben Kurfürsten gesetzlich geregelt. Wie sich seit 1198 in immer neuen Thronkrisen das Wahlrecht des Kurkollegs herausgebildet hatte, wurde es nun von Karl IV. im Einvernehmen mit den Kurfürsten festgelegt und präzisiert, um jeden Zweifel und Zwist bei künftigen Wahlen durch eine eindeutige Rechtsnorm auszuschließen. Demnach genügt zur rechtsgültigen Wahl die *Mehrheit der Kurfürsten* oder ihrer Vertreter[3], die der Mainzer Erzbischof form- und fristgemäß unter genau geregeltem Geleit nach Frankfurt zu laden hat[4]. Er leitet die Wahl; während er aber früher bei der auf Einmütigkeit aller abzielenden Zurufswahl die erste, führende Stimme hatte, stimmt er nunmehr bei der Abstimmungs- und Mehrheitswahl des Kurkollegs als letzter, nachdem er die anderen Stimmen abgefragt hat; unter Umständen kann er also den Ausschlag geben[5]. Das Erststimmrecht hatte sich schon Erzbischof Balduin († 1354) für Trier verbriefen lassen. Nach ihm stimmt Köln, dann als erster Laienfürst der Böhmenkönig, weiter der Pfalzgraf bei Rhein (nicht mit Bayern abwechselnd, wie es ein Familienvertrag der Wittelsbacher 1329 vereinbart hatte), danach der Herzog von Sachsen-Wittenberg (die Lauenburger bleiben ausgeschaltet), schließlich der Markgraf von Brandenburg vor dem Mainzer Erzbischof. Damit die weltlichen Kurstimmen nicht mehr durch Erbteilung gespalten und strittig werden können, wird ihr *Kurland für unteilbar* erklärt (c. 20, 25), ihre Erbfolge nach Erstgeburtsrecht und die Vormundschaft bis zum 18. Lebensjahr geregelt (c. 7). Schon diese Maßnahmen zur Sicherung eindeutig entscheidbarer Mehrheitswahlen kamen zugleich den weltlichen Kurländern selbst zustatten, die sich nur noch ausdehnen, nicht zerteilen durften. Überdies wurden allen *Kurfürsten* besondere *Vorrechte* verbrieft, die sich einige schon vorher errungen hatten. Dabei stand Böhmen als Erbkönigreich voran[6]. Starben andere Kurhäuser aus, so war ihr Land mit der Kurstimme wie alle Reichslehen vom König neu zu vergeben; Böhmen erhielt für diesen Fall das Recht eigener Königswahl (c. 7). Die Untertanen aller Kurfürsten dürfen nicht vor fremde Gerichte, auch nicht vor das Reichshofgericht gezogen werden oder dorthin appellieren (c. 11 »jus de non appellando et de non evocando«) außer im Falle der Rechtsverweigerung; für Böhmen gilt auch diese Einschränkung nicht (c. 8). Was die Fürstengesetze Friedrichs II. den Landesherren zugestanden, wird jetzt für die Kurfürsten noch gesteigert: Sie erhalten unbeschränkte Gerichtshoheit (c. 11), das Berg-, Salz-, Zoll- und Münzregal, den Judenschutz (c. 9/10), sogar das Majestätsrecht nach römischen Rechtsformeln (c. 24). Zu ihren Gunsten wird auch das Pfahlbürgerverbot nochmals eingeschärft (c. 16), und alle Einungen in und zwischen den Städten werden untersagt (c. 15). Diesen Zugeständnissen an ihre landesherrlichen Interessen steht freilich das Bestreben gegenüber, die Kurfürsten zu stetigem Zusammenwirken mit dem Kaiser zu verpflichten: Jährlich sollen sie vier Wochen nach Ostern mit ihm in einer Reichsstadt zur Beratung über Reichsfragen zusammenkommen (c. 12). Doch ist aus diesem ständigen Kurfürstenrat nichts geworden, während die genauen Bestimmungen der Goldenen Bulle über das Zeremoniell bei Wahl und Krönung, Aufzügen und Hoftagen, über Session, Erzämter u. dgl. bis zum Ende des alten Reiches peinlich befolgt wurden.

Vom Papst und seinem *Approbationsrecht* oder irgendwelcher Mitwirkung bei der Königswahl ist in der Goldenen Bulle mit keinem Wort die Rede. Da aber der König unmittelbar nach seiner Wahl als erste Regierungshandlung den Kurfürsten ihre Privilegien zu bestätigen hat (c. 2), bleibt für eine päpstliche Zustimmung als Voraussetzung seines Herrschaftsrechts kein Platz, höchstens für nachträgliche Approbation[7]. Deutlicher noch wird der päpstliche Anspruch auf das Reichsvikariat beiseite geschoben, wenigstens für Deutschland. Denn für die Zeit der Thronvakanz wird im rheinisch-schwäbischen Bereich des fränkischen Rechts der Pfalzgraf bei Rhein, der auch bei Klagen gegen den König den Vorsitz im Hofgericht führt, und im sächsischen Rechtsgebiet wird der Kurfürst von Sachsen zum Reichsverweser (provisor imperii) bestimmt (c. 5). Ganz unpolemisch, fast unmerklich wurden damit die alten Streitfragen im Sinne der Rhenser Beschlüsse gelöst, nur unter Beschränkung auf das deutsche Reichsgebiet. Über Herrschaftsrechte des gewählten Königs im außerdeutschen Imperium ist nichts gesagt, nur wird er als »rex Romanorum in imperatorem promovendus« tituliert, sein Anspruch auf das Kaisertum also im Reichsrecht verankert. Die Verständigung mit der Kurie über die Kaiserkrönung blieb seiner Diplomatie vorbehalten. Ihr gab die gesetzliche Regelung der Königswahl auch stillschweigend Spielraum genug, um den Königssohn zum Nachfolger wählen zu lassen, wie es Karl IV. später gelang (Kap. 57); ja gerade seit der Goldenen Bulle wurde die dynastische Thronfolge der Luxemburger und dann der ihnen nächstverwandten Habsburger kaum mehr unterbrochen. Insofern bedeutet sie, ohne neues Recht schaffen zu wollen, einen Wendepunkt der Reichs- und Verfassungsgeschichte: Seitdem die Rechte der Kurfürsten als Wähler und privilegierte Landesherren gesichert waren, ließen sie sich wieder für die Wahl eines Königssohnes gewinnen, sei es auch jeweils gegen neue Zugeständnisse. Das Ringen zwischen Wahl- und Erbreich war zum Abschluß gekommen, juristisch zugunsten der freien Königswahl, doch mit der politischen Möglichkeit dynastischer Thronfolge. Da Karl IV. als Böhmenkönig zugleich der mächtigste Kurfürst war, konnte er die Wahl zu lenken hoffen. Was Heinrich VI. und Rudolf von Habsburg gegen fürstliche Widerstände vergeblich erstrebten, gelang dem Luxemburger durch Anerkennung der Kurfürstenrechte. Indem er sich mit dem gewordenen Zustand der Reichsverfassung abfand, schuf er die Voraussetzung für ein stetiges Königtum auf der Grundlage eigener Hausmacht[8]. ·

[1] E. L. Petersen, Studien zur goldenen Bulle von 1356, DA 22 (1966); s. auch H. Angermeier, Königtum u. Landfriede im dt. SpätMA (1966), S. 174 ff.: Die G. B. von 1356 u. der Landfriede.

[2] Text der in 7 Originalen erhaltenen »Goldenen Bulle« (dieser Name bürgerte sich im 15. Jh. ein) bei K. Zeumer, Die G. B. Kaiser Karls IV. (2 Bde. 1908 mit Entstehungsgesch. u. Kommentar), auch in Zeumers Quellensammlung z. Gesch. d. dt. Reichsverf. ([2]1913) n. 148, danach ed. A. Erler, Mainzer Studientexte 2 (1948), u. bei Altmann-Bernheim, Ausgew. Urk. z. Verf.gesch. ([5]1920) n. 38, verbesserte Ausg. von K. Müller (Bern 1957), künftig in Const. 10. Eine Frankfurter Verdeutschung Ende 14. Jh. ed. W. Altmann, ZRG GA 18 (1897). Ältere Lit. zur G. B. u. zum Königswahlrecht DW[9] 7026 ff.; H. Mitteis, Die dt. Königswahl ([2]1944); H. Liermann, Die G. B. und Nürnberg, Mitteil. d. V. f. Gesch. d. Stadt Nürnberg 47 (1956). In Nürnberg sollte jeder in Frankfurt gewählte, in Aachen gekrönte König seinen ersten Reichstag halten (c. 29).

[3] Ob die Mehrheit aller Kurfürsten oder nur der jeweils mitwirkenden erforderlich ist, sagt die G. B. c. 2 nicht eindeutig; sie versagte in diesem Punkt bei der zwiespältigen Wahl 1410; doch hat sich (auch in der neueren Forschung) die Auffassung durchgesetzt, daß eine Mehrheit von mindestens 4 Stimmen gemeint ist, wie es c. 4 über die Zulässigkeit der Selbstwahl voraussetzt; s. H. Mitteis, Königswahl, S. 223 ff.; zur Selbstwahl E. Hoyer, ZRG GA 42 (1921).

[4] W. Trusen, Kurmainz u. das Einberufungsrecht zur dt. Königswahl seit der G. B., in: Geschichtl. Ldskde. Mainz 3 (Festschr. f. J. Bärmann, Bd. 2, 1967).

[5] Daß der Platzwechsel des Mainzer Eb. von der ersten an die letzte Stelle (c. 4) keine Benachteiligung ist, sondern dem Wandel der Wahlform entspricht, erkannte U. Stutz, Der Eb. v. Mainz u. die dt. Königswahl (1910); ders., Die Abstimmungsordnung der G. B., ZRG GA 43 (1922), wo auch die zeremonielle Rangordnung der Kurfürsten nach der G. B. lehrreich erläutert wird. Über das Laienkurrecht s. M. Krammer, NA 39 (1914).

[6] U. Kühne, Gesch. d. böhm. Kur den Jhh. nach der G. B., AUF 10 (1928).

[7] K. Zeumer, G. B. 1, S. 193 ff., meinte, das päpstl. Approbationsrecht sei nicht bewußt übergangen u. ausgeschlossen, sondern unentschieden gelassen; dagegen W. Scheffler, Karl IV. u. Innocenz VI. (1912), S. 85 ff., und bes. E. E. Stengel, Avignon u. Rhens, S. 210 ff., der darin das Nachwirken Balduins von Trier sieht, vermittelt wahrscheinlich durch Lupold v. Bebenburg; G. Kentenich, HV 11 (1908), S. 525 ff., sucht wörtliche Anklänge an das Rhenser Weistum von 1338 nachzuweisen.

[8] Die den Kurfürsten in der G. B. verbrieften Vorrechte suchte der junge Hg. Rudolf IV. von Österreich, Schwiegersohn Karls IV., durch Urkundenfälschungen auch den Habsburgern zu verschaffen und noch zu übertrumpfen; in seiner Kanzlei wurde Barbarossas »Privilegium minus« von 1156 (Erhebung Österreichs zum Herzogtum, s. Bd. 4, Kap. 35) zum »Privilegium maius« aufgeschwellt, das die nahezu souveränen »Erzherzöge« von Österreich – der Titel wurde entsprechend den Erzämtern der Kurfürsten erfunden – fast aller Lehnspflichten gegen das Reich entband, aber dessen Beistand gegen alle Widersacher beanspruchte. Andere Fälschungen führten die Vorrechte Österreichs über K. Heinrich IV. sogar bis auf Caesar und Nero zurück. Karl IV. bestätigte diese ihm verdächtigen Urkunden nicht; doch durch K. Friedrich III., den Habsburger, wurde das »Privilegium maius« als Rechtsgrundlage für die »Freiheiten des Hauses Österreich« anerkannt, erst im 19. Jh. als Fälschung durchschaut. Text der Fälschungen zuerst bei W. Wattenbach, AÖG 8 (1852), jetzt bei A. Lhotsky, Priv. maius, Die Gesch. einer Urkunde (1957), das Priv. maius auch Const. 1 n. 455. Ein von Karl IV. erbetenes Gutachten Petrarcas über die Caesar- u. Nero-Urkunden bei Burdach-Piur,

Vom MA zur Ref. 7 (1933), S. 114 ff.; vgl. S. STEINHERZ, Karl IV. u. die österr. Freiheitsbriefe, MIÖG 9 (1888); E. DOSTAL, Die G. B. Karls IV. als Vorlage der unechten Privilegien des Hgt. Österreich, Monatsbl. d. V. f. Ldskde. v. Niederösterreich 10 (1911); A. HUBER, Gesch. d. Hg. Rudolf IV. v. Österreich (1865); apologetisch E. K. WINTER, Rudolph IV. v. Österreich (Wiener soziolog. Studien 2/3, 1934/36). Hg. Rudolf »der Stifter« (1358–1365) gründete auch in Wien eine Universität wie Karl IV. in Prag und erneuerte dort den Stephansdom wie Karl den Prager Veitsdom; über seine ambitiösen Herrschaftszeichen s. U. BEGRICH, Die fürstl. »Majestät« Hg. Rudolfs IV. v. Österreich (Diss. Wien 1965). Vgl. F. CUSIN, Rodolfo IV d'Absburgo, la curia Avignonese e la politica italiana nel 1363–1365, Arch. stor. Ital. 98 (1940).

Kapitel 53
Gesetzgebung und Verwaltung der Luxemburgerländer
Kanzlei Karls IV.

Das Gesetzgebungswerk Karls IV. beschränkt sich nicht auf die Goldene Bulle, erstreckt sich aber sonst vornehmlich auf seine eigenen Länder. Das große Reichsgesetz enthält zwar auch einzelne Landfriedensbestimmungen gegen Mißbrauch des Fehderechts (c. 14, 17) wie des Bürgerrechts (c. 15, 16). Darüber hinaus hat Karl IV. jedoch keinen allgemeinen Landfrieden für das Reich geschaffen oder erneuert. Er begnügte sich damit, die Herren und Städte in Franken, Bayern, Schwaben, im Elsaß, am Rhein und in der Wetterau, später auch in Brandenburg und Thüringen zu regionalen, befristeten *Landfriedenseinungen* zusammenzuschließen, damit sich die Stände nicht in ihren Sonderbünden entzweiten und bekämpften[1]. Im Westen Deutschlands bestellte er mehrfach fürstliche *Reichsvikare* für die Rechtsprechung, Regalienverwaltung und Landfriedenswahrung, anfangs seinen Großoheim Balduin von Trier, später den Pfalzgrafen und den Kölner Erzbischof, zuletzt seinen Sohn Wenzel[2]. Um so intensiver konnte er selbst seine eigenen Territorien verwalten. Für *Böhmen* ließ er ein Gesetzbuch mit dem selbstbewußten Titel *Majestas Carolina* ausarbeiten[3], das die Rechtswillkür und Fehdelust des Adels eindämmen, die königliche Justizgewalt und Finanzhoheit stärken und die Abhängigkeit der Beamten sichern sollte, aber auch dem König selbst die Verfügung über bestimmte Städte und Burgen zugunsten seiner Familie verwehrte, um sie dem Staat zu erhalten. Nachdrücklich betonte Karl dabei, mit wieviel Mühe er die von seinem Vater verschleuderten Krongüter wieder zusammenbrachte. Auf einem Prager Landtag im September 1355 widersprachen jedoch die böhmischen Stände der Einführung dieses Landrechtsbuches. Karl hat sie nicht erzwungen; er zog den Entwurf zurück unter dem Vorwand, er sei verbrannt, und beschränkte sich auf Landfriedensmaßnahmen und Verwaltungsreformen. Trotzdem bürgerte sich sein Gesetzbuch als geltendes Recht in Böhmen ein. Im *Herzogtum Breslau*, dem ersten Eigenbesitz der Luxemburger in Schlesien, wurde dagegen die schon von Karls Vater veranlaßte *Aufzeichnung des Landrechts* von den Ständen 1356 angenommen[4]. Auch *Landbücher* wurden dort und in der Mark Brandenburg von Karls Kanzlei angelegt, die alle Besitzungen und Einkünfte verzeichneten[5].

Überall wird da das planvoll durchgreifende Wirken der *Kanzlei Karls IV.* spürbar[6], die sowohl der Reichsverwaltung wie dem Ausbau der luxemburgischen Landesherrschaft diente. Unter den 138 Kanzleibeamten, die während Karls Regierungszeit feststellbar sind, großenteils Deutschen, ragt sein langjähriger Kanzler *Johann von Neumarkt*[7] hervor, der an den politischen und kulturellen Bestrebungen des Kaisers tätigsten Anteil hatte, ihm auch in seiner augustinisch gesinnten Frömmigkeit nahestand. Seine Stilkunst schulte er bildungseifrig am Vorbild Petrarcas und Rienzos, mit denen er im Briefwechsel stand wie Karl selbst. Sammlungen seiner Briefe wurden als Stilmuster verbreitet und regten auch andere Formularbücher an. Durch ihn vornehmlich wurde die Kanzlei Karls IV. zu einem weithin ausstrahlenden Kulturmittelpunkt.

[1] E. Fischer, Die Landfriedensverfassung unter Karl IV. (Diss. Göttingen 1883); F. Bock, Landfriedenseinungen u. Ständebünde am Oberrhein bis ... 1381, ZGORh NF 46 (1933); ders., Der Kampf um die Landfriedenshoheit in Westfalen u. die Freigerichte bis z. Ausgang d. 14.Jh., ZRG GA 48 (1928); H. Angermeier, Städtebünde u. Landfriedenspolitik im 14.Jh., HJb 76 (1957); ders., Königtum u. Landfriede im dt. SpätMA (1966), S. 186 ff.

[2] L. Hüttebräuker, Die Vikare Karls IV. in Dtld., in: Festschr. A. Brackmann (1931).

[3] E. Werunsky, Die Majestas Karolina, ZRG GA 9 (1888) und Gesch. K. Karls IV., Bd. 3 (1892), S. 77 ff.; Ausgabe von F. Palacký, Archiv český, 3 (1844), von Jiriček, Cod. jur. Boh. II 2 (1867). Die Vorrede lehnt sich an das sizilische Gesetzbuch K. Friedrichs II. von 1231 an.

[4] E. Th. Gaupp, Das schles. Landrecht (1828).

[5] Das Landbuch d. Mark Brandenburg von 1375, hg. v. Joh. Schultze (1940); dazu C. Brinckmann, Die Entstehung d. märk. Landbuchs K. Karls IV., FBPG 21 (1908) auch über die schles. Landbücher; vgl. Das Landregister d. Herrschaft Sorau v. 1381, hg. v. Joh. Schultze (1936); s. auch Th. Goerlitz, Verfassung, Verwaltung u. Recht d. Stadt Breslau 1: MA (1962).

[6] Über die Kanzlei Karls IV. s. Th.

LINDNER, Das Urkundenwesen Karls IV. u. seiner Nachfolger (1882); L. GROSS, Ein Fragment eines Registers Karls IV. a. d. J. 1348, NA 43 (1920/22); P. SCHÖFFEL, Rudolf v. Friedberg, Studie zur Kanzleigesch. Karls IV., Archival. Zs. 40 (1931); K. BURDACH, Böhmens Kanzlei unter d. Luxemburgern u. die dt. Cultur, Centralbl. f. Bibl.wesen 8 (1891), auch u. d. Titel: Vom MA zur Reformation (1893), die Keimzelle zu BURDACHS vielschichtigem Werk gleichen Titels, dessen Auffassung von der Entstehung der neuhochdt. Schriftsprache in der Kanzlei Karls IV. (s. bes. Bd. 11: A. BERNT, Die Entstehung unserer Schriftsprache, 1934) sich nicht als haltbar erwies; s. E. SCHWARZ, Die Grundlage d. nhd. Schriftsprache, Zs. f. Mundartforsch. 12 (1936); L. E. SCHMITT, Zur Entstehung u. Erforschung d. nhd. Schriftsprache, ebd.; ders., Die dt. Urkundensprache in d. Kanzlei K. Karls IV., ebd. Beiheft 15 = Mitteldt. Studien 11 (1936); ders., Untersuch. zur Entstehung u. Struktur d. »Nhd. Schriftsprache« 1 (1966); R. SCHÜTZEICHEL, Zur Entstehung d. nhd. Schriftsprache, Nass. Annal. 78 (1967).

[7] Joh. v. Neumarkt († 1380) war deutsch-bürgerlicher Herkunft, entweder aus Hohenmauth in Südostböhmen (so J. KLAPPER, Mitteil. d. Schles. Ges. f. Volkskunde 28, 1927; ders., in: Sudetend. Lebensbilder 2, 1930) oder aus Neumarkt bei Breslau (so A. HANSEL, J. v. N.s kirchl. Laufbahn, Jbb. f. Kultur u. Gesch. d. Slaven NF 3, 1927; E. SCHIECHE, AKG 20, 1930), wo er jedenfalls Pfarrer war. Seit 1347 war er Notar, 1353–1374 Kanzler Karls IV., der ihm nacheinander zu den Bistümern Naumburg, Leitomischl, Olmütz, Breslau verhalf. Seine lat. Briefe hg. v. P. PIUR bei BURDACH, Vom MA zur Ref. 8 (1937); die dt. Schriften hg. v. J. KLAPPER ebd. 6 (4 Bde. 1930/37); s. auch H. BRESSLAU, Die Summa cancellariae des J. v. N., eine Hss.-Untersuchung über die Formularbücher aus d. Kanzlei Karls IV. (1891); J. PETERSOHN, Eine neue Hs. der Summa cancell. des J. v. N., MIÖG 74 (1966) mit Lit. Zusammenfassend J. KLAPPER, Joh. v. Neumarkt, Bischof u. Hofkanzler (Erfurter Theol. Studien 17, 1964).

Kapitel 54
Territoriale Erwerbungen und Wirtschaftspolitik Karls IV.

Hatte Ludwig d. B. unbedenklich jede Gelegenheit zur Mehrung seiner Hausmacht benutzt, ohne die weit getrennten Stücke dauerhaft zusammenfügen zu können, so ging Karl IV. planmäßiger und konzentrierter darauf aus, diesen Wittelsbacherbesitz wieder zu zerschlagen und von Böhmen aus den Luxemburgern ein großes, zusammenhängendes Herrschaftsgebiet zu schaffen[1]. Die entlegenen *luxemburgischen Stammlande* zwischen Mosel und Maas, die er 1354 (wie zwei Jahre später die Markgrafschaft Jülich) zum Herzogtum erhob, überließ er zeitlebens seinem Stiefbruder Wenzel († 1383); dieser gewann durch seine Ehe mit der Erbtochter Johanns III. von Brabant († 1355) auch dessen reiches, seit 1288 mit Limburg verbundenes Herzogtum (außer Mecheln) trotz flandrischer Ansprüche und Angriffe[2]. Durch einen Erbvertrag (20. II. 1357) wollte Karl IV. die Herzogtümer Luxemburg–Brabant–Limburg sich und seinen Erben sichern für den Fall, daß Herzog Wenzel und seine Gemahlin Johanna († 1406) ohne Kinder blieben; trotzdem gingen sie den Luxemburgern dann an die Herzöge von Burgund verloren, ebenso wie den Wittelsbachern Hennegau–Holland–Seeland (Bd. 6, Kap. 4), wo auch die Ehe des Kaisersohnes Wenzel mit der Tochter des Grafen Albrecht von Holland (Sohn Ludwigs d. B.) den Luxemburgern keinen territorialen Gewinn brachte.

Die eigene *Erwerbspolitik* Karls IV. richtete sich zunächst auf die *Nachbarschaft Böhmens*. Er umschrieb seine Interessensphäre, als er 1349 dem Markgrafen Wilhelm von Jülich das nächste verfügbare Reichslehen versprach außer Österreich, Steiermark, Kärnten, Tirol, Bayern, Meißen, Sachsen und Brandenburg (RI n. 859): In diesen Ländern wollte er sich offenbar freie Hand wahren. Den *Habsburgern* gegenüber machte er allerdings die luxemburgischen Ansprüche auf *Tirol* nicht mehr geltend, als Anfang 1363, zwei Jahre nach dem Tod Ludwigs von Brandenburg[3], auch dessen einziger Sohn Meinhard starb und seine Mutter Margarete Maultasch ihr Erbland dem Habsburger Rudolf IV. vermachte[4]. Trotz des Widerstands der Wittelsbacher belehnte ihn Karl IV. mit Tirol, schloß aber gleichzeitig (Brünn, 10. II. 1364) einen Erbvertrag mit den Habsburgern[5], der beim Aussterben des einen Geschlechts seinen Länderbesitz dem anderen zusprach. Die bessere Chance schienen dabei die Luxemburger zu haben. Starb doch Herzog Rudolf IV. schon im nächsten Jahr ohne Nachkommen; seine Schwester Margarete, die Witwe Meinhards von Tirol, heiratete des Kaisers Bruder Johann Heinrich Markgraf von Mähren, den die Erbin Tirols früher verstoßen hatte; ihre Brüder Albrecht III. und Leopold III. waren noch unmündig und blieben mit Karl IV. in bestem Einvernehmen; ihre Nachkommen aber beerbten dann die Luxemburger, die mit Karls Söhnen 1437 ausstarben.

Der Erbvertrag mit den Habsburgern war geduldig auf weite Sicht geschlossen; gegen die Wittelsbacher ging Karl IV. handgreiflicher vor, um ihnen die *Mark Brandenburg* abzujagen[6]. Ihre Untüchtigkeit und Uneinigkeit erleichterte ihm den Erfolg. Markgraf Ludwig d. Ält. überließ die Kurmark 1351 seinen Brüdern Ludwig »dem Römer« und Otto, um dafür Oberbayern wie Tirol allein zu regieren. Als er und sein Sohn starben, entzweiten sich jene mit dem älteren Bruder, dem

Herzog Stephan von Niederbayern-Landshut, um die ober-bayrische Erbschaft. Um dabei Rückhalt am Kaiser zu gewinnen, erkannten sie dessen erst zweijährigen Sohn Wenzel als künftigen Erben der Kurmark und der Lausitz an, falls sie selbst ohne Nachkommen bleiben sollten. Die von den Wittelsbachern an die Wettiner verpfändete *Niederlausitz* löste Karl schon damals ein, kaufte sie ihnen 1366/67 vollends ab und vereinigte sie 1370 mit der böhmischen Krone[7]. Auch die Kurmark wurde ihm nach dem Tod Ludwigs des Römers (1365) von dessen unfähigem Bruder Otto, der sich den Beinamen »der Faule« verdiente, zunächst auf sechs Jahre zur Verwaltung überlassen. Die Aussicht auf ihren endgültigen Erwerb sah Karl IV. jedoch gefährdet durch ein Bündnis der anderen Wittelsbacher mit König Ludwig von Ungarn, für das auch Markgraf Otto gewonnen wurde. Dessen vom märkischen Adel geschürte Auflehnung gegen die mit dem Kaiser geschlossenen Verträge gab diesem die Handhabe zum gewaltsamen Zugriff. Sein erster Einmarsch in die Mark im Sommer 1371 wurde zwar durch einen Waffenstillstand beendet, da er sich von einem ungarischen Angriff auf Mähren bedroht sah. Nachdem er sich aber mit Ludwig von Ungarn, seit 1370 auch König von Polen, über eine Verlobung ihrer Kinder verständigt hatte (s. u. Kap. 55), machte ein zweiter Feldzug Karls die Wittelsbacher gefügig. Im *Vertrag von Fürstenwalde* (18. VIII. 1373) trat ihm Otto der Faule die Mark Brandenburg ab, behielt sich nur die Kurstimme auf Lebenszeit vor und bekam eine beträchtliche Entschädigung samt einigen Schlössern in der Oberpfalz. Der Kaiser selbst nahm mit seiner Kanzlei die Verwaltung der zerrütteten und verarmten Kurmark tatkräftig in die Hand und baute Tangermünde a. d. Elbe zu einer Nebenresidenz nach dem Vorbild Prags aus.

Die Mark Brandenburg, die den Luxemburgern zugleich eine zweite Kurstimme einbrachte, ist Karls bedeutendster Gewinn für sein Haus. Mit der Lausitz schloß sie sich an seinen schlesischen Besitz an. Um dessen empfindlichste Lücke am Nordhang des Riesengebirges zu schließen, heiratete er 1353 in dritter Ehe die Erbnichte Herzog Bolkos von *Schweidnitz-Jauer*. Diesen weitgespannten Länderbesitz, der (mit Ausnahme der Kurmark) der »Krone Böhmens« einverleibt und so zu einer staatlichen Verwaltungseinheit verklammert wurde[8], ergänzte Karl IV. unablässig auch nach anderer Richtung mit allen friedlichen Mitteln, durch Kauf, Pfandnahme und Tausch,

Erwerb von Lehns- und Schutzhoheiten und Einzelrechten oft nur in kleinsten Gebieten, in einer planvoll geduldigen Mosaikarbeit. Vom Egerland aus als Reichspfandschaft zielt diese Erwerbspolitik nach der *Oberpfalz* und mainabwärts nach der Wahlstadt Frankfurt, die Karl von Prag aus sicher erreichen wollte, ohne auf fremdem Boden zu nächtigen[9], und über Erlangen nach *Nürnberg*, der »fürnemsten und baß gelegisten Stat des Reichs«, die er reich privilegierte, oft besuchte und für Reichstage bevorzugte. Die zollernschen Burggrafen von Nürnberg, die sich die Grundlagen der späteren Markgrafschaft Ansbach-Bayreuth schufen, hätte Karl gern beerbt; doch führten mehrere Verlöbnisse seiner Söhne mit den Töchtern Burggraf Friedrichs V. (1357–1398) nicht ans Ziel, da dieser selbst noch Söhne bekam[10]. Er blieb jedoch mit wenigen Schwankungen dem Kaiser eng verbunden, ebenso die ihm verschwägerten Wettiner, deren meißnisches Territorium den Elbweg von Böhmen nach Brandenburg unterbrach und von Karls Erwerbungen im Vogt- und Pleißnerland, an der Mulde und Elbe umgriffen wurde[11]. Was sich nicht erwerben ließ, wollte Karl wenigstens kirchenpolitisch an Böhmen binden. Er bemühte sich allerdings vergeblich, die Bistümer Meißen, Regensburg, Breslau der Prager Kirchenprovinz einzugliedern; auch die ständige Legatengewalt, die er dem Prager Erzbischof 1365 vom Papst übertragen ließ, wurde dort nicht wirksam. Dank seinem Einvernehmen mit der Kurie konnte er aber manche Bistümer nach seinen Wünschen besetzen lassen[12], das Erzstift Magdeburg dreimal mit Männern seines Vertrauens aus Böhmen. Trotzdem blieb Magdeburg ein Hindernis seiner Territorial- und Handelspolitik. Die Wittenberger Askanier waren ihm dagegen ganz gefügig; sie bekamen durch ihn das Herzogtum Lüneburg[13] und die Grafschaft Dannenberg, Etappen auf dem Elbweg nach Hamburg. Auch an der Odermündung gab ihm seine letzte Ehe (1363) mit der pommerschen Herzogstochter Elisabeth, einer Enkelin König Kasimirs von Polen, zwar keine Erbaussichten, aber unmittelbaren Einfluß[14].

Blieb an Karls rastlos tätiger Territorial- und Erwerbspolitik auch vieles fragmentarisch, so werden Ziel und Plan doch deutlich sichtbar: Vom böhmischen Kernland aus, mit den Habsburgerländern in Erbeinung verbunden, füllte sie den weiten Raum zwischen Donau und Ostsee, vom Obermain bis Schlesien mit Luxemburgerbesitz, der das im alten Westen zersplitterte Reich vom Osten her längs der Elbe und Oder neu verklammerte und dem deutschen Königtum eine kompaktere territoriale Machtgrundlage gab als je zuvor.

Wie stark dabei auch *wirtschafts- und handelspolitische Motive* im Spiele waren, zeigt am drastischsten Karls Vorschlag an die Venetianer (1365), ihren Handel künftig nicht mehr über den Brenner zum Rhein nach Flandern gehen zu lassen, sondern – angeblich kürzer und billiger – über Prag, wo sie ihr eigenes Kauf- und Lagerhaus haben sollten, auf der Moldau und Elbe nach Hamburg, das vom Kaiser gleichzeitig eine Messe und ständigen Jahrmarkt bekam, und von dort zur See nach Brügge[15]. Den Venetianern leuchtete der Vorteil nicht ein. Die Magdeburger Schöppenchronik berichtet: Karl wollte »ein gemeine kopstraten maken die Elve nedder van Behmen wente in de se« und ließ dafür 1365 viele Schiffe bauen; sie fügt hinzu: »da wort doch nicht ut«. Kamen diese weitschauenden Pläne nicht ans Ziel, so wurde doch Prag mit der vom Kaiser 1357 erbauten steinernen *Karlsbrücke über die Moldau* zum Knotenpunkt des Handelsverkehrs aus dem erzreichen Böhmen, den Habsburgerländern und Ungarn elb- oder oderabwärts zum hansischen Nord- und Ostseehandel und vom Westen her aus Frankfurt, Nürnberg, Regensburg nach Breslau und Thorn, Polen und Rußland. Durch Begünstigung der Kaufleute mit Zoll- und Handelsfreiheiten, durch Anlage von Handelshöfen der Nürnberger, Lübecker, Hamburger in Prag, durch Förderung des Bergbaus und Gewerbes in Böhmen und der Aus- und Einfuhr lenkte Karl den Fernhandel, der früher Böhmen umging, durch seine Länder. Als einziger Kaiser nach Friedrich I. besuchte er im Herbst 1375 die führende Hansestadt *Lübeck*[16], die damals auf dem Gipfel ihrer Macht stand (s. Kap. 63). Was dabei verhandelt wurde, ist unbekannt; jedenfalls suchte Karl die Verbindung mit der norddeutschen Handelsmacht der Hanse. Besonders eifrig förderte er neben den Frankfurtern und Nürnbergern die *Breslauer* Kaufleute[17], denen er in Böhmen gleiche Rechte wie den Pragern gab und durch Verhandlungen mit Polen den Zugang zu den russischen Handelsplätzen Lemberg und Halicz öffnete. Mit diesem Handelszug aber, mit dem zugleich die deutsche Kaufmannssiedlung und das deutsche Stadtrecht weit nach Osten drang, richtete sich auch Karls politische Zielsetzung nicht nur von Böhmen nordwärts auf den Elb- und Oderraum, sondern von dieser Basis aus weiter ausgreifend nach Osten.

Die Zeit Kaiser Karls IV. (1347–1378)

[1] Grundlegend S. GROTEFEND, Die Erwerbungspolitik K. Karls IV. (1909); ergänzend P. SCHÖFFEL u. H. H. HOFFMANN (s. u. Anm. 9). Über die staatsrechtl. Formen des Landerwerbs s. H. SANMANN-v. BÜLOW, Die Inkorporationen Karls IV. (1942). H. H. HOFFMANN, »Böhmisch Lehen vom Reich«, Karl IV. u. die dt. Lehen der Krone Böhmen, Bohemia-Jb. 2 (1961).

[2] H. LAURENT u. F. QUICKE, La guerre de la succession du Brabant 1356/1357, Revue du Nord 13 (1927).

[3] F. H. HAUG, Ludwigs V. des Brandenburgers Regierung in Tirol 1342 bis 1361, Forsch. u. Mitteil. zur Gesch. Tirols 3/4 (1906/07).

[4] A. HUBER, Gesch. d. Vereinigung Tirols mit Österreich (1864); F. WILHELM, Zur Erwerbung Tirols durch d. Habsburger, MIÖG 22 (1901) u. 24 (1903); S. STEINHERZ, Margareta v. Tirol u. Rudolf IV., ebd. 26 (1905); F. HUTER, Der Eintritt Tirols in die »Herrschaft zu Österreich« 1363, Tiroler Heimat 26 (1962).

[5] Brünner Erbvertrag zw. Habsburgern u. Luxemburgern bei E. v. SCHWIND-A. DOPSCH, Ausgew. Urk. zur Verf.gesch. d. österreich. Erblande im MA (1895) n. 114.

[6] P. SCHOLZ, Die Erwerbung der Mark Brandenburg durch Karl IV. (1874); E. THEUNER, Der Übergang der Mark Br. vom Wittelsbach. an das Luxemburg. Haus (1887); G. SALCHOW, Der Übergang der Mark Br. an d. Haus Witt. (1893); J. SCHULTZE, Die Mark Br. 2 (1961), S. 136 ff.

[7] R. LEHMANN, Gesch. d. Niederlausitz (1963); ders., Niederlausitz u. Oberlausitz, Jb. f. Gesch. Mittel- u. Ostdtld. 7 (1958).

[8] J. PROCHNO, Terra Bohemiae, Regnum Bohemiae, Corona Bohemiae, in: Corona regni. Studien üb. die Krone als Symbol d. Staates im späteren MA, hg. v. M. HELLMANN (Wege d. Forschung 3,

1961); F. SEIBT in: Hdb. d. Gesch. d. böhm. Länder 1 (1967), S. 81.

[9] P. SCHÖFFEL, Die fränk. Erwerbspolitik Karls IV., Fränk. Monatshefte 10 (1931); H. H. HOFFMANN, Karl IV. u. die polit. Landbrücke von Prag nach Frankfurt, in: Zwischen Frankfurt u. Prag (Vorträge d. Colleg. Carolin. 1963); TH. STRAUB in: Hdb. d. bayer. Gesch. 2 (1969), § 27.

[10] K. LEHMANN, Die Burggrafen v. Nürnberg-Zollern in ihrem Verhältnis zu K. Karl IV. (Diss. Halle 1913).

[11] H. AHRENS, Die Wettiner u. K. Karl IV. (1896); S. LIPPERT, Wettiner u. Wittelsbacher sowie die Niederlausitz im 14. Jh. (1894).

[12] H. KRÖGER, Der Einfluß u. die Politik K. Karls IV. bei d. Besetzung d. dt. Reichsbistümer (Diss. Münster 1885).

[13] O. HOFFMANN, Der Lüneburger Erbfolgestreit (Diss. Halle 1896).

[14] M. WEHRMANN, K. Karl IV. in s. Beziehungen zu Pommern, Monatsbll. d. Ges. f. Pommersche Gesch. 11 (1897).

[15] O. STOLZ, Ein venetianisch-böhmisch-belgisches Verkehrsprojekt K. Karls IV., Mitteil. d. V. f. Gesch. der Deutschen in Böhmen 52 (1913); H. REINCKE, Machtpolitik u. Weltwirtschaftspläne K. Karls IV., Hans. Gesch.-bll. 29 (1924), der die wirtschaftl. Motive Karls vielleicht überschätzte, aber zuerst erkannte; ders., K. Karl IV. u. die dt. Hanse (1931); einschränkend F. GRAUS, Die Handelsbeziehungen Böhmens zu Dtld. u. Österreich im 14. u. zu Beginn d. 15. Jh., in: Historica 2 (1960). Zum Plan eines Kanals zw. Donau u. Moldau s. M. VACH, in: Sbornik Národniho technického muzea 2 (1956, tschech.).

[16] W. MANTELS, Karls IV. Hoflager in Lübeck 1375, Hans. Gesch.bll. 3 (1873).

[17] C. GRÜNHAGEN, Die Korrespondenz d. Stadt Breslau mit Karl IV. 1347 bis 1355, AÖG 34 (1865), ergänzt in Zs. d. V. f. Gesch. Schlesiens 8 (1867).

Schon Karls přemyslidische Vorfahren in Böhmen hatten auch nach der polnischen und der ungarischen Krone gegriffen. Sein Vater Johann verzichtete erst 1335 im Vertrag von Trentschin auf den polnischen Königstitel; dafür wurden seine Erwerbungen in Schlesien – das Herzogtum Breslau und die Lehnshoheit über die meisten schlesischen Piastenfürsten – damals von König Kasimir von Polen anerkannt[1], der sich unter Vermittlung der Luxemburger 1343 im Vertrag von Kalisch auch zum Verzicht auf das lange umstrittene Pommerellen zugunsten des Deutschordensstaates verstand (s. Kap. 62a) und sich durch den Gewinn der rotrussischen Fürstentümer Halicz, Lemberg und Wolhynien entschädigte[2]. Polen schien sich ost- statt westwärts zu wenden. Dagegen erhob sich freilich heftiger Widerspruch im polnischen Adel und Klerus, bestärkt durch den päpstlichen Nuntius, der in Polen den »Peterspfennig« einzutreiben hatte und hartnäckig diese Steuerpflicht im ganzen Bereich der »alten Grenzen Polens« verfocht[3]. Diese Parole machten sich die polnischen Stände zu eigen: Nur gegen die Zusage, die »alten Grenzen« wiederherzustellen, erkannten sie als künftigen Nachfolger König Kasimirs, der keine Söhne hatte, dessen Schwager Karl Robert von *Ungarn* († 1342) oder seinen Sohn Ludwig an. Schon deshalb mußten die Luxemburger bei ihren Verhandlungen über Schlesien und Pommerellen immer auch mit den ungarischen Anjous als polnischen Thronerben rechnen[4]. Bei der Verständigung mit König Kasimir schlossen sie auch mit ihnen ein Bündnis; Karl verlobte seine dreijährige Tochter Margarete 1338 mit dem ungarischen Thronfolger und versprach, dessen polnische Thronansprüche zu unterstützen. Dieser stimmte zwar mit Rücksicht auf die polnischen Stände dem Verzicht König Kasimirs auf Pommerellen nicht ausdrücklich zu, begleitete aber 1345, als er schon König war, die beiden Luxemburger auf eine »Litauerreise« ins Ordensland, wie sie Karl schon früher einmal (1337) mit seinem Vater unternommen hatte. Als einziger deutscher König kannte er den Ordensstaat aus eigener Anschauung. Er half ihm, Pommerellen zu behaupten, und verband sich doch vertraglich und verwandtschaftlich mit Polen und Ungarn.

Als Karl IV. deutscher König wurde, schien sich jedoch seine

Ostpolitik zu ändern. Am 22. XI. 1348, während er noch die
Wittelsbacher und ihren Gegenkönig zu bekämpfen hatte,
schloß er in Namslau (östl. Breslau) mit König Kasimir einen
Freundschaftspakt (Const. 8 n. 680), der Polen zunächst zur
Neutralität verpflichtete, zu Karls Unterstützung gegen seine
Widersacher erst dann, wenn mit seiner Hilfe die Ordensritter
und die brandenburgischen Wittelsbacher aus den »Grenzen
des Königreichs Polen« vertrieben wären; was darüber hinaus
gemeinsam erobert würde, sollte dann geteilt werden. Das
klingt wie ein Angriffsbündnis gegen den Ordensstaat und die
Wittelsbacher in der Kurmark. Daß er diesen den Rückhalt an
Polen nehmen wollte, könnte sein Zugeständnis an dessen
Grenzwünsche harmlos erklären, hätte er nicht acht Jahre später (Prag, 1. V. 1356), schon als Kaiser, den Namslauer Vertrag
erneuert und erweitert durch bestimmtere, wenn auch unbe-
fristete Zusagen seiner Waffenhilfe gegen den Ordensstaat und
die Kurmark bis zur Wiederherstellung der Grenzen Polens,
dessen König sich in diesem Vertrag bereits wieder »Herr und
Erbe Pommerellens« nannte. Es gibt dafür kaum eine andere
Erklärung, als daß Karl IV. schon damals wie später das Ziel
ins Auge faßte, das sein Vater zurückgesteckt hatte: Polen für
sich und sein Haus zu gewinnen, statt es nur von Schlesien,
Brandenburg, Pommerellen abzudrängen.

Die Möglichkeit dazu schien sich kampflos durch die glän-
zenden Aussichten dynastischer Heiratspolitik zu bieten, die
sich in den Ostländern – außer dem Ordensstaat! – eröffneten.
Kasimir von Polen hatte keine Söhne; auch sein Neffe Ludwig
von Ungarn, der ihn beerben sollte, blieb lange kinderlos und
bekam dann nur drei Töchter, mit deren Hand also beide
Kronen zu gewinnen waren. In der Kunst berechnender
Heiratspolitik war Karl IV. kaum zu übertreffen. Dabei richtete
sich sein Augenmerk vornehmlich auf die Ostländer. Ehe er
Söhne bekam, galt sein Neffe Jobst von Mähren als Thronfolger, wie in Ungarn die Nichte König Ludwigs; 1356 wurden
die beiden Kinder verlobt, doch trat Karls Sohn Wenzel bald
nach seiner Geburt an Jobsts Stelle, und der Kaiser sprach
schon offen davon, die Kinder aus dieser Ehe würden die ungarische (und damit auch die polnische) wie die böhmische Krone
erben. Die Rechnung wurde durchkreuzt, als Ludwig von
Ungarn, kurz bevor er 1370 auch polnischer König wurde, nach
15jähriger Ehe doch noch drei Töchter bekam. Alsbald löste
der Kaiser die Verlobung Wenzels mit Ludwigs Nichte und

bemühte sich für ihn um eine Tochter König Kasimirs von Polen aus einer kirchlich nicht anerkannten Ehe; auf seinem 2. Romzug 1368/69 ließ er sie durch den Papst legitimieren und für erbfähig erklären, doch nötigte ein scharfer ungarischer Protest die Kurie zum Widerruf. Das vereitelte Karls Hoffnungen, Polen unter Ausschaltung Ungarns für seinen Sohn zu gewinnen; er vermählte ihn statt dessen mit einer Tochter des Wittelsbachers Albrecht von Holland, um dessen Widerstand gegen seine brandenburgischen Pläne auszuschalten. Als aber beim Zugriff auf die Kurmark König Ludwig von Ungarn-Polen den Wittelsbachern half, gewann ihn der Kaiser 1372 für ein neues, folgenreiches Eheprojekt: Karls zweiter Sohn Sigmund, damals erst vierjährig, sollte Ludwigs zweite Tochter Maria heiraten, während ihre ältere Schwester mit einem Sohn König Karls V. von Frankreich verlobt wurde, der sich dabei die Anerkennung ihrer Thronfolge in Ungarn ausbedang. Mit ihm aber verständigte sich Karl IV. bei seinem Besuch in Paris Ende 1377, daß Polen dann der jüngeren Ludwigs-Tochter Maria und dem ihr verlobten Kaisersohn Sigmund zufallen sollte[5]. So glaubte er, dieses lang erstrebte Ziel schließlich erreicht zu haben. Deshalb hinterließ er die Mark Brandenburg, um deren Verbindung mit Böhmen er so zäh gerungen hatte, nicht dem erstgeborenen Wenzel, seinem Nachfolger in Böhmen und im Reich, sondern dem jüngeren Sigmund, der Brandenburg mit Polen zum starken Nordflügel der Luxemburgermacht zusammenfassen sollte.

Im gleichen Jahr wie Karl IV. starb die älteste Tochter König Ludwigs von Ungarn; die Chance einer neuen französischen Dynastie in Ungarn wurde damit hinfällig, die ungarische Thronfolge wieder akut. Daß die jüngere Maria gleich nach ihres Vaters Tod (1382) zur Königin von Ungarn gekrönt wurde, machte jedoch *Sigmunds polnische Aussichten zunichte* (s. Bd. 6, Kap. 4). Nicht gegen die Luxemburgerherrschaft in Verbindung mit Brandenburg sträubten sich die polnischen Stände; sie wollten nur nicht mehr wie unter König Ludwig als Nebenland von Ungarn aus regiert werden. Auf ihre Bedingung, in Polen zu residieren, konnte Sigmund nicht eingehen, da seine Verlobte bereits in Ungarn gekrönt war. An ihrer Stelle wurde ihre jüngste Schwester Hedwig (Jadwiga) nach Polen geschickt und dort zur Königin gekrönt; sie mußte nach dem Willen der polnischen Stände ihre Verlobung mit einem Habsburger lösen und den litauischen Großfürsten Jagiello heiraten, der sich und sein Volk taufen ließ, um mit Hedwigs Hand die polnische Krone zu gewinnen[6]. Auch *Litauen*, das damals über das ganze Memel- und Dnjeprgebiet bis zum Schwarzen Meer ausgriff[7], hatte Karl in seine Pläne einbezogen. Denn die Frage war längst akut und strittig, ob dieses letzte Heidenland Europas vom Ordensstaat, von Polen oder vom orthodoxen Rußland aus bekehrt und gewonnen würde. Als »monarcha mundi« forderte Karl IV. 1358 die Litauerfürsten zur Bekehrung auf und versprach ihnen seinen kaiserlichen Schutz[8]. Verhandlungen darüber kamen in Gang, aber nicht zum Abschluß. Denn die Litauer verlangten als Bedingung ihrer Taufe das Ordensland zwischen Alle und Düna, als sei es ihnen entrissen worden, und die Verpflanzung des Ordens, der dort keine Missionsaufgabe mehr hätte, an die Tatarengrenze nach Podolien. Zu völliger Preisgabe des Ordensstaates konnte sich Karl IV. nicht entschließen. Als jedoch Polen dann seinem Sohn um Ungarns willen entging und sich mit Litauen statt mit Brandenburg vereinte, wurde der Ordensstaat umklammert und fast erdrückt, mußte schließlich Pommerellen preisgeben und den Reststaat zu einem erblichen Herzogtum Preußen säkularisieren (s. Kap. 62b). Mit Ungarn aber, das Sigmund statt Polen gewann, war auch die Mark Brandenburg nicht sinnvoll zu verbinden; er stieß sie bald ab, verpfändete sie erst seinen Vettern, übertrug sie dann (1415) den Hohenzollern. So verlagerte sich die Luxemburgermacht, die später die Habsburger beerbten, zum Südosten, statt nach den Plänen Karls IV. nordostwärts zu wachsen und die Länder im Strombereich der Ostsee zu vereinen, die damals weithin von deutscher Siedlung, Wirtschaft und Kultur durchdrungen wurden. Das Schicksal Osteuropas entschied sich anders, als Karl IV. gewollt hatte. Die Gleise, deren Weichen er so glaubte stellen zu können, daß Böhmen und Schlesien mit Brandenburg und Polen, vielleicht sogar mit Litauen verbunden würden, führten statt dessen nach seinem Tod zur Vereinigung Polens mit Litauen, Böhmens mit Ungarn und weiterhin mit Österreich, Brandenburgs aber mit Preußen, dem einstigen Ordensstaat. Die europäische Geschichte der Folgezeit bahnte sich damals verhängnisvoll an: Da die Luxemburger ihre weitgespannten Ziele im Osten nicht erreichten und mit den Söhnen Karls IV. ausstarben, konnten die Habsburger im Südosten, die Hohenzollern im Nordosten zu antagonistischen Erben ihrer Politik werden und Polen schließlich ihr Opfer[9].

[1] C. GRÜNHAGEN, Schlesien unter Karl IV., Zs. d. V. f. Gesch. Schlesiens 17 (1883); Gesch. Schlesiens 1 (²1961), S. 203 ff.

[2] G. RHODE, Die Ostgrenze Polens 1 (1955).

[3] E. MASCHKE, Der Peterspfennig in Polen u. der dt. Osten (1933); E. WINTER, Die Luxemburger in der Ostpolitik der päpstl. Kurie im 14. Jh., Wiss. Zs. der Univ. Jena, ges.wiss. Reihe 7 (1957/58).

[4] S. STEINHERZ, Die Beziehungen Ludwigs I. von Ungarn zu Karl IV., MIÖG 8/9 (1887/88); W. FRAKNOI, Die Heiratspolitik Ludwigs d. Gr., Ungar. Rundschau 2 (1913).

[5] Daß Karl IV. im Winter 1377/78 vornehmlich wegen der polnischen Pläne nach Paris ging und dafür das Arelat an Frankreich preisgab, ergibt sich aus einem Brief des französ. Königs an Ludwig I. v. Ungarn, s. N. VALOIS, Le projet de mariage entre Louis de France et Cathérine de Hongrie et le voyage de l'emp. Charles IV à Paris, Annuaire-Bulletin de la Soc. de l'hist. de France 30 (1893).

[6] H. QUILLUS, Königin Hedwig v. Polen (Slav. Forschungen 2, 1938).

[7] Über Litauen im 14. Jh. s. J. PFITZNER, Großfürst Witold v. Lit. als Staatsmann (1930); M. HELLMANN, Die geschichtl. Bedeutung d. Großfürstentums Litauen, Saeculum 9 (1958); ders., Grundzüge d. Gesch. Litauens (1966); s. auch R. BÄCHTOLD, Südwestrußland im SpätMA (1951). – Die Übertragung ganz Litauens als Reichslehen an den Dt. Orden durch Ludwig d. B. Ende 1337 blieb ohne alle Folgen, s. A. WERMINGHOFF, Die Urkunden Ludwigs d. B. für d. Hochmeister d. Dt. Ordens von 1337, AUF 5 (1913); M. HEIN, Altpreuß. Forsch. 19 (1942).

[8] H. GRUNDMANN, Das Schreiben K. Karls IV. an die heidn. Litauer-Fürsten 1358, in: Folia diplomatica I (Festschr. f. J. Šebánek, Brno 1970).

[9] Über einen verwegenen Plan von 1392, die polnisch-litauische Union zu sprengen und Polen unter Ungarn, Brandenburg und den Ordensstaat aufzuteilen, s. H. SCHAEDER, Gesch. d. Pläne zur Teilung des alten poln. Staates seit 1386 (1937); dazu auch H. WEIDHAAS, Wladislaus von Oppeln, Forsch. u. Fortschr. 40 (1966).

Kapitel 56
Karls IV. Verhältnis zu Frankreich, dem Arelat und Italien

So entschieden sich Karls Politik nach Osten richtete, seine Diplomatie schützte doch auch die westlichen Grenzgebiete des Reiches wirksamer als die lauten Kundgebungen und Kriegsdrohungen seines Vorgängers. Vor seiner Wahl hatte er den Papst als Schiedsrichter in deutsch-französischen Streitfragen anerkannt (Const. 8 n. 11, 92 u. 168), nachher für seinen Schwager Philipp VI. bei Crécy gekämpft und mit dem französischen Thronfolger Johann einen Freundschaftspakt geschlossen (7. V. 1347; ib. 43 u. 230). Um den englischen König von den Wittelsbachern zu trennen, verpflichtete er sich ihm zwar zur Neutralität im englisch-französischen Krieg, sofern dabei Reichsrechte nicht verletzt würden (24. VI. 1348, ib. 569, 613)[1]. Bei dessen Wiederausbruch ersuchte ihn Eduard

III. um Vermittlung; Karl aber erklärte sich zu neuem Bündnis mit Frankreich bereit, wenn dafür die Reichszugehörigkeit von Cambrai, Verdun, Vienne respektiert und die kaiserliche Lehnshoheit anerkannt würde über die Freigrafschaft Burgund, die der französische König als Stiefvater des jungen Pfalzgrafen Philipp bevormundete, und über das Delphinat (die Grafschaft Vienne zwischen Savoyen und Provence), das er 1349 für den jeweiligen französischen Thronfolger als »Dauphin« gekauft hatte. Der Kaiser erreichte, daß ihm auf dem Metzer Reichstag Ende 1356 *für Franche-Comté und Dauphiné Lehnshuldigung* geleistet wurde. Auf seine weiteren Bündnisbedingungen ging Frankreich nicht ein, sondern begnügte sich mit einem Nichtangriffspakt ohne kaiserliche Hilfsverpflichtung[2]. Seine schwere Niederlage bei Maupertuis-Poitiers (19. IX. 1356), wo König Johann II. von den Engländern gefangen wurde, und die inneren Unruhen unter der Regentschaft des Dauphins bis zum verlustreichen Frieden von Brétigny (1360) schwächten Frankreichs Macht so empfindlich, daß es die Reichsgrenzen einstweilen nicht mehr gefährdete. So konnte Karl IV. im *Bistum Cambrai* die Reichshoheit wieder zur Geltung bringen[3], ebenso die *Reichszugehörigkeit des Arelats.* Als einziger Kaiser seit Friedrich Barbarossa ließ er sich am 4. VI. 1365 in Arles zum burgundischen König krönen und bestellte den Grafen Amadeus VI. von Savoyen zum Reichsvikar für das Arelat. Die *Grafschaft Savoyen*, die seit der Stauferzeit dem Reich meist eng verbunden war und die wichtigste Westalpenstraße über den Mont Cenis beherrschte, hatte er allerdings wie die Grafschaft Genf schon 1361 vom Arelat getrennt und unmittelbar dem deutschen Reich einverleibt[4], um sie vor der Entfremdung zu sichern, die im übrigen Arelat kaum noch aufzuhalten war. Ohne dort förmlich auf Reichsrechte zu verzichten und auf Einkünfte für seine Konzessionen, gab doch Karl IV. die Herrschaft, die er nicht ausüben konnte, aus der Hand. Bei seinem letzten Besuch in Paris im Januar 1378, als er die Nachfolge in Polen seinem Sohn sichern wollte, ernannte er den französischen Thronfolger zum Reichsvikar nicht nur im Delphinat, das er bereits besaß, sondern im ganzen Arelat (7. I. 1378, RI 5862), das damit endgültig an Frankreich verlorenging[5].

Die *Papststadt Avignon*[6] hatte der Kaiser schon 1348 aus der Lehnshoheit des Reiches entlassen, nachdem Königin Johanna von Neapel als Gräfin der Provence sie an Papst Clemens VI. verkauft hatte; sie blieb bis 1790 päpstlicher Besitz. War dort die Kurie weniger von Frankreich bedrängt seit dessen Schwächung im Kampf mit England, so konnte das auch ihre *Rückkehr nach Rom* erleichtern, die Italiens Nöte dringend forderten. Innocenz VI. fand nicht mehr die Entschlußkraft dazu, obgleich sein Legat Albornoz (s. Kap. 51 mit Anm. 5) den Kirchenstaat großenteils wiedergewann. Nur um Bologna geriet er in erbitterten Krieg mit den Mailänder Visconti; alle päpstlichen Friedensverhandlungen mit ihnen scheiterten, weder Bann und Interdikt noch die Entziehung ihres Reichsvikariates durch den Kaiser bändigte ihren Machtwillen. Dazu kam die Landplage der Söldnerbanden, die seit dem englisch-französischen Friedensschluß unter verwegenen Führern, als »böse Gesellschaften« berüchtigt, durch Frankreich, die Provence und Italien zogen, sich dem Zahlkräftigsten verdangen oder auf eigne Faust plünderten[7]. Der altersschwache Papst sah sich selbst in Avignon von ihnen bedrängt und rief nach der Hilfe des Kaisers und anderer Mächte[8]. Erst sein Nachfolger *Urban V.* (1362–1370)[9], ein willensstrenger, kanonistisch gelehrter Benediktinerabt aus südfranzösischem Adel, faßte den Mut, selbst in Italien einzugreifen. Er hoffte, die verfeindeten Mächte des Abendlandes zu einigen, die verrufenen Soldritterheere verwenden zu können für einen Kreuzzug gegen die Türken, die ganz Kleinasien gewonnen, 1354 in Gallipoli auf europäischem Boden Fuß gefaßt hatten und bald Adrianopel eroberten. Das Angebot des Kaisers, ihn nach Rom zu führen, lehnte Urban V. anfangs ab. Doch als Karl IV. zu Pfingsten 1365 (vor der Krönung in Arles) nach Avignon kam, wurde gemeinsames Vorgehen vereinbart.

Während ein Frankfurter Reichstag im August 1366 die Romfahrt beschloß, zog es Urban V. dennoch vor, ohne kaiserliche Hilfe nach Rom zu ziehen. Am 16. X. 1367 wurde er dort jubelnd empfangen. Erst ein Jahr später traf der Kaiser ein. Er wollte sich auch auf diesem *zweiten Italienzug*[10] nicht in Parteikämpfe verstricken lassen, sondern Frieden stiften durch Legalisierung der bestehenden Verhältnisse, Reichsrechte wahren, wo sie sich noch kampflos zur Anerkennung bringen ließen, und Einkünfte erheben, wo sie ihm für seine Zugeständnisse geboten wurden. Die Hoffnung des Papstes auf Vernichtung der gefährlich um sich greifenden Visconti-Macht wurde enttäuscht: Nach kurzem, erfolglosem Kampf übertrug der Kaiser das Reichsvikariat wieder an Bernabò Visconti. Dafür kam er den alten Wünschen der Kurie in Toskana entgegen, indem er dort einen ihm verwandten, mailandfreundlichen Kardinal (Guido von Boulogne, Bischof von Porto) zum Reichsvikar bestellte. So wurde in den zwei Monaten des Beisammenseins von *Papst und Kaiser in Rom* – dem ersten seit anderthalb Jahrhunderten – eine Eintracht erzielt, für die freilich die Städte und Signorien Toskanas und der Lombardei erst noch gewonnen werden mußten. Das machte dem Kaiser auf dem Rückweg manche Schwierigkeiten, die große Konzessionen erforderten. Florenz und Siena bekamen für ihr Gebiet selbst Vikariatsrechte gegen beträchtliche Zahlungen, ebenso Lucca, wo der Kaiser am 15. III. 1369 einen die Lombardei und Toskana umfassenden *Friedensbund* gegen die »bösen Gesellschaften« zustande brachte, gegen die seine Truppen einige Erfolge errangen. Doch hielt das alles nicht lange vor, als er im Herbst 1369 heimkehrte.

An den Mißständen Italiens hatte Karls Eingreifen so wenig geändert, daß auch die Kurie sich nicht in Rom glaubte halten zu können. Die zumeist französischen Kardinäle strebten ohnehin in das weniger exponierte, längst gewohnte Avignon zurück. Urban V. gab nach; im Herbst 1370 verließ er Rom. Sein Tod, bald nach der Ankunft in Avignon, galt vielen, die das Ende des avignonesischen Exils erhofft hatten, als göttliches Strafgericht. Ihrem Drängen auf Rückkehr nach Rom konnte sich der neue Papst *Gregor XI.*[11], ein Neffe Clemens' VI., trotz des Widerstrebens der Kardinäle und des Pariser Hofes nicht entziehen, wenn der Kirchenstaat nicht verlorengehen, die Gefahr eines italienischen Gegenpapsttums nicht akut werden sollte. Während Petrarca, der Urban V. hoffnungsfroh in Rom begrüßt hatte, tief enttäuscht und erbittert starb (1374), drängte sein humanistischer Jünger Coluccio Salutati als Staatskanzler von Florenz[12] auf dessen Zusammenschluß mit Mailand, Rom, Bologna u. a. gegen das französische Papsttum. Aufrüttelnd mahnten Visionärinnen wie die schwedische Fürstentochter Birgitta[13], die seit 1350 in Rom wirkte, und die junge Färbertochter Katharina von Siena[14] zur Heimkehr des Papstes und zur Reform der Kirche. Katharina ging selbst nach Avignon und veranlaßte im Herbst 1376 den lange unschlüssigen Gregor XI. mit den meisten Kardinälen zum Aufbruch. Doch da er bald erkrankte und 15 Monate nach der Ankunft in Rom starb (27. III. 1378), steigerten sich die Spannungen zwischen Kardinälen und Römern zu erregten Unruhen, die für die neue Papstwahl das Schlimmste befürchten ließen[15]. Der Kaiser, früher mit Gregor XI. befreundet, blieb diesmal unbeteiligt an der Heimkehr der Kurie, mit der er währenddessen in schwierigen Verhandlungen stand wegen der Wahl seines Nachfolgers.

[1] R. SALOMON, Zur Gesch. d. engl. Politik Karls IV., in: Histor. Aufsätze f. K. Zeumer (1910); F. TRAUTZ, Die Kge. v. Engld. u. das Reich (1961), S. 352 ff.

[2] P. MENDL u. F. QUICKE, Les relations politiques entre l'empereur et le roi de France de 1355/56, Revue Belge de philol. et d'hist. 8 (1929).

[3] L. HÜTTEBRÄUKER, Cambrai, Dtld. u. Frankreich 1308–1378, ZRG GA 59 (1939); vgl. auch F. BOY, Die Stellung d. Hgt. Lothringen zwischen Dtld. u. Frankreich während d. Regierung Hg. Johanns I. 1346–1390 (Diss. Halle 1904).

[4] Zur Inkorporation Savoyens ins Reich (WINKELMANN, Acta 2 n. 875) s. E. E. STENGEL, Regnum u. Imperium (1930), S. 22 ff., auch in dessen Abhandl. u. Untersuch. zur Gesch. d. Kaisergedankens (1965), S. 196 ff.; G. TABACCO, Lo stato Sabaudo nel sacro Romano imperio (1939). Seit 1416 Herzogtum, wurde Savoyen bis ins 18. Jh. zu den Reichsständen gerechnet.

[5] O. WINKELMANN, Die Beziehungen Karls IV. zum Kgr. Arelat (1882); P. FOURNIER, Le royaume d'Arles et de Vienne 1138–1378 (1891); R. GRIESER, Das Arelat in der europ. Politik (1925). Karls Verzicht auf das Arelat wird erst im Zusammenhang mit seinen polnischen Plänen ganz verständlich; s. o. Kap. 55, Anm. 5.

[6] R. BRUN, Avignon au temps des papes (1928); L. H. LABANDE, Le palais des papes et les monuments d'Avignon au 14ᵉ siècle (2 Bde. 1925); P. M. BAUMGARTEN, Die Papstveste in Avignon, in: Festschr. G. v. Hertling (1913); B. GUILLEMAIN, La cour pont. d'Av. (s. Kap. 32, Anm. 3).

[7] A. SAUTIER, P. Urban V. u. die Söldnerkompanien in Italien (Diss. Zürich 1912); PIRCHAN (s. Anm. 10), 2, S. 6 ff.; R. BOTT, Die Kriegszüge d. engl.-französ. Soldkompanien nach d.

Elsaß u. d. Schweiz unter d. Regierung Karls IV. (Diss. Halle 1891).

[8] ST. STOY, Die polit. Beziehungen zw. Kaiser u. Papst 1360–1364 (Diss. Straßburg 1881).

[9] Urban V.: J. H. ALBANES-U. CHEVALIER, Actes anciens et documents concernants ... Urbain V (1897); Lettres communes ed. DUBRUELLE (1926) u. P. GASNAULT (1965), unvollständig; J. P. KIRSCH, Die Rückkehr d. Päpste Urban V. u. Gregor XI. von Avignon nach Rom (1898).

[10] G. PIRCHAN, Italien u. K. Karl IV. in der Zeit seiner 2. Romfahrt (2. Bde. 1930).

[11] Gregor XI, Lettres sécrètes et curiales relatives à la France, ed. L. MIROT u. a. (3 Fasc. 1935/57, unvollst.); Lettres intéress. les pays autres que la France, ed. G. MOLLAT (3 Fasc. 1962/65); L. MIROT, La politique pontificale et le retour du Saint-Siège à Rome en 1376 (1899); A. PLÉSSIER, Grégoire XI ramène la Papauté à Rome (1962).

[12] P. HERDE, Politik u. Rhetorik in Florenz am Vorabend der Renaissance, Die ideolog. Rechtfertigung der Florentiner Außenpolitik durch Coluccio Salutati, AKG 47 (1965).

[13] Acta et processus canonisationis b. Birgittae, ed. J. COLLIJN (1924/31); E. FOGELKLOU, Die hl. Birgitta v. Schweden (dt. v. M. LÖHR 1929); T. SCHMID, Birgitta (1940); M. SEIDLMAYER, Ein Gehilfe der hl. Birg., HJb 50 (1930).

[14] Fontes vitae s. Catharinae Senensis, ed. M. H. LAURENT u. a. (6 Bde. 1936/38); Epistolario di S. Caterina, ed. E. DUPRÉ-THESEIDER (1. Bd. 1940, bis 1376); s. dessen Lit.-Bericht in Riv. stor. Ital. 62 (1950), auch Bull. dell'Ist. stor. Ital. 47/48 (1931/32) über R. FAWTIER, Ste. Cathérine de Sienne (2 Bde. 1921/30); E. v. SECKENDORFF, Die kirchenpolit. Tätigkeit der hl. Katharina v. S. unter P.

Gregor XI. (1917); dies., HJb 49 (1929) über Fawtier; A. ALESSANDRINI, Il ritorno dei papi da Avignone e S. Caterina da Siena, Arch. d. Soc. Rom. 56 (1933); N. M. DENIS-BOULET, La carri-

ère politique de Ste. Cath. de Sienne (1939); A. GRION, Santa Caterina da Siena (1953).

[15] R. C. TREXLER, Rome on the Eve of the Great Schism, Speculum 42 (1967).

Kapitel 57
Die Königswahl Wenzels

In seinen letzten Jahren bemühte sich Karl IV. neben dem Ausbau der luxemburgischen Hausmacht im Osten vornehmlich um die Sicherung der Nachfolge im Reich für seinen Sohn. Es ist ein Meisterstück seiner Diplomatie, wie er trotz der reichsrechtlichen Anerkennung des Kurfürstenwahlrechts und trotz aller päpstlichen Einwände als erster Kaiser seit den Staufern die Wahl seines Erben zum Nachfolger erreichte[1]. In der Goldenen Bulle war eine Königswahl bei Lebzeiten des Herrschers nicht eigens vorgesehen, aber auch nicht ausdrücklich ausgeschlossen. Damals hatte Karl noch keinen Sohn und wollte die Kurfürsten nicht mißtrauisch machen. Erst als sein Sohn Wenzel, bereits mit zwei Jahren 1363 zum König von Böhmen gekrönt, volljährig wurde und die Luxemburger mit der Mark Brandenburg über eine zweite Kurstimme verfügten, auch der sächsischen sicher sein konnten (s. RTA 1 n. 25), trat Karl 1374 mit seinen Nachfolgeplänen hervor. Das für die Wahl besonders wichtige Erzbistum Mainz ließ er, als Erzbischof Gerlach von Nassau 1371 starb, gegen den Willen des Domkapitels, das dessen Neffen Adolf zum Nachfolger wünschte, einem Bruder der Meißner Markgrafen, dem Bischof Ludwig von Bamberg, vom Papst übertragen. Dieser leichtlebige Wettiner konnte sich zwar im Mainzer Erzstift nicht gegen Adolf von Nassau durchsetzen[2], war aber dem Kaiser ein gefügiger Wähler (Zusage RTA 1 n. 2). Auf seiner Seite stand im Mainzer Streit auch der alte Pfalzgraf Ruprecht I.; da er aber den Verlust Brandenburgs für die Wittelsbacher, vielleicht auch eigene Thronwünsche für sein Haus verwinden mußte, war seine Zustimmung zu Wenzels Wahl nur durch große territoriale und finanzielle Zugeständnisse zu erkaufen (RTA 1 n. 16–20). Noch schwerer war der machtbewußte Erzbischof Kuno von Trier[3] zu gewinnen samt seinem Neffen Friedrich von Köln[4], der sich schon im Juni 1371 verpflichtete, einer Königswahl zu Lebzeiten des Kaisers nur im Einvernehmen mit Trier zuzustimmen (RTA 1 n. 9). Als Karl IV. im November 1374 mit beiden Erzbischöfen in Mainz über die Wahl verhandelte, verlangten sie nicht nur beträchtliche Erweiterung ihrer landesherrlichen Rechte und Besitzungen, Schutz gegen das Autonomiestreben ihrer Städte, Fürsprache an der Kurie für Zehnt- und Schuldenerlaß usw.; sie forderten auch, damit die Wahl »frei« sei, müsse die Bestimmung der Goldenen Bulle über Frankfurt als Wahlort aufgehoben und Wenzel zu Rhens gewählt werden (RTA 1 n. 3–12). Karl IV. hat das alles bewilligt. Er versicherte sich auch im voraus der Anerkennung Wenzels durch andere Fürsten – die Habsburger und Wettiner, den Württemberger und die Burggrafen von Nürnberg –, um durch möglichst große Einmütigkeit päpstlichen Einwänden gegen die Wahl zuvorzukommen.

Gregor XI. widersetzte sich nicht grundsätzlich der Königswahl des Kaisersohnes, wenn das auch »sehr neu und ungewöhnlich« sei; er verlangte aber, Wenzel müsse vorher an der Kurie dieselben Eide leisten wie Karl vor seiner Wahl und überdies schwören, seinerseits zu Lebzeiten keinen Nachfolger wählen zu lassen; auch sollte Karl einer Konstitution zustimmen, die solche Wahlen ohne päpstliche Erlaubnis für ungültig erklärte. Karl entgegnete, für päpstliche Konstitutionen sei nie kaiserliche Genehmigung erbeten und benötigt worden; er entschuldigte mit Krankheit, daß er mit Wenzel nicht nach Avignon kam. Als er den Wahl- und Krönungsbeschluß der Kurfürsten mitteilte, protestierte Gregor XI. heftiger: Vor päpstlicher Konfirmation der Wahl und Approbation des Gewählten sei die Krönung unzulässig, die Regierung ungültig. Karls scheinbares Entgegenkommen durch Verschiebung des Krönungstermins hätte jedoch für die Einholung der Approbation gar nicht ausgereicht, und indem er den Kurfürsten das päpstliche Ansinnen vortrug, bestärkte er nur ihren Wahlwillen. Trier und Köln verzichtete sogar auf die Verlegung der Wahl nach Rhens, wo nur der Wahlbeschluß gefaßt wurde, der am 10. VI. 1376 der Goldenen Bulle gemäß in Frankfurt von allen sieben Kurfürsten einmütig vollzogen wurde (für die Kurmark vom Kaisersohn Sigmund). In ihren Wahlanzeigen (RTA 1 n. 79–82) baten sie den Papst nicht um Approbation, nur um Anerkennung und künftige Kaiserkrönung Wenzels. Karl selbst ersuchte zwar nachträglich in einem auf den 4. IV. zurückdatierten Schreiben, als sei es vor der Wahl geschehen, um des Papstes wohlwollende Zustimmung (beneplacitum) dazu, doch nicht um die Genehmigung, wie es Gregor XI. verlangte (ib. 73/4). Ohne dessen Stellungnahme abzuwarten, wurde *Wenzel* am 6. VII. 1376 *in Aachen* gekrönt und bestätigte alsbald als König die Privilegien der Kurfürsten. Die Thronfolge war ohne Zustimmung und gegen den Willen des Papstes allein von den Kurfürsten nach dem Wunsch des Kaisers entschieden worden. Doch ließ es Karl IV. trotz aller Drohungen Gregors XI. nicht zum Bruch kommen, sondern bemühte sich weiter um dessen Anerkennung der Wahl Wenzels. Im September 1377, als die Kurie nach Rom zurückgekehrt war, einigte man sich in rückdatierten Schreiben auf die Fiktion, als habe der Kaiser vor der Wahl am 6. III. 1376 um deren Genehmigung gebeten und der Papst sie am 7. Mai ausnahmsweise erteilt, während er künftige Königswahlen zu Lebzeiten des Vorgängers für rechtswidrig erklärte (RTA 1 n. 86/8). Da aber nur Karl selbst (ib. 89), nicht auch Wenzel die Erklärung abgab, keine solche Wahl mehr zu gestatten, hielt Gregor XI. seine bereits ausgestellte Approbationsbulle noch immer zurück, bis er am 26. III. 1378 starb. Die Frage der Anerkennung Wenzels als König, in der Karl IV. der Kurie nur noch einen Scheinerfolg gönnte[5], ging unerledigt an den Nachfolger über und bestimmte nicht zum wenigsten die Haltung des Kaisers beim Ausbruch des großen Schismas.

---

[1] Mit den Akten zur Wahl König Wenzels beginnen die Deutschen Reichstagsakten (= RTA), hg. durch die Histor. Kommission bei d. bayer. Akad. d. Wissensch., Ältere Reihe 1 (1867), dazu die Einleitung von J. WEIZSÄCKER, S. LXXXVI ff. Vgl. TH. LINDNER, Die Wahl Wenzels, FDG 14 (1874); R. LIES, Die Wahl Wenzels zum Röm. Kg. in ihrem Verhältnis zur Gold. Bulle, HV 26 (1931). Gegen K. ZEUMER, Goldene Bulle 1, S. 186 ff., bewies M. G. SCHMIDT, Die staatsrechtl. Anwendung der G. B. (Diss. Halle 1894), und eingehender R. LIES, daß die G. B. die Möglichkeit einer Wahl zu Lebzeiten des Kaisers offen ließ.

[2] F. VIGENER, K. Karl IV. u. der Mainzer Bistumsstreit 1373–1378 (1908).

[3] F. FERDINAND, Kuno v. Falkenstein als Eb. v. Trier . . bis 1377 (1886); G. PARISIUS, Eb. Kuno II. v. Trier in s. späteren Jahren (Diss. Halle 1910).

[4] J. FECKER, Friedrich v. Saarwerden, Eb. v. Köln (Diss. Münster 1880); A. MIEBACH, Beitr. z. Regierungsgesch. d. Kölner Kf. Friedrich III. v. Saarwerden, AnnHVNiederrh 87 (1909).

[5] S. auch F. P. BLIEMETZRIEDER, Der Briefwechsel der Kardinäle mit K. Karl IV. betr. die Approbation Wenzels als Röm. Königs (Sommer 1378), Stud. u. Mitteil. aus d. Benedikt.-Orden 29 (1908).

Nach dem Tod Gregors XI. traten die 16 Kardinäle, die mit ihm
aus Avignon gekommen waren – 11 Franzosen, 4 Italiener,
1 Spanier –, zum Konklave zusammen, erstmals seit 75 Jahren
in Rom, bedrängt von der stürmischen Forderung einer erregten, bewaffneten Volksmenge, es müsse ein Römer, wenigstens
ein Italiener Papst werden. Unter diesem Druck wurde nach
kurzer Beratung am 9. IV. 1378 der 60jährige Erzbischof
Bartolomeo Prignano von Bari als *Urban VI.* gewählt. Zunächst focht niemand die Gültigkeit der Wahl an. Erst als der
neue Papst schroff und rücksichtslos die Kardinäle wie jedermann unter seinen herrischen Reformwillen zwingen wollte,
lehnten sich die »ultramontanen«, d. h. nicht-italienischen Kardinäle gegen ihn auf, wichen nach Anagni aus, kündigten ihm
den Gehorsam und forderten seinen Rücktritt, da seine Wahl
erzwungen und ungültig sei. Während die italienischen Kardinäle nach einem Ausweg durch Berufung eines Konzils suchten, warnten jene den französischen König und den Kaiser vor
der Anerkennung Urbans VI. und wählten am 20. IX.1378 in
Anagni den Kardinal Robert von Genf, der sich *Clemens VII.*
nannte. An Karl V. von Frankreich fand er sofort Rückhalt und
kehrte, da sich ihm Rom und der größte Teil Italiens nicht anschloß, im Juni 1379 mit seinem Anhang *nach Avignon zurück.*
Urban VI. dagegen kreierte an einem Tag 29 Kardinäle, darunter 20 Italiener und die Erzbischöfe von Prag und Gran. Das
Papsttum, seit 70 Jahren in der Fremde, hatte sich beim Versuch der Heimkehr gespalten. Die Frage, wer der rechte Papst
sei, der Italiener in Rom oder der Franzose in Avignon, entzweite 40 Jahre lang die Kirche und die europäischen Mächte[1].
  Obgleich Urban VI. bald nach seiner Wahl den Kaiser seines
Wohlwollens versicherte, wurde dessen Gesandter, der noch
an der Kurie auf die schon von Gregor XI. zugesagte Approbationsbulle für König Wenzel wartete und den neuen Papst
um ihre Aushändigung bat, von ihm hochfahrend abgewiesen.
Er wandte sich deshalb der Kardinalsopposition zu, deren
Führer Robert von Genf bisher des Kaisers Fürsprecher in der
Königswahlfrage gewesen war. Trotz seiner Warnung erkannte
zwar Karl IV. die Wahl Urbans VI. an, lehnte aber dessen Forderung ab, zur Entgegennahme der Approbation eine Fürsten-

gesandtschaft nach Rom zu schicken. Indessen sah sich der Papst durch den Abfall der Kardinäle auf den Rückhalt am Kaiser angewiesen und erkannte am 26. Juli in öffentlichem Konsistorium, dem nur drei Kardinäle beiwohnten, Wenzel als König an, bat ihn sogar, nach Italien zu kommen, und versprach, mit Rat des Kaisers und der Kurfürsten die kirchlichen Beschwerden im Reich abzustellen. Darauf warnte Karl IV. die Kardinäle vor weiteren Schritten gegen Urban VI. und gebot allen Reichsfürsten, ihn als rechtmäßigen Papst anzuerkennen. Doch inzwischen war Clemens VII. gewählt. Sobald es der Kaiser erfuhr, forderte er die Fürsten Italiens, vor allem die Königin von Neapel, auch den König von Frankreich auf, an Urban festzuhalten. Sein eigner Gesandter an der Kurie aber hatte sich für Clemens VII. entschieden, der sich sofort vorbehaltlos zur Anerkennung der Wahl Wenzels bereit erklärte und um eine kaiserliche Gesandtschaft bat. Ehe diese Nachricht nach Prag kam, war *Karl IV*. dort am 29. XI. 1378 *gestorben*. Vielleicht hätte seine diplomatische Meisterschaft noch einen Ausweg aus der Krise gefunden, obgleich er die Rückkehr des Papsttums nach Frankreich nicht wünschen, dessen Entscheidung für Clemens VII. jedoch nicht hindern konnte (während England wie auch Ungarn für Urban VI. Partei nahm). Da er aber gerade beim Ausbruch des Schismas das Steuer der Reichspolitik seinem unerfahrenen Sohn überlassen mußte, wurde durch die Kirchenspaltung bald auch sein eigenes politisches Werk gefährdet und verdorben.

Auch andere Krisenzeichen umwittern Karls letzte Jahre. Durch regionale Landfriedenseinungen unter seiner Leitung hatte er die *Gegensätze zwischen den Ständen* niederzuhalten versucht. Die Reichsstädte, denen die Goldene Bulle Sonderbünde verbot, wurden von ihm zwar gegängelt und kräftig besteuert, aber auch gegen die Territorialgewalten geschützt und in ihren Handelsinteressen gefördert. Selten griff er in ihre inneren Auseinandersetzungen ein, anders als sein Vorgänger meist zugunsten der herrschenden Geschlechter gegen die aufstrebenden Handwerkerzünfte[2]. In Schwaben, wo die Menge kleiner Reichsstädte aus staufischer Zeit der Territorienbildung besonders störend im Wege lag, ließ sich der mehrfach (zuletzt 1370) erneuerte Landfrieden am schwersten aufrechterhalten. Ein kaiserlicher Landfriedenshauptmann wurde gefangen und ermordet. Der Adel schloß sich zu einem Ritterbund zusammen. Die Städte wurden 1372 vom Grafen Eberhard von Württemberg, dem »Greiner« oder »Rauschebart«, nördlich von Ulm geschlagen. Sie fanden beim Kaiser wenig Hilfe; denn ihm lag an der Zustimmung des machtwilligen Württembergers zu Wenzels Wahl. Um deren Kosten und die Kaufsumme für die Kurmark aufzubringen, wurden die Städte hoch besteuert, einige sogar an fürstliche Landesherren verpfändet. Um sich dagegen gemeinsam zu wehren, schlossen 14 schwäbische Städte unter Führung Ulms, das damals selbstbewußt sein Münster zu bauen begann, am 4. VII. 1376 einen Bund[3] und machten ihre Huldigung für den eben gewählten König Wenzel von der Zusicherung abhängig, daß sie nie »versetzt« und an ihren Rechten verkümmert würden. Sie wurden geächtet und vom Kaiser selbst bekriegt, doch ohne Erfolg. Der Städtefeind Eberhard von Württemberg erlitt sogar am 14. V. 1377 bei Reutlingen eine empfindliche Niederlage. Einlenkend ließ der Kaiser durch König Wenzel mit den Städten Frieden schließen, sie aus der Acht lösen und gegen Verpfändung sichern, ohne aber ihren Bund von Reichs wegen anzuerkennen. Gleichwohl griff dieser auf Franken und Bayern, ins Elsaß und an den Mittelrhein über und wuchs schließlich auf 89 Städte an. Denn auch die stärkere Einschaltung der kaiserlichen Gewalt in einem neuen Landfrieden für Franken und Bayern, den König Wenzel am 28. V. 1377 in Rothenburg errichtete, bewährte sich nicht[4]. Zu einer endgültigen Entscheidung, wie sie Karl IV. noch kurz vor seinem Tod ankündigte, kam er nicht mehr. Er hatte die Gefahr innerer Spaltung nur beschwichtigen, nicht beheben können und mußte auch diese Aufgabe seinem Nachfolger überlassen, der sie nicht meisterte.

Um wenigstens Zwietracht im eigenen Hause zu verhüten, hatte Karl schon ein halbes Jahr nach Wenzels Wahl die Erbfolge im Luxemburgerbesitz sorgsam geregelt. Dem jüngeren Sigmund, für den er die polnische Krone erhoffte (s. Kap. 55), teilte er die Mark Brandenburg zu, dem jüngsten Sohn Johann ein kleines Herzogtum Görlitz als böhmisches Lehen, ebenso seinen Neffen Jobst und Prokop die Markgrafschaft Mähren. Als dem Kaiser 1377 noch ein Sohn geboren wurde (der bald starb), wurde in einem sonst wenig veränderten Testament auch er bedacht; er sollte künftig das luxemburgische Stammland mit Limburg-Brabant als böhmisches Lehen bekommen[5]. Vornehmlich aber galt dabei Karls Sorge der Eintracht seiner Söhne und Neffen, die er beschwor, nichts von ihrem Besitz zu entfremden, stets gemeinsam ihre Reichslehen zu empfangen, einander beizustehen und bei Krieg und Königswahl nur im Einvernehmen zu handeln. Statt dessen ließ dann bald heftiger Zwist unter den Luxemburgern auch die Gefahren des Schismas und des Ständekampfes für Deutschland vollends verhängnisvoll werden und die bedeutenden Leistungen Karls IV. für die politische Beruhigung, Neuordnung und Kräftigung des Reiches ohne nachhaltig heilsame Wirkung bleiben.

[1] M. SEIDLMAYER, Die Anfänge d. großen abendländ. Schismas (1940); O. PŘEROVSKY, L'elezione di Urbano VI e l'insorgere dello scisma d'Occidente (1960); W. ULLMANN, The Origins of the Great Schism (1948); K. A. FINK, Zur Beurteilung d. Großen abendländ. Schismas, ZKiG 73 (1962); N. VALOIS, La France et le grand schisme d'Occident (4 Bde. 1896–1902); S. STEINHERZ, Das Schisma von 1378 u. die Haltung Karls IV., MIÖG 21 (1900). Der wichtige Bericht des ksl. Gesandten in Rom, Konrad v. Wesel, Dekan von Wissehrad, bei J. GAYET, Le grand schisme d'Occident 2 (1890), S. 169 ff.; Korrekturen bei STEINHERZ S. 635 ff., dazu H. WEIGEL, DA 5 (1942), S. 128 f.

[2] Karl IV. u. die Städte: F. ZANDER, Beiträge zur Gesch. d. kgl. Einflusses auf die inneren städt. Angelegenheiten z. Z. Ludwigs d. B. u. Karls IV. (Diss. Halle 1911); H. LENTZE, Der Kaiser u. die Zunftverfassung in den Reichsstädten bis zum Tod Karls IV. (1933).

[3] W. VISCHER, Gesch. d. schwäb. Städtebundes 1376–1389, FDG 2/3 (1862/63), dazu J. VOCHEZER, ebd. 15 (1875), TH. LINDNER, ebd. 19 (1879); die Akten RTA 1 n. 103 ff.

[4] F. VIGENER, Kg. Wenzels Rothenburger Landfriede, NA 31 (1905).

[5] Die beiden Testamente: L. SCHLESINGER, Eine Erbteilungs- u. Erbfolgeordnungsurkunde K. Karls IV. (vom 21. XII. 1376), Mitt. d. V. f. Gesch. d. Deutschen in Böhmen 31 (1892/93); F. QUICKE, Un testament inédit de l'emp. Charles IV (vom 18. X. 1377), Revue Belge de philol. et d'hist. 6 (1927).

Kapitel 59
Das deutsche Geistesleben unter Karl IV.

Am geistig-kulturellen Leben und an der Kunst seiner Zeit war Karl IV., selbst literarisch tätig und ungemein baufreudig, so wirksam beteiligt wie vor ihm nur Friedrich II., der ihm und seiner Kanzlei trotz aller Verschiedenheit in manchem Vorbild war. Wie jener in Neapel, gründete Karl 1348 als deutscher und böhmischer König eine *Universität in Prag*[1], die erste auf Reichsboden, die seinen Untertanen das Studium im Ausland ersparen, Theologen und Juristen daheim ausbilden und Karls Residenz auch zu einem geistigen Mittelpunkt für das Reich machen sollte. Ihre Lehrer und Studenten, wie in Paris in vier »Nationen« nach den Herkunftsländern aus den vier Himmelsrichtungen gegliedert, waren zunächst ganz überwiegend

Deutsche. Durch Stiftung des Karlskollegs für zwölf Magister (1366), dessen Plätze wie in anderen Kollegien erst seit 1384 die Tschechen für sich beanspruchten, und durch andere Spenden förderte Karl seine Gründung und brachte sie zu raschem Aufschwung und großem Ansehen. Auch in Italien stellte er mehreren Universitäten Stiftungsbriefe aus. Nach seinem Vorbild schuf sein Schwiegersohn Rudolf IV. von Österreich, auch beim Neubau des Stefansdomes mit Karls Prager Veitsdom wetteifernd, 1365 die *Universität Wien*, zunächst ohne viel Erfolg; fast gleichzeitig gründeten König Kasimir von Polen in Krakau, Ludwig von Ungarn in Fünfkirchen Universitäten. Bald nach Karls Tod folgten weitere Gründungen in Heidelberg (1386), Köln (1388), Erfurt (1392). Deutschland und Osteuropa traten endlich durch eigene Studienstätten mit Frankreich, Italien, England in Wettbewerb[2].

Karl selbst war seit seiner Pariser Jugendzeit theologisch gebildet und zu frommer Meditation geneigt. Er schrieb Predigten und religiös-moralische Betrachtungen[3], verfaßte auch eine neue Legende des böhmischen Nationalheiligen Wenzel[4], seines Vorfahren, dessen Kult er auch außerhalb Böhmens förderte. Heiligen- und Ahnenkult, Reliquien- und Staatskult verbanden sich ihm aufs engste. Für seine in aller Welt gesammelten Reliquienschätze und für die Reichskleinodien – beide wurden öfters für Wallfahrer ausgestellt – erbaute er abseits von Prag die Burg Karlstein, in deren kostbar ausgeschmückten Kapellen er neben Apokalypsen- und Heiligenbildern seinen Stammbaum und sich selbst als Reliquienverehrer darstellen ließ. Auch die von ihm erbaute Burg auf dem Hradschin schmückten die Bilder böhmischer Herrscher; für den Veitsdom wurden die Grabmäler der Přemysliden gemeißelt; von seiner Triforiumsgalerie blicken noch die lebensnahen Büsten des Kaisers, seiner Familie und seiner Helfer beim Dombau herab. Verband schon Karls eigne Darstellung seines Aufstiegs zum Thron (Kap. 48) fromme Reflexion mit politischem Verstand zu einer Mahnung an die Nachkommen, so schrieb oder veranlaßte er noch 1377 in Tangermünde einen Fürstenspiegel für seinen Nachfolger Wenzel, um ihn mit Worten der Bibel, auch Petrarcas, Senecas, Livius' zur Fortführung seines Werkes zu unterweisen[5]. Auch die *Geschichtsschreibung* wollte Karl in seinem Sinne lenken. Mehrere Chronisten veranlaßte er zur Darstellung der böhmischen Landes- und Kirchengeschichte[6]. Keiner erreichte darin allerdings den Königsaaler Abt Peter von Zittau, den Karl als

Jüngling besuchte. Sein ›Chronicon Aulae regiae‹ (bis 1338) setzte der Domherr Franz von Prag mit allzu spürbarer Abneigung gegen die Deutschen fort (bis 1353). Besser folgte Karls Intentionen, an dessen Selbstbiographie anschließend, die Chronik des Benesch Krabice von Weitmühl († 1375), der auch Leiter des Dombaus wurde. Dem Chronisten Pulkawa beschaffte Karl selbst die Quellen, nach dem Erwerb Brandenburgs auch über dessen Geschichte. 1353 beauftragte er einen Florentiner Franziskaner und China-Missionar Johannes von Marignola mit einer Geschichte Böhmens im Rahmen der Weltgeschichte, die jedoch über eine mit eigenen Reiseerfahrungen durchsetzte Kompilation nicht hinauskam[7], wie auch der Mindener Dominikaner Heinrich von Herford († 1370), den der Kaiser durch eine Grabstätte ehrte, nur ein wirksamer Kompilator war[8]. Die Geschichtsschreibung ließ sich durch Karls planenden Willen weniger beleben als durch die politische Erregung unter seinem Vorgänger.

Auch die religiöse Bewegung wurde durch den kirchenfrommen Kaiser mehr gedämpft als bestärkt. Eine Begegnung mit Tauler (1348) scheint ihn nicht tiefer beeindruckt zu haben. Gegen Auswüchse der Mystik in ungeregelten Beginen- und Begardenkreisen ließ er die Inquisition scharf eingreifen, auch die Verbreitung religiöser Schriften in der Volkssprache streng überprüfen oder ganz verbieten. Mehr Wohlwollen und Nachsicht zeigte er für Reformer, die ohne mystische Spekulation gegen Mißstände in Kirche und Mönchtum predigten und damit viel Zulauf fanden. Den österreichischen Augustiner Konrad von Waldhausen († 1369) berief er selbst nach Prag, wo seine deutschen Predigten auf offenem Markt den Protest der Bettelmönche herausforderten. Aufrüttelnder noch wirkte der Böhme Milič von Kremsier, der wegen des rücksichtslosen, auch Kaiser und Papst nicht verschonenden Reformeifers seiner tschechischen Predigten an der Kurie als Ketzer verklagt und doch von Karl, aus dessen Kanzlei er hervorging, geschützt wurde († 1374). Unangefochten konnte sein Schüler Matthias von Janow († 1394) sein reformerisches Wirken in Prag fortsetzen. Konnte man diese Männer später für Vorläufer der Hussiten halten, so ließ doch Karl IV., immer um Ausgleich bemüht, weder nationale noch kirchliche Gegensätze zum Ausbruch kommen.

Ohne dem geistigen Leben neue Wege zu weisen oder starke Impulse zu geben, wurde Karl IV. wie sein Kanzler durch die

Begegnung mit dem italienischen Frühhumanismus doch nachhaltig beeindruckt. Sie wurden nicht selbst »Humanisten«, weniger vom neu erwachten Sinn für die Antike oder von Rienzos politisch-religiöser Schwärmerei berührt als von Petrarcas augustinischer Frömmigkeit. Deren Sprachkunst aber wurde vorbildlich für Karls Kanzlei, die von Prag aus weithin wirkte, auch auf das deutsche Schrifttum, das Johann von Neumarkt durch Übersetzungen theologisch-erbaulicher Schriften und eine Gebetsammlung bereicherte. Darf man den Anteil der Prager Kanzlei an der Ausbildung der neuhochdeutschen Schriftsprache nicht überschätzen[9], so wuchs doch auf diesem Boden ein so sprachschönes und tiefsinniges Kunstwerk in deutscher Prosa wie das Streitgespräch des ›Ackermann aus Böhmen‹ mit dem Tod, das der kaiserliche Notar Johann von Tepl, Stadtschreiber und Schulrektor in Saaz, um 1400 schrieb[10].

Sichtbarer noch zeigt die Bau- und Bildkunst Karls Gepräge[11] vor allem in Prag, dessen Neustadt er anlegte, und auf Burg Karlstein[12]. Für den 1344 begonnenen Dombau berief er aus Avignon Matthias von Arras († 1352), dann den auch als Bildhauer bedeutenden Peter Parler aus Schwäbisch Gmünd († 1399), der auch andere Kirchen und die Karlsbrücke über die Moldau mit dem Altstädter Torturm baute. Deutsche Erzgießer aus Siebenbürgen errichteten das kühne St. Georgs-Reiterbild im Burghof auf dem Hradschin[13]. Karls Hofmaler, Deutsche und Italiener, schmückten die Wände der Prager Burg und des Karlstein und beschritten mit der Tafelmalerei neue Wege. Goldschmiede arbeiteten für Karls Reliquienschätze, Buchmaler für Johann von Neumarkt. Auch Tschechen waren beteiligt; aber die Prager Malerzeche (= Zunft) gab sich 1348 deutsche Satzungen. Auch was aus Frankreich und Italien einwirkte, wurde in einen eigenen Stil eingeschmolzen, der von Böhmen aus nach Nürnberg, Breslau, Tangermünde, nach Krakau und ins Ordenland ausstrahlte, eng verwandt mit der »deutschen Sondergotik«, die mit Hallenkirchen und Rathäusern, Stadttoren und Bürgerbauten das Städtebild des Spätmittelalters prägte[14].

H. FRIEDJUNG, K. Karl IV. u. sein Anteil am geistigen Leben seiner Zeit (1876); S. H. THOMSON, Learning at the Court of Charles IV., Speculum 29 (1950); F. SEIBT in: Hdb. d. Gesch. d. böhm. Länder 1 (1967), § 87 ff.; vgl. auch H. REINCKE, K. Karl IV. u. die dt. Hanse (1931); von K. BURDACHS weitschichtigem Werk Vom MA zur Reformation (1913–1937, s. Kap. 53, Anm. 6 u. 7) ist der geplante Einleitungsband ›Die Kultur des dt. Ostens im ZA d. Luxemburger‹ nicht erschienen; s. K. BUR-DACH, Die Kulturbewegung Böhmens an d. Schwelle der Renaissance, Euphorion 27 (1926); E. WINTER, Die europ. Bedeutung des Frühhumanismus in Böhmen, Zs. f. dt. Geistesgesch. 1 (1935); ders., Frühhumanismus, Seine Entwicklung in Böhmen u. deren Bedeutung für d. Kirchenreformbestrebungen d. 14. Jh. (1964), dazu F. SEIBT (s. o.), S. 458 ff.

[1] Dt. u. tschech. Lit. zur Prager Universitätsgründung bei F. SEIBT, S. 449 ff.; Prague Essays pres. to the Caroline Univ., ed. R. W. SETON-WATSON (Oxford 1949); Studien zur Gesch. d. Karls-Univ. Prag, hg. v. R. SCHREIBER (1954). – V. NOVOTNY, L'université Charles IV dans le passé (Prag 1923); G. C. BOYCE-W. H. DAWSON, The Univ. of Prague (1937); H. ZATSCHEK, Die Reichsuniv. Prag ... bis 1409, Zs. f. sudetendt. Gesch. 3 (1939); A. BLASCHKA, ebd. 4 (1940); O. ODLOŽILÍK, The Caroline Univ. of P. (Prag 1948); J. HEMMERLE, Die Univ. Prag im MA bis 1409, in: Leistung u. Schicksal, hg. v. E. G. SCHULZ (1967); zur Vorbereitung einer umfassenden Darstellung F. KAVKA, The Caroline Univ. of Prague, A Short Hist. (Prag 1948). – Karls Gründungsurkunde (Const. 8 n. 568) für die Prager Universität, für die er auch einen päpstl. Stiftungsbrief erwirkte, schließt sich eng an die Univ.-Stiftung in Neapel durch K. Friedrich II. und in Salerno durch Manfred an und verweist sowohl auf Paris wie auf Bologna als Vorbild; s. A. BLASCHKA, Das Prager Univ.-Privileg Karls IV., Jb. d. V. f. Gesch. d. Dt. in Böhmen 3 (1934); ders., Vom Sinn der Prager Hohen Schule, in: Studien z. Gesch. d. Karls-Univ. (1954). – Statuten: Monumenta historica universitatis Pragensis (3 Bde. 1830–1848); Matrikel-Fragment: F. DOELLE in: Miscellanea Fr. Ehrle 3 (1924).

[2] In vielem überholt, nicht ersetzt G. KAUFMANN, Die Gesch. d. dt. Universitäten (2 Bde. 1888/96), und F. PAULSEN, Die Gründung d. dt. Universitäten im MA, HZ 45 (1881); s. H. RASHDALL, The Universities of Europe in the MA, ed. F. M. POWICKE-A. B. EMDEN (3 Bde. ²1936); knapp H. WIERUSZOWSKI, The Medieval University (1966); P. KIBRE,

The Nations in the Mediaeval Universities (1948) mit Bibliographie.

[3] A. WOTKE, Moralitates Caroli IV., Zs. d. V. f. Gesch. Mährens u. Schlesiens 1 (1897).

[4] A. BLASCHKA, Die St. Wenzelslegende K. Karls IV. (1934), verdeutscht in GdV 83 (1956).

[5] S. STEINHERZ, Ein Fürstenspiegel Karls IV. (1925); ders., Mitt. d. V. f. Gesch. d. Dt. in Böhmen 24 (1926), erörtert Einwände gegen Karls Autorschaft; dazu BLASCHKA, Wenzelslegende, S. 47; P. PIUR in: BURDACH, Vom MA zur Ref. 7, S. LVII: »persönl. Mitwirkung Karls unverkennbar«.

[6] Die von Karl IV. veranlaßten Chroniken in Fontes rerum Bohem. 3–5 (1878 bis 1893).

[7] A.-D. V. DEN BRINCKEN, Die universalhistor. Vorstellungen des Joh. v. Marignola, AKG 49 (1967).

[8] Heinr. v. Herford, Liber de rebus memorab. ed. A. POTTHAST (1859).

[9] Zur Diskussion über K. BURDACHS Auffassung s. Kap. 53, Anm. 6, und P. JOACHIMSON, Vom MA zur Ref., HV 20 (1920/21, Ndr. Libelli 50, 1959).

[10] K. BURDACH, Der Dichter d. Ackermann aus Böhmen u. seine Zeit (Vom MA zur Ref. 3, 1917/32) mit Text; andere Ausgaben von A. BERNDT (1929), A. HÜBNER (1937), H. RUPPRICH (1938), K. SPALDING (1950), M. O'C. WALSHE (1951), L. L. HAMMERICH u. G. JUNGBLUTH (Kopenhagen 1951 mit Lit.), W. KROGMANN (1954). Zum Forschungsstand s. A. HÜBNER, SB Berlin 1935; ders., Zs. f. Deutschkunde 51 (1937); E. TRUNTZ, Zs. f. sudetendt. Gesch. 5 (1942); R. BRAND, Zur Interpretation d. Ackermann aus B. (1944); W. WOSTRY, Saaz z. Z. des Ackermann-Dichters (1951); A. BLASCHKA, Wiss. Zs. d. Univ. Halle 1 (1951/52); K. H. BORCK, Juristi-

sches u. Rhetorisches im ›ackerman‹, Zs. f. Ostforsch. 12 (1963).

[11] O. Kletzl, Die dt. Kunst in Böhmen u. Mähren (1941); ders., Peter Parler, der Dombaumeister von Prag (1940); K. M. Swoboda u. E. Bachmann, Studien zu P. Parler (1939); J. Opitz, Die Plastik in Böhmen z. Z. d. Luxemburger 1 (1936); A. Matějček u. J. Pesina, Gotische Malerei in Böhmen (⁴1955, dt. v. F. Runge); A. Stange, Dt. Malerei der Gotik (5 Bde. 1934–1952, bes. 2, S. 1 ff.: Böhmen z. Z. Karls IV.); M. Dvořák, Die Illuminatoren des Johann v. Neumarkt, Jb. d. kunsthist. Samml. 22 (1901), auch in dess. Ges. Aufs. zur Kunstgesch. (1929); E. Kloss, Die schles. Buchmalerei des MA (1942).

[12] G. Pirchan, Karlstein, in: Prager Festgabe f. Th. Mayer (²1953); tschech. V. Dvořáková u. D. Menclová, Karlstejn (Prag 1965). – Vergleichbar ist der Wappensaal der Burg Lauf bei Nürnberg (um 1360), s. W. Kraft u. W. Schwemmer, K. Karls IV. Burg- u. Wappensaal zu Lauf (1960).

[13] H. J. Rieckenberg, Die Erzgießer Martin u. Georg v. Klausenburg, AKG 45 (1963).

[14] W. Gross, Die abendländ. Architektur um 1300 (1948); W. Pinder, Die Kunst der ersten Bürgerzeit (²1940); über Kunst- u. Gemeinschaftsformen seit 1350 auch H. Bechtel, Wirtschaftsstil d. dt. Spät-MA (1930).

E. Die deutsche Ostbewegung im Spätmittelalter, der Ordensstaat und die Hanse

Bibliographie: H. JILEK, H. RISTER, H. WEISS, Bücherkunde Ostdtlds. u. des Deutschtums in Ostmitteleuropa (1963); überholt E. FISCHER, Der dt. Osten, eine Bibliogr. (1940); s. auch H. MARZIAN, Ostdt.Bibliogr. (seit 1945), hg. vom Göttinger Arbeitskreis (bisher 6 Bde. 1953–1969), u. A. PERLICK, Ostdt. Bibliogr. (1953 ff.); KL. MEYER, Bibliogr. d. Arbeiten zur osteurop. Gesch. aus d. dt.-sprach. Zss. 1858–1964 (Bibliogr. Mitteil. d. Osteuropa-Inst. an d. FU Berlin 9, 1966). – *Quellensammlung:* R. KÖTZSCHKE, Quellen zur Gesch. d. ostdt. Kolonisation im 12.–14.Jh. (²1951); Quellenauswahl in Übersetzung: K. H. QUIRIN, Die dt. Ostsiedlung im MA (1954); H. HELBIG-L. WEINRICH, Urk. u. erzähl. Quellen zur dt. Ostsiedlung im MA I. Teil (1968), II. Teil (1970). – *Forschungsberichte:* H. AUBIN, Zur Erforschung d. dt. Ostbewegung (1939, aus DALVF 1, 1937); Dt. Ostforschung, Ergebnisse u. Aufgaben seit d. 1. Weltkrieg, hg. v. H. AUBIN u. a. (Dtld. u. d. Osten 21/22, 1942/43); H. HELBIG, Dt. Siedlungsforsch. im Bereich d. mal. Ostkolonisation, Jb. f. d. Gesch. Mittel- u. Ostdtlds. 2 (1953). – *Zeitschriften:* Zs. f. Ostforschung (seit 1952); Jahrbuch für die Gesch. Mittel- u. Ostdtlds. (seit 1952).

Literatur: DW⁹ 6901 ff.; K. HAMPE, Der Zug nach dem Osten (⁵1939); R. KÖTZSCHKE u. W. EBERT, Gesch. d. ostdt. Kolonisation (²1944); Der dt. Osten, hg. v. K. C. THALHEIM u. A. H. ZIEGFELD (1936); Der ostdt. Volksboden, hg. v. W. VOLZ (1926); H. AUBIN, The Lands East of the Elbe, und: German Colonisation Eastwards, in: The Cambridge Economic Hist. 1 (1942); ders., Von Raum u. Grenzen des dt. Volkes (1938), darin die Aufsätze: Die Ostgrenze d. alten dt. Reiches, aus HV 28 (1933, Ndr. 1959), u. Wirtschaftsgesch. Bemerkungen zur ostdt. Kolonisation (aus Gedächtnisschr. f. G. v. Below 1928), beide auch in AUBIN, Grundlagen u. Perspektiven gesch. Kulturraumforschung u. Kulturmorphologie (1965), dort auch: Die gesch. Stellung d. ostdt. Wirtschaft (aus Vortr. z. 700-J.-Feier Elbing 1937) u. Die Dt. in d. Gesch. d. Ostens (aus GWU 7, 1956); ders., Wege zur kulturellen Erforschung des dt. Ostens, Mitt. d. schles. Ges. f. Volkskunde 31/2 (1931); ders., Geschichtl. Aufriß d. Ostraums (1940); J. PFITZNER, Entstehung u. Stellung des nordostdt. Koloniallandes, Dt. Hefte f. Volks- u. Kulturbodenforsch. 2 (1931/32); H. LUDAT, Die Wiedergewinnung des dt. Ostens, Verg. u. Gegenw. 26 (1936); K. KASISKE, Das Wesen der ostdt. Kolonisation, HZ 164 (1941); Der dt. Osten u. das Abendland, hg. v. H. AUBIN (1953); W. SCHLESINGER, Die geschichtl. Stellung der mal. dt. Ostbewegung, HZ 183 (1957); W. KUHN, Die dt. Ostsiedlung vom MA bis z. 18. Jh., in: Das östl. Dtld., hg. v. Göttinger Arbeitskreis (1959); ders., Die dt. Ostsiedlung, in: Leistung u. Schicksal, hg. v. E. G. SCHULZ (1967); K. BOSL, Die Entstehung der ostdt. Neustämme, ebd.; G. GAUSE, Dt.-slav. Schicksalsgemeinschaft. Abriß einer gesch. Ostdtlds. u. seiner Nachbarländer (³1967); Die Deutschen u. ihre östl. Nachbarn. Ein Handbuch, hg. v. V. ASCHENBRENNER u. a. (1967).

Kapitel 60
Allgemeine Züge der deutschen Ostbewegung

Während die königliche Hausmachtpolitik seit dem 13. Jh. immer wieder aus dem volk- und kulturreichen rheinischen Westen in die weiträumigen, weniger zergliederten Ostländer jenseits der alten Reichs- und Volksgrenzen zielte, zogen in gleicher Richtung zahlreiche deutsche Bauern und Bürger, Kaufleute und Bergleute, Ritter und Mönche siedelnd, handelnd und kultivierend ostwärts. Ein unmittelbarer Zusammenhang zwischen beiden Vorgängen wird in den Quellen nicht ersichtlich, also von den Zeitgenossen jedenfalls nicht bemerkt, zumal die Chronisten nach Helmold von der Ostsiedlung überhaupt kaum Notiz nehmen. Sie vollzog sich nicht als auffälliges Ereignis, sondern in einer Fülle fast unmerklichen, scheinbar zusammenhanglosen Einzelgeschehens, dessen nachhaltige Gesamtwirkung erst nachträglich recht spürbar wurde. Die nachstaufischen Könige sind trotz ihres territorialpolitischen Ausgreifens in die Ostländer an deren deutscher Besiedlung nicht führend oder fördernd beteiligt; sie sind der Bewegung eher gefolgt als vorangegangen. Österreich und die Ostalpenländer waren bereits unter den Babenbergern völlig eingedeutscht, längst ehe sich die Habsburger dort festsetzten. In Böhmen und Mähren haben die Přemysliden und in Schlesien die Piasten sich viel mehr um deutsche Einwanderer bemüht als ihre luxemburgischen Nachfolger. Die deutsche Besiedlung der Mark Brandenburg ist das Werk der Askanier, nicht der Wittelsbacher oder Luxemburger. Vollends an der Erschließung und Besiedlung der Ostseeländer, die die schauenburgischen Grafen von Holstein und Heinrich d. Löwe an der Lübecker Bucht begannen, hat das nachstaufische Königtum nicht mitgewirkt.

Schon im 12. Jh. hatten die deutschen Grenzfürsten rechts der Elbe – noch früher die Babenberger in Österreich – nicht mehr nur als Markgrafen im Reichsdienst die slavisch-heidnische Bevölkerung unterworfen, tributpflichtig gemacht und taufen lassen, sondern im eigensten Interesse ihrer Territorienbildung deutsche Siedler aus dem Westen ins Land gerufen, um es ertragreich auszubauen. Um 1200 waren so die Marken östlich der einstigen Elb-Saale-Grenze bereits weitgehend, wenn auch keineswegs lückenlos, eingedeutscht.

Seitdem mußte die Siedlungsbewegung einen anderen

Charakter annehmen, wenn sie aus eigenen Impulsen einer rasch wachsenden Bevölkerung, bäuerlicher Landsuche und kaufmännischem Unternehmungsgeist über die Reichsgrenzen und Marken hinausdrängte. Weder kriegerische Eroberung und Unterwerfung der einheimischen Bevölkerung noch christlicher Missionseifer konnten ihr weiterhin den Weg bahnen – abgesehen vom heidnischen Preußenland (Kap. 62) –, da sonst überall christliche Nachbarstaaten angrenzten[1]. Wenn trotzdem die deutsche Siedlung gerade im 13. und bis zur Mitte des 14. Jh. mit erstaunlicher Stoßkraft und Reichweite nach Osten vordrang, so war das weder erobernde Landnahme noch bloßes Überquellen überschüssiger Volkskräfte ins Niemandsland, sondern ein rechtlich-vertraglich geregelter Vorgang, bei dem die Siedler und die Landgeber als Partner zusammenwirkten, beide zu ihrem Vorteil. Die Nachbarfürsten längs der Reichsgrenze erkannten den Nutzen deutscher Bauern- und Bürgersiedlung für ihr eigenes, zumeist noch dünn bevölkertes Land und riefen sie herbei zu Bedingungen, die für die Siedler günstig und verlockend waren. Auf welcher Seite dabei die stärkere Initiative lag, ist im einzelnen kaum feststellbar. Zweifellos war die Lebenskraft, der Schaffens- und Erwerbsdrang des deutschen Bauern- und Bürgertums die Voraussetzung für die weitreichende, kulturschöpferische Ostsiedlung; aber die Aufnahmebereitschaft der Ostländer gab ihr die großen Chancen und bestimmte ihren Verlauf.

Bei zahlreichen Eheverbindungen slavischer, auch ungarischer Fürsten mit deutschen Herrscher- und Fürstentöchtern kamen mit ihren Frauen auch deutsche Ritter, Mönche und Kleriker ins Land, deren Erfahrungen am Hofe, in der Verwaltung und Bewirtschaftung nutzbar wurden. Mit Grundbesitz beschenkt oder belehnt, haben sie vielfach darauf Dörfer angelegt und mit Deutschen besiedelt, um solchen Besitz besser auszuwerten. Auch die weit nach Pommern, Polen, Schlesien, Böhmen vorgeschobenen Klöster der Prämonstratenser und Zisterzienser[2], die stets in enger Verbindung mit ihren deutschen Mutterklöstern blieben, gingen seit Beginn des 13. Jh. dazu über, nicht nur Eigenwirtschaft mit Hilfe ihrer Laienbrüder zu treiben, sondern ihren Grundbesitz an zinspflichtige Bauern auszutun. Ebenso besiedelten die Templer, Johanniter und Deutschherren ihren reichen Besitz in Böhmen, in der Neumark und anderwärts mit deutschen Zinsbauern. Bischöfe wie Bruno von Olmütz (s. Kap. 22, Anm. 3) oder Lorenz von

Breslau (1207–1232) und seine Nachfolger gingen mit gutem Beispiel voran. Nicht zuletzt beauftragten die Landesfürsten selbst kapitalkräftige Siedlungsunternehmer, sogenannte *Lokatoren*[3] oft bürgerlicher oder ritterlicher Herkunft, mit der Werbung, Herbeiführung und dorfweisen Ansiedlung deutscher Bauern und Handwerker auf bisher zumeist unbestelltem Land, in den erst urbar zu machenden Flußniederungen oder am Rande der Waldgebirge. Diese Lokatoren bekamen dann meist mit dem Erbschulzenamt und einem größeren Landanteil die niedere Gerichtsbarkeit mit ihren Gefällen und besondere Gerechtsame wie Mühle, Krug, Fischerei u. dgl. übertragen. Sie waren die vertragschließenden Vermittler zwischen den beiden Partnern der Kolonisation.

Die Umsiedler wurden gewiß nicht durch die Aussicht auf leichten Gewinn oder durch Abenteuerlust verlockt wie manche Kolonisatoren neuerer Zeit. Sie kamen durchaus nicht als »Ausbeuter« in reiche Länder, sondern zu harter Arbeit auf bisher kaum bestelltem Boden. Denn die ziemlich dünne slavische Bevölkerung wurde fast nirgends von ihnen verdrängt oder unterdrückt; sie wurde nur bald überflügelt von der intensiveren Leistung und entwickelteren Technik der deutschen Siedler, die mit eisernem Scharpflug auch schwere Böden ertragreich bearbeiteten, Sumpfland entwässerten, Wälder rodeten, die Erfahrungen der Dreifelderwirtschaft mit Fruchtwechsel, Gemengelage und Flurzwang mitbrachten und durch den Marktverkehr mit der im Osten vorher wenig entwickelten Stadt[4] den Absatz und Ertrag steigerten. Sie konnten sich allerdings bei der Ansiedlung eine rechtliche Sonderstellung ausbedingen, die auch als Ansporn für das Verlassen des Altlandes wirken mochte: Sie wurden überall »*nach deutschem Recht*« *angesiedelt*, wie man seit dem 13. Jh. in den Ostländern zu sagen pflegte, noch ehe es im Altland den Begriff eines gemeinsamen »deutschen Rechts« gab[5]. Dieses »jus teutonicum« als Gegensatz zu fremdem Recht bedeutete vornehmlich persönliche Freiheit, also Lösung aus grundhöriger Abhängigkeit und Bindung, wenig beschränktes Erb- und Verfügungsrecht über Hab und Gut, Ersatz der Dienstpflichten (außer dem Landesaufgebot) durch festen Zins, eigenes Schultheißengericht. Das gab den Siedlern eine gesicherte Stellung und Vorteile sowohl vor den heimischen Verhältnissen, die sie verließen, wie vor der slavischen Bevölkerung, die dann aber nicht selten die gleiche Rechtsstellung erstrebte und erreichte: Nach »deutschem

Recht« wurden zumal in Polen auch slavische Dörfer und Städte angelegt. Die anspornende Wirkung der deutschen Siedlung auf die Bevölkerung der Gastländer ist zwar schwer zu bemessen, aber gewiß nicht gering.

Das gilt erst recht für die *städtische Siedlung*, die mit der bäuerlich-ländlichen zumeist Hand in Hand ging. In Österreich wie zwischen Saale und Elbe hatte die deutsche Besiedlung längst eingesetzt, ehe die Stadt als wirtschaftlich-soziale Neubildung eigenen Rechts auf altdeutschem Boden Bedeutung gewann; städtisches Leben hatte sich auf diesem älteren Kolonialboden eigenständig aus den grundherrschaftlichen Verhältnissen entwickelt wie im Mutterland. Seit dem Ausgang des 12. Jh. aber wird die Erfahrung der Stadtbildung in ihrer Verbindung mit der ländlichen Siedlung fertig mitgenommen in die Ostländer, auch wo nicht Fernhandelsstädte aus kaufmännischer Initiative entstanden wie an den Ostseeküsten oder über Breslau bis nach Lemberg hin. Wie an Bauernsiedlungen waren slavische Fürsten auch an deutschen Städtegründungen interessiert, für die sie Grundbesitz und Privilegien gaben. Freilich geschah das unter verschiedenen Voraussetzungen nicht überall gleichmäßig, je nachdem ob der Fernhandel, der Bergbau (in Böhmen, Mähren, Ungarn) oder der Marktverkehr der Landbevölkerung Städtegründungen veranlaßte. Überall aber brachten deutsche Bürger ihr eigenes Recht mit und bildeten selbständige Rechtsgemeinden. In den Ostseeländern wurde dabei das von Soest abgeleitete Lübecker Recht vorbildlich, im Binnenland zumeist das Magdeburger Recht mit seinen Ableitungen (Halle-Neumarkter Recht, Kulmer Recht im Ordensland; Freiberg-Iglauer Bergrecht). Da die Rechtsheimat als Oberhof für Rechtsweisungen zuständig blieb, riß die Verbindung nicht ab. Doch ging die *Ausbreitung deutscher Stadtrechte*, zumal des Magdeburger Rechts, gleich dem bäuerlichen »jus teutonicum« noch weiter ostwärts als die deutsche Siedlung: Es wurde besonders in Polen übernommen, als die einheimische Bevölkerung mit den Deutschen in Stadt und Land in Wettbewerb trat. An der Verbreitung deutscher Stadtrechte ist die Kulturwirkung und Tragweite der Ostbewegung am deutlichsten abzulesen[6].

Die Reichsgrenzen wurden durch die Ostsiedlung seit dem 13. Jh. nicht mehr erweitert. Die benachbarten Ostländer aber, die dadurch in engere Wirtschafts- und Kulturverbindung mit dem Westen kamen, einbezogen in seinen Handel und beteiligt an der aufblühenden Stadtkultur und der agrarischen Entwicklung, wurden um so begehrenswerter für die dynastische Politik, die hier auf Neuland weiter ausgreifen konnte als im territorialen Gewirr Altdeutschlands. Nationale Grenzen waren durch die Siedlungsbewegung verwischt worden, nationale Widerstände wurden bis zur Mitte des 14. Jh. selten spürbar[7]; nachher ist der Siedlerstrom ohnehin versiegt. Er hatte sich schon vorher zu nicht geringem Teil aus dem älteren Kolonialland gespeist, das aus eigenen, ungemein fruchtbaren Kräften die Siedlung weiter ostwärts trug. Warum sie seit 1350 zugleich mit dem Wachstum der Städte abebbt und stillsteht, ist schwerlich ganz erklärbar, weder allein durch die verheerenden Pestepidemien noch durch die innere Konsolidierung der Ostländer und der deutschen Territorien. Das erstaunliche Wachstum deutscher Volkskräfte, die vom 12. zum 14. Jh. sowohl die jungen Städte füllten wie die Ostländer besiedelten, hat dann wie nach langer Erschöpfung erst im 18./19. Jh. erneut eingesetzt.

[1] Vgl. F. GRAUS, Die Entstehung der mal. Staaten in Mitteleuropa, Historica 10 (1965).

[2] J. GOTTSCHALK, Die Bedeutung der Zisterzienser für die Ostsiedlung, bes. in Schlesien (Lit.-Ber.), Zs. f. Ostforsch. 15 (1966).

[3] P. R. KÖTZSCHKE, Das Unternehmertum in der ostdt. Kolonisation d. MA (Diss. Leipzig 1894); R. KOEBNER, Locatio, Zs. d. V. f. Gesch. Schlesiens 63 (1929); K. SCHÜNEMANN, Zur Gesch. d. dt. Landesausbaus im MA, Südostdt. Forsch. 1 (1936); R. GEORGE, Die Großunternehmer in der ostdt. Kolonisation d. MA (Diss. Ms. Münster 1946); J. J. MENZEL, Der Ansiedlungsvorgang nach dem Zeugnis d. Lokationsurkunden, in: Leistung u. Schicksal, hg. v. E. G. SCHULZ (1967).

[4] H. LUDAT, Vorstufen u. Entstehung des Städtewesens in Osteuropa (1955), dazu M. HELLMANN, Jbb. f. Gesch. Osteuropas NF 4 (1956); H. LUDAT, Frühformen des Städtewesens in Osteuropa, in: Vortr. u. Forsch. 4 (1958); H. FÖDISCH, Zum Problem präurbaner Siedlungen in Ostmitteleuropa (1967).

[5] R. KÖTZSCHKE, Die Anfänge des dt. Rechtes in der Siedlungsgesch. des Ostens, SB Leipzig 93, 2 (1941); R. KOEBNER, Dt. Recht u. dt. Kolonisation in den Piastenländern, VSWG 25 (1932); H. E. SCHMID, Das dt. Recht in Polen, in: Dtld. u. Polen, hg. v. A. BRACKMANN (1933); ders., VSWG 20 (1927); ders., Die rechtl. Grundlagen der Pfarrorganisation auf westslaw. Boden (1938); T. TYC, Die Anfänge der dörfl. Siedlung zu dt. Recht in Großpolen (1930); A. ROTH, Deutschrechtl. Siedlung u. Gemeinschaftsbildung in Ungarn, DALVF 7 (1943); D. DOROSENKO, Das dt. Recht in der Ukraine, Zs. f. osteurop. Gesch. 5 (1931); W. WEIZSÄCKER, Die Ausbreitung des dt. Rechts in Osteuropa, in: Staat u. Volkstum 2 (1926); ders., Das dt. Recht des Ostens im Spiegel der Rechtsaufzeichnungen, DALVF 3 (1939); ders., Der Stand der rechtsgesch. Forschung in dt. Osten (Dt. Ostforschung 1, 1942); ders., Das dt. Recht der bäuerl. Kolonisten in Böhmen u. Mähren im 13. u. 14. Jh., Mitteil. d. V. f. Gesch. d. Dt. in Böhmen 51 (1913); ders., Sächs. Bergrecht in Böhmen (1925); E. EBEL, Dt. Recht im Osten (1952).

[6] H. AUBIN, Die dt. Stadtrechtslandschaften des Ostens, in: Vom dt. Osten (Festschr. f. M. Friederichsen, Veröff. d.

Schles. Ges. f. Erdkunde 21, 1934); G. SCHUBART-FIKENTSCHER, Die Verbreitung der dt. Stadtrechte in Osteuropa (1942); dazu W. WEIZSÄCKER, DALVF 8 (1944); ders., Eindringen u. Verbreitung der dt. Stadtrechte in Böhmen u. Mähren, ebd. 1 (1937); E. SANDOW, Das Halle-Neumarker Recht (1932); W.

KUHN, Die dt.-rechtl. Städte in Schlesien u. Polen in d. 1. Hälfte d. 13. Jh., Zs. f. Ostforsch. 15 (1966); H. STOOB, Die Ausbreitung der abendländ. Stadt im östl. Mitteleuropa, ebd. 10 (1961).

[7] E. MASCHKE, Das Erwachen des Nationalbewußtseins im dt.-slav. Grenzraum (1933).

Kapitel 61
Verlauf der deutschen Ostsiedlung im Überblick

Die ländliche und städtische Siedlung ist jenseits der Reichsgrenzen nicht in geschlossener Front vorgerückt und hat die Räume in sehr ungleichem Maße ausgefüllt, mehr vom Zufall der Anforderung als von eigener Zielsetzung gelenkt. Nur in den Elb-Marken hatte eine planmäßige Ansiedlung von Deutschen bereits im 12. Jh. kräftig eingesetzt. Slavische Widerstände wurden dort gewaltsam gebrochen, die Grenzen nach Osten vorgeschoben. Der Pfarrer Helmold von Bosau am Plöner See konnte 1171 seine Chronik mit der Behauptung schließen, alles Slavenland zwischen Elbe und Ostsee von der Eider bis Schwerin sei in eine Sachsenkolonie voller Städte, Dörfer und Kirchen verwandelt. Nach dem Sturz Heinrichs des Löwen fehlte zwar die politische Stoßkraft zu weiterem Ausgreifen. Das von ihm kolonisierte Land samt Lübeck kam sogar zeitweise unter dänische Herrschaft (s. Kap. 7 u. 8), doch tat das der deutschen Besiedlung keinen Abbruch, brachte sie nicht einmal zum Stillstand. Schon der Obodritenfürst Pribislaw, der sich dem Welfen fügen und auf das östliche *Mecklenburg*[1] beschränken mußte, sperrte es zwar gegen deutschen Zuzug, stiftete aber 1171 für Zisterzienser aus dem sächsischen Amelunxborn das Kloster Doberan, von dem sich 1209 Dargun bei Demmin, 1248 Buckow bei Rügenwalde abzweigte. War diesen Klöstern zunächst noch die Anlage deutscher Dörfer verwehrt, so hoben Pribislaws Nachkommen nicht nur diese Beschränkung auf (für Doberan 1218), sondern riefen selbst zahlreiche deutsche Ritter ins Land, die ihren Lehnsbesitz zumal in Wald- und Grenzgebieten mit deutschen Bauerndörfern besiedelten. Schon im Ratzeburger Zehntregister von 1230 werden nur noch vereinzelte Orte ausdrücklich als slavisch bezeichnet. Deutsche Städte waren inzwischen auch im öst-

lichen Mecklenburg begründet und privilegiert: an der Küste
für den Ostseehandel Rostock (1218) und Wismar (1226), beide
nach lübischem Recht, dann nach dem Vorbild Schwerins auch
im Binnenland (Güstrow 1228, Parchim 1225/26 usw.). Obgleich die Slaven nicht zu weichen brauchten, sogar an manchen Neusiedlungen beteiligt waren und bis ins 15. Jh. oft bezeugt sind, war Mecklenburg bereits um die Mitte des 13. Jh.
überwiegend deutsch. Der an der Besiedlung des Festlands
beteiligte Fürst Wizlaw von Rügen, der 1234 den deutschen
Kaufleuten in Stralsund lübisches Stadtrecht gab, erklärte schon
1221: Verhüte Gott, daß das Land je in seinen früheren Zustand zurückfällt und die Slaven die deutschen Ansiedler vertreiben!

Von Mecklenburg aus pflanzte sich die Kolonisation nach
Pommern[2] fort. Die deutsche Mission hatte dort schon seit Otto
von Bamberg (s. Bd. 4, Kap. 27) Fuß gefaßt; deutsche Benediktiner saßen seit 1153 in Stolp (Peene), Prämonstratenser in
Grobe auf Usedom und in Gramzow bei Prenzlau (um 1185).
Deutschen Kaufleuten wurde in Stettin 1187 eine Kirche gestif-
tet. Einer stärkeren deutschen Besiedlung wurde Pommern erst
durch Herzog Barnim (1220–1278) und seinen Bruder Wartislaw geöffnet. Sie gaben den Templern 1223 das Land Pyritz zur
Anlage deutscher Dörfer. Sie gründeten 1235 bei der Slaven-
siedlung Prenzlau eine deutsche Stadt nach Magdeburger Recht,
das auch Stettin 1243 bekam, während Greifswald 1250 lübisches Recht erhielt wie Kolberg 1255. Bis 1300 entstanden in
Pommern beiderseits der Odermündung 38 Städte deutschen
Rechts. Nach dem Vorbild Mecklenburgs wurden auch hier
deutsche Ritter belehnt, um Bauern ins Land zu holen, nicht
zum wenigsten um dessen Widerstand gegen das Vordringen
Brandenburgs zu stärken. Auch im östlich angrenzenden
Pommerellen[3] bis zur Weichsel wurden Deutsche von den einheimischen Fürsten aufgenommen, schon ehe nach deren Aussterben das von Polen und Brandenburg umstrittene Land 1308
dem Deutschen Orden zufiel (s. Kap. 62a). Herzog Swantopolk
(1220–1266) erhob die deutsche Kaufmannssiedlung bei seiner
Burg Danzig – seit 1227 sicher bezeugt, wahrscheinlich älter –
zur Stadt; ebenso gründete sein Bruder Sambor 1260 bei seiner
Burg Dirschau eine Stadt lübischen Rechts, in Pelplin ein
Kloster für deutsche Zisterzienser aus Doberan. Das Stadt-
bürgertum war hier wie anderwärts an der Besiedlung des um-
liegenden Landes interessiert und beteiligt; auch deutscher

Adel faßte in Pommerellen Fuß. Doch ließ der lange Streit um seine politische Zugehörigkeit diese Anfänge nicht stetig weiterwachsen wie in Mecklenburg und Pommern. Das zwischen Pommern und Polen umstrittene Grenzgebiet rechts der Oder und Warthe, die spätere *Neumark*[4], wo zuerst die Templer kolonisierten (Küstrin 1232), kam nach 1250 an Brandenburg und wurde von dorther besiedelt (Landsberg/Warthe 1257), ebenso das *Stargarder Land* (Mecklenburg-Strelitz), das 1236 an Brandenburg kam (1244 Friedland, 1248 Neubrandenburg gegründet).

Die *Mark Brandenburg*[5] wurde schon durch die Askanier seit Albrecht dem Bären, nachdem slavische Widerstände gebrochen waren, zielbewußt mit Deutschen besiedelt und im 13. Jh. mit Städten besetzt (Spandau 1232, bald darauf Cölln und Berlin, 1253 Frankfurt/Oder usw.). Nur in den vorstädtischen »Kietzen« hielt sich slavische Bevölkerung minderen Rechts (wie in den pommerschen »Wieken«), während slavische Adlige im markgräflichen Dienst aufsteigen konnten. In den noch lange umstrittenen Annexen der Mark wie der Prignitz, Uckermark, Neumark und dem Land Lebus an der Oder blieb die deutsche Besiedlung weniger dicht. In der *Lausitz*, die oft den Herren wechselte, drang sie nie ganz durch; wendische Volks- und Sprachinseln behaupteten sich im Spreewald und um Bautzen.

Schlesien[6], dessen Piastenherzöge sich dank dem Eingreifen Kaiser Friedrichs I. 1157/63 gegen ihre polnischen Verwandten behauptet hatten (s. Bd. 4, Kap. 35), wurde von ihnen im 13. Jh. ganz kampflos, planvoll durchgreifend mit Deutschen besiedelt. Mehrere Herzoginnen brachten aus ihrer Heimat deutsche Ritter, höfische Kultur, neue Frömmigkeit mit. Die Zisterzienser aus Pforta, die 1175 das von polnischen Benediktinern gegründete Kloster Leubus übernahmen, bekamen schon damals Land für deutsche Bauernsiedlungen zugewiesen wie nachher ihre Tochtergründungen Heinrichau (1221, mit Filiale Grüssau 1292) und Camenz (vor 1247). In großem Ausmaß nahm das Kolonisationswerk Herzog Heinrich I. (1201–1238) in Angriff, dessen Großmutter, Mutter und Gemahlin (die hl. Hedwig) deutscher Herkunft waren. Zur Stärkung seiner Herzogsgewalt, die bis nach Krakau ausgriff, ließ er längs des Grenzwaldes und landeinwärts beiderseits Breslau durch eigene und grundherrliche Lokatoren deutsche Bauern dorfweise ansiedeln nach »deutschem Recht« (wie es hier zuerst ausdrück-

lich heißt), mit eigener Gerichtsbarkeit unter ihren Erb-
schulzen, ohne andere Dienste und Lasten als ihren Erbzins.
Hand in Hand ging damit die Anlage deutscher Städte als
Stützpunkte und Märkte der ländlichen Siedlungsbezirke (hier
»Weichbilder« genannt). Neumarkt zwischen Breslau und
Liegnitz, 1214 zuerst erwähnt, bekam sein Stadtrecht von Halle
und gab es an viele andere neue Städte weiter, deren Oberhof es
blieb. In Goldberg und Löwenberg lebten schon 1217 deutsche
Bergleute wohl aus dem Harz und Erzgebirge nach Magde-
burger Recht. Deutsche Kaufmannssiedlungen mit eigenem
Schultheiß sind um dieselbe Zeit in Breslau, Oppeln, Ratibor
und Troppau bezeugt. Die Breslauer Bischöfe wetteiferten mit
dem Herzog, der nach langem Streit eine feste Begrenzung des
Neubruchzehnts der Kolonisten durchsetzte, in der Anlage
deutscher Dörfer und Städte im Bistumsland (Neiße 1223).
Mag der Mongolensturm, dem Herzog Heinrich II. erlag
(Kap. 16), manche Anfänge wieder zerstört haben, so wurden
seitdem um so eifriger deutsche Kräfte für den Neuaufbau in
planmäßiger Stadt-Land-Siedlung herangezogen. Sie verwerte-
ten in Schlesien fast schematisch die Erfahrungen aus dem
älteren Kolonialland zwischen Saale und Elbe, aus dem die
meisten Siedler kamen. In knapp anderthalb Jahrhunderten
wurden hier 120 Städte und über 1200 Dörfer geschaffen und
ganz überwiegend mit Deutschen besiedelt, wenn auch die Einheimischen zumal rechts der Oder zunehmend beteiligt wurden
und nicht jede Siedlung nach deutschem Recht auch durch
Deutsche erfolgte. In Breslau, das 1241 von den Mongolen
zerstört wurde, gründete die Herzogin alsbald eine weiträumige Stadt nach Magdeburger Recht, die zum Knotenpunkt
des Fernhandels von Nürnberg–Prag nach Thorn–Danzig und
Lemberg–Halicz wurde. Schlesien war bereits weithin deutsch
geworden, als es sich politisch vollends von Polen löste und an
Böhmen anschloß.

Böhmen und Mähren[7], seit der Ottonenzeit dem Reich eingegliedert und mit den Bistümern Prag und Olmütz zur Mainzer
Kirchenprovinz gehörig, wurden gleichwohl von der deutschen
Kolonisation weniger einheitlich und durchgreifend erfaßt als
Schlesien; auch ist die urkundliche Überlieferung hier spär-
licher und undeutlicher. Schon vor 1085 bekam eine Gemeinde
deutscher Kaufleute bei der Prager Burg ein Privileg, das
1176/78 erneuert wurde mit den Worten: »Man soll wissen,
daß die Deutschen freie Leute sind.« König Wenzel I. gab der

deutsch besiedelten Prager Altstadt 1255 deutsches Recht; Ottokar II. fügte die Kleinseite hinzu, Karl IV. die Neustadt. Planmäßige Städtegründungen der Přemysliden teils mit Nürnberger, teils mit Magdeburger oder Halle-Neumarkter Recht förderten zugleich die Ansiedlung deutscher Bauern durch bürgerliche Lokatoren im Umkreis der Städte. Früher noch drang die grundherrliche Kolonisation von Österreich her und das Wiener Stadtrecht über Brünn ins südliche Böhmen und Mähren vor. Während das nicht zu Böhmen gehörige Egerland seit der frühen Stauferzeit von Franken her besiedelt wurde, gingen deutsche Zisterzienser vom oberpfälzischen Waldsassen nach Ossegg am Südhang des Erzgebirges, nach Sedlitz am Ostrand des Böhmerwaldes, aus Heiligenkreuz im Wiener Wald nach dem südböhmischen Goldenkron, Prämonstratenser nach Strahov bei Prag, nach Tepl, Leitomischl, Seelau; sie haben im 13. Jh. ihren Besitz ebenso mit Deutschen besiedelt wie die in Böhmen reich begüterten Ritterorden. Drang diese bäuerliche Siedlung vornehmlich in die vorher kaum bewohnten Randgebirge vor, so riefen die Erzfunde im Innern deutsche Bergknappen nach Iglau, Kuttenberg, Deutsch-Brod; sie brachten Freiberger Bergrecht mit, das sich von Iglau aus weit verbreitete. Als aber nach dem Ende der Přemysliden (deren Frauen im 13. Jh. zumeist Deutsche waren) die Zuwanderung nachließ, waren nur die Randgebiete und einzelne Inseln im Innern mit den meisten Städten von Deutschen bewohnt, während die Tschechen, von den Luxemburgern in ihrer Gleichberechtigung bestärkt, sich schon vor den Hussitenkriegen gegen die Überfremdung aufzulehnen begannen.

Noch sporadischer blieb die *deutsche Siedlung in Polen*[8], obgleich sie von manchen Piasten im 13. Jh. kräftig gefördert, noch von Kasimir d. Gr. auch in seine rotrussischen Erwerbungen nach Galizien und Wolhynien bis Lublin gelenkt wurde. Von Schlesien aus griff die deutsche Stadt-Land-Siedlung, die den Landesherren neue Einkünfte und Hilfskräfte, auch Rückhalt gegen die ständische Opposition von Adel und Klerus geben konnte, ins Warthe- und Weichselland über. Städte an Stelle bloßer Marktorte wurden dort nicht nur nach deutschem Recht, sondern auch mit deutschen Bürgern gegründet: Plozk 1237, Posen 1253 (mit 17 deutschen Dörfern im Umkreis), Krakau 1257 von Bürgern aus Neiße und Breslau; auch Warschau ist spätestens 1334 eine deutschrechtliche Stadt; Lemberg, um 1270 mit Deutschen gegründet, hat 1352 Magdeburger Recht. Widerstand gegen das Eindringen der Deutschen wird allerdings beim polnischen Klerus und Adel ziemlich früh spürbar, und König Kasimir d. Gr. verwendete deutsches Stadt- und Siedlerrecht auch zur wirtschaftlich-sozialen Hebung der eigenen Bevölkerung und suchte deutsche Fernkaufleute zugunsten der polnischen zurückzudrängen. Dennoch waren deutsche Kräfte und Vorbilder am Aufschwung seines Staates nicht unwesentlich beteiligt.

Die Wellen deutscher Siedler, die von Schlesien und Kleinpolen über die Beskiden und Karpaten weitergingen nach *Ungarn*[9], trafen dort bereits auf ältere Schichten deutscher Kolonisation, die ins 12. Jh. zurückreichten. Im slowakischen Erzgebirge entstanden noch vor 1209 die deutschen Bergmannstädte Kremnitz und Schemnitz mit einem Kranz deutscher Bauerndörfer. Am Südosthang der Hohen Tatra, in der *Zips* um die Städte Käsmark und Leutschau, und im »Gründlerischen« um die Bergbaustädte Göllnitz und Schmöllnitz behauptete sich seit dem Ausgang des 12. Jh. mit späterem Zuzug ein ziemlich geschlossenes deutsches Siedlungsgebiet bis in neuere Zeit. 1271 bestätigte ein Freibrief des ungarischen Königs den »sächsischen Gästen in der Zips« ihr Sonderrecht. Vor allem aber war *Siebenbürgen* als menschenarmes Grenzland gegen die Kumanen (wie später gegen die Türken) seit der zweiten Hälfte des 12. Jh. von den Königen Ungarns, die schon früher gern Deutsche ins Land riefen, mit »Sachsen« (wie man sie hier nannte) aus dem Rhein-Mosel-Gebiet und Flandern besiedelt worden, denen nicht nur freie Richter- und Pfarrerwahl, sondern auch das Recht zum Zusammenschluß in autonomen Gemeinschaften zugestanden und von König Andreas II. 1224 verbrieft wurde. Der von ihm 1211 ins Burzenland berufene Deutsche Orden mußte zwar wegen seiner eigenstaatlichen Tendenzen wieder weichen; aber die von ihm um Kronstadt angelegten 13 deutschen Bauerngemeinden verbanden sich mit den Siedlern um Hermannstadt, Bistritz, Klausenburg und andrer deutscher Städte, denen König Bela IV. nach dem Mongolensturm neue Verstärkung zuführte, zu einer »universitas Saxonum«, die ihre Autonomie und Eigenart, Sprache und Kultur durch die Jahrhunderte bewahrte. Von Siebenbürgen wie von Galizien gingen deutsche Siedler im 14. Jh. noch weiter nach Südosten bis in die Bukowina, von den Fürsten der Moldau und Walachei gefördert. Auch an der Entstehung der

Städte in Ungarn hat nicht nur Magdeburger Recht, sondern deutsches Bürgertum beträchtlichen Anteil. Das »*Burgenland*« an der Grenze Österreichs wurde schon im 12. Jh. von dorther überwiegend deutsch besiedelt, und das »*Gottscheer Ländchen*« an der slovenisch-kroatischen Südwestgrenze Ungarns wurde seit dem 13. Jh. durch Franken und Thüringer mit Nachschub aus Tirol und Kärnten deutsch.

Die Staatsgrenzen blieben bei alledem unverändert, aber feste Volks- und Sprachgrenzen waren in Osteuropa kaum noch zu ziehen. Ohne politische Zielsetzung hatten sich deutsche Volkskräfte neue Aufgaben im Osten gesucht und waren meist bereitwillig aufgenommen worden. Jahrhundertelang haben sie dort erfolgreich gewirkt, auch das Eigenleben der Gastvölker vielfach befruchtet. Wie Altdeutschland zwischen Rhein und Elbe ein halbes Jahrtausend früher bis zur Karolingerzeit selbst eine Art »Entwicklungsland« gewesen war im Verhältnis zu Gallien, das schon von den Römern kultiviert und früh christianisiert worden war, vollends im Verhältnis zu Italien, so waren die weiten Slaven-, Magyaren- und Baltenländer Osteuropas gleichsam »Entwicklungsländer« des Spätmittelalters: großräumig, wald- und wild- oder erzreich, verhältnismäßig dünn besiedelt, aufnahmefähig und -willig für ertragreicher wirtschaftende Bauern, Bergleute, Handwerker, Kaufleute, auch für Baumeister, Künstler und Gelehrte aus den menschen- und kulturreicheren Westländern. Überall gab es da zwar mancherlei einheimische Kulturüberlieferung (wie im vorfränkischen Deutschland auch); aber sie hatte einen für alle spürbaren Rückstand aufzuholen gegenüber der früheren Entfaltung wirtschaftlich-kultureller Kräfte im Westen, die nun auch nach Betätigung im östlichen Neuland drängten. Anfangs den dort Herrschenden zumeist willkommen und von ihnen gefördert, erregten sie späterhin Mißtrauen gegen Überfremdung und Ausnutzung, während die Ostländer selbst – Polen, Böhmen, Ungarn, auch Litauen – mit rasch wachsendem Selbstbewußtsein zu eigener Macht und Geltung aufstrebten, zu selbständiger Leistung im eigenen Staat unter einheimischen Herrschern, die möglichst weit in diese noch fast grenzenlosen Räume ausgriffen. Es hat noch Jahrhunderte gedauert, ehe daraus statt dynastischer Machtkomplexe »Nationalstaaten« werden konnten, und einen völligen Einklang ihrer Staatsgrenzen mit Volks- und Sprachgrenzen erreichten sie nie (wie Deutschland auch nicht). Je mehr aber dann nationalstaatliche

Politik an den Ergebnissen der andersartigen historischen Entwicklung ändern wollte, je bewußter von Deutschland aus »Ostpolitik« betrieben wurde (und auch die »Ostforschung« zu lenken versuchte), um so gefährlicher wurde aller Gewinn früherer Zeiten aufs Spiel gesetzt, bis er verlorenging. Wenn die Nachkommen der im Mittelalter in die Ostländer gezogenen Deutschen schließlich dem dort erwachten und herausgeforderten Staats- und Machtwillen weichen mußten, bleibt doch deren Leistung und Anteil am Ausbau dieser Länder ein wesentliches Stück sowohl ihrer wie der deutschen Geschichte.

Vgl. den Abschnitt ›Die deutschen Territorien. B: Der Osten‹ (von W. Schlesinger) in Bd. 13.

[1] O. Vitense, Gesch. von Mecklenburg (1920); G. Schmalz, KiG Mecklenburgs 1 (1935); H. Ernst, Die Kolonisation Mecklenburgs im 12. u. 13. Jh. (1875). Den Versuch von N. Jegorov, Die Kolonisation M.s im 13. Jh. (russ. 1919, dt. 2 Bde. 1930), den dt. Anteil zu bestreiten, widerlegte H. Witte, J.s Kolonisation M.s (1932), und J. Pfitzner, Zur dt.-slaw. Siedlungsgesch. M.s u. Ostholsteins im MA, Jb. f. Kultur u. Gesch. d. Slawen NF 9 (1933); W. Biereye, Ritter aus d. Nachbarschaft Stades in d. Zeit von 1200–1250 als mecklenb. u. pommersche Kolonisatoren, Stader Archiv NF 24 (1934); ders. in Meckl.-Strelitzer Gesch.bll. 9 (1933), in Monatsbll. f. pomm. Gesch. 50 (1936) und im Jb. f. meckl. Gesch. 96 (1932); J. v. Weltzien, ebd. 89 (1925); über Städtegründungen K. Hoffmann, ebd. 94 (1930).

[2] W. v. Sommerfeld, Gesch. d. Germanisierung des Hgt. Pommern oder Slavien bis z. Ablauf d. 13. Jh. (1896); M. Wehrmann, Gesch. v. Pommern 1 (²1919); H. Heyden, KiG von Pommern 1 (1937); H. Bollnow, Die Anfänge des Städtewesens in P. (Conventus primus historicorum Balticorum, Riga 1938); ders., Studien zur Gesch. d. pommerschen Burgen u. Städte im 12. u. 13. Jh. (1964); D. Lucht, Die Städtepolitik Hg. Barnims I. v. P. 1220–1278 (1965); E. Sauer, Der Adel während d. Besiedlung Ostpommerns 1250–1350 (Diss. Göttingen 1939); F. Morré, Die Swenzonen in Ostpommern, Balt. Studien 41 (1939); H. Ludat, Der Ursprung der ostdt. Wieken, VSWG 29 (1936); zu neuerer poln. Lit. über Pommern s. E. Bahr, Zs. f. Ostforsch. 11 (1962).

[3] K. Kasiske, Das dt. Siedelwerk des MA in Pommerellen (1938); E. Keyser, Gesch. d. dt. Weichsellandes (1939); ders., Neue poln. Forschungen zur Gesch. Danzigs u. Pommerellens bis z. 13. Jh., Zs. f. Ostforsch. 16 (1967).

[4] P. v. Niessen, Gesch. d. Neumark im ZA ihrer Entstehung u. Besiedlung bis z. Aussterben der Askanier (1905); W. Hoppe, Die Neumark in d. ostdt. Gesch., Brandenb. Jb. 6 (1931); H. Wittlinger, Untersuch. zur Entstehung u. Frühgesch. der neumärk. Städte (1932).

[5] K.-D. Kahl, Slawen u. Deutsche in d. brandenburg. Gesch. d. 12. Jh. (1964); Joh. Schultze, Die Mark Br. 1 (1961); B. Guttmann, Die Germanisierung der Slawen in d. Mark, FBPG 9 (1897); W. Gley, Die Besiedlung der Mittelmark von d. slaw. Einwanderung bis 1624 (1926); O. Struve, Die dt. Siedlungen in d. Mark Br. unter den Askaniern (Progr. Steglitz 1905); M. Bathe, Die Herkunft der Siedler in d. Landen Jerichow (1932); H. H. Scheffler, Beitr. z. Gesch. d. Kolonisation der Herrschaft Ruppin (Diss. Berlin 1936); J. Mahnkopf, Entstehung u. ält. Gesch. d. havelländ. Städte (Diss. Berlin 1937); H. Ludat, Die ostdt. Kietze (1936); W.

VOGEL, Der Verbleib der wendischen Bevölkerung in d. Mark Br. (1960). – Lausitzer Wenden (Sorben): O. E. SCHMIDT, Die Wenden (1926); R. LEHMANN, Gesch. d. Wendentums in d. Niederlausitz bis 1815 (1930); ders., Gesch. der Niederlausitz (1963); ders., Die Herrschaften in d. Niederlausitz (1966); J. JATZWAUK, Sorbische (wendische) Bibliographie, SB Ak. Leipzig 98, 2 (²1952).

⁶ C. GRÜNHAGEN, Gesch. Schlesiens (2 Bde. 1884/86); Gesch. Schlesiens, hg. v. H. AUBIN u. a. Bd. 1: bis 1526 (²1961); V. SEIDEL, Die dt. Besiedlung Schlesiens im MA, Jbb. f. Kultur u. Gesch. d. Slawen NF 9 u. 11 (1933/35); H. APPELT, Die Leubuser Gründungsurkunde u. die Anfänge des mal. Deutschtums in Schlesien, Zs. Schlesien 1 (1956); G. SCHÖNAICH, Stadtgründungen u. typ. Stadtanlagen in Schl., Zs. d. V. f. Gesch. Schlesiens 60 (1926); H. v. LOESCH, Die schles. Weichbildverf. der Kolonisationszeit, ZRG GA 58 (1938); TH. GOERLITZ, Verfassung, Verwaltung u. Recht d. Stadt Breslau 1: MA (1962); J. PFITZNER, Besiedlungs-, Verf.- u. Verwaltungsgesch. d. Breslauer Bistumslandes 1 1926); ders., Der schles. Stammesraum u. seine Besiedlung, Schles. Jb. 4 (1931/32); F. SCHILLING, Ursprung u. Frühzeit d. Deutschtums in Schl. u. im Lande Lebus (2 Bde. 1938); H. LUDAT, Bistum Lebus (1942); ders., Das Lebuser Stiftsregister von 1405 (1965); W. KUHN, Siedlungsgesch. Oberschlesiens (1954); V. LOEWE, Bibliogr. der schles. Gesch. (1927), über neuere poln. Bibliogr. s. H. RISTER, Zs. f. Ostforsch. 11 (1962).

⁷ Noch B. BRETHOLZ, Gesch. Böhmens u. Mährens bis z. Aussterben der Přemisliden 1306 (1912) u. Gesch. Böhmens u. Mährens 1 (1922), verkannte die Herkunft der Deutschen in Böhmen, die er aus dem Fortbestand germanischer Besiedlung erklären wollte; dazu Lit. DW⁹ 200/3 u. 4342. – Polit. einseitig J. PFITZNER, Sudetendt. Gesch. (²1937); Das Sudetendeutschtum, hg. v. G. PIRCHAN u. a. (²1939); Die Deutschen in Böhmen u. Mähren, hg. v. H. PREIDEL (²1952); W. WEIZSÄCKER, Gesch. d. Dt. in Böhmen (1950); ders., Stadtrechte

(s. Kap. 60, Anm. 6); H. AUBIN, Gesch. Kräfte im Sudetenraum (1941); E. SCHWARZ, Sudetendt. Sprachräume (1935). – A. MAYER, Die Besiedlung d. Böhmerwaldes (1932); O. WILDER, Besiedlungsgesch. Südböhmens (Diss. Prag 1932); K. BERGER, Die Besiedlung d. dt. Nordmährens im 13. u. 14. Jh. (1933). – Städte: A. ZYCHA, Über d. Ursprung d. Städte in Böhmen u. die Städtepolitik der Přemysliden (Prag 1914); A. TELTSCHIK, Zum Entstehen d. mähr. Städte, Zs. f. Gesch. Mährens 46 (1946); A. HOENIG, Dt. Städtebau in Böhmen (1921); J. KEJŘ, Zwei Studien über die Anfänge der Städteverfassung in d. böhm. Ländern, Historica 16 (1969).

⁸ Die Lit. über Deutsche in Polen (wie in Böhmen) ist oft aus polit. Gründen kontrovers, daher Zeit u. Ort ihrer Entstehung zu bedenken; vgl. H. LUDAT, Die dt.-poln. Beziehungen im Licht ihrer gesch. Voraussetzungen, Nachr. d. Gießener Hochschulges. 26 (1957). Das gilt für das Sammelwerk: Deutschland u. Polen, hg. v. A. BRACKMANN (1933), erst recht für die Polemik dagegen von F. H. GENTZEN, Dtld. u. Polen (Ostberlin 1956); von poln. Seite wichtig M. FRIEDBERG, Kultura polska a niemiecka (Poln. u. dt. Kultur, Bodenständige Elemente u. dt. Einflüsse in Verfassung u. Kultur d. mal. Polen, 2 Bde. Posen 1946) u. das Sammelwerk: Wschodnia ekspansja Niemiec w Europie środkowey (Die Ostexpansion Dtlds. in Mitteleuropa), hg. v. G. LABUDA (Posen 1963); einseitig K. LÜCK, Dt. Aufbaukräfte in der Entwicklung Polens (1934); E. MASCHKE, Das mal. Deutschtum in Polen (Dt. Ostforsch. 1, 1942). – Zu einzelnen Gebieten: W. MAAS, Die Entstehung d. Posener Kulturlandschaft (1927); E. SCHMIDT, d. Deutschtums im Lande Posen unter poln. Herrschaft (1904); E. MEYER, Dt.-rechtl. Dörfer im posenschen Anteil d. Erzsprengels Gnesen, Dt. wiss. Zs. f. Polen 30 (1935); A. BREYER, Dte. in d. ländl. Siedlungen d. mittelpoln. Warthebruchs, ebd. 34 (1938); E. O. KOSSMANN, Die dt.-rechtl. Siedlung in Polen, dargestellt am Lodzer Raum (1939); W. MAAS, Mal. dt.-rechtl.

Kolonisation u. Waldrodung in Kujawien u. Masowien, Dt. Monatshefte f. Polen 4 (1937/38); H. SCHONDORF, Dt.-rechtl. Siedlung des MA in d. Diözese Krakau, ebd. 7 (1941); W. KUHN, Die Erschließung d. südl. Kleinpolens im 13. u. 14. Jh., Zs. f. Ostforsch. 17 (1968). – TH. ZÖCKLER, Das Dt.tum in Galizien (²1917); R. F. KAINDL, Gesch. d. Dt. in Galizien bis 1702 (1907); ders., Die Dt. in Galizien u. in d. Bukowina (1916); ders., Beitr. z. Gesch. d. dt. Rechtes in Galizien (12 H. 1906/10); ders., Gesch. d. Dt. in den Karpathenländern (3 Bde. 1907/11); F. KROMES, Zur Gesch. d. dt. Volkstums im Karpathenlande m. bes. Rücks. auf d. Zips u. ihr Nachbargebiet (1878); E. FAUSEL, Das Zipser Deutschtum (1927); H. GROTHE, 700 J. dt. Leben in d. Zips (1927); G. FITTBOGEN, Der Werdegang d. Zipser Deutschen, Verg. u. Gegenw. 23 (1933); J. LIPTAK, Bilder a. d. Zipser Vergangenheit (1935); ders., Urgesch. u. Besiedlung d. Zips (1935).

[9] R. F. KAINDL, Gesch. d. Dt. in Ungarn (1912); K. SCHÜNEMANN, Die Dt. in Ungarn bis z. 12. Jh. (1923); ders., Die Entstehung d. Städtewesens in Südosteuropa 1 (1929); ders., Die Stellung d. Südostens in d. Gesch. d. mal. dt. Kolonisation, Siebenbürg. Vjs. 17 (1934). Siebenbürger Sachsen: G. D. u. FR. TEUTSCH, Gesch. d. Siebenb. Sachsen 1 (⁴1925); Siebenbürgen, hg. v. K. BELL (1930); Forschungsgesch. s. A. ROTH, DALVF 7 (1943); G. GÜNDISCH, Dt. Bergbausiedlungen im Siebenb. Erzgebirge, Dt. Forsch. im Südosten 1 (1942). – N. ZIMMER, Die dt. Siedlungen in d. Bukowina (1930). – E. CASTLE, Entdeckung u. Erforschung d. dt. Sprachinsel Gottschee, MÖIG 46 (1932) mit ält. Lit. – E. KLEBEL, Siedlungsgesch. d. dt. Südostens (1940); H. WECZERKA, Das mal. u. frühneuzeitl. Deutschtum im Fürstentum Moldau (1960); vgl. allgemein W. KUHN, Sprachinselforschung (1934).

Kapitel 62
Der Staat des Deutschen Ordens in Preußen und Livland

R. TEN HAAF, Kurze Bibliographie zur Gesch. d. Dt. Ordens (1949); K. H. LAMPE, Bibliogr. zur Gesch. d. Dt. O. bis 1959 (Bd. 1 1970); E. WERMKE, Bibliogr. d. Gesch. von Ost- u. Westpreußen bis 1929 (1933, Ndr. 1962 mit Nachtrag), fortges. in Altpreuß. Forsch. 9–16 (1932/39), bis 1961 in Wiss. Beiträge zur Gesch. u. Landeskunde Ostmitteleuropas 11, 37 u. 64 (1953–1963); K. KASISKE, Neuere Forsch. zur Gesch. d. Dt. O. (Dt. Ostforschung 1, 1942); M. HELLMANN, Neue Arbeiten zur Gesch. d. Dt. O., HJb 75 (1956); M. BISKUP, Polish Research on the hist. of the Teutonic Order State Organization in Prussia 1949–1959, in: Acta Poloniae Historica 3 (1960); K. GORSKI, The Teutonic Order in Prussia, Medievalia et Humanistica 17 (1966); R.-D. KLUGE, Darstellung u. Bewertung d. Dt. O. in der dt. u. poln. Lit., ein Überblick, Zs. f. Ostforsch. 18 (1969); E. BAHR, Poln. Veröffentl. zur ost- u. westpreuß. Gesch. 1950–1960, ebd. 10 (1961). – *Zeitschriften:* Altpreußische Forschungen 1–20 (1924–1943); Preußenland (seit 1963); Zs. d. Westpreuß. GV (1–76, 1880–1941); Zs. f. d. Gesch. u. Altertumskunde Ermlands (seit 1858).

Quellen: M. PERLBACH, Die Statuten des Dt. O. (1890): Scriptores rerum Prussicarum (5 Bde. 1861/74, Ndr. 1965; 6. Bd. 1968); Regesta historico-diplomatica ordinis S. Mariae Theutonicorum 1198–1525, hg. v. E. JOACHIM u. W. HUBATSCH (4 Bde. 1948 bis 1950; Register u. Ergänz. zu 1/2 1965); Preuß. Urkundenbuch (bis 1351, 4 Bde. 1882 bis 1964); E. WEISE, Staatsverträge des Dt. O. im 15. Jh. (3 Bde. 1939–1966). – W. HUBATSCH, Quellen zur Gesch. des Dt. O. (1954), Auswahl mit Übersetzung.

Die deutsche Ostbewegung im Spätmittelalter

Literatur: Grundlegend war Joh. Voigt, Gesch. Preußens ... bis 1525 (9 Bde. 1827 bis 1838) u. Gesch. d. Dt. Ritterordens in s. 12 Balleien in Dtld. (2 Bde. 1857–1859); weitere Lit. DW[9] 6930 ff., bes. E. Caspar, Das Wesen des Dt.-O.-Staates (1928); Chr. Krollmann, Polit. Gesch. d. Dt. O. in Preußen (1932); B. Schumacher, Gesch. Ost- u. Westpreußens (1937, Ndr. [4]1959); Dt. Staatenbildung u. dt. Kultur im Preußenlande (1931); E. Maschke, Der Dt. O. u. die Preußen (1928); ders., Polen u. die Berufung des Dt. O. nach Preußen (1934); ders., Der dt. Ordensstaat, Gestalten seiner großen Meister ([3]1943); ders. u. K. Kasiske, Der dt. Ritterorden (1937); G. Kunze, Glaube u. Politik beim Dt. Ritterorden (1937).

a. Gründung des Ordensstaates

Nur bei der Staatsbildung des Deutschen Ordens in Preußen und Livland verband sich im 13. Jh. noch – wie früher in den Elbmarken – die Ostbewegung des deutschen Adels, Bürger- und Bauerntums mit gewaltsamer Missionspolitik und kriegerischer Unterwerfung des Heidenlandes. Nicht einheimische Fürsten wie in den längst christlichen Slavenländern, sondern die Ordensritter, die mit kaiserlicher und päpstlicher Ermächtigung durch erobernde Schwertmission Landesherren wurden, wenn auch von einem Piastenherzog von Masowien zum Kampf gegen die Preußen gerufen, holten dorthin deutsche Siedler im Interesse ihres Staatsaufbaus, der die binnendeutschen Territorien bald überholte. Der Glaubenskampf gegen die letzten Heidenvölker Europas, die baltischen Preußen und Kuren, Litauer und Letten, Liven und Esten, galt den Christen als religiöse Aufgabe, bot aber zugleich den politischen Mächten ein verlockendes Ziel. Polnische Herzöge hatten deshalb schon frühere Missionsversuche bei den Preußen unterstützt und ausnutzen wollen. Mit mehr Erfolg wurden sie nach 1200 von Zisterziensern aus Lekno (bei Bromberg) wieder aufgenommen, deren Führer Christian sich 1215 in Rom zum Bischof von Preußen weihen ließ. Trotz päpstlicher Warnungen wurde aber alsbald sowohl von Polen wie von Pommerellen aus die politische Unterwerfung der Preußen erstrebt und dadurch deren Widerstand auch gegen die Mission herausgefordert. Da Bischof Christian für einen vom Papst genehmigten Kreuzzug gegen sie (1222/23) nicht genügend Kräfte aufbringen und die politischen Rivalitäten nicht ausschalten konnte, scheiterte sein Unternehmen[1]. Darauf wandte sich der von heidnischen Gegenstößen ins Kulmerland am schlimmsten betroffene Herzog Konrad von Masowien an den Deutschen Orden mit der Aufforderung, den Glaubenskampf gegen die Preußen zu übernehmen; dafür versprach er, ihm das Kulmerland und weitere Grenzgebiete zu überlassen.

Der »Orden des Spitals S. Mariens vom Deutschen Hause«[2] war nach dem Vorbild der überwiegend romanischen Ritterorden der Templer und Johanniter 1198 vor Akkon aus einer acht Jahre vorher dort von Bremer und Lübecker Kaufleuten gestifteten Hospitalbruderschaft entstanden, die wahrscheinlich an ein früher (seit 1127?, bezeugt seit 1143) in Jerusalem den Johannitern unterstelltes Hospital für Deutsche anknüpfte. Die Aufgaben auch dieses neuen Ordens lagen zunächst im Heiligen Land, wo er reichen Besitz erwarb wie auch anderwärts[3]. Hochmeistersitz blieb bis 1271 die Burg Montfort bei Akkon[4]; dann wurde er zunächst (bis 1309) nach Venedig zurückverlegt. Doch schon der vierte Hochmeister *Hermann von Salza*[5] suchte angesichts der hoffnungslosen Lage der Kreuzfahrerstaaten anderwärts neue Aufgaben für seinen Orden. 1211 übertrug ihm König Andreas II. von Ungarn den Schutz des siebenbürgischen Burzenlandes gegen die heidnischen Kumanen. Doch als er sich dort ein autonomes Territorium zu schaffen begann, mußte er 1225 vor weltlichen und kirchlichen Widerständen weichen[6]. Um diese Zeit, als er vielleicht eine Festsetzung auf Cypern erwog, erreichte ihn der Hilferuf aus Masowien[7]. Ehe er darauf einging, bereitete der Hochmeister das Unternehmen sorgfältig und weitblickend vor, um in Preußen zu sichern, was in Ungarn mißlang. Wahrscheinlich hatte er dieses Ziel schon im Auge, als er im Auftrag des ihm befreundeten Kaisers mit dem 1223 gefangenen König Waldemar II. von Dänemark zwei Jahre lang über die Rückgabe Nordalbingiens ans Reich verhandelte, damit der Seeweg von Lübeck aus frei würde (s. Kap. 8). Er wird wohl auch, um der dänischen Missionspolitik im Baltenland zu begegnen, den Kaiser veranlaßt haben, in einem Manifest vom 12. III. 1224 die zur Bekehrung bereiten Völker Livlands, Estlands, Samlands, Preußens und Semgallens unter den Schutz des Reiches zu nehmen, so daß sie ohne Minderung ihrer Freiheit wie andere »liberi homines imperii« nur der Kirche und dem Reich Gehorsam schulden sollten[8]. Dagegen stellte Papst Honorius III. bald darauf (3. I. 1225) alle Neubekehrten in Preußen und Livland unter päpstlichen Schutz mit der Freiheit, »allein Christus und dem Gehorsam gegen die römische Kirche unterworfen« zu sein. Mit diesen rivalisierenden Missionsansprüchen von Kaiser und Papst mußte der beiden eng verbundene

Hochmeister rechnen. Von Friedrich II. ließ er durch die *Goldbulle von Rimini* (März 1226)[9] den Orden zur Herrschaft in dem zur »monarchia imperii« gehörigen Land ermächtigen, das er vom Herzog von Masowien erhalten und im Kampf gegen die Heiden gewinnen würde. Der Hochmeister, als Ordensmann nicht belehnbar, bekam alle landesherrlichen Hoheitsrechte »so gut wie irgend ein Reichsfürst«, aber frei von allen Diensten und Verpflichtungen für das Reich. Damit wurde eine ungewöhnliche, von späteren Kaisern aber immer wieder bestätigte Rechtsgrundlage geschaffen für eine Ordensherrschaft in Preußen, deren staatsrechtliches Verhältnis zum Reich eine offene Frage blieb, daher strittig werden konnte. Mit Herzog Konrad von Masowien und Bischof Christian von Preußen, über deren Absichten das weit hinausging, mußte noch jahrelang verhandelt werden, ehe der Herzog sich im Vertrag von Kruschwitz 1230 zur Übereignung des Kulmerlandes verstand und der Bischof trotz seiner Ansprüche und Proteste ausgeschaltet wurde. Die Kurie verhielt sich dabei anfangs unentschieden, bestätigte aber den Kruschwitzer Vertrag und ließ den Kreuzzug gegen die Preußen predigen; 1234 nahm Gregor IX. das Ordensland als »Recht und Eigen S. Peters« unter päpstlichen Schutz und verlieh es dem Orden zu ewigem freien Besitz[10]. Es war das Meisterwerk Hermanns von Salza, der selbst wohl nie nach Preußen kam, daß er seinem Orden die Grundlage zu einer eigenen Staatsbildung schuf, die von Kaiser und Papst, ehe sie sich vollends entzweiten, gleichermaßen legitimiert wurde, tatsächlich aber ganz autonom auf sich gestellt war.

Inzwischen hatten einige Ordensritter unter dem Landmeister Hermann Balk mit Unterstützung zahlreicher Kreuzfahrer die Eroberung Preußens von der Weichsel her begonnen. Bei den 1231 in Thorn, 1232 in Kulm, 1233 in Marienwerder angelegten Burgen wurden sofort auch deutsche Bürger angesiedelt. Bereits Ende 1233 gab der Hochmeister als Landesherr mit der *Kulmer Handfeste*[11] nicht nur ein Stadtrecht für Kulm und Thorn nach dem Vorbild Magdeburgs, das ihr Oberhof wurde, sondern zugleich ein verlockend günstiges Siedler- und Lehnrecht für Adel, Bürger und Bauern und eine einheitliche Münz- und Maßordnung. Dieses *Kulmer Recht* wurde maßgeblich fürs ganze Ordensland; nur manche Küstenstädte erhielten lübisches Recht. Denn als die Ordensritter, zu denen Jahr für Jahr fürstliche Kreuzfahrer zumal aus Mitteldeutschland, aber auch aus Polen und Schlesien stießen, nach der Unterwerfung Pomesaniens 1237 das Frische Haff erreichten, wirkten bei der Gründung Elbings Lübecker Kaufleute mit ihnen zusammen und waren dann auch an der Anlage von Braunsberg (vor 1251), Memel (1253), Königsberg (1255) beteiligt[12]. Der deutsche Ostseehandel, unentbehrlich auch für den Schiffsverkehr nach Preußen und später für seine Ausfuhr, reichte hier den staatsbildenden Ordensrittern die Hand.

Diese Verbindung wurde um so enger, weil sich die Aufgaben des Ordens, noch ehe er Preußen bezwungen hatte, nach *Livland*[13] ausweiteten. Dort gingen Handels- und Missionsinteressen zusammen, seit mit Lübecker Kaufleuten um 1180 die ersten Missionare an die Düna kamen, vollends seit der Bremer Domherr Albert, 1199 zum Bischof von Livland geweiht, mit Kaufleuten aus Gotland 1201 Riga gründete. Im Jahr darauf stiftete er den deutschen *Schwertbrüderorden*[14] (Fratres militiae Christi), um neben den alljährlich herbeigerufenen Kreuzfahrern eine eigene ständige Kampftruppe zu haben. Obgleich ihm aber Livland von König Philipp 1207 als Reichslehen übertragen und von König Heinrich (VII.) 1225 als Mark mit reichsfürstlicher Stellung des Bischofs anerkannt wurde, mußte er seine Landesherrschaft teilen mit der Stadt Riga, die unter ihrem Rat Autonomie und eigenen Landbesitz erstrebte, und mit dem Schwertbrüderorden, dessen Forderung nach Anteil am eroberten Land von der Kurie unterstützt wurde. Häufiger Streit zwischen diesen drei Partnern lähmte ihre Stoßkraft. Überdies erwuchs ihnen ein Rivale in den Dänen, die Bischof Albert 1219 gegen die Esten zu Hilfe rief. Päpstliche Legaten, vor allem Kardinalsbischof Wilhelm von Modena, griffen zwar wiederholt vermittelnd ein, wollten aber zugleich die Freiheit der Neubekehrten wahren und keine der beteiligten Mächte das Übergewicht gewinnen lassen, vielleicht sogar einen eigenen päpstlichen Schutzstaat an der Ostsee errichten[14a]. Das alles hemmte die Unterwerfung und Bekehrung der baltischen Völker und führte zu schweren Rückschlägen. Die Schwertbrüder suchten Rückhalt am Deutschen Orden; doch erst nach ihrer vernichtenden Niederlage im Kampf gegen die Litauer (Sept. 1236 bei Saule) entschloß sich Hermann von Salza, ihre Reste vom Papst mit seinem Orden vereinigen zu lassen, der damit ihre schwere Erbschaft in Livland übernahm: Er mußte die Lehnshoheit des Rigaer Bischofs über das dem Orden zugeteilte Landdrittel anerkennen; die anderen Bischöfe (Dorpat, Ösel) blieben mit ihrem Landdrittel unabhängig vom Orden; den Dänen mußte er unter Vermittlung des päpstlichen Legaten Estland überlassen; ein Vorstoß mit ihnen gemeinsam gegen Nowgorod scheiterte in der Schlacht auf dem Peipussee (1242, s. Kap. 16), der seitdem die Ostgrenze der Ordensherrschaft blieb.

Diese Überspannung der Kräfte im Nordosten, gleichzeitig mit dem Mongolensturm und dem Papst-Kaiser-Konflikt, löste eine schwere *Krise der jungen Ordensherrschaft* auch an der Weichsel aus. Die bereits unterworfenen und getauften, nicht immer glimpflich behandelten Preußen in Pomesanien, Ermland, Natangen erhoben sich 1242, ermutigt von Herzog Swantopolk von Pommerellen, während dessen Brüder und die polnischen Piasten dem Orden halfen. Er mußte sieben Jahre lang hart kämpfen, um seine Ausgangsstellung an der Weichsel zu behaupten und den Aufruhr niederzuwerfen; auch dann noch konnten sich die Preußen im *Christburger Frieden* (7. II. 1249) dank kurialer Vermittlung persönliche Freiheit und Gleichberechtigung mit den Deutschen ausbedingen[15]. Im Samland, in das der Orden in den nächsten Jahren vordrang – 1254/55 half dabei König Ottokar II. von Böhmen, dem zu Ehren Königsberg seinen Namen bekam –, wurden vornehme Preußen, wenn sie sich unterwarfen, bevorzugt behandelt und mit Land belehnt. Auch den Bischöfen, die vom Legaten Wilhelm von Modena 1243 für das Kulmerland, Pomesanien, Ermland und Samland bestellt wurden, überließ der Orden ein Drittel des Landes; doch gelang ihm bald die Inkorporation der Domkapitel (außer Ermland): Sie wurden nur mit Ordenspriestern besetzt wie zumeist auch die Bistümer[16], die kirchlich dem 1255 zum Erzbistum erhobenen Riga unterstellt wurden. Von Livland aus unterwarf der Orden auch Kurland und gründete 1253 Memel. Sogar der Fürst Mindowe, der ganz Litauen unter seiner Herrschaft einte, ließ sich 1250 taufen, empfing dafür vom Papst den Königstitel[17] und wollte dem Orden Samaiten zwischen Preußen und Kurland abtreten. Dagegen erhob sich jedoch heftiger Widerstand. Eine Niederlage des Ordens bei Durben (nö. Libau) gab 1260 das Signal zu Mindowes Rückfall ins Heidentum und zu neuem Aufstand nicht nur in Kurland und Semgallen, sondern auch in Preußen. Nur wenige Ordensburgen hielten stand. Schritt für Schritt mußte mit Kreuzfahrerhilfe wieder Boden gewonnen werden. Erst 1267 wurden die Kuren unterworfen, 1274 die Preußen, deren vertragliche Freiheit nun verwirkt war, erst 1283 Sudauen und 1290 Semgallen, die Grenzgebiete gegen Litauen, das selbst unbesiegt und unbekehrt blieb wie ein Keil zwischen dem preußischen und livländischen Ordensland. Vergebens unternahm der Orden mit fürstlichen Kreuzfahrern noch ein Jahrhundert lang immer neue »Litauerreisen«, die schließlich zu einem beliebten Rittersport auch für Ausländer wurden[18]. Sie kamen über wechselvolle Kämpfe um die Burgen an der Memel nie hinaus, blieben in milden Wintern oft im unwegsamen Sumpfland stecken und lösten manche gefährliche Gegenstöße aus. Längst ehe Litauen christlich wurde, um sich mit Polen zu verbinden, war die Schwertmission des Ordens erlahmt und hinter seinen Staatsaufbau zurückgetreten, der ihm wichtiger wurde als seine ursprüngliche religiöse Aufgabe.

Blieb also Livland durch Litauen von Preußen getrennt, so wurde andrerseits die Stellung an der Weichsel und die Verbindung nach Deutschland gesichert durch die *Angliederung Pommerellens*, dessen Herzöge 1294 ausstarben[19]. Vorher schon hatten sich sowohl die brandenburgischen Askanier wie die polnischen Piasten die Nachfolge zusichern lassen. Sie gerieten darüber in langen Streit, bis Polen den Deutschen Orden zu Hilfe rief (obgleich es dort keine Heiden zu bekämpfen gab). Er vertrieb 1308 die Brandenburger aus Danzig und entschädigte sie finanziell für Pommerellen, das er nicht an Polen übergab, sondern selbst behielt und sich von Kaiser Heinrich VII. 1313 bestätigen ließ, ebenso von König Johann von Böhmen, der die polnische Krone beanspruchte und die Lehnshoheit über Masowien gewann. Die Piasten aber, die sich gegen ihn in Polen durchsetzten, wollten dem Orden Pommerellen und auch das Kulmerland nicht überlassen und strengten mehrere Prozesse an der Kurie gegen ihn an[20]. Erst 1343 verstand sich König Kasimir d. Gr. im Kalischer Frieden zum Verzicht, den Polen jedoch nie verschmerzte, zumal Pommerellen kirchlich großenteils zum polnischen Bistum Leslau gehörte und weniger durchgreifend als Preußen mit Deutschen besiedelt wurde[21]. Der Bestand des Ordensstaates schien nun zwar beiderseits der Weichselmündung so gesichert, daß der Hochmeister 1309 seinen Sitz von Venedig nach der Marienburg verlegte. Aber die religiöse Rechtfertigung dieser eigenartigen Staatsbildung wurde seitdem fragwürdig, ja unglaubhaft, und gerade ihr politischer, wirtschaftlicher, kultureller Aufschwung forderte

Widerstände heraus, die dem Ordensstaat schließlich zum Verhängnis wurden[22].

[1] Über die mißlungene Preußenmission B.Christians: DW[9] 6899 u. 6940,bes. F. BLANKE, Die Missionsmethode des B. Chr. v. Pr., Altpreuß. Forsch. 4 (1927); ders., ZKiG 47 (1928), s. u. Anm. 14a.

[2] Gesamtgesch. d. Ordens: M. TUMLER (seit 1948 Hochmeister des Dt. O.), Der Dt. Orden im Werden, Wachsen u. Wirken bis 1400 mit einem Abriß ... bis z. neuesten Zeit (Wien 1955), dazu E. MASCHKE, DA 12, S. 264 f.; Acht Jahrhunderte Dt. O. in Einzeldarstellungen, hg. v. K. WIESER (Quellen u. Stud. z. Gesch. d. Dt. O. 1, Festschr. f. M. Tumler 1967).

[3] H. PRUTZ, Die Besitzungen d. Dt. O. im Hl. Lande (1877); über Ordens-Besitz u. -Balleien auch in vielen anderen Ländern s. K. FORSTREUTER, Der Dt. O. am Mittelmeer (1967); ders., Der Dt. O. u. Südosteuropa, Kyrios 1 (1936); B. SCHUMACHER, Studien zur Gesch. d. Dt. O.-Balleien Apulien u. Sizilien, Altpreuß. Forsch. 18/19 (1941/42); W. HUBATSCH, Der Dt. O. u. die Reichslehnschaft über Cypern (Nachr. Ak. Göttingen 1955, 8).

[4] W. HUBATSCH, Monfort u. die Bildung des Dt. O.-Staates im Hl. Lande (Nachr. Ak. Göttingen 1966, 5).

[5] H. v. Salza: DW[9] 6933; J. UHDE in: Die Großen Deutschen [1]1 (1935); H. HEIMPEL, ebd. [2]1 (1956), auch mit Anm. in HEIMPEL, Der Mensch in s. Gegenwart (1954); Herkunft von thüring. Ministerialen: E. MASCHKE, Zs. d. V. f. thür. Gesch. NF 34 (1940).

[6] Über den Dt. O. im Burzenland s. DW[9] 6963.

[7] Das Ansuchen Hg. Konrads wird nur im Rimini-Privileg (s. Anm. 9) erwähnt, daher meistens in den Winter 1225/26 verlegt, s. E. CASPAR (ebd.) S. 29 u. 105 ff.; dagegen bringt CHR. KROLLMANN, Lübecks Bedeutung für d. Eroberung Preußens, in: Festschr. A. Bezzenberger (1921) schon die Verhandlungen des HM mit Waldemar v. Dänemark seit Sept. 1223 damit in Zusam-

menhang, s. auch ders., Polit. Gesch. d. Dt. O. (1932).

[8] G. A. DONNER, Das Kaisermanifest an die ostbalt. Völker, Mitt. d. westpreuß. GV 27 (1928); dazu E. MASCHKE, Altpreuß. Forsch. 8 (1931), S. 152 ff.; FR. KOCH, Livland u. das Reich bis 1225 (1943), dazu L. ARBUSOW, DA 7 (1944), S. 341 ff.

[9] Goldbulle von Rimini: Reg. Imp. 5 n. 1598; beste Ausgabe von LOHMEYER, MIÖG Erg.-Bd. 2 (1888); zur Interpretation bes. E. CASPAR, H. v. Salza u. die Gründung d. Dt. O.-Staates in Preußen (1924), der das Privileg als »Aktionsprogramm« des HM auffaßte, und E. STENGEL, Hochmeister u. Reich, Die Grundlagen der staatsrechtl. Stellung d. Dt. O.-Landes (1938, aus ZRG GA 58), mit Ergänzungen in STENGEL, Abhandl. u. Untersuch. zur Gesch. d. Kaisergedankens (1965); er stellte klar, daß der HM eines Ordens nach Kirchenrecht nicht belehnt werden konnte wie Reichsfürsten, aber als Prälat zum Reich gehörte; anders M. HELLMANN, Über die Grundlagen u. die Entstehung d. Ordensstaates in Preußen, Nachr. d. Gießener Hochschulges. 31 (1962); dagegen I. MATISON, Die Lehnsexemtion des Dt. O. u. dessen staatsrechtl. Stellung in Preußen, DA 21 (1965); dies., Zum polit. Aspekt der G. B. v. Rimini, in: Acht Jhh. Dt. O. (1967, s. Anm. 2); E. WEISE, Interpretation der G. B. v. R. nach d. kanon. Recht, ebd.

[10] Preuß. Urk.-B. 1 n. 108.

[11] G. KISCH, Die Kulmer Handfeste (1931).

[12] E. CARSTENN, Gesch. d. Hansestadt Elbing (1937); CHR. KROLLMANN, Danzig – Elbing – Königsberg, Stadtgründung u. Politik im Preußenland, Elbinger Jb. 14 (1937); ders., Die Entstehung d. Stadt Königsberg (1939); F. GAUSE, Die Gesch. d. Stadt Königsberg i. Pr. 1 (1965); ders., Die Gründung d. Stadt K. im Zusammenhang der Politik des Ordens u. der Stadt Lübeck, Zs. f. Ost-

forsch. 3 (1954); ders., Der Dt. O. u. die Gründung von Burg u. Stadt K., in: Acht Jhh. Dt. O. (1967); E. KEYSER, Oppidum Kunigsbergk, Zs. f. Ostforsch. 4 (1955); TH. PENNERS, Untersuch. üb. d. Herkunft d. Stadtbewohner im Dt. O.-Land Preußen bis 1400 (1942).

[13] Livlands Bekehrung (bis 1227) schildert, dem B. Albert nahestehend, Heinrich »der Lette« im Chronicon Livoniae, ed. L. ARBUSOW-A. BAUER, MG Scr. rer. Germ. in us. schol. (²1955), mit Übers. v. A. BAUER (1959); dazu R. HOLTZMANN, NA 43 (1920); L. ARBUSOW, DA 8 (1951); P. JOHANSEN, Jbb. f. Gesch. Osteuropas NF 1 (1953). – Livesth- u. curländ. Urkundenbuch, hg. v. F. G. v. BUNGE u. a. (15 Bde. 1852–1914, Ndr. 1967); Lit.: FR. KOCH (s. o. Anm. 8); Baltische Lande 1: Ostbalt. Frühzeit, hg. v. C. ENGEL (1939); Überblick: R. WITTRAM, Gesch. d. balt. Deutschen (1939); ders., Baltische Gesch. (1954); G. GNEGEL-WAITSCHIES, B. Albert v. Riga (1958); F. BENNINGHOVEN, Rigas Entstehung (s. Kap. 63 a, Anm. 7); P. JOHANSEN, Die Gründung Revals u. die Anfänge d. nord. Mission (1951); ders., Die Bedeutung der Hanse für Livland, Hans. GBll. 65/66 (1941), dazu L. ARBUSOW, DA 7 (1944).

[14] F. BENNINGHOVEN, Der Orden der Schwertbrüder (1965).

[14⁰] Daß die Päpste seit Innocenz III. durch ihre Legaten in den balt. Ländern eine Art Kirchenstaat oder »Missionsschutzstaat« errichten wollten, meinte zuerst A. HAUCK, KiG Dtlds, 4, S. 661 ff., auch E. CASPAR, H. v. Salza (wie Anm. 9), S. 27, überspitzt F. BLANKE, Die Entscheidungsjahre d. Preußenmission, ZKiG 47 (1928), auch E. MASCHKE, Der Dt. O. u. die Preußen (1928), S. 26 ff.; kritischer G. A. DONNER, Kard. Wilhelm von Sabina (1929), S. 78 ff.; P. JOHANSEN, Die Estlandliste des Liber Census Daniae (1933), S. 702 ff.; vgl. F. BAETHGEN, Die Kurie u. der Osten im MA (Dt. Ostforschung 1, 1942), auch in dessen Mediaevalia 1 (1960), S. 66 ff.

[15] H. PATZE, Der Frieden von Christburg, Jb. f. d. Gesch. Mittel- u. Ost-

dtlds. 7 (1958), auch in: Heidenmission u. Kreuzzugsgedanke, hg. v. H. BEUMANN (Wege d. Forsch. 7, 1963); dazu K. FORSTREUTER, Zs. f. Ostforsch. 12 (1963), u. kritisch E. WEISE, Der Heidenkampf des Dt. O. (ebd., s. Anm. 22); R. WENSKUS, Über d. Bedeutung des Christburger Vertrages für d. Rechts- u. Verfassungsgesch. d. Preußenlandes, in: Festschr. E. Keyser (1968).

[16] B. POSCHMANN, Bistümer u. Dt. O. in Preußen 1243–1525, Zs. f. d. Gesch. u. d. Altertumskde. Ermlands 30 (1962).

[17] Z. IWINSKIS, Mindaugas u. seine Krone, Zs. f. Ostforsch. 3 (1954); M. HELLMANN, ebd.

[18] Eine Litauerreise Hg. Albrechts III. v. Österreich 1377 schildert ein Gedicht seines Wappenherolds Peter Suchenwirth, Scr. rer. Pruss. 2; aufschlußreiche Reiserechnungen der zwei Preußenfahrten Gf. Heinrichs v. Derby (nachmals Kg. Heinrich IV. v. England) von 1390 bis 1392 ed. H. PRUTZ (1893), ed. L. T. SMITH (Camden Soc. NS 52, 1893); vgl. E. MASCHKE, Burgund u. der preuß. Ordensstaat, in: Syntagma Friburgense (Festschr. f. H. Aubin 1956); CH. HIGOUNET, De la Rochelle à Torun, Aventure de barons en Prusse et relations économiques (1363–1364), Le Moyen Age 69 (1963).

[19] Erwerbung Pommerellens: DW⁹ 6935 u. 7776; K. JASIŃSKI, Zajęcie Pomorza Gdańskiego przez Krzyżaków w latach 1308–1309 (Die Besetzung von Pommerellen durch d. Dt. O.), Zapiski Historyczne 31, 2 (1966) mit dt. Résumé; G. DIERFELD, Die Verwaltungsgrenze Pommerellens zur Ordenszeit, Altpreuß. Forsch. 10 (1933); E. SANDOW, Die poln.-pommerell. Grenze 1309–1454 (1954).

[20] J. ZIEKURSCH, Der Prozeß zw. Kg. Kasimir v. Polen u. dem Dt. O. 1339 (1934); Akten: Lites ac resgestae inter Polonos Ordinemque Cruciferorum II, 1 (Posen 1890).

[21] K. KASISKE (Kap. 61, Anm. 3).

[22] E. MASCHKE, Die inneren Wandlungen d. Dt. Ritterordens in Preußen, in: Festschr. H. Rothfels (1963); K. GÓRSKI, L'Ordre Theutonique: un nou-

veau point de vue, RH 230 (1963); H. H. HOFMANN, Die Krise des Dt. O., in: Die Welt z. Z. des Konstanzer Konzils (Vortr. u. Forsch. 9, 1965); E. WEISE, Der Heidenkampf des Dt. O., Zs. f. Ostforsch. 12/13 (1963/64).

b. Blüte und Ende des Ordensstaates

Seit der endgültigen Unterwerfung der Preußen – ein letzter Aufstandsversuch scheiterte 1295 – begann der Orden in großem Ausmaß *deutsche Siedler* anzusetzen. In planvoller Verteilung wurden von den Komtureien aus zumeist auf Neuland Zinsdörfer (über 1000 rechts der Weichsel) und Städte (insgesamt 93 bis 1410) angelegt, in geringerem Umfang auch Dienstgüter für Ritterbürtige mit der Verpflichtung zum Kriegsdienst zu Pferde. Die einheimischen Preußen wurden weder ausgerottet noch willentlich germanisiert, nur mancherorts umgesiedelt, bei rechtzeitiger Unterwerfung und Wohlverhalten auch in ihrem Besitz bestätigt oder gar bereichert, bei fortschreitender Siedlung in die »Wildnis« der östlichen Grenzgebiete hinein zu Burg- und Wegebau und Späherdienst verwendet und dafür mit Dienstgütern oder kriegsdienstpflichtigen Freigütern ausgestattet. In den Städten fanden sie keine Aufnahme, und an der deutschen Dorfsiedlung nach kulmischem Recht sind sie erst spät beteiligt. Diese konnte sich schon nach wenigen Jahrzehnten, als der Zustrom versiegte, durch Binnenwanderung weiterpflanzen und weit in die Grenzwildnis vordringen, wie schon die ersten Siedler großenteils aus dem älteren Kolonialland in Meißen, Schlesien und an der Ostsee kamen[1].

In der Besiedlung und Verwaltung Preußens[2] vollbrachte der Deutsche Orden seine nachhaltig wirksamste Leistung. Die Ordensritter wurden, ohne ihre kriegerischen und religiösen Aufgaben ganz zu vergessen, zu erfahrenen Verwaltungsbeamten. Jeder war mit einem Amt betraut, hatte darüber jährlich Rechenschaft abzulegen und alle Überschüsse an die Ordensleitung abzuführen[3]. Die Ordensgelübde verpflichteten ihn zu unbedingtem Gehorsam und zu Keuschheit und Armut, d. h. zum Verzicht auf eigenes Besitzstreben, auf Gewinn für private Erben. Wer sich bewährte, konnte über die Komtureien zu den höchsten Ordensämtern der fünf Großgebietiger (Großkomtur, Marschall, Treßler, Trappier, Spittler) aufsteigen[4] oder gar zur landesherrlichen, fürstengleichen Stellung des vom Generalkapitel auf Lebenszeit gewählten, von den Großgebietigern beratenen Hochmeisters. Die Ordenspriester, die auch die preußischen Domkapitel besetzten und die meisten Bischöfe stellten, sorgten für die geistige Betreuung des Ordens, der im 14. Jh. ein ungewöhnlich reiches Schrifttum in Latein und Deutsch hervorbrachte, neben den Brief- und Amtsbüchern seiner Kanzleien vornehmlich Darstellungen der Ordensgeschichte und religiöse Dichtungen für die Tischlesung der Konvente[5]. Noch augenfälliger zeigt sich die kulturelle Blüte des Ordenslandes in den Backsteinbauten seiner Burgen und Dome. Die quadratischen Ordensburgen als wehrhafte Konventshäuser und Verwaltungsmittelpunkte verbinden – den Kastellen Friedrichs II. verwandt – strenge Zweckmäßigkeit mit kunstsinniger Schönheit, sparsam im Schmuck ihrer Ziegelglasur, Wandmalerei und Figurenplastik. Die Dome in Frauenburg, Marienwerder, Königsberg, Kulmsee übernahmen ihren Stil. Am reichsten ist er am Hochmeisterpalast der Marienburg ausgestaltet, der um 1320 neben einem älteren Komturschloß begonnen, 1398 vollendet wurde. Sein großer Remter war der repräsentativste Ordensbau für die zahlreich dort einkehrenden Gäste; vom Ostchor der Schloßkirche glänzte seit 1344 ein monumentales Marien-Mosaik weithin ins Land[6].

Die wirtschaftlichen Grundlagen dieser Kulturblüte schuf neben dem Zinsertrag der Bauernsiedlungen vornehmlich der Handel, auf den die Küstenstädte Elbing, Braunsberg, Königsberg und, die anderen bald überflügelnd, Danzig von vornherein angelegt waren. Sie wurden reich durch Getreide- und Holzexport aus dem Ordensland nach Skandinavien, England, Flandern, während die Binnenstädte Thorn und Kulm vorwiegend nach Polen und weiter nach Ungarn und Rußland handelten. Sie alle schlossen sich der Hanse an (Kap. 63), beteiligten sich auch am Krieg gegen Dänemark und bekamen im Stralsunder Frieden 1370 einen eigenen Fischhandelsplatz auf Schonen. Obgleich die Städte dabei von der Ordensleitung meist unterstützt und gefördert wurden[7], wuchs freilich mit ihrem Reichtum auch ihr Selbstbewußtsein gegenüber dieser Landesherrschaft, zumal als der Orden in Konkurrenz mit seinen Städten seit der Mitte des 14. Jh. auch Eigenhandel und Finanzgeschäfte zu treiben begann und dafür seine überlegene Staatsmacht einsetzte. Seine »Großschäffereien« in Marienburg und Königsberg vertrieben bis nach Flandern, Frankreich, England nicht nur den Bernstein, dessen Gewinnung dem Orden vorbehalten war, sondern auch die Überschüsse aus den

Naturalabgaben seiner Untertanen[8]. Im Interesse ihres Handels besonders mit England griffen die Hochmeister seit Winrich von Kniprode (1351–1382)[9] auch in die Ost- und Nordseepolitik ein, manchmal energischer als die Hanseführung. Um der Piraterie der Vitalienbrüder (Kap. 63 b) ein Ende zu machen, bemächtigte sich der Orden 1398 ihres Stützpunkts *Gotland*[10] und gab die Insel erst 1407 gegen eine Entschädigung zurück an Dänemark, das ihm Estland schon 1346 abgetreten hatte. Auch anderwärts dehnte sich der Ordensstaat noch aus. Die Stadt *Riga* hatte sich ihm trotz ihres Bündnisses mit den heidnischen Litauern schon 1330 unterwerfen müssen. Nach langem Streit mit den Rigaer Erzbischöfen wurde 1393/94 durch päpstlichen Entscheid, den sich der Orden viel kosten ließ, auch das Erzstift seiner Verwaltung unterstellt, das Domkapitel ihm inkorporiert. Sogar das immer vergeblich umkämpfte *Samaiten* bekam er von den verfeindeten Vettern Witold von Litauen und Jagiello von Polen abwechselnd, 1404 auch gemeinsam zugesprochen[11]. Andererseits ließ er sich 1402, wenn auch widerstrebend, von dem geldbedürftigen König Sigmund als Markgrafen von Brandenburg die *Neumark*[12] verpfänden, damit sie nicht an Polen fiel, sondern eine Brücke vom Ordensland ins Reich bildete.

Trotz Zuwachs und Wohlstand war jedoch der Ordensstaat in seiner Existenz bedroht seit der Union Litauens mit Polen 1386, die zugleich seine Missionsaufgabe vollends abschnitt, damit sein Daseinsrecht in Frage stellte[13]. Der Erwerb der Neumark und Samaitens verschärfte ihre Feindschaft. Um der Gefahr zuvorzukommen, wagte der Hochmeister Ulrich von Jungingen eine Machtprobe. Er erlag jedoch mit dem Ordensheer in der *Schlacht bei Tannenberg* am 15. VII. 1410 der polnisch-litauischen Übermacht mit ihren russisch-tatarischen Hilfsvölkern[14]. Ein allgemeiner Abfall vom Ordensstaat folgte. Die kulmische Ritterschaft, seit 1397 im »Eidechsen-Bund« zusammengeschlossen, ließ ihn schon während der Schlacht im Stich. Seine Städte, die Bischöfe und der Landadel huldigten dem König von Polen, dem sich die meisten Ordensburgen ergaben. Den völligen Zusammenbruch verhütete nur *Heinrich von Plauen*[15], Komtur von Schwetz, der die belagerte Marienburg zwei Monate lang zäh verteidigte und, zum Hochmeister gewählt, am 1. II. 1411 in Thorn einen Frieden fast ohne Gebietsverlust erlangte; selbst Samaiten sollte nur bis zu Jagiellos und Witolds Tod ausgeliefert werden. Für die Gefangenen war allerdings ein erdrückend hohes Lösegeld zu zahlen. Um es aufzubringen und den zerrütteten Ordensstaat zu reorganisieren, beanspruchte Heinrich von Plauen mit rücksichtsloser Energie alle noch verfügbaren Kräfte und Mittel, straffte die Ordenszucht, verlangte ungewohnte Steuern von den Städten und dem Landadel, deren gutwillige Vertreter er in einen »Landesrat« berief; er schreckte aber auch vor Gewalttat nicht zurück, wo er auf Widerstand stieß wie in Danzig und im Kulmerland. An Polens Friedenswillen zweifelnd, rüstete er, ohne auf den Rat der Gebietiger zu hören, schon 1413 wieder zum Krieg. Die bereits aufgebrochenen Truppen rief jedoch der Ordensmarschall Michael Küchmeister zurück; als ihn der Hochmeister deshalb auf einem Marienburger Generalkapitel am 7. I. 1414 zur Rechenschaft ziehen wollte, wurde er selbst gestürzt, der Marschall zum Nachfolger gewählt[16]. Heinrich bekam zunächst die kleine Komturei Engelsburg bei Graudenz, wurde aber bald – vielleicht infolge Verwechslung mit seinem gleichnamigen Bruder – des Hochverrats bezichtigt, als wollte er mit polnischer Hilfe sein Amt zurückgewinnen. Nach zehnjähriger Kerkerhaft begnadigt, starb er 1429 als Pfleger von Lochstedt. Michael Küchmeister dankte schon 1422 ab, ebenso sein Nachfolger Paul von Rußdorf 1441[17]. Ihr Friedenswille konnte weder neue Grenzkriege und -verluste verhüten[18] noch die innere Gärung beschwichtigen. Der Versuch eines schiedsrichterlichen Austrags auf dem Konstanzer Konzil hatte den Konflikt mit Polen nur verschärft[19]. Vom Kaiser und vom Papst war keine wirksame Hilfe zu erwarten; auch der Deutschmeister mit seinen Balleien[20] und der livländische Ordenszweig wollten den Hochmeistern nicht helfen und sich unterordnen. Deren noch öfters berufener »Landesrat« versagte; Städte und Adel schlossen sich 1440 eigenmächtig zum »*Preußischen Bund*« zusammen, um die Ständeinteressen gegen die Ordensherrschaft zu verfechten[21]. Als ihn der Hochmeister durch Papst und Kaiser verbieten ließ, brach 1454 ein *Aufstand* los, der 13 Jahre lang das ganze Ordensland verheerte[22]. Die Stände riefen König Kasimir IV. von Polen zu Hilfe, der sich dafür die Anerkennung seiner Oberhoheit ausbedang. Anfangs vom Orden bei Konitz besiegt, konnte er 1457 in Danzig einziehen und in die Marienburg, die der Hochmeister aus Geldnot seinen Söldnern verpfändet hatte. Dessen Sitz war seitdem Königsberg. Er mußte 1466 im 2. *Thorner Frieden*[23], den das Reich und die Kurie nie anerkannten, Pommerellen und das Kulmerland, auch

Ermland samt Elbing und Marienburg preisgeben, die mit der Krone Polen in Personalunion vereinigt wurden, aber möglichst viel Selbständigkeit zu behaupten suchten. Für den Rest des Ordensstaates mußte der Hochmeister dem König von Polen als Oberherrn nächst dem Papst einen Treueid und Heeresfolge leisten (ohne dadurch sein Lehnsmann zu werden). Auch sollten künftig die Ordensbrüder zur Hälfte Polen sein. Die Erfüllung dieser Forderung wurde geschickt umgangen. Den Verlust seiner städtereichen Westhälfte aber konnte der verarmte Ordensstaat nicht verwinden. Durch innere Reformen, Eintracht mit den Ständen, neue Siedlungen in der »Wildnis« des litauisch-masowischen Grenzgebiets versuchte er zu Kräften zu kommen, wagte auch 1478/79 im Bunde mit Ungarn einen Krieg gegen Polen, aber ohne Erfolg. In der Hoffnung auf Hilfe aus dem Reich wurden schließlich deutsche Fürstensöhne zu Hochmeistern gewählt, 1498 der Wettiner Friedrich von Sachsen, 1511 der Hohenzoller Albrecht von Brandenburg-Ansbach. Ihre Appelle an Kaiser und Reich blieben vergeblich; ein verwegener Kriegsplan Albrechts schlug fehl und drohte zum Verhängnis zu werden. Da entschloß er sich mit Zustimmung der Stände, von Luther beraten und für dessen Reformationswerk gewonnen, den Ordensstaat zum erblichen Herzogtum zu »säkularisieren«, mit dem er sich 1525 von König Sigismund I. von Polen belehnen ließ, um sich dadurch zugleich gegen den Kaiser, den Papst und den Deutschmeister (seit 1530 auch Hochmeister) zu sichern, die seine Entscheidung nicht anerkannten. Der letzte livländische Ordensmeister Gotthard Kettler folgte seinem Beispiel; nachdem sein tüchtigster Vorgänger Wolter von Plettenberg (1494–1535) die russische Übermacht noch siegreich abgewehrt hatte, nahm jener 1561 Kurland als erbliches Herzogtum von Polen zu Lehen, während Livland an Polen, Estland an Schweden fiel[24]. Der Ordensstaat hatte seine Aufgabe erfüllt; er wurde in Preußen zur Grundlage eines zukunftsreichen Fürstenstaates[25].

---

[1] C. KROLLMANN, Die Besiedlung Ostpreußens durch den Dt. O., VSWG 21 (1928); K. KASISKE, Die Siedlungstätigkeit des Dt. O. im östl. Preußen bis 1400 (1934); dazu Ergänzungen für 1410–1466 von K. RIEL, Altpreuß. Forsch. 14 (1937); H. u. H. MORTENSEN, Die Besiedlung d. nordöstl. Ostpreußens bis z. Beginn d. 17. Jh. (2 Bde. 1937/38).

[2] P. G. THIELEN, Die Verwaltung des Ordensstaates Preußen vornehml. im 15. Jh. (1965).
[3] Die Bestandsaufnahmen beim Ämterwechsel wurden im ›Großen Ämterbuch‹ (ed. W. ZIESEMER 1921) verzeichnet, für die Verwaltung des Hochmeisterhauses im ›Marienburger Ämterbuch‹; Ausgaben dieser u. anderer Amts-

u. Zinsbücher DW⁹ 8213; Das Große Zinsbuch des Dt. Ritterordens (1414 bis 1438), hg. v. P. G. THIELEN (1958).

[4] F. MILTHALER, Die Großgebietiger d. Dt. Ritterordens bis 1440 (1940).

[5] K. HELM u. W. ZIESEMER, Die Literatur d. Dt. O. in Preußen (1949); H. GRUNDMANN, Dt. Schrifttum im Dt. O., Altpreuß. Forsch. 18 (1941); K. FORSTREUTER, Latein u. Deutsch im Dt. O., in: Festschr. E. Keyser (1963); L. MACKENSEN, Zur dt. Literaturgesch. Alt-Livlands (Balt. Lande 1, 1939); PH. FUNK, Zur Gesch. d. Frömmigkeit u. Mystik im Ordensland Preußen, in: Kultur- u. Universalgesch. (Festschr. f. W. Goetz 1927). Die erste lat. Ordens-Chronik schrieb um 1324–1330 der Ordenspriester Peter von Dusburg, s. H. BAUER, P. v. D. und die Gesch.schreibung d. Dt. O. im 14. Jh. in Preußen (1935). Sie wurde um 1340 in dt. Verse umgedichtet vom Hochmeister-Kaplan Nikolaus von Jeroschin, s. E. JOHANSSON, Die Dt. O.-Chronik d. N. v. J. (1964). Eine livländ. Reimchronik wurde schon vor 1300 gedichtet. In dt. Prosa schrieb die Ordensgesch. zuerst Johann von Posilge um 1400; s. O. ENGELS, Zur Historiographie d. Dt. O. im MA, AKG 48 (1966).

[6] B. SCHMID, Bau- u. Kunstdenkmäler der Ordensstadt in Preußen 1 (1939); ders. u. K. HAUKE, Die Marienburg. ihre Baugesch. (1955); K. H. CLASEN, Der Hochmeisterpalast der Marienburg, (1924); ders., Die mal. Kunst im Gebiete des Dt. O.-Staates Pr., Bd. 1: Die Burgbauten (1927); ders., Die mal. Bildhauerkunst im Dt. O.-Land Pr. (2 Bde. 1939); E. LINDEMANN, Das Problem d. Dt. O.-Burgtypus (Diss. Berlin 1938); populär: A. WINNIG, Der Dt.-Ritterorden u. seine Burgen (1940); s. auch A. TUULSE, Die Burgen in Estland u. Lettland (1942); Hdb. d. histor. Stätten: Ost- u. Westpreußen, hg. v. E. WEISE (1966).

[7] H. G. v. RUNDSTEDT, Die Hanse u. der Dt. O. bis 1410 (1937).

[8] F. RENKEN, Der Handel d. Königsberger Großschäfferei des Dt. O. mit Flandern bis 1400 (1937); E. WASCHINSKI, Die Münz- u. Währungspolitik des Dt. O. in Preußen (1952); K. FORSTREUTER, Die älteren Handelsrechnungen des Dt. O. in Preußen 1356/57 u. 1379, Hans. GBll. 74 (1956); W. BÖHNKE, Der Binnenhandel des Dt. O. in Preußen u. seine Beziehungen zum Außenhandel um 1400, ebd. 80 (1962); M. LESNIKOV, Handelsbeziehungen Groß-Nowgorods mit dem Dt. O. zu Ende d. 14. u. Anfang d. 15. Jh., ebd. 72 (1954).

[9] E. WEISE, Winrich v. K., in: Rheinische Lebensbilder 2 (1966), dazu H. KOEPPEN in: Preußenland 4 (1966); Herkunft: F. v. KLOCKE, Westfalen u. Nordosteuropa (1964), S. 75 ff.

[10] F. BENNINGHOVEN, Die Gotlandfeldzüge des Dt. O. 1398–1408, Zs. f. Ostforsch. 13 (1964); B. EIMER, Gotland unter dem Dt. O. u. die Komturei Schweden zu Årsta (1966), dazu kritisch F. BENNINGHOVEN, Zs. f. Ostforsch. 16 (1967), s. auch Hans. GBll. 85, S. 235 f.

[11] J. PFITZNER, Großfürst Witold v. Litauen als Staatsmann (1930).

[12] K. HEIDENREICH, Der Dt. O. in d. Neumark 1402–1455 (1932); s. Kap. 61, Anm. 4.

[13] H. GERSDORF, Der Dt. O. im Zeitalter der poln.-lit. Union, Die Amtszeit des HM Konrad Zöllner v. Rotenstein 1382–1390 (1957).

[14] DW⁹ 8089 u. 7930; A. F. GRABSKI, Der Widerhall der Tannenbergschlacht 1410 in d. europ. Gesch.schreibung, Zapiski historyczne 32 (1967), poln. mit dt. Résumé; S. EKDAHL, Die Flucht der Litauer in d. Schlacht bei T., Zs. f. Ostforsch. 12 (1963).

[15] K. HAMPE, Der Sturz des HM Heinr. v. Plauen (SB Berlin 1935); ders. in: Die Großen Deutschen ¹1 (1936); H. HEIMPEL in: Wir Ostpreußen (1950); B. BAUSTEDT im Jb. d. Albertus-Univ. Königsberg 1 (1951).

[16] W. NÖBEL, Michael Küchenmeister, HM des Dt. O. 1414–1422 (1969).

[17] E. WEISE, Der rhein. HM Paul v. Rußdorf (1422–1441) u. das Widerstandsrecht der preuß. Stände, Jb. d. Köln. GV 27 (1953); C. A. LÜCKERATH, Paul v. R. (1969).

[18] S. EKDAHL, Der Krieg zw. dem

Dt. O. und Polen-Litauen i. J. 1422, Zs. f. Ostforsch. 13 (1964).

[19] H. Bellée, Polen u. die röm. Kurie 1414–1424 (Diss. Berlin 1913); P. Nieborowski, Der Dt. O. und Polen in d. Zeit des größten Konfliktes (1924); O. Israel, Das Verhältnis des HM des Dt. O. zum Reich im 15. Jh. (1952).

[20] R. ten Haaf, Dt. Ordensstaat u. Dt. Ordensballeien ([2]1954).

[21] Akten d. Ständetage Preußens unter d. Herrschaft des Dt. O., hg. v. M. Toeppen (5 Bde. 1878–1886), dazu ders., HZ 46 (1881); Acta statuum Prussiae regalis ed. K. Górski u. M. Biskup (3 Bde. Thorn 1955/61, bis 1501); K. Górski, La ligue des Etats et les origines du régime représentatif en Prusse (Album H. Cam 1960); E. Lüdicke, Der Rechtskampf des Dt. O. gegen den Bund d. preuß. Stände 1440–1453, Altpreuß. Forsch. 12 (1935); K. E. Murawski, Zwischen Tannenberg u. Thorn. Die Gesch. d. Dt. O. unter dem HM Konrad v. Erlichshausen 1441–1449 (1953).

[22] M. Biskup, Trzynastoletnia wojna z Zakonem Krzyackim (Warschau 1967 mit d. Résumé: Der 13jähr. Krieg mit d. Dt. O.); ders., Der Zusammenbruch d. Ordensstaates in Preußen im Lichte der neuesten poln. Forschungen, in: Acta Poloniae Historica 9 (1963); E. Weise, Zur Kritik des Vertrages zw. dem Preuß. Bund u. dem Kg. v. Polen, Altpreuß. Forsch. 18 (1941); ders., Das Widerstandsrecht im Ordenslande Preußen u. das mal. Europa (1955), dazu M. Hellmann, HJb 78 (1959), S. 247ff.; J. Lenz, Die Ursachen d. Abfalls Danzigs vom Dt. O. unt. bes. Berücks. der nationalen Frage, Jb. f. d. Gesch. Mittel- u. Ostdtlds. 13/14 (1965).

[23] E. Weise, Die staatsrechtl. Grundlagen des 2. Thorner Friedens u. die Grenzen seiner Rechtmäßigkeit, Zs. f. Ostforsch. 3 (1954); ders., Die Beurteilung des 2. Thorner Vertrages von 1466 durch die Zeitgenossen . . . bis 1497, ebd. 15 (1966); W. Hejnosz, Der Thorner Friedensvertrag 1466 u. seine rechtl.-polit. Bedeutung, Zapiski historyczne 31 (1966), poln. m. dt. Résumé.

[24] F. v. Klocke, Wolter v. Plettenberg, in: Westfäl. Lebensbilder 1 (1930); ders., Westfalen u. Nordosteuropa (1964), S. 83 ff.; L. Arbusow in Balt. Monatshefte 1935; W. Lenz, Die auswärt. Politik d. livländ. Ordensmeisters W. v. Pl. bis 1510 (Diss. Tübingen 1928); St. Arnell, Die Auflösung d. livländ. Ordensstaates (Lund 1937).

[25] Grundlegend E. Joachim, Die Politik d. letzten HM Albrecht v. Brdbg. (3 Bde. 1892–1895, Ndr. 1965); polemisch J. Vota (= O. Knopp), Der Untergang d. Ordensstaates u. die Entstehung d. preuß. Königswürde (1911); K. Forstreuter, Vom Ordensstaat zum Fürstentum (1951); H. Freiwald, Mgf. Albrecht v. Ansbach-Kulmbach u. seine landständ. Politik als Dt. O.-HM u. Hg. in Preußen 1521–1528 (Die Plassenburg 15, 1961); W. Hubatsch, Die inneren Voraussetzungen der Säkularisation d. dt. Ordensstaates in Preußen, ARG 43 (1952); ders., Albrecht v. Brdbg.-Ansbach, Dt. O.-HM u. Hg. in Preußen 1490–1568 (1960). Über Nachwirkungen des Ordensstaates: ders., Kreuzritterstaat u. Hohenzollernmonarchie, in: Festschr. H. Rothfels (1951); ders., Dt. O. und Preußentum, Zs. f. Ostforsch. 31 (1962); gegen Überschätzung der Tradition d. Ordensstaates im späteren Preußen: M. Hellmann in: Nachr. d. Gießener Hochschulges. 31 (1962), S. 110 ff.

Kapitel 63
Die deutsche Hanse

Quellen (zumeist hg. vom Hansischen Geschichtsverein, gegründet 1870): DW⁹ 1196
u. 1450 ff., bes. Hans. Urkundenbuch 1–6 (bis 1433) u. 8–11 (1451–1485), bearb. v.
K. Höhlbaum, K. Kunze, W. Stern (1876–1899); 7, 1 (1434–1442), bearb. v. H. G.
v. Rundstedt (1939); Die Rezesse u. a. Akten der Hansetage 1256–1430, bearb. v.
K. Koppmann (8 Bde. 1870–1897), fortges. in: Hanserezesse 1431–1476, bearb. v.
G. v. d. Ropp (7 Bde. 1876–1892), 1477–1530, bearb. v. D. Schäfer u. F. Tecken
(9 Bde. 1881–1913), 1531–1535, bearb. v. G. Wentz (1937–1940); Lübeckisches Urk.-
Buch Abt. 1: Stadt L. bis 1470 (11 Bde. 1843 ff., Register 1932); Hans. Geschichtsquellen (7 Bde. 1875–1891, Neue Folge 13 Bde. 1899–1967, seit NF 6 = Quellen u.
Darstell. zur hans. Gesch.).
Literatur: DW⁹ 8096 ff.; Zeitschrift mit Lit. berichten: Hansische Geschichtsblätter
(seit 1871), ergänzt durch: Pfingstblätter d. Hans. GV (seit 1905); Zs. d. V. f. Lübeck-
ische Gesch. u. Altertumskunde (seit 1860). – Schriftenreihe: Abhandl. zur Verkehrs-
u. Seegesch. (10 Bde. 1908–1922), NF als: Abhandl. zur Handels- u. Seegesch. (6 Bde.
1933–1965). – *Forschungsberichte:* F. Rörig, Wandlungen d. hans. Gesch. forschung
seit der Jh.wende, in: Dt. Ostforschung 1 (1942); ders., Stand u. Aufgaben der hans.
Gesch.forschung, Hans. GBll. 69 (1950); A. v. Brandt, Grenzen u. Möglichkeiten
einer hans. Gesamtgesch., ebd. 72 (1954); ders., Recent Trends in Research on
Hanseatic Hist., History 141 (1957); ders., Nyare problem inom hanseatisk historie-
forskning, (Svensk) Hist. Tidskr. 70 (1950); E. Pitz, Hans. Gesch.forschung 1945
bis 1960, VSWG 48 (1961); K. Friedland, Probleme d. Hanseforschung im letzten
Jahrzehnt, GWU 14 (1963); P. Johansen, Umrisse u. Aufgaben der hans. Siedlungsgesch. u. Karthographie, Hans.GBll. 73 (1955); Hans. Studien, Festschr. H. Sproemberg (1961). – *Gesamtdarstellungen:* D. Schäfer, Die Dt. Hanse (Monograph. zur
Weltgesch. 19, 1903, ⁴1943); W. Vogel, Kurze Gesch. d. dt. Hanse (Pfingstbll. 11,
1915); ders., Gesch. d. dt. Seeschiffahrt 1 (1915); F. Rörig, Wesen u. Leistung der
Hanse, in: Die nord. Welt, hg. v. K. F. Blunck (1937); in weiterem Zusammenhang
ders., Die europ. Stadt (Propyl.weltgesch., hg. v. W. Goetz, Bd. 4, 1932, Sonderausg.
⁴1964); ferner Rörigs Aufsatzsammlungen: Hans. Beiträge zur dt. Wirtschaftsgesch.
(1928); Vom Werden u. Wesen der Hanse (³1943); Wirtschaftskräfte im MA (1959)
u. die Gedächtnisschrift für Rörig: Städtewesen u. Bürgertum als gesch. Kräfte
(1953). H. Sproemberg, Die Hanse in europ. Sicht (1959); A. v. Brandt, P. Johansen, H. van Werveke, K. Kumlien u. H. Kellenbenz, Die dt. Hanse als Mittler zw.
Ost u. West (1963); F. Bruns u. H. Weczerka, Hans. Handelsstraßen (1962–1967). –
Die Zusammenfassung von K. Pagel, Die Hanse (1942, ⁴1965) ist weit überholt durch
Ph. Dollinger, La Hanse (Paris 1964), dt. mit bibliograph. Ergänzungen: Die Hanse
(Kröners Taschenausg. 371, 1966); dazu H. Sproemberg, HZ 202 (1966), S. 635 ff.,
u. A. v. Brandt, Hans. GBll. 72 (1964), S. 97 ff.

a. Entstehung und Aufstieg der Hanse

Die deutsche Siedlungs- und Kulturbewegung in die Ostländer
und die Staatsgründung des Deutschen Ordens wurden von der
See her flankiert und noch überflügelt durch die »Kaufleute von
der deutschen Hanse«. Sie verbanden die Ost- und Nordseeländer zwischen Nowgorod und Brügge, Stockholm und

London zu einem weitgespannten, von deutschen Unternehmer-
kräften durchpulsten Handels- und Wirtschaftsraum, in dem
Pelzwerk, Wachs und Honig aus den russischen Wäldern,
Getreide und Holz aus dem ostdeutschen Kolonialland, Bernstein aus Preußen gegen flandrische Tuche, englische Wolle,
rheinischen Wein, skandinavischen Fisch und andere Waren
getauscht wurden, Naturprodukte des Ostens gegen Gewerbe-
erzeugnisse des Westens und Import aus dem Orient. Der
deutsche Hansekaufmann, vom Rheinland und Westfalen aus-
gehend, schuf und nutzte diese nordeuropäischen Wirtschafts-
und Kulturzusammenhänge aus eigener Initiative, aus Gewinn-
streben und Unternehmerdrang, jedoch im Zuge der großen
Ostbewegung und der Entfaltung des Städtewesens in Altdeutschland wie im Kolonialland und in fruchtbarer Wechsel-
wirkung mit der bäuerlichen und bürgerlichen Ostsiedlung,
meistens auch zum wirtschaftlich-kuturellen Nutzen und Ansporn für die anderen Länder, die er durch seinen Handel miteinander verband. Zu einem Städtebund wurde die Hanse erst
in der Mitte des 14. Jh. und unterschied sich auch dann noch
durch die Beschränkung auf wirtschaftliche Ziele von den zahlreichen, meist kurzlebigen Städtebünden Süd- und West-
deutschlands, die gegen Fürsten und Adel die städtische
Autonomie verfochten. Zur Hanse verbanden sich zunächst
deutsche Kaufleute im Ausland, deren Heimatstädte erst nachträglich miteinander in Verbindung traten. Es kam ihnen zuvörderst auf Rechtsschutz und Handelsfreiheit in der Fremde
an. Dafür war genossenschaftlicher Zusammenschluß unerläß-
lich, wie er ohnehin zum Herkommen gemeinsam reisender
oder im fremden Land sich begegnender Kaufleute gehörte.

Am frühesten ist eine solche Genossenschaft in *England* zu
beobachten, wo den »homines imperatoris« bereits König
Aethelred († 1016) »gute Gesetze« gewährte wie den Londonern
selbst. Als König Heinrich II. 1157 die *Kölner Kaufleute* unter
seinen Schutz nahm, hatten sie bereits *in London* ihre eigene
Gildehalle. In ihre »Hanse« – die Bezeichnung wird im 13. Jh.
üblich – nahmen sie auch Kaufleute aus anderen Städten auf,
vor allem Westfalen. Ähnlich schlossen sich deutsche Kauf-
fahrer im norwegischen *Bergen* zusammen, wo der Stockfisch
als billige Fastenspeise gegen Salz, Korn, Bier zu handeln war.
Doch haben sich nicht diese Einzelhansen unmittelbar zur
»deutschen Hanse« vereint oder ausgeweitet. Erst als die alten,
mit den Flußläufen nordwärts gerichteten Handelswege west-

östlich verbunden wurden durch den weitschauenden Vorstoß rheinisch-westfälischer Kaufleute[1] zur Ostsee bis in die baltischen Länder und nach Nowgorod, ja bis Finnland, nicht mehr vom dänischen Schleswig[2] aus, sondern seit der Neugründung Lübecks (1158, s. Bd. 4, Kap. 35) aus eigenem Hafen auf ihren seetüchtigen, ladefähigen Koggen[3], da schloß sich die daran beteiligte Kaufmannschaft aus ganz Norddeutschland zu einem großen Verband zusammen, dem auch die Bergenfahrer und nach längerem Widerstreben die Kölner Hanse in London beitraten. Auf der schwedischen Insel Gotland, dem Stütz- und Treffpunkt aller Ostseefahrer auf ihren regelmäßigen Sommer- und Winterreisen, bildete sich noch im 12. Jh. die *Gemeinschaft der deutschen Gotlandfahrer*, wie ihr Siegel sie nennt (Sigillum Theutonicorum Gutlandiam frequentantium), oder der »Kaufleute des römischen Reiches« oder kurz des »gemeinen Kaufmanns«[4]. Diese Gemeinschaft erneuerte einen wohl schon von Heinrich d. Löwen geschlossenen Handelsvertrag mit *Nowgorod* und begründete dort um 1200 ein eigenes Kontor, den *Petershof*[5], dessen Überschüsse nach Gotland abgeführt wurden; je ein Bürger von Wisby, Lübeck, Soest und Dortmund hatte einen Schlüssel dazu. Noch bezeichnender für die Spannweite der Genossenschaft ist ein 1229 in Riga geschlossener Handelsvertrag des Fürsten von Smolensk mit »allen lateinischen Kaufleuten«, vertreten durch drei »Bürger vom gotischen Ufer«, d. h. in Wisby bereits wohnhafte Deutsche, je zwei aus Lübeck, Soest, Münster, Dortmund, Groningen, einem Bremer und vier Rigaern[6]. Wie auf Gotland deutsche Kaufleute auch ansässig wurden – sie siegelten als »Theutonici in Gotlandia manentes« – und die Stadt Wisby zu großartiger Blüte brachten, von der noch ihre weite, turmbewehrte Stadtmauer und die Ruinen zahlreicher Kirchen zeugen, so ging von hier oder direkt von Lübeck auch die deutsche Kaufmannssiedlung in neuen *Städten längs der Ostseeküste* aus, zuerst in Riga[7] bald nach seiner Gründung durch Bischof Albert (1201, s. Kap. 62), um 1230 in Reval[8] und Dorpat als Stützpunkten des Rußlandhandels; um die Jahrhundertmitte entstand in rascher Folge fast ein Dutzend deutscher Städte von Wismar bis Memel, im Handelsinteresse von der See her nach heimischen oder Lübecker Erfahrungen angelegt, wenn auch unter fördernder Mitwirkung der Landesherren. Das Hinterland wurde dadurch an den Ostseehandel angeschlossen und hätte ohne den Getreideexport über See nach Skandinavien, Flandern, England, Spanien schwerlich so rasch

und intensiv besiedelt werden können. Noch waren nicht diese
Städte verbündet, aber ihre Kaufmannschaft, die im Rat saß und
zumeist die Bürgermeister stellte, gehörte zur Gotländer Genossenschaft und stand in vielfältigen Geschäfts- und Familien-
beziehungen untereinander[9]. In dem Maße, wie sie seßhaft wurde
und die Geschäfte schriftlich vom Kontor aus führte[10], statt
noch auf regelmäßige Handelsfahrt zu gehen[11], übernahmen
die Städte selbst unter *Lübecks Führung*[12] die Aufgaben der Gotländer Genossenschaft. Reval schrieb 1259 an Lübeck: »Wir
gehören zusammen wie die Arme des Gekreuzigten« – ausge-
streckt über die Ostsee. Gegen Ende des 13. Jh. nannten die
Ijsselstädte Zwolle und Kampen die Lübecker »caput et prin-
cipium omnium nostrorum«, Haupt und Ursprung aller »see-
fahrenden Kaufleute des römischen Reiches«. 1293 ging die
Leitung des Nowgoroder Petershofes an Lübeck über; 1299
wurde der Gotländer Genossenschaft das Siegel von den
Städten entzogen: Sie war aufgelöst, noch ehe die Städte selbst
ihren Zusammenschluß organisiert hatten.

Diese Genossenschaft hatte sich nicht auf den Ostseehandel
beschränkt, sondern westwärts in ihr Ausgangsgebiet zurück-
gegriffen. Schon 1226 sicherte Kaiser Friedrich II. bei der
Erhebung Lübecks zur Reichsstadt dessen Kaufleuten in
England gleiche Rechte zu wie den Kölnern. 1257 bekamen die
»Kaufleute von Gotland« dort Handels- und Zollprivilegien;
1266 durften die Hamburger, gleich darauf die Lübecker ihre
eigne »Hanse« in England bilden gleich den Kölnern. Bald aber
schlossen sie sich mit diesen zusammen zur Londoner »hansa
Almaniae«, deren Kaufhof nun »Gildehalle der Deutschen«
hieß, später »Stalhof«[13].

Noch wichtiger wurde für den Zusammenschluß zur Hanse
die gemeinsame Privilegierung der »Kaufleute des röm.
Reiches« und »Gotlandfahrer« in *Flandern*[14] seit 1252. Sie nutzten den Konflikt zwischen dem deutschen König Wilhelm von
Holland und der Gräfin Margarete von Flandern, um sich
Vorrechte in *Brügge* zu sichern, das im 13. Jh. zum Brennpunkt
des westeuropäischen Seehandels wurde und der Ausfuhrhafen
für die begehrten flandrischen Tuche war. Deren gewinnreichen
Export in die Ostländer brachten die norddeutschen Kaufleute
ganz in ihre Hand, den nicht unbeträchtlichen flandrischen
Eigenhandel zurückdrängend, und andrerseits machten sie
ihren Brügger Stapel zum einzigen Umschlagsplatz für die
Waren aus dem Osten[15], vor allem das Pelzwerk aus Nowgorod:

Brügge wurde zum anderen Eckpfeiler ihres Handels. Mancherlei Widerstände, die mehrmals nur durch zeitweise Verlegung des Stapels oder durch Handelssperren zu brechen waren, nötigten die beteiligten Kaufleute zu festerer Organisation ihrer Genossenschaft. Sie gliederte sich nach der Herkunft in ein wendisch-sächsisches Drittel mit Lübeck an der Spitze, ein preußisch-westfälisches und ein gotländisch-livländisches Drittel. 1347 wurden ihre Statuten aufgezeichnet. Bei einem inneren Zwist wurde 1356 die Vermittlung der Heimatstädte angerufen, die ihre Ratsboten sandten und das Brügger Kontor unter ihre Leitung stellten. Anfang 1358 wurde von Städtevertretern auf einer Lübecker Tagung ein Verkehrsverbot gegen Flandern beschlossen, an das sich alle »stede van der dudeschen hense« halten sollten bei Strafe des Ausschlusses von den gemeinsamen Privilegien. Aus den Kaufmannshansen im Ausland war die *deutsche Städtehanse* geworden.

Bald darauf bewährte sie sich im *Kampf gegen Dänemark*[16], das den Seeweg zwischen Ost- und Nordsee beherrschte und durch seine Übergriffe auf Holstein auch den für Lübeck wichtigeren Landweg zwischen Elbe und Trave gefährden konnte. 1307 mußte sich Lübeck selbst unter den Schutz des Dänenkönigs Erich Menved stellen, dessen Anspruch auf Holstein (wie hundert Jahre früher) vom deutschen König Albrecht I. anerkannt wurde. Auch die »wendischen Städte« Mecklenburgs mußten sich ihm unterwerfen; Lübecks Aufstieg zur Hanseführung stockte. In den langen dänischen Thronwirren nach Erichs Tod (1319) begünstigten die Seestädte wie Ludwig der Bayer den jungen Waldemar IV. Atterdag, der sich 1340 durchsetzte und die hansischen Privilegien bestätigte. Sein Machtwille wurde aber dem deutschen Handel gefährlich, als er 1360 das südschwedische Schonen gewann und im nächsten Jahr auch Gotland eroberte. Wisbys Blüte war zwar ohnehin vorüber; Schonen aber war durch den Heringsfang an seinen Küsten zu einem Haupthandelsplatz deutscher Kaufleute geworden, die diese beliebte Fastenspeise wie den Stockfisch aus Bergen weithin verkauften und dafür Tonnen, Lüneburger Salz, Getreide und andere Waren auf die stark besuchten Schonenschen Messen brachten. Als König Waldemar ihre Vorrechte dort nicht anerkennen wollte, wagte Lübeck mit den »wendischen Städten« eine Machtprobe. Ihre Flotte wurde aber im Sommer 1362 vor der Sundfeste Helsingborg vernichtend geschlagen; der verantwortliche Lübecker Bürgermeister

Johann Wittenborg wurde daheim hingerichtet. Trotzdem drängten vor allem die Städte des Ordenslandes, die für ihren Getreideexport auf die Skagenfahrt angewiesen waren, zu neuem gemeinsamen Kampf. Um dafür besser gerüstet zu sein, brachte Lübeck am 19. XI. 1367 in Köln ein Kriegsbündnis der Städte zwischen Livland und dem Niederrhein zustande (*Kölner Konföderation*), die sich auch mit Schweden, Holstein, Mecklenburg verbündeten. Ihre Flotte nahm im Mai 1368 Kopenhagen und die meisten Sundschlösser; Schonen wurde besetzt. König Waldemar, der sein Land verließ, mußte im *Stralsunder Frieden* (24. V. 1370) nicht nur die Vorrechte der Hanse in Schonen und Dänemark garantieren, sondern ihr die Schlösser am Sund auf 15 Jahre als Pfand geben und sogar ein Zustimmungsrecht bei der dänischen Thronfolge einräumen. Aus eigener Kraft, ohne viel Hilfe ihrer Verbündeten, ohne Rückhalt am Kaiser, der währenddessen mit dem Dänenkönig paktierte, hatten die Hansestädte einen gemeinsamen Waffensieg errungen, den sie nur zur Sicherung ihrer Handelsvormacht in Nordeuropa und damit ihres wachsenden Wohlstandes ausnutzten.

[1] F. RÖRIG, Rheinland-Westfalen u. die dt. Hanse, Hans.GBll. 58 (1933), auch in: Wirtschaftskräfte im MA (1959), dort auch: Die Entstehung d. Hanse u. der Ostseeraum; ders., Unternehmerkräfte im hans.-flandr. Raum, HZ 159 (1939), und Die Gestaltung des Ostseeraumes, DALVF 2 (1938/39), beides auch in: Vom Wesen u. Werden d. Hanse (³1943); E. DÖSSELER, Der Niederrhein u. der dt. Ostseeraum zur Hansezeit (1940); L. v. WINTERFELD, A. K. HÖMBERG, P. JOHANSEN, H. THÜMMLER u. B. RIERING, Westfalen, Hanse, Ostseeraum (1955); F. v. KLOCKE, Westfalen u. Nordosteuropa (1964).

[2] W. KOPPE, Schleswig u. die Schleswiger, in: Gedächtnisschr. F. Rörig (1953).

[3] P. HEINSIUS, Das Schiff d. hans. Frühzeit (1956); ders., Zur Entwicklung der Seetaktik u. des Seekriegswesens im Ostseeraum während d. 13. Jh., in: Festschr. H. Aubin (1965); ders., Hansische Schiffs- u. Bootsfunde an Weser u. Elbe, Hans. GBll. 82 (1964); H. WINTER, Das Hanseschiff im ausgeh. 15. Jh. Die letzte

Hansekogge (1961); K.-F. OLECHNOWITZ, Der Schiffsbau d. hans. Spätzeit (1960); ders., Handel u. Seeschiffahrt der späten Hanse (1965).

[4] F. RÖRIG, Reichssymbolik auf Gotland, Hans.GBll. 64 (1940, auch in: Wirtschaftskräfte im MA, 1959), und Hans.GBll. 65/66 (1941) über H. N. YRWING, Gotland under äldre medeltid (1940); dazu A. v. BRANDT, Hans.GBll. 74 (1956).

[5] P. JOHANSEN, Novgorod u. die Hanse, in: Gedächtnisschr. F. Rörig (1953); DW⁹ 8132 f.

[6] L. K. GOETZ, Dt.-russ. Handelsverträge d. MA (1916), S. 231 ff.; ders., Dt.-russ. Handelsgesch. des MA (1922).

[7] F. BENNINGHOVEN, Rigas Entstehung u. der frühhans. Kaufmann (1961).

[8] H. v. ZUR MÜHLEN, Die Bevölkerung Revals im SpätMA, Hans.GBll. 75 (1957); K. H. SASZ, Hans. Einfuhrhandel in Reval um 1430 (1955); s. auch R. DENCKER, Finnlands Städte u. hans. Bürgertum (bis 1471), Hans. GBll. 77 (1959).

[9] E. G. KRÜGER, Die Bevölkerungs-

verschiebung aus den altdt. Städten über Lübeck in d. Städte des Ostseegebietes, Zs. d. V. f. Lüb. Gesch. 27 (1934); H. REINCKE, Bevölkerungsprobleme der Hansestädte, Hans.GBll. 70 (1951); O. AHLERS, Die Bevölkerungspolitik d. Städte des »wendischen« Quartiers d. Hanse gegenüber Slawen (Diss. Berlin 1939); vgl. auch DW⁹ 8590 u. 8594; über dt. Kaufmannssiedlung in Schweden A. SCHÜCK, Die dt. Einwanderung in das mal. Schweden, Hans.GBll. 55 (1930); E. WEINAUGE, Die dt. Bevölkerung im mal. Stockholm (1942); W. KOPPE, Lübeck-Stockholmer Handelsgesch. im 14.Jh. (1933); ders., Das mal. Kalmar, Hans.GBll. 67/68 (1943).

¹⁰ F. RÖRIG, MA u. Schriftlichkeit, WaG 13 (1953); ders., HZ 159, S. 275 ff.; älteste Kaufmannsbücher DW⁹ 8146, Schrifttafeln bei A. v. CHROUST, Monumenta palaeograph. III, 19/20 (1938 bis 1940).

¹¹ E. v. LEHE, Der hans. Kaufmann d. 13.Jh. nach d. Beispiel von Lübeck u. Hamburg, Zs. d. V. f. Hamburg. Gesch. 44 (1958); K. FRIEDLAND, Kaufleute u. Städte als Glieder der Hanse, Hans.GBll. 76 (1958).

¹² Lübeck s. Bd. 4, Kap. 35, Anm. 8, und DW⁹ 7263 f., 8142; F. RÖRIG, Lübeck, Hans.GBll. 67/68 (1943); F. LENZ, Die räuml. Entwicklung d. Stadt L. bis 1370 (Diss. Hannover 1936); P. KALL-

MERTEN, Lübische Bündnispolitik 1227 bis 1307 (Diss. Kiel 1932); A. v.BRANDT, Geist u. Politik in d. lübeck. Gesch. (1954); ders., Lübecker Rentenmarkt 1320–1350 (Diss.Kiel 1935); G.FRANKE, L. als Geldgeber Lüneburgs (1935).

¹³ G. A. LÖNING, Deutsche u. Gotländer in England im 13.Jh., Hans.GBll. 67/68 (1943); K. KNOLL, London im MA (1932); S. H. STEINBERG, Ansichten des Londoner Stalhofs, in: Gedächtnisschr. F. Rörig (1953); DW⁹ 8117/9.

¹⁴ DW⁹ 8110 ff.; H. REINCKE, Die Deutschlandfahrt der Flandrer während der hans. Frühzeit, Hans. GBll. 67/68 (1943); J. DE SMET, De Vlaamsche en de Duitsche Hanse (1941); J. H. BEUKEN, De Hanze en Vlaanderen (1950); H. VAN WERVEKE, Das Wesen der flandr. Hansen, Hans. GBll. 76 (1958); ders., Die Stellung des hans. Kaufmanns dem flandr. Tuchproduzenten gegenüber (1965, auch in: Festschr. H. Ammann); H. AMMANN, Dtld. u. die Tuchindustrie NWEuropas im MA, Hans.GBll. 72 (1954).

¹⁵ H. ROGGE, Der Stapelzwang d. hans. Kontors zu Brügge im 15.Jh. (Diss. Kiel 1903).

¹⁶ Grundlegend D. SCHÄFER, Die Hansestädte u. Kg. Waldemar v. Dänemark (1879); neuere Lit. bei A. v. BRANDT, Die Hanse u. die nord. Mächte im MA (1962).

b. Blüte und Verfall der Hanse

Seit dem Stralsunder Frieden war die von Lübeck geführte Hansepolitik vorsichtig auf die Wahrung und Nutzung ihrer Errungenschaften bedacht, ohne sich durch ihren Sieg zu machtpolitischen Zielen verlocken zu lassen, aber kampfbereit, wenn die auswärtigen Handelsrechte bedroht wurden[1]. Der kühne Unternehmungsgeist der Frühzeit trat allmählich hinter Besitzfreude und Rentnergesinnung zurück, die jede Konkurrenz fernzuhalten suchte. Das Patriziat der reichgewordenen Ratsgeschlechter mußte sich schon im späteren 14.Jh. vielerorts, auch in Lübeck, gegen die aufbegehrenden Zünfte wehren. Auch Handelsrivalitäten innerhalb der Hanse nahmen zu. Aber der Vorteil, ihr anzugehören und ihre Vorrechte im Ausland zu genießen, veranlaßte immer mehr Städte bis weit ins Binnenland zum Beitritt, im 15. Jh. insgesamt über 160. Nur deutsche Städte wurden aufgenommen, aber auch solche außerhalb des Reichsgebietes, wie Breslau und Krakau, Wisby und Stockholm[2]. Sie waren durch keine feste Verfassung verbunden. Die unregelmäßig zumeist nach Lübeck berufenen Hansetage wurden nie von allen zugehörigen Städten beschickt; doch ihre Beschlüsse (Rezesse) sollten alle binden; wer sie nicht befolgte, wurde ausgeschlossen (»verhanst«). Es gab keine Bundeskasse mit regelmäßigen Beiträgen; nur bei besonderem Bedarf, vor allem im Kriegsfall, wurden Umlagen durch den »Pfundzoll« erhoben[3]. Auch an den Hansekriegen[4] gegen Dänemark, die Holländer und Engländer waren nie alle Glieder aktiv beteiligt. Stets mußte Lübeck ein besonderes Kriegsbündnis dafür zustande bringen; es gelang ihm nur in dem Maße, wie seine Politik mit den gemeinsamen Interessen im Einklang blieb.

Von dem im Stralsunder Frieden erworbenen Recht, bei der dänischen Thronfolge mitzusprechen, machte die Hanse keinen Gebrauch, auch als nach dem Tod König Waldemars IV. (1378) langer Streit um die drei nordischen Kronen ausbrach. Seine Tochter Margarete konnte nach dem Tod ihres Gemahls Hakon VI. von Norwegen (1380) und ihres einzigen Sohnes, dem sie die Nachfolge in Dänemark gesichert hatte, beide Königreiche selbst regieren und 1389 auch Schweden gewinnen, dessen König, den 1364 gewählten Herzog Albrecht III. von Mecklenburg[5], sie gefangensetzte. Seine Ansprüche auf Dänemark hatte die Hanse nicht unterstützt, um nicht deutsche Ostseestädte unter einen Dänenkönig zu bringen. Sie half zwar den Deutschen Stockholms – sie stellten dort die Hälfte des Rates – gegen Margaretes jahrelange Belagerung und übernahm die Stadt als Pfand für die Befreiung Albrechts, lieferte sie aber nach drei Jahren aus und bekam dafür ihre Handelsrechte in den Nordländern bestätigt. Sie fand sich auch damit ab, daß Königin Margarete deren Vereinigung durch die *Kalmarer Union* (1397) für immer sichern wollte und ihren Neffen Erich von Pommern zu ihrem Nachfolger bestimmte. Die Helfer Albrechts von Mecklenburg, die das belagerte Stockholm mit Lebensmitteln versorgt hatten und wohl deshalb *Vitalienbrüder* genannt wurden, setzten allerdings den Kaperkrieg auf eigne Faust als Freibeuter noch lange fort; als ihr Stützpunkt Gotland 1398 vom Deutschen Orden besetzt wurde (Kap. 62b), suchten sie ihre Beute in der Nordsee, bis ihre Führer Klaus Störtebeker und Godeke Michels 1401/02 von Hanseflotten bei Helgoland und in der Wesermündung gefangen wurden[6].

Der von Königin Margarete († 1412) geschaffene Friede im Norden blieb nicht lange erhalten. Ihr Nachfolger Erich von Pommern bekriegte die Schauenburger in Holstein, um ihnen Schleswig zu entziehen, mit dem sie seit 1326 belehnt waren. Da ihm Lübeck und die »wendischen Städte«, wo er die Auflehnung der Zünfte[7] für seine Zwecke ausnutzen wollte, trotz eines Bündnisses nicht gegen Holstein halfen, beschränkte er ihren Handel in Dänemark, erhöhte den Sundzoll[8] und beschlagnahmte Hanseschiffe. 1426 wurde der Krieg gegen ihn beschlossen, der erst 1435, als sich Schweden unter dem Bergmannsführer Engelbrecht Engelbrechtsson gegen den Unionskönig erhob, im *Frieden von Wordingborg* beendet wurde: Holstein behielt Schleswig, die Hanse ihre Vorrechte[9]. Doch war ihre Eintracht dabei auf eine harte Probe gestellt worden. Lübeck mit seinen Nachbarn hatte den Sund blockiert und Dänemark von Holstein ferngehalten, um allen Ost-Westhandel über den Lübecker Stapel und die Landbrücke zwischen Trave und Elbe zu lenken; den preußischen Ordensstädten dagegen, besonders dem aufstrebenden Danzig, war die Sundsperre für ihren Getreide- und Holzexport in die Nordseeländer unerträglich, und sie gönnten den Lübeckern kein Stapel-Monopol. Noch bedenklicher wurde die wachsende *Konkurrenz der Holländer*[10], deren Eindringen in die Ostsee König Erich und seine Nachfolger begünstigten. Mit ihnen lag die Hanse seit 1430 im verlustreichen Kaperkrieg, und auch nach dem Friedensschluß (1441) waren sie nicht mehr aus dem Handel nach Preußen-Livland unter Umgehung des Lübecker und Brügger Stapels zu verdrängen, zumal sie Rückhalt fanden am burgundischen Staat, dem Holland 1433 eingegliedert wurde (wie Flandern mit Brügge schon 1384). Überdies begann der Hafen Brügges (Sluis) zu versanden, und auch aus politischen Gründen trat es hinter Antwerpen und Amsterdam zurück, ohne daß das Hansekontor rechtzeitig dorthin verlegt wurde. Auch der Heringsfang verlagerte sich von Schonen, das seit 1479 nicht mehr besucht wurde, vor die holländische Küste. Die hansische »Baienfahrt« nach den Biscaya-Häfen (bes. La Rochelle), wo Wein und Salz zu holen war, führte seit 1418 zum Kaperkrieg mit den Spaniern, der erst 1443 beigelegt wurde. In England mußte seit dem Tod König Eduards III. (1377), der die Hanse als Helfer im Krieg gegen Frankreich gebraucht hatte, die Bestätigung ihrer Privilegien immer wieder in langen Handelskriegen erzwungen werden; englische Wolle wurde nicht mehr nur nach Flandern ausgeführt, sondern in eigener Tuchweberei verarbeitet, für die englische Kaufleute, als »merchant adventurers« organisiert, Absatz in den Ostländern suchten. Schon vor 1428 erwarben sie in Danzig ein eigenes Haus, handelten auch direkt mit den Hansestädten Livlands, die den ganzen Düna- und Rußlandhandel unter Ausschaltung Lübecks in ihre Hand zu bringen suchten, noch ehe Nowgorod 1478 unter die Herrschaft des Moskauer Großfürsten Iwan III. kam, der das Hansekontor 1494 aufhob.

Allen diesen Schwierigkeiten begegnete die Lübecker Hanseführung mit umsichtiger Diplomatie und, wenn Konflikte unvermeidlich wurden, mit entschlossener Energie, aber in konservativer Wahrung ihrer Vorrechte ohne neue Initiativen. Sie stützte das nordische Unionskönigtum auch nach dem Sturz Erichs von Pommern (1439) unter dessen Neffen Christoph von Bayern und dem oldenburgischen Christian I. (1448–1481), der nicht nur die drei Kronen gewann (Schweden nur 1457 bis 1467), sondern auch Holstein und Schleswig nach dem Aussterben der Schauenburger 1460 in Personalunion mit Dänemark verband. So gern er zugunsten der Holländer die Hanse zurückgedrängt hätte, blieb er doch auf ihre Unterstützung gegen innere Widersacher, auch auf Lübecker Darlehen angewiesen und mußte dafür immer wieder Zugeständnisse machen. Um so entschiedener konnte sich die Hanse gegen die *Engländer* wenden[11], die zweimal hansische Baienflotten wegnahmen und 1468 den Londoner Stalhof schlossen, seine Ware konfiszierten und Hansekaufleute gefangensetzten. Das einte die meisten Hansestädte noch einmal zu gemeinsamer Aktion, geführt von dem Lübecker Bürgermeister Hinrich Castorp[12]. Nur Köln brach die über England verhängte Handelssperre, wie es sich auch dem Brügger Stapelzwang nicht fügen wollte; es wurde verhanst, mußte aber nach sieben Jahren um Wiederaufnahme bitten. Denn in geschickter Ausnutzung der englischen Thronkämpfe zwischen den Häusern York und Lancaster (Rosenkriege), nach wechselvollen Verhandlungen mit deren Verbündeten Frankreich, Burgund, Schottland konnte die Hanse im *Utrechter Frieden* 1474 ihre bedrohten Vorrechte in England noch für lange sichern, während der erstrebte Ausschluß der

Holländer aus dem Ostseehandel auch damals nicht gelang. Dänemark begünstigte sie, um nicht völlig von der Hanse abhängig zu sein, die sich der inneren Widerstände gegen das Unionskönigtum vor allem in Schweden als Druckmittel bedienen konnte. Schon mit Christians I. Sohn Hans (1481–1513) kam es deshalb zu neuen Seekriegen. Als vollends dessen Sohn Christian II. mit Hilfe seines Schwagers Kaiser Karl V., des Herrn der Niederlande, die hansische Vormachtstellung zugunsten des holländischen und dänischen Handels brechen und Lübeck selbst wie Holstein und Schweden in seine Gewalt bringen wollte, halfen die Städte zwischen Lübeck und Danzig bei seiner Vertreibung (1523) durch die Erhebung seines Oheims Friedrich von Holstein zum dänischen König und durch den Aufstand Schwedens unter Gustav Wasa. Von beiden erwartete die Hanse um so stärkere Begünstigung, sah sich aber bald enttäuscht. Während sie ein Handelsmonopol in Schweden beanspruchte, wurden dort ihre zunächst bestätigten Privilegien von König Gustav Wasa gekündigt; und der Dänenkönig Friedrich I. verweigerte das Ansinnen, den Holländern die Sundfahrt zu beschränken.

Währenddessen mußte in den meisten Hansestädten im Zusammenhang mit der kirchlichen Reformation die patrizische Ratsherrschaft einem demokratischen Gemeinderegiment Platz machen. In Lübeck schwang sich der Hamburger *Jürgen Wullenwever*[13] zum Volksführer auf, wurde 1533 zum Bürgermeister gewählt und glaubte auch der Hansepolitik neuen Auftrieb geben zu können. Denn Dänemark und Schweden schienen auf ihre Hilfe angewiesen gegen den vertriebenen König Christian II., der Ende 1531 nach Norwegen zurückkehrte. Da ihn aber Friedrich I. mit List und Wortbruch für immer in dänische Gefangenschaft brachte, kurz ehe er selbst starb (1533), glaubte sein Sohn Christian III. Lübecks Hilfe entbehren, seine Forderungen ablehnen zu können. Wullenwever aber spielte gegen ihn den Grafen Christoph von Oldenburg aus und gegen den Schwedenkönig dessen Schwager, Graf Johann von Hoya: Beide sollten als Könige den Wünschen Lübecks gefügig werden. Andere Hansestädte waren jedoch an dieser »Grafenfehde« kaum noch beteiligt. Selbst Wismar, Rostock, Stralsund, gleichfalls demokratisch regiert, leisteten wenig Hilfe und wollten nicht durch die Sundsperre der eigennützigen Lübecker Stapelpolitik dienen. Für den Handel Danzigs, auch Hamburgs, war die Sundfahrt vollends unentbehrlich, die auch den Holländern 1534 in Verhandlungen Lübecks mit Kaiser Karl V. konzediert werden mußte. Lübecks Kräfte allein waren für Wullenwevers vermessene Pläne zu schwach. Vergeblich hoffte er auf die Hilfe Englands, Frankreichs, Kursachsens; nur Herzog Albrecht VII. von Mecklenburg griff ein und wollte selbst dänischer König werden. Nach Anfangserfolgen in Kopenhagen und Malmö wurden Wullenwevers Kronprätendenten auf Fünen geschlagen; die lübische Flotte erlitt bei Bornholm und Svendborg schwere Niederlagen. König Christian III. setzte sich in Dänemark durch. Wullenwever wurde im August 1535 gestürzt und, als Wiedertäufer verurteilt, 1537 hingerichtet.

Lübecks Vormachtstellung im nordeuropäischen Handel war seitdem gebrochen. Während die Holländer das Übergewicht im Ostseehandel bis nach Livland gewannen, suchten die Lübecker einen neuen Stützpunkt in Narwa, das nie zur Hanse gehörte; doch zweimal wurde ihre Narwaflotte von den Schweden weggenommen, gegen die sie sich 1563/70 sogar mit Dänemark verbündeten, ohne dauerhaften Erfolg. Der Zusammenbruch des livländischen Ordensstaates um 1560 (s. Kap. 62 b) beendete dort die Hansezeit. Auch der westliche Flügel behauptete sich nicht länger. Das Brügger Kontor wurde 1553 endgültig nach Antwerpen verlegt; doch das prächtige Haus, das ihm dort erbaut wurde, verödete schon während des Aufstands der Niederlande. In England hob Königin Elisabeth 1598 die schon vorher oft verletzten Hanseprivilegien auf; die »merchant adventurers« hatten seit 1567 einen eigenen Kaufhof in Hamburg, das zum englischen Einfuhrhafen wurde. Die Handelsrichtung kehrte sich um.

Trotz alledem bestand die Hanse weiter und ist nie förmlich aufgelöst worden, wenn auch viele Städte seit dem 16. Jh. austraten. Denn das Interesse an Handelsvorrechten für ihre Kaufleute im Ausland, das die Hanse zusammengeführt und trotz ihrer lockeren Organisation erstaunlich lange zusammengehalten hatte, schrumpfte in dem Maße, wie die Staaten ringsum zu eigener Wirtschaftspolitik erstarkten, während die deutschen Territorien sich gegeneinander abriegelten und ihre Städte der Landeshoheit unterwarfen. Staatlicher Merkantilismus unterband zunehmend die weiträumige »Weltwirtschaft« des Spätmittelalters[14], in der der Hansekaufmann ganz Nordeuropa nicht nur beherrscht und ausgebeutet, sondern allererst wirtschaftlich-kulturell verbunden und erschlossen hatte, vielfach auch zu erhöhter Produktion angeregt. Andrerseits traten die Landwege des Osthandels mit dem hansischen Seeverkehr immer mehr in Wettbewerb. Leipzig wurde statt Lübeck zum Pelzmarkt und zur Messestadt; Nürnberg und Augsburg kamen zur Blüte[15]. Noch 1557 versuchten 64 Städte gemeinsam die Hanse zu reorganisieren durch eine straffere Verfassung; 1628 beschlossen in Lübeck noch elf Städte zwischen Köln und Hamburg die Neutralität gegenüber Wallensteins Angriff auf das von Dänen und Schweden unterstützte Stralsund. Den letzten Hansetag 1669 beschickten nur Köln, Braunschweig und Danzig neben Lübeck, Hamburg, Bremen, die schon 1630 einen engeren Bund geschlossen hatten. Sie allein wahrten in der Folgezeit die Hansetradition, bis gegen Ende des 19. Jh. ein neues, anfangs oft allzu national-einseitiges Interesse an der Geschichte der Hanse erwachte. Ihre für alle nordeuropäischen Länder förderliche Leistung und Wirkung wird wohl nirgends mehr verkannt oder bestritten.

[1] F. Rörig, Außenpolit. u. innenpolit. Wandlungen in d. Hanse nach dem Stralsunder Frieden, HZ 131 (1925), auch in: Hans. Beitr. z. dt. Wirtschaftsgesch. (1928); grundlegend E. Daenell, Die Blütezeit d. Dt. Hanse (1905/06).

[2] Beste Übersicht: W. Stein, Die Hansestädte, Hans.GBll. 19–21 (1913 bis 1915); jetzt bei Ph. Dollinger, Die Hanse, S. 155 ff., Liste S. 565 f.

[3] Die hans. Pfundzollisten d. J. 1368, hg. v. G. Lechner (1935); DW[9] 8134 (W. Stieda für Reval), 8141/42 (H. Nirrnheim für Hamburg, F. Bruns für Lübeck).

[4] W. Vogel, Dt. Seestrategie in hans. Zeit, Hans.GBll. 54 (1931); W. Friccius, Der Wirtschaftskrieg als Mittel hans. Politik, ebd. 57/58 (1932/33).

[5] V. A. Nordman, Albrecht Hg. v. Meckl., Kg. v. Schweden (Helsinki 1938) und DW[9] 7757.

[6] K. Koppmann, Der Seeräuber Klaus Störtebeker in Gesch. u. Sage, Hans. GBll. 7 (1879); H. Chr. Corden, Beitr. z. Gesch. d. Vitalienbrüder, Jb. d. V. f. mecklenb. Gesch. 73 (1908); F. Teichmann, Die Stellung u. Politik d. hans. Seestädte gegenüber d. Vitalienbrüdern in d. nord. Thronwirren (1931).

[7] K. Fritze, Am Wendepunkt d. Hanse. Untersuch. zur Wirtsch.- u. Sozialgesch. wendischer Städte in d. 1. Hälfte d. 15. Jh. (1967).

[8] Sundzoll: DW[9] 3115.

[9] A. v. Brandt, Hanse u. Skandinavien, WaG 6 (1939), auch über schwed. Arbeiten; ders., Die Hanse u. die nord. Mächte im MA (1962); K. Kumlien, Königtum, Städte u. Hanse in Schweden um d. Mitte d. 14. Jh., in: Gedächtnisschr. F. Rörig (1953); ders., Stockholm, Lübeck u. Westeuropa zur Hansezeit, Hans.GBll. 71 (1952); ders., Sverige och hanseaterna (1953); M. Gerhardt-W. Hubatsch, Dtld. u. Skandinavien im Wandel d. Jhh. (1950) mit Lit.; K. Jordan, Die Hanse u. Skandinavien im MA, im lüb. Jb. Der Wagen (1964).

[10] F. Vollbehr, Die Holländer u. die dt. Hanse (1930) mit ält. Lit.

[11] E. Weise, Die Hanse, England u. die Merchant Adventurers. Das Zusammenwirken von Köln u. Danzig, Jb. d. Köln. GV 31/32 (1957); R. Grassby, Die letzte Verhandlung zw. England u. d. Hanse 1603/04, Hans.GBll. 76 (1958).

[12] G. Neumann, Hinrich Castorp (1932); F. Rörig in: Vom Werden u. Wesen d. Hanse ([3]1943).

R. M. Kloos, DA 15 (1959) u. 23 (1967). – P. E. Schramm, Herrschaftszeichen und Staatssymbolik (Schriften der MGH 13, 1–3, 1954–1956); ders. u. F. Mütherich, Denkmale der dt. Könige u. Kaiser (1962).

A. Schulte, Der deutsche Staat. Verfassung, Macht u. Grenzen 919–1914 (1933); P. Kirn, Politische Gesch. der dt. Grenzen (⁴1958).

Stammtafel der Staufer und Welfen

Die Namen der Könige (Kaiser) sind kursiv gedruckt

Welfen

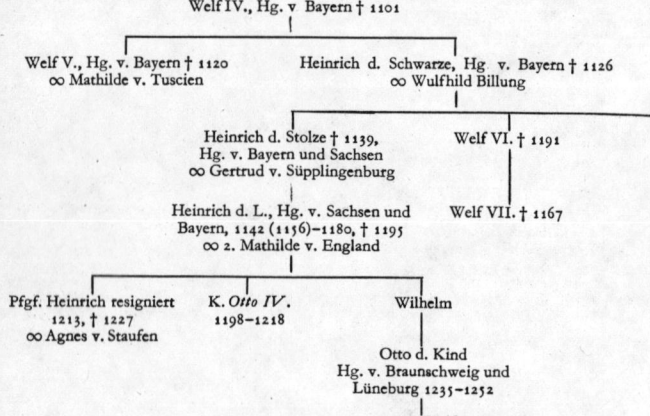

Welf IV., Hg. v Bayern † 1101

Welf V., Hg. v. Bayern † 1120
∞ Mathilde v. Tuscien

Heinrich d. Schwarze, Hg v. Bayern † 1126
∞ Wulfhild Billung

Heinrich d. Stolze † 1139,
Hg. v. Bayern und Sachsen
∞ Gertrud v. Süpplingenburg

Welf VI. † 1191

Heinrich d. L., Hg. v. Sachsen und
Bayern, 1142 (1156)–1180, † 1195
∞ 2. Mathilde v. England

Welf VII. † 1167

Pfgf. Heinrich resigniert
1213, † 1227
∞ Agnes v. Staufen

K. *Otto IV*.
1198–1218

Wilhelm

Otto d. Kind
Hg. v. Braunschweig und
Lüneburg 1235–1252

spätere Welfen

Staufer

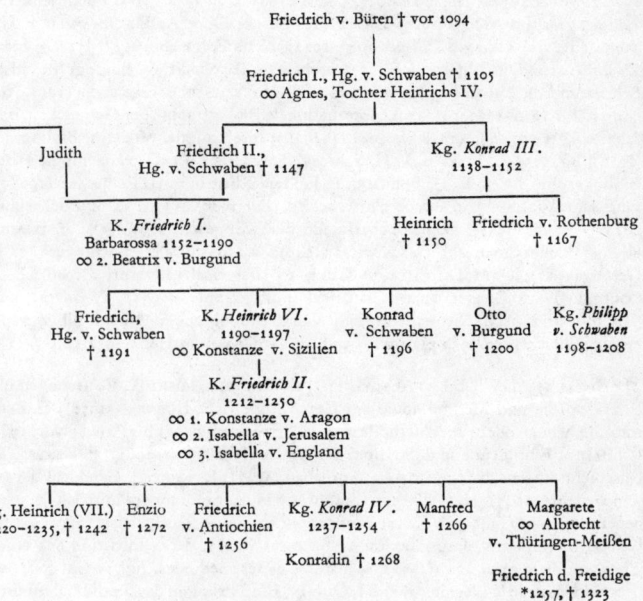

Friedrich v. Büren † vor 1094

Friedrich I., Hg. v. Schwaben † 1105
∞ Agnes, Tochter Heinrichs IV.

Judith

Friedrich II.,
Hg. v. Schwaben † 1147

Kg. *Konrad III.*
1138–1152

K. *Friedrich I.*
Barbarossa 1152–1190
∞ 2. Beatrix v. Burgund

Heinrich
† 1150

Friedrich v. Rothenburg
† 1167

Friedrich,
Hg. v. Schwaben
† 1191

K. *Heinrich VI.*
1190–1197
∞ Konstanze v. Sizilien

Konrad
v. Schwaben
† 1196

Otto
v. Burgund
† 1200

Kg. *Philipp
v. Schwaben*
1198–1208

K. *Friedrich II.*
1212–1250
∞ 1. Konstanze v. Aragon
∞ 2. Isabella v. Jerusalem
∞ 3. Isabella v. England

Kg. Heinrich (VII.)
1220–1235, † 1242

Enzio
† 1272

Friedrich
v. Antiochien
† 1256

Kg. *Konrad IV.*
1237–1254

Manfred
† 1266

Margarete
∞ Albrecht
v. Thüringen-Meißen

Konradin † 1268

Friedrich d. Freidige
*1257, † 1323

Bibliographien: DAHLMANN-WAITZ, Quellenkunde der deutschen Geschichte, 9. Aufl. hg. v. H. HAERING (1932, Register-Bd. 1932 = DW[9]), 10. Aufl. hg. im Max-Planck-Inst. f. Gesch. v. H. HEIMPEL u. H. GEUSS (1965 ff. = DW[10], Bd. 1 abgeschl. 1969, Bd. 2 abgeschl. 1971); Jahresberichte für dt. Gesch., hg. v. A. BRACKMANN u. F. HARTUNG (für 1925 bis 1939 15 Bde. 1927–1942), Neue Folge ab 1949 (1952 ff.); für die Zwischenzeit: Die dt. Geschichtswissenschaft im II. Weltkrieg, Bibliogr. des histor. Schrifttums dt. Autoren 1939–1945, hg. v. W. HOLTZMANN u. G. RITTER (1951); fortlaufend für 1926–1939 u. 1947 ff.: Internationale Bibliographie der Geschichtswissenschaften 1–14 u. 16 ff. (1928 bis 1941, 1949 ff.); International Medieval Bibliography (IMB), hg. v. R. S. HOYT u. P. H. SAWYER (Leeds 1968 ff.); Österreichische Histor. Bibliographie, hg. v. E. H. BOEHM u. F. FELLNER, bearb. v. H. PAULHART (1968 ff.); gute Jahres-Bibliogr. in Revue d'hist. ecclés. (seit 1900). – G. FRANZ, Bücherkunde zur dt. Gesch. (1951); ders., Bücherkunde zur Weltgesch. (1956); W. TRILLMICH, Kleine Bücherkunde zur Gesch.wiss. (1949); W. BAUMGART, Bücherverz. z. Dt. Gesch. (1971); G. M. DUTCHER, A Guide to Historical Literature ([3]1949); E. M. COULTER u. M. GERSTENFELD, Historical Bibliographies (1935); P. CARON u. M. JARYC, World List of Historical Periodicals and Bibliographies ([2]1939); Bibliographie histor. Zeitschriften 1939 bis 1951, bearb. v. H. KRAMM (3 Hefte 1952/53).

Zur Einführung: DW[10] Bd. 1, Abschn. 1; J. G. DROYSEN, Historik, Vorlesungen über Enzyklopädie und Methodologie der Gesch., hg. v. R. HÜBNER ([3]1958); E. BERNHEIM, Lehrbuch der histor. Methode u. der Geschichtsphilosophie ([6]1908, Ndr. 1961); W. BAUER, Einführung in d. Studium der Gesch. ([2]1928, Ndr. 1961); E. KEYSER, Die Geschichtswissenschaft, Aufbau u. Aufgaben (1931); R. LORENZ, Grundriß der Geschichtslehre (1945); H. NABHOLZ, Einführung in das Studium der mittelalterl. u. der neueren Gesch. (1948); P. KIRN, Einführung in die Geschichtswiss. (Slg. Göschen [4]1963); L. HALPHEN, Introduction à l'histoire ([2]1948); ders., Initiation aux études d'histoire du moyen âge ([3]1952); L'histoire et ses méthodes, hg. v. CH. SAMARAN (Encyclopédie de la Pléiade 1961); H. QUIRIN, Einführung in das Studium der mittelalterl. Gesch. ([3]1964); L.-E. HALKIN, Initiation à la critique historique (Cahiers des Annales 6, 1963); G. FASOLI, Guida allo studio della storia medievale, moderna, contemporanea ([2]1967); TH. SCHIEDER, Gesch. als Wissenschaft, Eine Einführung (1965); marxist.: W. ECKERMANN u. H. MOHR (Hg.), Einführung in d. Studium der Gesch. (1966).

Historisch-biographische Lexika und Sammelwerke: Allgemeine Deutsche Biographie (= ADB), hg. durch die Histor. Kommission bei d. Bayer. Akad. d. Wissensch. (56 Bde. 1875–1912), wird ergänzt bzw. ersetzt durch: Neue Deutsche Biographie (= NDB, 1953 ff.); H. RÖSSLER u. G. FRANZ, Biograph. Wörterbuch zur dt. Gesch. (1952); Die Großen Deutschen, hg. v. W. ANDREAS u. W. v. SCHOLZ (5 Bde. 1935 bis 1937), hg. v. H. HEIMPEL, TH. HEUSS u. B. REIFENBERG (5 Bde. [2]1956/57); Meister der Politik, hg. v. E. MARCKS u. K. A. v.MÜLLER (3 Bde. [3]1923/24); Landesgeschichtl. Biographien s. DW[9] S. 988 ff. – E. HABERKERN u. J. F. WALLACH, Hilfswörterbuch f. Historiker ([2]1964, auch als Taschenbuch, 2 Bde.); H. RÖSSLER u. G. FRANZ, Sachwb. z. dt. Gesch. (1958, Ndr. 1970); K. FUCHS u. H. RAAB, dtv-Wörterbuch zur Gesch. (2 Bde. 1972); E. BAYER, Wb. z. Gesch. Begr. u. Fachausdr. (1960); O. MEYER (Hg.), Clavis mediaevalis, Kleines Wb. zur MA-Forschung (1962). – Reallexikon der Vorgeschichte, hg. v. M. EBERT (15 Bde. 1924–1932); Reallex. der german. Altertumskunde, hg. v. J. Hoops (4 Bde. 1911–1919; ²1968 ff.); Realenzyklopädie der class. Altertumswissenschaft, hg. v. A. Pauly, G. Wissowa u. a. (1893 ff., noch unvollst.); dtv-Lexikon der Antike (13 Bde. 1969–1971); Reallex. für Antike u. Christentum, hg. v. Th. Klauser (1950 ff.); Realenzykl. für protestant. Theologie u. Kirche (= PRE), begr. v. J. J. Herzog, hg. v. A. Hauck (24 Bde. ³1896–1913); Die Religion in Geschichte und Gegenwart (= RGG), hg. v. K. Galling (6 Bde. ³1957–1962); Lexikon für Theologie u. Kirche (= LThK), hg. v. M. Buchberger (10 Bde. 1930 bis 1938), hg. v. J. Höfer u. K. Rahner (10 Bde. u. Register, ²1957–1965); Dictionnaire de théologie catholique, hg. v. A. Vacant u. a. (30 Bde. 1930–1950); Dictionnaire d'hist. et de géographie ecclésiastiques, hg. v. A. Baudrillart u. a. (1922 ff., unvollst.); Dictionnaire de spiritualité . . ., hg. v. M. Viller (1937 ff.); Handwörterbuch des dt. Aberglaubens, hg. v. H. Bächtold-Stäubli (10 Bde. 1927–1942). – Hdwb. der Soziologie, hg. v. A. Vierkandt (1931); Hdwb. der Staatswissenschaften, hg. v. L. Elster (9 Bde. ⁴1923–1929), neu bearb. als Hdwb. der Sozialwiss., hg. v. E. Beckerath u. a. (12 Bde. 1956–1965); Deutsches Rechtswb., hg. v. R. Schröder u. E. Frhr. v. Künssberg (1932 ff.); Hdwb. zur dt. Rechtsgesch., hg. v. A. Erler u. W. Kaufmann (1964 ff.); Dictionnaire de droit canonique, hg. v. N. Naz (1935 ff.). – Deutsches Städtebuch, Hdb. städtischer Gesch., hg. v. E. Keyser (bisher 4 Bde. 1939 ff.); Österreich. Städtebuch, hg. v. A. Hoffmann (1968 ff.); Hdb. der histor. Stätten Deutschlands (Kröners Taschenausg. 1958 ff.), Übersicht (auch für Österreich) s. in Bd. 13, vor Kap. 1; G. Dehio, Hdb. d. dt. Kunstdenkmäler, 5 Bde., bearb. v. E. Gall (²1949 ff.), Neue Folge 1964 ff. ebd.; Reallex. zur dt. Kunstgesch., hg. v. O. Schmitt u. a. (1937 ff.); Reallex. d. dt. Literaturgesch., hg. v. P. Merker u. W. Stammler (4 Bde. 1925–1931), hg. v. W. Kohlschmidt u. W. Mohr (²1955 ff.); Deutsche Philologie im Aufriß, hg. v. W. Stammler (3 Bde. u. Reg.-Bd. ²1957, Ndr. 1966–1969); Die dt. Lit. im MA, Verfasserlexikon, hg. v. W. Stammler u. K. Langosch (5 Bde. 1933–1955).

Historische Hilfswissenschaften: A. v. Brandt, Werkzeug des Historikers, Eine Einführung in die hist. Hilfswiss. (⁶1971); Grundriß der Geschichtswissenschaft, hg. v. A. Meister (1906 ff. in 15 Einzelbänden); H. Bresslau, Hdb. der Urkundenlehre für Dtld. u. Italien (Bd. I ²1912, Bd. II 1 1915, II 2 hg. v. H.-W. Klewitz 1931, ³1958 bis 1960 mit Register); L. Santifaller, Urkundenforschung. Methoden, Ziele, Ergebnisse (1937); O. Meisner, Urkunden- u. Aktenlehre der Neuzeit (1950); K. Löffler, Einführung in d. Handschriftenkunde (1929); H. Foerster, Abriß der lat. Paläographie (1949). B. Bischoff, Paläographie, in: Dt. Philol. im Aufriß 1 (²1957); Monumenta Palaeographica, Denkmäler der Schriftkunst des MA, hg. v. A. Chroust (1902–1940, Tafelwerk); Hdb. der Bibliothekswissenschaft, hg. v. F. Milkau u. G. Leyh (4 Bde. ²1950–1957). – K. Strecker, Einführung in das Mittellatein (³1939); K. Langosch, Lat. Mittelalter, Einleitung in Sprache u. Literatur (1963). – H. Grotefend, Zeitrechnung des dt. MA u. der Neuzeit (2 Bde. 1891–1898); ders., Taschenbuch der Zeitrechnung des dt. MA u. d. NZ (¹⁰1960; H. Lietzmann u. K. Aland, Zeitrechnung der röm. Kaiserzeit, des MA u. der NZ (Slg. Göschen ³1956). – O. Lorenz, Lehrbuch der gesamten wissensch. Genealogie (1898); E. Heydenreich, Lehrbuch der prakt. Genealogie (2 Bde. 1913); O. Forst de Battaglia, Wissenschaftl. Genealogie, Eine Einführung in die wichtigsten Grundprobleme (1948); W. K. Prinz v. Isenburg, Histor. Genealogie (1941); ders., Stammtafeln zur Gesch. der europ. Staaten, hg. v. E. Freytag v. Loringhoven (²1953–1957). – H. Hassinger, Geograph. Grundlagen der Gesch. (²1953); H. Oesterley, Histor.-geograph. Wörterbuch des dt. MA (1881–1883); J. G. Th. Graesse, Orbis latinus, Verzeichnis der wichtigsten lat. Orts- u. Ländernamen (³1922, Neubearbeitung v. H. Plechl im Druck). Geschichts-Atlanten: K. v. Spruner u. Th. Menke, Handatlas für d. Gesch.

des MA u. der neueren Zeit ([3]1880); G. DROYSEN, Allgem. histor. Handatlas (1886); F. W. PUTZGER, Histor. Schulatlas, hg. v. A. HANSEL u. W. LEISERING ([88]1965); Großer histor. Weltatlas, hg. v. Bayer. Schulbuchverlag (3 Tle. 1953 ff.); Westermanns großer Atlas zur Weltgesch., hg. v. H.-E. STIER u. a. (1966); dtv-Atlas zur Weltgesch. (2 Bde. [8]/[7]1972). – K. HEUSSI, Atlas zur Kirchengesch. ([3]1937). – Geschichtl. Handatlas Niedersachsens, hg. v. G. SCHNATH (1939); W. FABRICIUS u. a., Geschichtl. Atlas d. Rheinprovinz (1894 ff.); Geschichtl. Handatlas der dt. Länder am Rhein, hg. v. J. NIESSEN (1950); Pfälzischer Geschichtsatlas (1935); Bayerischer Geschichtsatlas, hg. v. M. SPINDLER (1969); Histor. Atlas der österreich. Alpenländer (1906 ff.); Histor. Atlas der Schweiz, hg. v. H. AMMANN u. K. SCHIB (1951); Geschiedkundige Atlas van Nederland, hg. v. A. A. BEEKMAN (1912 ff.); über weitere Geschichts-Atlanten s. G. FRANZ, Historische Kartographie ([2]1962).

Handbücher: Hdb. für den Geschichtslehrer, hg. v. O. KENDE, Bd. III: F. SCHNEIDER, MA bis z. Mitte d. 13. Jh. (1929, Ndr. 1967), Bd. IV 1: B. SCHMEIDLER, Das spätere MA (1937, Ndr. 1962), Bd. V 1: F. HARTUNG, Neuzeit von d. Mitte d. 17. Jh. bis 1789 (1932, Ndr. 1965); Hdb. d. dt. Gesch., begr. v. O. BRANDT, fortgef. v. A. O. MEYER, neu hg. v. L. JUST (4 Bde. 1936 ff., unvollst.), dazu Bd. 5: Athenaion-Bilderatlas zur Dt. Gesch., hg. v. H. JANKUHN, H. BOOKMANN u. W. TREUE (1968); Deutsche Gesch. im Überblick, hg. v. P. RASSOW ([2]1962); marxist.: Deutsche Gesch., hg. v. J. STREISAND u. a. (3 Bde. [2]1967). – Hdb. d. Kulturgesch., hg. v. H. KINDERMANN (1934 ff.), neu hg. v. E. THURNHER (1960 ff.).

Gesamtdarstellungen und Weltgeschichten: L. v. RANKE, Weltgesch. (9 Bde. bis 15. Jh., [3]/[4]1896/98 u. ö.); H. DELBRÜCK, Weltgesch. (5 Bde. 1923–1928); Propyläen-Weltgesch., hg. v. W. GOETZ (10 Bde. u. Register 1930–1933); Neue Propyläen-Weltgesch., hg. v. W. ANDREAS (nur Bd. 1–3 u. 5, 1940/43); Propyläen Weltgesch., hg. v. G. MANN u. a. (12 Bde. 1961–1965); Historia mundi, hg. v. F. KERN u. F. VALJAVEC (10 Bde. 1952–1961); Hdb. der Weltgesch., hg. v. W. v. RANDA (1956); Saeculum Weltgesch., hg. v. H. FRANKE u. a. (7 Bde. 1965 ff.); Fischer-Weltgesch. (35 Tbb. 1965 ff.); H. FREYER, Weltgesch. Europas (2 Bde. 1949); The Cambridge Medieval History (8 Bde. 1911–1936, Ndr. 1964); E. W. PREVITÉ-ORTON, The Shorter Cambr. Medieval Hist. (2 Bde. 1952); The Cambr. Modern Hist. (13 Bde. u. Atlas. 1902–1912); The New Cambr. Modern Hist. (1957 ff.); Histoire générale, hg. v. L. LAVISSE u. A. RAMBAUD (12 Bde. [8]1922–1924); Hist. générale, hg. v. G. GLOTZ (20 Bde. 1929 ff., bisher nur MA); Peuples et civilisations, Hist. gén., hg. v. L. HALPHEN u. PH. SAGNAC (20 Bde. 1929–1945, [2]1946 ff.); Hist. gén. des civilisations, hg. v. M. CROUZET (7 Bde. 1953–1957); Collection Clio, Introduction aux études hist. (10 Bde. 1934 ff.); Storia universale, hg. v. E. PONTIERI (8 Bde. 1959–1963); Weltgesch. in 10 Bänden, hg. v. d. Akad. d. Wiss. der UdSSR (dt. 1961–1968). – Histoire des relations internationales, hg. v. P. RENOUVIN, Bd. 1: F. L. GANSHOF, Le moyen âge (1953), Bd. 2/3: G. ZELLER, Les temps modernes (1953–1955). – Hdb. der Europ. Gesch., hg. v. TH. SCHIEDER (7 Bde. 1968 ff.); C. J. H. HAYES, M. W. BALDWIN, CH. W. COLE, Hist. of Europe (2 Bde. [2]1954–1956); H. A. L. FISHER, A Hist. of Europe (2 Bde. [2]1952, dt.: Die Gesch. Europas, 1951); J. BOWLE, The Unity of European Hist., A Political and Cultural Survey (1949); E. KESSEL, Zeiten der Wandlung. Hauptepochen abendländ. Gesch. (1950).

Kirchengeschichte: A. HAUCK, KiG Deutschlands (nur MA, 5 Bde. [3]/[4]1911–1929, Ndr. 1953 u. ö.); Histoire de l'Eglise, hg. v. A. FLICHE u. V. MARTIN u. a. (1934 ff., bisher 21 Bde.); Hdb. der KiG, hg. v. H. JEDIN (1966 ff.), Die Kirche in ihrer Gesch.; Ein

Hdb., hg. v. K. D. Schmidt u. E. Wolf (4 Bde., 1961 ff. in Einzellieferungen); Gesch. der Kirche, hg. v. L. J. Rogier u. a. (5 Bde. 1965/66 ff.); K. Heussi, Abriß der KiG ([5]1957); K. Bihlmeyer, KiG, neu besorgt v. H. Tüchle (2 Bde. [18]1966/68); J. Lortz, Gesch. der Kirche in ideengesch. Betrachtung (2 Bde. [21]1962–1964); Atlas z. KiG, hg. v. H. Jedin u. K. S. Latourette (1969). – J. Haller, Das Papsttum, Idee u. Wirklichkeit (5 Bde. [2]1950–1953); F. X. Seppelt, Gesch. der Päpste (5 Bde. [2]1954–1959); ders. u. G. Schwaiger, Gesch. d. Päpste von d. Anfängen bis z. Gegenwart ([6]1964); G. Barraclough, The Medieval Papacy (1968).

Jahrbücher der deutschen Geschichte, hg. durch die Histor. Kommission bei der Bayer. Akad. d. Wiss. (1862 ff.), eingehendste Darstellung von d. Anfängen der Karolinger bis 1158, 1190–1233 u. 1298–1308, nach Regierungszeiten gegliedert, mit Anführung aller Quellen, doch z. T. veraltet, wird fortgesetzt (z. T. Ndr.; s. zu den einzelnen Herrschern).– Nützliche Quellenzusammenstellung nach Jahren bis 1137: G.Richter u. H. Kohl, Annalen der dt. Gesch. im MA (4 Bde. 1873–1897).

Neuere Darstellungen deutscher Landesgeschichten (s. Bd. 13: Die dt. Territorien; vgl. DW [9]1826 ff.); G. W. Sante (Hg.), Gesch. der dt. Länder (Territorien-Ploetz, 1964); M. Spindler (Hg.), Hdb. der bayerischen Gesch. (4 Bde. 1967 ff.), B. Hubensteiner, Bayer. Gesch. ([5]1967). – J. Schultze, Die Mark Brandenburg (5 Bde. 1961–1969); M. Braubach, Der Aufstieg Brandenburg-Preußens (1933); H. Herzfeld u. G. Heinrich, Gesch. Berlins u. der Mark Br. (bisher nur Bd. 3, 1968). – R. Wackernagel, Gesch. des Elsaß (1919); H. Büttner, Gesch. d. Elsaß 1 (1939). – K. E. Demandt, Gesch. des Landes Hessen (1959). – M. Hamann, Gesch. Mecklenburgs (1969). – R. Lehmann, Gesch. der Niederlausitz (1963). – H. Lübbing, Oldenburgische Landesgesch. (1953).– K. u. M. Uhlirz, Hdb. der Gesch. Österreichs u. seiner Nachbarländer Böhmen u. Ungarn (4 Bde. 1927–1944, Bd. 1 [2]1961); A. Huber u. O. Redlich, Gesch. Österreichs (7 Bde. bis 1740, 1888–1938, Bd. I 1 neu bearb. v. A. Lhotsky 1967); H. Hantsch, Die Gesch. Österreichs (2 Bde. [3]1962); E. Zöllner, Gesch. Österreichs ([3]1966). – J. König, Verwaltungsgesch. Ostfrieslands bis zum Aussterben s. Fürstenhauses (1955). – B. Schumacher, Gesch. Ost- u. Westpreußens ([2]1957 u. ö.). – R. Kötzschke u. K. Kretzschmann, Sächsische Gesch. (2 Bde. 1935). – Gesch. Schlesiens, hg. v. H. Aubin u. a. ([2]1961, nur Bd. 1 bis 1526). – O. Brandt, Gesch. Schleswig-Holsteins ([4]1949); Gesch. Schl.-Holsteins, hg. v. V. Pauls u. a. (4 Bde. 1934 ff., noch unvollst.). – K. Weller, Gesch. des schwäbischen Stammes bis z. Untergang der Staufer (1944). – K. S. Bader, Der dt. Südwesten in seiner territorialstaatl. Entwicklung (1950). – H. Patze u. W. Schlesinger, Gesch. Thüringens (1967 ff., bisher Bd. 1 u. 3); F. Schneider u. A. Tille, Einführung in die thüring. Gesch. (1931). – H. Rothert, Westfälische Gesch. (bis 1815, 3 Bde. 1949–1951, erg. v. K. A. Hömberg, [2]1962–1969). – A. Dehlinger, Württembergs Staatswesen in s. gesch. Entwicklung 1 (1951).

Quellenkunde und Historiographie: A. Potthast, Bibliotheca historica medii aevi, Wegweiser durch die Geschichtswerke des europ. MA bis 1500 (2 Bde. [2]1896, Ndr. 1957), wird ersetzt durch: Repertorium fontium historiae medii aevi (seit 1962, bisher 3 Bde.); U. Chevalier, Répertoire des sources hist. du moyen-âge, 1: Bio-Bibliographie (2 Bde. [2]1905–1907, Ndr. 1959), 2: Topo-Bibliographie (2 Bde. 1894–1903, Ndr. 1960). – W. Wattenbach, Dtlds. Geschichtsquellen im MA bis z. Mitte d. 13. Jh. (Bd. 1 [7]1904, Bd. 2 [6]1894), Neubearbeitung: Vorzeit u. Karolinger, bearb. v. W. Levison u. H. Löwe (4 Hefte 1952–1963, Heft 5 in Vorb.; Beiheft: R. Buchner, Die Rechtsquellen, 1953); dass., Deutsche Kaiserzeit, hg. v. R. u. W. Holtzmann (4 Hefte bis 1125, 1938–1943), Neuausgabe v. F.-J. SCHMALE (1967); O. LORENZ, Dtlds. Gesch.quellen im MA seit d. Mitte d. 13. Jh. (2 Bde. ²1886/87); M. JANSEN u. L. SCHMITZ-KALLENBERG, Historiographie u. Quellen der dt. Gesch. bis 1500 (²1914); H. VILDHAUT, Hdb. d. Quellenkunde zur dt. Gesch. (2 Bde., Bd. 1 ²1906, Bd. 2 1900; größtenteils veraltet); K. JAKOB, Quellenkunde der dt. Gesch. im MA ⁶1 (Karolinger) u. ⁶2 (Kaiserzeit), bearb. v. J. HOHENLEUTNER (Slg. Göschen 1959–1961), 3 (SpätMA) v. F. WEDEN (ebd. 1952, unzulänglich). A. LHOTSKY, Quellenkunde zur mittelalterl. Gesch. Österreichs (1963); ders., Österreich. Historiographie (1962); R. C. VAN CAENEGEM u. F. L. GANSHOF, Kurze Quellenkunde des Westeurop. MA (dt. 1964); H. GRUNDMANN, Geschichtsschreibung im MA (1965), aus: Dt. Philol. im Aufriß 3 (²1957), ebd. H. GOLLWITZER, Neuere dt. Geschichtsschreibung; G. WOLF, Quellenkunde der dt. Reformationsgesch. (3 Bde. 1915–1923); F. SCHNABEL, Dtlds. geschichtliche Quellen und Darstellungen in der Neuzeit 1: Das Zeitalter der Reformation (1931, Ndr. 1969); E. FUETER, Gesch. der neueren Historiographie (³1936, Ndr. 1968); H. v. SRBIK, Geist u. Geschichte vom dt. Humanismus bis zur Gegenwart (2 Bde. 1950/51, Ndr. 1964); G. v. BELOW, Die dt. Geschichtsschreibung von d. Befreiungskriegen bis zu unseren Tagen (²1924); G. P. GOOCH, History and Historians in the 19th Century (²1952); J. W. THOMPSON u. B. J. HOLM, A History of Historical Writing (2 Bde. 1942, Ndr. 1950); F. WAGNER, Geschichtswissenschaft (1951).

Quellensammlungen: Monumenta Germaniae Historica (= MGH), seit 1826 hg. von der Gesellschaft für ältere dt. Geschichtskunde (gegr. 1819 vom Frhr. vom Stein), 1875 umgewandelt in die (ksl.) Zentraldirektion, 1935 in das Reichsinstitut für ält. dt. Gesch., 1946 in das Dt. Inst. für Erforschung des MA, vgl. H. BRESSLAU, Gesch. der MGH (NA 42, 1921); H. GRUNDMANN, Mon. Germ. Hist. 1819–1969 (1969). – Hauptabteilungen der MGH.: 1. *Scriptores:* Auctores antiquissimi (15 Bde. 4°), Scriptores rerum Merovingicarum (7 Bde. 4°), Script. rer. Langobardicarum (1 Bd. 4°), Script. rer. Germanicarum (= SS), Hauptreihe 30 Bde. 2°, 2 Bde. 4°, dazu Nova series (=n. s., bisher 13 Bde. 8°) und sogen. Schulausgaben (Script. rer. Germ. in usum scholarum, bisher 62 Bde. 8°), Deutsche Chroniken (6 Bde. 4°); Libelli de lite imperatorum et pontificum saec. XI et XII (= L. d. L., 3 Bde. 4°), Gesta pontificum Romanorum (1 Bd. 4°). – 2. *Leges* (= LL), 5 Bde. 2°, zumeist überholt durch: Leges nationum Germanicarum (bisher 6 Bde. 4°); Capitularia regum Francorum (2 Bde. 4°); Formulae Merovingici et Carolini aevi (1 Bd. 4°); Concilia (2 Bde. u. Suppl. 4°); Constitutiones et acta publica imperatorum et regum (= Const.), Bd. 1–6, 1 u. 8 in 4°; Fontes iuris Germanici antiqui, n. s. (5 Bde. in 8°), Fontes . . . in us. schol. (10 Bde. in 8°). – 3. *Diplomata* (= DD), 1 Bd. 2° (DD Merovingorum, unzulängl.), sonst 4°. Die Urkunden der Karolinger (= DD Karol., Bd. 1 u. 3), Die Urk. der deutschen Karolinger (4 Bde. für 829–911), Die Urk. der burgund. Rudolfinger 888–1032 (im Druck), Die Urk. der dt. Könige u. Kaiser = DD K. I., DD H. I. usw. (8 Bde. für 911–1106 u. 1152, Urk. Barbarossas in Vorb.), Die Urk. Heinrichs d. Löwen (1 Bd. gr. 8°). – 4. *Epistolae* (= Epp.): Register Gregors I. (2 Bde. 4°), Epp. Karolini aevi (bisher 6 Bde. 4°), Epp. saec. XIII e regestis pontificum Rom. selectae (3 Bde. 4°), Die Briefe der Deutschen Kaiserzeit (Bd. 1–3 u. 5 in gr. 8°), Epp. selectae (5 Bde. 8°). – 5. *Antiquitates* in 4°: Poetae latini medii aevi 1–6; Necrologia Germaniae (5 Bde.), Libri confraternitatum (1 Bd.), Libri memoriales (Bd. 1 im Druck). – Neue Reihen: Staatsschriften des späteren MA (bisher 4 Teilbde. in gr. 8°); Quellen zur Geistesgesch. des MA (bisher 6 Bde. 8°); Deutsches MA, krit. Studientexte der MGH (4 Hefte 8°); Schriften der MGH (bish. 23 Bde.). – Übersetzungen: Geschichtsschreiber der deutschen Vorzeit (= GdV, 3. Gesamtausg. 103 Bde. kl. 8°). – Texte mit Übersetzungen: Ausgewählte Quellen zur dt. Gesch. des MA u. der Neuzeit, hg. v. R. BUCHNER (Freiherr-vom-Stein-Gedächtnisausgabe 1955 ff.).

An MG Const. schließt an, 1376 beginnend: Deutsche Reichstagsakten (= RTA), hg. durch die Histor. Kommission bei d. Bayer. Akad. d. Wiss., Ältere Reihe (1868 ff., bisher 19 Bde. bis 1454); Jüngere Reihe (1893 ff., Bd. 1–4 für 1519–1524, Bd. 7 u. 8 für 1527–1530).

Die MG SS werden ergänzt durch: Die Chroniken der deutschen Städte vom 14. bis ins 16. Jh., hg. durch die Histor. Kommission bei d. Bayer. Akad. d. Wiss. (37 Bde. 1862–1968, Ndr. ält. Bde. seit 1961).

Ältere, noch unentbehrliche Quellensammlungen: J. F. BÖHMER, Fontes rerum Germanicarum (4 Bde. 1843–1868); PH. JAFFÉ, Bibliotheca rerum Germanicarum (6 Bde. 1864–1873); J. F. BÖHMER, Acta imperi selecta (1870); E. WINKELMANN, Acta imperii inedita (2 Bde. 1880–1885). – Für Kirchengeschichte: MIGNE, Patrologiae cursus latinus (= MPL) bis 1216, 221 Bde. 1844–1864; wird neubearb. u. ergänzt in: Corpus Christianorum, Series latina (1954 ff.); Acta Sanctorum (= AA. SS.), bisher 68 Bde. (1643 ff., Ndr. seit 1854); G. D. MANSI, Sacrorum conciliorum nova et amplissima collectio (31 Bde. 1759–1798, Ndr. 60 Bde. 1900–1927). – Für Italien: L. A. MURATORI, Scriptores rerum Italicarum (25 Bde. 1723–1751, seit 1900 Neubearbeitung im Gang); ders., Antiquitates Italicae medii aevi (6 Bde. 1738–1741, Indices 1889–1892); Fonti per la storia d'Italia, hg. vom Istituto stor. Ital. (seit 1887). – Für Frankreich: M. BOUQUET, Recueil des historiens des Gaules et de la France (24 Bde., neu hg. v. L. DELISLE seit 1869); Collection de textes pour servir à l'étude et à l'enseignement de l'histoire (seit 1886); Collection de documents inédits sur l'hist. de France (seit 1835); Les classiques de l'hist. de France au moyen-âge (seit 1923, mit Übersetz.). – Für England: Rerum Britannicarum medii aevi scriptores (in Einzelausgaben seit 1858). – Andere Quellensammlungen vollständig im Repertorium fontium historiae medii aevi 1 (1962).

Urkunden-Bücher und -Regesten: H. OESTERLEY, Wegweiser durch die Literatur der Urkundensammlungen (2 Bde. 1885/86); DW⁹ 1289 f. – Reichsregesten: J. F. BÖHMER, Regesta imperii (= RI), zuerst 1831, sind oder werden neu bearbeitet, s. zu den einzelnen Herrschern. Für die Regesten der Kaiserurkunden des 12. Jh. noch unentbehrlich K. STUMPF, Die Reichskanzler, Bd. 2 (1879 = St.). Papst-Regesten: PH. JAFFÉ, Regesta pontificum Romanorum ab condita ecclesia ad annum 1198, hg. v. S. LOEWENFELD (2 Bde. 1885/88 = JL), chronologisch; P. F. KEHR, Regesta pont. Rom. (bis 1198, nach Empfängergruppen geordnet): Italia pontificia, hg. v. P. F. KEHR u. W. HOLTZMANN (9 Bde. 1906 ff.); Germania pontificia, hg. v. A. BRACKMANN (4 Bde. 1906 ff., wird fortgeführt im Max-Planck-Inst. f. Gesch., Göttingen); d'A. POTTHAST, Regesta pontificum Romanorum 1198–1304 (2 Bde. 1874/75). Die päpstl. Register des 13./14. Jh. werden hg. in d. Bibliothèque des écoles franç. d'Athènes et de Rome, 2. sér. (1884 ff., noch unvollst., s. zu den einzelnen Päpsten). Deutschland betreffende Auszüge aus den päpstl. Registern seit 1378: Repertorium Germanicum (bisher 4 Bde. 1897 ff.). Nuntiaturberichte aus Dtld., 1. Abt. 1533–1559, hg. v. Preuß. bzw. Dt. Histor. Inst. in Rom (bisher 14 Bde. bis 1554, 1892–1965, 2 Erg.Bde. für 1530–1532, 1963–1969); 2. Abt. 1560–1572, hg. v. d. Histor. Kommission d. österreich. Akad. Wien (8 Bde. bis 1572, 1897–1967); 3. Abt. 1572–1585, hg. v. Preuß. Hist. Inst. Rom (bisher 5 Bde. für 1573–1584, 1892–1909), 1585–1592, hg. v. d. Görres-Gesellsch. (bisher 6 Bde. bis 1592, 1895–1969); 4. Abt. XVII. Jh. (bisher 3 Bde. für 1603–1606 u. 1628/29, 1895–1913); La nunziatura di Praga di Cesare Speciano 1592–1598 (5 Bde. 1966–1967); Nuntiaturberichte aus der Schweiz seit d. Concil v. Trient (3 Bde. für 1579–1581, 1906–1929, Einleitungsbd. 1910). – Urkunden- und Regestensammlungen für einzelne deutsche Bistümer, Klöster, Territorien, Dynastien u. Länder s. DW⁹ 1311 ff.

Die deutschen Inschriften, hg. v. den dt. Akademien (1942 ff., bisher 10 Bde.), dazu

[13] Grundlegend G. WAITZ, Lübeck unter J. Wullenwever u. die europ. Politik (1855/56); R. HÄPKE, Die Regierung Karls V. u. der europ. Norden (1914); G. WENTZ, Der Prinzipat J. Wullenwevers u. die wend. Städte, Hans.GBll. 56 (1931).

[14] F. RÖRIG, Mittelalterl. Weltwirtschaft (1933), auch in: Wirtschaftskräfte im MA (1959).

[15] C. NORDMANN, Oberdtld. u. die dt. Hanse (1939). – Über Niedergang u. Ende d. Hanse s. Bd. 12, Kap. 1.

Übersicht der Taschenbuchausgabe des GEBHARDT

Die erste Auflage des ›Handbuchs der deutschen Geschichte‹, herausgegeben von dem Berliner Realschullehrer Bruno Gebhardt (1858–1905), erschien 1891/92 in zwei Bänden. Von der zweiten bis zur siebenten Auflage wurde das Handbuch unter seinen Herausgebern Ferdinand Hirsch, Aloys Meister und Robert Holtzmann unter immer stärkerer Heranziehung von Universitätslehrern jeweils nach dem erreichten Forschungsstand überarbeitet und ergänzt und fand im wachsenden Maße bei Lehrenden und Lernenden an den Universitäten Verwendung. Nach dem Zweiten Weltkrieg nahm Herbert Grundmann mit neuen Autoren eine völlige Neugestaltung des ›Gebhardt‹ in Angriff, und auf diese 1954 bis 1960 in vier Bänden erschienene achte Auflage geht die nun vorliegende, wiederum überarbeitete und ergänzte, 1970 bis 1976 erschienene neunte Auflage zurück.

Um das bewährte Studien- und Nachschlagewerk vor allem den Studenten leichter zugänglich zu machen, haben sich der Originalverlag und der Deutsche Taschenbuch Verlag im Einvernehmen mit den Autoren zu dieser Taschenbuchausgabe entschlossen. Das Handbuch erscheint ungekürzt und, von kleinen Korrekturen abgesehen, unverändert in folgender Bandaufteilung:

1. Ernst Wahle: Ur- und Frühgeschichte im mitteleuropäischen Raum
2. Heinz Löwe: Deutschland im fränkischen Reich
3. Josef Fleckenstein und Marie Luise Bulst-Thiele: Begründung und Aufstieg des deutschen Reiches
4. Karl Jordan: Investiturstreit und frühe Stauferzeit (1056 bis 1197)
5. Herbert Grundmann: Wahlkönigtum, Territorialpolitik und Ostbewegung im 13. und 14. Jahrhundert (1198–1378)
6. Friedrich Baethgen: Schisma und Konzilszeit, Reichsreform und Habsburgs Aufstieg
7. Karl Bosl: Staat, Gesellschaft, Wirtschaft im deutschen Mittelalter
8. Walther Peter Fuchs: Das Zeitalter der Reformation
9. Ernst Walter Zeeden: Das Zeitalter der Glaubenskämpfe (1555–1648)
10. Max Braubach: Vom Westfälischen Frieden bis zur Französischen Revolution
11. Gerhard Oestreich: Verfassungsgeschichte vom Ende des Mittelalters bis zum Ende des alten Reiches
12. Wilhelm Treue: Wirtschaft, Gesellschaft und Technik in Deutschland vom 16. bis zum 18. Jahrhundert
13. Friedrich Uhlhorn und Walter Schlesinger: Die deutschen Territorien
14. Max Braubach: Von der Französischen Revolution bis zum Wiener Kongreß
15. Theodor Schieder: Vom Deutschen Bund zum Deutschen Reich
16. Karl Erich Born: Von der Reichsgründung bis zum Ersten Weltkrieg
17. Wilhelm Treue: Gesellschaft, Wirtschaft und Technik Deutschlands im 19. Jahrhundert
18. Karl Dietrich Erdmann: Der Erste Weltkrieg
19. Karl Dietrich Erdmann: Die Weimarer Republik
20. Karl Dietrich Erdmann: Deutschland unter der Herrschaft des Nationalsozialismus 1933–1939
21. Karl Dietrich Erdmann: Der Zweite Weltkrieg
22. Karl Dietrich Erdmann: Das Ende des Reiches und die Entstehung der Republik Österreich, der Bundesrepublik Deutschland und der Deutschen Demokratischen Republik.

Aachen 83, 94, 164, 210. – Krönungen 18, 25, 36, 39, 80f., 91, 97, 124, 130, 143, 171, 196, 222f., 225, 230, 250

Aargau 97

Ablaß 134

Abodriten s. Obodriten

Acht 41, 46f., 57, 119, 127, 153f., 201, 253, s. Reichsacht

Ackermann aus Böhmen 257ff.

Adel 29, 56, 79, 103, 122, 131f., 194, 199, 207, 224, 235, 245, 252, 267, 270f., 276ff., 287f., 292
– böhm. 102, 145, 212, 231. – poln. 138, 239, 271. – röm. 150, 224. – Schweizer 118

Admont, Kloster; s. Engelbert, Abt v. A.

Adolf v. Nassau, Kg. (1292–1298) 119, 121, 123, 130, 132ff., 137, 140, 146, 191
– I. v. Altena, Eb. v. Köln (1193–1205, † 1220) 17, 25, 30, 39
– I. v. Nassau, B. v. Speyer, Eb. v. Mainz (1379–1390) 248
– IV., Gf. v. Berg (1185–1218) 41

Adrianopel 245

Aethelred II., Kg. v. England (978–1016) 292

Afrika 29, s. Nordafrika

Agram 138

Ägypten 44, 60

Akklamation 32

Akkon 17, 96, 277

Albert, B. v. Livland (1199–1229) 279, 283, 293
– Behaim, Passauer Archidiakon (1246 bis 1260) 79, 81
– v. Stade, Annalist (um 1265) 13
– Milioli aus Reggio, Notar u. Chronist (13. Jh.) 13

Albertino Mussato aus Padua, Notar u. Chronist († 1329) 63, 149, 151, 181

Albertus Magnus, Dominikaner, B. v. Regensburg (1260–1262, † 1280) 71, 73f., 214

Albigenserkreuzzug 34

Albornoz, Aegidius (Gil) Álvarez, Kard.-Legat (ca. 1300–1367) 224, 226, 245

Albrecht I., Kg. (1298–1308), Hg. v. Österreich 95, 103f., 116, 118f., 121f., 124f., 127–142, 146f., 163, 165, 295

– v. Kefernburg, Eb. v. Magdeburg (1205–1232) 27
– III., Hg. v. Mecklenburg (1384), Kg. v. Schweden (1363–1389, † 1412) 298
– VII., Hg. v. Mecklenburg (1503–1547) 302
– II., Hg. v. Österreich (1308–1358) 177, 209, 221
– III., Hg. v. Österreich (1365–1395) 234, 283
– der Bär, Gf. v. Ballenstedt, Mgf. d. Lausitz (1123–1131), d. Nordmark (1134–1170), v. Brandenburg (1150), Hg. v. Sachsen (1138–1142) 268
– II., Hg. v. Sachsen-Wittenberg (1260 bis 1298) 98
– der Entartete, Lgf. v. Thüringen-Meißen (1265–1314) 97, 126, 129, 139
– v. Brandenburg-Ansbach, Hochmeister (1511), Hg. v. Preußen (1525 bis 1568) 288
– v. Habsburg, Gf. († 1239) 97
– Gf. v. Holland (1358–1404) 234, 241

Alessandria (Cäsarea) 60

Alexander III., Papst (1159–1181) 64
– IV., Papst (1254–1261) 90, 92, 94
– Newski, Großfürst v. Susdal (1247 bis 1263) 77
– v. Roes († nach 1288) 110, 156, 159f.

Alfons X., der Weise, Kg. v. Kastilien (1252–1284), dt. Kg. (1257–1275) 85, 87, 92f., 96, 106

Al-Kâmil, Sultan (1219) 44

Alkmaar 84

Allod(ialgut) 98

Altena, Gfen. v. 41

Altenburg (Saale) 139

Altenesch, Schlacht (1234) 54

Altmark 165

Amadeus V., Hg. v. Savoyen (1285 bis 1323) 150
– VI., Hg. v. Savoyen (1343–1383) 244

Amelunxborn, Zisterze 266

Amsterdam 299

Anagni 47, 64, 251 – Attentat (1303) 135, 179

Ancona, Mark 20, 26, 28f., 46f., 62

Andechs, Gfen. v. 112

Andreas II., Kg. v. Ungarn (1205–1235) 271, 277

– III., Kg. v. Ungarn (1290–1301) 128

Andria, Castel del Monte 72

Anhalt 36, 165, 221f.– Gfen. v. 143, 165, 221f.

Anjou, Gfsch. 25. – Kgt., Reich 15, 34
– Haus 96, 111f., 135, 148. – Kge. v. Neapel 86, 89, 92f., 96, 100, 106, 108, 111f., 137f., 148f., 151, 155, 158 bis 161, 167–170, 179, 187f., 190, 209. – Kge. v. Ungarn 86, 88, 137f., 153, 239

Anna, T. Pfgf. Rudolfs II., 2. Gem. K. Karls IV. († 1353) 222

Annweiler (Trifels) s. Markward v. A.

Ansbach-Bayreuth, Mgfsch. 236

Antwerpen 299, 302

Appellation an die Kurie 28, 36. – an künftigen Papst u. allgem. Konzil 65. – Ludwigs d. Bayern 155, 171ff., 175, 188, 190, 196

Approbation 106, 133, 135, 147, 158, 170f., 190, 192, 196f., 199, 201, 208ff., 212, 228ff., 249ff.

Apulien 56, 62, 67f., 72, 84, 188. – »Kind v. A.« 32

Aquileja, Patriarchen 26, 28, 122

Araber 15, 70

Aragon 108. – Kge. 32, 87, 89, 108, 136, 153, 168, 176

Arelat 108, 111ff., 131, 148, 175, 187, 190, 192, 243f., 247; s. Burgund, Kgr.

Arezzo 107, 149, 153

Aristokratie s. Adel

Aristoteles 15, 71, 214. – Schriften 71. – Staatslehre 156, 178

Arles 244f.

Armuts-Frage 172, 174, 180. – -Lehre 214

Arnald v. Verdalle, Nuntius Benedikts XII. 200

Arnold, Eb. v. Trier (1242–1259) 90
– v. Lübeck, Abt u. Chronist († 1212) 19
– Dominikaner (13. Jh.) 80

Arnsberg, Gfen. 41

Arnstein, Prämonstratenserstift 58

Arpaden 88, 135, 137f.

Artusepik 38

Asien 75, 78; s. Kleinasien

Askanier 165, 222, 261. – in Anhalt 36, 143, 165, 221. – in Brandenburg 36, 82, 165, 208, 268, 281. – in Wittenberg 222, 236

Aspelt s. Peter v. A.

Assisen v. Capua (1220) s. Capua

Assisi 17

Asti 149

Attila, Kg. der Hunnen († 453) 69

Augsburg 162, 188. – Reichstage (1282) 104. – Bfe. 184

Augustiner 216, 256

Augustus, K. (31. v.–14 n. Chr.) 156

Authentica 37

Autonomie, städt. 48, 53, 62, 67, 279, 292

Averroes, arab. Philosoph († 1198) 15. – Averroismus 15, 73. – lat. Averroisten 71

Aversa 29

Avesnes, Gfen. 83ff., 90, 129, 131, 133, 206

Avignon 111, 141, 148, 168–171, 180 bis 183, 186, 189, 192ff., 203, 207ff., 215, 224, 244–247, 249, 251, 257. – avignonнes. Papsttum 168, 179, 185

Awaren 76

Babenberger 41, 57, 79, 88, 91, 261

Bacharach 208

Baden (Schloß) 140

Balduin v. Luxemburg, Eb. v. Trier (1307–1354) 142ff., 146ff., 164, 175, 183, 186, 188, 193, 197ff., 201, 207f., 210, 213, 227, 230f.
– VI., Gf. v. Flandern (1195), K. v. Konstantinopel (1204, † 1205) 83, 85

Balk, Hermann, Landmeister († 1239) 287

Balten 272, 276f., 279, 282, 293

Bamberg 26, 73. – Bfe. 97, 213, 248, 267. – Dom 27, 39. – Reiter 27

Bann, kirchl. 22, 25f., 29f., 33, 37, 39, 41, 44, 46f., 50, 52, 55, 59, 61ff., 79, 84, 98, 115, 128, 135, 153, 169, 172, 178, 183ff., 194, 198, 202, 211, 224, 245

Bar-sur-Aube 175. – Gf. v. 111

Barbarossa s. Friedrich I. Barbarossa

Bari 29. – Eb. 251

Bartolomeo Prignano, Eb. v. Bari s. Urban VI.

Basel 13, 82, 101, 122, 162, 216. – Bt. (-Augst) 112. – Bfe. 98, 115, 142, 184, 195

Batu, Mongolenkhan 75f.

Bauern 16, 54, 118f., 261–264, 266, 268, 270ff., 276, 278, 285

Baukunst 15, 39, 42, 72, 257; s. Dome

Bautzen 165, 222, 268

Bayern, die 30. – Land, Hgt. 57, 114, 116f., 162, 165f., 178f., 184f., 204ff., 210f., 221, 228, 231, 233ff., 253.–Hge. 35, 41, 50, 79, 81; s. Hge. v. Ober- u. Niederbayern.

Bayreuth, Mgfsch. Ansbach-B. 236

Beamte 43, 57, 62f., 65, 72, 99, 119, 169, 207, 231, 284. – -eid 135. – -staat 43

Beatrix v. Luxemburg, Gem. Karl Roberts v. Ungarn († 1319) 148, 153

Beaucair 106

Beaulieu, Kloster b. Verdun 111

Begarden 215, 256

Beginen 58, 73, 251, 256

Behaim s. Albert B.

Beirut 17

Bela IV., Kg. v. Ungarn (1235–1270) 76, 88, 91, 137, 271f.

Benedictus Deus , Bulle (1336) 188

Benedikt XI., Papst (1303–1304) 141

– XII., Papst (1334–1342) 189–192, 194ff., 200, 202f., 212

– Gaetani s. Bonifaz VIII.

Benediktiner 215, 267f.

Benesch Krabice v. Weitmühl († 1375) 256

Benevent 62. – Schlacht (1266) 92

Berg, Gfsch. 41. – Gfen. 14, 41, 123

Bergamo 187; s. Bonagratia v. B.

Bergbau 237, 264. – -leute 16, 261, 269ff. – -recht (Freiberg-Iglauer) 264, 270. – -regal 228

Bergen 292f., 295

Berlin 206, 268

Bern (Stadt) 112, 114, 120, 122

Bernabò Visconti (1319–1385) 245

Bernard Gui, Dominikaner, Inquisitor, B. v. Tuy u. Lodève (1323–1331) 110, 170

Bernhard IV., Hg. v. Sachsen (1180 bis 1202), Gf. v. Anhalt 18

Bernstein 285, 292

Berthold VII. v. Henneberg, Verweser der Kurmark (1323, † 1340) 165ff.

– v. Neuffen, Gf. v. Marstetten u. Graisbach, Generalvikar f. Italien (um 1290–1342) 169

– v. Regensburg, Franziskaner (ca. 1210 bis 1272) 73, 75.

– v. Tuttlingen, Notar Ludwigs d. B. († vor 20. 3. 1339) 162

Bertrand, Eb. v. Bordeaux, s. Clemens V.

Besançon 112; s. Hugo v. B.

Beskiden 271

Bethlehem 46

Bettelorden 13, 15, 54, 58, 73, 80, 171; s. Franziskaner, Dominikaner

Bingen 51, 82, 132, 222

Birgitta v. Schweden († 1373) 246

Bischofs-Städte 53, 100. – -Wahl 26, 28, 36, 47, 80, 115, 183

Bistritz 271

Blanca, T. Philipps d. Sch., Gem. Hg. Rudolfs III. v. Österreich († 1305) 130

Boccamazzi s. Johann B.

Boemund, Eb. v. Trier (1286–1292) 124

Boethius v. Dacien († vor 1284) 71

Böhmen 57, 97, 101–105, 116, 122–125, 127, 130, 137–140, 144ff., 162, 165f., 203ff., 207f., 214, 222, 227f., 231, 233ff., 237ff., 241f., 254–257, 261f., 264f., 269f., 272, 274. – Kge. 16, 24, 30, 41, 79, 82, 85, 88–92, 96f., 99–105, 107, 111, 116, 122–125, 127, 137ff., 142, 145, 149, 153, 163–166, 175f., 183, 185ff., 196f., 201–212, 227, 229, 239, 248, 270, 280f.

Bolko II., Hg. v. Schweidnitz-Jauer (1326–1368) 235

Bologna 21, 37, 60, 66, 149f., 223, 245f. – Rechtsschule, Universität 43, 71, 258

Bonagratia v. Bergamo, Franziskaner-Prokurator († 1340) 180, 188, 195, 201

Bonifaz VIII., Papst (1294–1303) 127, 129, 133ff., 141, 144, 148, 174, 179, 187

Bonn, Krönungen 164, 210

Boppard 55, 97, 143

Bordeaux 34; s. Clemens V., Papst (= Bertrand, Eb. v. B.)

Bornholm 302

Bornhöved, Schlacht (1227) 16, 40

Boulogne, Gf. 33

Bouvines, Schlacht (1214) 15, 31, 33ff.

Brabant 80, 123f., 131, 238, 253. – Hge. 25, 31, 33, 80, 145, 191, 233; s. Siger

Branchazolus v. Pavia, Johann, ghib. Jurist (14. Jh.) 161

Brandenburg, Stadt (Brennabor) 206. – Mark 93, 122f., 125, 138, 143,

165 ff., 175, 205, 208, 210, 221 f., 231, 234 ff., 240, 242 f., 248, 253, 261, 267 f. – Markgrafen 90 f., 93, 98 f., 102, 127 f., 164, 166 f., 197, 202, 205 f., 220–223, 228, 234, 281, 286

Braunsberg 279, 285

Braunschweig 18, 36, 82, 90 f., 303. – Welfenerbe 18, 36, 50, 56. – Weistum (1252) 84

Braunschweig-Lüneburg, Hgt. 56, 236. – Hge. 50, 56, 82, 91, 99, 165

Bremen 85, 277, 279, 293. – Ebfe. 40, 54

Brennabor s. Brandenburg

Brenner 28, 32, 237

Brescia 60, 148, 150

Breslau 76, 232 f., 237, 239, 257, 264, 268 ff., 298. – Hgt. 232, 238 ff. – Hge. 138, 268 f. – Bt. 236. – Bfe. 233, 262 f., 269

Brétigny, Friede (1360) 244

Brindisi 45, 47

Bromberg 276

Brüder des freien Geistes 215. – des gemeinsamen Lebens 216

Bruderschaften 51

Brügge 191, 237, 291, 294 f., 299 f., 302. – Aufstand (1302) 132

Brünn 270. – Erbvertrag (1364) 234, 238

Brunnen, Ewiger Bund (1315) 119

Bruno v. Sayn, Eb. v. Köln (1205–1211) 25

– B. v. Olmütz (1245–1281) 88, 101, 104, 262

Brüssel 216

Buckow, Zisterze 266

Bukowina 271

Buonconvento (H. VII. † 1313) 154

Burchard, Propst v. Ursperg, Chronist (1215–1231?) 26, 30, 42

Burgen, Burgbann 43, 71. – -bau 51, 285

Burgenland 272

Bürger, Bürgertum 16, 25, 50 f., 113, 115, 184, 261 f., 267, 272, 276, 278. – -recht 231

Burgund – Niederburgund s. Provence. – Königreich 60, 64, 300. – Rektorat 37. – Pfalz-(= Frei)grafschaft 111 f., 125, 131 f., 148, 164, 244. – Könige 244. – Hge. 112, 234. – (Pf)gfen. 111 f., 125

Burzenland 271, 277

Byzanz 14 f., 87, 96. – Kaiser 60, 83, 85, 87

Caesar 230

Caesarius v. Heisterbach, Zist. (v. 1177 bis n. 1240) 39, 42

Cahors 167; s. Johann XXII.

Calais 210

Caltabellota, Friede (1302) 155

Cambrai 109, 202, 244. – Bt. 187, 244

Camenz, Zisterze 268

Cangrande I. della Scala, Herr v. Verona (1312–1329) 169, 178, 181

Canones s. Kanonisches Recht, Kanonistik

Canterbury, Ebfe. 33

Capet s. Kapetinger

Capua 72. – Assisen (1220) 43, 45

Castel Fiorentino 67

Castel del Monte bei Andria 72

Castorp, Hinrich, Bürgermeister v. Lübeck († 1488) 300

Castruccio Castracani degli Antelminelli, Hg. v. Lucca (1327–1328) 154, 179, 181 f.

Ceprano, Vertrag (1230) 47

Cermenate, Joh. de, Chronist († nach 1344) 151

Chartres 73

China 75, 78, 256

Christburger Frieden (1249) 280

Christian, B. v. Preußen (1215–1244) 276, 278, 282

– I., Gf. v. Oldenburg, Kg. v. Dänemark (1448–1481), Norwegen (1450 bis 1481), Schweden (1457–1471) 300

– II., Gf. v. Oldenburg, Kg. v. Dänemark (1513–1523, † 1559) 300 f.

– III., Kg. v. Dänemark (1534–1559) 301

Christianisierung s. Mission

Christoph II., Kg. von Dänemark (1320 bis 1326, † 1332) 166, 185

– III. v. Bayern, Kg. v. Dänemark u. Schweden (1440–1448), v. Norwegen (ab 1442) 300

– Gf. v. Oldenburg († 1566) 301

Cividale in Friaul 51

Clemens IV., Papst (1265–1268) 86, 92 ff., 96, 110

– V., Papst (1305–1314) 141–144, 147 ff., 151–154, 158 ff., 163, 165, 167 f.

– VI., Papst (1342–1352) 203f., 207, 209f., 216, 220, 224, 244, 246
– (VII.), Papst (1378–1394) 251f.
Clementinen 160
Clericis laicos, Bulle (1296) 134
Cola di Rienzo s. Rienzo
Cölestin III., Papst (1191–1198) 20
– IV., Papst (1241) 63
– V., Papst (1294, , † 1296) 133, 136
Cölln 268
Colonna, röm. Adelsgeschlecht 150, 156, 224
Coluccio Salutati, Staatskanzler v. Florenz (1375–1406) 246
Como 66
Compagni, Dino, Chronist (14. Jh.) 151
Confoederatio cum principibus ecclesiasticis (1220) 38
coniuratio 118; s. Eidgenossenschaften, Einungen, Schwurverbände
Constitutio Romana v. Melfi (1231) 48f., 52, 56
Cornwall s. Richard v. C.
Cortenuova, Schlacht (1237) 60
Courtrai, Schlacht (1302) 132
Crécy, Schlacht (1346) 210, 243
Cremona 44, 150, 226
Cuspinian, Johann (1473–1529) 117
Cypern 277

Dalmatien 151
Damaskus 46
Damiette 41, 44f.
Dänemark 16, 40, 266, 277, 286, 292, 295f., 298–302. – Kge. 24, 36, 40, 166, 185, 277, 282, 295, 298, 300–302
Dänen 36, 40, 77f., 279f.
Dannenberg, Gfsch. 236
Dante Alighieri (1265–1321) 71, 136, 149, 157, 159f., 170
Danzig 267, 269, 281, 285, 287, 299ff., 303
Dargun b. Demmin, Zisterze 266
Dauphin s. Frankreich, D.
Dauphiné 112, 244
David v. Augsburg, Franziskaner († 1272) 73, 75
Dekretalen, Clemens' V. 160. – Gregors IX. 27. – Innocenz' III. 22. – Innocenz' IV. 68
Delphin s. Frankreich, Dauphin
Delphinat s. Dauphiné

Demmin 266
Dessau, Fürstengruft 222
Deutsch-Brod 270
Deutscher Orden 16, 46, 77, 184, 242f., 267, 271, 275–291, 298. – Deutschmeister 287; s. Ordensstaat
Deventer 216
Devotio moderna 216
Dienstgut 284; s. Ministerialen, Ministerialität
Diether, Eb. v. Trier (1300–1307) 132
Dietrich, Eb. v. Köln 30
– v. Bern (Dietrichsagen) 38
Diezmann, Lgf. v. Thüringen († 1307) 127
Dino Compagni s. Compagni
Dirschau, Burg u. Stadt 267
Doberan, Zisterze 266
Dome 15, 27, 39, 72, 257, 285
Dominikaner 13, 15, 58, 71, 73, 78, 80, 95, 105, 107, 110, 151, 154, 157, 170, 184, 213, 255f.; – –innen 215
Dorpat 293. – Bt. 77. – Bfe. 77, 280
Dortmund 123, 293
Dreifelderwirtschaft 263
Dschingis-Khan 75
Dubois, Pierre, franz. Staatstheoretiker († nach 1321) 141, 158, 160
Duisburg 123
Durben, Schlacht (1260) 280
Dürnkrut, Schlacht a. d. Marchfeld (1278) 103, 105

Eberhard II., Gf. v. Württemberg, d. Erlauchte (1279–1325) 138, 145
– III., Gf. v. Württemberg, d. Greiner, d. Rauschebart (1344–1392) 253
Ebner, Christine, Dominikanerin (1277 bis 1356) 216
– Margarete, Dominikanerin (ca. 1291 bis 1351) 216
Meister Eckhart von Hochheim (ca. 1260 bis 1327) 214f., 218
Edmund, Sohn Kg. Heinrichs III. v. England, Kg. v. Sizilien (1254–1263, † 1296) 86
Eduard I., Kg. v. England (1272–1307) 111, 125f., 191
– II., Kg. v. England (1307–1327) 191
– III., Kg. v. England (1327–1377) 191, 193, 201f., 206, 220, 243f., 300
Eger 138f. – Goldbulle (1213) 36

Egerland 102, 130, 236, 270
Egidio Albornoz s. Albornoz
Eichstätt 162, 212
Eidechsenbund 286
Eidgenossen(schaft), Schweizer 118, 120f., 146, 165
Eidgenossenschaft, städt. 118, s. coniuratio, Einungen, Schwurverbände
Eike v. Repgow (1. H. 13. Jh.) 13, 56
Einungen 51, 83, 114, 118, 121, 184, 228, 231, 251; s. coniuratio, Eidgenossenschaft, Schwurverbände
Eisenach 38f., 162
Elba, Insel 63
Elbing 279, 285, 288
Elias v. Cortona, Franziskanergeneral (1232–1239, † 1253) 61
Elisabeth v. Böhmen, Gem. Kg. Johanns v. B. († 1330) 145
– v. Pommern, 4. Gem. K. Karls IV. († 1393) 236
– v. Ungarn, Gem. Lgf. Ludwigs IV. v. Thüringen († 1231) 54, 58, 72f., 80, 126f. – Heiligsprechung 59
Ellenhard, Straßburger Bürgerführer († 1304) 95, 129
Ellwangen, Abt v. 198f.
Elsaß 92, 98, 114, 128, 130, 176, 198f., 216f., 221, 231, 253
Elsbeth Stagel, Dominikanerin (14. Jh.) 216
Eltville (Verträge 1349) 223
Engelbert v. Berg, Eb. v. Köln (1216 bis 1225) 39, 41f.
– Abt v. Admont († 1331) 156, 159
Engelbrecht Engelbrechtsson, Schwed. Bergmannsführer († 1436) 299
Engelsburg b. Graudenz, Komturei 287
Engeltal, Dominikanerinnenkloster b. Nürnberg 216
England 14, 16f., 30, 32ff., 60, 64, 88, 90, 113, 126, 129, 133, 166, 190f., 197, 200–203, 210, 243f., 252, 255, 285, 292f, 300, 302
– Könige 16, 19f., 25, 33ff., 55, 80, 86, 90f., 111, 125f., 129, 191f., 199ff., 206, 220, 243 f., 292, 300, 302. – Engländer 210, 244, 298, 300
Enikel, Jansen, Wiener Chronist († nach 1277) 95
Ensmingen s. Gottfried v.

Enzio, Kg. v. Sardinien († 1272) 60, 62, 66
Eppenstein, Gfen. v. 24, 79, 81, 97, 124
Erbfolge, -recht 163, 222, 228, 253
Erbreichspläne 14, 17, 108, 135
Erfurt 99, 127. – Reichstage (1289/90) 115f. – Dominikanerkloster 214. – Universität (1392) 255
Erich Menved, Kg. v. Dänemark (1286 bis 1319) 295
– v. Pommern, Kg. v. Dänemark (1412 bis 1439, † 1459) 298ff.
Erlangen 236
Ermland 280, 288
Ernst v. Pardubitz, Eb. v. Prag (1343 bis 1364) 225
Erzämter 114, 130, 228, 230
Erzgebirge 271
Erzkanzler 124, 127; s. Kanzler
Erzkapellane s. Kapellane
Essen, Frauenstift 41, 123
Eßlingen 114
Este, Hans 154, 169, 181, 187
Estland, Esten 16, 76, 276f., 279, 286, 288
Etzel s. Attila
Exkommunikation 169, 194
Ezzelino da Romano († 1259) 59, 63, 66

Faenza 60
Fahnenwagen Mailands 60
Falkenstein s. Zawisch v. F.
Fehdeberecht 56, 200, 231
Ferdinand III., Kg. v. Kastilien (1217 bis 1252) 87
Ferentino 44
Fernhandel s. Handel
Ferrara 154, 169, 179, 187, 209, 225
Ferreto v. Vincenza, Chronist († nach 1330) 151
Fidem catholicam, Manifest Ludwigs d. B. (1338) 195f., 199
Finnland 77, 293. – Finnen 77
Firenzuola 60
Flagellanten 217
Flandern 19, 82f., 90, 113, 123, 126, 131, 148, 217, 233, 237, 271, 285, 292–296, 299f. – Gfen. 33f., 83, 166, 294
Florenz, Florentiner 65f., 92, 128, 149ff., 154, 186, 223, 225f., 246f., 256
Flores temporum (Martinus Minorita) 13, 162

Namen- und Sachregister

Floris V., Gf. v. Holland (1256–1296) 129

Flote, Pierre, Kanzler Philipps d. Schönen († 1304) 144

Flurzwang 263

Foligno 17

Fontainebleau 186

Fournier, Jacques s. Benedikt XII., Papst

Francesi s. Musciatto dei

Franche-Comté s. Burgund, Freigrafschaft

Franken, dt. Stamm, Land u. Hgt. 99, 114, 231, 253, 270, 272

Frankfurt 51, 80f., 90f., 101, 114, 124, 171, 173, 191, 193–197, 221f., 227, 230, 236f., 249. – Reichs- u. Hoftage (1234) 54, (1296) 126, (1310) 145, (1338) 199f., (1339) 200, (1344) 208, (1366) 245. – Wahlen (1208) 27, (1212) 32, (1220) 37, (1257) 91, (1273) 97, (1298) 130, (1308) 143, (1349) 221, (1376) 249

Frankfurt (Oder) 222, 268

Frankreich 14f., 19, 23, 31–34, 43, 54f., 60, 65, 72, 83, 87, 90, 92, 108–113, 125f., 129–136, 141–145, 147f., 151, 156, 158, 167, 175f., 186ff., 190–193, 197, 200–204, 207, 243ff., 252, 255, 257, 285, 300, 302. – Franzosen 108, 167, 224, 251
Könige 15, 25, 30, 32ff., 65, 83f., 86, 92, 96, 108, 111ff., 125f., 128–132, 134ff., 141–144, 148, 154, 158, 163, 166, 175, 183f., 187, 190ff., 202, 210, 243f., 251. – Dauphins 192, 244

Franz v. Ascoli, Franziskaner 196

– v. Assisi (1181/82–1226) 72

– v. Prag, Chronist († 1362) 256

Franziskaner (Minoriten) 13, 15, 47, 55, 58, 61f., 68, 73, 78, 105, 109, 115, 136, 160, 162, 171f., 174, 180, 184, 187f., 195f., 201, 215, 256

Frauenburg 285

Freiberg-Iglauer Bergrecht 264, 270

Freiburg i. Üchtland 112, 130

Freising, Bfe. 184

Friaul 39, 51, 55

Friedberg 51, 114

Friedensbewegung s. Landfrieden, Gottesfrieden

Friedland 268

Friedrich I. Barbarossa, K. (1152–1190) 18, 37, 39, 42, 45, 64, 74, 112, 230, 237, 244, 268

– II., K. (1212–1250) 13, 17f., 20, 31–82, 86, 88, 98f., 103, 106, 114f., 118, 128, 130, 132, 156, 228, 232, 254, 258, 278, 285, 294

– III., K. (1440–1493) 230

– d. Schöne, Kg. (1314–1330), Hg. v. Österreich 119, 146, 162, 164f., 168, 170, 175ff., 183, 210

– III., Kg. v. Sizilien (1296–1337) 153, 155, 168, 174, 178

– v. Holstein, Kg. v. Dänemark u. Norwegen (1523/24–1533) 301

– III., Hg. v. Schwaben (1147–1152 s. K. Friedrich I. Barbarossa

– d. Streitbare, Hg. v. Österreich (1230 bis 1246) 55, 57f., 76, 79

– V. v. Österreich, Hg. v. Steiermark s. K. Friedrich III.

– II. d. Schöne, Hg. v. Österreich (1307 bis 1330) s. Kg. Friedrich

– v. Sachsen, Hochmeister (1498–1511) 288

– III. v. Zollern, Burggf. v. Nürnberg (1260–1297) 97

– V. v. Zollern, Burggf. v. Nürnberg (1357–1398) 236

– Tuta, Mgf. v. Meißen (1288–1290) 127

– d. Freidige, Lgf. v. Thüringen, Mgf. v. Meißen (1307–1323) 97, 100, 127, 139, 146, 166

– d. Ernste, Lgf. v. Thüringen (1324 bis 1349) 166, 202, 208, 220

– v. Isenburg († 1226) 41

Friesland 84, 131. – Friesen 54, 84

Frührenaissance 72

Fünen 302

Fünfkirchen, Universität 255

Fürsten s. Reichsfürsten

Fürstenfeld, Zisterze 162

Fürstengericht 131, 199, 222. – -spiegel 255

Fürstenwalde, Vertrag (1373) 235

Gaetani, Benedikt, s. Bonifaz VIII.

Galeazzo I. Visconti, Herr v. Mailand (1322–1328 169

Galizien 270f.

St. Gallen, Äbte 122

Gallien 272

Gallipoli 245

Gammelsdorf, Schlacht (1313) 163

Gascogne 34

Gegenkönige 27, 50, 70, 79ff., 130, 183, 207–212, 220ff., 240

Gegenpäpste 70, 180, 183

Geißler 217

Geldern, Gfsch., seit 1338 Hgt. 123, 129, 131, 145. – Gf. 191

Geleitrecht 51, 56

Gelnhausen 51

Generalkapitäne 57, 149

Generalvikare 62, 106, 148, 191, 199, 224

Genf, Gfsch. 244

Genua 32, 43, 60, 62, 64, 150, 152f., 169, 223

Gerhard II. v. Eppenstein, Eb. v. Mainz (1288–1305) 124, 127f., 131

Gerichtsbarkeit 37, 51, 56, 188, 228, 269; s. Niedergerichtsbarkeit

Gerlach v. Nassau, Eb. v. Mainz (1346 bis 1371) 209, 248

S. Germano 45. – Friede (1230) 47, 49, 51, 60

Gert Groote (1340–1384) 216

Gertrud v. Hohenberg, Gem. Kg. Rudolfs v. Habsburg († 1281) 97

– d. Gr., Äbtissin v. Helfta (1256–1292) 73

Geschichtsschreibung 13f., 56, 95, 162f., 220, 255f.

Gesellschaften, böse 245; s. Söldner

Geßler, Landvogt der Tellsage 119, 121

Gevelsberg 41

Gewerbe 237, 292

Ghibellinen 66, 68, 72, 87, 92, 97, 100, 114, 127, 149ff., 154f., 159ff., 168f., 172ff., 181, 185, 187

Giovanni Visconti, Eb. v. Mailand (1342 bis 1354) 225

– Villani, Florentiner Chronist († 1348) 181

Glarus 120

Gnesen 138

Godeke Michels († 1401) 299

Goldberg 269

Goldene Bulle (1356) 198, 213, 227–230, 248ff., 252. – (Rimini 1226) 278, 282

Goldene Horde 76

Goldenkron, Zisterze 270

Göllheim, Schlacht (1298) 128f.

Göllnitz (Slowakei) 271

Gonzaga 187

Görlitz, Hgt. 253; s. Johann, Hg. v. G.

Goslar 19, 82

Gotik 15, 72

Gotland 279, 286, 293ff., 298

Gottesfreunde 216, 219

Gottesfrieden 83

Gottesschau der Seligen (visio beatifica) 187, 189

Gottesurteil 27

Gottfried v. Ensmingen, Straßburger Chronist († nach 1294) 95

– v. Straßburg († vor 1220) 42

Gotthard Kettler s. Kettler, G.

St. Gotthardpaß 118, 120

Gottsche 272

Gramzow b. Prenzlau, Prämonstratenserkloster 267

Gran, Ebfe. 251

Graudenz 287

Gregor IX., Papst (1227–1241) 27, 45 bis 50, 54, 59–64, 70, 76f., 79, 278

– X., Papst (1271–1276) 88, 96f., 100ff., 112, 115

– XI., Papst (1370–1378) 246f., 249ff.

– v. Montelongo, Kard.-Legat († 1269) 67

Greifswald 267

Griechenland, Griechen s. Byzanz

Grobe auf Usedom, Prämonstratenserkloster 267

Groenendal, Augustinerchorherren-Priorat 216

Groningen 293

Groote s. Gert G.

Großhofrichter 64

Grünenwörth, Kloster 216

Grüssau (Niederschlesien), Zisterze 268

Guelfen 66, 68, 92, 149f., 154, 159, 168, 179, 181, 186, 198

Gui s. Bernard

Guido v. Boulogne, Kard.-B. v. Porto, Reichsvikar († 1373) 246

– v. Praeneste, Kard.-Legat († 1206) 22

– della Torre, mailänd. Volkskapitän († 1311) 150

Guilelmo de Cortosi (Cortusius, 14. Jh.)

Gümmingen 112

Günther, Gf. v. Schwarzburg (1324 bis 1349), Gegenkg. 220–223

Gustav Wasa, Kg. v. Schweden (1523 bis 1560) 301

Güstrow 267

Guta v. Habsburg, Gem. Kg. Wenzels v. Böhmen († 1297) 102, 122

Gutenstein, Schloß 177

Guyenne 34

Habsburger 57, 85, 95, 97 f., 101–105, 108, 111–132, 137–141, 146, 157, 162–166, 168, 175 ff., 183, 187, 191, 204 f., 221, 229 f., 234, 236, 238, 241, 249

Hagen (Westf.) 41

Hagenau 124

Hakon IV., Kg. v. Norwegen (1217 bis 1263) 80

– VI., Kg. v. Norwegen (1343–1380), v. Schweden (1362–1363) 298

Halberstadt, Bfe. 184

Halicz 75, 237, 239, 269

Halle (Saale) 25, 27, 73. – Halle-Neumarkter Recht 264, 269 f.

Halleluja, großes (1233) 73

Hamburg 40, 104, 294, 301 ff. – Ebfe. s. Bremen (Ebt. Hamburg-B.)

Handel 43, 77, 87, 91, 132, 237, 261, 264, 267–272, 279, 285 f., 299–303; s. Ostseehandel

Handwerk 252. – Handwerker 272

Hans, Kg. d. nord. Union (1481–1513) 301

Hanse 91, 238, 260, 291–304

Häresie, Häretiker s. Ketzer(ei)

Hartmann v. Habsburg († 1281) 111, 116

Harzburg 36

Hausgut 39, 53, 100, 130

Hausmacht 100, 104, 116, 122, 126, 140, 145, 229, 233, 248. – -politik 125, 204 ff., 261

Hedwig, Gem. Hg. Heinrichs I v. Niederschlesien († 1243) 268

– v. Ungarn, Gem. Kg. Jagiellos v. Litauen († 1399) 241 ff.

Heidelberg 132. – Universität (1386) 255

Heiligenkreuz, Zisterze 270

Heimbach b. Bingen (Bündnis 1300) 132

Hl. Land 49, 67, 96, 277

Heinrich IV., K. (1056–1106) 230

– V., K. (1106–1125) 31

– VI., K. (1190–1197) 14, 16 f., 19 f., 29, 38, 67, 229

– (VII.), Kg. (1220–1235, † 1242) 32, 35–41, 43, 45, 49–57, 85, 88, 118, 279

– VII., K. (1308–1313) 119, 126, 133, 141, 143–161, 163, 169, 174, 224, 226, 281

– II., Kg. v. England (1154–1189) 15, 292

– III., Kg. v. England (1216–1272) 55 f., 86, 90 f.

– IV., Kg. v. England (1399–1413) 283

– II. v. Virneburg, Eb. v. Köln (1305 bis 1332) 142, 164

– II. v. Isny, Eb. v. Mainz (1286–1288), B. v. Basel (1275) 115

– III. v. Virneburg, Eb. v. Mainz (1328 bis 1346, † 1353) 183, 193–198, 209, 220

– VIII., Hg. v. Bayern (1053–1054) = K. H. IV.

– XII. d. Löwe, Hg. v. Bayern (1156 bis 1180) s. H. d. L., Hg. v. Sachsen

– I., Hg. v. Brabant (1183–1235) 27, 31

– II., Hg. v. Brabant (1235–1248) 80

– VI., Hg. v. Kärnten (1295–1335), Kg. v. Böhmen (1307–1310) 139, 142 f., 145, 164, 204

– I., Hg. v. Niederbayern (1253–1290) 97, 102

– II., Hg. v. Niederbayern (1310–1339) 186, 189, 205

– I., Hg. v. Niederschlesien (1201 bis 1238) 268

– II., Hg. v. Niederschlesien (1238 bis 1241) 76, 269

– d. Löwe, Hg. v. Sachsen (1142–1180), Hg. v. Bayern (1156–1180, † 1195) 56, 261, 266, 293

– V. v. Braunschweig, Pfgf. bei Rhein (1195–1213, † 1227) 25

– II., Mgf. v. Brandenburg (1319–1320) 165

– d. Erlauchte, Mgf. v. Meißen (1221), Lgf. v. Thüringen (1249, † vor. 8. 2. 1288) 127

– I., Lgf. v. Hessen (1265–1308) 126, 129

– Raspe, Lgf. v. Thüringen, Gegenkönig (1246–1247) 65, 80 f., 115, 126

– v. Derby = Heinrich IV., Kg. v. England

– III., Gf. v. Luxemburg (1281–1288) 145

– IV., Gf. v. Luxemburg (1288–1313) s. K. H. VII.
– Gf. v. Nassau (1290–1343) 127
– Gf. v. Schwerin (1220–1228) 40
– Truchseß v. Dießenhofen, Domherr in Konstanz († 1376) 162
– v. Herford, Dominikanerchronist († 1370) 256, 258
– v. Isernia, Magister (13. Jh. 100
– v. Kastilien, Senator v. Rom († 1304) 93
– v. Isny s. H. II. Eb. v. Mainz
– der Lette, Chronist (13. Jh.) 283
– v. Nördlingen, Mystiker (14. Jh.) 216, 219
– v. Plauen, Hochmeister († 1429) 286f.
– v. Rebdorf, s. H. Taube v. Selbach
– Seuse, Dominikaner († 1366) s. Seuse
– Taube v. Selbach, Chorherr zu Eichstätt (1364) 162, 212
Heinrichau, Zisterze 268
Helfta, Zisterzienserinnenkloster 73
Helgoland 299
Helmold v. Bosau, Chronist († nach 1177) 261, 266
Helsingborg, Seeschlacht (1362) 295
Hennegau 84f., 148, 234. – Gfen. 33, 83f., 129, 131, 166, 185, 191, 205f.
Hermann, Lgf. v. Thüringen (1190–1217) 24, 30, 38
– I., Gf. v. Henneberg († 1290) 93
– v. Salza, Hochmeister (1210–1239) 40, 46ff., 54f., 59, 61, 277ff., 282
– Balk, Landmeister († 1239) 278
Hermannstadt 271
Herrschaftszeichen 72, 231
Hildesheim, Bfe. 184
Hinrich Castorp s. Castorp H.
Hochmeister 40, 46ff., 54f., 59, 277ff., 282–288
höf. Kultur 73, 268
Hohenzollern s. Zollern
Holland 131ff., 148, 234, 302. – Grafen 33, 80, 84f., 129, 131, 166, 185, 191, 205f., 234, 241; s. Kg. Wilhelm v. H. – Holländer 299–302
Holstein 24, 40, 295, 299f. – Grafen 40, 104, 261
Honorius III., Papst (1216–1227) 37f., 44f., 277
– IV., Papst (1285–1287) 108f., 115
Hospitalbruderschaft 277

Hoya, Gfen. 301
Humanisten 246, 257
Humbert v. Romans, Dominikanergeneral (1254 bis 1263, † 1277) 105, 110
– II. v. Vienne, Delphin, Dominikaner († 1355) 192
Hunnen 76
Hussiten 256, 270

Ichtershausen/Thür., Wahl (1198) 18
Iglau 270
Innocenz III., Papst (1198–1216) 13, 15ff., 20–31, 33, 35ff., 43, 46, 62, 107, 135, 158, 283
– IV., Papst (1243–1254) 64f., 67f., 70, 78–81, 84, 86, 92, 104, 128
– V., Papst (1276–1277) 107
– VI., Papst (1352–1362) 160, 220, 224f., 245
Innsbruck 177
Innung 51; s. Einungen
Inquisition (Ketzer-) 48, 54, 169, 256
Insignien 94, 124, 164
Interdikt 33, 46, 98, 169, 172f., 183f., 195, 198f., 214, 216, 245
Investiturstreit 14, 173
Irland 33
Isabella v. Jerusalem, 2. Gem. K. Friedrichs II. († 1228) 44, 47
– v. England, 3. Gem. K. Friedrichs II. († 1241) 56
Isenburg s. Friedrich v. I.
Islam 44
Isle-de-France 33
Isny s. Heinrich II. v., Eb. v. Mainz
Italien passim. – Kge. 225
ius de non appellando et de non evocando 228
– teutonicum 263
Iwan III., Großfürst v. Moskau (1462 bis 1505) 300

Jagiello, Großfürst v. Litauen (1377), Kg. v. Polen (= Wladislaw II., 1386 bis 1434) 241, 286
Jakob II., Kg. v. Aragon (1291–1327) 95, 136, 168, 176
– v. Cahors s. Johann XXII., Papst
– Fournier s. Benedikt XII., Papst
Jan van Ruysbroeck s. Ruysbroeck
Janow s. Matthias v. J.
Jansen Enikel s. Enikel

Jeroschin, Nikolaus v., Chronist (1. H. 14. Jh.) 289

Jerusalem 17, 44, 46, 49, 64, 67, 277. – Kge. 46

Jobst, Mgf. v. Mähren (1375–1411) 240, 253

Johann(es) XXII., Papst (1316–1334) 159ff., 167–180, 182f., 186–189, 198, 203, 214f.

– Kg. v. Böhmen (1310–1346) 145f., 149, 153, 163, 175ff., 183, 185–188, 196f., 201–205, 207ff., 239, 281

– I. Ohneland, Kg. v. England (1199 bis 1216)▸15, 19f., 33f.

– II., Kg. v. Frankreich (1350–1364) 244

– v. Brienne, Kg. v. Jerusalem (1210 bis 1227), K. v. Konstantinopel (1231 bis 1237) 44f.

– Boccamazzi, Kard.-B. v. Tusculum (1285–1309) 108

– v. Zürich, Kanzler Albrechts I., B. v. Eichstätt (1305), B. v. Straßburg (1306 bis 1328) 133, 136

– II., Hg. v. Brabant (1294–1312) 145

– III., Hg. v. Brabant (1312–1355) 191, 233

– Hg. v. Görlitz (1377–1396) 253

– Parricida v. Österreich († 1313) 140f., 146

– II., Hg. v. Sachsen-Lauenburg (1296 bis 1322) 164

– I., Mgf. v. Brandenburg (1220–1266) 93

– Heinrich v. Böhmen, Gf. v. Tirol (1335–1341), Mgf. v. Mähren (1349 bis 1375) 204f.

– v. Avesnes, Gf. v. Hennegau (1246 bis 1257) u. Flandern (1252) 83f., 90

– II. v. Avesnes, Gf. v. Hennegau (1257 bis 1304), Gf. v. Holland (1300) 131, 133

– Gf. v. Hoya († 1535) 301

– Branchazolus v. Pavia, ghib. Jurist (14. Jh.) 161

– v. Calvaruso, Jurist Friedrichs III. v. Sizilien 155

– de Cermenate, Chronist († nach 1344) 151

– v. Gravina († 1335) 151

– v. Jandun († 1326) 178, 181

– v. Marignola, Franziskaner, B. v. Bisignano (1354–1359) 256

– v. Neumarkt, Kanzler Karls IV. (1353 bis 1373), B. v. Naumburg (1353), Leitomischl (1353), Olmütz (1364), Breslau (1380, † 1380) 212, 226, 232f., 257

– Porta de Annoniaco († nach 1360) 226

– v. Posilge, Chronist (um 1400) 289

– v. Tepl (= v. Saaz) um 1400 257

– Abt v. Victring, Zist. (1312–1345) 117, 162

– v. Winterthur, Franziskaner, Chronist († 1348) 162

– Wittenborg s. Wittenborg

Johanna v. Brabant, Gem. Kg. Wenzels v. Böhmen († 1406) 133f.

– I., Kgin. v. Neapel (1343–1381, † 1382) 244

Johanniter 184, 262, 277

Jordanus, Magister u. Kanoniker in Osnabrück (13. Jh.) 156, 159

Jubeljahre (1300) 134, (1350) 224

Juden 70, 217, 228

Jülich 233. – Mgf. 191, 206, 220, 234

Juristen 37, 72, 92, 133, 153, 155, 158f., 188, 254

jus s. ius

Justinian I., K. v. Byzanz (527–565) 37

Justitiar, sizil. 56

Kairo 44

Kaiserkrone und -krönung 21–24, 28, 30, 36f., 43, 82, 105–110, 116, 133, 147, 153–158, 170, 178ff., 190, 195ff., 199, 201, 209f., 223ff., 229, 249. – -eid 158. – -lager 225. – -prophetie (Endkaiser) 68. – -sage 74. – -titel 196, 201, 208

Kalàbrien 29, 155

Kalisch, Frieden (1343) 239, 281

Kalmarer Union (1397) 298

Kamenz 165

Kampen 294

Kanonisches Recht, Kanonistik 22, 27, 94, 188, 190, 195, 282,

Kanzlei 114, 170, 197, 230, 285. – Reichs- 19, 116f., 124, 155f., 182. – Friedrichs II. 19, 34, 38, 48, 66, 71.

– Karls IV. 220, 230, 232, 235, 254, 257

Kanzler 24, 31, 106, 108, 115, 127, 133f., 142, 145, 159, 167, 226, 232f., 246, 256; s. Erzkanzler

Kapellane 107, 166

Kapetinger 17, 19, 21, 32 ff., 40, 87, 111 f., 125 f., 130 f., 141 f., 145, 158, 163, 175, 183

Kardinalskollegium 28, 60, 62, 96, 107, 167

Karl d. Gr., Kg. (768–814), K. (800) 22

– IV., K. (1346–1378) 101, 140, 152, 160, 175, 198, 201, 203 ff., 207–213, 216 f., 220-259, 270

– V., K. (1519–1556, † 1558) 301 f.

– IV., Kg. v. Frankreich (1322–1328) 175, 177, 183

– V., Kg. v. Frankreich (1364–1380) 241, 251

– I. v. Anjou, Kg. v. Neapel (1265 bis 1285) 93, 96, 100, 106 ff., 111, 141

– II., Kg. v. Neapel (1285–1309) 137, 148

– Robert (v. Anjou), Kg. v. Ungarn (1301–1342) 137 f., 153, 239

– v. Kalabrien († 1328) 148

– v. Valois († 1325) 132, 136, 141 ff., 175

Karlskolleg in Prag 255

Karlstein, Burg 255, 257

Kärnten 88, 102 ff., 122 f., 128, 162, 204 ff., 234, 272. – Hge. 122, 135, 139, 142, 145, 164, 204

Karpaten 271

Kasimir III. d. Gr., Kg. v. Polen (1333 bis 1370) 236, 239 f., 255, 270 f., 281

– IV. (II.), Kg. v. Polen (1445–1492) 287

Käsmark 271

Kastilien 87, 224. – Kge. 85, 87, 91 ff., 96, 106

Katharer 54

Katharina, Gem. Rudolfs IV.·v. Österreich († 1395) 221

– v. Siena, Hl. († 1380) 246

Kaufleute s. Handel

Kelheim 50

Kettler, Gotthard, livländ. Ordensmeister (1557), Hg. v. Kurland (1561, † 1566) 288

Ketzer(ei) 15, 28, 36 f., 42, 48, 54, 58 f., 61, 65, 70, 114, 141, 148, 169, 171 f., 178–181, 183 f., 187, 190, 203, 209, 215, 224, 256

Kiburger, Gfen. 98

Kiel 40

Kiew 75

Kirchengut 31, 33, 37. – -recht s. kanon. Recht. – -vogt(ei) 53

Kirchenreform 187, 246

Kirchenstaat 14, 16, 21, 37, 47 f., 62, 64, 96, 107, 133, 135, 180, 186, 209, 224 f., 246, 283

Klausenburg 271

Kleinasien 15, 245

Klostervogtei 98

Koblenz, Reichstag (1338) 199 f.

Kolberg 267

Kolmar 13. – Chronik 95, 129

Köln 18 f., 22, 25, 30, 32, 34, 40 f., 72, 79 ff., 83, 91, 97, 114, 122 ff., 128, 156, 163 f., 166, 191, 208, 222, 292 ff., 296, 300, 303. – Konföderation (1367) 296. – Bistum bzw. Ebt. 40 f., 227. – Erzbischöfe 17, 25, 30, 39 ff., 54, 79, 81 f., 88, 90 f., 93, 109, 114, 116, 122 f., 125, 129–132, 142 ff., 163 f., 183, 197, 201, 208, 210, 231, 248. – Dominikanerstudium 73, 214. – Universität (1388) 255

Kolup, Tile s. Tile K.

Kompagnien s. Gesellschaften, böse

Königsaal b. Prag, Kloster 162. – Abt 255

Königsgut s. Reichsgut. – -recht 209. – -wahl 22, 25, 27, 82, 85, 90 f., 94, 96 f., 158, 166, 184, 186 f., 190, 192 f., 196–201, 207, 210 ff., 227–230, 250 bis 254

Königsberg 279 f., 285, 287

Konitz, Schlacht (1454) 287

Konklave (1241) 63

Konkordate s. Wormser

Konrad IV., Kg. (1237–1254) 44, 47, 55, 57, 76, 79–82, 84 ff., 92

– v. Hochstaden, Eb. v. Köln (1238 bis 1261) 79, 81 f., 84, 90 f., 93

– v. Wittelsbach, Eb. v. Mainz (1161 bis 1165, 1183–1200), Eb. v. Salzburg (1177–1183) 18, 22

– I. v. Querfurt, B. v. Hildesheim u. Würzburg (1194–1202) 24

– B. v. Speyer (1200–1224) 31

– B. v. Toul (1279–1296) 109, 115

– Hg. v. Masowien (1206–1247) 276, 278, 282

– v. Tillendorf, habsburg. Vogt (um 1289/92) 121

– v. Marburg († 1233) 54 f., 58

Namen- und Sachregister

– v. Megenberg († 1374) 212 f., 218
– v. Waldhausen († 1369) 256
– v. Wesel, Gesandter K. Karls IV. 254
Konradin († 1268) 81, 84, 92 ff., 98, 100
Konstantinopel s. Byzanz
Konstanz 32, 122, 162, 215. – Friede (1183) 45. – Konzil (1414/18) 287. – Bfe. 122, 124
Konstanze v. Sizilien, Gem. K. Heinrichs VI. († 1198) 17, 20
– v. Aragon, 1. Gem. K. Friedrichs II. († 1222) 32
– Gem. Kg. Peters III. v. Aragon († 1301) 87
Konstitutionen v. Melfi (1231) s. Melfi
Kopenhagen 296, 302
Korsika 136, 209
Krabice s. Benesch
Krain 88, 102 ff., 130
Krakau 76, 138, 257, 268, 270, 298. – Universität 255
Kremmener Damm, Schlacht (1332) 166
Kremnitz 271
Kreuzzüge 15, 17, 22, 34, 36 f., 40 f., 43–47, 54, 59, 64, 76 f., 87 f., 92, 96, 98, 101, 105 f., 108 f., 158, 163, 169, 179, 245, 276 ff.
Krongut 43, 231; s. Reichsgut
Kronstadt 271
Krönungseid 28, 31. – -recht 25
Kronvasallen 16, 34, 112
Kruschwitz, Vertrag (1230) 278
Küchmeister s. Michael K.
Kulm 278, 285. – Recht 264, 278, 284. – Handfeste (1233) 278
Kulmerland 276 ff., 280 f., 287
Kulmsee 285
Kumanen 271, 277
Kuno v. Falkenstein, Eb. v. Trier (1362 bis 1388) 248
Kurfürsten 14, 86, 91, 96, 98 f., 104, 106, 109, 116, 121, 127, 134 f., 137, 140, 142 f., 145, 147 f., 158, 163, 166, 171 f., 175 f., 183, 187, 193–201, 207–212, 227–230, 248 ff., 252. – -Kollegium 94, 97, 227
Kurland 280, 288. – Kuren 276, 281
Kurvereine, Rhens (1338) 196–199. – Kurfürstentage 195
Küstrin 268
Kuttenberg 138 f., 270

Ladislaus IV., Kg. v. Ungarn (1272 bis 1290) 88, 102, 137
Lahnstein 196
Lancaster (Haus) 300
Landbücher 232
Landesherren, -herrschaft 14, 37, 51 ff., 105, 115, 119, 122, 140, 206, 228 f., 232, 249, 253, 270, 276, 278 f., 284, 293
Landfrieden 54 ff., 58, 82 f., 103, 109, 114 f., 117, 120, 184, 197, 227, 231 f., 252 ff.; s. Reichs-L.
Landrecht 58, 232. – -richter 103
Landsberg (Warthe) 268
Landshut 163. – Hg. 235
Landstände 51, 102, 104
Landvogtei 99, 101, 113
Langmann, Adelheid 219
Languedoc 189
La Rochelle 299
Lateran 151. – Konzilien (1215) 36, 43
Lauenburg, Hge. 164, 220, 222, 228
Lauf, Burg b. Nürnberg 259
Lausanne, Stadt 106. – Bt. 112
Lausitz, Lausitzer 76, 165, 209, 222, 235, 268, 274
Lavagna s. Percival
Lavello 84
Lebus (Oder) 268
Leheneid 136, 153, 158, 160
Leibeigene, Leibeigenschaft s. Unfreie
Leihezwang 103, 105
Leipzig 303
Leitomischl 270. – Bf. 233
Lekno b. Bromberg, Zisterze 276
Lemberg 237, 239, 264, 269 f.
León 87
Leopold VI., Hg. v. Österreich (1198 bis 1230) u. Steiermark (seit 1194) 41
– I., Hg. v. Österreich (1308–1326) 119, 146, 148, 165, 175 ff.
– III., Hg. v. Österreich (1358–1386) 234
Leslau, Bt. 281
Letten 276
Leubus, Kloster 268
Leutschau 271
Libau 280
Liber Augustalis 49; s. Melfi, Konst.
Licet iuris, Gesetz Ludwigs d. B. (1338) 199, 201
Liegnitz 76, 269. – Schlacht (1241) 76

Lille 33

Limburg 41, 123, 145, 233f., 253. – Hge. 33, 41, 123, 145

Lippe, Gfen. 41

Litauen 75, 88, 242f., 272, 276, 279ff., 286, 288. – (Groß-)Fürsten 241, 286. – Litauerreisen 239, 281, 283

Livius 255

Livland 16, 77, 275–283, 287f., 295f., 300, 302. – Bischof 279f., 283, 293

Lochstedt 287

Lodi 158

Lokatoren 263, 268, 270

Lombardei, Lombarden 21, 23, 28, 44–49, 51f., 59f., 62, 64–67, 87, 106ff., 135, 148f., 168, 172, 174, 178f., 185 bis 188, 203, 209, 246

Lombardenbund 45, 48, 55, 59, 64

London 91, 115, 292ff., 300

Lorenz, B. v. Breslau (1207–1232) 262f.

Losse, Rudolf, Domdekan u. Notar in Mainz († 1364) 162, 198f., 202

Lothar III., Gf. v. Supplin(gen)burg, Hg. v. Sachsen, K. (1125–1137) 151

– v. Segni s. Innocenz III.

Lotharingien s. Lothringen

Lothringen 113, 148, 151

Löwenberg 269

Lübeck 16, 24, 40, 42, 82f., 91, 104, 114, 217, 237, 266, 277, 279, 293–303. – Recht 264, 267, 278

Lublin 270

Lucca 66, 150, 154, 174, 186, 246. – Hg. 179

Lucera in Apulien 43, 93

Lucka (nordw. Altenburg), Schlacht (1307) 139ff.

Ludolf, Eb. v. Magdeburg (1192–1205) 24, 27

Ludwig IV., d. Bayer, K. (1314–1347) 85, 101, 119, 144, 148, 155, 160, 162–213, 217, 220f., 223, 233, 295

– VIII., Kg. v. Frankreich (1223–1226) 32

– IX., Kg. v. Frankreich (1226–1270) 65 84, 86, 108f.

– I., Kg. v. Ungarn (1342–1382) u. Polen (1370) 235, 239ff., 243, 255

– Eb. v. Mainz (1373–1382), Eb. v. Magdeburg (1381) 248

– I. v. Wittelsbach, Hg. v. Bayern (1183 bis 1231) 35, 41, 50

– II., Hg. v. Bayern (1253–1294, seit 1255 v. Oberbayern) u. Pfgf. 81, 90, 93, 97f., 122, 124

– d. Ä., Mgf. v. Brandenburg (1323 bis 1353), Hg. v. Ober-Bayern (1340 bis 1361) 165f., 202, 205, 220ff., 234

– d. Römer, Mgf. v. Brandenburg (1351 bis 1365) 234

– IV., Lgf. v. Thüringen (1217–1227) 45

– v. Nevers, Gf. v. Rethel (1290–1322) 166

Lüneburg, Hgt. s. Braunschweig-Lüneburg

Lupold v. Bebenburg, B. v. Bamberg (1353–1363) 213, 217, 230

– B. v. Worms (1196–1217) 24, 26

Luther, Martin (1473–1546) 288

Lüttich 131. – Bfe. 199

Luxemburg, Gfsch. 145f., 233, 253. – Gfen. 126, 145. – Hgt. 233f. – Hg. 233f.

Luxemburger 95, 105, 143–146, 162, 164, 166, 175f., 185f., 203–206, 220, 223, 229, 231–234, 236, 238f., 241f., 248, 253f., 261, 270

Luzern 120, 124

Lyon 64ff., 79, 82, 106f., 111, 125, 141, 148, 158, 167. – Ebfe. 111. – Konzilien (1245) 64, 68, 79, (1274) 96, 102, 104, 106, 110

Magdeburg 73. – Recht 264, 267, 269f., 272, 278. – Ebfe. 24, 27, 32, 221, 236. – Dom 39. – Domkapitel 104. – Schöppenchronik 237

Magna charta (1215) 16, 34

Magyaren 76, 272

Mähren 102–105, 138, 146, 235, 253, 261, 264, 269f. – Fürsten 16. – Mgfen. 201, 205, 240, 253

Mailand 45, 48, 60, 66, 106, 149, 154, 169, 178f., 181, 223, 225f., 245f. – Ebfe. 225

Mainz 19, 24, 51, 81f., 101, 125, 127f., 177, 183f., 221f., 248f. – Reichs- u. Hoftage (1235) 56, 58. – Krönungen (1212) 32. – Bt. bzw. Ebt. 142, 183, 187, 193f., 204, 248, 269. – Ebfe. 18, 22, 24, 30, 54, 57, 79ff., 90, 92, 97, 115, 125f., 127f., 131f., 142f., 145,

149, 163, 174f., 177, 183f., 193 bis
199, 202f., 209f., 220, 222, 227f.,
230, 248f. – Landfrieden; Reichslandfrieden (1235) 56, 58, 114. – Ewiges Bündnis (1254) 82. – Dom 144

Majestas Carolina 231f.

Malabranca, Latino, Kard.-Legat (1278
bis 1288) 107

Manfred, Kg. v. Sizilien (1258–1266) 70,
84, 86f., 92, 153, 258

Mantua 59f., 179, 225

Marburg 59, 72

Marchfeld, Schlacht (1261) 88, (1278)
103, 105, 111

Margarethe, Gem. K. Ludwigs d.
Bayern († 1356) 166, 206

– v. Dänemark, Gem. Hakons VI. v.
Norwegen († 1412) 299

– v. Österreich, Gem. 1. Kg. Heinrichs
(VII.), 2. Ottokars v. Böhmen († 1267)
88

– T. Karls IV., 1. Gem. Ludwigs I. v.
Ungarn u. Polen († 1349) 239

– Gem. Albrechts v. Meißen-Thüringen
(† 1270) 97, 100

– v. Österreich, Gem. 1. Meinhards III.
v. Tirol, 2. Joh. Heinrichs v. Mähren
(† 1366) 234

– Maultasch, Gfin. v. Tirol, Gem. 1. Joh.
Heinrichs v. Mähren, 2. Mgf. Ludwigs v. Brandenburg-Bayern († 1369)
204ff., 234

– Gfin. v. Flandern, Gem. 1. Burghards
v. Avesnes, 2. Wilhelms II. v. Dampierre († 1280) 83

– Ebner s. Ebner

Maria, Kgin. v. Ungarn (1382–1392)
241

– v. Luxemburg, Gem. Kg. Karls IV. v.
Frankreich († 1324) 175

Marienburg 281, 285–288

Marienwerder 278, 285

Marignola, Johannes s. Johannes v. M.

Marino Sanudo d. Ä. († nach 1337) 177

Markward v. Annweiler, Reichstruch-
seß, Mgf. v. Ancona (1195–1202) 20f.,
29

Marquart v. Randeck, Jurist († 1381)
188, 190–193, 203

Marseille (Massilia) 87, 90

Marsilius v. Padua († 1342/43) 171,
178–181, 188, 190, 195, 206, 213

Martin IV., Papst (1281–1285) 108, 110

– v. Troppau († 1278) 13

Martinschroniken 95, 162

Martinus Minorita s. Flores temporum

Masowien 75, 278, 281. – Hge. 276, 278

Matteo Rosso s. Orsini

– Villani s. Villani, M.

– Visconti († 1322) 150, 169, 174

Matthias v. Bucheck, Eb. v. Mainz
(1321–1338) 175, 177, 183

– v. Arras, Prager Dombaumeister
(† 1352) 257

– v. Janow, Prediger († 1394) 256

– v. Neuenburg, Chronist († 1350) 162,
212f.

Maupertuis-Poitiers, Schlacht (1356) 244

Mauren 87

Maximilian I., Hg. (1597–1651) u. Kf.
(1623) v. Bayern 211

Mecheln 233

Mechthild, Gem. Lgf. Friedrichs II. d.
Ernsten († 1346) 166

– v. Magdeburg (1212–1283) 73, 75

– v. Hackeborn, Nonne zu Helfta (1241
bis 1299) 73

Mecklenburg 16, 166, 221, 266ff., 273,
296. – Hge. 165, 221, 298, 302f.

Meinardino, B. v. Imola (1207–1249) 34

Meinhard II., Gf. v. Görz-Tirol (1258 bis
1295), Hg. v. Kärnten (1286) 93, 102
bis 105, 122f., 135

– III., Hg. v. Oberbayern u. Gf. v.
Tirol (1361–1363) 234

Meißen, Mark 115, 127, 129, 138f., 141,
146, 175, 234. – Mgfen. 126f., 202,
220, 248. – Stadt 100. – Bt. 236. – Dom
39, 73

Meißner (Dichter) 93

Melfi, Konstitutionen 48f., 52, 56

Memel 279f., 293

Merkantilismus 302

Merswin s. Rulman M.

Metz, Reichstage (1214) 36, (1356) 227,
244

Michael VIII. Paläologus, K. v. Byzanz
(1261–1282) 87

– Scotus († 1235) 71

– v. Cesena, Franziskanergeneral
(† 1342) 180, 182

– Küchmeister, Hochmeister (1414 bis
1422) 287

Milič v. Kremsier, Prediger († 1374) 256

Milioli s. Albert M.

Minden 256

Mindowe, Litauerfürst (13. Jh.) 280

S. Miniato 66

Ministerialen, Ministerialität 14, 18, 22, 27, 30, 38, 42, 50, 53, 55, 103, 144

Minnelyrik 38, 71, 74

Minoriten s. Franziskaner

Mission(are) 77f., 242, 256, 267, 276f., 279, 281f., 286

Modena 66, 186; s. Wilhelm, Kard.-B.

Moguntiacum s. Mainz

Mohammed 61. – Mohammedaner 70; s. Islam

Mölln, Schlacht (1225) 40

Mömpelgard, Gfsch. 112

Mongolen 62, 75–79, 137, 269, 271, 280

Montaperti, Schlacht (1260) 92

Mont Cenis 148, 244

Monte Cassino 62

Montecatini, Schlacht (1315) 154

Montecristo 62

Monte Imperiale 154

Montfort, Burg b. Akkon 277

Monza 152

Morgarten, Schlacht (1315) 119, 121, 165

St. Moritz, Kloster, s. Magdeburg

Mühldorf, Schlacht (1322) 165, 167, 169, 175

Mühlenrecht (Regal) 263

Mühlhausen (Thür.) 18

Müncheberg 221

München 101, 162, 176, 181, 213. – Frauenkirche 211

Mundschenk 116

Münzwesen 51, 56, 227, 278. – Münzregal (-recht) 228

Murten 112, 122

Musciatto dei Francesi, Finanzagent († um 1308) 128

Mussato s. Albertino M.

Mystik 15, 73f., 213–216, 218f., 256

Namslau b. Breslau, Vertrag (1348) 240

Nassau, Gfen. v. 123, 128

Natangen 280

Naumburg a. d. Saale. – Bfe. 233. – Dom 39, 73

Nazareth 46

Neapel 29, 93, 154, 163, 186. – Universität 43, 71, 73, 254, 258. – Kgr. 16, 108, 180, 223. – Kge. 86f., 89, 92f.,

96, 106ff., 111, 137, 148f., 151–155, 158–161, 167–170, 179, 187f., 190, 209, 223, 244, 252

Neiße 270

Nero, röm. K. (54–68) 230

Neubrandenburg 268

Neuhochdt. Schriftsprache 233

Neuenburg s. Matthias v.

Neumark 262, 268, 273, 286

Neumarkt b. Breslau 233, 269. – Halle-N. Recht 264, 269f.

Neuplatoniker 214

Neuß 23f., 28, 114

Nibelungen, -lied 38

Nicaea 86

Niederbayern, Hge. v. 97ff., 102, 138, 163, 186, 189, 205, 235

Niederburgund s. Provence

Niedergericht(sbarkeit) 263

Niederlande 133, 191, 216, 299–302

Niederlausitz 165, 206, 235

Niederschlesien, Hge. 76, 268f.

Nikolaus
– III., Papst (1277–1280) 107f., 110, 115, 189
– IV., Papst (1287–1292) 109f., 133, 137
– (V.), Gegenpapst (1328–1330) 180f.
– v. Prato, Kard.-B. v. Ostia (1303 bis 1321) 147
– v. Ligny, B. v. Butrinto (1311–1316) 151
– B. v. Regensburg (1313–1340) 171
– v. Jeroschin, Chronist (1. H. 14. Jh.) 289

Nimwegen (= Nymwegen) 131

Nona s. Zehnt

Nordafrika 87

Nordalbingien 40, 277

Normandie 25, 210

Normannen 17, 30, 43, 67, 72

Norwegen 292, 301. – Kge. 80, 298

Notare 13, 34, 56, 63, 71, 155f., 162, 171, 173f., 224, 233, 257

Nowgorod 75, 77, 280, 291, 293f., 296, 300

Nürnberg, Stadt 41, 101f., 114, 139, 171, 173, 186, 216, 221, 230, 236f., 257, 259, 269, 303.
– Reichstage (1274) 102, (1298) 130, (1323) 165, (1327) 178, (1355) 227. – Wahl (1211) 30f. – Burggrafen 97,

101, 236, 249. – Recht 270. – Reichs-saalbüchlein 101

Oberbayern, Hgt. 204, 234, – Hge. 90, 93, 122, 163 f., 234
Oberlahnstein 220
Oberpfalz 222, 235, 270
Obodritenfürsten 266
Ockham, Wilhelm v., Franziskaner († 1349) 181 f., 188, 195, 201, 206. 212 f.
Oldenburg, Gfen. v. 300 ff.
Oldradus de Ponte, Jurist († 1335) 158
Olmütz 139. – Bt. 269. – Bfe. 88, 101, 104, 233, 262
Oppeln 269
Oppenheim 82
Ordensstaat(-land) 16, 40, 77, 139 f., 242 f., 257, 260, 264, 275–291, 296, 302. – -ämter 284; s. Deutscher Orden
Orient 61, 292; – s. Kleinasien
Orlando Rossi aus Parma, Podestà in Florenz († 1248) 65, 67
Orsini, Matteo Rosso, röm. Senator († 1246) 63
– Napoleon, Kard. (1288–1342) 187 ff.
– Johannes s. Nikolaus III.
Orval, Kloster 111
Ösel, B. v. 280
Osnabrück. – Bfe. 41
Ossegg, Zisterze 270
Osterland 130
Österreich 57, 59, 72, 79, 88, 91, 101 bis 105, 114, 122 f., 127 f., 130, 139, 165 f., 177, 217, 230, 234, 242, 261, 264, 270, 272. – Herzöge 41, 55, 57 f., 76, 79, 104, 116, 119 f., 121–129, 133, 146, 148, 164 ff., 168, 170, 175 ff., 209, 221, 230, 255. – Stände 102, 104. – Land-recht 58
Ostpreußen s. Preußen
Ostrom s. Byzanz
Ostseehandel 16, 40, 237, 267, 279, 293 f., 301 f.
Ostsiedlung 260–275, 291 f.
Otto I., d. Gr., K. (936–973) 180
– IV., K. (1198–1218) 15, 18–33, 35 ff., 39, 85, 106, 115, 125
– v. St. Nikolaus, Kard.-Legat, Kard.-B. v. Porto (1244–1251) 50
– B. v. Bamberg (1102–1139) 267
– II. v. Wittelsbach, d. Erlauchte, Pfgf.

bei Rhein (1214), Hg. v. Bayern (1231 bis 1253) 35, 79, 81
– v. Wittelsbach, bayer. Pfgf. († 1209) 26
– III., Hg. v. Niederbayern (1290–1312), Kg. v. Ungarn (1305–1307) 98 f., 122, 138
– d. Kind, Hg. v. Braunschweig-Lüne-burg (1235–1252) 36, 50, 56, 82
– Hg. v. Braunschweig (1318–1344) 165
– IV., Pfgf. v. Burgund (1266–1303) 112, 125
– III., Mgf. v. Brandenburg (1220 bis 1267) 90, 93
– V., Mgf. v. Brandenburg (1267–1299) 98, 103
– VI., Mgf. v. Brandenburg (1280–1286, † 1303) 99
– d. Faule, Mgf. v. Brandenburg (1351 bis 1373, † 1379) 235
Ottokar I., Hg. u. Kg. v. Böhmen (1197 bis 1230) 24, 30
– II., Kg. v. Böhmen (1253–1278) 82, 85, 87–92, 96 f., 99, 101–105, 107, 111, 113, 122, 124, 139, 270, 280
– steir. Reimchronist († 1319/21) 95
Ottonenzeit 269

Padua 63, 149, 151, 168, 178, 225
Palermo 17, 29, 31, 67, 92, 155
Parchim 267
Paris 21, 131, 134, 142, 175, 177 f., 203, 214, 241, 243 f. – Universität 15, 71, 156, 187, 254, 258
Parlamentum 114. – engl. 193
Parler, Peter, Baumeister († 1399) 257
Parma 13, 65 ff., 186
Parricida s. Johannes P.
Passarino v. Mantua, Ghibellinenführer († 1328) 181
Passau 79. – Bfe. 102, 116
Patriziat. – städt. 297, 301
Paul v. Rußdorf, Hochmeister (1422 bis 1441) 287
Pavia 13, 93, 161, 187
Peipussee, Schlacht (1242) 77, 280
Pelagius Galvani, Kard.-Legat († vor 1232) 44
Pelplin, Zisterze 267
Percival v. Lavagna, Reichsvikar i. d. Toskana († vor 1304) 107
Persien, Perser 75

Perugia 46, 93

Pest 217, 219, 265

Peter II., Kg. v. Aragon (1163–1196) 32
- III., Kg. v. Aragon (1276–1285), Kg. v. Sizilien (1282) 87, 108, 153
- v. Aspelt, B. v. Basel, Eb. v. Mainz (1306–1320) 127, 142–145, 163 f., 175
- v. Dusberg, Chronist (13./14. Jh.) 289
- v. Zittau, Abt (1316–1339), Chronist 162, 255
- Parler s. Parler
- Suchenwirth s. Suchenwirth, P.

Peterlingen 112, 122

Peterspfennig 239

Petrarca (1304–1374) 225 f., 230, 232, 246, 255, 257

Petrus Barrerie, Kaplan Philipps d. Sch., B. v. Senlis (1314–1334) 166
- v. Corvaro s. Nikolaus (V.)
- v. Vinea, Großhofrichter († 1249) 34, 66, 68, 71

Pfahlbürger 51, 56, 83, 228

Pfalz (Kurpfalz) 35, 124, 210, 222. – Pfgfen. 18, 26, 83, 97 f., 122, 124, 132, 143, 148, 164 f., 197, 205, 208, 220, 222, 227, 229, 231, 248

Pforta 268

Philipp, Hg. v. Schwaben (1196), Kg. (1198–1208) 17 ff., 21, 24–28, 31 f., 39, 41, 85, 87, 279
- II. (Augustus), Kg. v. Frankreich (1180–1223) 15, 25, 28, 30
- III., Kg. v. Frankreich (1270–1285) 87, 96, 112
- IV., d. Schöne, Kg. v. Frankreich (1285–1314) 111 ff., 125 f., 129–132, 134 ff., 141–144, 148, 158, 163, 166, 174
- V., Kg. v. Frankreich (1316–1322) 163
- VI., Kg. v. Frankreich (1328–1350) 175, 183, 187, 190, 202, 210, 243
- I., Pfgf. v. Burgund (1349–1361) 244

Piacenza 60, 66, 96

Piasten 102, 138, 239, 261, 268, 270, 276, 280 f.

Piemont 66, 149

Pierre Dubois s. Dubois

Pierre Flotte s. Flotte

Pierre Roger s. Clemens VI.

Pisa, Pisaner 29, 43, 87, 90, 93, 141, 150, 153–156, 179 f., 225

Pistoja 149

Plantagenets 15, 34, 86

Pleißenland 130, 138, 166, 236

Pleskau 77

Plozk 270

Podestà 62, 65

Podolien 242

Poggibonsi 154

Poitiers 142

Poitou, Gfsch. 25. – Gf. 18

Polen 75 f., 138 ff., 209, 237, 239–243, 253, 255, 262, 264, 267, 269–272, 274, 276, 279, 281, 285–288. – Hge. u. Kge. 16, 102, 138 f., 235, 239 ff., 255, 270 f., 276, 281, 286 ff.

Pomesanien 279 f.

Pommerellen 239 f., 242, 267 f., 276, 281, 283, 287. – Hge. 267, 280 f.

Pommern 40, 166, 262, 267 f., 273. – Hge. 16, 221, 236, 267

Porto s. Guido v. Boulogne

Portugal 44

Posen 270

Pozzuoli, Bäder v. 45

Prag 90, 101, 122, 127, 138 f., 145, 149, 162, 211, 224, 226, 236 f., 252, 255 ff., 269 f. – Bt. bzw. Ebt. 203, 236, 269. – Bfe. u. Ebfe. 203, 225, 236, 251. – Universität 231, 254 f., 258. – Landtage (1355) 232

Prämonstratenser 58, 262, 267, 270

Predigerorden s. Dominikaner

Přemislaw, Kg. v. Großpolen (1290 bis 1296) 138

Přemysliden 87 f., 103, 105, 137 ff., 145 f., 239, 255, 261, 270

Prenzlau 267

Preußen 16, 40, 75, 77, 88, 242, 262, 275–285, 288 ff., 292, 295, 299. – pr. Bund (1440) 287. – Bf. 276, 278, 282

Pribislaw, Obodritenfürst (1160–1178) 266

Prignitz 165, 221, 268

Privilegium maius (1358/59) 230

Privilegium minus (1156) 230

Prokop, Mgf. v. Mähren († 1405) 253

Prokuratorien 174, 190, 192, 204, 212. – Prokuratoren 190, 203

Provence 111, 148, 153, 155, 244 f. – Gfen. 84, 244

Provisionen, päpstl. 115, 176, 183

Pruntrut im Elsgau 112

Publizistik 95, 156–162
Pulkawa, Přibico, böhm. Chronist (14. Jh.) 256
Pyritz 267

Quatrevaux, Vertrag (1299) 130
Querfurt s. Konrad v. Q.

Rainald I., Hg. v. Geldern (1271–1326) 123
Rainer v. Viterbo, Kardinal (1216 bis 1250) 66, 68
Ratibor 269
Ratzeburg, Zehntregister (1230) 266
Raudnitz a. d. Elbe 224
Ravenna 66. – Ebfe. 21. – Reichstag (1231) 48, 51
Raymund v. Got, Kardinaldiakon († 1310) 143
Recht 14f., 231f., 263f., 267–270. – röm. 71, 228; s. Kanon.-, Königs-, Reichs-.
Regalien 28, 36, 231
Regensburg 83, 165, 213, 221, 237. – Bt. 236. – Bfe. 102, 171
Reggio (Emilia) 13, 186
Regina Castra s. Regensburg
Reichsacht 26, 37
Reichsbischöfe 21, 24
Reichsburgen 123; s. Burgen
Reichsfürsten 14, 17, 22, 25, 28, 30, 32, 36ff., 44f., 47, 50, 55, 72, 79f., 85, 87, 91, 97, 102, 104, 107, 115, 126, 157, 165, 191, 193, 206, 221, 252, 278f. 282
Reichsgesetz(gebung) 199, 227, 231
Reichsgut 38, 43, 53, 79, 88, 90, 92, 99, 101, 128, 130, 133, 176, 196
Reichshofrichter (-hofgericht) 56, 58, 83, 228f.
Reichslandfrieden 56, 82f., 114f., 130; s. Landfrieden
Reichsministerialität s. Ministerialen
Reichsprokurator 57
Reichsrecht(e) 28, 67, 98f., 107, 113, 159f., 162, 171, 173, 185, 190, 193–203, 206–211, 213, 226, 229, 243, 245
Reichsstädte s. Städte
Reichsstände s. Stände
Reichssteuerverzeichnis (1241/42) 79, 81
Reichstag 228
Reichsteilungsplan (1280) 108

Reichsvikar(iat) 86, 92, 106, 115, 130, 135f., 149ff., 155, 159f., 163, 168ff., 176, 179, 201f., 208, 225, 229, 231, 244ff.
Reichsvögte (-vogtei) 98
Reimchroniken 95, 118, 289
Reims 73
Rektoren (Italien) 107
Rekuperationen 21, 23–28, 36, 107
Reliquien(kult) 255, 257
Renaissance 226
Reutlingen, Schlacht (1377) 253
Reval 293f.
Revindikation 99
Rheinischer Bund (1254) 82, 90f., 184
Rhens 164, 195, 197–201, 212f., 229f., 249. – Kurverein (1338) 196, 198f. – Wahl (1346) 210
Richard, Gf. v. Cornwall, dt. Kg. (1257 bis 1272) 80, 85f., 90–96, 101
– I. Löwenherz, Kg. v. England (1189 bis 1199) 15, 17ff., 21
– v. S. Germano, Chronist († 1243) 13, 34, 45
Rienzo, Cola di († 1354) 224, 226, 232, 257
Rieti 49, 55
Riga 16, 279f., 286, 293. – Ebt. 280. – Bfe. u. Ebfe. 279f., 286
Rimini Goldbulle (1226) 278, 282
Ritter(tum) 15; s. Ministerialen, höf. Kultur
Ritterbünde 252
Ritterorden 270, 276f.
Robert, Kg. v. Neapel (1309–1343) 148f., 151–155, 158–161, 169f., 179, 186ff., 190, 209, 223
– II., Hg. v. Burgund (1273–1305) 112
– III., Gf. v. Flandern (1305–1322) 166
– v. Genf. s. Clemens (VII.)
Roger II., Gf. u. Kg v Sizilien (1101–1154) 43
Roland s. Alexander III.
Rolandin v. Padua, Chronist († 1276) 13
Rom 26, 32, 40f., 48, 60, 62ff., 66, 92f., 96, 115, 134, 147, 150–154, 179–182, 187, 189, 196, 201, 209, 220, 223f., 245ff., 250–254, 276. – Römer 22, 28, 32, 44, 48, 55, 60, 92f., 106f., 150, 156, 179f., 224, 251, 272; s. Adel, röm. – Synoden (1241) 62
Engelsburg 151. – Kapitol 151, 179. –

Leostadt 151. – Palatin 63. – Peterskirche 151, 180; s. Lateran

Romzüge 22, 83, 92, 106f., 109, 111, 113, 142, 146f., 151, 155, 178f., 181, 183f., 223ff., 227, 245

Romagna 21, 28, 67, 106f., 109, 148, 151. – Rektor 106f.

Rosenkriege 300

Rossi s. Orlando R.

Rostock 267, 301

Rothenburg, Landfriede (1377) 253

Rudolf v. Habsburg, Kg. (1273–1291) 88, 95–122, 124f., 130f., 138, 142, 226, 229

– v. Hoheneck, Hofkanzler, Eb. v. Salzburg (1284–1290) 106f., 115f.

– II. v. Habsburg, Hg. v. Österreich (1282/83–1290) 104, 116f.

– III. Hg. v. Österreich (1298) Kg. v. Böhmen (1306–1307) 130f., 139

– IV., Hg. v. Österreich u. Steiermark (1358–1365) 221, 230f., 234, 255

– I., Hg. v. Sachsen-Wittenberg (1298 bis 1356) 164, 208, 210

– I., Pfgf. bei Rhein u. Hg. v. Oberbayern (1294–1319) 124, 130f., 143, 148, 164f.

– II., Pfgf. bei Rhein (1319) u. Kf. (1327 bis 1353) 197, 205

– v. Ems († 1254) 42, 53

– Losse s. Losse

Rügen 221; s. Wizlav

Rügenwalde 266

Rulman Merswin (1307–1382) 216, 219

Ruprecht I. v. d. Pfalz (1353–1390) 208, 248

Rußland, Russen 75–78, 237, 242f., 285, 288, 292f., 300

Rütlischwur 119

Ruysbroeck, Jan v., Augustinerprior in Groenendal († 1381) 216, 219

Saaz 257

Sachsen (Stamm 54. – Land, Hgt. 32, 36, 82, 122, 125, 143, 165, 234, 302. – Hge. 18, 36, 40, 90, 98f., 127f., 163, 208, 210, 220, 222, 228f.

Sachsenhausen 164. – Appellation (1324) 171–175

Sachsenspiegel 56, 58, 82, 91, 97

Sächsische Weltchronik 56, 109

Salerno, Stadt 29, 61. – Universität 258

Salier (Herrscherhaus) 116

Salimbene, Franziskaner-Chronist († nach 1287) 13, 34

Salutati, Coluccio s. Coluccio S.

Salzburg, Bfe. u. Ebfe. 102, 116, 122, 175

Salzregal 228

Samaiten 280, 286

Sambor, Bruder Hg. Swantopolks v. Pommerellen 267

Samland 277, 280

Sancho IV., Kg. v. Kastilien (1284 bis 1322) 87

Sanudo, Marino d. Ä. († nach 1337) 177

Sarazenen 43, 55, 93

Sardinien 61, 136, 209

Sarnen, weißes Buch v. (1471/72) 119

Saule 279

Savoyen, Gfsch. 111, 148, 244, 247. – Hgt. 247. – Gfen. u. Hge. 66, 111f., 122, 129, 148, 244

Scaliger, Geschlecht 154, 187

Schauenburger, Gfen. 40, 104, 261, 299f.

Schemnitz 271

Schisma 251–254

Schlesien 76, 232, 235f., 239f., 242, 261f., 268–271, 279. – Fürsten 16, 239. – Hge. 102

Schleswig 292, 299f.

Schmöllnitz 271

Scholastik 71, 157

Schonen 285, 295, 299

Schottland 300. – Schotten 126

Schwaben 18, 26, 29f., 32, 37, 57, 80f., 87, 99, 113f., 116, 165, 220f., 231, 252. – Hge. 17, 37

Schwäbische Städtebünde 184, 253f.

Schwäbisch-Gmünd 257

Schwäbisch-Hall 80

Schweden 77f., 288, 293, 296, 298, 300f., 303. – Kge. 298, 300f., 303

Schweidnitz-Jauer, Hg. 255

Schweiz 98, 118, 120f., 146; s. Eidgenossen(schaft)

Schwelm 41

Schwerin 266f.; s. Heinrich v. S.

Schwertbrüderorden 77, 279f.

Schwurverbände 118; s. coniuratio, Eidgenossenschaft, Einungen

Schwyz 112, 118f.

Sciarra Colonna († 1329) 135, 173, 179

Sedan 111

Sedlitz (Böhmerwald), Zisterze 270

Seeland 83, 85, 131, 234

Seelau, Prämonstratenserstift 270

Semgallen 277, 281

Senatoren 63, 86, 89, 93, 107 f., 150, 179, 224; senator. Adel s. Adel

Sendomir 76, 138

Seneca 63, 255

Seuse, Heinrich (Suso) († 1366) 214 f., 219

Sevilla 87

Sicherheitseid 135, 137

Siebenbürgen 16, 75 f., 257, 271, 275, 277. – »Sachsen« 271, 275

Siegfried v. Westerburg, Eb. v. Köln (1274–1297) 109, 122

– II. v. Eppenstein, Eb. v. Mainz (1200 bis 1230) 24, 30

– III. v. Eppenstein, Eb. v. Mainz (1230 bis 1248) 79 ff.

– Gf. v. Anhalt-Zerbst († um 1298) 97

Siena 93, 150, 154, 225, 246

Siger v. Brabant († 1281/84) 71

Sigismund

– I., Kg. v. Polen (1506–1548) 288

Sigmund, Kg. (1410–1437) 241 f., 249, 253, 286

Signorien 150, 152, 154, 169, 185, 223, 246

Simon v. Brion s. Martin IV.

Simonie 80

Sinibald Fiesco s. Innocenz IV.

Sizilien 16 f., 20, 23, 28–32, 34, 36 ff., 43 bis 47, 56, 59 f., 62, 64, 66 ff., 71 f., 84, 86 f., 92 f., 108, 155, 158, 161, 188, 209, 232. – Gfen. u. Kge. 30 ff., 43, 84 f., 86 f., 89, 92 ff., 153, 155 f., 168, 174, 178. – Sizilische Vesper (1282) 87, 89

Skagenfahrt 296

Skandinavien 285, 292 f.

Slaven 16, 102, 261, 263–268, 272, 276

Slowakei 271

Sluys, Schlacht (1340) 202

Smolensk, Fürst v. 293

Soest 293. – Recht 264

Söldner 245

Sorben 274

Spandau 286

Spanien 60, 62, 71, 87, 293, 299

Speyer 51, 116, 145 f. – Hoftage (1199) 21, (1309) 147, (1349) 222. –

Bischofstag (1338) 192, 194 f., 200. – Eid Ottos IV. (1209) 28, 36. – Bfe. 31, 184. – Dom 146

Spoleto, Hgt. 20 f., 26, 28 f., 46, 62

Spolien(recht) 21, 26, 28, 36

Sponheim, Gf. v. 88, 103

Spreewald 268

Staatsgut s. Reichsgut

Staatslehre (-theorie) 72, 156 f., 213

Städte, deutsche 14 ff., 50–58, 79–83, 90 f., 99 f., 104, 112 ff., 118, 123, 128, 130, 145 f., 173 f., 183 ff., 191, 193–200, 204, 208, 210 ff., 219, 221 ff., 227, 230 f., 248 f., 252 ff., 264–271, 274 f., 284 f., 287, 292–303

– ital. 21, 32, 44–49, 59–62, 66 f., 84, 106 f., 118, 147–151, 153 f., 178 ff., 185 ff., 223 ff., 224 f., 246

Städtebünde, lombard. 21, 23, 47. – toskan. 21, 23

– dt. 51, 292. – rhein. 82, 90 f., 184. – schwäb. 184, 253. – westf. 82

Stadtherren, -herrschaft 48, 50 f., 150. – -recht 57, 59, 237, 264–271, 278. – -staaten 16, 179

Stagel s. Elsbeth St.

Stammesrechte s. Recht

Stände, Reichs- 185, 192 f., 196, 200, 203, 207 f., 222, 247, 252. – böhm. 139, 207, 232. – engl. 16, 34. – franz. 134. – österr. 102, 104. – poln. 239, 241. – preuß. 287. – schles. 232

Stargard 221, 268

Statutum in favorem principum (1231) 51 f.

Staufer 14–22, 25–38, 50, 53, 61, 79 ff., 85, 87, 93, 97, 109, 116 ff., 125, 135, 153, 248. – -zeit 74, 93, 224, 270

Stedinger 54, 85

Steiermark 55, 57, 88, 91, 102, 104 f., 122 f., 130, 177, 234

Steir. Reimchronik 118

Stephan V., Kg. v. Ungarn (1270–1272) 86

– II., Hg. v. Niederbayern-Landshut (1347–1375) 235

– Langton, Kard., Eb. v. Canterbury (1207–1228) 33

Stephanskrone 138

Sterlinge 38, 42

Stettin 267. – Fürsten 221

Steuern 18, 31, 37, 43, 47, 62, 79, 113,

134, 184f., 239, 253, 287; s. Reichs-steuer

Stockholm 291, 298

Stolp, Kloster 267

Stormarn s. Holstein

Störtebeker, Klaus († 1401) 299

Strahov b. Prag, Zisterze 270

Stralsund 267, 301, 303. – Friede (1370) 285, 296ff.

Straßburg 50, 73, 95, 128, 162, 177, 212–216. – Bfe. 176, 195

Stuhlweißenburg 138

Suchenwirth, Peter († nach 1395) 283

Sudauen 281

Sund 295f., 301. – -zoll 299, 303

Susdal, Großfürst v. 77

Svendborg 302

Swantopolk, Hg. v. Pommerellen (1220 bis 1266) 267, 280

Syrien 18, 44

Tagliacozzo, Schlacht (1268) 93

Tangermünde 235, 255, 257

Tannenberg, Schlacht (1410) 286

Tarantaise, Eb. v. 19

Tarent s. Boemund v. T.

Tataren 64, 75–78, 242, 286

Tatra, Hohe 76, 271

Tauler, Johannes, Dominik.-Mystiker († 1361) 214ff., 219, 256

Tecklenburg, Gfen. 41

Tedald Visconti s. Gregor X.

Tell, Wilhelm 119, 121

Templerorden 148, 152, 262, 267f., 277

Temudschin s. Dschinghis-Khan

Tepl, Prämonstratenserabtei 270

Territorium, Territorialstaat 16, 50–53

Thaddäus v. Suessa, Großhofrichter († 1248) 64f.

Thomas v. Aquino (1225/26–1274) 71, 73, 157, 214

– Tuscus v. Pavia, Franziskaner-Chronist († um 1280) 13

Thomasin v. Zerklaere, Domherr († um 1235) 39

Thorn 237, 269, 278, 285. – Frieden (1411) 286, (1466) 287

Thüringen 18, 114, 126f., 129, 137, 139ff., 146, 214, 220, 231. – Hge. u. Lgfen. 24f., 30, 32, 38, 65, 80f., 126f., 129, 139, 146, 166, 220

Thüringer 272

Tile Kolup († 1285) 114

Tirol 204–207, 209, 211, 222, 234, 272. – Gfen. 93, 102ff., 122f., 135, 204ff., 234

Tivoli 44, 48, 225

Toledo, Übersetzerschule 70

Tolomeo v. Lucca, Dominikaner († 1326) 107, 110, 157, 160, 162

Torre s. Guido della T.

Toskana 21, 23, 51, 67, 86, 106ff., 133, 135, 148–151, 154, 168, 186, 209, 245f.; s. Tuszien

Töß, Dominikanerinnenkloster 216

Toul 32, 130. – Bt. 111. – Bfe. 109, 115

Translatio Imperii 22, 134, 214

Trausnitz, Burg (Opf.) 176

Trentschin, Vertrag (1335) 239

Treueid 17, 50, 106, 111, 127, 135, 153, 288

Treviso, Mark 168

Trient 178. – B. 116

Trier 79, 97, 125, 142, 144, 162, 166. – Bt. u. Ebt. 142, 227. – Ebfe. 55, 90ff., 124, 132, 142ff., 146ff., 163f., 175, 183, 186, 188, 193, 197–202, 207, 210, 213, 227, 230f., 248f.

Trifels, Burg (b. Annweiler) 19, 94

Troppau 269

Tschechen 255f., 270

Turin 60, 66, 149

Türken 15, 245, 271

Tusculum 48

Tuszien 26, 28

Üchtland 112, 130

Uckermark 221, 268

Ugolino v. Ostia s. Gregor IX., Papst

Ulm 80, 128, 176, 221, 253

Ulrich v. Jungingen, Hochmeister (1407 bis 1410) 286

– v. Lichtenstein († 1275/76) 73

– v. Türheim, Dichter (13. Jh.) 53

– Wilde s. Wilde

Umbrien 21

Unam sanctam, Bulle (1302) 134

Unfreie, Unfreiheit 118

Ungarn 57, 60, 75f., 79, 86, 88, 97, 102ff., 122, 127, 137f., 140, 209, 235, 237, 239–243, 252, 264, 271f., 277, 285, 288. – Kge. 16, 76, 86, 88, 91, 102, 128, 137f., 153, 235, 239–243, 255, 271, 277

Universitäten 15, 43, 71, 73, 156, 187, 254f., 258

Untertaneneid 135f., 147

Unterwalden 118f.

Urban IV., Papst (1261–1264) 92ff., 110

– V., Papst (1362–1370) 245ff.

– VI., Papst (1378–1389) 251f.

Uri 118f.

Urkunden(wesen) 15, 117

Usedom 267

Utrecht 114. – Frieden (1474) 300

Valenciennes 33, 50, 191

Valois, Haus 183

Vasallen, Vasallität 200; s. Kronvasallen

Vaucouleurs 32

Veitshöchheim b. Würzburg 80

Venedig, Venetianer 59f., 84, 153, 177, 223, 225, 237, 277, 281

Venetien 168

Vercelli 187

Verdun 111, 131, 244

Veroli 44

Verona 45, 59, 93, 98, 154, 169, 179, 225. – Reichstage (1238) 60

Vienne 148, 244. – Konzil (1311) 148, 215. – Gfsch. (Dauphiné) 112

Vikariat, päpstl. 171. – -recht 209, 246

Villani, Giovanni, Florentiner Chronist († 1348) 151

– Matteo, Florentiner Chronist († 1363) 226

Visconti (Geschlecht) 154, 169f., 178f., 181, 187, 223, 225f., 245; s. Bernabò, Matteo, Tedald

Vita Innocencii IV. 68

Vitalienbrüder 286, 298f.

Viterbo 28, 37, 48, 62, 66, 93

Vittoria, Lagerstadt Friedrichs II. 67

Viviers, Bt. 111

Vogtland 236

Volksrechte s. Recht

Volkssprache 15, 214, 257

Wahlanzeigen 93, 147, 249

Wahlkapitulationen 124, 128

Walachei 271

Walchun, Wiener Stadtschreiber († 1329) 177

Waldemar II., Kg. v. Dänemark (1202 bis 1241) 36, 40, 277, 282

– IV. Atterdag, Kg. v. Dänemark (1340 bis 1375) 295, 298

Waldenser 54

Waldsassen, Zisterze 270

Wales 126

Wallenstein (1583–1634) 303

Walram, Eb. v. Köln (1322–1349) 187, 201

– IV., Hg. v. Limburg (1247–1280) 123

– Hg. v. Luxemburg († 1311) 150

Walther v. d. Vogelweide 27, 39, 42

Warschau 270

Wartburg 39, 54, 73, 80

Wartislaw II. v. Pommern († 1264) 267

Wasa s. Gustav W.

Wassenberg b. Köln 25

Weilburg (Lahn) 123

Weistümer 99, 200. – Braunschweiger (1252) 84. – Rhenser (1338) 196f., 201, 212, 230

Welfen 18f., 22, 25–37, 56

Weltchroniken 56, 58, 95, 109

Wenden 268, 274. – -städte 295, 299

Wenzel, Kg. (1378–1400, † 1419) 231, 235, 240f., 248–254

– Hl., Hg. v. Böhmen (921–929/35) 255

– I., Kg. v. Böhmen (1230–1253) 88, 269

– II., Kg. v. Böhmen (1283–1305), Kg. v. Polen (1300) 99, 102f., 122f., 127, 129, 137ff., 142, 145

– III., Kg. v. Böhmen u. Polen (1305 bis 1306), Kg v Ungarn (1301–1305) 138f.

– = K. Karl IV.

– Hg. v. Luxemburg (1354–1383) 233

Werner v. Eppenstein, Eb. v. Mainz (1259–1284) 97

Westfalen 25, 39, 82, 123, 292, 295. – Westfäl. Frieden (1648) 120

Wetterau 79, 92, 99, 114, 231

Wettiner 97, 100, 126f., 139, 141, 146, 165f., 221, 235f., 248f., 288

Wetzlar 97, 114

Wiedertäufer 302

Wien 57, 59f., 95, 102f., 164, 176. – Friede (1276) 102. – Universität 231, 255. – Recht 270

Wiesbaden 123

Wikbold, Eb. v. Köln (1297–1304) 131f.

Wikinger s. Normannen

Wilde, Ulrich, Protonotar Ludwigs d. Bayern († 1328) 171, 173

Wilhelm, Gf. v. Holland, dt. Kg. (1247

bis 1256) 80–84, 87 f., 90, 97, 129, 131, 294
– V., Mgf. u. Hg. (1356) v. Jülich (1336 bis 1361) 191, 206, 220 234
– IV. v. Holland-Hennegau (1327 bis 1345) 166, 185, 191, 205 f.
– B. v. Modena (1222–1234), Kard.-B. v. S. Sabina (1244–1251), päpstl. Legat 77, 279
– v. Dampierre († 1231/32) 83
– v. Nogaret († 1313) 133, 135, 144
– v. Ockham s. Ockham
Willebriefe 99, 104, 107, 131
Wimpfen, Pfalz 55
Winrich v. Kniprode, Hochmeister (1351–1382) 286
Winterthur 216
Wisby 293, 295, 298
Wismar 267, 293, 301
Witigonen 122
Witold, Großfürst v. Litauen (1392 bis 1430) 286
Wittelsbacher 35, 163–166, 183, 204 ff., 208, 210 f., 220 ff., 228, 233 ff., 240 f., 243, 248, 261
Wittenberg, Hge. v. Sachsen-W. 164, 221, 228, 236
Wittenborg, Johann, Bürgermeister v. Lübeck († 1363) 296
Wizlav I., Fürst v. Rügen (1193–1249) 267
Wladislaw IV. (I.), Lokietek, Kg. v. Polen (1305–1333) 138 f.
– II., Kg. v. Polen (1386–1434) s. Jagiello, Großfürst v. Litauen
Woldemar, Mgf. v. Brandenburg (1303 bis 1319) 164 f., 167
– falscher († 1356) 221 ff.

Wolfger, B. v. Passau, Patriarch v. Aquileja (1191–1208) 26, 28
Wolfram v. Eschenbach (ca. 1170 bis 1220) 42
Wolhynien 239, 270
Wolter v. Plettenberg, livländ. Ordensmeister (1494–1535) 288
Wordingborg, Frieden (1435) 299
Worms 39, 51, 55 f., 82, 97. – Bfe. 24, 26, 184. – Konkordat (1122) 36. – Reichstage (1231) 51, (1255) 83
Worringen 80. – Schlacht (1288) 123, 145
Wullenwever, Jürgen, Bürgermeister v. Lübeck (1494–1537) 301 f.
Württemberg, Gfen. 99, 138, 145, 249, 252 f.
Würzburg 80, 177. – Reichstage (1287) 109, 112, 115 f. – Bfe. 24, 176, 184

York (Haus) 300

Zähringer 37
Zawisch v. Falkenstein, Hauptd. Witigonen († 1290) 122
Zehnt 92, 148, 249, 266. – Kreuzzugs- 106, 109. – Neubruch- 269
Zilies v. Sayn, Dichter (13. Jh.) 129
Zinsbauern 262. – -bücher 289
Zips 271
Zisterzienser 39, 67, 73, 145, 162, 189, 262, 266 ff., 270, 276
Zittau, Wahlbündnis (1291) 125
Zoll 43, 51, 56, 82 f., 114, 130, 132, 294, 298 f. – -freiheit 237. – -regal 228
Zollern 97, 236, 242, 288
Zug 120
Zünfte 51, 149, 252, 257, 297, 299
Zürich 83, 119 ff., 124. – Ewiger Bund 119 f. – -gau 98
Zwolle 294